Young®
岚朔教育

高等院校本科专业指南

上海岚朔教育科技有限公司 编写

中国海洋大学出版社
· 青 岛 ·

图书在版编目（CIP）数据

高等院校本科专业指南 / 上海岚朔教育科技有限公司 编. -- 青岛：中国海洋大学出版社，2020.5

ISBN 978-7-5670-2494-6

Ⅰ. ①高… Ⅱ. ①上… Ⅲ. ①高等学校－专业－介绍－中国－指南 Ⅳ. ①G647.32-62

中国版本图书馆 CIP 数据核字(2020)第 073374 号

出版发行	中国海洋大学出版社
社　　址	青岛市香港东路 23 号　　邮政编码 266071
出 版 人	杨立敏
网　　址	http://pub.ouc.edu.cn
电子邮箱	502169838@qq.com
订购电话	0532—82032573
责任编辑	由元春　　电　　话 0532—85902495
印　　刷	烟台报捷新闻印刷有限责任公司
版　　次	2020 年 5 月第 1 版
印　　次	2020 年 5 月第 1 版第 1 次印刷
成品尺寸	210mm×297mm
印　　张	39.75
字　　数	918 千
印　　数	1—10000
定　　价	298.00

若发现印装质量问题，请致电 021—51987137，由印刷厂负责调换。

序　　言

刘春松　先生

每年高考完毕，接下来是更令考生家庭关注的环节——高考志愿填报。

作为未来人生的起点，志愿填报的重要性不言而喻！

如何充分利用高考成绩，结合高校招生规则，做出一次无悔的抉择，是每位考生的企盼。

然而，不少考生没有经验，缺乏信息，感觉茫然。大量零碎信息扑面而来，更令考生无所适从。

如何梳理海量信息，权衡利弊，把握关键？

本书为您解此困惑。

《高等院校本科专业指南》涵盖了各专业概述、培养目标、培养要求、知识技能、主干课程、发展前景、就业前景、就业方向以及专家建议等，信息力求全面可靠，以期为志愿填报提供切实指导。

上海岚朔教育科技有限公司　刘春松

2020 年 5 月 18 日

编者声明

本书仅限于作为高中学生参加高考选择专业时的参考，不能作为唯一依据。原因如下：

1．全国有数千所高校，专业选择达数百种。同一专业，在不同的高校，虽然名称相同，但是侧重点不同。本书在介绍专业概况、培养目标、培养要求、知识技能、主干学科及就业前景时，只能选择不同学校对于这个专业的相对比较一致的内容进行介绍，不代表所有高校对于以上情况都是如此。学生和家长在报考时，可参考本书内容并认真考查所要报考院校的该专业的情况进行甄别，以免影响报考和就业。

2．高等院校每年都会对自己学校的专业进行调整，本书编者限于信息收集时间，部分内容有可能失去一定的时效性，请学生和家长给予谅解。

3．本书部分资料来源于网络，内容可能会有不准确或失误之处，敬请广大考生和家长谅解。

4．在此对阳光高考信息平台及其他网络资源的提供者表示感谢，如果涉及稿费事宜，请与本书编写单位联系。

希望本书能够真正助力中国新一代考生的志愿填报，让中国的“00后”能够真正做到把握关键，着眼未来，个人优势匹配专业，为人生新起点做出最佳选择。

中国的未来，祝福你们！

上海岚朔教育科技有限公司

2020年5月22日

关于本书

本书专业目录资料来源于国务院国资委2019年公务员考录所公布的《普通高等学校本科专业目录》。（参考网址：http://www.sasac.gov.cn/n4470048/n10286230/n10286301/c10315168/content.html）

一、《普通高等学校本科专业目录（2019年）》是高等教育工作的基本指导性文件之一。它规定专业划分、名称及所属门类，是设置和调整专业、实施人才培养、安排招生、授予学位、指导就业，进行教育统计和人才需求预测等工作的重要依据。

二、本目录是根据《教育部关于进行普通高等学校本科专业目录修订工作的通知》（教高〔2010〕11号）要求，按照科学规范、主动适应、继承发展的修订原则，在1998年原《普通高等学校本科专业目录》及原设目录外专业的基础上，经分科类调查研究、专题论证、总体优化配置、广泛征求意见、专家审议、行政决策等过程形成的。

三、本目录的学科门类与国务院学位委员会、教育部2011年印发的《学位授予和人才培养学科目录（2011年）》的学科门类基本一致，分设哲学、经济学、法学、教育学、文学、历史学、理学、工学、农学、医学、管理学、艺术学12个学科门类。新增了艺术学学科门类，未设军事学学科门类，其代码11预留。专业类由修订前的73个增加到92个；专业由修订前的635种调减到506种。本目录哲学门类下设专业类1个，4种专业；经济学门类下设专业类4个，17种专业；法学门类下设专业类6个，32种专业；教育学门类下设专业类2个，16种专业；文学门类下设专业类3个，76种专业；历史学门类下设专业类1个，6种专业；理学门类下设专业类12个，36种专业；工学门类下设专业类31个，169种专业；农学门类下设专业类7个，27种专业；医学门类下设专业类11个，44种专业；管理学门类下设专业类9个，46种专业；艺术学门类下设专业类5个，33种专业。

四、本目录分为基本专业（352种）和特设专业（154种），并确定了62种专业为国家控制布点专业。特设专业和国家控制布点专业分别在专业代码后加“T”和“K”表示，以示区分。

五、本目录所列专业，除已注明者外，均按所在学科门类授予相应的学位。对已注明了学位授予门类的专业，按照注明的学科门类授予相应的学位；可授两种（或以上）学位门类的专业，原则上由有关高等学校确定授予其中一种。

六、根据专业的设置时间、社会需求、专业对应的行业特殊性等，教育部将本科专业划分为基本专业、特设专业和国家控制布点专业三种。①基本专业是学科基础比较成熟、社会需求相对稳定、开办高校数量相对较多、继承性较好的专业。例如，经济学、汉语言文学、软件工程、自动化、美术学等都属于基本专业。在500多个本科专业中，有300多种属于基本专业。②特设专业主要是近年来为满足经济社会发展特殊需求而设置的专业，在专业代码后加“T”表示。例如，为给“一带一路”建设培养语言人才，北京外国语大学2016年新增的11个小语种专业都属于特设专业。特设专业是新兴专业，一些高校趁势纷纷开设，但办学质量参差不齐。为此，教育部每年对这类专业进行动态调整。③涉及国家安全、特殊行业的专业由国家控制布点，称为国家控制布点专业，在专业代码后加“K”表示。例如，公安学类、消防工程、宗教学、飞行技术、运动训练、武术与民族传统体育、部分医学类专业、法学、财政学、金融学、工商管理、旅游管理、会计学等专业都属于国家控制布点专业。在国家控制布点专业中，有的专业因为社会需求相对较少，因此需控制招生规模，如公安学类专业、宗教学专业；有的是开设高校太多，供大于求，因此需控制招生规模，如法学、金融学、会计学专业等。

写在前面——我们能给众多学子和家长什么帮助

本书对《普通高等学校本科专业目录（2012 年）》所列的专业（除军事类外）进行以下几个方面的介绍。

一、 本专业基本信息列表

专业代码、专业名称、分类、学位情况、修学年限。

二、 专业概述

简单介绍本专业（学科）的基本情况。

三、 培养目标

简述本专业想要培养什么样的人才。

四、 培养要求

介绍本专业对所培养的人才有哪些要求。

五、 知识技能

说明学生从本专业毕业后应当具备的知识和基本能力。

六、 主干课程

本专业学生在学校期间需要学习的主要专业课程。

七、 发展前景

介绍本专业学生本科毕业后的就业情况，分为以下几方面内容。

1. 就业方向：本科毕业后主要的就业方向。
2. 就业前景：本专业所面对的社会行业的发展前景等方面的介绍。
3. 专家建议：本专业的招生、学生学习及就业方面的专家分析和建议。
4. 小贴士：关于本专业比较典型的评价、需要特别提醒的事项及毕业生感受等。

写在前面——关于大学专业

在选择专业的时候，很多考生和家长经常凭借专业的字面意思来解释相关专业，而不对其实际就业情况进行了解，所以导致有些字面上看似不错的专业常常被大家争相报考，如近几年的计算机相关专业，而很多实际不错的专业被误解，如生物、化学、环境科学、材料成了冷门专业，常常是调剂的对象。

例如，误解最深的生物医学工程专业，大家认为其属于生化环材类的专业，导致很多“985 工程”高校的该专业只比提档线高一分，甚为可惜。该专业往往被与生物工程专业混为一谈。以 2018 年中山大学的生物医学工程专业录取为例，该校的生物医学工程居然几乎是全校分数最低的专业，比投档线只高一分，还不如生物、生态等专业，生物医学工程分数应该和电子信息工程、电子科学与技术、微电子等专业分数差不多才合理。准确地说，该专业是属于电子、医学、计算机交叉专业，是目前热门专业的组合，不论里面哪一个方向学好了都很好找工作，就这一专业所开设的专业课来说，有模电、数电、信号与系统、算法等，许多课程和电子、计算机相关，接近通信工程和电子信息工程专业的课程设置。

再如，从授予学位看，信息管理专业可授予管理学或工学学士学位。所以，不同类型学校的信息管理专业还是有差异的，偏文还是偏理，具体要看各高校授予的学位、研究方向和培养目标。

又如，清华大学信息管理与信息系统是涉及计算机科学、管理科学、行为学、社会学等多个不同领域的新兴交叉学科，致力于培养掌握数字经济时代商务活动规律，能够有效驾驭信息技术以提升绩效、引领创新的复合型管理人才；浙江大学信管专业是将信息技术、数据科学与现代管理理念相结合来指导管理实践，培养能够利用信息技术和信息系统进行管理创新和商务模式创新的复合型高级专门人才；天津大学信息管理与信息系统专业主要依托其工科优势，并设有信息管理与信息系统和信息管理与信息系统（保密方向）。

总体而言，信息管理与信息系统专业以理为主，文理兼收。虽然很多院校将信息管理与信息系统专业开设在管理学院，但招生还是以理科生为主。也有院校招收文科考生，如北京大学、首都经济贸易大学等。根据阳光高考信息平台数据显示，信息管理与信息系统专业文理科比例为理科 83%、文科 17%。

作为一个文理兼收的专业，信息管理专业留给考生的选择余地还是比较大的。需要注意的是，很多院校的课程设置兼具管理、经济与信息技术等多门学科的关键知识点，学生需要有较强的融会贯通能力。

另外，在填报志愿时，一些院校的信息管理专业是按管理科学与工程大类招生的。考生在选报时不要因为专业名称不一致而填报错误，最好关注一下大类中包含的专业。

事实上，本科教育本身就是一种基础理论教育，它不像研究生教育专攻某一方向以寻求突破。大学里主要靠的是自学，没有学不好的专业，只有不勤奋的学生。华而不实的不是专业，而是小部分的“抱怨型”大学生。如果真的潜心学习自己的专业课程，那么肯定会有意想不到的收获。

好的专业包括以下四个原则：

一是兴趣原则：选感兴趣的专业。

二是优势原则：选最能体现自己的优势的专业。

三是创造原则：这个专业毕业后从事的工作应该是具有创造性的，而不是做简单重复的劳动。

四是利益原则：这个专业最好还是能挣钱的。即“因兴趣而有动力，因优势而有能力，因创造而有潜力，因利益创造收益”。

目　录

哲学门类学科综述 1
哲学专业 2
逻辑学专业 3
宗教学专业 4
经济学学科门类综述 6
经济学专业 8
经济统计学专业 9
财政学专业 11
税收学专业 13
金融学专业 14
金融工程专业 16
保险学专业 18
投资学专业 19
国际经济与贸易专业 22
贸易经济专业 24
法学门类学科综述 26
法学专业 28
政治学与行政学专业 30
国际政治专业 32
外交学专业 33
社会学专业 35
社会工作专业 37
民族学专业 39
科学社会主义专业 40
中国共产党历史专业 41
思想政治教育专业 42
侦查学专业 44
边防管理专业 45
教育学门类学科综述 48
教育学专业 50
科学教育专业 51
人文教育专业 52
教育技术学专业 54
艺术教育专业 56
学前教育专业 57

小学教育专业 59
特殊教育专业 61
体育教育专业 63
运动训练专业 64
社会体育指导与管理专业 66
武术与民族传统体育专业 67
运动人体科学专业 68
文学门类学科综述 71
小语种专业总体介绍 71
汉语言文学专业 76
汉语言专业 78
汉语国际教育专业 79
中国少数民族语言文学专业 80
古典文献学专业 82
英语专业 83
俄语专业 86
德语专业 87
法语专业 88
西班牙语专业 89
阿拉伯语专业 90
日语专业 91
波斯语专业 92
朝鲜语专业 94
菲律宾语专业 95
梵语巴利语专业 96
印度尼西亚语专业 97
印地语专业 98
柬埔寨语专业 99
老挝语专业 101
缅甸语专业 102
马来语专业 103
蒙古语专业 104
僧伽罗语专业 105
泰语专业 106
乌尔都语专业 107
希伯来语专业 109
越南语专业 110
豪萨语专业 111

斯瓦希里语专业......112
阿尔巴尼亚语专业......113
保加利亚语专业......114
波兰语专业......115
捷克语专业......117
斯洛伐克语专业......118
罗马尼亚语专业......119
葡萄牙语专业......120
瑞典语专业......121
塞尔维亚语专业......122
土耳其语专业......124
希腊语专业......125
匈牙利语专业......126
意大利语专业......128
泰米尔语专业......129
普什图语专业......130
世界语专业......131
孟加拉语专业......132
尼泊尔语专业......133
克罗地亚语专业......134
荷兰语专业......136
芬兰语专业......137
乌克兰语专业......138
挪威语专业......139
丹麦语专业......140
冰岛语专业......141
爱尔兰语专业......142
拉脱维亚语专业......143
立陶宛语专业......144
斯洛文尼亚语专业......145
爱沙尼亚语专业......147
马耳他语专业......148
哈萨克语专业......149
乌兹别克语专业......150
祖鲁语专业......151
拉丁语专业......152
翻译专业......154
商务英语专业......156

新闻学专业……157
广播电视学专业……160
广告学专业……161
传播学专业……163
编辑出版学专业……166
历史学门类学科综述……169
历史学专业……170
世界史专业……172
考古学专业……173
文物与博物馆学专业……175
理学门类学科综述……177
数学与应用数学专业……180
信息与计算科学专业……182
物理学专业……183
应用物理学专业……186
核物理专业……188
化学专业……189
应用化学专业……191
天文学专业……193
地理科学专业……195
自然地理与资源环境专业……197
人文地理与城乡规划专业……199
地理信息科学专业……201
大气科学专业……202
应用气象学专业……204
海洋科学专业……205
海洋技术专业……207
地球物理学专业……209
空间科学与技术专业……210
地质学专业……212
地球化学专业……214
生物科学专业……215
生物技术专业……218
生物信息学专业……219
生态学专业……221
心理学专业……223
应用心理学专业……224
统计学专业……226

应用统计学专业......228
工学门类学科综述......230
工学门类学科之力学类、机械类、仪器类、材料类......233
理论与应用力学专业......235
工程力学专业......236
机械工程专业......238
机械设计制造及其自动化专业......240
材料成型及控制工程专业......242
机械电子工程专业......243
工业设计专业......245
过程装备与控制工程专业......247
车辆工程专业......248
汽车服务工程专业......251
测控技术与仪器专业......253
材料科学与工程专业......255
材料物理专业......257
材料化学专业......258
冶金工程专业......260
金属材料工程专业......261
无机非金属材料工程专业......263
高分子材料与工程专业......265
复合材料与工程专业......267
工学门类学科之能源动力类、电气类、电子信息类、自动化类......269
能源与动力工程专业......272
电气工程及其自动化专业......274
电子信息工程专业......277
电子科学与技术专业......279
通信工程专业......281
微电子科学与工程专业......283
光电信息科学与工程专业......285
信息工程专业......287
自动化专业......289
工学门类学科之计算机类、土木类、水利类、测绘类......292
计算机科学与技术专业......294
软件工程专业......296
网络工程专业......298
信息安全专业......299
物联网工程专业......301

数字媒体技术专业......304
土木工程专业......306
建筑环境与能源应用工程专业......307
给排水科学与工程专业......309
建筑电气与智能化专业......310
水利水电工程专业......312
水文与水资源工程专业......313
港口航道与海岸工程专业......315
测绘工程专业......316
遥感科学与技术专业......319
工学门类学科之化工与制药类、地质类、矿业类、纺织类、轻工类......322
化学工程与工艺专业......324
制药工程专业......325
地质工程专业......327
勘查技术与工程专业......329
资源勘查工程专业......331
采矿工程专业......332
石油工程专业......334
矿物加工工程专业......335
油气储运工程专业......337
纺织工程专业......338
服装设计与工程专业......340
轻化工程专业......342
包装工程专业......343
印刷工程专业......345
工学门类学科之交通运输类、海洋工程类、航空航天类、 兵器类、核工程类......347
交通运输专业......350
交通工程专业......351
航海技术专业......353
轮机工程专业......354
飞行技术专业......355
船舶与海洋工程专业......357
航空航天工程专业......359
飞行器设计与工程专业......361
飞行器制造工程专业......363
飞行器动力工程专业......364
飞行器环境与生命保障工程专业......365
武器系统与工程专业......366

武器发射工程专业......368
探测制导与控制技术专业......369
弹药工程与爆炸技术专业......371
特种能源技术与工程专业......372
装甲车辆工程专业......373
信息对抗技术专业......374
核工程与核技术专业......376
辐射防护与核安全专业......377
工程物理专业......378
核化工与核燃料工程专业......380
工学门类学科之农业工程类、林业工程类、环境科学与工程类、 生物医学工程......382
农业工程专业......384
农业机械化及其自动化专业......385
农业电气化专业......387
农业建筑环境与能源工程专业......388
农业水利工程专业......390
森林工程专业......391
木材科学与工程专业......393
林产化工专业......394
环境科学与工程专业......396
环境工程专业......397
环境科学专业......399
环境生态工程专业......400
生物医学工程专业......401
工学门类学科之食品科学与工程类、建筑类、安全科学与工程类、 生物工程类、公安技术类404
食品科学与工程专业......405
食品质量与安全专业......407
粮食工程专业......408
乳品工程专业......410
酿酒工程专业......411
建筑类专业......412
城乡规划专业......415
风景园林专业......418
安全工程专业......420
生物工程专业......422
生物制药专业......424
刑事科学技术专业......425
消防工程专业......427

农学门类学科综述 429
农学专业 431
园艺专业 433
植物保护专业 435
植物科学与技术专业 437
种子科学与工程专业 438
设施农业科学与工程专业 439
农业资源与环境专业 441
野生动物与自然保护区管理专业 443
水土保持与荒漠化防治专业 444
动物科学专业 445
动物医学专业 447
动物药学专业 449
林学专业 450
园林专业 452
森林保护专业 455
水产养殖学专业 456
海洋渔业科学与技术专业 458
草业科学专业 459
医学门类学科综述 462
基础医学专业 466
临床医学专业 467
口腔医学专业 470
预防医学专业 472
食品卫生与营养学专业 474
中医学专业 475
针灸推拿学专业 478
藏医学专业 479
蒙医学专业 480
维医学专业 481
壮医学专业 483
哈医学专业 484
中西医临床医学专业 485
药学专业 486
药物制剂专业 489
中药学专业 490
中药资源与开发专业 492
法医学专业 493

医学检验技术专业......495
医学实验技术专业......497
医学影像技术专业......498
眼视光学专业......499
康复治疗学专业......501
口腔医学技术专业......503
卫生检验与检疫专业......504
护理学专业......505
管理学门类学科综述......508
管理科学专业......510
信息管理与信息系统专业......511
工程管理专业......514
房地产开发与管理专业......516
工程造价专业......517
工商管理专业......519
市场营销专业......522
会计学专业......523
财务管理专业......526
国际商务专业......528
人力资源管理专业......529
审计学专业......533
资产评估专业......535
物业管理专业......536
文化产业管理专业......538
农林经济管理专业......540
农村区域发展专业......541
公共事业管理专业......543
行政管理专业......545
劳动与社会保障专业......547
土地资源管理专业......548
图书馆学专业......550
档案学专业......552
信息资源管理专业......553
物流管理专业......555
物流工程专业......557
工业工程专业......558
电子商务专业......560
旅游管理专业......564

酒店管理专业 566
会展经济与管理专业 568
艺术学门类学科综述 571
艺术史论专业 573
音乐表演专业 574
音乐学专业 576
作曲与作曲技术理论专业 577
舞蹈表演专业 578
舞蹈学专业 579
舞蹈编导专业 581
表演专业 582
戏剧学专业 583
电影学专业 584
戏剧影视文学专业 585
广播电视编导专业 587
戏剧影视导演专业 588
戏剧影视美术设计专业 590
录音艺术专业 591
播音与主持艺术专业 593
动画专业 595
美术学专业 597
绘画专业 598
雕塑专业 600
摄影专业 601
艺术设计学专业 602
视觉传达设计专业 603
环境设计专业 605
产品设计专业 607
服装与服饰设计专业 609
公共艺术专业 612
工艺美术专业 613
数字媒体艺术专业 614

哲学门类学科综述

哲学门类(01)包括哲学学科(0101)一个大类,下设哲学(010101)、逻辑学(010102)、宗教学(010103T)三个基本专业和伦理学（010104T）一个特设专业，共四个专业。

其中伦理学专业为特设专业，仅有中国人民大学招生且多年未招生。对伦理学感兴趣的同学可以考虑在研究生阶段报考这个专业。

1．开设哲学类专业的院校越来越少，招生数量也逐年减少

除了以哲学专业招生外，不少院校（如北大、复旦等），以哲学类名称进行招生；清华等高校则以人文科学实验班的名义招生，考生一定要注意查看该实验班包含的专业（方向）。后两类高校一般入学后先按学科大类进行培养，经过几年学习后，再分流到相应的专业（方向）。

2．专业简介

哲学专业本科阶段的核心课程包括“中国哲学史”和“西方哲学史”两个系列，主要培养具有哲学潜质，能在国家机关、文教事业、新闻出版、企业等部门从事实际工作的应用型、复合型高级专门人才。

逻辑学专业主要学习逻辑学、数学、计算机科学和哲学方面的基本理论和基础知识，培养能在高等院校、科研单位、国家机关及企事业管理部门从事逻辑学的教学、科研和应用的工作的人才。需要强调的是，逻辑学不属于数学，它是研究思维与推理的学科，但利用数学方式扩展了自己的研究，比如数理逻辑。

宗教学专业研究的对象就是“宗教”，要求学生全面了解世界各大宗教的历史与现状以及我国的宗教法规和政策。

3．适合哪些人报考

哲学需要你有好奇心，具有批判性思维，且不能带着功利心去学习。

学习哲学需要广泛、无界的阅读，需要了解历史、地理、文学、自然科学等知识，只有在此基础上，学习哲学才会有深刻体会。特别是对经典著作的研读、思考、批判，是必须经历的一关，当然其中有一些哲学著作非常难读。

哲学专业

专业代码	中文名	学科门类	一级学科	授予学位	修学年限
010101	哲学	哲学	哲学	哲学学士	四年

一、专业概述

哲学是理论学科和人文学科领域内最深邃的学科，是一门非常古老的学问，它的本质是认识和思考我们所处的世界。学习哲学必先了解历史、地理、文学、管理、自然科学等知识，只有在以上学科的基础上，才能在学习哲学的过程中有深刻的体会。

二、培养目标

培养具有一定马克思主义哲学理论素养和系统的专业基础知识，有进一步培养潜质的哲学专门人才，以及能在国家机关、文教事业、新闻出版、企业等部门从事实际工作的应用型、复合型高级专门人才。

三、培养要求

主要学习马克思主义的基本理论与历史，以及社会科学、自然科学和思维科学的基础知识，受到中西方哲学的基本理论和发展线索的系统教育，以及创造性思维的培养和业务能力的训练。

四、知识技能

毕业生应获得以下几方面的知识和能力：

① 比较系统地掌握马克思主义哲学、中国哲学和西方哲学的理论和历史。

② 具有一定的社会科学、人文科学、自然科学、思维科学的相关知识。

③ 掌握哲学学科的基本研究方法、治学方法和相应的社会调查能力。

④ 了解国内外哲学界最重要的理论前沿和发展动态。

⑤ 了解国内外最重大的实践问题和发展动态。

⑥ 具有分析和解决社会现实问题的初步能力。

五、主干课程

哲学概论、马克思主义哲学原理、中国哲学史、西方哲学史、科学技术哲学、伦理学、宗教学、美学、逻辑学、人类学、心理学、管理哲学、中国现代哲学、现代西方哲学、马克思主义哲学经典选读、中外哲学原著导读等。

六、发展前景

1．就业方向

可在国家机关、文教事业、新闻媒体、公司企业等部门从事行政、宣传、管理、教学、科研工作；在工商、外贸、金融、保险、证券、旅游、房地产等企事业单位从事企业营销管理、客户资源管理、网络营销管理、营销策划、营销诊断、市场调查和咨询等工作。

2．就业前景

哲学专业群体很小，近几年，哲学类本科生选择直接就业的并不多，出国或读研比例非常高。与那些热门专业相比，哲学专业虽然没有那么受宠，却保持着较高的稳定性。

2017 年，全国开设哲学专业的院校共有 79 所，部分高校按国学等专业方向培养；报考硕士较集中的专业为马克思主义哲学、中国哲学、外国哲学、哲学。根据阳光高考信息平台统计数据，哲学专业 2017 年普通高校毕业生规模为 1500～2000 人，高考时文理科比例为文科 87%，理科 13%；男女生比例为男生 40%，女生 60%；哲学专业本科就业率 2016 年 85%～90%，2017 年 85%～90%。

3．专家建议

从全国来看，北京、江苏、陕西等地开设哲学专业的院校数量较多，另外，上海、湖北、东北地区也有许多特色院校。各校招生形式和培养方式则依学校不同而有差别。除了以哲学专业招生外，不少院校（如北大、复旦等），以哲学类名称进行招生；清华等高校则以人文科学实验班的名义招生，考生一定要注意查看该实验班包含的专业（方向）。后两类高校一般入学后先按学科大类进行培养，经过几年学习后，再分流到相应的专业（方向）

4．小贴士

该专业适合偏文科考生。

学习哲学需要广泛的阅读，特别是对经典著作的研读、思考、批判。

七、开设院校

2017 年，全国开设哲学专业的院校共有 79 所。

逻辑学专业

专业代码	中文名	学科门类	一级学科	授予学位	修学年限
010102	逻辑学	哲学	哲学	哲学学士	四年

一、专业概述

逻辑学是研究思维规律和推理形式有效性的学问，它是构造形式系统、表达知识、研发智能系统的必要工具。本专业鼓励学生向逻辑学与哲学、逻辑学与数学、逻辑学与法学、逻辑学与计算机科学等四个方向发展。

二、培养目标

培养具备系统的逻辑学基础知识、一定的数学素养以及计算机理论和操作能力，能在高等院校、科研单位、国家机关及企事业管理部门从事逻辑学的教学、科研和应用方面的工作，并能从事计算机科学和语言学的科研和应用方面相关工作的逻辑学高级专门人才。

三、培养要求

要求学生比较系统地掌握逻辑学专业的基础知识、专业知识以及马克思主义哲学的基本理论和方法，具备扎实的社会科学、自然科学和思维科学的基础知识，有较强的理论思维能力、社会活动能力、科研能力和表达能力。

四、知识技能

毕业生应获得以下几方面的知识和能力：

① 掌握马克思主义的基本原理和逻辑学的基本理论、基础知识。

② 具有数学、计算机科学和哲学的基本素养。

③ 掌握逻辑学研究的基本方法。

④ 了解现代逻辑的前沿问题与发展动态。

⑤ 掌握文献检索、资料查询的基本方法和手段。

⑥ 具有初步的教学、科研和实际工作能力。

五、主干课程

南开大学主要专业课程：该专业的基础课程有哲学概论、马克思主义哲学、西方哲学、中国哲学、逻辑学导论、科学哲学导论、伦理学导论、宗教学导论、美学导论、数理逻辑、哲学逻辑、西方逻辑史、中国逻辑史科学通史、科学社会学、科学方法论等。

中山大学主要专业课程：数理逻辑、模态逻辑、非经典逻辑、逻辑哲学、归纳逻辑、法律逻辑、批判性思维、数学分析、几何与代数、哲学导论、逻辑学导论、认知科学、心灵哲学、认识论等。

六、发展前景

1．就业方向

教学科研人员——高等院校都开设有逻辑课，中文系、政治哲学系、社会学系等，都把普通逻辑作为必开课。

研究——读到博士，可以成为一个学者，相对于国际学术界来说，我国的逻辑学研究相对滞后，在很多方面只停留在对国外先进理论知识的消化吸收方面。

报社、出版社编辑——运用学习中积累起来的观察问题和思考问题的能力，从事编辑工作。

逻辑学专业学生也可以在计算机软件方面发展。

2．就业前景

全国大学中设逻辑学本科的非常少，不是每年都招生。一般都是先招哲学大类，以后再分方向。但硕士研究生和博士研究生招逻辑学专业的比较多。

2017 年全国开设逻辑学专业的学校只有南开大学和中山大学两所院校，报考硕士较集中的专业：逻辑学、法律（非法学）、哲学、外国哲学。根据阳光高考信息平台统计数据，逻辑学专业 2017 年普通高校毕业生规模为 50 至 100 人，高考时文理科比例为文科 0%，理科 100%；男女生比例为男生 51%，女生 49%；哲学专业本科就业率为 2016 年 85%～90%；2017 年 90%～95%。

3．专家建议

学习逻辑开始学的时候是非常枯燥的，没有足够耐心是很难学的。 要深入研究逻辑学，本科的课程只是打下了一个基础，研究生阶段才算是逻辑学的开始。

从课程上就能看出这个专业需要一定的数学基础并对计算机感兴趣，但数学好不一定逻辑就好。有的人数学天赋非常好，能靠直觉去感觉到一个定理的正确性，但如果要他用严格的逻辑推导证明，未必能做出来。

4．小贴士

因为不像理工科专业那样有具体方向，报考和坚持学习逻辑学的人数较少。

七、开设院校

2017 年全国开设逻辑学专业的学校只有南开大学和中山大学两所院校。

宗教学专业

专业代码	中文名	学科门类	一级学科	授予学位	修学年限
010103	宗教学	哲学	哲学	哲学学士	四年

一、专业概述

宗教学是一门研究人类宗教现象及其历史演变的综合性学科。它研究各大宗教的历史与理论，研究人类宗教的起源、宗教与人类其他精神活动的关系、宗教对社会生活的影响、宗教与政治的关系等方面的基本问题。

二、培养目标

培养具有一定的马克思主义理论素养，具备较全面的宗教学知识，了解世界各大宗教的历史与现状，熟悉我国宗教法规和政策，能在高等院校、研究机构或政府部门从事教学、研究、宗教事务管理、理论宣传、政策调研等工作的宗教学高级专门人才。

三、培养要求

主要学习宗教学基本理论，较全面地了解世界各大宗教的历史与现状，以及我国的宗教法规和政策，受到独立思考、分析问题、社会调研等方面的基本训练。

四、知识技能

毕业生应获得以下几方面的知识和能力：

① 掌握马克思主义的基本原理和宗教学的基本理论，具有关于世界主要宗教的基本知识。

② 掌握现代宗教学的主要研究方法。

③ 了解世界宗教的发展动态和宗教研究的前沿问题。

④ 了解我国的宗教法规和政策。

⑤ 具有独立思考、分析问题的基本能力。

⑥ 掌握文献检索、社会调查的基本方法，具有初步教学、科研和实际工作能力。

五、主干课程

复旦大学主要专业课程：宗教学概论、宗教哲学、宗教社会学、西方哲学、中国哲学、佛教哲学、佛教史、佛教原著选读、基督教哲学、基督教史、基督教原著选读、道教史、道教原著选读、儒教的理论与历史、犹太教的理论与历史、宗教伦理学、宗教心理学、宗教法规与宗教政策等。

中央民族大学主要课程：马克思主义哲学原理、中国哲学史、西方哲学史、宗教学导论、佛教、道教、伊斯兰教、基督教、宗教社会学、宗教伦理学、中国少数民族宗教概况、宗教经典选读、宗教政策与法规等。

六、发展前景

往届毕业生除继续深造外，主要是在民族宗教管理部门、文化保护、新闻媒体、国家安全等系统就业。

1. 就业方向

可从事咨询/顾问、行政/后勤、学术/科研、教育/培训、人事等方面的工作。

2. 就业前景

全国大学中设宗教学本科的非常少，不是每年都招生。一般都是先招哲学大类，以后再分方向。但硕士研究生和博士研究生招宗教学专业较多。

2017 年开设宗教学专业的院校有北京大学、中国人民大学、中央民族大学、复旦大学、武汉大学共 5 所，报考硕士较集中的专业：宗教学、法律（非法学）、公共管理、中国哲学。根据阳光高考信息平台统计数据，宗教学专业 2017 年普通高校毕业生规模为 50 至 100 人，高考时文理科比例没有数据；男女生比例为男生 32%，女生 68%；宗教学专业本科就业率 2016 年 70%～75%，2017 年 80%～85%。

3. 专家建议

根据自己的兴趣，请慎重考虑。

4. 小贴士

非常冷门的专业，很难专业对口就业，请慎重报考。

七、开设院校

2017 年开设本专业的院校有北京大学、中国人民大学、中央民族大学、复旦大学、武汉大学共 5 所。

经济学学科门类综述

经济学学科门类共包括经济学类（0201）、财政学类（0202）、金融学类（0203）、经济与贸易类（0204）四个大类。

经济学类(0201)下设经济学(020101)、经济统计学(020102)两个基本专业及国民经济管理(020103T)、资源与环境经济学（020104T）、商务经济学（020105T）、能源经济（020106T）四个特设专业，共六个专业。

财政学类（0202）下设财政学（020201K）、税收学（020202）两个专业。

金融学类（0203）下设金融学（020301K）、金融工程（020302）、保险学（020303）、投资学（020304）四个基本专业及金融数学（020305T）、信用管理（020306T 可授经济学或管理学学士学位）、经济与金融（020307T）三个特设专业，共七个专业。

经济与贸易类（0204）下设国际经济与贸易（020401）、贸易经济（020402）两个专业。

1．热门专业就业难

从招生规模来看，金融学专业、经济学专业、国际经济与贸易专业招生规模比较大，财政学、投资学等专业招生规模比较小。近几年，职场上对具备硕士以上学历的高端经济学专业人才需求更为迫切，对本科毕业生的需求相对饱和。

2．各专业简介

经济学专业主要培养学生着眼于整个国家经济和区域经济，利用现代经济分析方法，从事经济分析、预测、规划和经济管理工作，是本大类的基础专业。

金融学专业侧重培养既有金融经济理论知识和能力，又精通外语的国际型、复合型人才，在中外各类金融和非金融机构（如银行、投资公司、证券公司、期货贸易、保险行业以及各类外企公司）的相关岗位从业的人才。

财政学专业主要研究政府部门在资金筹集和使用方面的理论、制度和管理方法，同时也研究企业在生产经营过程中的税收问题。

国际经济与贸易专业主要培养从事外贸实际工作的应用型人才。

投资学专业是集实务投资、金融投资和人力资本投资于一体，微观与宏观相结合，国内与国际相交叉，财经管理、法律和理工知识相渗透的学科，重点培养学生从事各类投资活动的决策和管理能力。

经济统计学专业是统计学在经济领域中的应用学科，是以经济数据为研究对象，包括经济数据的采集、生成和传输，用统计方法分析经济数据背后的经济现象以及复杂经济系统的规律，从而为经济和管理决策服务。

金融工程专业是从金融学细分出来的新兴分支专业，是金融学、数学、计算机科学交叉学科，以数学为工具，并借助计算机解决金融产品的定价问题，在企业和金融机构从事金融财务管理、金融分析和策划相关工作。

用通俗的话总结就是，经济学研究别人怎么赚钱；金融学研究怎么借到别人的钱；投资学研究怎么赚别人的钱；财政学研究怎么帮政府管理钱；国际经济与贸易研究怎么赚外国人的钱；金融工程就是把上面所有的工作用数学的工具进行计算分析。这个比方不是十分恰当，仅供大家了解与区分各专业之间的关系。

3．注意招生要求

考生在报考时还要注意，很多院校招生时按经济学大类招生。如北京大学、中国人民大学、南开大学、复旦大学、上海交通大学、南京大学等。考生在报考时一定要仔细阅读专业目录，避免出错。

4．有些人不一定适合学

经济学类专业大多数的专业课程对数学要求比较高，学习中需要较高的抽象思维能力和逻辑思维能力。如果学生的抽象化思考能力不足，数学逻辑基础不够扎实，在专业课程学习时往往会非常吃力。

此外，经济学又是一门与现实问题紧密结合的学科，需要学生有敏锐的现实洞察力。少数同学对现实经济问题缺乏兴趣，观察力不足，从而难以深入掌握和体会经济学理论的强大分析能力，从而容易失去对经济学理论学习的兴趣，没了兴趣，还不如报考其他专业。

关于报考和就业方面的解读与分析，请参考本大类所有专业的资料，以便于全面了解。

经济学专业

专业代码	中文名	学科门类	一级学科	授予学位	修学年限
020101	经济学	经济学类	经济学	经济学学士	四年

一、专业概述

经济学是研究人类社会在各个发展阶段的各种经济活动和各种相应的经济关系及其运行发展的规律的学科，其核心思想是物质稀缺性和有效利用资源。

二、培养目标

培养具备比较扎实的经济学理论基础，熟悉现代经济学理论，比较熟练地掌握现代经济分析方法，知识面较宽，具有向经济学相关领域扩展渗透的能力，能在综合经济管理部门、政策研究部门、金融机构和企业从事经济分析、预测、规划和经济管理工作的高级专门人才。

三、培养要求

要求学生系统掌握经济学基本理论和相关的基础专业知识，了解市场经济的运行机制，熟悉国家的经济方针、政策和法规，了解中外经济发展的历史和现状；了解经济学的学术动态；具有运用数量分析方法和现代技术手段进行社会经济调查、经济分析和实际操作的能力；具有较强的文字和口头表达能力的专门人才，能熟练掌握一门外语。

四、知识技能

毕业生应获得以下几方面的知识和能力：

① 掌握经济学的基本理论和分析方法。

② 掌握现代经济分析方法和计算机应用技能。

③ 了解中外经济学的学术动态及应用前景。

④ 了解中国经济体制改革和经济发展。

⑤ 熟悉党和国家的经济方针、政策和法规。

⑥ 掌握中外经济学文献检索、资料查询的基本方法，具有一定的经济研究和实际工作能力。

五、主干课程

经济学基础、中级微观经济学、中级宏观经济学、政治经济学、财政学、货币银行学、国际经济学、金融经济学、计量经济学、公司理财、经济史、经济思想史、当代中国经济、劳动经济学、产业经济学、网络经济学、会计学、统计学、国际贸易、国际金融、公司财务、市场营销、企业经济学、会计统计与核算等（不同院校课程设置有差异）。

六、发展前景

1．就业方向

可在较大的公司和企业中的经济决策部门从事经济预测、分析工作，负责各种市场数据的收集和分析；从事对外贸易行业、市场营销；在各类工商企业的从事一线管理，如行政管理、人事管理、金融管理等；银行、证券、信托、基金等从业人员，此类岗位最好考一些资格证书，如CFA、证券从业资格证书等。

2．就业前景

近几年，职场上对具备硕士以上学历的高端经济学专业人才需求更为迫切，对本科毕业生的需求相对饱和。

2017年全国开设经济学专业的院校共有401所，部分高校按以下专业方向培养：信用、城市经济、电算会计、国际金融、国际投资、航空经济、经济计量、金融与会计、能源经济管理、企业财务会计、金融服务与理财。报考硕士较集中的专业：工商管理、产业经济学、金融、应用经济学。根据阳光高考信息平台统计数据，经济学专业 2017 年普通高校毕业生规模为 34000～36000 人；高考时文理科比例为文科 47%，理科 53%；男女生比例为男生 38%，女生 62%；经济专业本科就业率为 2016 在 85%～90%，2017 年 85%～90%。

3．专家建议

① 参考综述部分的相关资料。

② 经济学专业毕业后能够从事的行业比较广泛，经济学专业的热度是偏高的，多年来一直居高不下。如果我们单个看经济学相关专业的就业问题可能会显得悲观，但如果看整个就业大环境，经济学科门类的就业率并不算差。

报考时一定要认真考虑不同学校的专业培养方向。

《普通高等学校招生体检工作指导意见》规定，不能准确识别红、黄、绿、蓝、紫各种颜色中任何一种颜色的导线、按键、信号灯、几何图形的考生不能被经济学类专业录取。考生在报考时，一定要事先了解高校招生章程中的具体要求。

4．小贴士

与经济学相关的专业录取分数都是相当高的。

经济学是公务员考试中招收人员最多的一个专业。

七、开设院校

2017 年全国开设经济学专业的院校共有 401 所。

经济统计学专业

专业代码	中文名	学科门类	一级学科	授予学位	修学年限
020102K	经济统计学	经济学	经济学	经济学学士	四年

一、专业概述

经济统计学专业是统计学在经济领域中的应用学科，是以经济数据为研究对象，包括经济数据的采集、生成和传输，用统计方法分析经济数据背后的经济现象以及复杂经济系统的规律，从而为经济和管理决策服务。

二、培养目标

培养具有良好的数学与经济学素养，掌握统计学的基本理论和方法，能熟练地运用计算机进行数据处理、分析数据，能在企业、事业单位和经济、管理部门从事统计调查、统计信息管理、数量分析等开发、应用和管理工作，又能在保险、金融、投资、社会保障等方面从事风险分析和科学精算工作的德智体全面发展的高级实用型人才。

三、培养要求

主要学习必需的经济学的基础知识，培养学生量化分析的专业知识和计算机操作技术，受到统计学和经济学的初步训练，具有良好的经济学素养。

四、知识技能

毕业生应获得以下几方面的知识和能力：

① 掌握经济学基础知识，具有较强的分析和思维能力。

② 掌握系统的统计学基本理论知识。

③ 了解相近专业的一般原理和知识。

④ 对本专业范围内的新发展有所了解。

⑤ 了解国家对宏观和微观经济调控的有关政策和法规。

五、主干课程

数学分析、高等代数、C 语言程序设计、数据库原理及其应用、面向对象程序设计、微观经济学、宏观经济学、统计学原理、经济统计学、金融统计学、多元统计分析、实用回归分析、抽样调查技术、统计预测与决策、风险管理、证券期货投资技术分析、统计软件、国民经济核算等。

六、发展前景

1. 就业方向

能在企事业单位和经济、金融和管理部门从事统计调查、统计信息管理、数量分析、市场研究、质量控制以及高新技术产品开发、研究、应用和管理工作，或在科研教育部门从事研究和教学工作。

2. 就业前景

过去，政府统计、部门统计在统计学生的就业中占有较高的比重，随着社会主义市场的完善，随着中国全球化贸易的发展，民间统计越来越热。民间统计是政府统计之外的涉及市场调研、统计分析、预测和决策等内容的一系列统计活动，包括各类统计调查公司、统计信息咨询中心、统计师事务所、统计研究所，以及把统计方法运用于企业决策和管理的企业管理咨询公司等，主要为企业和居民提供市场微观信息。民间统计机构，由于其服务的多样性、形式的灵活性，在我国获得长足的发展，逐渐成为统计专业学生就业的主要渠道之一。

2017 年全国开设经济统计学专业的院校共有 147 所，部分高校按以下专业方向培养：金融统计、投资决策、企业管理统计。报考硕士较集中的专业：应用统计、统计学、金融。根据阳光高考信息平台统计数据，经济统计学专业 2017 年普通高校毕业生规模为 6000～7000 人，高考时文理科比例为理科 84%，文科 16%。男女生比例为男生 33%，女生 67%。经济统计学专业本科就业率为 2016 年 95%～100%，2017 年为 85%～90%。

3. 专家建议

① 参考经济学学科门类综述中的内容。

② 从事该类工作的人，需要自觉的培养扎实的经济学理论基础、逻辑思维和数理统计分析能力，学好数学是必要的。同时还要多读书，提升自己的写作能力和语言表达能力，否则写研究报告和政策建议时会很痛苦。

③ 有经济金融和统计分析两个主要的发展方向。

经济金融方向更看重个人素质能力，经济金融类的专业都属于招聘范围，特别是银行、券商、保险等大型机构。统计分析方向招聘机构多为互联网公司、量化投资公司、专业的咨询公司等，相对应的岗位对数学和编程有一定要求，特别是目前很热门的大数据分析。

④ 仅仅依靠本科阶段的修炼，难以承担大任，从事一些基本的经济数据分析工作尚可，所以继续深造是必要的，硕士只能说是基本符合从业要求，博士层次才能为未来辉煌发展奠定基础。

⑤ 经济统计学就业方向可以面向金融、统计、经济、会计这四个大方向。据调查研究的不完全统计，经济统计学毕业生中大部分人成了会计，其次是数学教师，然后是银行等金融机构。金融统计学最好的就业方向就是进入事业单位，但这些单位往往很少招本科的学生，一般都是要求硕士以上学历。因而，对于本科生来说，经济统计学由于所学范围宽广，知识涉及学科较多，学得广而不精，所以在就业的时候就存在一个转向的问题。但数据处理是统计学的优势所在，是会计、经济等专业都没有的优势。

4．小贴士

近年来，经济学类专业极为热门，就业形势也日趋严峻。在 2012 版《普通高等学校本科专业目录和专业介绍》中，该专业被标注成“国家布控点专业”，这意味着专业如短期内无发展空间或设置过多造成就业困难，就要限制新开设学校，并逐步取消。造成这个局面的原因是很多学校将该专业办得和经济学或统计学太相似，产生了重复设置的假象。

在大数据处理需求的带动下，统计学与经济学的结合，更能体现专业的 1+1>2 的价值，但是究竟能不能实现这个目标，就要看具体学校是否真的确有教学能力。

七、开设院校

2017 年全国开设经济统计学专业的院校共有 147 所。

财政学专业

专业代码	中文名	学科门类	一级学科	授予学位	修学年限
020201K	财政学	财政学类	经济学	经济学学士	四年

一、专业概述

财政学专业属于应用经济学科，它主要研究政府部门在资金筹集和使用方面的理论、制度和管理方法，同时也研究企业在生产经营过程中的税收问题。

二、培养目标

培养具备财政、税务等方面的理论知识和业务技能，能在财政、税务及其他经济管理部门和企业从事相关工作的高级专门人才。

三、培养要求

主要学习财政税收方面的基本理论和基本知识，受到相关业务的基本训练，具有财税及相关领域实际工作的基本能力。

四、知识技能

毕业生应获得以下几方面的知识和能力：

① 掌握财政学科的基本理论、基本知识。

② 具有处理财政税收业务的基本能力。

③ 熟悉国家有关财政、税收的方针、政策和法规。

④ 了解本学科的理论前沿和发展动态。

⑤ 掌握文献检索、资料查询的基本方法，具有一定的科学研究和实际工作能力。

五、主干课程

政治经济学、西方经济学、货币银行学、国际经济学、财政学、国家预算、税收管理、国际税收、国有资产管理等。

六、发展前景

1．就业方向

可在财政局和税务局的税收规划、审计、资产管理工作。其他就业方向包括对外贸易、税务筹划、财务会计、市场营销、职业学校或大学教师、客户服务等。

2．就业前景

我国加入世界贸易组织以后，各企业为了加强自身的竞争力而不在市场经济中被淘汰，势必首先规范财务管理，强化资本运作，需要大量的财经人才参与公司发展，当前通过税务规划进行合法避税成了很多公司的关注热点。

2017 年全国开设财政学本科的院校共有 103 所，部分高校按以下专业方向培养：绩效评价、涉税会计、资产评估与资产管理。报考硕士较集中的专业：财政学、工商管理、税务、公共管理。根据阳光高考信息平台统计数据，财政学专业 2017 年普通高校毕业生规模为 7000～8000 人，高考时文理科比例为理科 45%，文科 55%。男女生比例为男生 29%，女生 71%。财政学专业本科就业率为 2016 年 85%～90%，2017 年 85%～90%。

3．专家建议

以下是建议的几个就业方向。

① 对外贸易。

很多学校的财政学专业都会开设海关管理与报关实务课程，大家可以结合这门课程去参加相关职业资格考试。想要从事外贸业务的同学对英语学习一定要重视，六级、八级是最基本的。提前确定要进入的行业（主要根据主流的外贸产品），找到相关的外贸网站或购买相关专业的英语工具书，补充行业英语知识。

一定要利用好争取到的实习机会，主要任务是熟悉单证操作流程、报关流程等，跟外贸企业的老员工学习寻找新客户的渠道及维护与老客户关系的技巧，认真学习外贸工作中的细节和处理各种问题的方法。这些是多数外贸企业招聘时的要求，也是新人最头痛的经验。

② 税务筹划。

如果想入行，比较好的选择就是进入一家会计师事务所成为一名助理。可以在学校报考注册会计师考试，重点放在《税法》（专业课：税务会计、税收筹划等）和《审计》（专业课：审计学、财税审计等），以及《会计学》（专业课：会计学等）三科，如果能全部通过那更好。这将成为你毕业后入行的一个重要筹码。

目前国内比较权威的税务规划认证为“注册税务师”，但对在校学生来说，这项考试被设定了一个门槛——“经济类专业本科毕业必须拥有四年以上经济相关工作经验”才能报考。

大企业也同样会聘请税收规划方面的人才，如果能配备《会计证》或助理会计师资格，加上注册会计师考试，对切入税收规划方面的工作也大有好处。至于想进普华永道之类的公司，那么外语沟通流利、自己的身体和精神能坚持每天加班到半夜等条件必不可少。

③ 公务员。

需要提前准备公务员考试。

另外，国有资产管理公司每年都有一定的校园招聘名额，对条件优秀的该专业毕业生来说，相对其他专业的竞争对手有一定的优势，建议有此倾向的同学平时多关注四大资产管理公司的官方网站和历年的校园招聘要求，做到在素质培养上有的放矢。

4．小贴士

本专业属于教育部 2012 年 9 月最新颁发的《普通高等学校本科专业目录（2012 年）》中的国家控制布点专业，专业代码为 020201K。财政学专业 2011 年并入经济学类（财经类）进行招生。

这个专业内容学习不难，但学习内容多是文字阐述，所以除了对耐心的要求外更偏向文科生。

七、开设院校

2017 年全国开设财政学本科的院校共有 103 所。

税收学专业

专业代码	中文名	学科门类	一级学科	授予学位	修学年限
020202	税收学	财政学类	经济学	经济学学士	四年

一、专业概述

税收学是一门系统地反映税收理论、政策、制度和管理内容的学科，也是我国财经类教学课程体系中的一门主要课程。税收学在理论上是财政学的分支。

二、培养目标

培养具备税务及管理、法律等方面的知识，具有创新精神、实践能力和自我发展能力，具有良好的职业道德，能够胜任税务机关、企事业单位、税务中介机构等部门的实际工作及大中专学校和研究单位的教学与研究工作的应用型人才。

三、培养要求

学习经济学基本理论知识，掌握税收理论和实践知识，训练其理论研究能力和实践水平。

四、知识技能

毕业生应获得以下几方面的知识和能力：

① 掌握马克思列宁主义、毛泽东思想与邓小平理论及“三个代表”重要思想、科学发展观、习近平新时代中国特色社会主义思想，具有敬业爱岗、艰苦奋斗的品质，具有良好的思想品德、社会公德和职业道德。

② 具有税收方面的基础理论和基本知识，掌握税收领域的基本规律。

③ 具有分析和解决实务问题的能力。具有一定的科学研究和实际工作能力。

④ 具有比较扎实的经济数学、外语、计算机知识及较强的应用能力。

⑤ 具有一定的人文社会科学和自然科学基本理论知识。

⑥ 具有较宽的知识面以及向专业知识深度和广度发展的基本能力。

五、主干课程

税收理论、中国税制、外国税制、税收筹划、税务代理实务、国际税收、税收管理、财税信息化、财务会计、公共财政学、中国财政史、国家预算、公共支出管理、宏观经济学、微观经济学、计量经济学、经济法、国际经济学等。

六、发展前景

1．就业方向

主要在税务师事务所、会计师事务所、财务公司等税务咨询代理机构及财政、税务等政府部门、银行、工商企事业单位从事税务、财务相关工作。

2．就业前景

作为新兴学科，它的就业前景还是非常可观的，毕业生的选择方向还是很多的，目前国家和整个社会还是急缺税收专业复合型人才。

2017 年全国开设税收学本科的院校共有 88 所，部分高校按以下专业方向培养：税务师、国际税收、注册税务师。全国报考硕士较集中的专业：税务、公共管理、工商管理、会计。根据阳光高考信息平台统计数据，税收学专业 2017 年普通高校毕业生规模为 5000～6000 人，高考时文理科比例为理科 52%，文科 48%。男女生比例为男生 28%，女生 72%。税收学专业本科就业率为 2016 年 80%～85%，2017 年 85%～90%。

3. 专家建议

① 参考财政学专业的此项内容。

② 参考经济学学科门类综述的相关资料。

4. 小贴士

以往招生时，部分院校对考生数学成绩有要求，如内蒙古财经大学 2016 年招生章程标明税收学（实验班）专业外语笔试成绩最低分数要求 100 分，数学成绩最低分数要求 100 分。在报考时要以高校当年的招生章程和招生计划为准。

七、开设院校

2017 年全国开设税收学本科的院校共有 88 所。

金融学专业

专业代码	中文名	学科门类	一级学科	授予学位	修学年限
020301K	金融学	金融学类	经济学	经济学学士	四年

一、专业概述

金融学是从经济学中分化出来的应用经济学科，是以融通货币和货币资金的经济活动为研究对象，具体研究个人、机构、政府如何获取、支出以及管理资金及其他金融资产的学科。

二、培养目标

培养具有宽厚金融学理论知识及专业技能，既可在国内外大学和科研院所攻读研究生学位，也可在银行、证券、信托、投资、保险等金融机构及其他企业、政府管理部门等机构任职的德才兼备的高素质复合型专门人才。

三、培养要求

主要学习货币银行学、投资学、国际金融、证券、投资、保险等方面的基本理论和基本知识，受到相关业务的基本训练，具有金融领域实际工作的基本能力。

四、知识技能

毕业生应获得以下几方面的知识和能力：

① 掌握金融学科的基本理论、基本知识。

② 具有处理银行、证券、投资与保险等方面业务的基本能力。

③ 熟悉国家有关金融的方针、政策和法规。

④ 了解本学科的理论前沿和发展动态。

⑤ 掌握文献检索、资料查询的基本方法，具有一定的科学研究和实际工作能力。

五、主干课程

政治经济学、西方经济学、财政学、国际经济学、货币银行学、国际金融管理、证券投资学、保险学、商业银行业务管理、中央银行业务、投资银行理论与实务等（各院校因培养方向不同，课程设置也有差异）。

六、发展前景

1. 就业方向

商业银行，包括四大行和股份制银行、城市商业银行、外资银行驻国内分支机构。证券公司，含基金管理公司。上交所、深交所、期交所。信托投资公司、金融投资控股公司、投资咨询顾问公司、大型企业财务公司。金融控股集团、四大资产管理公司、金融租赁、担保公司。保险公司、保险经纪公司。中央（人民）银行、银行业监督管理委员会、证券业监督管理委员会、保险业监督管理委员会，这是金融业监督管理机构。国家开发银行、中国农业发展银行等政策性银行。社保基金管理中心或社保局，通常为保险方向。国家公务员序列的政府行政机构，如财政、审计、海关部门等。高等院校金融财政专业教师。研究机构研究人员。上市（或欲上市）股份公司证券部、财务部、证券事务代表、董事会秘书处等。

2．就业前景

整体上看，金融行业一直都比较热门，其职业前景普遍看好，但根据实际就业情况看，两极分化比较严重。

近几年，中国金融市场正在走向国际化，对专业性很强的人才需求迫切。金融行业就业人才的需求主要集中在高端市场，尤其是急缺金融分析师、金融风险管理师、特许财富管理师、基金经理、精算师、副总裁级高管、稽查监管人员、产品开发人员、后台工作人员(在财务、结算、税务方面有经验)等九大类人才。普通毕业生供远大于求。

2017 年全国开设金融学本科的院校共有 399 所，部分高校按以下专业方向培养：CFA、投资、国际金融、国际银行、金融理财、金融统计、证券投资、证券与期货、商业银行金融、保险理论与运营。报考硕士较集中的专业：金融、工商管理、金融学、应用经济学。根据阳光高考信息平台统计数据，金融学专业 2017 年普通高校毕业生规模为 70000～75000 人，高考时文理科比例为理科 55%，文科 44%。男女生比例为男生 36%。女生 64%。金融学专业本科就业率为 2016 年 85%～90%，2017 年 85%～90%。

3．专家建议

① 参考经济学学科门类综述的相关资料。

② 热门专业就业难，谨慎报考。

目前金融相关研究生的报考竞争比较激烈，具有一定实力的同学可以考虑报考金融专业。

如果想要在竞争中脱颖而出，要不断提高自己的竞争力，尽量多掌握一些专业相关技能。无论是本科还是硕士毕业，金融学专业毕业生如果能获得一些资格认证，就业面会更广，就业层次也更高端，待遇也更好。

金融行业很多岗位都需要考取相关的资格或者从业证书，行业内竞争很激烈，比如现在银行的就业竞争有的是 30∶1，有的甚至是 50∶1，希望学生和家长慎重考虑。

③ 学校众多，多为二本以上，招生分数高。

全国开设金融学本科的院校，一类是专门的财经院校，如中央财经大学、西南财经大学、上海财经大学等。另一类是综合性大学里的经济学院或金融学院下设的金融学专业，如北京大学经济学院、中国人民大学财政金融学院等。

金融类专业录取分数居高不下，好的专业院校集中在二本以上，名校金融专业尤其难考。除了名校和国家重点学科，很多一般院校的金融专业收分也较高，如果考生成绩一般，但对此感兴趣，可退而求其次。

在专业培养方向和专业课程设置上，不同院校也有自身特点。如北京语言大学的金融专业课程大都采用双语授课，中央财经大学的金融学专业注重宏观金融理论、政策及应用金融的教学与研究。同一专业还会包括不同的专业方向，如中央财经大学就有金融学、国际金融、公司理财等方向。

④ 学金融对数学要求高。

金融类专业对学生数学的要求大都非常高。从当前的金融学科专业分布来看，较有发展前景的专业方向有：公司财务、风险管理与控制、保险精算、证券投资等，学过高等数学的金融类人才更受欢迎，尤其是证券、保险类。保险精算师职业资格考试中，数学科目之难让很多数学专业学生为之咋舌。

另外，证券投资、证券及保险相关的工作，需要做大量的数据分析，良好的英语、数学基础以及计算机应用技能尤为重要。一般来说，对数字比较敏感，同时具备较强的逻辑思维能力和人际沟通能力的学生更适合选择金融专业。

4．小贴士

如果一名文科生特别不擅长数学，或对数学很不喜欢，建议最好不要选择此专业，否则很难适应专业学习。

七、开设院校

2017年全国开设金融学本科的院校共有399所。

金融工程专业

专业代码	中文名	学科门类	一级学科	授予学位	修学年限
020302	金融工程	金融学类	经济学	经济学、管理学、理学学士	四年

一、专业概述

金融工程是指包括创新型金融工具与金融手段的设计、开发与实施，以及对金融问题给予创造性的解决。

金融工程的概念有狭义和广义两种。狭义的金融工程主要是指利用先进的数学及通信工具，在各种现有基本金融产品的基础上，进行不同形式的组合分解，以设计出符合客户需要并具有特定P/L损益性的新的金融产品。而广义的金融工程则是指一切利用工程化手段来解决金融问题的技术开发，它不仅包括金融产品设计，还包括金融产品定价、交易策略设计、金融风险管理等各个方面。

二、培养目标

培养适应社会主义市场经济发展需要，德智体全面发展，具备扎实的经济、金融学理论知识和金融工程业务能力，具有创新精神和实践能力，能在金融业和非金融企业的相关部门（含事业单位及政府部门）创造性地从事金融（财务）活动及管理（侧重风险条件下的管理），并能从事金融工程教学与科研工作的金融学科高级专门人才。

三、培养要求

主要学习经济学、金融学、金融工程和金融管理方面的基本理论和基础知识，接受理财、投融资以及风险管理方法与技能的基本训练，具有设计、开发综合运用各种金融工具创造性解决金融实务问题的基本能力。

四、知识技能

毕业生应获得以下几方面的知识和能力：

① 掌握金融工程学的基本理论和基本技术，通晓与金融工程专业密切相关的金融学、会计学、管理学、法学等学科的基本知识，具有合理的知识结构。

② 掌握定性分析与定量分析相结合的科学研究方法与技能，具有较强的金融分析、策划能力和金融创新能力。

③ 了解我国对外方针政策、金融理论前沿和国际金融市场发展动态。

④ 具有扎实的数学、计量经济学基础，掌握基本的数学建模技巧和进行金融市场实证研究的技能。

⑤ 具有较强的计算机应用能力，以及获取信息和处理信息的能力。

⑥ 英语通过国家大学英语六级考试，能熟练地查阅英文文献。

五、主干课程

主干课程包括经济学模块、金融学模块、计算机模块、数学与统计模块等四大模块。开设课程有政治经济学、微观经济学、宏观经济学、计量经济学、货币银行学、金融经济学、金融市场学、证券投资学、衍生金融工具、固定收益证券、公司金融、金融工程学、金融会计、随机过程、时间序列分析、金融统计与分析应用、商业银行经营与管理、保险与精算、博弈论与信息经济学、金融风险管理、投资银行学、国际金融、国际投资、金融法等（不同院校课程设置会有差异）。

六、发展前景

1. 就业方向

可在跨国公司、金融机构和高等院校从事金融、财务管理以及教学、科研等工作。目前，金融工程在中国的就业主要有以下几个：基金公司的基金绩效评估风险控制、资产配置岗位，证券公司的集合理财产品设计岗位，银行的内部风险管理模型设计岗位，银行的另外一个重要部门——资金部，也需要金融工程的人才。

2. 就业前景

请参考金融学专业的相关资料。

2017 年全国开设金融工程本科的院校有 254 所，部分高校按金融科技、计算机与金融工程等专业方向培养。报考硕士较集中的专业：金融、金融学、工商管理、应用经济学。根据阳光高考信息平台统计数据，金融工程专业 2017 年普通高校毕业生规模为 9000～10000 人，高考时文理科比例为理科 73%，文科 27%。男女生比例为男生 43%，女生 57%。金融工程专业本科就业率为 2016 年 90%～95%，2017 年 90%～95%。

3. 专家建议

① 参考经济学学科门类综述及经济学、金融学专业的相关资料。

② 关于金融工程师：

金融工程专业主要是用计算机来实现数学模型，从而解决金融相关的问题。所以，金融工程不同于 MBA 和 MSP，它主要是培养金融界的技术工作者，也称作金融工程师——Quant。

Quant 的职位主要集中在投资银行、对冲基金、商业银行和金融机构。负责的主要工作根据职位也有很大区别，比较有代表性的包括 pricing、model validation、research、develop and risk management，分别负责衍生品定价模型的建立和应用、模型验证、模型研究、程序开发和风险管理。

总体来说此类工作相对辛苦，收入比其他行业高很多。以 Quant Developer 为例，虽然实际工作和其他行业的程序员没有本质区别，但不仅收入高，而且很容易找到工作。

4. 小贴士

金融工程学的理论性与抽象性是比较强的，它广泛应用数学、物理和工程学方法，用数理语言代替日常语言来阐述金融思想。因此，金融工程学对数学的要求很高，高校也更倾向于招收理科生。大部分高校的金融学专业是文理兼收的，对数学的要求也没有那么高，一般高校的金融学专业只是要求学数四(数学中最简单的一级)，个别高校会要求到数三。

很多选择了金融工程专业的学生在面临巨大的学习压力之后，会后悔当初的选择，学起来太吃力是金融工程专业学生的普遍反映。

七、开设院校

2017 年全国开设金融工程本科的院校有 254 所。

保险学专业

专业代码	中文名	学科门类	一级学科	授予学位	修学年限
020303	保险学	金融学类	经济学	经济学学士	四年

一、专业概述

保险学是一门研究保险及保险相关事物运动规律的经济学科。保险涉及的领域是多元化的，包括金融学、法学、医学、数学、经济学以及自然科学等内容。

二、培养目标

培养适应保险业现代化、国际化发展要求，具有保险学、保险业务与管理、金融投资等方面的理论知识与业务技能，能够从事商业性保险业务的营销、经营管理、社会保险基金运作与管理、保险监管等实际工作以及科学研究工作的高级保险人才。

三、培养要求

通过理论教学，学生能够系统掌握保险学科的基本知识、基础理论和保险业务技能，获得经济、管理、财务、金融等方面的理论知识。通过实践教学，培养学生保险综合业务能力以及证券、投资基本技能。

四、知识技能

毕业生应获得以下几方面的知识和能力：

① 掌握经济学科的基础知识。

② 系统地掌握保险学的基本理论、业务知识与技能。

③ 熟悉我国保险领域的法律法规和方针政策。

④ 了解国内外保险理论和实践的历史、现状及发展趋势。

⑤ 具有较强的分析、解决实际问题的能力和初步的科研能力。

五、主干课程

微观经济学、宏观经济学、国际经济学、货币银行学、金融市场学、计量经济学、会计学、统计学、财政学、管理学、保险学、经济法、保险公司经营管理、保险学原理、保险精算、财产保险原理与实务、人寿保险原理与实务社会保险、人寿与健康保险、财产和责任保险、保险公司财务管理、利息理论、寿险精算、非寿险精算、公司金融等。

六、发展前景

1．就业方向

可在中外商业性保险公司从事保险业务的营销、经营管理。可到社会保障机构、中央银行、相关监管机构和政府其他经济管理部门从事宏观保险管理工作。也可到外贸公司和其他企事业单位从事相关管理和研究工作。

2．就业前景

随着中国金融国际化进程的加快，特别是中国加入 WTO 以来，中国的金融业加速了发展和扩张，尤其是金融、保险企业等机构有了迅速的发展。

2017 年全国开设保险学本科的院校共有 130 所，部分高校按风险管理与保险、精算与风险管理等专业方向培养。报考硕士较集中的专业：保险、工商管理、应用经济学、金融。根据阳光高考信息平台统计数据，保险学专业 2017 年普通高校毕业生规模为 6000～7000 人，高考时文理科比例为理科 56%，文科 44%。男女生比例为男生 35%，女生 65%。保险学专业本科就业率为 2016 年 85%～90%，2017 年 85%～90%。

3．专家建议

① 对于保险学专业的误解。

社会上很多人认为保险专业就业就是推销保险。其实保险是一个产业，是一个完整的体系，从险种的设计、保费的定制到保险的销售，每一个环节都需要保险人才参与其中。比如说保险学中的精算方向，对学生的数学能力要求非常高，此类人才也往往最奇缺。保险领域内岗位诸如组训、培训讲师、核赔核保人员和资金运作人员、精算人员不仅人才需求大，而且待遇优厚。此外，风险管理、再保险方向的知识体系都非常复杂而有用，绝非保险营销这么简单。

保险业不光需要吃苦耐劳的营销人员，更需要具有比较深厚的理论素养的专业人才。根据对外经济贸易大学保险学院对中外大型保险公司所做的发函征询调查，这些我国的主导保险企业都对高级保险专业人才具有极大需求。

② 保险精算更有前景。

精算对数学要求会很高，而且国内精算师极为稀少，一般要求通过北美或国内的精算考试，取得相关资格。

4．小贴士

在保险公司就业，绝大多数毕业还是要从保险营销相关的岗位开始做。

七、开设院校

2017 年全国开设保险学本科的院校共有 130 所。

投资学专业

专业代码	中文名	学科门类	一级学科	授予学位	修学年限
020304	投资学	金融学类	经济学	经济学学士	四年

一、专业概述

投资学研究如何把个人、机构的有限资源分配到诸如股票、国债、不动产等（金融）资产上，以获得合理的现金流量和风险/收益率。其核心就是以效用最大化准则为指导，获得财富配置的最优均衡解。

作为一门学问，投资学就是对投资进行系统研究，从而更科学地进行投资活动。投资学主要包括证券投资、国际投资、企业投资等几个研究领域。

二、培养目标

培养具备当代世界政治、经济视野，了解中国投资政策，能够在银行、证券公司、保险公司、投资公司、投资咨询公司、资产管理公司、基金管理公司及信托公司等金融机构从事投资管理、投资咨询工作的投资专门人才，以及到各类企事业单位、政府部门以及教学科研单位从事投资管理及相关业务的应用性人才。

三、培养要求

要求学生有扎实的投资学专业基础理论知识，具有较宽的专业知识面，掌握财经、法律、管理的基本知识和技能，具备定性分析和定量分析及外国语言阅读交流的基本能力；熟悉国家有关投资的方针、政策和法规，了解国内外本学科的理论前沿和发展动态，具有处理固定资产投资、金融资产投资。国际投资、政府投资、企业投资、宏观投资调控等方面业务技能。

四、知识技能

毕业生应获得以下几方面的知识和能力：

① 系统掌握投资学的基本理论和基本知识，通晓与投资学专业密切相关的管理学、经济学、法学等学科的基本知识。

② 掌握社会科学和自然科学相结合、定性与定量相结合的分析方法，具有处理金融投资、风险投资、国际投资、政府投资、企业投资、投资宏观调控等方面的业务技能。

③ 能将投资学的基本理论和方法应用于实践，具有较强的投资组织与决策能力和创新精神。

④ 熟悉国家有关投资的方针、政策和法规，了解国内外本学科的理论前沿和发展动态。

⑤ 具有较强的外语听说读写能力，能熟练地查阅外文文献，具有一定的外语交际能力。

⑥ 具有较强的语言与文字表达能力，能胜任专业论文、各类应用文体的写作以及较强的商务谈判能力。

⑦ 具有较强的计算机应用能力和获取信息并处理信息的能力。

五、主干课程

政治经济学、西方经济学、计量经济学、货币银行学、财政学、会计学、投资学、国际投资、跨国公司经营与案例分析、公共投资学、创业投资、投资项目评估、证券投资学、投资基金管理、投资银行学、公司投资与案例分析、项目融资、投资估算、投资项目管理、房地产金融、家庭投资理财、投资管理信息系统，以及实训课程模拟投资运作等（不同院校的课程设置会有差异）。

六、发展前景

1. 就业方向

主要去向：在证券、信托投资公司和投资银行（如投资公司、上市公司、证券公司、信托公司、风险投资公司、商业银行、保险公司等）从事证券投资。在社会的投资中介机构、咨询公司、财务公司、基金公司、资产管理公司、金融控股公司、房地产公司等，参与操作、协助决策或给予专业建议。在企业的投资部门从事企业投资工作。到各大企业的财会或审计部门、税务部门，参与企业的投资策划与决策、财富理财、风险管理与控制工作。到政府相关部门从事有关投资的政策制定和政策管理，到事业单位如会计师事务所及税务师事务所等税务代理机构、政府财税部门，从事行政管理和建议工作。到高校、科研部门从事教学、科研工作。

2. 就业前景

我国投资活动日益活跃，各种投资均呈现出复杂化与持续快速增长的趋势，社会对投资管理人才也有着旺盛的需求。但市场对人才的要求也很高，既要熟悉最新的投资政策、背景，也要精通各种投资技巧，能够制定合理的投资决策。

2017 年全国开设投资学专业本科的院校共有 158 所，部分高校按典当、期货、信用等专业方向培养。报考硕士较集中的专业：金融、工商管理、金融学、应用经济学。根据阳光高考信息平台统计数据，投资学专业 2017 年普通高校毕业生规模为 4000～5000 人，高考时文理科比例为理科 56%，文科 44%。男女生比例为男生 45%，女生 55%。投资学专业本科就业率 2016 年为 85%～90%，2017 年 90%～95%。

3. 专家建议

① 岗位要看匹配度。

投资学毕业后的就业岗位主要和企业的投资活动和融资活动息息相关，服务企业的这两个活动岗位的都是投资学的就业岗位，但是一般不会有企业会因为求职人员的专业是学投资学的，就让他从事投资类的岗位，岗位都是看匹配度的。投资只是一个统称，企业的投资活动涉及的岗位很多，需要前、中、后各过程的业务岗位人员的密切配合，单单从专业匹配度来说，投资学专业都是符合要求的。

内向性格不建议报考！投资需要善于与人交流，要在言语上打动对方，所以性格必须开朗，若你是内向性格，建议你可以考虑其他方面的专业。

② 相近专业是金融学。

整体来说，投资学专业与金融学没有太大差别。金融学属于经济学的一个分支，课程上更偏向于理论。投资学则是在金融学的基础上更偏实务，对管理也要有一定基础。投资学的定位是与实务联系比较紧密，在计算理论方面都是较为成熟的金融投资理论，与金融市场、资本市场的一些前沿知识相互衔接。

③ 继续深造较为有利。

投资学的许多学生在毕业后会选择继续读研，进一步提高自己的知识储备和能力，一方面是由于现在大学生数量增多，有些企业要求硕士学历，进一步深造在将来找工作时会有更强的竞争力。另一方面是因为投资学涉及的知识范围比较广泛，大学课程的学习无法达到精深的要求，所以必须继续学习。

④ 不是所有人都适合。

学习投资学需要有金融投资的直觉，对资本市场有一定的热爱。有独立思考与逻辑推理的能力，有优秀的数据分析和处理能力，敢于创新和挑战，热爱学习并善于接受新技术。成为一名优秀的投资人不仅要有过硬的专业知识，还要有坚韧的毅力、能够综观全局的视野以及对细节的把控，同时对国家政治生活和社会生活要有全面而深刻的了解，在学习的过程中，这些能力的锻炼也会对未来的发展有莫大的优势。

⑤ 金融实物，各有特色。

现在的投资学界有两种意见，一是将实物投资与金融投资分开，让投资学更偏向于实物投资。二是放在金融学院下，学习纯粹的金融投资。我国的投资学不同于西方注重的金融投资，还包括了实物投资的学习。不同学校的教学在金融投资和实物投资上分别有各自的倾向，如中南财经政法大学投资学专业是由实物投资与金融投资相结合。对外经济贸易大学投资学则是纯粹的金融投资，本质上来说就是金融学的深入。

国内高校金融学专业根据师资定位等，各有特色，同学们可以综合考虑学校的师资情况、课程设置、侧重方向来选择报考学校。如中央财经大学管理科学与工程学院从 1988 年开始招收投资经济管理专业，学校有经济、管理等学科优势，在培养上融实物投资、金融投资于一体。中南财经政法大学的投资学设在金融学院下，既有金融投资，又有传统实物投资的课程，突出对学生在项目融资、产业投资项目决策、金融投资分析与决策、国际投资理论与实践以及投资宏观调控等领域的能力培养。对外经济贸易大学金融学院下设的投资学是北京市特色专业建设点，仅学习金融投资，不涉及实物投资，学院会在大三学生中选拔优秀学生组成 CFA（特许金融分析师）特色班和 FRM（金融风险管理）特色班，分别以通过 CFA 一级考试和获得 FRM 证书为目标，培养具有国际视野的高素质人才，三个专业的课程相通，学生可以根据需求、爱好自主选择。

⑥ 文理兼招还是只招理科需要看清。

有些学校文理兼招，如对外经济贸易大学、首都经济贸易大学、中南财经政法大学、重庆工商大学、山东财经大学等。有些学校只招收理科考生，如西南财经大学、中央财经大学等。上海财经大学在高考改革区一上海、浙江两地不分文理，但在其他地区只招收理科考生，2020 年山东省也同样不分文理。

同学们在报考时要注意仔细了解各院校招生专业目录、专业设置等信息，结合自身情况选择心仪院校。

4. 小贴士

如果认为学了投资学就可以从事投资业，那就错了。本科阶段主要学习基本的经济学基础，其他的完全靠自己的学习实践。毕业之后想进投资银行、证券公司之类的很难，除非在一流学校中出类拔萃，至少是硕士。

课程学习、就业方面都和金融学差不多，几乎没有区别。学金融的能去学投资的岗位，学投资的也能应聘金融岗位。

就业挑学校，投行、四大、券商、咨询公司等看重名校学历。

七、开设院校

2017 年全国开设投资学专业本科的院校共有 158 所。

国际经济与贸易专业

专业代码	中文名	学科门类	一级学科	授予学位	修学年限
020401	国际经济与贸易	经济与贸易类	经济学	经济学学士	四年

一、专业概述

国际经济与贸易是研究国际贸易发生的原因、国际贸易政策、国际贸易实务、跨国投资以及国际贸易与经济发展关系的一门学科，国际经济与贸易就是国家之间的商品和劳务等方面的交换活动。

二、培养目标

培养具有扎实的国际经贸理论基础，掌握国际贸易业务的基本知识和基本技能，熟悉通行的国际贸易规则和惯例，通晓中国对外经贸的政策法规，具备较强的对外贸易操作技能，能从事国际贸易及相关涉外经济活动的经营与管理工作的具有创新精神和实践能力的复合性应用型高级专门人才。

三、培养要求

主要学习马克思主义经济学和国际经济、国际贸易的基本理论和基础知识，受到经济学、管理学的基本训练，具有理论分析和实务操作的基本能力。

四、知识技能

毕业生应获得以下几方面的知识和能力：

① 掌握马克思主义经济学基本理论和方法。

② 掌握西方经济学、国际经济学的理论和方法。

③ 能运用计量、统计、会计方法进行分析和研究。

④ 了解主要国家和地区的经济发展状况及其贸易政策。

⑤ 了解国际经济学、国际贸易理论发展的动态。

⑥ 能够熟练地掌握一门外语，具有听、说、读、写、译的基本能力，能利用计算机从事涉外经济工作。

五、主干课程

高等数学、线性代数、概率论、宏观经济学、微观经济学、国际经济学、计量经济学、统计学、应用统计、国际贸易、国际贸易实务、国际金融、中国对外贸易、外贸运输与保险、国际商法、国际市场营销等（不同院校课程设置有差异）。

六、发展前景

1. 就业方向

可以到国家机关、国民经济综合部门、商业部门、涉外企业、合资企业、大型工商贸易公司或企业从事贸易经济、市场营销、经营管理工作。还能在国内外银行与非银行金融机构从事经营管理工作。在驻外商务机构以及海外驻华商务机构的国际贸易与金融部门从事相关经营管理工作。在工商企业从事国际贸易、金融投资、市场营销、电子商务、国际物流等工作。

2．就业前景

随着全球经济一体化进程的加快以及中国加入 WTO 和一些自由贸易区的建设，国内市场与国际市场进一步接轨，迫切需要一大批具有坚实的国际经济与贸易理论基础、掌握国际经济合作理论与政策、熟悉国际贸易实务、熟练掌握外语的专门人才。

2017 年全国开设国际经济与贸易本科专业的院校共有 756 所，部分高校按以下专业方向培养：CITF、海关业务、跨境电商、贸易经济、外贸会计、保税港区经济、跨境网络贸易、国际商务与报关、跨国公司经营与管理、商品质量检验与管理。报考硕士较集中的专业：工商管理、国际商务、公共管理、国际贸易学。根据阳光高考信息平台统计数据，国际经济与贸易专业 2017 年普通高校毕业生规模为 80000～85000 人，高考时文理科比例为理科 44%，文科 56%。男女生比例为男生 31%，女生 69%。国际经济与贸易专业本科就业率 2016 年 85%～90%，2017 年 90%～95%。

3．专家建议

① 用人单位看重外语水平。

由于大多外贸企业要与海外客户沟通联络，因此国贸专业毕业生必须具备一定外语水平。各类型企业对外语能力的要求略有不同，大型企业特别是国有企业通常要求毕业生具备大学英语六级，而一些中小型企业则更看重商务英语听说能力，要求应聘者能直接与外商进行简单的贸易磋商并签订合同。对于外贸业务员、跟单员等要直接与国外客户打交道的岗位，企业更要求应聘者能够熟练运用外语进行听说读写。

用人单位要求的外语并不仅限于英语，很多企业都招聘小语种的国贸人才。一项以义乌地区外贸公司和出口生产企业为对象的调查显示，该地区外贸企业对小语种的人才需求量较大，60%的企业对外业务中需要用到阿拉伯语，40%需要用到西班牙语，其他应用频率较高的语种还包括韩语、日语、俄语等。

“一带一路”倡议的提出，给外贸企业增加了许多机遇。而外贸企业想要覆盖所有的“一带一路”国家，至少需要涉及 60 余种官方语言，所以对小语种专业的人才有很大的需求。

② 国际贸易竞争力强的城市就业机会多。

国贸专业毕业生可选择国际贸易竞争力强的城市求职，就业机会更多。上海财经大学现代服务经济研究院发布的第二期中国城市国际贸易竞争力指数显示，香港、上海、深圳、广州、北京、苏州、澳门、宁波、天津和杭州排在前十位。这些城市的经济增长较为快速，为国际贸易发展提供了市场基础，外向型经济体与国际市场紧密相连，贸易规模巨大。

另外，排名前列的城市主要分布在我国沿海三大经济圈：环渤海、珠三角、长三角。这些城市位于沿海，拥有上海港、深圳港、广州港、天津港等众多港口。国际贸易市场繁荣势必拉动人才需求，因此，这些城市可以成为国贸专业毕业生的就业首选。例如，上海自贸区设立后需要引进大量人才，其中部分贸易类企业对国贸专业毕业生的需求较大。

③ 700 余所院校，招生各有特色。

2017 年全国开设国际经济与贸易本科专业的院校共有 756 所，分布于不同层次，主要包括综合类院校、财经类院校、理工类院校、语言类院校、师范类院校以及农林等其他院校。考生在考虑院校时，要对该专业的特色和方向有所了解，选择符合自身情况的高校。

北京大学、中国人民大学、复旦大学等综合类院校在专业课程设置上侧重基础教育，针对学科基础必修课和专业基础课给予较多的课时比重，凸显“厚基础，宽口径”的特色。财经类院校在注重学科基础教育的同时，加强专业选修课的比重，突出财经类高校学生的专业特殊性，如对外经济贸易大学的国贸专业有着悠久的历史，是最具竞争力的专业之一，也是国家重点学科；再如中央财经大学国贸专业充分利用了该校金融、经济方面的学科优势，除了普通的国贸专业外，还设立了国贸专业（国际贸易与金融风险管理方向）的双学位本科教育项目。

理工类院校的实践环节课程略多，另外从开设的课程名称上可以看出，理工类大学国贸专业实践性课程比较注重计算机和数理工具的应用，凸显科技在国际贸易决策中的应用特性。如天津工业大学的高仿真、互动式教学实验、实训平台、创造性模拟公司、自主开发性案例教学场所、常态化竞赛机制等为学生能力多样化发展提供了环境和条件。

语言类院校对国贸专业的学生一般都有着极高的外语水平要求。北京外国语大学强调学生要外贸、英语两手抓，不仅使用国内领先水平的国际贸易实务教学软件，还注重学生英语能力的培养，毕业生英语可达到专业八级水平。

④ 报考需要看清录取要求。

在报考国贸专业时，考生和家长还要看清各高校招生章程中对报考该专业的具体要求。

该专业文理兼收，但各高校对该专业的录取要求也不尽相同，有的院校国际经济与贸易专业对所学外语语种也有要求，如中央财经大学国际经济与贸易专业学习期间部分课程采用英语授课，建议非英语语种考生谨慎报考（详见高校招生章程等）。

4．小贴士

目前，国内开设本专业的院校有756所之多，每年本科毕业生多达八万多人，就业压力也大。

本专业就业岗位主要是外贸业务员、外贸专员、外贸助理等，因为工作内容比较广泛，毕业后的薪酬差距还是比较大的，收入也多半和业绩挂钩，工作压力相对很大。

七、开设院校

2017年全国开设国际经济与贸易本科专业的院校共有756所。

贸易经济专业

专业代码	中文名	学科门类	一级学科	授予学位	修学年限
020402	贸易经济	经济与贸易类	经济学	经济学学士	四年

一、专业概述

贸易经济专业是研究特定社会关系条件下商品市场上形成的经济关系及其运动规律的一门经济学科，主要研究其基本范畴和理论、所有制结构、经济结构、经济运行及其发展等内容。

二、培养目标

培养适应社会主义现代化建设需要的德才兼备、高素质复合型的能在工商贸企业从事贸易、营销与管理等实际业务工作和商贸部门管理的高级专门人才。

三、培养要求

要求学生掌握贸易经济基本理论和操作技能。掌握内、外贸企业经营管理所需的经济、法律、财会、数学、金融等多方面的基础知识，能熟练运用外语和计算机技术，基础扎实，知识面宽，分析解决能力强，具备从事政府和企业经营管理工作所需的基本技能。

四、知识技能

毕业生应获得以下几方面的知识和能力：

① 能运用计量、统计、会计方法进行分析和研究。

② 掌握马克思主义经济学基本理论和方法。

③ 了解主要国家和地区的经济发展状况及其贸易政策。

④ 能够熟练地掌握一门外语，具有听、说、读、写、译的基本能力，能利用计算机从事涉外经济工作。

五、主干课程

政治经济学、西方经济学、国际经济学、计量经济学、投资理财、世界经济概论、国际贸易理论与实务、国际金融、国际结算、货币银行学、财政学、会计学、统计学等。

六、发展前景

1．就业方向

本专业学生毕业后可在商业（包括粮食、供销）、外贸系统、国民经济综合部门、大型工贸公司（企业）、涉外企业、合资企业等部门从事经营管理、市场调查与预测、经济活动分析、理论政策研究等工作，也可以从事有关科学研究和教学工作。

2．就业前景

现在大多数院校贸易经济的发展方向是与商业有关的物流及零售、流通领域。此专业培养学生侧重于商业经济管理的思维，并不是某一个专门的技能，课程面非常广。

2017 年全国开设设贸易经济本科专业的院校有 49 所，报考硕士较集中的专业：工商管理、产业经济学、国际商务、公共管理。根据阳光高考信息平台统计数据，贸易经济专业 2017 年普通高校毕业生规模为 2000～2500 人，高考时文理科比例为理科 48%，文科 52%。男女生比例为男生 34%，女生 66%。贸易经济专业本科就业率为 2016 年 65%～70%，2017 年 80%～85%。

3．专家建议

经济贸易专业是教育部保留的特色专业，开设此专业的学校越来越少。大学里的课程有很大一部分都是基础课程，如金融，会计，统计，真正涉及贸易的专业课程也就是贸易理论和实务。

很多时候社会上对于贸易经济和国际经济与贸易两个专业没有进行严格区分，这个专业有种万金油的感觉，可以去银行、贸易公司、会计师事务所、各大企业的营销等部门、政府机构（尤其是海关）等等，就业机会应该是所有专业中最多的了（尤其是和其他经济类专业相比）。但是读贸易经济专业，比较难学到非常专业的技能，锻炼得更多是综合素养。

就业机会要看学校，学校的名气对就业还是有影响的。

2020 年开设本专业的学校只有十几所，多数是老牌商业贸易类院校。至于某些民办大学和独立学院，建议谨慎考虑再报考。

4．小贴士

现在这个专业的毕业生真正从事贸易的比例不高。

七、开设院校

2017 年全国开设设贸易经济本科专业的院校有 49 所。

法学门类学科综述

法学门类学科（03）包括法学类（0301）、政治学类（0302）、社会学类（0303）、民族学类（0304）马克思主义理论类（0305）、公安学类（0306）六个学科大类。

法学类（0301）下设法学（030101K）一个基本专业和知识产权（030102T）、监狱学（030103T）两个特设专业，共三个专业。

政治学类（0302）下设政治学与行政学（030201）、国际政治（030202）、外交学（030203）三个基本专业及国际事务与国际关系（030204T）、政治学/经济学与哲学（030205T）两个特设专业，共五个专业。

社会学类（0303）下设社会学（030301）、社会工作（030302）两个基本专业及人类学（030303T）、女性学（030304T）、家政学（030305T）三个特设专业，共五个专业。

民族学类（0304）下设民族学（030401）一个专业。

马克思主义理论类（0305）下设科学社会主义（030501）、中国共产党历史（030502）、思想政治教育（030503）三个基本专业。

公安学类（0306）的专业均为国家控制布点专业，下设治安学（030601K）、侦查学（030602K）、边防管理（030603K）三个基本专业及禁毒学（030604TK）、警犬技术（030605TK）、经济犯罪侦查（030606TK）、边防指挥（030607TK）、消防指挥（030608TK）、警卫学（030609TK）、公安情报学（030610TK）、犯罪学（030611TK）公安管理学（030612TK）、涉外警务（030613TK）国内安全保卫（030614TK）警务指挥与战术（030615TK）十二个特设专业，共十五个专业。

1．大多数院校在本科阶段不细分专业方向

从广义的法学来讲，法学不仅包括法学类专业（含法学专业、知识产权专业等），还包括政治学类专业（含政治学与行政学专业、国际政治专业、外交学专业等）、社会学类专业（含社会学专业、社会工作专业）、民族学类专业（含民族学专业）、马克思主义理论类专业（含科学社会主义专业、中国共产党史专业、思想政治教育专业）、公安学类（含治安学、侦查学专业、边防管理专业等），它们都授予法学学士。对于法学专业，大多数院校在本科阶段不细分专业方向，采用“厚基础、宽口径”的培养模式。在研究生阶段会选择确定具体专业领域。

2．热门专业，招生有要求

近年来，法学专业一直是考生报考的热门，而在各类就业率排行榜中它总是排名靠后，出现“倒挂”现象。其主要原因是法学专业是一个长线投入的专业，对于梦想当律师的同学，不仅需要有高学历，还要有很强的职业素养。但法学专业也是高回报、上升空间很大的专业，时间越久价值越凸显。

学习法学专业需要有持久的耐心和持续的热情，还得拥有良好的沟通能力、清晰的口头表达和书面表达能力、逻辑思辨能力。

3．司法考试有新要求

需要了解的是，读了法学专业并不意味着就可以当律师，还需要毕业生参加全国统一的法律职业资格考试，合格后才可以申请律师证。不仅律师需要参加法律职业资格考试，法官、检察官、公证员等法律工作者都需要参加法律职业资格考试。

另外，对于未来想从事律师、法官等职业的同学，本科阶段最好读法学类专业。根据 2015 年 12 月 20 日国务院办公厅印发的《完善国家统一法律职业资格制度的意见》，未来法律职业资格考试必须具备以下条件：

① 具备全日制普通高等学校法学类本科学历并获得学士及以上学位。

② 或全日制普通高等学校非法学类本科及以上学历并获得法律硕士、法学硕士及以上学位。

③ 或获得其他相应学位从事法律工作三年以上。

目前，国内院校多采用大类招生，学生和家长有时不一定要拘泥于某一特定专业，关键是选择好专业的大类。对于专业的一些解读，考生和家长可同时参考本大类的所有专业进行综合分析。

对于治安学类的专业，除少数政法类院校外，大多数在公安警察类院校开设，想报考些类专业的考生，需要提前查询相关院校的招生简章。

法学专业

专业代码	中文名	学科门类	一级学科	授予学位	修学年限
030101K	法学	法学类	法学	法学学士	四年

一、专业概述

法学又称法律学或法律科学，是研究法、法的现象以及与法相关问题的专门学问，是关于法律问题的知识和理论体系。

二、培养目标

培养系统掌握法学知识，熟悉我国法律和党的相关政策，能在国家机关、企事业单位和社会团体、特别是能在立法机关、行政机关、检察机关、审判机关、仲裁机构和法律服务机构从事法律工作的高级专门人才。

三、培养要求

主要学习法学基本理论和基本知识，受到法学思维和法律实务的基本训练，具有运用法学理论和方法分析问题和运用法律管理事务与解决问题的基本能力。

四、知识技能

毕业生应获得以下几方面的知识和能力：

① 掌握法学各学科的基本理论与基本知识。

② 掌握法学的基本分析方法和技术。

③ 了解法学的理论前沿和法制建设的趋势。

④ 熟悉我国法律和党的相关政策。

⑤ 具有运用法学知识去认识问题和处理问题的能力。

⑥ 掌握文献检索、资料查询的基本方法，具有一定的科研和实际工作的能力。

五、主干课程

法理学、中国法制史、外国法制史、逻辑学、宪法、行政法与行政诉讼法、民法总论、民法分论、商法、知识产权法、经济法、刑法总论、刑法分论、民事诉讼法、刑事诉讼法、国际公法、国际私法、国际经济法、环境资源法、劳动与社会保障法、法律英语、公文写作与处理等。

六、发展前景

1．就业方向

毕业生可在检察机关、审判机关、行政机关、企业事业单位和社会团体、仲裁机构和法律服务机构从事法律服务工作或者在各类企业从事法律事务。

2．就业前景

法学专业是朝阳学科，从社会需要来看是大有发展前景的，但不可否认的是，相对于经济类、财经类等一些专业就业难度来说，法学类就业出路较窄，甚至是重点大学的毕业生，也因为种种原因没有进入法律系统的。原因主要还是社会对法律人员素质要求非常高，再加上法院、律师事务所等相关法治部门无法接受这样大批的学生涌入，多数学生毕业后只能转行，法学类专业毕业的本科生就业情况并不乐观。

2017 年全国开设法学专业本科的院校共有 618 所，部分高校按以下专业方向培养：检察、经济法、民商法、法务会计、法务金融、律师实务、刑事司法、行政法务、国际经济法、医事法律实务。报考硕士较集中的专业：法律（法学）、法学、民商法学、经济法学。根据阳光高考信息平台统计数据，法学专业 2017 年普通高校毕业生规模为 80000～85000 人，高考时文理科比例为文科 72%，理科 28%。男女生比例为男生37%，女生63%。法学专业本科就业率为2016年80%～85%，2017年80%～85%。

3．专家建议

（1）法学专业毕业的就业方向

1）律师：长期的黄金职业，目前我国对律师的从业资格采取的是严格准入制度，必须通过全国法律职业资格考试。

2）法律顾问：这也是毕业生们的新选择之一，是我国目前法学专业毕业生就业人数最集中的一部分，主要服务于企业的法律事务部、法律咨询部以及知识产权部等，还有一部分供职于政府法律咨询部门，一般政府部门对咨询人员的学历要求较高。

3）单学科就业：除了律师和法律顾问人员之外，由于法学概念上的广泛涵盖性，也存在着大量的单学科优势就业，一般此类职位对专业要求较高，人数较少。

4）会计师、审计师等财会人员：此类岗位一般是经济法专业出身，民商法和行政法出身也是被允许的，前提是要通过考试成为注册会计师。

5）证券业从业人员：此类人员要求对商法与经济法的专业学习达到炉火纯青的地步。

6）环境评估方面从业人员：这是一类新的就业方向，是环境法的相关规定催生的一种职业，此类从业人员要求娴熟的环境法专业知识及通过相应的从业资格考试。

7）新型商务律师：此类律师不同于一般诉讼律师，他们一般有自己的律师事务所，主要针对商务活动中的法律问题开展工作，比如代理追债、代理商务谈判等，此类人员对相关专业知识的要求很高。

8）职业侦探人员：法学涵盖的刑事侦查专业一直是法学的热门，但是现今出现的职业侦探从业人员，也说明了法学其实可以有很多条路可以变通。

9）司法鉴定从业人员：司法鉴定人员是从法医学、刑事侦查学等专业中产生的，目前入行的门槛也比较高。

10）影视法律顾问从业人员：此类人员不仅需要熟悉我国影视方面的法律法规，而且各类专业知识必须都十分全面和详尽，目前很多法学院校开设了广电专业。

11）房地产咨询从业人员：房地产的火爆也带动了一些产业，由于房地产业的政府监管力度和法律上的漏洞，房地产相关法学专业的毕业生很受房地产商的青睐。

12）政府强制监管部门：这类职位很多人都没有听说过，但是恰恰就是这些职业，不仅保障了国家的职能行使，也为自己谋得了安身之本，比如进出口动物检疫局、烟草专卖局、监狱管理部门、工商行政执法等。

13）法制宣传人员：此类人员应该是边缘学科发展和适应我国现实法律宣传需要而产生的，主要就业单位为中央及各省市机关报纸以及专门的法制宣传报纸，如《法制日报》以及各大电视台法制栏目，如今日说法、拍案说法等。

（2）院校众多，报考热门，就业遇冷。

近年来，法学专业一直是文科生报考的热门，实际就业情况并非与填报时一样火爆。由于开设法学专业投入少成本小，有师资就可以开展教学活动，有条件的学校基本都开设了法学专业，造成了法学专业毕业生泛滥且水平参差不齐。2017年全国开设法学专业本科的院校共有618所，目前的法学类专业设置一种是专门的政法类院校。还有一种是综合性大学里的法律系或法学院等。专门的政法类院校学科划分较细，专业化程度高，可使学生接受系统的教育。综合性大学里的法律系或法学院的特色在于可以发挥多学科优势，学生可以跨系选课，有利于建立完整的知识体系。

（3）法律行业是一个有门槛的行业。

大部分法律相关岗位都要求过法考，拿到法律职业资格证书。法律职业资格证书被称为十大难考证之一，目前通过率为百分之十左右。若是想进公检法机构，需要参加公务员考试。若是想当律师，需要实习后拿到执业证。另外，现在的法律行业很看重学校出身以及学历，名校毕业或者研究生情况会好一些。

报考时一定要认真考虑不同学校的专业培养方向。

4．小贴士

2016 年 6 月 8 日，上海市教委在其官方网站公布了 2016 年度本科预警专业名单。鉴于英语、国际经济与贸易、法学、工商管理、物流管理、新闻学、旅游管理、信息管理与信息系统、市场营销、行政管理等 10 个专业在上海市高校重复设置相对较多，在部分高校中连续多年招生录取率和毕业生签约情况不太理想，造成整体指标偏低，经市教委研究，将上述专业列为 2016 年度预警专业。

七、开设院校

2017 年全国开设法学专业本科的院校共有 618 所。

政治学与行政学专业

专业代码	中文名	学科门类	一级学科	授予学位	修学年限
030201	法学	政治学类	法学	法学学士	四年

一、专业概述

政治学与行政学是近代从西方传到中国来的一门学科，属于社会科学。政治学以国家及其活动为主要研究对象，范围涉及政治理论、政治制度、公共政策、公共行政和国际政治等领域，国内高校的法学院一般都设有政治学系或政治学和行政管理学系。

二、培养目标

培养具有一定马克思主义理论素养和政治学、行政学方面的基本理论和专门知识，能在党政机关、新闻出版机构、企事业和社会团体等单位从事教学科研、行政管理等方面工作的政治学和行政学高级专门人才。

三、培养要求

主要学习政治学、行政学、国际政治学和法学等方面的基础理论和基本知识，受到政治学研究、公共政策分析、社会调查与统计等方面的基本训练，掌握调查研究、分析判断和协调组织等方面的基本能力。

四、知识技能

毕业生应获得以下几方面的知识和能力：

① 掌握马克思主义基本原理和政治学、行政学、国际政治学和法学的基本理论知识。

② 掌握辩证唯物主义和历史唯物主义的基本观点和分析方法，以及系统分析、统计分析、调查分析等科学方法或技术。

③ 具有在党政机关、社会团体、新闻出版机构、教育及其他企事业单位从事科研、教学、行政管理以及其他有关专门业务工作的基本能力。

④ 了解有关政治体制、决策过程以及党政管理的法律、制度、方针、政策。

⑤ 了解政治学及行政学、法学、国际政治学和管理科学等相关学科的发展动态。

⑥ 掌握文献检索和资料查询的基本方法和手段，具有一定的科学研究和实际工作能力。

五、主干课程

政治学原理、行政学概论、中国政治制度史、当代中国政治制度、比较政治制度、中国政治思想史、当代西方政治思潮、中国社会政治分析、比较政党制度、市政学、公共政策概论、行政法学、人事行政学、社会调查与社会统计等。

六、发展前景

1．就业方向

可在各级各类党政机关、政府、人大、政协、民主党派、司法、新闻出版机构、工会等部门的政务活动、行政管理、办公室工作，或理论宣传和政治教育。企事业单位、 社会组织的政策法规部门、研究部门、人事与教育培训部门、行政监察部门、综合办公部门、宣传与公共关系部门等的政策分析、组织人事、行政管理、外事交流、 文秘、宣传等方面的工作。基层群众自治组织中的管理岗位。高等教育单位与科研机构的政治学教育研究等。

2．就业前景

据统计，该专业毕业生认为该专业发展前景很好和比较好的比例为23%，38%的毕业生认为该专业发展前景为“不太好”或“很不好”。

2017 年全国开设政治学与行政学专业的本科院校共有 118 所，部分高校按以下专业方向培养：法治政务、比较政治学。全国报考硕士较集中的专业：政治学理论、法律（非法学）、政治学、公共管理。根据阳光高考信息平台统计数据，政治学与行政学专业 2017 年普通高校毕业生规模为 4500～5000 人，高考时文理科比例为文科 90%，理科 10%。男女生比例为男生 37%，女生 63%。政治学与行政学专业本科就业率为 2016 年 80%～85%，2017 年 85%～90%。

3．专家建议

客观来说，政治学与行政学的专业并不是一个特别适合本科就业的专业，这也是文科专业的普遍现象。严格来说，文科专业中的大部分（如社会学、历史、哲学、国际政治等）都没有特别对口的工作，就业主要结合个人能力和素质决定。总的来说，毕业去向主要有以下几个方面：

国内外升学：本专业的本科生可以在国内外就读政治学理论、公共管理、公共政策、法学等方向的硕士研究生。

政府机构、事业单位：通过竞争激烈的公务员考试进入国家公务员或事业单位工作，主要对口工作是行政类的工作。

媒体：一部分同学选择进入媒体工作，政治学专业的学生对于公共事务的讨论和认知更具有深度，媒体在招收记者和编辑时会喜欢招收本专业的学生。

国有企业：一部分同学选择进入中国移动、南方航空、工商银行等国有企业工作，工作的主要方向包括党建管理、文秘、机关职能、人力资源。

民营企业：一部分同学的毕业去向是民营企业，从事的工作和国有企业类似。

总的来说，政治学专业的就业情况和经管类的绝大多数文科类专业一样，主要取决于个人素质和能力。这一专业更适合打算继续深造的学生攻读，在本科期间攻读这一专业，可以为将来打下更好的理论基础。

4．小贴士

本专业需要一定的语言表达能力，语言表达能力较强的在公务员面试的过程中具优势。

此外，选读此专业要乐于读书，有人说政治学与行政学专业是文科第一苦专业，原因在于需要阅读的书籍较多，以积淀自己的理论水平。

七、开设院校

2017 年全国开设政治学与行政学专业的本科院校共有 118 所。

国际政治专业

专业代码	中文名	学科门类	一级学科	授予学位	修学年限
030202	国际政治	政治学类	法学	法学学士	四年

一、专业概述

国际政治专业是研究以国家为主体的国际行为体的跨国互动关系，并进而主要从政治的视角研究影响这种互动关系的一切因素的学科。国际政治学是围绕权力、利益和安全来认识和研究国际社会演变和发展规律，主要是解释国际政治行为体间相互的政治的作用及其演变的一般规律。

二、培养目标

培养具有一定马克思主义理论素养和国际政治、国际法、政治学等方面的基本理论和专门知识，能在党政机关、企事业单位、高校和科研等部门从事外交、外事、对外宣传、教学和研究等方面的国际政治学高级专门人才。

三、培养要求

主要学习政治学、国际政治、世界经济等方面的基本理论和基础知识，受到国际政治和国际形势研究、社会调查与统计等方面的基本训练，具有调查研究、分析判断和协调组织等方面的基本能力。

四、知识技能

毕业生应获得以下几方面的知识和能力：

① 掌握马克思主义基本原理和政治学、国际政治的基本理论、基本知识。

② 掌握社会科学和自然科学相结合的分析方法。

③ 具有在党政机关、企事业单位、高校和科研部门从事涉外、教学和研究的基本能力。

④ 了解我国对外方针政策、法规以及国际组织。

⑤ 了解国际政治的理论前沿和政治学、世界经济的发展动态。

⑥ 掌握文献检索、资料查询的基本方法和手段。

五、主干课程

政治学原理、国际政治概论、国际法与国际组织、国际关系史、当代国际关系、近现代中国外交、国际关系概论、西方国际关系理论、国际政治经济学、美国外交政策、各国政治与经济、经济外交等。

六、发展前景

1．就业方向

毕业生可以通过考试成为国家公务员，在各级党政机关、外事部门工作，负责行政与外事协商以及政策研究。在高等院校或科研院所工作，负责国际政治及相关专业的教学和科研。在中央和地方新闻媒体机构工作，负责创意策划、理论编辑和新闻采编。在科研机构工作，负责相关理论研究和对国家相关政策的分析。

2．就业前景

以中国人民大学为例，据中国人民大学数据统计，国际政治专业毕业生中，63%的学生在毕业之前或刚刚毕业时找到工作，37%的学生在毕业 1 年以后实现就业，与其他专业相比，应届就业率指数属于中等偏下。随着我国的进一步开放和“一带一路”的发展，会给这个专业的前景带来一定好的影响。

全国开设国际政治专业本科的院校共 47 所，部分高校按以下专业方向培养：公共外交、经济外交、国际政治经济。报考硕士较集中的专业：国际关系、国际政治、法律（非法学）、政治学。根据阳光高考信息平台统计数据，国际政治专业 2017 年普通高校毕业生规模为 1500～2000 人，高考时文理科比例为文科 79%，理科 21%。男女生比例为男生 33%，女生 67%。国际政治专业本科就业率为 2016 年 85%～90%，2017 年 85%～90%。

3．专家建议

① 专业不算成熟。

国际政治类专业即使在西方也并不成熟，国内起步更晚。国内国际政治类专业的三个老牌院校是北京大学、复旦大学和中国人民大学，其设置国际政治系有近 50 年的历史。虽然现在招收国际政治类专业的院校越来越多，但大多院校的国际政治专业是从历史系、马克思主义学院、科学社会主义与国际共产主义运动史专业、政治学与行政系、新闻学系，还包括一些经济类专业发展而来。

由于该类专业需要知识、能力积累，所以在本科学习阶段，概论性多，主要有：国际政治学概论、外交学概论、国际政治经济学概论、政治学概论、国际关系史、国际组织概论、当代国际关系、中国外交史概论……有的同学面对一大堆概论可能会觉得头疼，但这些正是深造的基础所在。只能通过阅读和研究，才能具备有竞争力的综合素质，比如学术能力、人际交往能力和政治素质等。

当然，不得不承认，面对这类需要理论积累、深度研究的专业，对于本科生毕业直接就业的帮助的确不大。如果你对此类专业涉及领域感兴趣的话，做好深造的打算是必要的。

② 就业不理想。

对于国际政治类专业的就业方向，有些同学会想当然以为研究国际政治的，以后毕业就是去外交部。但事实是，外交部每年并不招很多国际政治的学生，相比于学习语言和其他专业的学生，国际政治专业本科毕业的学生并不具有太多的优势。从专业对口的行业和部门讲，与国际政治类专业比较对口的部门是国家安全部、中联部、外交部等，但近几年就业时能专业对口的仅仅是少数。

综合全国国际政治类专业学生毕业去向来看，大多数选择了继续深造，有寥寥少数人进了国安部、外交部，就业的大部分还是选择一些对专业限制较低的行业和职位，如银行（不限专业）、新闻机构、大学生村官、企业等。

如果有意在这个专业上继续深造，则需要认真熟悉该专业领域，了解各高校研究特色和长处，审慎选择，同时做好准备迎接长期的研究生涯。

4．小贴士

开设本专业名牌学校，由于“名牌效应”的作用，毕业生大多选择继续深造，或考研或出国。若考虑公务员或者事业单位任职的话，研究生相对本科生有压倒性优势。

七、开设院校

2017 年全国开设国际政治专业本科的院校共 47 所。

外交学专业

专业代码	中文名	学科门类	一级学科	授予学位	修学年限
030203	外交学	政治学类	法学	法学学士	四年

一、专业概述

外交学专业是研究主权国家外交政策的制定和外交行为的实施及其规律的学科。主要研究对象是国家对外行使主权的外交行为和国家实施对外政策的外交实践经验。

二、培养目标

培养具有一定的马克思主义理论素养和强烈的爱国心，对国际事务和中国外交有系统全面的了解，有交际和谈判的能力，在政治、业务、作风、纪律和语言方面具有较高的综合素养，能在外交和其他外事部门从事实际工作、国际问题研究和教学工作的外交学专门人才。

三、培养要求

主要学习外语、外交学和国际政治、法律、经济知识，接受有关理论、发展历史和现状等方面的系统教育。

四、知识技能

毕业生应获得以下几方面的知识和能力：

① 掌握马克思主义的基本原理和关于国际关系的基本理论。

② 能熟练地运用一门外语独立从事工作。

③ 掌握该专业的基本理论、基础知识以及与该专业有关的国际法、国际经济和国际政治等学科的知识。

④ 有较强的汉语基本功和写作能力，以及交际和谈判的能力。

⑤ 具有一定的实际工作能力和调研能力，以及从事国际问题研究的初步能力。

五、主干课程

政治学、外交学、国际关系理论、当代中国外交、国际政治导论、国际关系史、当代国际政治与多边外交、国际法与国际组织、外国政治制度、宗教与国际政治、谈判学等。

六、发展前景

1．就业方向

可在各级党政机关、外事部门、新闻单位和教学科研机构从事外事外交、政策研究、对外宣传、国际新闻采编、教学科研和行政管理等工作。也有部分进入非公有制民营企业从事与外语能力相关的职业。

2．就业前景

中国的未来是一个在外交领域不断壮大的未来，伴随着中国国际地位的不断提高，无论是政府还是企业，需要处理的对外事物越来越多，也越来越复杂。

2017 年全国开设外交学专业本科的院校共 11 所，全国报考硕士较集中的专业：国际关系、外交学、国际政治、公共管理。根据阳光高考信息平台统计数据，外交学专业 2017 年普通高校毕业生规模为 300～350 人，高考时文理科比例为文科 64%，理科 36%。男女生比例为男生 23%，女生 77%。外交学专业本科就业率为 2016 年 90%～95%，2017 年 90%～95%。

3．专家建议

① 外交学与国际政治和国际关系的区别。

外交学专业与国际政治和国际关系专业有着密切的关系，但也有明显的区别。外交学专业侧重于研究国家对外交往的实践活动，具有强烈的应用性和实践性，其研究领域包括一般外交学理论与实践和具体国家外交政策两个方面。在理论方面，研究外交的本质、目标和类型，不同外交理论与和范式的比较，一般对外决策理论和模式等。在实践方面，主要研究外交史、外交手段和技巧、外交礼仪和规范、具体国家的外交政策外交行为分析等。

国际政治专业更偏重于理论研究，研究以国家为主体的国际行为体的跨国互动关系，并进而主要从政治的视角研究影响这种互动关系的所有因素。

② 虽然时代急需，但需求量小。

我们国家研究国际政治和外交的人才都在北京等中心城市，需求量不是很大，对个人能力要求非常高，能做这个工作的学生基本都在外交学院、人民大学、国际关系学院等少数几个学校，所以要想在这个专业上有所成就选择那些有一定实力的院校，这样就业就比较容易。

目前，随着国家的对外开放的扩大和“一带一路”建设的不断推进，企业走向世界的也越来越多，也会给这个专业带来一定的前景。

4. 小贴士

设有外交学专业的高等院校不多，毕业生的数量也很少，高考可以选择的学校也很少，请慎重考虑。

七、开设院校

2017 年全国开设外交学本科专业的学校共 11 所。

社会学专业

专业代码	中文名	学科门类	一级学科	授予学位	修学年限
030301	社会学	社会学类	法学	法学学士	四年

一、专业概述

社会学是一门分析各种社会现象，研究社会中人的行为，探求如何解决社会问题的学科，研究领域涉及我们身边的家庭、学校、企业、国家乃至国际社会。

二、培养目标

培养具备全面的社会学理论知识和较熟练的社会调查技能，能够在教育、科研机构、党政机构、企事业单位、社会团体中从事社会的研究与调查工作，在政策研究与评估、社会规划与管理、发展研究与预测等工作的高级专门人才。

三、培养要求

主要学习理论社会学和应用社会学的基本知识，受到社会研究和社会调查技能以及表达能力的基本训练。具有理论分析、实证调查研究等多方面的基本能力。

四、知识技能

毕业生应获得以下几方面的知识和能力：

① 掌握马克思主义基本原理和社会学的基本理论、基本知识，熟悉中外社会学主要学派与学说，并善于运用马克思主义理论分析各种具有重大影响的社会理论和思潮。

② 熟练掌握社会学调查方法和技能，及社会统计方法：

③ 了解国情，善于分析各种社会现象和问题，具有初步的科学研究能力和较强的论文写作和语言表达能力。

④ 了解党和政府的重大方针、政策、法律和法规，了解国内外的重要事件及其发展。

⑤ 了解现代社会学的前沿理论及重要研究领域中的新进展。

⑥ 掌握文献检索、资料查询的基本方法和手段。

五、主干课程

社会学概论、社会研究方法、社会心理学、中外社会思想史、古典及现代社会学理论、社会统计与计算机应用、中国社会等。

六、发展前景

1．就业方向

可在各种企业的业务部、营销部、策划部从事业务、营销和市场调查、公关策划、市场策划等工作。可在咨询类机构和公司从事公关策划、公共形象设计、文秘等工作。可在各种公司从事人事或人力资源工作。在报纸、杂志、电台、电视台、网站等传媒从事记者、编辑、社会评论、信息量化分析、策划等。在工会、青年、妇女等各种社会团体、各类科技园区、社会社区中从事各类社会工作的管理、咨询与服务工作。在中外 NPO、NGO 组织如中国的儿童村、环境保护组织等从事相关工作。

2．就业前景

很多人认为社会学在国内是冷门专业，其实不然，清华大学、北京大学、南京大学等双一流、“211 工程”院校，都将其列为世界级一流学科，并为之设立硕博点。从另一个角度看，许多国家都把研究社会现象当作一件要紧事，这关系着国家能否更好治理社会，为其提供一定依据。在一些发达国家和发达地区，社会学相关的工作是一个很常见的高薪高价值并受人尊敬的职业。只要社会在进步和发展，社会学就仍然是一门重要的学科，它是记录与分析社会历史进程必不可少的因素。

全国开设社会学专业本科的院校共 103 所，部分高校按法律、民俗、司法社会工作等专业方向培养。全国报考硕士较集中的专业：社会学、社会工作、法律（非法学）。根据阳光高考信息平台统计数据，社会学专业 2017 年普通高校毕业生规模为 3500～4000 人，高考时文理科比例为文科 83%，理科 17%。男女生比例为男生 33%，女生 67%。社会学专业本科就业率为 2016 年 80%～85%，2017 年 85%～90%。

3．专家建议

① 就业前景广阔，目前社会普遍认识不足。

从理论上讲，社会工作专业就业前景非常广阔，就业范围很宽，机关、企事业单位、公益组织、社区、学校，只要有人的地方就有专业需要。国家社会工作专业人才培养规划很宏伟，但是现实并不乐观，目前除国有组织外的社工的待遇还较低，直接影响了对口就业选择，主要原因是在我国长期的主导型社会结构和环境中，各级各方面对专业社会工作的认识不足，重视不够。

随着经济的进一步发展和对社会稳定和谐水平要求的提高，该专业就业前景逐步会有改观，特别是大量的购买专业社会服务形式的增加，社工待遇将普遍等同于国有事业单位工作人员，专业对口就业就将成为主流，这需要一定的时间。实际上深圳、广州及上海等地已有成功探索的经验，如果国家社会管理改革能够进一步深化，时间也许会缩短，但是各地情况会差别很大。

② 需求与经济和社会的发展密切相关。

经济越发达，社会越进步，就越需要专业社会工作，因此社会工作前景还是光明的。另外，社会工作专业学习对个人的心理健全、人格完善、客观科学看待和处理复杂社会问题的能力提高具有积极的意义。

社会学还有自己一套专门的研究方法，比如通过观察、采访、舆论调查来搜集资料，并运用统计技术和计算机技术进行资料分析，因此社会学专业需要一定的数学、统计学知识和相应的计算机技能。

4．小贴士

现阶段，社会学的毕业生除了考公务员外，一般是去公司做文秘、行政、文员等实际工作，或者到社区从事社会服务性工作。

社会学需要很强的语言和文字的表达能力、人际交往的能力、处理突发事件的能力，以及要有吃苦耐劳的精神，要有爱心、有耐心。

七、开设院校

2017 年全国开设社会学专业本科的院校共 103 所。

社会工作专业

专业代码	中文名	学科门类	一级学科	授予学位	修学年限
030302	社会工作	社会学类	法学	法学学士	四年

一、专业概述

社会工作是一种帮助人解决与社会环境发生问题的工作，如帮助社会上的贫困者、老弱者、身心残障者和其他弱势人群。预防和解决部分因不良互动方式而产生的各种社会问题。开展社区服务，完善社会功能，提高社会福利水平和社会生活素质，实现个人和社会的良好互动，促进社会的稳定与发展。

二、培养目标

培养具有基本的社会工作理论和知识，较熟练的社会调查研究技能和社会工作能力，能在民政、劳动、社会保障和卫计委门，及工会、青年、妇女等社会组织及其他社会福利、服务和公益团体等机构从事社会保障、社会政策研究、社会行政管理、社区发展与管理、社会服务、评估与操作等工作的高级专门人才。

三、培养要求

主要学习社会工作的基本理论，树立社会工作的价值理想，学习和掌握开展社会工作的技能与方法，使学生具备进行社会调查研究的方法与技能，掌握理论分析、实证研究、社会实践等多方面的基本能力。

四、知识技能

毕业生应获得以下几方面的知识和能力：

① 了解社会学的理念和方法。

② 熟练掌握社会工作的各种技能和方法，善于运用理论、知识和方法帮助困难群体走出困境，从事正常生活并获得发展。

③ 熟练掌握社会调查方法和技能及社会统计方法。

④ 了解与做好社会工作有关的重大方针、政策、法律和法规，有通过社会工作实践和社会工作研究影响社会政策的价值取向和基本能力。

⑤ 具有初步的科学研究能力，善于了解国情，善于分析各种社会现象和问题，具有较强的论文写作和语言表达能力。

⑥ 掌握文献检索、资料查询的方法，具有一定的实际工作能力。

五、主干课程

社会保障概论、中国社会思想史、心理咨询、犯罪心理学、组织社会学、青少年社会工作、老年社会工作、妇女社会工作、学校社会工作、残障社会工作、家庭社会工作、医务社会工作、社会问题概论、社会政策、现代社会福利思想等。

六、发展前景

1．就业方向

毕业生可在民政、妇联、慈善机构、社会团体机构、社区服务机构、街道办事处、专业社工机构等从事相关工作。

2．就业前景

在发达国家和地区，社工体系已经非常完善和专业，社工们是维系社会健康运转的重要力量，在预防犯罪特别是预防青少年犯罪、老人陪护等扶持帮助社会弱势群体方面，已经是社会不可缺少的一环。随着我国经济和社会的高速发展，许多社会问题也随之增加，解决这些问题的途径之一就是加强社工体系的建设。

2017年全国开设社会工作专业本科的院校共有325所，部分高校按以下专业方向培养：医学、社会福利、社区管理、矫正社会工作、企业社会工作、社会养老服务与管理。报考硕士较集中的专业：社会工作、社会学、法律（非法学）、公共管理。根据阳光高考信息平台统计数据，社会工作专业2017年普通高校毕业生规模为12000～14000人，高考时文理科比例为文科81%，理科19%。男女生比例为男生30%，女生70%。社会工作专业本科就业率为2016年85%～90%，2017年85%～90%。

3．专家建议

① 社会工作是社会学在实践领域的体现，参考社会学专业的相关资料。

② 理想很丰满。

社会工作者职业涉及的面极其广泛，医院内从事病人心理疏导工作的人员、司法机构处理和疏导家庭纠纷的人员等，均属于社会工作者范围。

按照“大市场，小政府”的发展趋势，以及参照上海正在实行的“政府购买服务”等政策（由政府通过招标，聘请民间服务机构帮助社区矫正人员、吸毒人员和问题青少年等人群回归社会等），上述社会工作终究会从民政、司法、卫生等执法系统中剥离出来，市场化、社会化——这都会提供大量的社会工作机会。

专家预计，未来我国社会将慢慢形成社工意识，而政府也将随之出台配套政策，社会工作这个新兴的职业将会有很好的发展前景。根据劳动与社会保障部门的统计，2017年全国30余万工作人员中三分之一学历在大专以下。仅按上海市政府规定为全市近3000个居（村）委会配备两名就业援助员和社会救助员一项，就需要6000人。

早在2003年，上海市人事局、民政局联合推出的《上海市社会工作者职业资格认定暂行办法》并于同年6月起开始实施，上海将实现所有社会服务工作人员都须进行资质认证后上岗，其服务内容包括社会救助、社会福利、社会矫治、心理疏导以及婚姻介绍和殡葬服务等行业。

③ 确定自己的职业兴趣是否与专业一致。

如果职业兴趣与专业不匹配，那意味着毕业后你必将转行。这样的话，建议你做一个职业兴趣测试，找到与你性格最匹配的行业和职业，然后再通过各种渠道搜集这些行业和职业的信息，然后再根据自身条件，尽早确定你毕业后希望从事的职业。

有很多社工专业的学生还没毕业或刚上大学就认识到自己是否适合走这条路，最好是在报考时就清楚自己想要的是什么，才是真正地对自己负责。

如果被调剂到这个专业，首先要明白自己是不是真的要从事社工的职业，如果拿不定主意请跟高年级同学或找个你信任的老师谈谈，不要等到毕业才后悔，耽误的是自己的青春和时间。

如果职业兴趣与专业匹配，也建议在学好社会工作专业课程的同时，另外能有一技傍身，因为，谁都无法保证你在毕业后能百分之百对口就业。

对于专业社工来说，社会学、心理学、管理学、社会统计学、个案、小组工作等专业学科十分重要，当然，大学英语和计算机则是重中之重，因为熟练掌握英语和计算机就相当于拿到了一把通往更高层次大门的钥匙，等于拥有让你在职业发展过程中“进可攻，退可守”的武器：如果社工职业发展不顺利，你可以在英语、数学能力强的基础上考研。

4．小贴士

在发达国家和地区，从事社会工作是一项非常崇高和体面的工作，报酬也很不错。近在咫尺的我国香港地区，社会工作者收入稳定，一般初级社工月薪在1.2万元～1.8万元港币，高级社工年薪能达到40万元港币以上。

而在内地，情况则大大不同，社工的薪资还没有统一的标准体系。除了每年民政部以公务员等形式招聘的一部分毕业生有稳定收入之外，其他职位例如福利院或街道办的社工，其待遇不过和普通护理工作人员差不多，由于人事编制问题，他们的户口、住房等大多都很难解决。

七、开设院校

2017年全国开设社会工作专业本科的院校共有325所。

民族学专业

专业代码	中文名	学科门类	一级学科	授予学位	修学年限
030401	民族学	民族学类	法学	法学学士	四年

一、专业概述

民族学专业是研究民族的发生、发展和变化的专业。主要通过实地调查、分析文献资料和比较研究，弄清各民族的社会经济结构、政治制度、社会生活、家庭婚姻、风俗习惯、宗教信仰、语言文字、文学艺术、道德规范、思想意识等。

二、培养目标

培养具备系统的民族学基本知识、有进一步培养潜能的民族学专门人才，以及能在国家机关、文教事业、新闻出版、社会团体和各类企事业部门从事实际工作的应用型、复合型高级专门人才。

三、培养要求

主要学习民族学的基本理论，了解中国民族和族群、中国社会与文化的基本情况，掌握民族学研究的基本方法，受到体质人类学、语言学及考古学等方面的基本训练。

四、知识技能

毕业生应获得以下几方面的知识和能力：

① 掌握马克思主义的基本原理和民族学的基本理论、基础知识，对有关的社会科学与自然科学知识有一定的了解。

② 掌握基本的民族学调查方法与分析方法，以及口头表达和文字表达能力。

③ 具有一定的创造性思维能力和从事民族学研究的初步能力。

④ 熟悉我国有关少数民族、社会文化方面的方针、政策和法规。

⑤ 了解国内外民族学界最重要的理论前沿和发展动向。

⑥ 掌握文献检索、资料查询、抽样调查的基本方法和手段。

五、主干课程

人类学、民族学导论、文化人类学、民族学、人类学史、生态人类学、民族学调查方法、中国民族概论、世界民族概论、民族考古学、民族经济学、族群与家族、民族理论与政策、民族学概论、社会学概论、民俗学概论、中国文化史、世界文化史、人类学通论、宗教文化学、区域经济学、市场营销、文化经济学等。

六、发展前景

1．就业方向

可在各级党政机关中的民族、宗教、统战、民政、侨务、旅游、文物、博物馆等部门以及相关的政策研究机构、事业单位、群众团体和各类公司、驻华机构、基金会等非营利组织从事民族相关工作。

2．就业前景

民族学这一被大家公认的“冷门”专业，近年来就业前景也不理想。据统计，民族学专业毕业生认为该专业发展前景很好和比较好的比例为17%，50%的毕业生认为该专业发展前景为“不太好”或“很不好”。

2017年全国大学中设民族学本科的院校有24所，报考硕士较集中的专业：民族学、人类学、法律（非法学）。根据阳光高考信息平台统计数据，民族学专业2017年普通高校毕业生规模为600～700人，高考时文理科比例为理科3%，文科97%。男女生比例为男生34%，女生66%。民族学专业本科就业率为2016年80%～85%，2017年80%～85%。

3．专家建议

专业对口相关单位的容纳量有限。

报考民族学专业的学生不要只考虑学校的知名度，还要兼顾学校的所在地，最好是多民族的省份，例如云南大学所在地云南就是一个多民族的省份，少数民族多，民族语系多，有丰富的民族文化和民族传统，有很高的研究价值和很多的实习机会。

4．小贴士

喜欢的人觉得这个专业很有意义，不喜欢的人觉得这个专业很空。

本科毕业，基本没有对口的岗位，而且考公务员的职位也非常之少。

七、开设院校

2017年全国大学中设民族学本科的院校有24所。

科学社会主义专业

专业代码	中文名	学科门类	一级学科	授予学位	修学年限
030501	科学社会主义	马克思主义理论类	法学	法学学士	四年

一、专业概述

科学社会主义专业主要研究科学社会主义理论与实践、中国社会主义建设与当代中国政治、当代世界社会主义、国际政治、中外政治制度、公共管理等主要内容。

二、培养目标

掌握科学社会主义与国际共产主义运动、当代世界社会主义与国际政治、中国特色社会主义与当代中国政治、公共管理的基本理论和基础知识，接受政治学研究、公共政策分析、社会调查与统计、理论写作和外语等方面的基本训练，具有观察问题、分析问题和解决问题的基本能力，培养能够在党政机关、外事部门、新闻舆论、高等院校、科研机构等从事理论研究与实际工作的高级专门人才。

三、培养要求

主要学习马列主义、毛泽东思想、邓小平理论、“三个代表”重要思想、科学发展观、习近平新时代中国特色社会主义思想和国际共产主义运动的基本理论和基本知识，受到理论写作和外语等方面的基本训练，具有在马克思主义指导下观察问题和分析问题的基本能力。

四、知识技能

毕业生应获得以下几方面的知识和能力：

① 掌握政治学科的基本理论、基本知识。

② 掌握科学的分析方法。

③ 具有分析、观察、解决问题的基本能力。

④ 了解党的有关方针、政策和法规。

⑤ 了解科学社会主义和国际共产主义运动方面的发展状态。

⑥ 掌握文献检索、资料查询的基本方法，具有一定的科学研究和实际工作能力。

五、主干课程

科学社会主义原理、国际共产主义运动史、当代世界社会主义、国际政治概论、世界经济概论、世界近现代史、中外政治思想史、中外政治制度史、中华人民共和国国史、中国特色社会主义理论、政治学原理、行政管理学、行政法学、领导科学、各国公务员制度、法律基础、社会学、社会调查与方法、计算机基础、专业外语等。

六、发展前景

1．就业方向

一般到国家机关、文教事业、新闻出版、社会团体和各类企事业部门从事理论宣传、教学研究和实际工作。

2．就业前景

2017年仅山东大学一所学校开设本专业，以“人才培养特色班”模式培养学生，每年招生12人左右，按照高于校级基地班的保送研究生比例选拔学生保送校内研究生。

3．专家建议

根据自己的爱好考虑本专业。

4．小贴士

爱好最重要。

七、开设院校

2017年仅山东大学一所学校开设本专业。

中国共产党历史专业

专业代码	中文名	学科门类	一级学科	授予学位	修学年限
030502	中国共产党历史	马克思主义理论类	法学	法学学士	四年

一、专业概述

中国共产党历史专业经过了六十多年的发展，已经成为在全国同类学科中处于领先地位，并在国内外学界享有良好声誉和一定影响力的优势和特色学科。

二、培养目标

培养能从事中国革命史、中国共产党党史教学与研究工作以及理论宣传、党务工作的高级专门人才。

三、培养要求

主要学习中国革命史、中国共产党历史的基本理论和基本知识，受到运用马克思主义的立场、观点和方法分析、认识中国革命的历史经验的基本训练。

四、知识技能

毕业生应获得以下几方面的知识和能力：

① 掌握马克思主义的基本原理，全面理解中国共产党领导下的中国人民进行新民主主义革命、社会

主义革命和建设的历程和经验。

② 了解毛泽东思想的形成和发展及其基本内容。

③ 掌握科学的分析方法。

④ 了解党的建设理论和党的纲领、路线、方针、政策。能运用马克思主义的立场、观点和方法理论联系实际地分析和研究党的建设中的有关问题。

⑤ 能理论联系实际地运用马克思主义的立场、观点和方法研究中国革命的经验教训。

⑥ 掌握文献检索、资料查询的基本方法，具有一定的科学研究和实际工作能力。

五、主干课程

马克思主义哲学原理、马克思主义政治经济学概论、科学社会主义理论与实践、毛泽东思想概论、中国特色社会主义理论体系概论、政治学概论、史学概论、中国近代史、中共党史、中国近现代政治思想史、政党学、党的建设理论与实践、党务管理、当代中国政府与政治、当代中国社会思潮、当代中国社会问题、世界近现代史、统一战线理论与实践、国家公务员制度、中共党史文献选读、马克思主义经典著作选读、海外中共党史研究等。

六、发展前景

1. 就业方向

主要在教育局、政策研究室、党史研究室、党政机关、政府部门等机构就职，从事党校教师、党务干事、党建管理的职务。

2. 就业前景

目前城镇基层机关的党务专业人员缺乏，其他党政机关、企事业单位、政府机构均需要合格学历的政工干部充实队伍，除继续研究生深造外，可考取公务员或从事教师职业及行政事务。

2017 年全国开设中国共产党历史专业本科的院校有 8 所，报考硕士较集中的专业：中共党史、政治学、马克思主义理论、法律（非法学）。根据阳光高考信息平台统计数据，中国共产党历史专业 2017 年普通高校毕业生规模为 100～150 人，高考时文理科比例为理科 0，文科 100%。男女生比例为男生 32%，女生 68%。中国共产党历史专业本科就业率为 2016 年 95%～100%，2017 年 95%～100%。

3. 专家建议

不分文理的情况下，竞争会相对更激烈。

4. 小贴士

对这个专业感兴趣的同学不妨试试。

七、开设院校

2017 年全国开设中国共产党历史专业本科的院校有 8 所。

思想政治教育专业

专业代码	中文名	学科门类	一级学科	授予学位	修学年限
030503	思想政治教育	马克思主义理论类	法学	法学学士	四年

一、专业概述

思想政治教育是我国教育的一项基本内容，随着社会主义市场经济的发展、政治意识的提高，追求人的自由、人的全面发展，已经成为教育的根本任务之一。

二、培养目标

培养具备马克思主义基本理论和思想政治教育专业知识，能在党政机关、学校、企事业单位从事思想政治工作的专门人才。

三、培养要求

主要学习马克思主义、毛泽东思想、邓小平理论、“三个代表”重要思想、科学发展观、习近平新时代中国特色社会主义思想和思想政治教育专业的基本理论和基本知识，受到思想政治教育专业技能与方法的基本训练，掌握从事思想政治工作的基本能力。

四、知识技能

毕业生应获得以下几方面的知识和能力：

① 掌握思想政治教育专业的基本理论、基本知识。

② 掌握马克思主义的基本原理和科学分析方法。

③ 具有从事思想政治工作的基本能力。

④ 了解党和国家的有关方针、政策和法规。

⑤ 了解思想政治教育学科专业的理论前沿、发展动态。

⑥ 掌握文件检索、资料查询的基本方法，具有～定的科学研究和工作能力。

五、主干课程

政治学理论、马克思主义哲学、马克思主义政治经济学概论、科学社会主义概论、马克思主义中国化研究、中国政治思想史、西方政治思想史、中国革命史、中华人民共和国国史、国际共产主义运动史、法学概论、民法学、刑法学、伦理学、逻辑学、管理学、教育学、心理学、思想政治教育原理、思想政治教育史、思想政治教育案例分析等。

六、发展前景

1．就业方向

主要在各类单位从事思想政治教育及管理。已毕业人员从业方向有公务员、助理、秘书、文员、高中教师、初中教师、大学教师、小学教师等。

2．就业前景

20 世纪 80 年代以来，国家和政府加大了思想政治建设的力度，思政教育重新被提升到关乎现代化建设前途和命运的位置上来。思政专业毕业生在就业选择上的面还是比较宽的，可以从事中小学、中专、大专的政治教育教师，也可以发展成为管理干部，政工干部、思想宣传工作者等。

2017 年全国开设思想政治教育专业本科的院校共有 266 所，部分高校按法制教育、青年社会心理、心理健康教育等专业方向培养。报考硕士较集中的专业：学科教学（思政)、思想政治教育、马克思主义理论 、马克思主义中国化研究。根据阳光高考信息平台统计数据，思想政治教育专业 2017 年普通高校毕业生规模为 16000～18000 人，高考时文理科比例为理科 2%，文科 98%。男女生比例为男生 21%，女生 79%。思想政治教育专业本科就业率为 2016 年 85%～90%，2017 年 85%～90%。

3．专家建议

思想政治教育专业分两个范畴：一是属于教育学专业，将来可以到学校教思想政治课。二是属于非师范类的政工工作，将来可以到企事业单位搞政工工作。

本专业毕业生，在就业选择上，面还是比较宽的，主要从事思想宣传工作、高校学生工作等，其发展方向可以是管理干部、政工干部、思想宣传工作者、中学政治课教师、高校思想政治教学科研骨干、高等或中等学校从事马克思主义理论与思想政治教育学科的教学与科研等高级人才。

此外，毕业生也可根据自己的职业兴趣、特长、职业气质等方面在新闻机构从事政治、时事方面的报道，也可在企业的政工科、工会、宣传部等部门就职。

4．小贴士

本专业以师范类院校为主。

思想政治教育专业是这几年来正在悄悄变热的一个小众冷门专业。

七、开设院校

2017年全国开设思想政治教育专业本科的院校共有266所。

侦查学专业

专业代码	中文名	学科门类	一级学科	授予学位	修学年限
030602K	侦查学	公安学类	法学	法学学士	四年

一、专业概述

侦查学是法学门类下公安学的重要分支，它是以侦查活动及其规律、侦查制度和侦查理论、犯罪活动的规律及特点为研究对象的科学，是集科学性、实践性为一体的综合性应用科学。

二、培养目标

培养具有坚定正确的政治方向、严格的组织纪律观念、良好的职业道德，有为维护国家安全、社会安定而献身的精神，熟悉我国公安工作的路线、方针、政策和相关法律、法规，系统掌握侦查学专业的基本理论、基本知识和基本技能，能在公安、检察、国家安全等部门从事侦查工作、刑事执法工作、预防和控制犯罪以及侦查学教学、科研等方面工作的高级专门人才。

三、培养要求

主要学习侦查学的基本理论和基本知识，接受刑事执法、侦查破案的基本训练，掌握侦查学理论和技术，有分析问题、解决问题的实际工作能力和创新能力。

四、知识技能

毕业生应获得以下几方面的知识和能力：

① 掌握法学、侦查学的基本理论、基础知识。

② 掌握侦查手段和侦查技术。

③ 具有较强的侦查指挥、刑事执法的基本能力。

④ 熟悉公安工作的方针、政策和法规。

⑤ 掌握擒拿格斗技术、警用武器应用技术等技能，身体素质达到规定标准。

⑥ 掌握公安研究的基本方法，具有一定的教学、科学研究和实际工作能力。

五、主干课程

公安学基础理论、犯罪学、公安管理学、刑法、刑事诉讼法、行政法与行政诉讼法、自卫擒敌、射击、刑事侦查学、物证技术学、法医学、侦查讯问学、现场勘查学等。

六、发展前景

1．就业方向

主要在检察、国家安全、军队保卫以及公安、工商、税务、审判、海关、纪检、监察等部门从事侦查、稽查、刑事、执法工作，预防和控制犯罪以及侦查学教学、科研等方面的工作。如：

在各级公安、边防、国家安全、海关等部门和人民检察院系统从事侦查、刑事执法、预防和控制犯罪、缉毒、缉私等方面工作。在党政机关、社会团体、企事业单位从事党政管理、纪检监察、治安保卫与防范、行政执法等工作。在劳教劳改系统担任监狱、劳教劳改干警等。在各级警校和科研机构从事侦查学教学与研究工作。

2．就业前景

侦查学专业在公安类专业中是比较好的，因为这个专业就全国来说需求量是最大，而这个专业的适应能力也是比较强，可以胜任一些非本专业的公安工作。

2017 年全国开设侦查学专业本科的院校共有 31 所（非公安警察类院校有华东政法大学、西南政法大学、中南财经政法大学、中国政法大学、西北政法大学），部分高校按以下专业方向培养：反恐怖、公安情报、技术侦察、视频侦查、铁路反恐、狱内侦查、预审监管、网络犯罪侦查。报考硕士较集中的专业：公共管理、法律（非法学）、公安学、法学。根据阳光高考信息平台统计数据，侦查学专业 2017 年普通高校毕业生规模为 6000～7000 人，高考时文理科比例为理科 61%，文科 39%。男女生比例为男生 83%，女生 17%。侦查学专业本科就业率为 2016 年 60%～65%，2017 年 75%～80%。

3．专家建议

侦查工作体能训练是必需的，好的身体素质是成为一名合格的侦查员或者说警察的首要条件。这个跟女生男生没什么太大关系，但是你必须要能吃苦，做警察，不能太娇气，也会遇到各种突发事件，心理素质必须要过关。外勤只是警察任务中的一种普通任务，大多数只是巡逻任务或者维持治安，算是比较轻松的。

在报考要求方面，主要包括体能、身体、政治等方面，具体可以看公安类专业招生须知。

总体上来讲，侦查学专业的学生就业面较窄但比较稳定，随着公安队伍的建设与发展，对高素质的侦查专业人才的需求会不断扩大，目前有不少学校已开设了侦查学方向的研究生点，如有意对侦查学进行深入学习，可以攻读侦查学专业的研究生。

4．小贴士

本专业开设院校除小部分政法类大学外，多数为公安警察类院校为主。报考时请注意以下几个方面：一是提前批招生。二是警察类院校的招生特殊要求，如体检等。

侦查学专业对于走上社会后想要从事非侦查类工作的学生来说，尤其对于政法学院的毕业生，有着很大的局限性。

七、开设院校

2017 年全国开设侦查学专业本科的院校共有 31 所（非公安警察类院校有华东政法大学、西南政法大学、中南财经政法大学、中国政法大学、西北政法大学）。

边防管理专业

专业代码	中文名	学科门类	一级学科	授予学位	修学年限
030603K	边防管理	公安学类	法学	法学学士	四年

一、专业概述

边防管理专业主要研究有关国（边）境管理、出入境检查等活动，以及有关国（边）境管理、检查的法律法规和各项专门制度及措施。

二、培养目标

培养具备国（边）境管理、部队管理和出入境边防检查等方面的知识和能力，能在公安边防部队和出入境管理部门从事国(边)境管理和出入境边防检查等方面工作的专门人才。

三、培养要求

主要学习法律、公安边防业务、部队管理等方面的基本理论和基本知识，受到国（边）境管理、边防勤务与战术、护照证件及交通运工具检查(监护)等方面的基本训练，具有边防执勤、依法处置边境突发事件、管理部队和检查（监护）护照证件、交通运输工具等的基本能力。

四、知识技能

毕业生应获得以下几方面的知识和能力：

① 掌握法学、管理学、公安学的基本理论、基本知识。

② 掌握边防执勤、依法处置边防突发事件及护照证件与交通运输工具检查（监护）的技能。

③ 具有国（边）境管理、部队管理、边防涉外工作、出入境边防检查工作的基本能力。

④ 熟悉边防管理和公安涉外工作的方针，政策和法规。

⑤ 了解本系统国内、国际的发展动态。

⑥ 掌握文件检索、资料查询的基本方法，具有一定的科学研究和实际工作能力。

五、主干课程

国际法、刑法、刑事诉讼法、当代世界政治经济法、边防公安法规、公安学概论、治安管理学、刑事侦查学、边境管理学、边防勤务学、边防战术学、边防情报学、边防检查学、护照鉴证制度、口岸管理、国际移民管理概论、行政法与行政诉讼法等。

六、发展前景

1．就业方向

边防管理专业毕业生的就业方向比较固定，有以下几个方面：边防部队、人民警察和武警部队中的出入境管理部门和出入境边防检查部门，从事国境管理和出入境边防检查等方面的工作。政府外事部门、安全、海关、金融、税务、高等院校、科研机构。

2．就业前景

我国疆域辽阔，随着对外开放的领域越来越广，进出口口岸也必将随之增加，为防止国际上某些居心叵测的势力和个别不法分子入境，对高素质的边防管理人才的需求有所增长。

2017 年全国开设边防管理专业本科的院校有华东政法大学、中南财经政法大学、青岛大学、甘肃政法学院 4 所，报考硕士较集中的专业：法律（非法学）、法学、公安学、刑法学。根据阳光高考信息平台统计数据，边防管理专业 2017 年普通高校毕业生规模为 100～150 人，高考时文理科比例为理科 48%，文科 52%。男女生比例为男生 83%，女生 17%。边防管理专业本科就业率为 2016 年 35%～40%，2017 年 55%～60%。

3．专家建议

边防管理专业是一个兼招文科和理工科考生的专业。开设此专业的院校较少，招生人数较少，其中女生人数更少。学生在选择此专业时要注意院校的性质，地方院校对考生限制较少，部队院校则相对要求严格。

4．小贴士

请特别注意各学校的具体招生要求。

七、开设院校

2017 年全国开设边防管理专业本科的院校有华东政法大学、中南财经政法大学、青岛大学、甘肃政法学院 4 所。

教育学门类学科综述

教育学门类学科（04）分为教育学类（0401）、体育学类（0402）两个大类。

其中教育学类（0401）包括教育学（040101）、科学教育（040102）、人文教育（040103）、教育技术学（040104 可授教育学或理学或工学学士学位）、艺术教育（040105 可授教育学或艺术学学士学位）、学前教育（040106）、小学教育（040107）、特殊教育（040108）八个基本专业及华文教育（040109T）一个特设专业，共九个专业。

体育学类（0402）包括体育教育（040201）、运动训练（040202K）、社会体育指导与管理（040203）、武术与民族传统体育（040204K）、运动人体科学（040205）五个基本专业和运动康复（040206T 可授教育学或理学学士学位）、休闲体育（040207T）两个特设专业，共七个专业。

开设这些专业的学校主要为师范类院校，也包括部分综合性大学。

教育学类专业的主干学科是教育学和心理学，报考该专业的考生应关注我国教育事业的发展并对教育有浓厚的兴趣。一般而言，中小学一般都要教育学类专业的毕业生，语数外三个专业需求最大，其他理化生也不错，文科的需求较少一些，艺术和体育的竞争稍小些。

关于免费师范生的相关资料

从普通教师的就业形势来看，社会需求增长并不旺盛，但免费师范生因为有政府就业协议，因此在未来的就业竞争中处于绝对的优势地位。

2007 年 5 月 9 日国务院办公厅发布《教育部直属师范大学师范生免费教育实施办法(试行)》，现摘录部分规定中的内容如下：

从 2007 年秋季入学的新生起，在北京师范大学、华东师范大学、东北师范大学、华中师范大学、陕西师范大学和西南大学六所部属师范大学实行师范生免费教育。

免费教育师范生在校学习期间免除学费，免缴住宿费，并补助生活费。部属师范大学师范专业实行提前批次录取，择优选拔热爱教育事业，有志于长期从教、终身从教的优秀高中毕业生。

免费师范生入学前与学校和生源所在地省级教育行政部门签订协议，承诺毕业后从事中小学教育十年以上，到城镇学校工作的免费师范毕业生，应先到农村义务教育学校任教服务二年。

免费师范毕业生未按协议从事中小学教育工作的，要按规定退还已享受的免费教育费用并缴纳违约金。

免费师范毕业生一般回生源所在省份中小学任教，到中小学任教的每一位免费师范生都有编有岗。

免费师范毕业生在协议规定服务期内，可在学校间流动或从事教育管理工作。

该政策自 2007 年起实行。2013 年新增省部共建师范院校江西师范大学为免费师范生培养高校。

2015 年新增省部共建师范院校、福建省重点建设高水平大学福建师范大学为免费师范生培养高校。

2014 年 9 月 16 日，师范生免费教育政策实行 7 年。

2018 年 3 月，教育部等五部门印发的《教师教育振兴行动计划（2018～2022 年）》提出，改进完善教育部直属师范大学师范生免费教育政策，将“免费师范生”改称为“公费师范生”，履约任教服务期调整为 6 年。

师范类专业大多要求五官端正并且对身高有一定要求。

例如，重庆师范大学招生章程中规定，报考师范专业、秘书学专业的考生要求“五官端正、身材匀称，男生身高不低于 160 厘米，女生身高不低于 150 厘米”。华东师范大学 2014 年招生章程中也规定，“化学、应用化学、心理学、应用心理学、生物科学、生态学类、学前教育、特殊教育专业要求无色弱、色盲以及其他色觉异常症状”。并建议身材过于矮小、残疾、身体或头脸部有明显缺陷的学生，慎重考虑是否报考师范专业。

教育学专业

专业代码	中文名	学科门类	一级学科	授予学位	修学年限
040101	教育学	教育学类	教育学	教育学学士	四年

一、专业概述

教育学是一门研究人类的教育活动及其规律的社会科学,通过对教育现象、教育问题的研究来揭示教育的一般规律。

二、培养目标

培养具有广泛人文、社会科学基本知识，扎实的教育学科、心理学科基础知识和牢固的教育学专业知识，具有较强的教育科研、教学、管理、咨询和辅导能力，能在各级各类师范院校、教育行政部门、科研机构及各级各类中小学校从事教学、科研、管理、咨询和辅导等方面工作的应用型人才。

三、培养要求

主要学习教育科学的基本理论和基本知识，受到教育科学研究的基本训练，掌握从事教师工作的基本技能。

四、知识技能

毕业生应获得以下几方面的知识和能力:

① 掌握教育学科的基本理论和基本知识教育学专业。

② 掌握教育科学研究的基本方法。

③ 具有从事教育专业教学和他一两门中小学学科教学工作的能力。

④ 熟悉我国的教育方针、政策和法规。

⑤ 了解教育科学的理论前沿、教育改革的实际状况和发展趋势。

⑥ 掌握文献检索、资料查询的基本方法，具有一定的科学研究和实际工作能力。

五、主干课程

普通心理学、发展心理学、教育心理学、中国教育史、外国教育史、教育通论、课程论、教学论、德育原理、教育社会学、教育统计测量评价、教育哲学、中小学语文或数学教学法等。

六、发展前景

1．就业方向

可从事的行业非常广泛，包括各类院校、学院，社区服务社，咨询组织，文化组织，还包括司法系统、国家级协会、委员会、研究与开发中心，政府教育部，以及金融机构和传媒行业也同样适合教育学专业的学生。

2．就业前景

目前很多国内中小学对教师的要求都是本科或硕士学历，高校对教师的要求是博士学历。相对前几年而言，就业的门槛高了。有相当一部分教育学专业毕业的学生毕业后并没有从事教育行业。

2017 全国开设教育学本科专业的院校有 118 所，部分高校按以下专业方向培养：小教、卫生教育、学前英语、教学与管理、小学教育理科、小学教育文科、心理健康教育、职业技术教育。报考硕士较集中的专业：教育学、课程与教学论、教育学原理、小学教育。根据阳光高考信息平台统计数据，教育学专业 2017 年普通高校毕业生规模为 5000～6000 人，高考时文理科比例为文科 70%，理科 30%。男女生比例为男生 17%，女生 83%。教育学专业本科就业率为 2016 年 80%～85%，2017 年 85%～90%。

3．专家建议

① 教育学是研究教育的科学。

教育学专业要求学生掌握教育科学的基础理论，了解国内外教育学科的最新进展，具备教师的基本素质和能力，能胜任教学、教育科学研究以及教育管理工作。报考本专业的学生应关注我国教育事业的发展，并对教育有浓厚的兴趣。

教育学主要研究教育基本理论与现代教育基本问题，比如教育与人的关系、教育与社会发展问题、教育的本质与功能问题、教育体制创新问题、受教育机会和教育公平问题、教育政策与教育法制建设问题等等。

② 本科就业的尴尬。

教育学本科毕业生，很难在体制内的学校从事管理工作，进学校当中小学老师也有难度，原因是没有具体的学科背景做支撑，如语文有汉语言文学师范，历史有历史师范，数学有数学师范。至于中学老师，教育学专业本科没有具体的学科基本上不太可能，如果真的想做中学老师，考研的时候可以考虑考一个具体的学科的师范类。到大学当老师，博士毕业是门槛，好一点的需要留学经历。

如果只是想找个好工作或者当学科教师，建议你不要选教育学，国内中小学对新教师的要求是学科背景大于教育学背景。

③ 21 世纪教育学的发展趋势。

教育学问题领域的扩大。教育学研究学科基础的扩展。教育学研究范式的多样性。教育学的进一步分化和综合。教育学与教育改革的关系日益密切。教育学术的国际交流与合作日益广泛。教育学专业的毕业生，除了进一步深造外，建议考虑一下社会上的培训机构及企业单位的培训机构。

4．小贴士

建议学生和家长在选择专业时慎重考虑各学校的专业培养方向。

七、开设院校

2017 全国开设教育学本科专业的院校有 118 所。

科学教育专业

专业代码	中文名	学科门类	一级学科	授予学位	修学年限
040102	科学教育	教育学类	教育学	教育学学士	四年

一、专业概述

科学教育专业是为顺应基础教育课程改革对专业小学科学教师的需求而开设的新型专业。

二、培养目标

培养基础宽厚、专业扎实，能胜任中、小学《科学》课程教育教学和中学物理、化学、生物、地理等分科教学、研究的应用型人才。

三、培养要求

要求掌握自然科学基础知识、基本理论和实验技能，掌握科学教学的基本原理、方法和现代教育技术，具有良好的科学教育素质和职业技能，能胜任《综合理科》或《科学》课程的教学与研究工作。

四、知识技能

毕业生应获得以下几方面的知识和能力：

① 掌握教育学科的基本理论和基本知识 。

② 掌握教育科学研究的基本方法。

③ 具有从事教育专业教学和其他一两门中小学学科教学工作的能力。

④ 熟悉我国的教育方针、政策和法规。

⑤ 了解教育科学的理论前沿、教育改革的实际状况和发展趋势。

⑥ 掌握文献检索、资料查询的基本方法，具有一定的科学研究和实际工作能力。

五、主干课程

教育学、心理学、高等数学、力学、热学、电磁学、光学、原子物理学、普通物理实验、近代物理学概论、普通化学及实验、普通生物学及实验、制图基础与计算机绘图、科技创新教育基础、探究科学、中学科学实验研究及创意科学教具、科学课程与教学论、科学教育测量与评价等。

六、发展前景

1．就业方向

可担当中小学综合实践活动必修课中的科技教师。高中技术课程师资。从事科协，科技教育场、馆、所，科技教育基地，社区科普站，新闻媒体等的科技教育，传播与普及等工作。

2．就业前景

大家都能看到，国家也越来越重视中小学的科普教育。

全国大学中设科学教育专业本科的院校共有 48 所，报考硕士较集中的专业：科学与技术教育、学科教学（化学）、学科教学（物理）、化学。根据阳光高考信息平台统计数据，科学教育专业 2017 年普通高校毕业生规模为 1000～1500 人，高考时文理科比例为理科 100%，文科 0%。高考时男女生比例为男生 26%，女生 74%。科学教育专业本科就业率为 2016 年 90%～95%，2017 年 90%～95%。

3．专家建议

小学科学教育逐渐受到重视，事实上只要有物理、生物、化学教师资格证的照样可以教科学，这意味着竞争对手很多。

这个专业还有一个很重要的领域就是全社会的科普教育。

科学教育这个专业要求知识面广，难度相对较大。

4．小贴士

科学教育在小学的课程中是副科，有些学校不受重视。

七、开设院校

全国开设此专业的学校共 48 所。

人文教育专业

专业代码	中文名	学科门类	一级学科	授予学位	修学年限
040103	人文教育	教育学类	教育学	教育学学士	四年

一、专业概述

人文教育本科专业是教育部 2005 年批准的，为第八次基础教育课程改革服务的新兴师范类本科专业，整合了历史学、社会学、政治学、经济学、法学、地理学、人文地理及其他人文社会科学等多学科领域的知识，形成了核心学科覆盖哲学、文学、历史、艺术的综合性人文教育课程体系。

二、培养目标

培养基础扎实、知识结构合理，具有现代教育思想和技能，具有一定理论素养、创新精神和实践能力，既能胜任中学综合文科“人文与社会”课程教学需要，又能适应历史、中文、政治分科教学需要，德、智、体、美全面发展的应用人才。

三、培养要求

具有宽厚扎实的历史、中文、政治专业基础和较高的综合素质，能够胜任中学语文、历史、政治、人文与社会等课程的教学工作，具备较强的社会适应能力和继续提高和深造的基本条件。

四、知识技能

毕业生应获得以下几方面的知识和能力：

① 具有坚定的政治方向，热爱社会主义祖国，坚持党的基本路线，拥护中国共产党领导，忠诚党和人民教育事业。具有科学的世界观、人生观、价值观。

② 具有国情意识、开拓意识和乐于奉献的精神，道德高尚，为人师表。

③ 掌握该专业所必需的历史、中文、政治、地理等基础理论、基础知识和基本技能，对该专业的学科发展有所了解，初步具有从事中学综合文科课程教学能力和历史、语文、政治分科教学能力，具有一定的社会调查能力和分析解决社会历史问题的能力。

④ 掌握古代汉语、一门外语和计算机应用技能，能够熟练运用古代汉语、一门外语阅读古今中外历史典籍、文学作品和相关资料。

⑤ 能够熟练运用现代计算机技术检索、分析电子资源，制作网页、课件等。能掌握历史学、语言学、文学、政治学、社会学研究的基本方法，具备初步进行科学研究的能力。

⑥ 具有较强的语言能力和写作能力。

⑦ 具有该专业以外的较广博的人文艺术、自然科学方面的基本知识和修养，具有自学能力、创新能力和终身学习习惯，从而具备职业迁移的智能基础、持续发展的潜在能力及较强的社会适应能力。

⑧ 具有健康的体魄、健全的心理素质以及文明的生活习惯。

五、主干课程

自然地理、中国地理、世界地理、人文地理、地理教材分析、地理微格教学、中国历史、中国文学史(含中国现当代文学史)、马克思主义哲学原理、世界历史、古代汉语、政治经济学、文学基本原理、史学理论与方法、法学理论与实践、中国古代文献教程、中学人文学科教学论、人文科学概论、中外历史比较研究、中国思想文化史、社会学、现代汉语、地理学概论、心理学、教育学等。

六、发展前景

1．就业方向

毕业生主要就业方向为基础教育文科教师，从事中小学综合文科、历史与社会、地理等人文教育教学工作，以及政府机关、企事业单位从事公务员、新闻、秘书等其他社会工作。

2．就业前景

人文教育，是指对受教育者所进行的旨在促进其人性境界提升、理想人格塑造以及个人与社会价值实现的教育，其实质是人性教育，其核心是涵养人文精神。这种精神的养成一般要通过多种途径，包括广博的文化知识滋养、高雅的文化氛围陶冶、优秀的文化传统熏染和深刻的人生实践体验等。重视人文教育也是当今世界高等教育改革的趋势。

2017 年全国开设人文教育专业本科的院校共有 23 所，报考硕士较集中的专业：中国史、人文地理学、法律（非法学）、马克思主义理论。根据阳光高考信息平台统计数据，人文教育专业 2017 年普通高校毕业生规模为 800～900 人，高考时文理科比例为理科 0%，文科 100%。男女生比例为男生 22%，女生 78%。

人文教育专业本科就业率为 2016 年 80%～85%，2017 年 85%～90%。

3．专家建议

人文教育很重要，面临一定困难。

对人文精神的呼唤促使人们反思教育问题。传统高等教育在文科人才的培养上，存在着轻视文科教育，忽视文科综合，缺乏人文精神的培育等问题。这样必然带来专业基础狭窄、学科壁垒森严、工具理性膨胀、创新能力差等问题与不足。因此，改革传统大学文科教育模式，拓宽专业口径、打通学科壁垒，优化专业课程结构，构建科学合理的人文科学综合课程体系，体现人文学科课程结构的均衡性、综合性与选择性，培养出“厚基础、宽专业、强能力、高素质”的复合型文科人才，成了高等教育的时代要求与改革亮点。

重视人文教育也是当今世界高等教育改革的趋势，如美国 MIT、日本东京工业大学以及国内的复旦大学、清华大学等都纷纷增设人文社科专业与课程，实行文理渗透，提高学生人文素质。

4．小贴士

物质主义、商业主义的狂潮将人们置于社会道德生活的迷惘之中。对此，有识之士呼吁重振“人文精神”，以构建和谐的社会道德秩序，而人文精神的确立离不开高素质人文人才的开创与承担。

七、开设院校

2017 年全国开设人文教育专业本科的院校共有 23 所，主要为师范类院校。

教育技术学专业

专业代码	中文名	学科门类	一级学科	授予学位	修学年限
040104	教育技术学	教育学类	教育学	教育学学士	四年

一、专业概述

教育技术学是现代教育学发展的重要成果，教育技术以教学媒体的运用为前提，参与教育过程，是对教育过程模式的优化提升，使得教育过程的组织序列更具逻辑，系统优化了分析和处理教育、教学问题的思路。

二、培养目标

培养能够在新技术教育领域从事教学媒体和教学系统的设计、开发、运用、管理和评价等的教育技术学科高级专门人才，包括各级师范院校和中等学校教育技术学课程教师以及各级电教馆、高校和普教的教育技术人员。

三、培养要求

主要学习教育技术学方面的基本理论和基本知识，接受学习资源和学习过程的设计、开发、运用、管理和评价等方面的基本训练，掌握新技术教育应用方面的基本能力。

四、知识技能

毕业生应获得以下几方面的知识和能力：

① 掌握教育技术学科的基本理论和基本知识；

② 掌握教学系统分析、设计、管理、评价的方法和技术。

③ 具有媒体（幻灯投影、电视电声教材、计算机课件）制作的基本能力。

④ 熟悉国家关于教育、教育技术方面的有关方针、政策、法规。

⑤ 了解教育技术学理论前沿、应用前景、发展动态。

⑥ 掌握文献检索、资料查询的基本方法，具有一定的科学研究和实际工作能力。

五、主干课程

教育学、计算机科学与技术、教育技术学、教学系统设计、计算机教育基础、网络教育应用、远距离教育、电视教材设计与制作、教育技术研究方法、教育传播学等。

六、发展前景

1．就业方向

就业方向可分为以下几个方面：在师范类与非师范类的学校教育技术系从事教育教学工作。在各省市、区县电教馆（站）从事电教管理、课题研究、教育信息化建设（“校校通”工程、信息技术教育）相关工作。在机关、部队、厂矿企业、外资企业的宣传部、教育部门，特别是企业职工培训工作。在中小学校从事电教管理、课件制作、信息技术教育课等。在各级各类电视台、广播电台站从事教育节目制作。在国内外众多软件企业、国家机关以及各个大、中型企、事业单位的信息技术部门、教育部门等单位从事软件工程领域的技术开发、教学、科研及管理等工作。可以从事远程教育、校园网（包括中小企业单位的网站）的资源设计、开发和管理工作等；可以从事网络教育机构、在线学习机构以及从事教学设计师、移动学习资源开发师、E-learning 资源开发与管理等；从事教育软件的设计和开发工作；各类中小学从事通用技术教师或者从事各类职业技术工作，从事教育教学和管理工作。

2．就业前景

随着教育内容的复杂化和信息技术的迅速发展，现代教育需要将教育理论、学习理论与实践紧密地结合在一起，综合利用现代教育技术进行教学，使受教育者在有限的时间里充分利用视觉和听觉等多途径获取更多有用的知识，让人们迅速适应飞速发展的社会，快速掌握各种知识与技能，使教育技术学具有广阔的发展前景。

2017 年全国开设教育技术学专业本科的院校共有 189 所，部分高校按以下专业方向培养：数字媒体技术、数字媒体设计、信息技术教育、网络与数字媒体、教育电视节目制作、教育软件与知识工程。报考硕士较集中的专业：教育技术学、现代教育技术、教育技术学、学科教学（数学）。根据阳光高考信息平台统计数据，教育技术学专业 2017 年普通高校毕业生规模为 7000～8000 人，高考时文理科比例为理科 90%，文科 10%。男女生比例为男生 29%，女生 71%。教育技术学专业本科就业率为 2016 年 85%～90%，2017 年 90%～95%。

3．专家建议

① 教育技术学的就业方向分为直接面向教育和间接面向教育。

直接面向教育就是毕业后直接去学校当老师，比如说中小学信息技术课教师等，如果热爱教学，并且喜欢和孩子们相处，那么去当教师会是一个幸福的职业选择。因为你的工作直接面向学生，对孩子的成长和学习的影响是直接并且无限的。

间接面向教育就是指随着教育信息化的推广，线上教育也随之兴起。做在线教育领域的相关产品，在这方面个人感觉本专业的选择还是很宽的，做产品，无论是评价、监管、交互，还是社区、数据分析，都是非常有前景的，关键是需要对教育技术理论真正学好，理解教育的内涵，尊重学习者。产品岗、设计岗、技术岗都可以有所涉及。

另外教育类网站编辑、教育软件类售前（需求调研和用户方案）、教育类软件项目经理或产品经理等等，都是不错的选择。

② 关于教学设计师。

目前大多数从事高等教育教师都缺乏设计的能力，迫于目前教育发展的形势，所以现如今对从事这一新兴职业的岗位的人员是十分紧缺的。

Cisco 公司在 E-learning 中对教学设计师的定义：教学设计师是从事教学设计工作的人员，他们能够在教学理论的基础上应用系统化的方法设计各个学习事件的具体内容。

从这个定义中我们可以对教学设计师得到三方面的认识：首先，教学设计师从事的是教学设计工作。其次，教学设计师要应用系统化的方法。第三，教学设计师是从理论到实践的实践者。

这个职业对专业知识、创新能力、文字功底、逻辑思维、形象思维、沟通能力和理解能力等方面的要求是很高的，所以对这个就业方向感兴趣的同学就要尽早培养和提高自身的相关能力。

4．小贴士

教育技术学在众多教育类专业中比较特殊，既可以在学校做老师，也可以为教学工作服务，进行课程设计或开发。如果在所学的计算机基础上进一步学习，就业范围还可以扩大到其他领域。

在报考时一定要认真查看各学校的招生简章，分辨不同学校的招生方向。

七、开设院校

2017 年全国开设此专业的学校共 189 所，主要为师范类院校。

艺术教育专业

专业代码	中文名	学科门类	一级学科	授予学位	修学年限
040105	艺术教育	教育学类	教育学	教育学学士、艺术学士	四年

一、专业概述

艺术教育是培养人感知美、鉴赏美、创造美的能力的审美教育，其目的是促进人的身心实现和谐的发展。艺术教育还能够完善学生的人格，健全学生的自我意识。教育学大类中的艺术教育专业的根本目的是培养全面发展的人，而不是专业艺术工作者。

二、培养目标

培养德智体全面发展，并具有先进教育理念、综合艺术特长的人才，为学前教育、基础教育、特殊教育学校与机构输送从事儿童综合艺术教育的教师和社会工作者。

三、培养要求

系统地掌握音乐、美术、舞蹈、戏剧等艺术学科基本理论与技能，系统地学习人文社会科学、教育学、心理学的基本理论。

四、知识技能

毕业生应获得以下几方面的知识和能力：

① 掌握音乐、美术、舞蹈、戏剧等艺术学科基本理论与技能。

② 系统地掌握人文社会科学、教育学、心理学的基本理论。

五、主干课程

艺术概论、学前教育概论、特殊教育概论、艺术教育、现代教育技术培训、中外音乐史、中外美术史、艺术欣赏、中外文学名篇欣赏、综合艺术创作原理与实践、声乐基础、钢琴基础、乐器基础、合唱与指挥、学校乐队编配与排练、舞蹈、儿童舞蹈表演与创作、美术创作、美术设计等。

六、发展前景

1．就业方向

可从事中、小学的艺术教育工作，亦可在艺术研究单位从事研究工作，或在各级文化单位和业余艺术学校从事艺术训练工作；

2. 就业前景

2017 年全国开设艺术教育专业本科的院校共有 40 所，部分高校按美术教育专业方向培养。报考硕士较集中的专业：音乐、学科教学（音乐）、音乐与舞蹈学、美术。根据阳光高考信息平台统计数据，艺术教育专业专业 2017 年普通高校毕业生规模为 2000～2500 人，高考时文理科比例为理科 27%，文科 73%。男女生比例为男生 22%，女生 78%。艺术教育专业本科就业率为 2016 年 80%～85%，2017 年 90%～95%。

3. 专家建议

艺术教育专业的就业前景非常广泛，相对于现今社会的大学生就业而言，就业前景比其他专业要好。

艺术教育则是强调一般意义上的艺术知识原理的普及和提高，且通过优秀的艺术作品的展示、评论让人们的艺术修养和鉴赏水平得以提高，培育高尚、健康的审美情趣与审美能力，从而对人的道德的完善、智力的发展产生深远的影响。

4. 小贴士

需要先通过艺术类考试。

七、开设院校

2017 年全国开设此专业的学校共 40 所，有艺术类院校，也有师范类院校。

学前教育专业

专业代码	中文名	学科门类	一级学科	授予学位	修学年限
040106	学前教育	教育学类	教育学	教育学学士	四年

一、专业概述

学前教育指的是 3～6 岁儿童的教育，就是我们常说的幼儿园阶段的教育。

二、培养目标

培养能在托幼机构从事保教和研究工作的教师、学前教育行政人员以及其他有关机构的教学、研究人才。

三、培养要求

主要学习学前教育方面的基本理论和基本知识，受到幼儿教育技能的基本训练，具有在托幼机构进行保育、教育和研究的基本能力。

四、知识技能

毕业生应获得以下几方面的知识和能力：

① 掌握学前教育学、幼儿心理学、幼儿园课程的设计与实施、幼儿教育研究方法等学科的基本理论和基本知识。

② 掌握观察幼儿、分析幼儿的基本能力以及对幼儿实施保育和教育的技能。

③ 具有编制具体教育方案和实施方案的初步能力。

④ 熟悉国家和地方幼儿教育的方针、政策和法规。

⑤ 了解学前教育理论的发展动态。

⑥ 掌握文献检索、资料查询的基本方法，具有初步的科学研究和实际工作能力。

五、主干课程

普通心理学、人体解剖生理学、教育社会学、儿童文学、幼儿园课程、学前儿童语言教育、学前儿童科学教育、声乐、舞蹈、美术、学前教育学、幼儿心理健康教育、幼儿心理学、幼儿教育心理学、学前儿童卫生学、幼儿保健学、幼儿教育研究方法等。

六、发展前景

1．就业方向

学前教育专业毕业生主要进入幼儿园成为一线教师，或者到幼儿教育系统从事教学和教育管理工作。除幼儿教育领域外，还可以进入各种与儿童有关的教育机构、婴幼儿用品开发公司、各类幼儿师资培训机构等。

2．就业前景

学前教育是新时期中国教育发展最快的一个部分，也是当前中国教育最大的短板之一。现在各方面对学前教育度关注很高，尤其是年轻的父母们。当前，我国学前教育取得跨越式发展，但幼儿教师的数量与质量仍是发展的瓶颈。发展学前教育，关键在幼师。

2017 年全国开设学前教育专业本科的院校共有 370 所，部分高校按以下专业方向培养：教育管理、美术教育、音乐教育、少儿推拿保健、幼儿园艺体教育。报考硕士较集中的专业：学前教育、学前教育学、教育学、小学教育。根据阳光高考信息平台统计数据，学前教育专业 2017 年普通高校毕业生规模为 32000～34000 人，高考时文理科比例为理科 31%，文科 69%。男女生比例为男生 6%，女生 94%。学前教育专业本科就业率为 2016 年 85%～90%，2017 年 90%～95%。

3．专家建议

① 开设学前教育专业院校众多，培养方向有所不同。

据阳光高考信息平台数据显示，开设学前教育专业的既有本科院校又有高职院校，本科院校有 350 余所，高职院校有 520 余所。这些院校学前教育专业的办学历史有长有短，培养定位和取向也不相同。

目前本科层次的学前教育专业大致可以分三个层次：

一是以南京师范大学、北京师范大学、华东师范大学、东北师范大学为主的学前教育专业，主要培养能继续读研深造的学前教育专业人才，其培养定位是升学取向，培养规模普遍不大，人才培养学术倾向突出。

二是以面向一线培养本科层次幼儿园教师的学前教育专业。主要有浙江师范大学的杭州幼儿师范学院和首都师范大学学前教育学院等院校。另外沈阳师范大学学前与初等教育学院等省属师范大学的学前教育专业，培养规模大，人才培养实践取向突出。

三是一些新建院校学前教育专业，规模较小，也在培养本科层次的幼儿园一线教师。

提醒考生和家长注意，有志从事学前教育事业的考生在报考时要给自己定好位再报考。

② 文理兼收，对专业感兴趣很重要。

报考学前教育专业的学生必须身心健康、性格开朗、热爱幼儿、品行良好、立志从教、爱学乐学、积极参与社会实践。

学前教育专业文理兼收，关键是考生是否喜欢、关心年幼儿童，乐意了解儿童的身心发展，愿意成为一名与年幼儿童相处的教师。是否愿意不断学习各种技能和理论，乐于表达、沟通，敢于尝试、实践，能接受挑战，至少对儿童以及对人的心理发展与教育有一定的兴趣。

需要有作为教师的基本素养，如表达能力、沟通能力、不断学习的能力，反思能力要强、有较宽广的心胸。入学之后要修学一定的技能如绘画、弹琴、舞蹈、声乐，但报考时，艺术技能基础不是硬性要求。本专业主要是培养学生各方面的综合素养，对某个技能的要求并不是很高，只要在这方面有一定兴趣就可以在入学后慢慢学习。

③ 身体条件和特殊要求。

学前教育专业对考生的身体条件也有一定的要求，根据《普通高等学校招生体检工作指导意见》，患有轻度色觉异常（俗称色弱）报考该专业，学校可不予录取。另外，两耳听力均在3米以内，或一耳听力在5米另一耳全聋的，也不宜学前教育专业。根据幼儿教师资格证报考要求，色盲或色弱等的考生须慎重报考。

另外，有些院校的学前教育专业需要提前面试，高校只录取面试合格的考生，或在录取中只录取有专业志愿的考生，不进行调剂录取等。例如，首都师范大学在其2018年本科招生章程中规定，在北京本科提前批录取的小学教育、学前教育、美术学（初等教育师范）以及音乐学（初等教育师范）专业，需要进行面试。面试不合格的考生，不予录取。

因此，考生在报考时要认真阅读所报院校的招生章程。

4. 小贴士

无论是做什么，肯定是要和小朋友们打交道的，否则你从一开始的实习就会很痛苦。你是否喜欢一堆小朋友绕着你叽叽喳喳地喊着你的名字，你是否喜欢一堆小朋友突然扯你裤子衣角，你是否喜欢每天中午跟一堆小朋友睡觉或者被小朋友抱着大腿睡觉，反正就是每天跟一群小朋友发生可爱的、恼人的、哭笑不得的各种事情。当然你还需要足够的耐心和爱心去引导他们，而不是斥责和过度的惩罚。你还需要有能力写不同的教案。所以，要学这个专业，爱“小朋友”才能干好。

以前不少人认为，幼儿园教师干的就是‘看孩子的活儿’，顶多也就是说说唱唱、写写画画、蹦蹦跳跳，没有什么技术含量。但事实上，当好一名幼儿教师，就必须符合胜任这一职业所必需的任职资格和素质要求，比如最基本的师德修养、对幼儿的爱心与耐心，以及科学而全面的保教知识、多样化的教学技能等。

当幼儿园老师并不简单，幼儿教师十八般武艺都要会，唱歌、跳舞、弹琴、讲故事、做手工、做运动、搞卫生……最重要的是，要尊重孩子、爱孩子，要懂孩子的心理，还要通过游戏的方式培养孩子的良好习惯和品质。除了8～10个小时盯着几十个孩子之外，还要利用业余时间做很多文案和进行家长沟通工作。要做好这些不是易事。

七、开设院校

2017年全国开设此专业的学校共340所。

小学教育专业

专业代码	中文名	学科门类	一级学科	授予学位	修学年限
040107	小学教育	教育学类	教育学	教育学学士	四年

一、专业概述

小学教育专业在专业学科中属于教育学类中的教育学类，是在培养小学教师基础上，于2001年经教育部批准的新增设本科专业。

二、培养目标

培养德、智、体全面发展的，具有较高教育理论素养和较强教育实际工作能力（语、数、英）的小学教师及教育科研、各级教育行政管理人员和其他教育工作者。

三、培养要求

具有扎实、宽厚的文化科学知识，具有较为扎实、系统的学科专业的基本理论、基础知识和基本技能，具有较为系统的小学教育理论知识，可担任小学语文和数学课程，承担活动课教学，兼教一门其他课程，胜任班主任工作，具有基本的教育教学能力、教育管理能力和教育科研能力，并具有自我完善和自我发展的能力。

四、知识技能

毕业生应获得以下几方面的知识和能力：

① 外语达到大学英语四级水平。

② 计算机达到国家二级水平。

③ 能说标准的普通话，“三笔字”书写规范。

④ 具有较强的文字和口头表达能力。

⑤ 有组织课外活动、开展班级工作和学生思想工作的能力。

⑥ 能胜任小学教育和各科教学工作。

五、主干课程

教育学、心理学、逻辑学、普通话、教师口语、教学设计、德育原理、教育社会学、班主任工作、教育哲学、心理卫生与心理辅导、现代汉语基础、中国历代文学作品选、基础写作、儿童文学、小学语文课程教学、初等数论、数学分析、应用数学、小学数学课程教学、小学英语课程教学、小学自然课程与教学论、小学社会与品德课程教学、小学艺术课程教学、发展与教育心理学、中外教育简史、比较教育、现代教育测量与评价、中小学教师信息技术等。

六、发展前景

1．就业方向

主要从事小学教育机构的教学，如果交际能力比较强的话也可从事咨询方面的工作。

2．就业前景

截至 2015 年 12 月，小学教育用人数量呈下降趋势，其原因是多方面的。随着小学生的减少、拆校并校的进行，小学教师已经饱和，新教师进入已经很难了。虽然教育主管部门通过老教师提前退休让出岗位、竞争上岗淘汰不合格教师来缓解小学教师的就业难问题，取得了一定的效果，但这只是权宜之计，毕竟老教师有限，竞争上岗也有一定的限度。

目前，教师的准入已经向社会放开，只要具有教师资格证的社会人员，通过考核，就可以进入教育系统，竞争教师岗位。尤其是随着社会就业难度的加大，很多中文系、数学系、英语系等系科的学生甚至研究生加入小学教师的竞争行列，无疑又增加了本科小学教育专业学生的就业难度。

2017 年全国开设小学教育专业本科的院校共有 240 所，部分高校按以下专业方向培养：理科、美术、文科、音乐、全科教育、数学教育、英语教育、语文教育、数学与科学、中文与社会。报考硕士较集中的专业：小学教育、课程与教学论、教育学、教育学原理。根据阳光高考信息平台统计数据，小学教育专业 2017 年普通高校毕业生规模为 20000～22000 人，高考时文理科比例为理科 46%，文科 54%。男女生比例为男生 9%，女生 91%。小学教育专业本科就业率为 2016 年 80%～85%，2017 年 90%～95%。

3．专家建议

① 开设小学教育专业院校众多，培养方向有所不同，因此，有志从事小学教育事业的考生在报考时要给自己定好位再报考。

② 文理兼收，对专业感兴趣很重要，报考小学教育专业的学生必须身心健康，性格开朗、热爱幼儿，品行良好、立志从教、积极参与社会实践。

③　身体条件和特殊要求。小学教育专业对考生的身体条件也有一定的要求，因此，考生在报考时要认真阅读所报院校的招生章程。

4．小贴士

小学教育主要是培养高素质的小学教师，一般分为理科和文科方向（也就是我们通常所说的小学数学、小学语文），主要是培养全面的素质，还要学习美术、音乐等基础知识。

七、开设院校

2017年全国开设此专业的学校共240所。

特殊教育专业

专业代码	中文名	学科门类	一级学科	授予学位	修学年限
040108	特殊教育	教育学类	教育学	教育学学士	四年

一、专业概述

特殊教育是对特殊人群（包括视力、听力、语言残疾、肢体、智力、精神和综合残疾等人群）开展的教育。特殊教育是利用特殊的方法和手段，为特殊少年儿童的学习、行为矫正和训练创设特殊条件和特殊设备，以达到使他们掌握知识、弥补缺陷、培养能力、健康身心等目的。

二、培养目标

培养具备普通教育和特殊教育的知识和能力，能在特殊教育机构及与特殊教育相关的机构从事特殊教育实践、理论研究、管理工作等方面的高级专门人才。

三、培养要求

主要学习有特殊教育需要儿童心理和教育方面的基本理论和基本知识，受到对特殊儿童进行教育和研究的基本训练，具有进行实际教学工作并能进行理论研究的基本能力。

四、知识技能

毕业生应获得以下几方面的知识和能力：

①　掌握特殊教育学科的基本理论和基本知识。

②　掌握评估各类特殊儿童的基本方法。

③　有进行特殊教育实际工作、科研或管理的基本能力。

④　熟悉我国特殊教育的方针、政策和法规。

⑤　了解特殊教育的理论前沿和发展动态。

⑥　掌握文献检索、资料查询的基本方法，具有初步的科学研究和实际工作能力。

五、主干课程

教育学、心理学、特殊教育导论、盲童心理与教育、聋童心理与教育、弱智儿童心理与教育、残疾儿童生理与病理、残疾儿童康复、特殊教育技术等。

六、发展前景

1．就业方向

在特殊教育学校、教育康复与服务机构、社区康复机构、儿童福利机构、老年人安养机构以及残疾人事业管理机构从事特殊教育、心理疏导、康复训练、咨询管理等工作，如培智学校、聋哑人学校、特殊教育学校等。也可以到企业从事特殊人群的用品开发，助听设备代理或销售，残疾人教育或用品代理、销售等。

2．就业前景

特殊教育招生比较“冷”，就业市场上却异常“热”，因为中国国家对残疾人教育事业越来越重视，特殊教育师资和专业工作人员相当匮乏。近年来一些体育学院也开始招收特殊教育本科专业，其特色是除了让学生掌握特殊教育的基本知识外，还要让学生了解残疾人体育教学。

2017 年全国开设特殊教育专业本科的院校共有 62 所，部分高校按以下专业方向培养：康复、手语、教育康复、手语翻译、动作与言语康复。报考硕士较集中的专业：特殊教育、特殊教育学、学科教学（语文）、教育学。根据阳光高考信息平台统计数据，特殊教育专业 2017 年普通高校毕业生规模为 2000～2500 人，高考时文理科比例为理科 39%，文科 61%。男女生比例为男生 22%，女生 78%。特殊教育专业本科就业率为 2016 年 85%～90%，2017 年 90%～95%。

3．专家建议

随着特殊教育的发展，一方面随班就读成为残疾少年儿童入学就读的主要方式，轻中度残疾人有相当部分被分流到普通学校，未来，普通教育的从业者在职前培训阶段也要接受基本的特殊教育的训练。另一方面，从培养特殊人群的需要来讲，特殊教育也需要增加专业的多样性，除了一些必要知识的学习外，还要增加如绘画、电脑等专业技能课程，让残疾人有更多的专业可选择。

那些受过系统理论教育，具有较深厚的理论素养，同时懂盲文、会手语，又具备一定专业技能的特殊教育从业人员，必将受到市场的青睐。

我国的特殊教育专业处于上升趋势。各地的许多学校开设了这个专业。目前，特殊教育专业的研究生毕业生尤其是博士供不应求，专科和本科毕业生各地的供需差异很大。当然，这和一些学校将特殊教育的培养重点向研究型人才倾斜有一定的关系，使得人才出口处于“易往上难往下”的状态。

特殊教育专业和其他教育专业一样，都需要考生有为教育辛苦工作的准备。而这个专业更需要从业人员具有爱心、耐心和信心，并具有广泛的知识背景和相应的技能。

从事特殊教育的最大感受是什么？很多从事过残疾人教育的老师都会回答：要有耐性，而且是极大的耐性。“一个正常孩子几分钟就学会了，而特殊的孩子可能得学一两个月。老师必须日复一日年复一年重复那几个动作、几个数字、几个汉字……”所以选择这个专业不能光凭着一腔热情，还要有为教育辛苦付出的耐心和信心。

特殊教育有着一套科学的知识、技能和方法。从课程也能看出，一些课程会涉及心理学和医学的知识，比如量表、统计、数据分析。

对此不感兴趣的考生在选择这个专业时要有一定的思想准备。

4．小贴士

报考时，要看清每个学校的具体招生要求。

除师范类专业的报考要求外，特殊教育专业还有一些其他的要求，例如有些院校的特殊教育和学前教育等专业需要提前面试，高校只录取面试合格的考生，或在录取中只录取有专业志愿的考生，不进行调剂录取等。考生在报考时要认真阅读所报院校的招生章程。

七、开设院校

2017 年全国开设特殊教育专业本科的院校共有 62 所。

体育教育专业

专业代码	中文名	学科门类	一级学科	授予学位	修学年限
040201	体育教育	体育学类	教育学	教育学学士	四年

一、专业概述

体育教育是指通过身体活动和其他一些辅助性手段进行的有目的、有计划、有组织的教育过程。教育类中的体育教育以教学为主要途径，以课堂教学或专门性辅导为主要形式，以身体练习和卫生保健为主要手段。

二、培养目标

培养具备系统地掌握体育教育的基本理论、基本知识和基本技能，掌握学校体育教育工作规律，具有较强的实践能力，在全面发展的基础上有所专长，能在中等学校等从事体育教学、课外体育活动、课余体育训练和竞赛工作，并能从事学校体育科学研究、学校体育管理、社会体育指导等工作的高级专门人才。

三、培养要求

主要学习教育学、心理学、人体科学、学校体育学、体育锻炼、训练与竞赛等方面的基本理论、基本知识和基本技能，受到体育科学研究的基本训练，掌握从事学校体育教育工作的基本能力。

四、知识技能

毕业生应获得以下几方面的知识和能力：

① 掌握教育科学、心理科学、人体科学的基本理论、基本知识。

② 掌握体育教学的基本理论与方法。

③ 掌握体育锻炼、训练与竞赛的基本理论与方法：

④ 具有学校体育科学研究的基本能力。

⑤ 熟悉国家有关教育、体育工作的方针、政策和法规。

⑥ 了解学校体育改革和体育科学的发展动态。

五、主干课程

教育学、体育学、人体解剖学、人体生理学、体育保健、体育心理学、学校体育学、田径、球类、体操、武术等。

六、发展前景

1．就业方向

可到各类学校从事学校体育的教学工作，以及从事体育教学的管理工作。也可根据社会需要到企事业单位从事群众体育的指导工作、体育运动训练工作和体育科学研究工作。

2．就业前景

随着高等院校近年来连续扩招和大学生就业制度的改革，目前我国每所高等院校的毕业生，都在不同程度上面临着就业市场的激烈竞争。体育专业的毕业生因其专业性较强及专业自身的一些特点，在就业市场竞争中所面临的挑战和压力越来越大，体育教育专业就业前景不容乐观。

随着社会的发展，人的身体素质教育越来越重要，高素质的体育教育专业教师将成为学校特别是社会的热门。

2017 年全国开设体育教育专业本科的院校共有 323 所，部分高校按以下专业方向培养：足球、高尔夫、健美操、旅游体育、社会体育、特殊体育、体育保健、体育表演、体育经营与管理。全国报考硕士较集中的专业：体育教学、体育教育训练学、学科教学（体育）、运动训练。根据阳光高考信息平台统计数据，体育教育专业 2017 年普通高校毕业生规模为 36000～38000 人，高考时文理科比例为理科 55%，文科 45%。男女生比例为男生 79%，女生 21%。体育教育专业本科就业率为 2016 年 80%～85%，2017 年 85%～90%。

3．专家建议

从事中小学体育教师，需要考取教师资格证书。

如果以后想在社会体育健身方面发展，就必须在健美操、网球、游泳、羽毛球等运动项目进一步学习深造，同时要考取国家体育总局和社会劳动人力资源部规定体育工种的执业资格书，即社会体育指导员等级证书。

我国的体育事业大部分还在由政府主办，政策不变的前提下，需求量会稳定在一定的水平，不会出现大的波动。在国家举办的体育机构从业，一般都需要参加公务员考试或事业单位招录考试。社会上很多的体育组织及健身机构，对体育教育专业人员的需求会越来越多。

不同学校的培养方向不同，学生和家长在报考时要认真参考具体学校的相关招生简章。

4．小贴士

体育教育的考生除参加高考外，还是其他的报考要求：

参加体育高考，即参加五项素质考试（也有四项素质加专项），凭高考体育成绩和高考文化成绩，双过省线后报考。

参加一些学校的体育生自主招生考试，需要考该校指定的项目，通常是四项素质加专项，过了该校自定的体育线和高考文化线后报考。

如果有二级证，可参加一些学校的单招考试，需要去该校参加该校自设的围绕你的二级证项目进行的素质及专项测试，再参加该地区自出的文化试卷（考语数外政四门），双过关后报考。

如果有二级证，且专项能力很强，可参加本地区的高水平测试（特招）。

七、开设院校

2017 年全国开设体育教育专业本科的院校共有 323 所。

运动训练专业

专业代码	中文名	学科门类	一级学科	授予学位	修学年限
040202K	运动训练	体育学类	教育学	教育学学士	四年

一、专业概述

运动训练的主要参与者是运动员和教练员而不是一般的体育参与者，是一个有组织有计划的活动，其目的是为了提高训练水平，为取得运动成绩奠定基础。

二、培养目标

培养具备与竞技运动相关专业的基本理论和基本知识，掌握从事与竞技运动相关的社会、体育活动的基本能力，从事竞技运动教学、科研、管理等方面工作的高级专门人才。

三、培养要求

主要学习与竞技体育相关的基本理论、基本知识以及基本技能，掌握从事竞技体育相关社会活动的基本能力。

四、知识技能

毕业生应获得以下几方面的知识和能力：

① 掌握运动技术学科、运动人体学科、教育心理学科的基本理论、基本知识。

② 掌握一般运动训练和专项运动训练的分析方法和技术。

③ 具有从事专项运动训练与教学、竞赛组织与裁判等工作的基本能力。

④ 熟悉我国体育工作运动训练、运动竞赛等方面的方针、政策和法规。

⑤ 了解一般运动训练和专项运动训练的发展动态。

五、主干课程

运动训练学、体育心理学、体育生物学、运动与康乐管理、体育测量与评价、运动医学、体育科研方法等理论课程，以及田径类、球类、体操类等运动技术课程等。

六、发展前景

1．就业方向

在专业运动队、各类体育院校、普通高等院校运动队、体育传统项目学校、各级体育俱乐部、业余体育学校等单位从事运动训练、教学、科研和管理等工作。

2．就业前景

同为体育类专业，运动训练专业的课程内容侧重竞技体育方向，专业最对口的工作是在竞技体育领域担任助理裁判员、运动员教练等职位。也可以在学校、健身房、国家体育管理单位以及与体育相关的公司，从事教育教学、健身教练、体育事业管理和体育商品销售的工作。

2017 年全国开设运动训练专业本科的院校共有 95 所，报考硕士较集中的专业：体育教育训练学、运动训练、体育教学、体育学。根据阳光高考信息平台统计数据，运动训练专业 2017 年普通高校毕业生规模为 10000～12000 人，高考时文理科比例为理科 23%，文科 77%。男女生比例为男生 72%，女生 28%。运动训练专业本科就业率为 2016 年 75%～80%，2017 年 80%～85%。

3．专家建议

（1） 体育教育专业和运动训练专业的区别：

1） 要求不同。

运动训练专业的大部分学生需要对很多或者某项运动项目特别精通，不仅自己会而且可以当这项运动的专业教练。体育教育则是只要教会学生如何学这项运动，不要求多么精通，会教就可以了。

2） 侧重不同。

体育教育专业的专项，一般都是在高中或者大学才开始训练，在技术上明显比运动训练要差很多，主要是侧重理论知识。运动训练专业一般从小就练，必须有二级运动员证，需要代表学校参加比赛。

3） 含义不同。

运动训练专业培养从事竞技运动教学、科研、管理等方面工作的专门人才，需要掌握从事竞技体育相关社会活动的基本能力。体育教育培养从事学校体育科学教学、研究，学校体育管理、社会体育指导等工作人才，和竞技比赛不同。

（2） 主要专业对口就业领域：

运动训练主要培养各类竞技运动项目的教练，专业运动教练的需求毕竟有限。最近几年健身教练越来越受到欢迎，因为健身教练可以提供更专业的指导，指导帮助普通人在合理的安排下达到健身目的。健身教练的工作主要是根据人的身体状况和健身诉求，量身制作一套健身方案，并指导正确锻炼。健身教练还可以通过推广并销售健身来增加收入。

运动训练专业的毕业生在健身教练方向上具有极大的专业优势。与其他专业相比，运动训练的相关知识和运动医学知识更全面，有助于于正确处理健身过程中可能出现的一些状况。健身教练需要考取社会体育指导员等级证书，这是由国家体育总局和社会劳动人力资源部规定的体育工种的执业资格书。

运动训练专业十分对口的就业方向是在俱乐部、体育赛事承办的公司以及涉及体育的文化传播公司，担任裁判员、助理教练及指导类的岗位。

对于裁判员来说，建议考取裁判等级证书。

专业教练类的工作，一般从助理教练做起，做一些能力范围之内的工作，同时熟悉并学习教练的工作内容。助理教练主要负责运动队项目的科研工作、训练测试与评估指导，比赛录像的收集及技术分析，专家团队的组建以及软件系统和硬件设备的保养和维护等。

不同学校的培养方向不同，学生和家长在报考时要认真参考具体学校的相关招生简章。

4．小贴士

报考该专业的学生必须具有二级运动员（包括二级运动员）以上资格证书，参加专项测试和文化课考试。

七、开设院校

2017年全国开设运动训练专业的学校共95所。

社会体育指导与管理专业

专业代码	中文名	学科门类	一级学科	授予学位	修学年限
040203	社会体育指导与管理	体育学类	教育学	教育学学士	四年

一、专业概述

社会体育是指职工、农民和街道居民自愿参加的，以身体运动为基本手段，以增进身心健康为主要目的社会体育活动。

二、培养目标

培养具有社会体育的基本理论、知识与技能，能在社会体育领域从事群众性体育活动的组织管理、咨询指导、经营开发以及教学科研等方面工作的管理人才。

三、培养要求

主要学习社会体育方面的基础理论和基本知识，受到从事社会体育工作的基本训练，掌握群众体育活动组织管理、咨询指导、经营开发和教学科研等方面的基本能力。

四、知识技能

毕业生应获得以下几方面的知识和能力：

① 掌握社会体育相关学科的基本理论、基本知识。

② 掌握指导大众体育、养生健身、休闲娱乐及特殊人群体育的运动技术。

③ 具有从事群众性体育活动的组织管理、咨询指导、经营开发及教学等方面的基本能力。

④ 熟悉党和国家有关体育事业的方针、政策、法规。

⑤ 了解国内外在社会体育方面的学术发展动态。

⑥ 掌握文献检索、资料查询的基本方法，具有一定的科学研究和实际工作能力。

五、主干课程

运动生理学、运动心理学、运动保健、社会体育概论、社会体育管理、体育健身概论、中华体育养生等。

六、发展前景

1．就业方向

可在各体育健身场馆（高尔夫、网球、羽毛球、游泳等俱乐部），体育彩票中心，或星级酒店、饭店的健身会所，体育器材及旅游公司等从事工作，或者在中小学担任体育教师。

2．就业前景

由于国家暂未颁布相应的职业准入制度，目前社区的还没有专职社会体育指导员，多为公益性质，也有少数城市和地区给予一定补助。随着全民健身和政府购买服务的推广，专职社会体育指导员或健身教练在未来会成为现实。目前，除体育师资和教练员职业之外，需求最多的是体育产业领域中体育市场的营销和开发人员、各类体育俱乐部的经营管理人员和健身教练。

2017 年全国开设社会体育指导与管理专业本科的院校共有 274 所，部分高校按以下专业方向培养：户外运动、休闲体育、高尔夫运动与管理、体育旅游与运动康复。报考硕士较集中的专业：体育教学、体育教育训练学、体育学、体育人文社会学。根据阳光高考信息平台统计数据，社会体育指导与管理专业 2017 年普通高校毕业生规模为 12000～14000 人，高考时文理科比例为理科 56%，文科 44%。男女生比例为男生 81%，女生 19%。社会体育指导与管理专业本科就业率为 2016 年 80%～85%，2017 年 85%～90%。

3．专家建议

该专业是体育学、管理学和社会学多学科交叉融合的专业，对学生的体育运动能力，特别是运动身体素质、人文素养以及吃苦耐劳的意志品质有一定的要求。

新专业，请慎重报考，认真考虑不同学校的培养方向。

4．小贴士

社会体育在发达国家是热门，由于我们国家在这方面的发展程度较低，这个专业的毕业生相对尴尬，去学校当老师被嫌弃不是体育教育专业，考公务员没有相关专业，只能考不限专业的岗位，大部分人在健身房当教练或与之相关的销售人员。

七、开设院校

2017 年全国开设社会体育指导与管理专业本科的院校共有 274 所。

武术与民族传统体育专业

专业代码	中文名	学科门类	一级学科	授予学位	修学年限
040204K	武术与民族传统体育	体育学类	教育学	教育学学士	四年

一、专业概述

武术与民族传统体育主要研究民族传统体育教学、训练、科研以及传统体育养生等。

二、培养目标

培养具备民族传统体育教学、训练、科研基本知识与技能的，能从事武术、传统体育养生及民族民间体育工作的高级专门人才。

三、培养要求

主要学习武术、传统体育养生、民族民间传统体育的基本理论与知识，受到这些方面的技术、技能的基本训练，具有组织教学、训练、科研、竞赛、裁判、管理等方面的基本能力。

四、知识技能

毕业生应获得以下几方面的知识和能力：

① 掌握武术、传统体育养生、民族民间体育的基本理论与基本知识。

② 掌握本专业的技术技能。

③ 具有在本专业领域进行教学、训练、指导与管理的基本能力。

④ 熟悉国家所制定的与本专业有关的方针、政策与法规。

⑤ 了解本专业的国内外发展动态。

⑥ 掌握有关本专业的文献检索、资料查询的基本方法，具有一定的科研和实际工作能力。

五、主干课程

民族传统体育概论、中国武术史、中国文化概论、武术理论基础、传统体育养生学、中医学基础、专项理论与技术、运动生理学、运动解剖学、运动心理学等。

六、发展前景

1．就业方向

学生毕业后一般从事武术馆校教练员，企业、机关、传统健身机构的体育指导员，保安机构、各级少体校管理人员等工作。

2．就业前景

武术与民族传统体育专业学生毕业之后就业比较集中，一般会从事武术教练，或者会在一些科研机构进行中国传统体育的研究，也可以在一些教育机构从事教育教学工作。

2017 年全国开设武术与民族传统体育专业本科的院校共有 49 所，部分高校按防卫体育专业方向培养。全国报考硕士较集中的专业：民族传统体育学、体育教学、运动训练、体育学。根据阳光高考信息平台统计数据，武术与民族传统体育专业 2017 年普通高校毕业生规模为 2000～2500 人，高考时文理科比例为理科 24%，文科 76%。男女生比例为男生 81%，女生 19%。武术与民族传统体育专业本科就业率为 2016 年 80%～85%，2017 年 85%～90%。

3．专家建议

此专业要求学生热爱民族传统体育，有良好的身体素质。

4．小贴士

提前招生，属于体育单招考试。

热爱武术且有一定成绩，在文化课方面较弱的学生可以考虑本专业。

七、开设院校

2017 年全国开设武术与民族传统体育专业本科的院校共有 49 所。

运动人体科学专业

专业代码	中文名	学科门类	一级学科	授予学位	修学年限
040205	运动人体科学	体育学类	教育学	教育学学士	四年

一、专业概述

运动人体科学是研究体育运动与人的机体的相互关系及其规律的学科群，它是适应社会对健康的需求和全民健身计划纲要的实施而产生的运动与医学交叉的新型学科，是适应社会发展需要而设置的专业。

二、培养目标

培养从事体育科技教练、运动营养与运动伤害的防护师、体育科学研究人员、全民健身指导及研究人员、运动人体科学专业的师资以及其他相关专业技术工作的专门人才。

三、培养要求

主要学习运动人体科学方面的基本理论和基本知识，受到专业实验技能方面的基本训练，掌握教学和科学研究方面的基本能力。

四、知识技能

毕业生应获得以下几方面的知识和能力：

① 掌握生物科学、临床医学和体育学的基本理论、基本知识。

② 掌握运动员身体机能诊断与评价、体育保健与康复的分析方法。

③ 具有从事运动人体科学教学、研究和实验操作的基本能力。

④ 熟悉党和国家有关体育事业、科学研究、社会发展的方针、政策和法规。

⑤ 了解本专业及相关学科的发展动态和理论前沿。

⑥ 掌握文献检索、资料查询的基本方法，具有一定的科学研究和实际工作能力。

五、主干课程

教育学、高等数学、基础化学、物理学、人体解剖与运动解剖学、人体生理与运动生理学、生物化学与运动生物化学、运动生物力学、运动保健学、运动康复学、医务监督、临床医学基础、中医养生康复学、计算机应用、外语、体育（田径、体操、球类等）等。

六、发展前景

1. 就业方向

可在教学单位、体育科研机构、运动训练基地、保健康复和健身俱乐部、体育器材公司等部门从事运动人体科学方面的教学、科学研究，以及从事指导运动训练、保健康复和全民健身、器械推广等工作。

2. 就业前景

近年来，各种体育健身类俱乐部、健身中心纷纷开办。但是要取得理想的健身效果，还需要根据体质状况和健身目的选取合适的运动内容、形式，如对于多数减肥者来说，还需要一定的饮食指导。随着我国进入老年化社会，通过体育锻炼来增强老年人体质也成为当务之急，这就需要在体质监测的基础上开出运动处方来使老年人口的体育锻炼更加科学化。因此，配备具有专门知识的健康指导人员必不可少，目前状况来看，各健身中心健身设备先进完备，健身教练也不少，健康指导却相对缺乏。

2017 年全国开设运动人体科学专业本科的院校共有 27 所，部分高校按健康管理专业方向培养。报考硕士较集中的专业：运动人体科学、体育学、体育教学、体育教育训练学。根据阳光高考信息平台统计数据，运动人体科学专业 2017 年普通高校毕业生规模为 900～1000 人，高考时文理科比例为理科 83%，文科 17%。男女生比例为男生 60%，女生 40%。运动人体科学专业本科就业率为 2016 年 80%～85%，2017 年 85%～90%。

3. 专家建议

① 失望与希望并存。

运动人体科学是生命科学研究领域中的一门应用性较强的学科，在发达国家，这一专业无论是培养人才的机构还是研究领域都已达到了较高的水准，并且具有广泛的就业口径，在我国从事这一学科研究的专业人才还很少。

从 20 世纪 80 年代以来，随着我国经济建设的发展及人们生活水平的提高，大众体育和竞技体育对这方面人才的需求理论上应当越来越大，但是从全国目前的情况来看，该专业的就业率不乐观，主要原因在于人们的了解认识不够。随着国家体育事业的发展，全民健身必然成为新世纪的一大主题。

和体育相关的医疗方向与本专业对口，专业课程中的临床医学基础、中医基础和运动训练学等课程有助于了解运动中的基础医疗知识，有利于工作开展。

② 关于康复治疗师。

康复治疗师需要根据患者的生理和心理特点及社会需要，为患者提供有针对性的康复计划和健康指导，也要负责健康检查、测量和健康咨询等工作。这个岗位需要考取康复治疗师等相关证书。

需要注意的是，运动人体科学专业的学生在学校以理论学习为主，缺乏实践经验，这是短板。建议通过实习或者志愿服务等方式锻炼自己的实际工作能力，康复治疗这一行业依靠的是丰富的工作经验，而不是一纸文凭。

③ 作为健身教练有优势。

这几年人们在繁忙的工作之余开始关注身体健康，健身教练因为可以为客户提供更为专业的服务而受到欢迎，人们对专业健身服务会更加重视。

④ 就业方向有很多。

可以在国家的体育事业单位、社区体育组织和医疗保健部门从事组织管理或者行政类工作，例如进行体质测评、处理单位的日常事务等，前提是需要参加相关的公务员考试或事业单位考试。

4. 小贴士

报考前要认真阅读相关学校的招生简章，有些学校的培养方向为康复治疗，会涉及理疗推拿方面的工作，对体力要求较高，女生慎重考虑。

七、开设院校

2017 年全国开设运动人体科学本科专业的院校共 27 所。

文学门类学科综述

文学门类学科分为中国语言文学类（0501）、外国语言文学类（0502）、新闻传播学类（0503）三个学科大类。

中国语言文学类（0501）下设汉语言文学（050101）、汉语言（050102）、汉语国际教育（050103）、中国少数民族语言文学（050104）、古典文献学（050105）、应用语言学（050106T）、秘书学（050107T）七个专业。

外国语言文学类（0502）下设英语（050201）、俄语（050202）、德语（050203）、法语（050204）、西班牙语（050205）、阿拉伯语（050206）、日语（050207）、波斯语（050208）、朝鲜语（050209）、菲律宾语（050210）、梵语巴利语（050211）、印度尼西亚语（050212）、印地语（050213）、柬埔寨语（050214）、老挝语（050215）、缅甸语（050216）、马来语（050217）、蒙古语（050218）、僧伽罗语（050219）、泰语（050220）、乌尔都语（050221）、希伯来语（050222）、越南语（050223）、豪萨语（050224）、斯瓦希里语（050225）、阿尔巴尼亚语（050226）、保加利亚语（050227）、波兰语（050228）、捷克语（050229）、斯洛伐克语（050230）、罗马尼亚语（050231）、葡萄牙语（050232）、瑞典语（050233）、塞尔维亚语（050234）、土耳其语（050235）、希腊语（050236）、匈牙利语（050237）、意大利语（050238）、泰米尔语（050239）、普什图语（050240）、世界语（050241）、孟加拉语（050242）、尼泊尔语（050243）、克罗地亚语（050244）、荷兰语（050245）、芬兰语（050246）、乌克兰语（050247）、挪威语（050248）、丹麦语（050249）、冰岛语（050250）、爱尔兰语（050251）、拉脱维亚语（050252）、立陶宛语（050253）、斯洛文尼亚语（050254）、爱沙尼亚语（050255）、马耳他语（050256）、哈萨克语（050257）、乌兹别克语（050258）、祖鲁语（050259）、拉丁语（050260）、翻译（050261）、商务英语（050262）共六十二个专业。

新闻传播学类（0503）下设新闻学（050301）、广播电视学（050302）、广告学（050303）、传播学（050304）、编辑出版学（050305）、网络与新媒体（050306T）、数字出版（050307T）七个专业。

关于外国语言文学类专业，在我国高校招生领域内，大家习惯地把除英语外的外语类专业统称为“小语种”，目前我国大学开设的小语种专业共有59种（包括法语、俄语、西班牙语和阿拉伯语四种联合国通用语种），关于小语种专业的综合资料，请参阅后面“小语种专业总体介绍”的内容。

新闻传播学类专业具有相当的关联性和相似性，在就业前景方面也很相似，考生和家长可以参阅此类专业的相关资料，以得到相对全面的了解。在互联网越来越普及的今天，互联网对于新闻传播类专业的影响也越来越大。

小语种专业总体介绍

近年来，小语种越来越受到高三考生、家长的热捧，也引发了不少关于小语种的话题。本文就小语种的种类、就业情形、高校如何进行小语种招生、哪些考生适合报考小语种等方面进行介绍。

一、专业概述

小语种的正式名称应该叫作“非通用语种”。目前有6种语言是“通用语种”，它们是联合国通用工作语，即英语、汉语、法语、俄语、西班牙语和阿拉伯语，联合国的所有会议都有这些语言的口译以及官方文件，都打印或在网上出版这些语言的翻译版本。

在我国高校招生领域内，大家习惯地把除英语外的外语类专业统称为“小语种”，其中也包括上述 6 种语言中的 4 种（法语、俄语、西班牙语和阿拉伯语）。

二、发展前景

1．就业方向

除了继续深造以外，小语种的就业渠道主要集中在以下几个领域：政府公务员、高校教师、外企和中外合资企业、外贸公司、新闻传媒机构、旅游公司、留学培训机构、文化传播公司等。

2．就业前景

“一带一路”沿线 65 个国家有 53 种官方语言。其中西班牙语、阿拉伯语、葡萄牙语、意大利语等专业人才紧缺，目前就业前景比较乐观。有调查显示，西语、意语、法语、德语在小语种专业中薪资较高，紧随其后的是日语、韩语。

在国内，“小语种”专业毕业生可在外资企业、中外合资大型企业以及涉及对外业务的大型跨国公司，从事翻译、市场、销售、财务等工作。也可去中建、中航、中石化等大型工程类国企做驻外翻译，条件艰苦但薪资比较高。

“小语种”专业的学生在报考公务员上占一定优势。外交部、文化部等国家部委、地方政府、各省市外办、安全局等行政机关都需要对口人才。小语种专业的毕业生还可以从事文教传媒工作，也可以兼职翻译，报酬优厚。

总体来说，小语种专业在就业方面的特点是：就业不难，薪酬不低。

小语种涵盖面广，包含专业多，就业情况、发展趋势也不大相同，人们在选择报考时也是要有偏向和侧重的。在一项有 1526 名受访者参与的调查中，被问及“你认为学什么小语种最有利”的一项调查中，选择欧洲语系的法语、德语和西班牙语的占到了大多数。其次是亚非语系的日语、韩语，然后是阿拉伯语，这充分反映了人们在选择小语种专业时的一些倾向。

3．专家建议

一般来说，小语种就业形势的差异，主要受三个方面的影响：首先是全球范围内使用该语言的人数。其次是讲该语言的国家数量及经济情况。最后是中国与这些国家的关系，包括地缘上的和政治经济方面的。

因此，希望报考小语种的考生可重点从以下三方面入手了解就业前景。

第一，了解选择所学语言的使用范围。

如果该语言国过去拥有殖民地，那么这些殖民地独立之后的官方语言一般依然使用过去隶属国家的语言，例如，目前很多非洲国家官方依然使用法语等。要知道自己所学的语言国家的官方语是本国语言，还是其他语言，如果该国官方使用的既有本国语言又有英语，则就意味着你至少需要同时学好该国语言和英语这两门外语。

第二，要了解学习的语言所涉及国家的历史、经济、文化、人口等情况，规划出自己今后的发展方向。

第三，要了解该语言国家与我国的交往情况。

如果我国与该国的交往与合作范围广泛，那么就需要大量懂得该国语言的人才，就业前景就好。

4．报考指南

我国高校招收的小语种实际上属于外国语言文学专业类下设的专业，主要涉及两大语系：一类是欧洲语系，主要包括俄语、德语、法语、西班牙语、葡萄牙语、捷克语、荷兰语、瑞典语、波兰语、匈牙利语、意大利语、罗马尼亚语、保加利亚语、阿尔巴尼亚语、塞尔维亚语等。另一类是亚非语系，主要包括日语、朝鲜语、蒙古语、越南语、缅甸语、泰国语、老挝语、马来语、菲律宾语、柬埔寨语、阿拉伯语、印度尼西亚语、乌尔都语、豪萨语、波斯语、普什图语、斯瓦希里语、僧伽罗语等。在这些小语种里，常年招生的有十多个，其他语种则是隔年或数年才招一次。小语种招生有以下两个特点：

① 小语种的三种招生方式。

目前，小语种的招生方式大致有两种：一是在本科提前批次录取。二是在除本科提前批次外的本科其他批次录取。

第一种本科提前批次录取：其报考方式与其他提前批次录取的专业没有区别。如北京大学、中国人民大学、对外经济贸易大学、中国传媒大学、外交学院的小语种专业，在北京招生时一般放在提前批次录取，考生只需填报提前批次的相应志愿即可。

第二种除本科提前批次外的本科其他批次录取：如北京语言大学、中央民族大学、中国政法大学、首都师范大学、上海外国语大学、南京大学、四川大学、中南财经政法大学等高校在本科一批招收小语种专业。天津外国语大学、天津师范大学、大连外国语学院等院校小语种专业在本科二批招生。

② 生源好，分数高。

小语种专业的录取分数相对较高。

如 2017 年，北京外国语大学法语专业本科一批在北京招生理科最高 654 分，最低 643 分，平均为 648.5 分。法语本科一批文科最高 647 分，最低 641 分，平均为 644 分。北京外国语大学本科一批德语专业理科在京录取最高分 647 分，最低 642 分，平均为 644.5 分。德语文科本科一批在京录取最高分 646 分，最低 640 分，平均分 642.25 分。

小语种专业虽然火爆，但考生报考时，最重要的是看自己有没有学习语言的兴趣。考生要结合相关院校小语种专业近几年的录取分数和自己的学习成绩，慎重报考。

5. 小语种报考的理性思考

与英语专业相比，小语种确实比较容易就业，物以稀为贵，特别是北京奥运会和上海世博会的成功举办，更提升了大家对小语种专业的关注度。部分院校的小语种专业一次性就业率甚至达到了100%。

然而，随着招收小语种院校的不断增加，小语种就业的优势正在日渐削弱。据了解，小语种专业的毕业生去向主要集中在：政府外事部门、高校、新闻传媒机构、外企和中外合资企业、各省市外办、外贸公司、旅游公司、留学培训机构和文化传播机构等。然而，从最近几年中联办、外交部、商务部等部委公布的招聘岗位来看，对小语种专业人才的需求量都非常有限，除了个别应用面较广的语种外，大部分小语种只招聘 1～2 名。

至于企业对小语种的需求，也很有限的。因为各个语种本身并无高低优劣之分，企业需要何种小语种，不仅取决于当地的经济发展和当地的文化氛围，也取决于当地引资的对象国，特别取决于中国与相关小语种国家的关系，包括在地缘上的和政治经济方面的关系。

市场经济风云莫测，国际关系诡谲多变，谁也不敢保证哪一个语种能一直火下去。而且根据世界的客观发展规律，当一种事物热到烫手的地步时，往往也就是它开始降温的时候。小语种的“小”，本身就说明它发展的局限性，因此希望考生和家长多保持一份理性和冷静。

6. 学习小语种的素质要求

有学生认为既然小语种考试内容主要是英语，那英语成绩好的同学肯定适合学习小语种了。其实那可不一定。小语种名目繁多，千差万别，有的语种发音很特殊，你英语学得好，不一定小语种就能学好。因为英语你从小学开始学起，高考时是以笔试成绩为主，而小语种是进大学才开始学，口语在学习课程中占很大比例。这时候，你已经过了学习外语的最佳时期。因此说，学习小语种需要具有一定的天赋，如口齿伶俐，模仿力较强，对语言反应敏感等，光靠死记硬背音标、字母拼出来的外语，总让人觉得生硬。

在学习小语种的大学生中流传着这样一句话：“三分钟韩语，三小时英语，三天的法语，三个月的日语，三年的德语，三百年的阿拉伯语。”此话未必科学，却在一定程度上反映了学习小语种的难度。

总之，学习小语种，首先要对小语种有浓厚兴趣。不要因为小语种专业热门或者就业好就盲目报考。学习一门小语种，不仅要背单词、学语法、听录音，更要了解这个国家的文化和社会发展，如果缺乏浓厚的兴趣和持续的坚持，会学得很痛苦。其次，考生的语言理解和运用的能力要比较强。语言是用来交流和运用的，有的考生文字功底不错，但性格比较内向，口头表达能力比较差，就不太适合报考小语种专业了。

在此特别提醒考生，如果你唱歌跑调，五音不全，口齿不清，模仿力不强等，很有可能就不适合学习小语种，即使侥幸进入该专业，也不利于你今后的发展深造，甚至还有留级和退学的可能。

7．推荐小语种优势院校

开设小语种的院校很多，建议考生优先从一些办学理念到课程设置都有自己特色和优势的，拥有超强的教学师资力量的，小语种专业排名位居全国前列的院校中挑选。

① 北京外国语大学：俄语、阿拉伯语、日语、西班牙语。

北京外国语大学是我国外语院校中历史最悠久、层次最齐全、语种最多的高等院校，是我国首批硕士、博士学位授权单位之一，其中 18 种语言是全国唯一学科点。现设有外国语言文学博士后流动站，拥有俄语、德语、阿拉伯语、日语、西班牙语、欧洲语言文学、外国语言学及外国语言文学和应用语言学等博士点。其德语专业是国家级重点学科，俄语、阿拉伯语专业是北京市重点学科。

② 同济大学：德语。

同济大学由德国人在 1907 年创办，与德国和欧洲联系紧密，交流频繁，在 20 世纪 50 年代之前一直采用德语教学。同济大学的德语教学可谓中国德语教学的缩影，有历史悠久，规模较大、类型齐全和注重质量四个特点。

③ 对外经济贸易大学：西班牙语、阿拉伯语。

对外经济贸易大学西班牙专业始创于 1954 年，是全国范围内最早建立的西语专业点之一。西语加贸易，对外经济贸易大学的外语专业就业形势一直很好。阿拉伯语专业创建于 1954 年，是我国开设此专业较早的院系之一。师资队伍强大，科研水平在国内名列前茅。学生就业水平一直保持在较高的水准。

④ 黑龙江大学：俄语。

黑龙江大学作为黑龙江省属重点综合性大学，凭借黑龙江与俄罗斯接壤的良好区位优势，大力发展其俄语语言文学学科。俄语是黑龙江大学历史最悠久的专业之一，是国家重点学科，拥有博士、硕士点，设有俄语语言文学研究中心。随着中俄关系的日趋紧密，学习俄语将大有所为。

⑤ 广西民族大学：越南语、老挝语、泰国语、柬埔寨语。

广西民族大学是国家外语非通用语种本科人才培养基地。广西民族大学依托毗邻东南亚、东盟博览会和南宁国际民歌节等优势，独创的“3＋1”人才培养模式，使非通用语毕业生的就业率始终保持在100％。目前广西民族大学先后有数千名学生以交换的方式到越南、泰国、柬埔寨等国从事教学或翻译工作。

⑥ 武汉大学：法语。

武汉已成为法国在我国投资最密集、投资强度最广大的城市，武汉同法国的经济合作已不再局限于单一的汽车领域，而是向金融、商业连锁、高新技术、石油产品等多个领域迈进。武汉大学已成为我国最大的法语培训基地，武汉大学与法国 20 多所大学签署了合作交流协议，成为我国对法教育与科技合作交流的重要基地和窗口。武汉大学的法语学科名列全国第二，有从本科—硕士—博士的完整培养体系，且留法人数持续为全国第一。

⑦ 大连外国语大学：韩语、日语。

大连外国语大学是外语人才的摇篮，是通向世界的桥梁。大连外国语大学利用与韩国和日本隔海相望这一优势，与日本的早稻田大学、九州大学、长野大学等多所名校开展联合办学。日本是接受中国留学生最多的国家之一，日本、韩国也是中国在亚洲的重要经济伙伴。

⑧　广东外语外贸大学：日本语、印尼语马来语、泰语、越南语、朝鲜语、法语。

广东外语外贸大学是广东省涉外型重点大学，学校拥有设备先进的全景国际贸易仿真实验室和同声传译室。广州作为国际性商业大都市，与东南亚各国的距离较近，有浓厚的外语背景和得天独厚的条件，小语种专业一枝独秀。日语专业是广东省高校最早的硕士点之一。

最后要说的是，对小语种感兴趣的考生，如果最终没有能够考入相关的小语种专业，也不必灰心。目前，社会上也有不少的小语种培训机构，感兴趣的同学也可以在这些机构进行学习，为自己的就业和发展多掌握一种技能。

汉语言文学专业

专业代码	中文名	学科门类	一级学科	授予学位	修学年限
050101	汉语言文学	中国语言文学类	文学	文学学士	四年

一、专业概述

汉语言文学是我们一般意义上对中文的理解。我们从小就学习语文，但大学里的汉语言文学专业则要学习更为深入的内容。简单说，它包含了语言和文学两个领域。该专业学生不仅要掌握中外文学各种流派、理论、作家、作品，还要广泛涉猎语言、哲学、历史、政治、社会等多方面知识，掌握扎实宽厚的中国语言文学专业知识。

二、培养目标

培养具有文艺理论素养和系统的汉语言文学知识，在新闻文艺出版部门、高校、科研机构和机关企事业单位从事文学评论、汉语言文学教学与研究工作，以及文化、宣传方面的实际工作的汉语言文学高级专门人才。

三、培养要求

主要学习汉语和中国文学方面的基本知识，受到有关理论、发展历史、研究现状等方面的系统教育和业务能力的基本训练。

四、知识技能

毕业生应获得以下几方面的知识和能力：

① 掌握马克思主义的基本原理和关于语言、文学的基本理论。

② 掌握本专业的基础知识以及新闻、历史、哲学、艺术、教育等学科相关知识。

③ 具有文学修养、鉴赏文学能力、较强的写作能力以及语言表达能力。

④ 了解我国关于语言文字和文学艺术的方针、政策和法规。

⑤ 了解本学科的前沿成就和发展前景。

⑥ 能阅读古典文献，掌握文献检索、资料查询的基本方法，具有一定的科学研究和实际工作能力。

⑦ 具有正确的文艺观点、语言文字观点和坚实的汉语言文学基础知识，并具有处理古今语言文字材料的能力、解析和分析古今文学作品的能力、协作能力和设计实施语文教学的能力。

⑧ 了解语言文学学科的新发展，并能通过学习，不断吸收本专业和相关专业新的研究成果，根据社会需要和教育发展的需要，拓宽专业知识，富有开创精神。

⑨ 了解本专业及相关专业各学科学术发展的历史，重视传统文化的继承和发展。同时具有一定的哲学和自然科学素养。

⑩ 掌握资料收集、文献普查、社会调查、论文写作等科学研究的基本方法，逐步学会在文理渗透、学科交叉的前提下，开辟新的领域。

有良好的口语和书面语表达能力。

五、主干课程

语言学概论、现代汉语、古代汉语、文字学、声韵学、训诂学、中国古代文学、中国现代文学、中国当代文学、外国文学、文学概论、中国文化概论、中国历代文论、古典文献学、马克思主义文论、美学、民间文学、儿童文学、影视文学、比较文学、西方文论、写作、文艺心理学、中外语言学史、中国文学批评史、语文教学论、语言文字信息处理等。

六、发展前景

1．就业方向

可在新闻文艺出版部门、高校、科研机构和机关企事业单位从事文学评论、汉语言文学教学与研究工作，以及文化、宣传方面的工作。如对外汉语教师、语文教师、记者、编辑等。

2．就业分析：

本科毕业生总体供大于求，但需求量比较大。如果你具有一定的写作能力，较强的分析、研究能力，对文学及写作又比较感兴趣，可以选报本专业。近年来，汉语言文学专业的学生就业形势一直比较平稳，不那么热门，但是一般人才面临着就业难的严峻考验。

2017 年全国开设汉语言文学专业的院校共 609 所，部分高校按以下专业方向培养：编辑、文秘、播音主持、财经文秘、创意写作、高级文秘、高级文员、企业秘书、商务文秘、新闻传播。报考硕士较集中的专业：学科教学（语文）、中国古代文学、中国语言文学、中国现当代文学。根据阳光高考信息平台统计数据，汉语言文学专业 2017 年普通高校毕业生规模为 85000～90000 人，高考时文理科比例为文科 96%，理科 4%。男女生比例为男生 16%，女生 84%。汉语言文学专业本科就业率为 2016 年 85%～90%，2017 年 90%～95%。

3．专家建议

① 就业面宽。

本专业毕业生一般文笔较好，思维活跃，可以胜任很多部门和机构的工作。比较专业对口的部门可以是新闻出版系统，例如在报社、杂志社、出版社及电视台、广播电台等单位从事记者、编辑等工作。也可在企事业单位的文秘、宣传部门发挥自己的写作特长。

② 市场有需求。

传统的汉语言文学专业所开设的专业课程大多局限于文学类科目，比较单一，而市场需要的是综合汉语言文学及其他一门学科知识的复合型人才，这也是由汉语言文学专业的就业面宽所决定的。汉语言文学专业部分高校按以下专业方向培养：编辑、文秘、播音主持、财经文秘、创意写作、高级文秘、高级文员、企业秘书、商务文秘、新闻传播等。

③ 按大类招生，弄清专业方向。

除了单独的专业招生形式以外，很多院校都以“中国语言文学类”的大类形式招生。如北京大学、中国人民大学、复旦大学、南京大学、厦门大学、山东大学、华中师范大学、中南大学、陕西师范大学等 30 余所大学往年都是按照“中国语言文学类”大类的形式招生。考生家长在报考时，最好看一下大致包含的专业方向。

例如，中国人民大学中国语言文学类（本科类）包括汉语言文学专业和汉语言专业两个专业方向。北京大学中文系（中国语言文学类）目前设有中国文学、汉语语言学、古典文献学与应用语言学（中文信息处理）4 个本科专业方向，其中应用语言学文理科兼收，其他 3 个专业只招文科生，招生时按照中国语言文学类招生，低年级基础课程全面学习，到高年级可自由选择专业。清华大学中文系按人文科学实验班招生，本科生入学 1 年半后可以根据兴趣选择中国语言文学、历史学或哲学专业。

4．小贴士

要根据自己的爱好和需求，看清各高校的招生章程要求和专业设置情况。

随着就业形势日益严峻，通常文科毕业生的职业选择与专业相关性较低，毕业后从事与专业对口职业的学生甚至不到一半，中文类专业本科毕业后是继续深造还是步入工作岗位主要看个人意愿。

如果对中文专业有浓厚的兴趣，希望日后从事这一领域及与之相关的教学、科研工作，如担任语文教师，或者在大学中文系、新闻系任教，读硕士乃至博士是必要的。如果打算本科毕业后直接就业，可以考虑选修一些实务课程，如应用写作、秘书学、公共关系等，还可以跨专业选修新闻、经济、法学等课程，成为复合型人才。

七、开设院校

2017年全国开设汉语言文学专业的院校共609所。这些院校包括知名大学、师范类院校和语言类院校。

汉语言专业

专业代码	中文名	学科门类	一级学科	授予学位	修学年限
050102	汉语言	中国语言文学类	文学	文学学士	四年

一、专业概述

汉语言主要研究语言的本质、特点、结构、功能、起源和发展规律，一方面要探讨和总结汉民族几千年的文明史，另一方面也能为未来的汉语言发展开辟道路。由于对外汉语和中文信息处理的发展，特别是语言研究成果在信息处理技术领域的运用，汉语言专业近年来发展迅速。

二、培养目标

培养具备汉语及语言学、中国文学等方面的系统知识和专业技能，能在高校、科研机构和机关企事业相关部门从事汉语言文字的教学科研、对外汉语教学、语言文字管理及语言应用方面实际工作的语言学高级专门人才。

三、培养要求

主要学习汉语及语言学、中国文学的基本理论和基本知识，受到有关理论思维和专业技能的基本训练，掌握调查研究、语言教学的基本能力。

四、知识技能

毕业生应获得以下几方面的知识和能力：

① 掌握马克思主义基本原理，汉语及语言学、中国文学的基本理论、基本知识。

② 掌握语音实验技能、中文信息处理技术、汉语教学法。

③ 具有哲学和文史知识基础，以及较强的写作能力和社会调查能力。

④ 了解我国有关语言文字的方针、政策、法规和当前语文文字工作任务。

⑤ 了解语言文字研究的理论前沿和汉语科技应用的前景。

⑥ 掌握文献检索、资料查询的基本方法，具有一定的科学研究和实际工作能力。

五、主干课程

语言学名著精读、语言学概论、古代汉语、现代汉语、中国古代文学史、中国现当代文学史、文学概论、写作、汉语史、文字学、训诂学、音韵学、中国通史、世界历史、中国哲学、计算语言学基础、自然语言计算机处理等。

六、发展前景

1．就业方向

可从事教师、媒体从业人员、助理/文秘、文案策划人员、技术类以外的职位。由于专业界限不明显，中文专业毕业生也可以结合自己的兴趣，有选择地往公务员、市场营销、客户服务等方向发展。

2．就业分析：

参考中国语言文学专业。

2017 年全国开设汉语言文学专业的院校共 47 所，部分高校按应用语言学专业方向培养。全国报考硕士较集中的专业：语言学及应用语言学、汉语言文字学、中国语言文学、汉语国际教育。根据阳光高考信息平台统计数据，汉语言文学专业 2017 年普通高校毕业生规模为 1500～2000 人，高考时文理科比例为文科 66%，理科 34%。男女生比例为男生 22%，女生 78%。汉语言专业本科就业率为 2016 年 70%～75%，2017 年 80%～85%。

3．专家建议

① 请参考汉语言文学专业的相关资料。

② 有志于将来从事媒体方面工作的学生需要大量阅读，扩展知识面。经常练笔。和媒体编辑、记者沟通，一般来说，除了应具有的文章编辑能力以外，编辑还需要具有策划、组织能力，所谓策划，首先是选题策划能力，所谓组织，则是选题确定以后的稿源组织等。早先一步开始你的职业化进程，浏览媒体专业网站，协助采访，积累经验。

中文专业的同学可以充分利用自己文笔高人一筹的优势，从文案入行，也可以利用在校期间学习一些图形处理软件的使用。在从业过程中，可以从同行手里学到更多关于策划、关于细节的东西。广告人从业证书对你的就业帮助不是特别大，如果不是自己计划开广告公司的话，建议你不要考。

4．小贴士

要根据自己的爱好和需求，看清各高校的招生章程要求和专业设置情况。

七、开设院校

2017 年全国开设汉语言专业的院校为 47 所。

汉语国际教育专业

专业代码	中文名	学科门类	一级学科	授予学位	修学年限
050103	汉语国际教育	中国语言文学类	文学	文学学士	四年

一、专业概述

汉语国际教育原来的专业名称是大名鼎鼎的对外汉语。

二、培养目标

培养具有熟练的汉语作为第二语言教学技能和良好的文化传播技能、跨文化交际的能力，适应汉语国际推广工作，胜任多种教学任务的高层次、应用型、复合型、理想型、国际化专门人才。

三、培养要求

主要学习汉语及语言学、国际文学的基本理论和基本知识，受到有关理论思维和专业技能的基本训练，能流利地使用一种外语进行教学和交流，具有跨文化交际能力。

四、知识技能

毕业生应获得以下几方面的知识和能力：

① 掌握马克思主义基本理论，具备良好的专业素质和职业道德。

② 热爱汉语国际教育事业，具有奉献精神和开拓意识。

③ 具备熟练的汉语作为第二语言教学技能，能熟练运用现代教育技术和科技手段进行教学。

④ 具有较高的中华文化素养和传播能力。

⑤ 能流利地使用一种外语进行教学和交流，具有跨文化交际能力。

⑥ 具有语言文化国际推广项目的管理、组织与协调能力。

五、主干课程

英语系列课程、对外汉语教学概论、语言学概论、现代汉语、古代汉语、中国古代文学、中国现代文学、中国当代文学、文学概论、中国文化概论、外国文学、比较文学、中外文化交流史等。

六、发展前景

1．就业方向

对外汉语教育、语文教学、新媒体运营、编辑、外贸方向、公务员等。

2．就业分析：

参考汉语言文学专业及汉语言专业的相关资料。

2017 年全国开设汉语国际教育专业的院校共 375 所，部分高校按以下专业方向培养：汉英双语、商务汉语。全国报考硕士较集中的专业：汉语国际教育、语言学及应用语言学、学科教学（语文）、中国语言文学。根据阳光高考信息平台统计数据，汉语国际教育专业 2017 年普通高校毕业生规模为 16000～18000 人，高考时文理科比例为文科 89%，理科 11%。男女生比例为男生 13%，女生 87%。汉语国际教育专业本科就业率为 2016 年 85%～90%，2017 年 90%～95%。

3．专家建议

① 请参考汉语言文学专业及汉语言专业的相关资料。

② 关于涉外汉语教师：

本专业的对口工作就是进行对外汉语教学，想要去国外教汉语常规有两种途径。一是国家汉办每年主持的对外汉语志愿者，每次任期是半年到两年，由汉办统一安排前往的国家和地区的孔子学院等，可以留任但不能超过三年。另一种是各类教育培训机构，通常要求应聘者通过英语六级，经过公司统一安排到国外去教汉语，工作时间大约一年，签证期满回国。

对外汉语老师是一个短期的工作，不能长期留在国外，工作内容和环境也不是想象中那样美好，很多回国的志愿者都要从零开始找工作。每年国家派往孔子学院的老师主要是有多年教学经验的汉语老师，刚毕业的学生机会很少。事在人为，如果实在喜欢这份工作的可以试试，需要注意是须提高自己的外语整体水平特别是口语水平，回国后可以从事涉及外语的工作，还可以继续在国内的培训机构或国际学校代课，经验丰富后还可以自己办班。

4．小贴士

这个专业在中国语言文学类中相对热门，有一定的发展空间。

七、开设院校

2017 年全国开设汉语国际教育专业的院校为 375 所。

中国少数民族语言文学专业

专业代码	中文名	学科门类	一级学科	授予学位	修学年限
050104	中国少数民族语言文学	中国语言文学类	文学	文学学士	四年

一、专业概述

在我国多元一体的多民族文化格局中，民族语言与民族文学的保护和发展，是我国文化多元性的重要保障。

二、培养目标

培养具备有关少数民族语言文学的全面系统知识，能从事有关少数民族语言、文字、文学、文献的教学、研究、编辑、翻译、新闻、文学等方面工作的人才。

三、培养要求

主要学习有关民族语言、文学、文献方面的基本理论和基础知识，受到有关理论、发展历史、研究现状等系统教育和从事专业工作所需业务能力的基本训练。

四、知识技能

毕业生应获得以下几方面的知识和能力：

① 掌握马克思主义的基本原理和有关民族语言文学的基本理论。

② 掌握本专业的基本知识以及有关的新闻、历史、哲学、艺术、计算语言学、心理学、教育学、行政管理学、文书学、逻辑学、民族学等相关学科的知识。

③ 具有较强的语言、文学修养和鉴赏能力，能阅读古典文献。

④ 了解我国关于民族语言文字和文学艺术的方针、政策及法规。

⑤ 了解本学科的前沿成就和发展前景。

⑥ 掌握有关民族文献资料的查询方法，有较强的写作能力和一定的实际工作能力以及初步的科研能力。

五、主干课程

语言学概论、有关民族语言史、古代汉语、有关民族现代语言、现代汉语、汉语一民族语语法对比、文学概论、有关民族文学史、中国文学史、有关民族历史等。

六、发展前景

1．就业方向

中国少数民族语言文学专业的毕业生主要到少数民族教育文化部门及相关单位从事有关少数民族语言文字、文学、文献的教学、研究、编辑、翻译、新闻、文学创作等方面工作。

2．就业分析：

随着民族间的交流融合，部分民族语言面临消亡的危险，一种语言的消亡就意味着这种文化的消失，是整个中华文化的损失。所以继承和发扬各少数民族的民族特色文化、教育事业，维护本民族语言文化成为当务之急。同时，随着各民族间交往增多，对通晓两种或两种以上语言的人才的培养也变得尤为重要。

2017 年全国开设中国少数民族语言文学专业的院校共 37 所，部分高校按以下专业方向培养：满语、藏语言文学。全国报考硕士较集中的专业：中国少数民族语言文学、中国语言文学、民族学、语言学及应用语言学。根据阳光高考信息平台统计数据，中国少数民族语言文学专业 2017 年普通高校毕业生规模为 3500～4000 人，高考时文理科比例为文科 81%，理科 19%；男女生比例为男生 37%，女生 63%。中国少数民族语言文学专业本科就业率为 2016 年 75%～80%，2017 年 70%～75%。

3．专家建议

① 地域差异较为明显，各有出路。

该专业地域性较强，开设的高校相对较少，多在中西部地区。总体上看，内地学生就业有一定压力，但可通过考博、出国可获得进一步发展。大部分的毕业生面向中西部的需要，中西部学生的就业一般比较顺畅，毕业生应根据自己的实际情况客观分析就业去向。

② 客观上有一定需求。

从中国社会科学院到中学教师，从党政机关到各中小企业，从各类新闻机构到政府驻外机构，有不少从中国少数民族语言文学专业毕业的大学毕业生。少数民族地区的地方政府、各类中专、中学等，也需要大量高素质的大学毕业生去支撑。少数民族地区是我国人才缺乏的地区，需要大批懂当地民族语言的高素质人才作为推动经济、文化发展的带头人。

除了以上所提及的领域外，与少数民族有关的企事业单位的文秘、宣传、管理等工作，也都有该专业的用武之地。

③　有些少数民族语言同时是外语小语种。

首先中国的周边国家如朝鲜、韩国、蒙古，吉尔吉斯斯坦、哈萨克斯坦等，其民族语言都等同于中国的少数民族语言，随着这些国家与中国经济政治联系进一步加强，必然会带动精通这类语言的人才的需求量。

其次，一些以少数民族为对象的新闻媒体对少数民族语言文学专业毕业生的需求也增长，特别是人口相对比较多的蒙古族、维吾尔族、藏族，随着经济的进一步发展，相应的民族文化也会得到一定的发展，必然会带动各类新闻媒体如广播、电视、报纸、杂志、书籍行业的扩大，对本专业毕业生的需求也就自然会增加。

再者，对少数民族语言文学专业毕业生需求量较多的是少数民族地区的地方行政机构以及少数民族地区的各类学校、企事业单位。

4．小贴士

在中文类专业中属冷门专业，多为少数民族地区的院校开设，专业对口的职业选择范围有限，如果不想毕业后去少数民族地区工作，请慎重考虑。

近年来朝语/韩语毕业生逐年增多，竞争相对激烈。

七、开设院校

2017 年全国开设中国少数民族语言文学专业的院校共 37 所。

古典文献学专业

专业代码	中文名	学科门类	一级学科	授予学位	修学年限
050105	古典文献学	中国语言文学类	文学	文学学士	四年

一、专业概述

古典文献学是指综合运用版本、校勘、目录、注释、考证、辨伪、辑佚、编纂、检索等方面的理论与方法，科学地分析、整理、研究中国古代文献，进而探讨古代文献的产生、分布、交流和利用的规律，并总结对古代文献进行分析、整理、研究工作的规律与方法的学科。

二、培养目标

培养具备中国古籍整理与古典文献学全面系统知识，能在教育、文化、出版等部门，从事古籍整理、传统文化方面的实际工作、古典文献教学与研究工作的文献学高级专门人才。

三、培养要求

主要学习古籍整理和中国古典文献学方面的基本知识，受到有关理论、发展历史、研究现状等方面的系统教育和业务能力的基本训练。

四、知识技能

毕业生应获得以下几方面的知识和能力：

① 掌握马克思主义的基本原理和关于古籍整理、古典文献学的基本理论。

② 了解我国关于古籍整理及编辑出版的方针、政策和法规。

③ 掌握本专业的基础知识以及汉语言文学、历史、哲学等学科的相关知识。

④ 具有较强的古籍整理能力和古典文献修养，了解本学科的前沿成就和发展前景，有较强的写作能力，并有一定的实际工作能力和初步科研能力。

⑤ 掌握中文文献资料的查询手段。

五、主干课程

中国古典文献学、目录学、版本学、校勘学、文字学、音韵学、训诂学、文科工具书使用、出土文献概论、古代文化概论、古文献学史、古代汉语、中国古代文学史等。

六、发展前景

1．就业方向

可进入大学、科研机构、出版社、图书馆、文化产业等相关部门从事古典文献研究及教学工作。

2．就业分析：

古典文献学专业性强，研究内容较为冷僻，就业受到一定的限制。同时，古典文献学是一门古雅的学问，跟现实生活距离甚远，学起来比较枯燥。从社会需求角度来讲，这方面人才的需求量确实有限，而且一般不会随着社会的进步和学科的发展而增加，同时又较难学，既需要扎实的专业基础，又需要广泛的知识和开阔的思路，甚至需要学贯中西、汇通文理。

2017 年全国开设中国古典文献学专业的院校共 8 所，全国报考硕士较集中的专业：中国古典文献学、中国史、公共管理、学科教学（语文）。根据阳光高考信息平台统计数据，古典文献学专业 2017 年普通高校毕业生规模为 150 至 200 人，高考时文理科比例为文科 100%，理科 0%。男女生比例为男生 24%，女生 76%。古典文献学专业本科就业率为 2016 年 90%～95%，2017 年 75%～80%。

3．专家建议

① 勿盲目报考。

鉴于古典文献学的特点，建议考生要考虑自己的兴趣爱好，不要盲目报考。

② 专业有新的发展。

由于西方文化思潮的大量涌入，人文学科包括古典文献学的面貌也发生了很大的变化，最明显的现象就是新的研究思路大量进入，改进或者代替了一些旧有的研究思路。同时，学者越来越多地关注和吸收西方学术界的研究成果。我国传统的古典文献学在经历了几千年的漫长发展历程之后，正在走向世界。

4．小贴士

古雅的学问，跟现实生活距离甚远，枯燥难学。

七、开设院校

2017 年全国开设中国古典文献学专业的院校共 8 所。

英语专业

专业代码	中文名	学科门类	一级学科	授予学位	修学年限
050201	英语	外国语言文学类	文学	文学学士	四年

一、专业概述

英语专业是院校开设最多的外语专业。

二、培养目标

培养具有扎实的英语语言基础和比较广泛的科学文化知识，能在外事、经贸、文化、新闻出版、教育、科研、旅游等部门从事翻译、研究、教学、管理工作的英语高级专门人才。

三、培养要求

掌握马克思主义的立场、观点和方法以及中国特色社会主义理论的精髓，掌握英语语言和文学方面的基本知识，了解主要英语国家的文学、历史、哲学、政治、经济、艺术、法律等人文和社会科学知识，接受系统而科学的英语听、说、读、写、译等方面的基本技能训练。

四、知识技能

毕业生应获得以下几方面的知识和能力：

① 了解我国有关的方针、政策、法规。

② 掌握语言学、文学及相关人文和科技方面的基础知识。

③ 具有扎实的英语语言基础和较熟练的听、说、读、写、译的能力。

④ 了解我国国情和英语国家的社会和文化。

⑤ 具有第二外国语的一定的实际应用能力。

⑥ 掌握文献检索、资料查询的基本方法，具有初步科学研究和实际工作能力。

五、主干课程

英语精读、英语泛读、英语听力、英语语法、英语口语、英语写作、综合英语、高级英语、英语笔译、英语口译、语言学概论、英美文学、英语国家概况等。

六、发展前景

1．就业方向

主要集中在以下几个领域：政府机关、新闻机构、外资企业、进出口公司、合资企业、中外旅行社、各类学校、培训机构等。

2．就业前景

据统计，英语是世界上使用最广泛的第二语言，全世界有60%以上的信件是用英语书写的，50%以上的报纸杂志是英语的。同时，英语也是与计算机联系最密切的语言，大多数编程语言都与英语有联系，随着互联网的高速发展，英文的使用更加普及。

目前，英语已经成为一种普及化的语言交流工具，很多非英语专业的人由于工作需要，投入很多时间与精力学习英语，并成为该行业中既懂专业知识又有沟通能力的复合型人才，这就使得英语专业毕业生求职竞争力减弱，面临着巨大的就业压力。

2017年全国大学中设英语专业本科的院校共有1002所，部分高校按以下专业方向培养：医学、国际法、国际商务、经贸英语、旅游英语、商务英语、新闻英语、英语翻译、英语教育、应用英语。报考硕士较集中的专业：学科教学（英语）、英语笔译、英语语言文学、外国语言学及应用语言学。根据阳光高考信息平台统计数据，英语专业专业2017年普通高校毕业生规模为100000人以上，高考时文理科比例为理科33%，文科67%。男女生比例为男生11%。女生89%。英语专业本科就业率为2016年85%～90%，2017年90%～95%。

3．专家建议

① “英语＋专业”的毕业生易在职场中占一席之地。

近年来，随着高校扩招，每年有大量毕业生涌入招聘市场。以外资企业为例，外企一直是英语专业毕业生主要的就业领域，但随着人数逐年增多，外企对毕业生的要求也随之提高，企业不再满足于掌握基本英语技能的应聘者，而是更青睐既有英语技能又熟悉中外文化，同时基本掌握金融、法律、计算机、外贸、通信等某一领域专业知识的毕业生。

从另一个角度讲，英语专业毕业生几乎可以迈进任何行业的门槛，但仅仅会语言还不够，还要将英语跟某个专业或行业融会贯通，用个公式比喻就是“英语+专业=就业核心竞争力”。目前很多高校的英语专业中都加强了专业特色的学习方向，如英语与管理、外贸、金融、工程、法律、出版、广告等专业相结合。

② 全国共一千余所院校开设，分数跨度大。

全国开设英语专业的高校有一千多所，既包括知名的综合类高校、传统的外语类院校，还包括一些名气虽然不大但具有一定实力和特色的院校。英语专业对考生的文字理解和语言表达能力要求较高，一般文科生学习更有优势。语言类专业与一般专业不同，需要考生具备一定的语言天赋，对语言文字有敏感度。语感好的学生在学习中更能得心应手，利于今后的职业发展和求学深造。

选择英语专业时，除了考虑自身实际能力外，还要看是否真的对英语感兴趣，是否真的喜欢英语国家的文化，而不能仅从就业角度考虑。因为真正要精通一门语言，仅靠背单词、记语法这些表层的知识学习很难做到，还要在课余用大量时间和精力去了解这些英语国家的历史、政治、经济和文化等相关内容，如果缺乏兴趣，这个学习过程会十分痛苦。

英语专业在各批次院校中均有开设，院校层次不同，分数跨度也很大。考生在选报时，可根据自己的兴趣、爱好、实力，结合各校录取分数情况，选择和自己分数批次相符的院校。

③ 不同院校，特点不同。

英语专业实力较强的学校主要有三类：一是传统外语类院校。二是综合性大学的外国语学院、英语系。三是一些英语与特定行业结合的特色高校。在选择填报院校时，考生不一定要紧盯着传统外语类院校不放，可以根据自身情况和就业意向，选择那些能与其他专业相结合的综合性大学或具有行业特点的高校。

首先，传统外语类院校如北京外国语大学、北京第二外国语学院、北京语言大学、上海外国语大学、广东外语外贸大学等等，在教学上，他们不仅注重语言的理论研究，而且注重培养学生的实践能力。

其次，综合性大学的外国语学院、英语系等，如北京大学、清华大学、中国人民大学、南京大学、厦门大学、复旦大学、南开大学等，这类综合性大学的科研能力强，软、硬件设施精良，就业有优势，而且在继续深造、留学、学术发展等方面的机会更多。例如，北京大学的英语专业侧重传统的英美文学，不仅强调学生过硬的基本技能，也注重专业学科的基础学术训练。厦门大学在国内高校中是首批设置同声传译硕士课程的院校，其口译和双语词典研究是全国领先的。

最后，英语与行业特色结合的高校如外交学院、中国传媒大学、北京师范大学、对外经济贸易大学、中国政法大学和国际关系学院等，这类具有行业特色的院校利用本校在领域内的优势，将英语和专业特色相结合，为英语专业学生开设了本校特长的专业课程，培养出既有语言优势又有专业特长的复合型人才。如中国传媒大学电视学院“英语实验班”，学习英语专业类课程和新闻传播类双语课程。北京师范大学等师范类高校的英语专业则侧重于英语教育和教学。对外经济贸易大学以商务英语为特色。中国政法大学强调英语系学生的法律常识，开设了法律文书写作课程。南京航空航天大学的英语专业有民航业务方向。

4．小贴士

对绝大多数人来说，英语仅仅是一个工具。

七、开设院校

2017 年全国开设英语本科专业的院校共 1002 所。

俄语专业

专业代码	中文名	学科门类	一级学科	授予学位	修学年限
050202	俄语	外国语言文学类	文学	文学学士	四年

一、专业概述

俄语是俄罗斯的官方语言，是联合国的官方语言之一，也是世界上母语使用人数的第九大语言，使用俄语的人数占世界人口的 5.7%。

俄语属于印欧语系中斯拉夫语族内的东斯拉夫语支，主要在俄罗斯和苏联的其他成员国中使用，虽然很多苏联的国家现在开始强调当地语言的重要性，但是俄语仍然是这些地区最广泛使用的语言。

二、培养目标

培养具有扎实的俄语语言基础知识和语言基本技能，较熟练的俄语语言运用能力，能够在高等和中等学校进行俄语教学和教学研究的教师及其他教育工作者，以及能在外事、经贸、文化、新闻出版、旅游等部门从事翻译、科研、管理工作的高级俄语专门人才。

三、培养要求

主要学习俄语语言基础知识，受到俄语听、说、读、写、译等方面的语言基本技能训练，能够较熟练的使用计算机进行俄语及汉语的文字处理，通过教育理论课程和教育实习环节形成良好的教师素养，获得从事俄语教学的基本能力和俄语教育研究的基本能力。

四、知识技能

毕业生应获得以下几方面的知识和能力：

① 具有扎实的俄语语言基础知识，熟练地掌握听、说、读、写、译的基本技能。具有扎实的汉语语言基础知识和较强的汉语表达能力。

② 掌握俄语语言学，俄语对象国文化及相关人文和科技方面的基础知识。

③ 了解我国国情和俄语对象国家的社会和文化以及科学技术的发展。

④ 熟悉教育法规，掌握并能初步运用心理学、教育学基础理论、俄语教育基本理论，具备良好的教师职业素养和从事俄语教学的基本能力。

⑤ 具有运用现代教育技术开展俄语教学的能力及具有一定的第二外国语的实际运用能力。

⑥ 掌握文献检索、资料查询及运用现代信息技术获得相关信息的基本方法，并有一定的科研能力。

五、主干课程

俄语基础、俄语语法、俄语阅读、报刊选读、视听、俄语口语、俄语写作、翻译理论与实践、俄语语言理论、语言学概论、俄罗斯文学史、俄罗斯文学作品选读、俄罗斯社会文化等。

六、发展前景

1．就业方向

请参考小语种专业总体介绍。

2．就业前景

请参考小语种专业总体介绍。

2017 年全国大学中设俄语专业本科的院校共有 158 所，部分高校按以下专业方向培养：俄英双语、国际贸易、商务俄语、经贸和旅游。全国报考硕士较集中的专业：俄语语言文学、俄语笔译、俄语口译。根据阳光高考信息平台统计数据，俄语专业专业 2017 年普通高校毕业生规模为 5000～6000 人，高考时文理科比例为理科 33%，文科 67%。男女生比例为男生 20%，女生 80%。俄语专业本科就业率为 2016 年 80%～

85%，2017 年 85%～90%。

3．专家建议

请参考小语种专业总体介绍。

4．小贴士

请参考小语种专业总体介绍。

七、开设院校

2017 年全国开设俄语本科专业的院校共 158 所。

德语专业

专业代码	中文名	学科门类	一级学科	授予学位	修学年限
050203	德语	外国语言文学类	文学	文学学士	四年

一、专业概述

德国的地理面积十分有限，但是德语所蕴含的文化，要远远超过它的地理面积给人留下的印象。德语区的文化，在世界文化中占有非常非常重要的地位，涌现出一大批著名的作者、音乐家、哲人、思想家。全世界约 1 亿多人使用德语，把德语定为唯一的官方语言的国家有：德国、奥地利和列支敦士登；作为官方语言的之一的国家还有意大利、比利时、卢森堡、瑞士等。

二、培养目标

培养具有扎实的德语语言基础和比较广泛的科学文化知识，能在外事、经贸、文化、新闻出版、教育、科研、旅游等部门从事翻译、研究、教学、管理工作的德语高级专门人才。

三、培养要求

主要接受德语听、说、读、写、译等方面良好的技巧训练，学习相应语言、文学、历史、政治、经济、外交、社会文化等方面的基本理论和基本知识，掌握一定的科研方法，培养从事翻译、研究、教学、管理等工作较好的素质和较强的能力。

四、知识技能

毕业生应获得以下几方面的知识和能力：

① 了解我国有关的方针、政策、法规。

② 掌握语言学、文学及相关人文和科技方面的基础知识。

③ 具有扎实的德语基础和较熟练的听、说、读、写、译能力。

④ 了解我国国情和德语国家的社会和文化。

⑤ 具有较好的德语表达能力和基本调研能力。

⑥ 具有一定的德语实际应用能力。

⑦ 掌握文献检索、资料查询的基本方法，具有初步科学研究和实际工作能力。

五、主干课程

基础德语、高级德语、德语报刊选读、德语语法、德语视听、德语口语、德语写作、翻译理论与实践、德语语言理论、语言学概论、德国文学史、德国文学作品选读、德国社会文化等。

六、发展前景

1．就业方向

外事、经贸、文化、新闻出版、教育、科研、旅游等部门。

2．就业前景

请参考小语种专业总体介绍。

2017 年全国大学中设德语专业本科的院校共有 112 所，部分高校按以下专业方向培养：经贸、商务、企业管理、经济德语、大数据管理。全国报考硕士较集中的专业：德语语言文学、德语笔译。根据阳光高考信息平台统计数据，德语专业 2017 年普通高校毕业生规模为 3500～4000 人，高考时文理科比例为理科 32%，文科 68%。男女生比例为男生 17%，女生 83%。德语专业本科就业率为 2016 年 90%～95%，2017 年 90%～95%。

3．专家建议

请参考小语种专业总体介绍。

七、开设院校

2017 年全国开设德语本科专业的院校共 112 所。

法语专业

专业代码	中文名	学科门类	一级学科	授予学位	修学年限
050204	法语	外国语言文学类	文学	文学学士	四年

一、专业概述

法语，是属于欧洲印欧语系罗曼语族的独立语言。罗曼语族包括中部罗曼语（法语、意大利语、萨丁岛方言、加泰罗尼亚语等）、西部罗曼语（西班牙语、葡萄牙语等）与东部罗曼语（罗马尼亚语等）。法语是继西班牙语之后，使用者人数最多的罗曼语言独立语言之一，全世界有 8700 万人把它作为母语，以及其他 2.85 亿人使用它（包括作为第二语言的人）。法语是很多地区或组织的官方语言（如联合国、欧洲联盟）。法国法语和加拿大法语是世界上两大法语分支，它们之间有很大区别。

二、培养目标

培养具有扎实的法语语言基础和比较广泛的科学文化知识，能在外事、经贸、文化、新闻出版、教育、科研、旅游等部门从事翻译、研究、教学、管理工作的法语高级专门人才。

三、培养要求

主要学习相法语语言、文学、历史、政治、经济、外交、社会文化等方面的基本理论和基本知识，受到法语听、说、读、写、译等方面的良好训练，掌握一定的科研方法，具有从事翻译、研究、教学、管理工作的业务水平及较好的素质和较强的能力。

四、知识技能

毕业生应获得以下几方面的知识和能力：

① 了解我国有关的方针、政策、法规。

② 掌握语言学、文学及相关人文和科技方面的基础知识。

③ 具有扎实的法语基础和较熟练的听、说、读、写、译能力。

④ 了解我国国情和法语国家的社会和文化。

⑤ 具有较好的法语表达能力和基本调研能力。

⑥ 具有法语的实际应用能力。

⑦ 掌握文献检索、资料查询的基本方法，具有初步科学研究和实际工作能力。

五、主干课程

基础法语、高级法语、报刊选读、视听、口语、法语写作、翻译理论与实践、语言理论、语言学概论、主要法语国家文学史及文学作品选读、主要法语国家国情等。

六、发展前景

1．就业方向

请参考小语种专业总体介绍。

2．就业前景

请参考小语种专业总体介绍。

2017 年全国大学中设法语专业本科的院校共有 143 所，部分高校按以下专业方向培养：经贸、商务法语。全国报考硕士较集中的专业：法语语言文学、法语笔译、法语口译。根据阳光高考信息平台统计数据，法语专业 2017 年普通高校毕业生规模为 4500～5000 人，高考时文理科比例为理科 36%，文科 64%。男女生比例为男生 15%，女生 85%。法语专业本科就业率为 2016 年 85%～90%，2017 年 90%～95%。

3．专家建议

请参考小语种专业总体介绍。

七、开设院校

2017 年全国开设法语本科专业的院校共 143 所。

西班牙语专业

专业代码	中文名	学科门类	一级学科	授予学位	修学年限
050205	西班牙语	外国语言文学类	文学	文学学士	四年

一、专业概述

西班牙语属于印欧语系～罗曼语族～西罗曼语支，按照第一语言使用者数量排名，约有 4.37 亿人将其作为母语使用，为世界第二大语言，仅次于汉语。使用西班牙语的人数占世界人口的 4.84%，第一语言和第二语言总计使用者将近 5.7 亿人，主要在拉丁美洲国家（巴西、伯利兹、法属圭亚那、海地等地除外）。西班牙语是联合国六大官方语言之一。

二、培养目标

培养具有扎实的西班牙语语言基础和比较广泛的科学文化知识，能在外事、经贸、文化、新闻出版、教育、科研、旅游等部门从事翻译、研究、教学、管理工作的西班牙语语言专门人才。

三、培养要求

主要学习西班牙语语言、文学、历史、政治、经济、外交、社会文化等方面的基本理论和基本知识，受到西班牙语听、说、读、写、译等方面的良好训练，掌握一定的科研方法，具有从事翻译、研究、教学、管理工作的业务水平及较好的素质和较强的能力。

四、知识技能

毕业生应获得以下几方面的知识和能力：

① 了解我国有关的方针、政策、法规。

② 掌握语言学、文学及相关人文和科技方面的基础知识。

③ 具有扎实的西班牙语基础和较熟练的听、说、读、写、译能力。

④ 了解我国国情和西班牙语国家的社会和文化。

⑤ 具有较好的西班牙语表达能力和基本调研能力。

⑥ 具有西班牙语的实际应用能力。

⑦ 掌握文献检索、资料查询的基本方法，具有初步科学研究和实际工作能力。

五、主干课程

基础西班牙语、高级西班牙语、报刊选读、视听、口语、西班牙语写作、翻译理论与实践、语言理论、语言学概论、主要西班牙语国家文学史及文学作品选读、主要西班牙语国家国情等。

六、发展前景

1．就业方向

请参考小语种专业总体介绍。

2．就业前景

请参考小语种专业总体介绍。

2017 年全国大学中设西班牙语专业本科的院校共有 80 所，部部分高校按以下专业方向培养：经贸、商务。全国报考硕士较集中的专业：西班牙语语言文学、西班牙语口译。根据阳光高考信息平台统计数据，西班牙语专业 2017 年普通高校毕业生规模为 3000～3500 人，高考时文理科比例为理科 35%，文科 65%。男女生比例为男生 19%，女生 81%。西班牙语专业本科就业率为 2016 年 85%～90%，2017 年 90%～95%。

3．专家建议

请参考小语种专业总体介绍。

七、开设院校

2017 年全国开设西班牙语本科专业的院校共 80 所。

阿拉伯语专业

专业代码	中文名	学科门类	一级学科	授予学位	修学年限
050206	阿拉伯语	外国语言文学类	文学	文学学士	四年

一、专业概述

阿拉伯语属于亚非语系闪米特语族中部闪米特语支，是 22 个阿拉伯国家和厄立特里亚、乍得等国的官方语言，属于联合国六大工作语言之一。

二、培养目标

培养具有扎实的阿拉伯语语言基础和比较广泛的科学文化知识，能在外事、经贸、文化、新闻出版、教育、科研、旅游等部门从事翻译、研究、教学、管理工作的阿拉伯语专门人才。

三、培养要求

主要学习阿拉伯语语言、文学、历史、政治、经济、外交、社会文化等方面的基本理论和基本知识，受到阿拉伯语听、说、读、写、译等方面的良好训练，掌握一定的科研方法，具有从事翻译、研究、教学、管理工作的业务水平及较好的素质和较强的能力。

四、知识技能

毕业生应获得以下几方面的知识和能力：

① 了解我国有关的方针、政策、法规。

② 掌握语言学、文学及相关人文和科技方面的基础知识。

③ 具有扎实的阿拉伯语基础和较熟练的听、说、读、写、译能力。

④ 了解我国国情和阿拉伯语国家的社会和文化。

⑤ 具有较好的阿拉伯语表达能力和基本调研能力。

⑥ 具有阿拉伯语的实际应用能力。

⑦ 掌握文献检索、资料查询的基本方法，具有初步科学研究和实际工作能力。

五、主干课程

基础阿拉伯语、阿拉伯语口语、阿拉伯语听力、阿拉伯语语法、阿拉伯语阅读、高级阿拉伯语、阿拉伯语写作、翻译理论与实践、阿拉伯文学史、阿拉伯国家对外政策与中阿外交关系、阿拉伯语应用文、阿拉伯语口译、中阿文化交流、阿拉伯历史、阿拉伯伊斯兰文化、阿拉伯国家国情等。

六、发展前景

1．就业方向

请参考小语种专业总体介绍。

2．就业前景

请参考小语种专业总体介绍。

2017 年全国大学中设阿拉伯语专业本科的院校共有 39 所，部分高校按以下专业方向培养：经贸。全国报考硕士较集中的专业：阿拉伯语语言文学、阿拉伯语口译。根据阳光高考信息平台统计数据，阿拉伯语专业 2017 年普通高校毕业生规模为 1000～1500 人，高考时文理科比例为理科 36%，文科 64%。男女生比例为男生 35%，女生 65%。阿拉伯语专业本科就业率为 2016 年 85%～90%，2017 年 90%～95%。

3．专家建议

请参考小语种专业总体介绍。

4．小贴士

请参考小语种专业总体介绍。

七、开设院校

2017 年全国开设阿拉伯语本科专业的院校共 39 所。

日语专业

专业代码	中文名	学科门类	一级学科	授予学位	修学年限
050207	日语	外国语言文学类	文学	文学学士	四年

一、专业概述

日语又称日本语，母语人数有 12500 万人，使用日语的人数占世界人口的 1.6%。

二、培养目标

培养具有扎实的日语基础和比较广泛的科学文化知识，能在外事、经贸、文化、新闻出版、教育、科研、旅游等部门从事翻译、研究、教学、管理工作的日语高级专门人才。

三、培养要求

主要学习日语语言、文学、历史、政治、经济、外交、社会文化等方面的基本理论以及基本知识，受到日语听、说、读、写、译等方面的良好训练，掌握一定的科研方法，具有从事翻译、研究、教学、管理工作的业务水平及较好的素质和较强的能力。

四、知识技能

毕业生应获得以下几方面的知识和能力：

① 了解我国有关的方针、政策、法规。

② 掌握语言学、文学及相关人文和科技方面的基础知识。

③ 具有扎实的日语基础和较熟练的听、说、读、写、译能力。

④ 了解我国国情和日语国家的社会和文化。

⑤ 具有较好的日语表达能力和基本调研能力。

⑥ 具有日语的实际应用能力。

⑦ 掌握文献检索、资料查询的基本方法，具有初步科学研究和实际工作能力。

五、主干课程

日语基础、日语语法、日语阅读、报刊选读、视听、日语口语、日语写作、翻译理论与实践、日语语言理论、语言学概论、日本文学史、日本文学作品选读、日本社会文化等。

六、发展前景

1．就业方向

请参考小语种专业总体介绍。

2．就业前景

请参考小语种专业总体介绍。

2017 年全国大学中设日语专业本科的院校共有 512 所，部分高校按以下专业方向培养：经贸、旅游、商务、文化、国际贸易、国际商务、外经贸翻译。全国报考硕士较集中的专业：日语语言文学、日语笔译。根据阳光高考信息平台统计数据，日语专业 2017 年普通高校毕业生规模为 22000～24000 人，高考时文理科比例：理科 29%，文科 71%。男女生比例为男生 20%，女生 80%。日语专业本科就业率为 2016 年 85%～90%，2017 年 90%～95%。

3．专家建议

请参考小语种专业总体介绍。

4．小贴士

请参考小语种专业总体介绍。

七、开设院校

2017 年全国开设日语本科专业的院校共 512 所。

波斯语专业

专业代码	中文名	学科门类	一级学科	授予学位	修学年限
050208	波斯语	外国语言文学类	文学	文学学士	四年

一、专业概述

波斯语是世界上的古老语言之一，是伊朗和塔吉克斯坦的官方语言，也是阿富汗斯坦境内两种主要语言之一，常见于伊朗、塔吉克斯坦、阿富汗斯坦以及中亚其他地区。

二、培养目标

培养具有扎实的波斯语基础和比较广泛的科学文化知识，能在外事、经贸、文化、新闻出版、教育、科研、旅游等部门从事翻译、研究、教学、管理工作的波斯语专门人才。

三、培养要求

主要学习波斯语、文学、历史、政治、经济、外交、社会文化等方面的基本理论和基本知识，受到波斯语听、说、读、写、译等方面的良好训练，掌握一定的科研方法，具有从事翻译、研究、教学、管理工作的业务水平及较好的素质和较强的能力。

四、知识技能

毕业生应获得以下几方面的知识和能力：

① 了解我国有关的方针、政策、法规。

② 掌握语言学、文学及相关人文和科技方面的基础知识。

③ 具有扎实的波斯语基础和较熟练的听、说、读、写、译能力。

④ 了解我国国情和波斯语国家的社会和文化。

⑤ 具有较好的波斯语表达能力和基本调研能力。

⑥ 具有波斯语的实际应用能力。

⑦ 掌握文献检索、资料查询的基本方法，具有初步科学研究和实际工作能力。

五、主干课程

基础波斯语、高级波斯语、报刊选读、视听、口语、波斯语写作、翻译理论与实践、语言理论、语言学概论、主要波斯语国家文学史及文学作品选读、主要波斯语国家国情等。

六、发展前景

1. 就业方向

请参考小语种专业总体介绍。

2. 就业前景

请参考小语种专业总体介绍。

2017 年全国大学中设波斯语专业本科的院校共有 9 所，全国报考硕士较集中的专业：亚非语言文学、外国语言文学。根据阳光高考信息平台统计数据，波斯语专业 2017 年普通高校毕业生规模为 50 人以下，高考时文理科比例为理科 53%，文科 47%。男女生比例为男生 38%，女生 62%。波斯语专业本科就业率为 2016 年 95%～100%，2017 年 95%～100%。

3. 专家建议

请参考小语种专业总体介绍。

4. 小贴士

目前国内波斯语学生培养的普遍做法，可以在三年级赴伊朗学习一年，个人须承担一定数额的学习生活费用。

七、开设院校

2017 年全国开设波斯语本科专业的院校共 9 所。

朝鲜语专业

专业代码	中文名	学科门类	一级学科	授予学位	修学年限
050209	朝鲜语	外国语言文学类	文学	文学学士	四年

一、专业概述

朝鲜语，和济州语一并属于朝鲜语系，母语人数约 2500 万人。朝鲜语的前身是新罗语，并受到扶余语的影响。朝鲜语是朝鲜民主主义人民共和国的官方语言，中国的延边朝鲜族自治州、长白朝鲜族自治县等地区的大部分朝鲜族人（约 192 万人）以朝鲜语为母语，并通用汉语及汉字。

二、培养目标

朝鲜语专业培养具有扎实的相应语语言基础和比较广泛的科学文化知识，能在外事、经贸、文化、新闻出版、教育、科研、旅游等部门从事翻译、研究、教学、管理工作的朝鲜语高级专门人才。

三、培养要求

主要学习朝鲜语语言、文学、历史、政治、经济、外交、社会文化等方面的基本理论和基本知识，受到朝鲜语听、说、读、写、译等方面的良好训练，掌握一定的科研方法，具有从事翻译、研究、教学、管理工作的业务水平及较好的素质和较强的能力。

四、知识技能

毕业生应获得以下几方面的知识和能力：

① 了解我国有关的方针、政策、法规。

② 掌握语言学、文学及相关人文和科技方面的基础知识。

③ 具有扎实的朝鲜语基础和较熟练的听、说、读、写、译能力。

④ 了解我国国情和朝鲜语国家的社会和文化。

⑤ 具有较好的朝鲜语表达能力和基本调研能力。

⑥ 具有朝鲜语的实际应用能力。

⑦ 掌握文献检索、资料查询的基本方法，具有初步科学研究和实际工作能力。

五、主干课程

基础朝鲜语、高级朝鲜语、报刊选读、视听、口语、朝鲜语写作、翻译理论与实践、语言理论、语言学概论、主要朝鲜语国家文学史及文学作品选读、主要朝鲜语国家国情等。

六、发展前景

1. 就业方向

请参考小语种专业总体介绍。

2. 就业前景

请参考小语种专业总体介绍。

2017 年全国大学中设朝鲜语专业本科的院校共有 124 所，部分高校按以下专业方向培养：经贸、经贸翻译、中韩经贸。全国报考硕士较集中的专业：亚非语言文学、朝鲜语口译、朝鲜语笔译。根据阳光高考信息平台统计数据，朝鲜语专业 2017 年普通高校毕业生规模为 4500 人到 5000 人，高考时文理科比例为理科 30%，文科 70%。男女生比例为男生 15%，女生 85%。朝鲜语专业本科就业率为 2016 年 85%～90%，2017 年 90%～95%。

3. 专家建议

请参考小语种专业总体介绍。

4．小贴士

请参考小语种专业总体介绍。

七、开设院校

2017 年全国开设朝鲜语本科专业的院校共 124 所。

菲律宾语专业

专业代码	中文名	学科门类	一级学科	授予学位	修学年限
050210	菲律宾语	外国语言文学类	文学	文学学士	四年

一、专业概述

菲律宾语又称塔加洛语、他加洛语或他加禄语，在语言分类上属于南岛语系，主要使用于菲律宾，也广泛用于马来西亚沙巴州、印度尼西亚北部地区和新加坡。

二、培养目标

培养具有扎实的菲律宾语语言基础和比较广泛的科学文化知识，能在外事、经贸、文化、新闻出版、教育、科研、旅游等部门从事翻译、研究、教学、管理工作的菲律宾语专门人才。

三、培养要求

主要学习菲律宾语语言、文学、历史、政治、经济、外交、社会文化等方面的基本理论和基本知识，受到菲律宾语、听、说、读、写、译等方面的良好训练，掌握一定的科研方法，具有从事翻译、研究、教学、管理工作的业务水平及较好的素质和较强能力。

四、知识技能

毕业生应获得以下几方面的知识和能力：

① 了解我国有关的方针、政策、法规。

② 掌握语言学、文学及相关人文和科技方面的基础知识。

③ 具有扎实的菲律宾语语言基础和较熟练的听、说、读、写、译能力。

④ 了解我国国情和菲律宾语国家的社会和文化。

⑤ 具有较好的菲律宾语表达能力和基本调研能力。

⑥ 具有菲律宾语的实际应用能力。

⑦ 掌握文献检索、资料查询的基本方法，具有初步科学研究和实际工作能力。

五、主干课程

基础菲律宾语、语法、视听说、写作、翻译理论与实践、文选、文学史、菲律宾语国家概况、中国与菲律宾语国家关系的历史与现状等。

六、发展前景

1．就业方向

请参考小语种专业总体介绍。

2．就业前景

请参考小语种专业总体介绍。

2017 年全国大学中设菲律宾语专业本科的院校共有 3 所，报考硕士较集中的专业为亚非语言文学。菲律宾语专业 2017 年普通高校毕业生规模没有相关数据，高考时文理科比例没有相关数据，本科就业率无相关数据。

3．专家建议

请参考小语种专业总体介绍。

4．小贴士

请参考小语种专业总体介绍。

七、开设院校

2017 年全国开设菲律宾语本科专业的院校共 3 所。

梵语巴利语专业

专业代码	中文名	学科门类	一级学科	授予学位	修学年限
050211	梵语巴利语	外国语言文学类	文学	文学学士	四年

一、专业概述

梵语是古代印度的标准书面语，原是西北印度上流知识阶级的语言，相对于一般民间所使用的俗语而言，又称为雅语。我国及日本依此语为梵天（印度教的主神之一）所造的传说，而称其为梵语。

二、培养目标

培养具有扎实的梵语巴利语基础和比较广泛的科学文化知识，能在外事、经贸、文化、新闻出版、教育、科研、旅游等部门从事翻译、研究、教学、管理工作的梵语巴利语专门人才。

三、培养要求

主要学习梵语巴利语语言、文学、历史、政治、经济、外交、社会文化等方面的基本理论和基本知识，受到梵语巴利语听、说、读、写、译等方面的良好训练，掌握一定的科研方法，具有从事翻译、研究、教学、管理工作的业务水平及较好的素质和较强的能力。

四、知识技能

毕业生应获得以下几方面的知识和能力：

① 了解我国有关的方针、政策、法规。

② 掌握语言学、文学及相关人文和科技方面的基础知识。

③ 具有比较扎实的梵语巴利语语言基础和较熟练的读、写、译能力。

④ 了解我国国情和梵语巴利语国家的社会和文化。

⑤ 具有较好的梵语巴利语表达能力和基本调研能力。

⑥ 具有梵语巴利语的实际应用能力。

⑦ 掌握文献检索、资料查询的基本方法，具有初步科学研究和实际工作能力。

五、主干课程

基础梵语、梵语语法、梵语文学作品选读、佛教梵语文献选读、梵语文学史、印度历史、佛教史、基础巴利语、中印文化关系史、语言学理论等课程等。

六、发展前景

1．就业方向

梵语巴利语专业毕业生可从事从事翻译、研究、教学、管理工作。

2．就业前景

请参考小语种专业总体介绍。

2017年全国大学中设梵语巴利语专业本科的院校只有北京大学1所，报考硕士较集中的专业为民族学、印度语言文学。梵语巴利语专业 2017 年普通高校毕业生规模、高考时文理科比例、本科就业率均无相关数据。

3．专家建议

请参考小语种专业总体介绍。

国内仅北京大学招生，感兴趣的家长和考生请查阅招生简章。

4．小贴士

请参考小语种专业总体介绍。

七、开设院校

2017年全国开设梵语巴利语本科专业的院校只有北京大学1所。

印度尼西亚语专业

专业代码	中文名	学科门类	一级学科	授予学位	修学年限
050212	印度尼西亚语	外国语言文学类	文学	文学学士	四年

一、专业概述

印度尼西亚语是以廖内方言为基础的一种马来语，是印度尼西亚的官方语言。全世界约有 3000 万人将印度尼西亚语作为他们的母语，还有大约 1.4 亿人将印度尼西亚语作为第二语言，能较熟练的读和说印度尼西亚语。

印度尼西亚国内所有地区都通用印尼语，同时在荷兰、菲律宾、沙特阿拉伯、新加坡和美国也有许多人使用印尼语。为了能与马来语书面文字统一，1972年印尼政府推出以马来文拼写系统为标准的精确拼音，使得现在印尼语跟马来语的拼写非常接近。

二、培养目标

培养具有扎实的印尼语语言基础和比较广泛的科学文化知识，能在外 事、经贸、文化、新闻出版、教育、科研、旅游等部门从事翻译、研究、教学、管理工作的印尼语专门人才。

三、培养要求

主要学习印尼语语言、文学、历史、政治、经济、外交、社会文化等方面的基本理论和基本知识，受到印尼语听、说、读、写、译等方面的良好训练，掌握一定的科研方法，具有从事翻译、研究、教学、管理工作的业务水平及较好素质和较强能力。

四、知识技能

毕业生应获得以下几方面的知识和能力：

① 了解我国有关的方针、政策和法规。

② 掌握印度尼西亚语语言学、文学及相关人文和科技方面的基础知识。

③ 具有扎实的印尼语语言基础和较熟练的听、说、读、写、译能力。

④ 了解我国国情和印度尼西亚语国家的社会和文化。

⑤ 具有较好的印度尼西亚语表达能力和基本调研能力。

⑥ 具有印度尼西亚语的实际应用能力。

⑦ 掌握文献检索、资料查询的基本方法，具有初步的科学研究和实际工作能力。

五、主干课程

基础、高级印尼语、语音、语法、视听说、写作、翻译理论与实践、文选、文学史、概况、中国与印尼语国家关系的历史与现状等。

六、发展前景

1．就业方向

请参考小语种专业总体介绍。

2．就业前景

请参考小语种专业总体介绍。

2017 年全国大学中设印度尼西亚语专业本科的院校 14 所，报考硕士较集中的专业为中国语言文学、亚非语言文学。根据阳光高考信息平台统计数据，印度尼西亚语专业 2017 年普通高校毕业生规模为 100 人到 150 人，高考时文理科比例为理科 34%，文科 66%。考生男女比例为男生 21%，女 79%。印度尼西亚语专业本科就业率为 2016 年 95%～100%，2017 年 95%～100% 。

3．专家建议

请参考小语种专业总体介绍。

4．小贴士

请参考小语种专业总体介绍。

七、开设院校

2017 年全国开设印度尼西亚语本科专业的院校 14 所。

印地语专业

专业代码	中文名	学科门类	一级学科	授予学位	修学年限
050213	印地语	外国语言文学类	文学	文学学士	四年

一、专业概述

印地语又称北印度语，是印欧语系—印度语族下的一种语言。印地语以使用国家数量来算是世界排名第八的语言，在 1965 年成为印度中央政府的官方语言（连同英语）。印地语和乌尔都语（合称印度斯坦语）大同小异，主要区别在于前者用天城文字母，后者用阿拉伯字母，前者引进的梵语借词多一点，后者的阿拉伯语和波斯语借词多一些。

印地语是印度国内最为通行的一种语言。此外，在毛里求斯、斐济、美国、特立尼达和多巴哥、圭亚那、苏里南等地的印度裔居民中也有相当数量的人讲印地语。

二、培养目标

培养具有扎实的印地语语言基础和比较广泛的科学文化知识，能在外事、经贸、文化、新闻出版、教育、科研、旅游等部门从事翻译、研究、教学、管理工作的印地语专门人才。

三、培养要求

主要学习相应语语言、文学、历史、政治、经济、外交、社会文化等方面的基本理论和基本知识，受到印地语听、说、读、写、译等方面的良好训练，掌握一定的科研方法，具有从事翻译、研究、教学、管理工作的业务水平及较好的素质和较强的能力。

四、知识技能

毕业生应获得以下几方面的知识和能力：

① 了解我国有关的方针、政策、法规。

② 掌握印地语语言学、文学及相关人文和科技方面的基础知识。

③ 具有扎实的印地语基础和较熟练的听、说、读、写、译能力。

④ 了解我国国情和印地语国家的社会和文化。

⑤ 具有较好的印地语表达能力和基本调研能力。

⑥ 具有印地语的实际应用能力。

⑦ 掌握文献检索、资料查询的基本方法，具有初步科学研究和实际工作能力。

五、主干课程

基础印地语、高级印地语、报刊选读、视听、口语、印地语写作、翻译理论与实践、语言理论、语言学概论、印地语国家文学史及文学作品选读、印地语国家国情等。

六、发展前景

1．就业方向

请参考小语种专业总体介绍。

2．就业前景

请参考小语种专业总体介绍。

2017年全国大学中设印地语专业本科的院校9所，报考硕士较集中的专业为印度语言文学、外国语言文学、亚非语言文学。根据阳光高考信息平台统计数据，印地语专业2017年普通高校毕业生规模为100人到150人，高考时文理科比例为理科38%，文科62%。考生男女比例为男生22%，女78%。印地语专业本科就业率为2016年95%～100%，2017年90%～95%。

3．专家建议

请参考小语种专业总体介绍。

4．小贴士

请参考小语种专业总体介绍。

七、开设院校

2017年全国开设印地语本科专业的院校9所。

柬埔寨语专业

专业代码	中文名	学科门类	一级学科	授予学位	修学年限
050214	柬埔寨语	外国语言文学类	文学	文学学士	四年

一、专业概述

柬埔寨语（旧称高棉语）属于南亚语系孟—高棉语族，以金边口音为标准，现代柬埔寨语中也吸收了不少外来语，其中有梵语、巴利语、法语、汉语、泰语、越南语等。柬埔寨语为柬埔寨王国的官方用语，使用人口约1000万。

二、培养目标

培养具有扎实的柬埔寨语基础比较广泛的科学文化知识，能在外事、经贸、文化、新闻出版、教育、科研、旅游等部门从事翻译、研究、教学、管理工作的柬埔寨语专门人才。

三、培养要求

主要学习柬埔寨语语言、文学、历史、政治、经济、外交、社会文化等方面的基本理论和基本知识，受到柬埔寨语听、说、读、写、译等方面的良好训练，掌握一定的科研方法，具有从事翻译、研究、教学、管理工作的业务水平及较好的素质和较强的能力。

四、知识技能

毕业生应获得以下几方面的知识和能力：

① 了解我国有关的方针、政策、法规。

② 掌握柬埔寨语语言学、文学及相关人文和科技方面的基础知识。

③ 具有扎实的柬埔寨语基础和较熟练的听、说、读、写、译能力。

④ 了解我国国情和柬埔寨语国家的社会和文化。

⑤ 具有较好的柬埔寨语表达能力和基本调研能力。

⑥ 具有柬埔寨语的实际应用能力。

⑦ 掌握文献检索、资料查询的基本方法，具有初步科学研究和实际工作能力。

五、主干课程

基础柬埔寨语、高级柬埔寨语、报刊选读、视听、口语、柬埔寨语写作、翻译理论与实践、语言理论、语言学概论、主要柬埔寨语国家文学史及文学作品选读、主要柬埔寨语国家国情等。

六、发展前景

1．就业方向

请参考小语种专业总体介绍。

2．就业前景

请参考小语种专业总体介绍。

2017 年全国大学中设柬埔寨语专业本科的院校 8 所，报考硕士较集中的专业为亚非语言文学。根据阳光高考信息平台统计数据，柬埔寨语专业 2017 年普通高校毕业生规模为 50 人到 100 人，高考时文理科比例为理科 33%，文科 67%。考生男女比例为男生 22%，女 78%。柬埔寨语专业本科就业率为 2016 年 95%～100%，2017 年 95%～100% 。

3．专家建议

请参考小语种专业总体介绍。

4．小贴士

请参考小语种专业总体介绍。

七、开设院校

2017 年全国开设柬埔寨语本科专业的院校 8 所。

老挝语专业

专业代码	中文名	学科门类	一级学科	授予学位	修学年限
050215	老挝语	外国语言文学类	文学	文学学士	四年

一、专业概述

老挝语是老挝的官方语，属于汉藏语系壮侗语族壮傣语支。使用地区除了老挝本国以外，还有泰国北部、东北部佬族居住的地区，使用人口约2000万。

二、培养目标

培养具有扎实的老挝语语言基础和比较广泛的科学文化知识，能在外事、经贸、文化、新闻出版、教育、科研、旅游等部门从事翻译、研究、教学、管理工作的老挝语专门人才。

三、培养要求

主要学习老挝语语言、老挝语文学、文化、历史、政治、经济、国情、东南亚历史与文化等方面的基本理论和基本知识，受到老挝语听、说、读、写、译等技能的良好训练，掌握一定的科研方法，具有较强的从事翻译、研究、教学、管理工作的能力。

四、知识技能

毕业生应获得以下几方面的知识和能力：

① 了解我国有关的方针、政策、法规。

② 掌握老挝语语言学、文学及相关人文和科技方面的基础知识。

③ 具有扎实的老挝语基础和较熟练的听、说、读、写、译能力。

④ 了解我国国情和老挝语国家的社会和文化。

⑤ 具有较好的老挝语表达能力和基本调研能力。

⑥ 具有老挝语的实际应用能力。

⑦ 掌握文献检索、资料查询的基本方法，具有初步科学研究和实际工作能力。

五、主干课程

基础老挝语、高级老挝语、语音、语法、视听说、写作、翻译理论与实践、文选、文学史、概况、中国与老挝关系的历史与现状等。

六、发展前景

1．就业方向

请参考小语种专业总体介绍。

2．就业前景

请参考小语种专业总体介绍。

2017年全国大学中设老挝语专业本科的院校8所，报考硕士较集中的专业为亚非语言文学、国际关系、外国语言文学。根据阳光高考信息平台统计数据，老挝语专业2017年普通高校毕业生规模为250人到300人，高考时文理科比例为理科37%，文科63%。考生男女比例为男生12%，女88%。老挝语专业本科就业率为2016年95%～100%，2017年95%～100% 。

3．专家建议

请参考小语种专业总体介绍。

4．小贴士

请参考小语种专业总体介绍。

七、开设院校

2017年全国开设老挝语本科专业的院校8所。

缅甸语专业

专业代码	中文名	学科门类	一级学科	授予学位	修学年限
050216	缅甸语	外国语言文学类	文学	文学学士	四年

一、专业概述

缅甸语是缅甸联邦的通用语言，属汉藏语系藏缅语族缅甸语支，使用人口4000多万。

二、培养目标

培养能在外事、经贸、文化、新闻出版、教育、科研、旅游等部门从事翻译、研究、教学、管理工作的德才兼备的缅甸语高级专门人才。

三、培养要求

主要学习缅甸语语言、缅甸语文学、文化、历史、政治、经济、国情、东南亚历史与文化等方面的基本理论和基本知识，受到缅甸语听、说、读、写、译等技能的良好训练，掌握一定的科研方法，具有较强的从事翻译、研究、 教学、管理工作的能力。

四、知识技能

毕业生应获得以下几方面的知识和能力：

① 了解我国有关的方针、政策、法规。

② 掌握缅甸语语言学、文学及相关人文和科技方面的基础知识。

③ 具有扎实的缅甸语基础和较熟练的听、说、读、写、译能力。

④ 了解我国国情和缅甸语国家的社会和文化。

⑤ 具有较好的缅甸语表达能力和基本调研能力。

⑥ 具有缅甸语的实际应用能力。

⑦ 掌握文献检索、资料查询的基本方法，具有初步科学研究和实际工作能力。

五、主干课程

基础缅甸语、语音、语法、视听说、写作、翻译理论与实践、文选、文学史、概况、中国与缅甸关系的历史与现状等。

六、发展前景

1．就业方向

请参考小语种专业总体介绍。

2．就业前景

请参考小语种专业总体介绍。

2017年全国大学中设缅甸语专业本科的院校16所，报考硕士较集中的专业为亚非语言文学、外国语言学及应用语言学、国际关系。根据阳光高考信息平台统计数据，缅甸语专业2017年普通高校毕业生规模为150人到200人，高考时文理科比例为理科32%，文科68%。考生男女比例为男生26%，女72%。缅甸语专业本科就业率为2016年95%～100%，2017年95%～100% 。

3．专家建议

请参考小语种专业总体介绍。

4．小贴士

请参考小语种专业总体介绍。

七、开设院校

2017年全国开设缅甸语本科专业的院校16所。

马来语专业

专业代码	中文名	学科门类	一级学科	授予学位	修学年限
050217	马来语	外国语言文学类	文学	文学学士	四年

一、专业概述

马来语跟印尼语是同一种语言，是马来西亚和文莱的官方语言，也是新加坡的官方语言之一。马来语有广义和狭义两种含义，广义上的马来语泛指属于南岛语系印度尼西亚语族的诸语言。狭义上的马来语指使用于马六甲海峡附近地区的语言，狭义上的马来语在语言分类上属于南岛语系的印度尼西亚语族。

在1945年以前，苏门答腊岛以外很多地方也使用马来语，在印度尼西亚于该年从荷兰手中宣布独立以后，印度尼西亚所使用的马来语则被改称为印尼语。

二、培养目标

培养能在外事、经贸、文化、新闻出版、教育、科研、旅游等部门从事翻译、研究、教学、管理工作的德才兼备的马来语高级专门人才。

三、培养要求

主要学习马来语语言、马来语文学、文化、历史、政治、经济、国情、东南亚历史与文化等方面的基本理论和基本知识，受到马来语听、说、读、写、译等技能的良好训练，掌握一定的科研方法，具有较强的从事翻译、研究、教学、管理工作的能力。

四、知识技能

毕业生应获得以下几方面的知识和能力：

① 了解我国有关的方针、政策、法规。

② 掌握马来语语言学、文学及相关人文和科技方面的基础知识。

③ 具有扎实的马来语基础和较熟练的听、说、读、写、译能力。

④ 了解我国国情和马来语国家的社会和文化。

⑤ 具有较好的马来语表达能力和基本调研能力。

⑥ 具有马来语的实际应用能力。

⑦ 掌握文献检索、资料查询的基本方法，具有初步科学研究和实际工作能力。

五、主干课程

基础马来语、高级马来语、报刊选读、视听、口语、马来语写作、翻译理论与实践、语言理论、语言学概论、主要马来语国家文学史及文学作品选读、主要马来语国家国情等。

六、发展前景

1．就业方向

请参考小语种专业总体介绍。

2．就业前景

请参考小语种专业总体介绍。

2017年全国大学中设马来语专业本科的院校7所，报考硕士较集中的专业为亚非语言文学、国际关系。根据阳光高考信息平台统计数据，马来语专业2017年普通高校毕业生规模为50人到100人，高考时文理科比例为理科22%，文科78%。考生男女比例为男生6%，女生94%。马来语专业本科就业率为2016年95%～100%，2017年95%～100%。

3．专家建议

请参考小语种专业总体介绍。

4．小贴士

请参考小语种专业总体介绍。

七、开设院校

2017年全国开设马来语本科专业的院校7所。

蒙古语专业

专业代码	中文名	学科门类	一级学科	授予学位	修学年限
050218	蒙古语	外国语言文学类	文学	文学学士	四年

一、专业概述

蒙古语属阿尔泰语系蒙古语族，主要使用者在中国蒙古族聚居区、蒙古国和俄罗斯联邦西伯利亚联邦管区。蒙古国现在使用的蒙古语因在20世纪五六十年代受苏联影响主要使用西里尔字母拼写，俄罗斯的卡尔梅克语、布里亚特语被视为蒙古语的方言，中国内蒙古地区的蒙古族还在使用传统蒙古文。

二、培养目标

培养具有宽口径、厚基础、高素质，具有创新精神和实践能力的复合型文科人才或蒙古语言文学专业人才。

三、培养要求

主要学习蒙古语言、文学、历史、政治、经济、外交、社会文化等方面的基本理论和基本知识，受到蒙古语听、说、读、写、译等方面的良好训练，掌握一定的科研方法，具有从事翻译、研究、教学、管理工作的业务水平及较好的素质和较强能力。

四、知识技能

毕业生应获得以下几方面的知识和能力：

① 掌握马克思主义的基本原理和有关民族语言文学的基本理论。

② 掌握该专业的基本理论、基本知识以及相关学科的知识，具有从事少数民族语言文学教学和研究的基本能力。

③ 具有较强的语言、文学修养和鉴赏能力，能阅读该专业及相关专业古典文献。

④ 了解本学科的前沿成就和发展。

⑤ 有较强的实际工作能力和发展潜力。

五、主干课程

基础蒙古语言、高级蒙古语语言、报刊选读、视听、口语、蒙古语言写作、翻译佤实践、蒙古语语言理论、蒙古语语言学概论、蒙古语相应国家文学史及文学作品选读、蒙古语相应国家国情等。

六、发展前景

1．就业方向

请参考小语种专业总体介绍。

2．就业前景

请参考小语种专业总体介绍。

2017 年全国大学中设蒙古语专业本科的院校 5 所，报考硕士较集中的专业为中国少数民族语言文学、比较文学与世界文学、亚非语言文学。根据阳光高考信息平台统计数据，蒙古语专业 2017 年普通高校毕业生规模没有数据，高考时文理科比例为理科 50%，文科 50%。考生男女比例没有数据。蒙古语专业本科就业 2016 年 80%～85%，2017 年没有数据。

3．专家建议

请参考小语种专业总体介绍。

4．小贴士

请参考小语种专业总体介绍。它也是中国少数民族语言的一种。

七、开设院校

2017 年全国开设蒙古语本科专业的院校 5 所。

僧伽罗语专业

专业代码	中文名	学科门类	一级学科	授予学位	修学年限
050219	僧伽罗语	外国语言文学类	文学	文学学士	四年

一、专业概述

僧伽罗语属印欧语系、印度语族，和印度北部诸语言相近，是斯里兰卡主体民族僧伽罗族的语言，也是斯里兰卡的主要官方语言，斯里兰卡除北方省以外的大部分地区都通用僧伽罗语，占全国人口的 80%。

说僧伽罗语的人口约 1300 多万，绝大部分在斯里兰卡。此外，在阿联酋、加拿大、马尔代夫、新加坡和泰国也有部分人说僧伽罗语。

二、培养目标

培养具有扎实的僧伽罗语基础和比较广泛的科学文化知识，能在外事、经贸、文化、新闻出版、教育、科研、旅游等部门从事翻译、研究、教学、管理工作的僧伽罗语高级专门人才。

三、培养要求

主要学习僧伽罗语语言、文学、历史、政治、经济、外交、社会文化等方面的基本理论和基本知识，受到僧伽罗语听、说、读、写、译等方面的良好训练，掌握一定的科研方法，具有从事翻译、研究、教学、管理工作的业务水平及较好的素质和较强的能力。

四、知识技能

毕业生应获得以下几方面的知识和能力：

① 了解我国有关的方针、政策、法规。

② 掌握僧伽罗语语言学、文学及相关人文和科技方面的基础知识。

③ 具有扎实的僧伽罗语基础和较熟练的听、说、读、写、译能力。

④ 了解我国国情和僧伽罗语国家的社会和文化。

⑤ 具有较好的僧伽罗语表达能力和基本调研能力。

⑥ 具有僧伽罗语的实际应用能力。

⑦ 掌握文献检索、资料查询的基本方法，具有初步科学研究和实际工作能力。

五、主干课程

基础僧伽罗语、高级僧伽罗语、报刊选读、视听、口语、僧伽罗语写作、翻译理论与实践、语言理论、语言学概论、主要僧伽罗语国家文学史及文学作品选读、主要僧伽罗语国家国情等。

六、发展前景

1. 就业方向

请参考小语种专业总体介绍。

2. 就业前景

请参考小语种专业总体介绍。

近几年没有毕业生数据。

3. 专家建议

请参考小语种专业总体介绍。

4. 小贴士

请参考小语种专业总体介绍。

七、开设院校

我国的僧伽罗语教学始于 1961 年。目前开设有僧伽罗语专业的院校有北京外国语大学、中国传媒大学、重庆师范大学。

泰语专业

专业代码	中文名	学科门类	一级学科	授予学位	修学年限
050220	泰语	外国语言文学类	文学	文学学士	四年

一、专业概述

泰语，也称傣语，是傣泰民族的语言，属于东亚语系/汉藏语系的一种语言。全球有约 6800 万人口使用泰语，主要分布在泰国、老挝、缅甸、越南西北部、柬埔寨西北部、中国西南部、印度东北部。

泰语分为大泰方言（中国云南西部及西南部、缅甸北部及西北部、印度东北部）、兰纳方言（中国云南南部、缅甸掸邦东北部、泰国北部、老挝北部、越南西北部）、暹罗方言（泰国中部及南部、老挝南部、柬埔寨西北部）三大方言。泰王国北部、东北部是兰纳方言，中部、南部是暹罗方言，泰国中部方言是泰国的标准泰语。

二、培养目标

培养具有扎实的泰语基础比较广泛的科学文化知识，能在外事、经贸、文化、新闻出版、教育、科研、旅游等部门从事翻译、研究、教学、管理工作的泰语高级专门人才。

三、培养要求

主要学习泰语语言、文学、历史、政治、经济、外交、社会文化等方面的基本理论和基本知识，受到泰语听、说、读、写、译等方面的良好训练，掌握一定的科研方法，具有从事翻译、研究、教学、管理工作的业务水平及较好的素质和较强的能力。

四、知识技能

毕业生应获得以下几方面的知识和能力：

① 了解我国有关的方针、政策、法规。

② 掌握泰语语言学、文学及相关人文和科技方面的基础知识。

③ 具有扎实的泰语基础和较熟练的听、说、读、写、译能力。

④ 了解我国国情和泰语国家的社会和文化。

⑤ 具有较好的泰语表达能力和基本调研能力。

⑥ 具有泰语的实际应用能力。

⑦ 掌握文献检索、资料查询的基本方法，具有初步科学研究和实际工作能力。

五、主干课程

基础泰国语、高级泰国语、泰国语听力、泰国语口语、泰国语写作、泰语翻译理论与实践、泰国语报刊选读、泰国语文学、基础英语、英语视听说、英语写作、英语翻译理论与实践等。

六、发展前景

1．就业方向

请参考小语种专业总体介绍。

2．就业前景

请参考小语种专业总体介绍。

2017 年全国大学中设泰语专业本科的院校 40 所，报考硕士较集中的专业为亚非语言文学、公共管理。根据阳光高考信息平台统计数据，泰语专业 2017 年普通高校毕业生规模为 900 人到 1000 人，高考时文理科比例为理科 31%，文科 69%。考生男女比例为男生 12%，女生 88%。泰语专业本科就业率为 2016 年 95%～100%，2017 年 95%～100%。

3．专家建议

请参考小语种专业总体介绍。

4．小贴士

请参考小语种专业总体介绍。

七、开设院校

我 2017 开设有泰语专业的院校 40 所。

乌尔都语专业

专业代码	中文名	学科门类	一级学科	授予学位	修学年限
050221	乌尔都语	外国语言文学类	文学	文学学士	四年

一、专业概述

乌尔都语是巴基斯坦的国语，也是印度宪法承认的语言之一，属印欧语系印度语族，主要分布于巴基斯坦和印度等国。乌尔都语的使用人口约 1.04 亿。

二、培养目标

培养具有扎实的乌尔都语语言基础和比较广泛的科学文化知识，能在外事、经贸、文化、新闻出版、教育、科研、旅游等部门从事翻译、研究、教学、管理工作的乌尔都语专门人才。

三、培养要求

主要学习乌尔都语语言、文学、历史、政治、经济、外交、社会文化等方面的基本理论和基本知识，受到乌尔都语听、说、读、写、译等方面的良好训练，掌握一定的科研方法，具有从事翻译、研究、教学、管理工作的业务水平及较好的素质和较强能力。

四、知识技能

毕业生应获得以下几方面的知识和能力：

① 了解我国有关的方针、政策、法规。

② 掌握乌尔都语语言学、文学及相关人文和科技方面的基础知识。

③ 具有扎实的乌尔都语语言基础和较熟练的听、说、读、写、译能力。

④ 了解我国国情和乌尔都语国家的社会和文化。

⑤ 具有较好的乌尔都语表达能力和基本调研能力。

⑥ 具有乌尔都语的实际应用能力。

⑦ 掌握文献检索、资料查询的基本方法，具有初步科学研究和实际工作能力。

五、主干课程

基础乌尔都语、乌尔都语语法、乌尔都语视听说、乌尔都语写作、乌尔都语翻译教程、高级乌尔都语、南亚穆斯林文化、乌尔都语文学史、巴基斯坦概况等。

六、发展前景

1．就业方向

请参考小语种专业总体介绍。

2．就业前景

请参考小语种专业总体介绍。

2017 年全国大学中设乌尔都语专业本科的院校 6 所，报考硕士较集中的专业为印度语言文学。根据阳光高考信息平台统计数据，乌尔都语专业 2017 年普通高校毕业生规模没有相关数据，高考时文理科比例为理科 46%，文科 54%。考生男女比例没有相关数据。缅甸语专业本科就业率为 2016 年 95%～100%，2017 年没有相关数据。

3．专家建议

请参考小语种专业总体介绍。

4．小贴士

请参考小语种专业总体介绍。

冷门专业，招生数量及招生学校极少，不是每年都招生。

七、开设院校

目前全国开设乌尔都语专业的院校有北京大学、北京外国语大学、西安外国语大学、广东外语外贸大学、天津外国语大学。

希伯来语专业

专业代码	中文名	学科门类	一级学科	授予学位	修学年限
050222	希伯来语	外国语言文学类	文学	文学学士	四年

一、专业概述

希伯来语是以色列的官方语言和犹太人的民族语言，是希伯来《圣经》的语言。在犹太人的大流散中，希伯来语不再作为口语，仅作为宗教仪式语言和书面语言。现代希伯来语是在 19 世纪复活的，可以说是人类历史上的一个奇迹，也是社会语言学家始终探讨的课题。

二、培养目标

培养具有扎实的希伯来语基础和比较广泛的科学文化知识，能在外事、经贸、文化、新闻出版、教育、科研、旅游等部门从事翻译、研究、教学、管理工作的希伯来语高级专门人才。

三、培养要求

主要学习希伯来语语言、文学、历史、政治、经济、外交、社会文化等方面的基本理论和基本知识，受到希伯来语听、说、读、写、译等方面的良好训练，掌握一定的科研方法，具有从事翻译、研究、教学、管理工作的业务水平及较好的素质和较强的能力。

四、知识技能

毕业生应获得以下几方面的知识和能力：

① 了解我国有关的方针、政策、法规。

② 掌握希伯来语语言学、文学及相关人文和科技方面的基础知识。

③ 具有扎实的希伯来语基础和较熟练的听、说、读、写、译能力。

④ 了解我国国情和希伯来语国家的社会和文化。

⑤ 具有较好的希伯来语表达能力和基本调研能力。

⑥ 具有希伯来语的实际应用能力。

⑦ 掌握文献检索、资料查询的基本方法，具有初步科学研究和实际工作能力。

五、主干课程

基础希伯来语、高级希伯来语、报刊选读、视听、口语、希伯来语写作、翻译理论与实践、语言理论、语言学概论、主要希伯来语国家文学史及文学作品选读、主要希伯来语国家国情等。

六、发展前景

1. 就业方向

请参考小语种专业总体介绍。

2. 就业前景

请参考小语种专业总体介绍。

无毕业生相关数据。

3. 专家建议

请参考小语种专业总体介绍。

4. 小贴士

请参考小语种专业总体介绍。

七、开设院校

上海外国语大学设希伯来语专业，本科于 2008 年开始招生，每 4 年招生 1 次。

越南语专业

专业代码	中文名	学科门类	一级学科	授予学位	修学年限
050223	越南语	外国语言文学类	文学	文学学士	四年

一、专业概述

越南语，属于南亚语系—越语族—越语支，与高棉语是亲缘关系，历史上曾用汉字标记，并且融入汉语词汇，1945 年开始使用拉丁字母，中国东兴市约有 1 万京族使用越南语。

二、培养目标

培养具有扎实的相应语语言基础和比较广泛的科学文化知识，能在外事、经贸、文化、新闻出版、教育、科研、旅游等部门从事翻译、研究、教学、管理工作的越南语专门人才。

三、培养要求

主要学习越南语语言、文学、历史、政治、经济、外交、社会文化等方面的基本理论和基本知识，受到越南语听、说、读、写、译等方面的良好训练，掌握一定的科研方法，具有从事翻译、研究、教学、管理工作的业务水平及较好的素质和较强的能力。

四、知识技能

毕业生应获得以下几方面的知识和能力：

① 了解我国有关的方针、政策、法规。

② 掌握越南语语言学、文学及相关人文和科技方面的基础知识。

③ 具有扎实的越南语基础和较熟练的听、说、读、写、译能力。

④ 了解我国国情和越南语国家的社会和文化。

⑤ 具有较好的越南语表达能力和基本调研能力。

⑥ 具有越南语的实际应用能力。

⑦ 掌握文献检索、资料查询的基本方法，具有初步科学研究和实际工作能力。

五、主干课程

基础越南语、高级越南语、语音、语法、视听说、写作、翻译理论与实践、文选、文学史、概况、中国与越南关系的历史与现状等课程等。

六、发展前景

1. 就业方向

请参考小语种专业总体介绍。

2. 就业前景

请参考小语种专业总体介绍。

2017 年全国开设越南语专业的院校有 25 所，部分高校按经贸专业方向培养。全国报考硕士较集中的专业：亚非语言文学。根据阳光高考信息平台统计数据，越南语专业 2017 年普通高校毕业生规模为 500 人到 600 人，高考时文理科比例为理科 33%，文科 67%。考生男女比例为男生 27%，女生 73%。越南语专业本科就业 2016 年 95%～100%，2017 年 95%～100%。

3. 专家建议

请参考小语种专业总体介绍。

4. 小贴士

请参考小语种专业总体介绍。

近年国内越南语专业毕业生从事专业对口的工作并不多，如果到越南发展，就业前景还可以。由于开设越南语的院校增多，毕业生的待遇降低不少。

七、开设院校

2017 年全国开设越南语专业的院校有 25 所。

豪萨语专业

专业代码	中文名	学科门类	一级学科	授予学位	修学年限
050224	豪萨语	外国语言文学类	文学	文学学士	四年

一、专业概述

豪萨语属于闪含语系乍得语族，是非洲最重要的三大语言之一（另外两大语言是北非的阿拉伯语和东非的斯瓦希里语），在尼日利亚北部、尼日尔南部、乍得湖沿岸、喀麦隆北部、加纳北部以及非洲萨丽那地带的西非其他各国被广泛使用。目前世界上能够使用豪萨语的人约有 5000 万。豪萨语不是任何一个国家的官方语言，但历来是西非地区公认的一种商业交际语言。

二、培养目标

培养具有扎实的相应语语言基础和比较广泛的科学文化知识，能在外事、经贸、文化、新闻出版、教育、科研、旅游等部门从事翻译、研究、教学、管理工作的豪萨语专门人才。

三、培养要求

主要学习豪萨语语言、文学、历史、政治、经济、外交、社会文化等方面的基本理论和基本知识，受到豪萨语听、说、读、写、译等方面的良好训练，掌握一定的科研方法，具有从事翻译、研究、教学、管理工作的业务水平及较好的素质和较强的能力。

四、知识技能

毕业生应获得以下几方面的知识和能力：

① 了解我国有关的方针、政策、法规。

② 掌握豪萨语语言学、文学及相关人文和科技方面的基础知识。

③ 具有扎实的豪萨语基础和较熟练的听、说、读、写、译能力。

④ 了解我国国情和豪萨语国家的社会和文化。

⑤ 具有较好的豪萨语表达能力和基本调研能力。

⑥ 具有豪萨语的实际应用能力。

⑦ 掌握文献检索、资料查询的基本方法，具有初步科学研究和实际工作能力。

五、主干课程

基础豪萨语语言、高级豪萨语语言、报刊选读、视听、口语、豪萨语言写作、翻译理论与实践、豪萨语语言理论、豪萨语语言学概论、豪萨语国家文学史及文学作品选读、豪萨语国家国情等内容。

六、发展前景

1．就业方向

请参考小语种专业总体介绍。

2．就业前景

请参考小语种专业总体介绍。

2017 年全国开设豪萨语专业的院校有北京外国语大学和天津外国语大学 2 所，部分高校按经贸专业方向培养。全国报考硕士较集中的专业：亚非语言文学。根据阳光高考信息平台统计数据，豪萨语专业 2017 年普通高校无毕业生，高考时文理科比例为理科 34%，文科 66%。男女生比例为男生无相关数据。豪萨语专业本科就业率无相关数据。

3．专家建议

请参考小语种专业总体介绍。

4．小贴士

请参考小语种专业总体介绍。

七、开设院校

2017 年全国开设豪萨语专业的院校有北京外国语大学和天津外国语大学 2 所。

斯瓦希里语专业

专业代码	中文名	学科门类	一级学科	授予学位	修学年限
050225	斯瓦希里语	外国语言文学类	文学	文学学士	四年

一、专业概述

斯瓦希里语属于尼日尔—刚果语系班图语族，和阿拉伯语及豪萨语并列为非洲三大语言，是非洲语言使用人数最多的语言之一，超过 5000 万人使用该语言。

斯瓦希里语是坦桑尼亚、乌干达、肯尼亚官方语言之一，也是刚果、赞比亚、马拉维、布隆迪、卢旺达、莫桑比克等国的国家语言或重要交际用语言。

二、培养目标

培养具有扎实的相应语语言基础和比较广泛的科学文化知识，能在外事、经贸、文化、新闻出版、教育、科研、旅游等部门从事翻译、研究、教学、管理工作的斯瓦希里语专门人才。

三、培养要求

主要学习斯瓦希里语语言、文学、历史、政治、经济、外交、社会文化等方面的基本理论和基本知识，受到斯瓦希里语听、说、读、写、译等方面良好训练，掌握一定的科研方法，具有从事翻译、研究、教学、管理工作的较好素质和较强能力。

四、知识技能

毕业生应获得以下几方面的知识和能力：

① 了解我国有关的方针、政策、法规。

② 掌握语言学、文学及相关人文和科技方面的基础知识。

③ 具有扎实的斯瓦希里语基础和较熟练的听、说、读、写、译能力。

④ 了解我国国情和斯瓦希里语国家的社会和文化。

⑤ 具有较好的斯瓦希里语表达能力和基本调研能力。

⑥ 具有斯瓦希里语的实际应用能力。

⑦ 掌握文献检索、资料查询的基本方法，具有初步科学研究和实际工作能力。

五、主干课程

基础斯瓦希里语、高级斯瓦希里语、报刊选读、视听、口语、斯瓦希里语写作、翻译理论与实践、语言理论、语言学概论、主要斯瓦希里语国家文学史及文学作品选读、主要斯瓦希里语国家国情等。

六、发展前景

1．就业方向

请参考小语种专业总体介绍。

2．就业前景

请参考小语种专业总体介绍。

2017年全国开设斯瓦希里语专业的院校有4所，本专业报考硕士较集中的专业：亚非语言文学、新闻传播学。根据阳光高考信息平台统计数据，斯瓦希里语专业2017年普通高校毕业生规模50人以下，高考时文理科比例为理科34%，文科66%。男女比例为男生25%，女生75%。斯瓦希里语专业本科就业率为2016年95%～100%，2017年95%～100%。

3．专家建议

请参考小语种专业总体介绍。

4．小贴士

请参考小语种专业总体介绍。

七、开设院校

2017年全国开设斯瓦希里语专业的院校有北京外国语大学、中国传媒大学、天津外国语大学、上海外国语大学。

阿尔巴尼亚语专业

专业代码	中文名	学科门类	一级学科	授予学位	修学年限
050226	阿尔巴尼亚语	外国语言文学类	文学	文学学士	四年

一、专业概述

阿尔巴尼亚语属印欧语系自成一支的语言，是阿尔巴尼亚人的母语，是阿尔巴尼亚、科索沃和马其顿的官方语言。其主要分布于阿尔巴尼亚，使用人口280万。也通行于塞尔维亚科索沃地区，使用人口133万余人。在希腊与阿尔巴尼亚接壤的小部分地区和意大利南部的阿尔巴尼亚人聚居地区也有人使用。总使用人数约450万。

二、培养目标

培养具有扎实的阿尔巴尼亚语基础和比较广泛的科学文化知识，能在外事、经贸、文化、新闻出版、教育、科研、旅游等部门从事翻译、研究、教学、管理工作的阿尔巴尼亚语高级专门人才。

三、培养要求

主要学习阿尔巴尼亚语语言、文学、历史、政治、经济、外交、社会文化等方面的基本理论和基本知识，受到阿尔巴尼亚语听、说、读、写、译等方面的良好训练，掌握一定的科研方法，具有从事翻译、研究、教学、管理工作的业务水平及较好的素质和较强的能力。

四、知识技能

毕业生应获得以下几方面的知识和能力：

① 了解我国有关的方针、政策、法规。

② 掌握语言学、文学及相关人文和科技方面的基础知识。

③ 具有扎实的阿尔巴尼亚语基础和较熟练的听、说、读、写、译能力。

④ 了解我国国情和阿尔巴尼亚语国家的社会和文化。

⑤ 具有较好的阿尔巴尼亚语表达能力和基本调研能力。

⑥ 具有阿尔巴尼亚语的实际应用能力。

⑦ 掌握文献检索、资料查询的基本方法，具有初步科学研究和实际工作能力。

五、主干课程

基础、高级阿尔巴尼亚语语言、报刊选读、视听、口语、阿尔巴尼亚语言写作、翻译理论与实践、阿尔巴尼亚语语言理论、阿尔巴尼亚语语言学概论、阿尔巴尼亚语相应国家文学史及文学作品选读、阿尔巴尼亚语国家国情等。

六、发展前景

1．就业方向

请参考小语种专业总体介绍。

2．就业前景

请参考小语种专业总体介绍。

2017 年全国开设阿尔巴尼亚语专业的院校仅有北京外国语大学 1 所，本专业报考硕士较集中的专业：汉语国际教育。根据阳光高考信息平台统计数据，阿尔巴尼亚语专业 2017 年普通高校毕业生规模无相关数据，高考时文理科比例无相关数据。考生男女比例无相关数据。阿尔巴尼亚语专业本科就业率无相关数据。

3．专家建议

请参考小语种专业总体介绍。

4．小贴士

请参考小语种专业总体介绍。

七、开设院校

2017 年全国开设斯瓦希里语专业的院校仅有北京外国语大学 1 所。

保加利亚语专业

专业代码	中文名	学科门类	一级学科	授予学位	修学年限
050227	保加利亚语	外国语言文学类	文学	文学学士	四年

一、专业概述

保加利亚语是保加利亚的官方语言，使用者主要集中在巴尔干半岛的保加利亚及其周边地区，包括希腊、罗马尼亚、匈牙利、摩尔达维亚和乌克兰部分地区，以及在西欧、美国、加拿大、澳大利亚等地的后裔，使用人数约 1000 万人，其中包括 150 万人到 200 万人将其作为第二语言使用。

二、培养目标

培养具有扎实的保加利亚语基础和比较广泛的科学文化知识，能在外事、经贸、文化、新闻出版、教育、科研、旅游等部门从事翻译、研究、教学、管理工作的保加利亚语专门人才。

三、培养要求

主要学习保加利亚语语言、文学、历史、政治、经济、外交、社会文化等方面的基本理论和基本知识，受到保加利亚语听、说、读、写、译等方面的良好训练，掌握一定的科研方法，具有从事翻译、研究、教学、管理工作的业务水平及较好的素质和较强的能力。

四、知识技能

毕业生应获得以下几方面的知识和能力：

① 了解我国有关的方针、政策、法规。

② 掌握语言学、文学及相关人文和科技方面的基础知识。

③ 具有扎实的保加利亚语基础和较熟练的听、说、读、写、译能力。

④ 了解我国国情和保加利亚语国家的社会和文化。

⑤ 具有较好的保加利亚语表达能力和基本调研能力。

⑥ 具有保加利亚语的实际应用能力。

⑦ 掌握文献检索、资料查询的基本方法，具有初步科学研究和实际工作能力。

五、主干课程

基础保加利亚语言、高级保加利亚语语言、报刊选读、视听、口语、保加利亚语写作、翻译理论与实践、保加利亚语语言理论、保加利亚语语言学概论、保加利亚语国家文学史及文学作品选读、保加利亚语国家国情等。

六、发展前景

1．就业方向

请参考小语种专业总体介绍。

2．就业前景

请参考小语种专业总体介绍。

2017 年全国开设保加利亚语专业的院校仅北京外国语大学 1 所。根据阳光高考信息平台统计数据，保加利亚语专业 2017 年普通高校毕业生规模无相关数据，高考时文理科比例为理科 39%，文科 61%。考生男女比例无相关数据。就业率无相关数据。

3．专家建议

请参考小语种专业总体介绍。

4．小贴士

请参考小语种专业总体介绍。

七、开设院校

2017 年全国开设保加利亚语专业的院校有北京外国语大学 1 所。

波兰语专业

专业代码	中文名	学科门类	一级学科	授予学位	修学年限
050228	波兰语	外国语言文学类	文学	文学学士	四年

一、专业概述

波兰语是波兰人的语言，使用人口约 4800 万，其中约 3800 万居住在波兰，约 1000 万在波兰之外的世界各地。

二、培养目标

培养具有扎实的相应语语言基础比较广泛的科学文化知识，能在外事、经贸、文化、新闻出版、教育、科研、旅游等部门从事翻译、研究、教学、管理工作的波兰语专门人才。

三、培养要求

主要学习波兰语语言、文学、历史、政治、经济、外交、社会文化等方面的基本理论和基本知识，受到波兰语听、说、读、写、译等方面的良好训练，掌握一定的科研方法，具有从事翻译、研究、教学、管理工作的业务水平及较好的素质和较强的能力。

四、知识技能

毕业生应获得以下几方面的知识和能力：

① 了解我国有关的方针、政策、法规。

② 掌握语言学、文学及相关人文和科技方面的基础知识。

③ 具有扎实的波兰语基础和较熟练的听、说、读、写、译能力。

④ 了解我国国情和波兰语国家的社会和文化。

⑤ 具有较好的波兰语表达能力和基本调研能力。

⑥ 具有波兰语的实际应用能力。

⑦ 掌握文献检索、资料查询的基本方法，具有初步科学研究和实际工作能力。

五、主干课程

波兰语视听说、演讲、精读、泛读、文学选读、报刊阅读、写作、笔译、口译。对外传播概论、国际贸易与金融、西方文化与社会等。

六、发展前景

1. 就业方向

请参考小语种专业总体介绍。

2. 就业前景

请参考小语种专业总体介绍。

2017 年全国开设波兰语专业的院校有 11 所，本专业报考硕士较集中的专业：外国语言文学。根据阳光高考信息平台统计数据，波兰语专业 2017 年普通高校毕业生规模无相关数据，高考时文理科比例为理科 31%，文科 69%。考生男女比例无相关数据。就业率无相关数据。

3. 专家建议

请参考小语种专业总体介绍。

4. 小贴士

请参考小语种专业总体介绍。

七、开设院校

2017 年全国开设波兰语专业的院校有北京外国语大学、北京第二外国语学院、天津外国语大学、哈尔滨师范大学、上海外国语大学、西安外国语大学、吉林外国语大学、广东外语外贸大学、四川外国语大学成都学院、浙江外国语学院等 11 所。其中，上海外国语大学 2017 年正式对外招生，本科每 4 年招生一届。

捷克语专业

专业代码	中文名	学科门类	一级学科	授予学位	修学年限
050229	捷克语	外国语言文学类	文学	文学学士	四年

一、专业概述

捷克语是捷克的官方语言，与波兰语、斯诺伐克语、索布语等都属于斯拉夫语族西斯拉夫语支，使用拉丁字母拼写。目前世界上约有 1000 万人使用捷克语。捷克语是一种非常难学的语言，其中一个原因就是捷克语形态丰富，超过 200 种。

二、培养目标

培养具有扎实的捷克语言基础和比较广泛的科学文化知识，能在外事、经贸、文化、新闻出版、教育、科研、旅游等部门从事翻译、研究、教学、管理工作的捷克语高级专门人才。

三、培养要求

主要学习捷克语语言、文学、历史、政治、经济、外交、社会文化等方面的基本理论和基本知识，受到捷克语听、说、读、写、译等方面的良好训练，掌握一定的科研方法，具有从事翻译、研究、教学、管理工作的业务水平及较好的素质和较强的能力。

四、知识技能

毕业生应获得以下几方面的知识和能力：

① 了解我国有关的方针、政策、法规。

② 掌握语言学、文学及相关人文和科技方面的基础知识。

③ 具有扎实的捷克语基础和较熟练的听、说、读、写、译能力。

④ 了解我国国情和捷克语国家的社会和文化。

⑤ 具有较好的捷克语表达能力和基本调研能力。

⑥ 具有捷克语的实际应用能力。

⑦ 掌握文献检索、资料查询的基本方法，具有初步科学研究和实际工作能力。

五、主干课程

基础捷克语、高级捷克语、报刊选读、视听、口语、捷克语写作、翻译理论与实践、捷克语语言理论、捷克语语言学概论、捷克语国家文学史及文学作品选读、捷克语国家国情等。

六、发展前景

1．就业方向

请参考小语种专业总体介绍。

2．就业前景

请参考小语种专业总体介绍。

2017 年全国开设捷克语专业的院校有 9 所，本专业报考硕士较集中的专业：汉语国际教育、欧洲语言文学、外国语言学及应用语言学、世界史。根据阳光高考信息平台统计数据，捷克语专业 2017 年普通高校毕业生规模 50 人以下，高考时文理科比例为理科 42%，文科 58%。考生男女比例为男生 19%，女生 81%，捷克语专业本科就业率为 2016 年无数据，2017 年 95%～100%。

3．专家建议

请参考小语种专业总体介绍。

4．小贴士

请参考小语种专业总体介绍。

七、开设院校

2017年全国开设捷克语专业的院校有北京外国语大学、北京第二外国语学院、天津外国语大、河北地质大学、上海外国语大学、吉林外国语大学、四川外国语大学成都学院、浙江外国语学院等9所。

上海外国语大学捷克语专业于2017年设立，2018年正式对外招生，本科每4年招生一届。

斯洛伐克语专业

专业代码	中文名	学科门类	一级学科	授予学位	修学年限
050230	斯洛伐克语	外国语言文学类	文学	文学学士	四年

一、专业概述

斯洛伐克语属于印欧语系斯拉夫语族西斯拉夫语支，同波兰语和捷克语以及索布语相近，特别是跟捷克语的使用者可以无障碍地交流。斯洛伐克语的使用者主要集中在中欧国家斯洛伐克及其周边国家及地区。

二、培养目标

培养具有扎实的斯洛伐克语语言基础比较广泛的科学文化知识，能在外事、经贸、文化、新闻出版、教育、科研、旅游等部门从事翻译、研究、教学、管理工作的斯洛伐克语专门人才。

三、培养要求

主要学习斯洛伐克语语言、文学、历史、政治、经济、外交、社会文化等方面的基本理论和基本知识，受到相应语听、说、读、写、译等方面的良好训练，掌握一定的科研方法，具有从事翻译、研究、教学、管理工作的业务水平及较好的素质和较强的能力。

四、知识技能

毕业生应获得以下几方面的知识和能力：

① 了解我国有关的方针、政策、法规。

② 掌握语言学、文学及相关人文和科技方面的基础知识。

③ 具有扎实的斯洛伐克语基础和较熟练的听、说、读、写、译能力。

④ 了解我国国情和斯洛伐克语国家的社会和文化。

⑤ 具有较好的斯洛伐克语表达能力和基本调研能力。

⑥ 具有斯洛伐克语的实际应用能力。

⑦ 掌握文献检索、资料查询的基本方法，具有初步科学研究和实际工作能力。

五、主干课程

基础斯洛伐克语、高级斯洛伐克语、报刊选读、视听、口语、斯洛伐克语写作、翻译理论与实践、语言理论、语言学概论、主要斯洛伐克语国家文学史及文学作品选读、主要斯洛伐克语国家国情等。

六、发展前景

1．就业方向

请参考小语种专业总体介绍。

2．就业前景

请参考小语种专业总体介绍。

2017 年全国开设斯洛伐克语专业的院校仅北京外国语大学 1 所，本专业报考硕士较集中的专业：外国语言学及应用语言学、新闻传播学。根据阳光高考信息平台统计数据，斯洛伐克语专业 2017 年普通高校毕业生规模、高考时文理科比例、考生男女比例、本科就业率均无相关数据。

3．专家建议

请参考小语种专业总体介绍。

4．小贴士

请参考小语种专业总体介绍。

七、开设院校

2017 年全国开设斯洛伐克语专业的院校仅北京外国语大学 1 所。

罗马尼亚语专业

专业代码	中文名	学科门类	一级学科	授予学位	修学年限
050231	罗马尼亚语	外国语言文学类	文学	文学学士	四年

一、专业概述

罗马尼亚语是罗马尼亚的官方语言，属印欧语系罗曼语族东支，使用人口 2000 多万。除罗马尼亚以外，在摩尔多瓦共和国也被广泛使用。

二、培养目标

培养具有扎实的罗马尼亚语语言基础和比较广泛的科学文化知识，能在外事、经贸、文化、新闻出版、教育、科研、旅游等部门从事翻译、研究、教学、管理工作的罗马尼亚语专门人才。

三、培养要求

主要学习罗马尼亚语语言、文学、历史、政治、经济、外交、社会文化等方面的基本理论和基本知识，受到罗马尼亚语听、说、读、写、译等方面的良好训练，掌握一定的科研方法，具有从事翻译、研究、教学、管理工作的业务水平及较好的素质和较强的能力。

四、知识技能

毕业生应获得以下几方面的知识和能力：

① 了解我国有关的方针、政策、法规。

② 掌握语言学、文学及相关人文和科技方面的基础知识。

③ 具有扎实的罗马尼亚语基础和较熟练的听、说、读、写、译能力。

④ 了解我国国情和罗马尼亚语国家的社会和文化。

⑤ 具有较好的罗马尼亚语表达能力和基本调研能力。

⑥ 具有罗马尼亚语的实际应用能力。

⑦ 掌握文献检索、资料查询的基本方法，具有初步科学研究和实际工作能力。

五、主干课程

基础罗马尼亚语、高级罗马尼亚语、报刊选读、视听、口语、罗马尼亚语写作、翻译理论与实践、罗马尼亚语语言理论、罗马尼亚语语言学概论、罗马尼亚语相应国家文学史及文学作品选读、罗马尼亚语相应国家情等。

六、发展前景

1．就业方向

请参考小语种专业总体介绍。

2．就业前景

请参考小语种专业总体介绍。

2017 年全国开设罗马尼亚语专业的院校有 3 所，本专业报考硕士较集中的专业：欧洲语言文学、英语口译。根据阳光高考信息平台统计数据，罗马尼亚语专业 2017 年普通高校无毕业生，高考时文理科比例为理科 18%，文科 82%。考生男女比例无相关数据。本科就业率无相关数据。

3．专家建议

请参考小语种专业总体介绍。

4．小贴士

请参考小语种专业总体介绍。

北京外国语大学：除罗马尼亚语外，第二外语（一般为英语）应达到大专水平，学生在校期间还可报考英语专业的 4 级和 8 级。鼓励在校的本科生和研究生参加国际交流和合作，在条件具备的情况下，部分在校生可享受国家留学基金委的资助，赴对象国留学深造。

七、开设院校

2017 年全国开设罗马尼亚语专业的院校有北京外国语大学、北京第二外国语学院、河北经贸大学 3 所。

葡萄牙语专业

专业代码	中文名	学科门类	一级学科	授予学位	修学年限
050232	葡萄牙语	外国语言文学类	文学	文学学士	四年

一、专业概述

葡萄牙语属印欧语系拉丁语族，是世界上第七大语种，目前全球讲葡语的人数已经超过二亿。除葡萄牙之外，还是巴西、莫桑比克、安哥拉、几内亚比绍、圣多美普林西比、佛得角、东帝汶及澳门地区的官方语言。

二、培养目标

培养具有扎实的葡萄牙语言基础和比较广泛的科学文化知识，能在外事、经贸、文化、新闻出版、教育、科研、旅游等部门从事翻译、研究、教学、管理工作的葡萄牙语专门人才。

三、培养要求

主要学习葡萄牙语语言、文学、历史、政治、经济、外交、社会文化等方面的基本理论和基本知识，受到葡萄牙语听、说、读、写、译等方面的良好训练，掌握一定的科研方法，具有从事翻译、研究、教学、管理工作的业务水平及较好的素质和较强的能力。

四、知识技能

毕业生应获得以下几方面的知识和能力：

① 了解我国有关的方针、政策、法规。

② 掌握语言学、文学及相关人文和科技方面的基础知识。

③ 具有扎实的葡萄牙语语言基础和较熟练的听、说、读、写、译能力。

④ 了解我国国情和葡萄牙语国家的社会和文化。

⑤ 具有较好的葡萄牙语表达能力和基本调研能力。

⑥ 具有葡萄牙语的实际应用能力。

⑦ 掌握文献检索、资料查询的基本方法，具有初步科学研究和实际工作能力。

五、主干课程

葡萄牙语视听说、演讲、精读、泛读、文学选读、报刊阅读、写作、笔译、口译、对外传播概论、国际贸易与金融、西方文化与社会等。

六、发展前景

1．就业方向

请参考小语种专业总体介绍。

2．就业前景

请参考小语种专业总体介绍。

2017 年全国开设葡萄牙语专业的院校有 26 所，部分高校按经贸专业方向培养。本专业报考硕士较集中的专业：欧洲语言文学、国际关系。根据阳光高考信息平台统计数据，葡萄牙语专业 2017 年普通高校毕业生规模 400 人到 450 人，高考时文理科比例为理科 40%，文科 60%。考生男女比例为男生 20%，女生 80%。葡萄牙语专业本科就业率为 2016 年 90%～95%，2017 年 90%～95%。

3．专家建议

请参考小语种专业总体介绍。

4．小贴士

请参考小语种专业总体介绍。

七、开设院校

2017 年全国开设葡萄牙语专业的院校有 26 所。

瑞典语专业

专业代码	中文名	学科门类	一级学科	授予学位	修学年限
050233	瑞典语	外国语言文学类	文学	文学学士	四年

一、专业概述

瑞典语主要使用地区为瑞典、芬兰（尤其是奥兰岛），使用人数超过九百万人，和斯堪的那维亚地区另外两种语言（丹麦语和挪威语）是相通语言。标准瑞典语是瑞典官方语言，来源于 19 世纪瑞典中部方言，在 20 世纪初固定下来，其特点是口语和书面语统一且标准化。

二、培养目标

培养具有扎实的瑞典语言基础和比较广泛的科学文化知识，能在外事、经贸、文化、新闻出版、教育、科研、旅游等部门从事翻译、研究、教学、管理工作的瑞典语高级专门人才。

三、培养要求

主要学习瑞典语语言、文学、历史、政治、经济、外交、社会文化等方面的基本理论和基本知识，受到瑞典语听、说、读、写、译等方面的良好训练，掌握一定的科研方法，具有从事翻译、研究、教学、管理工作的业务水平及较好的素质和较强的能力。

四、知识技能

毕业生应获得以下几方面的知识和能力：

① 了解我国有关的方针、政策、法规。

② 掌握语言学、文学及相关人文和科技方面的基础知识。

③ 具有扎实的瑞典语基础和较熟练的听、说、读、写、译能力。

④ 了解我国国情和瑞典语国家的社会和文化。

⑤ 具有较好的瑞典语表达能力和基本调研能力。

⑥ 具有瑞典语的实际应用能力。

⑦ 掌握文献检索、资料查询的基本方法，具有初步科学研究和实际工作能力。

五、主干课程

基础瑞典语、高级瑞典语、视听、口语、基础语法、外刊选读、瑞典国家概况、翻译理论与实践、写作、瑞典文学史及文学作品选读、高年级文选。

六、发展前景

1．就业方向

请参考小语种专业总体介绍。

2．就业前景

请参考小语种专业总体介绍。

2017 年全国开设瑞典语专业的院校有 2 所，本专业报考硕士较集中的专业：语言学及应用语言学、外国语言文学。根据阳光高考信息平台统计数据，瑞典语专业 2017 年普通高校毕业生规模 50 人以下，高考时文理科比例为理科 34%，文科 66%。考生男女比例为男生 13%，女生 87%。瑞典语专业本科就业率为 2016 年无相关数据，2017 年 95%～100%。

3．专家建议

请参考小语种专业总体介绍。

4．小贴士

请参考小语种专业总体介绍。

上海外国语大学瑞典语专业 2007 年首次招生，本科每 4 年招生一届。

七、开设院校

2017 年全国开设瑞典语专业的院校有北京外国语大学和上海外国语大学 2 所。

塞尔维亚语专业

专业代码	中文名	学科门类	一级学科	授予学位	修学年限
050234	塞尔维亚语	外国语言文学类	文学	文学学士	四年

一、专业概述

塞尔维亚语是塞尔维亚、波黑及塞族共和国的官方语言，属于印欧语系斯拉夫语族南斯拉夫语支，与克罗地亚语、波斯尼亚语、黑山语高度近似互通，广泛通行于塞尔维亚、克罗地亚、波黑以及黑山并覆盖斯洛文尼亚与马其顿等前南斯拉夫地区，覆盖人口超过 1500 万。

塞尔维亚语属高度屈折语，书写与发音完全一致对应，官方采用西里尔字母，民间广泛使用拉丁字母，两套书写系统并行。

二、培养目标

培养具有扎实的塞尔维亚语语言基础和比较广泛的科学文化知识，能在外事、经贸、文化、新闻出版、教育、科研、旅游等部门从事翻译、研究、教学、管理工作的塞尔维亚语专门人才。

三、培养要求

主要学习塞尔维亚语语言、文学、历史、政治、经济、外交、社会文化等方面的基本理论和基本知识，受到塞尔维亚语听、说、读、写、译等方面的良好训练，掌握一定的科研方法，具有从事翻译、研究、教学、管理工作的业务水平及较好的素质和较强的能力。

四、知识技能

毕业生应获得以下几方面的知识和能力：

① 了解我国有关的方针、政策、法规。

② 掌握语言学、文学及相关人文和科技方面的基础知识。

③ 具有扎实的塞尔维亚语基础和较熟练的听、说、读、写、译能力。

④ 了解我国国情和塞尔维亚语国家的社会和文化。

⑤ 具有较好的塞尔维亚语表达能力和基本调研能力。

⑥ 具有塞尔维亚语的实际应用能力。

⑦ 掌握文献检索、资料查询的基本方法，具有初步科学研究和实际工作能力。

五、主干课程

基础塞尔维亚语、高级塞尔维亚语、报刊选读、视听、口语、塞尔维亚语写作、翻译理论与实践、语言理论、语言学概论、主要塞尔维亚语国家文学史及文学作品选读、主要塞尔维亚语国家国情等。

六、发展前景

1．就业方向

请参考小语种专业总体介绍。

2．就业前景

请参考小语种专业总体介绍。

2017 年全国开设塞尔维亚语专业的院校有 4 所，本专业报考硕士较集中的专业：汉语国际教育、外国语言文学。根据阳光高考信息平台统计数据，塞尔维亚语专业 2017 年普通高校毕业生规模 50 人以下，高考时文理科比例为理科 58%，文科 42%。考生男女比例为男生 100%，女生 0%。塞尔维亚语专业本科就业率为 2016 年 90%～95%，2017 年 95%～100%。

3．专家建议

请参考小语种专业总体介绍。

4．小贴士

请参考小语种专业总体介绍。

上海外国语大学塞尔维亚语专业 2019 年开始招生，本科每 4 年招生一届。

七、开设院校

2017 年全国开设塞尔维亚语专业的院校有北京外国语大学、上海外国语大学、北京第二外国语大学和广东外语外贸大学 4 所。

土耳其语专业

专业代码	中文名	学科门类	一级学科	授予学位	修学年限
050235	土耳其语	外国语言文学类	文学	文学学士	四年

一、专业概述

土耳其语属突厥语系乌古斯语族，是一种现有6500万到7300万人使用的语言，主要在土耳其本土使用，另外通行于阿塞拜疆、塞浦路斯、希腊、马其顿、罗马尼亚，以及在西欧居住的数百万土耳其族移民（主要集中在德国）。

二、培养目标

培养具有扎实的土耳其语语言基础和比较广泛的科学文化知识，能在外事、经贸、文化、新闻出版、教育、科研、旅游等部门从事翻译、研究、教学、管理工作的土耳其语专门人才。

三、培养要求

主要学习土耳其语语言、文学、历史、政治、经济、外交、社会文化等方面的基本理论和基本知识，受到土耳其语听、说、读、写、译等方面的良好训练，掌握一定的科研方法，具有从事翻译、研究、教学、管理工作的业务水平及较好的素质和较强的能力。

四、知识技能

毕业生应获得以下几方面的知识和能力：

① 了解我国有关的方针、政策、法规。

② 掌握语言学、文学及相关人文和科技方面的基础知识。

③ 具有扎实的土耳其语基础和较熟练的听、说、读、写、译能力。

④ 了解我国国情和土耳其语国家的社会和文化。

⑤ 具有较好的土耳其语表达能力和基本调研能力。

⑥ 具有土耳其语的实际应用能力。

⑦ 掌握文献检索、资料查询的基本方法，具有初步科学研究和实际工作能力。

五、主干课程

基础土耳其语、高级土耳其语语、报刊选读、视听、口语、土耳其语写作、翻译理论与实践、土耳其语语言理论、土耳其语语言学概论、土耳其语国家文学史及文学作品选读、土耳其语国家国情等。

六、发展前景

1．就业方向

请参考小语种专业总体介绍。

2．就业前景

请参考小语种专业总体介绍。

2017年全国开设土耳其语专业的院校有9所，本专业报考硕士较集中的专业：汉语国际教育、外国语言文学。根据阳光高考信息平台统计数据，土耳语专业2017年普通高校毕业生规模50人以下，高考时文理科比例为理科41%，文科59%。考生男女比例为男生24%，女生76%。土耳语专业本科就业率为2016年95%～100%，2017年95%～100%。

3．专家建议

请参考小语种专业总体介绍。

4. 小贴士

请参考小语种专业总体介绍。

上海外国语大学土耳其语专业于 2011 年开始招生，本科每 4 年招生一届。

七、开设院校

2017 年全国开设土耳其语专业的院校有北京外国语大学、北京第二外国语学院、北京语言大学、中国传媒大学、天津外国语大学、上海外国语大学、西安外国语大学、广东外语外贸大学、浙江外国语学院 9 所。

希腊语专业

专业代码	中文名	学科门类	一级学科	授予学位	修学年限
050236	希腊语	外国语言文学类	文学	文学学士	四年

一、专业概述

希腊语属于印欧语系希腊语族，为希腊和塞浦路斯的官方语言，也是欧盟官方语言之一。目前约有 1500 万人使用希腊语，分布在希腊、阿尔巴尼亚、塞浦路斯等国及土耳其一带的某些地区。由于古希腊哲学、科学、逻辑学、数学非常发达，大量希腊语词汇仍沿用至今。

二、培养目标

培养具有扎实的希腊语语言基础和比较广泛的科学文化知识，能在外事、经贸、文化、新闻出版、教育、科研、旅游等部门从事翻译、研究、教学、管理工作的希腊语专门人才。

三、培养要求

主要学习希腊语语言、文学、历史、政治、经济、外交、社会文化等方面的基本理论和基本知识，受到希腊语听、说、读、写、译等方面的良好训练，掌握一定的科研方法，具有从事翻译、研究、教学、管理工作的业务水平及较好的素质和较强的能力。

四、知识技能

毕业生应获得以下几方面的知识和能力：

① 了解我国有关的方针、政策、法规。

② 掌握语言学、文学及相关人文和科技方面的基础知识。

③ 具有扎实的希腊语基础和较熟练的听、说、读、写、译能力。

④ 了解我国国情和希腊语国家的社会和文化。

⑤ 具有较好的希腊语表达能力和基本调研能力。

⑥ 具有希腊语的实际应用能力。

⑦ 掌握文献检索、资料查询的基本方法，具有初步科学研究和实际工作能力。

五、主干课程

基础希腊语、希腊语语法、希腊语视听说、希腊语写作、希腊语泛读、希腊语翻译教程、高级希腊语、希腊语文学史等课程等。

六、发展前景

1. 就业方向

请参考小语种专业总体介绍。

2．就业前景

请参考小语种专业总体介绍。

2017 年全国开设希腊语专业的院校有 4 所，本专业报考硕士较集中的专业：外国语言学及应用语言学、外交学、欧洲语言文学。根据阳光高考信息平台统计数据，希腊语专业 2017 年普通高校毕业生规模 50 人以下，高考时文理科比例为理科 30%，文科 70%。考生男女比例为男生 16%，女生 84%。希腊语语专业本科就业率为 2016 年无相关数据，2017 年 95%～100%。

3．专家建议

请参考小语种专业总体介绍。

4．小贴士

请参考小语种专业总体介绍。

上海外国语大学希腊语专业于 1972 年开始招生，本科每 2 年招生一届。

七、开设院校

2017 年全国开设希腊语专业的院校有上海外国语大学、北京外国语大学、对外经济贸易大学、广东外语外贸大学 4 所。

匈牙利语专业

专业代码	中文名	学科门类	一级学科	授予学位	修学年限
050237	匈牙利语	外国语言文学类	文学	文学学士	四年

一、专业概述

匈牙利语，也称马扎尔语，是匈牙利官方语言，属于芬兰—乌戈尔语族乌戈尔语支。使用人口约为 1400 万，其中匈牙利本土 900 多万，其余 400 多万分散在中东欧的罗马尼亚、斯洛伐克、塞尔维亚、乌克兰、奥地利等国。

二、培养目标

培养具有扎实的相应语语言基础和比较广泛的科学文化知识，能在外事、经贸、文化、新闻出版、教育、科研、旅游等部门从事翻译、研究、教学、管理工作的匈牙利语专门人才。

三、培养要求

主要学习匈牙利语语言、文学、历史、政治、经济、外交、社会文化等方面的基本理论和基本知识，受到匈牙利语听、说、读、写、译等方面的良好训练，掌握一定的科研方法，具有从事翻译、研究、教学、管理工作的业务水平及较好的素质和较强的能力。

四、知识技能

毕业生应获得以下几方面的知识和能力：

① 了解我国有关的方针、政策、法规。

② 掌握语言学、文学及相关人文和科技方面的基础知识。

③ 具有扎实的匈牙利语基础和较熟练的听、说、读、写、译能力。

④ 了解我国国情和匈牙利语国家的社会和文化。

⑤ 具有较好的匈牙利语表达能力和基本调研能力。

⑥ 具有匈牙利语的实际应用能力。

⑦ 掌握文献检索、资料查询的基本方法，具有初步科学研究和实际工作能力。

五、主干课程

基础匈牙利语、高级匈牙利语、报刊选读、视听、口语、匈牙利语写作、翻译理论与实践、匈牙利语语言理论、匈牙利语语言学概论、匈牙利语国家文学史及文学作品选读、匈牙利语国家国情等。

六、发展前景

1．就业方向

请参考小语种专业总体介绍。

2．就业前景

请参考小语种专业总体介绍。

2017 年全国开设匈牙利语专业的院校 9 所，本专业报考硕士较集中的专业：欧洲语言文学。根据阳光高考信息平台统计数据，匈牙利语专业 2017 年普通高校毕业生规模 50 人以下，高考时文理科比例为理科 42%，文科 58%。考生男女比例为男生 9%，女生 91%。匈牙利语专业本科就业率为 2016 年无相关数据，2017 年 95%～100%。

3．专家建议

请参考小语种专业总体介绍。

自 1989 年后，匈牙利经济高速发展，已进入发达国家行列。匈牙利采取各种措施优化投资环境，是中东欧地区人均吸引外资最多的国家之一。该国农业基础较好，旅游业发达，汽车工业是匈牙利的支柱产业，制药业历史悠久，是匈牙利最富竞争力的产业之一。匈牙利是中东欧地区最大的药品生产国和出口国，也是中东欧地区最大的电子产品生产国和世界电子工业主要生产基地。

4．小贴士

请参考小语种专业总体介绍。

四川外国语大学匈牙利语专业采用中匈（匈牙利）合作培养模式，优秀学生可通过国家留学基金委的公派留学项目出国交流学习。

华北理工大学招收匈牙利语零起点的英语考生，采用全外教授课模式。

上海外国语大学匈牙利语专业于 2015 年设立，2016 年开始招生，本科每 4 年招生一届，本专业学生海外留学比例计划将达 100%。

四川外国语大学成都学院聘有匈牙利籍的专业外教授课，采用“2+2”的特色培养模式（2 年国内+2 年国外），所有学生在第三、第四学年均到匈牙利留学两年，毕业后可获得我校和匈牙利相应大学颁发的本科文凭。

北京外国语大学本专业学生可选修第二外语（一般为英语），报考英语专业的四级、八级考试，学生在校期间，学校将利用各种条件为学生创造出国留学机会。

七、开设院校

2017 年全国开设匈牙利语专业的院校有北京外国语大学、北京第二外国语学院、中国传媒大学、天津外国语大学、华北理工大学、上海外国语大学、四川外国语大学、四川外国语大学成都学院等。

意大利语专业

专业代码	中文名	学科门类	一级学科	授予学位	修学年限
050238	意大利语	外国语言文学类	文学	文学学士	四年

一、专业概述

意大利语，是意大利、梵蒂冈和圣马力诺的官方语言，还是瑞士四种官方语言之一，在瑞士主要集中于提契诺州和格劳邦顿州。另外，还广泛通行于斯洛文尼亚、克罗地亚、摩洛哥、美国、加拿大、阿根廷。

意大利语同英语一样，是海盗肆虐的非洲国家索马里的通用语言，意大利的前殖民地利比亚、索马里、厄立特里亚都有掌握该语言的人群。截至 2015 年年初，世界上说意大利语的人数约 1.9 亿人，其中作为母语的 7 千万人，作为非母语的 1.2 亿人。

二、培养目标

培养具有扎实的意大利语语言基础和比较广泛的科学文化知识，能在外事、经贸、文化、新闻出版、教育、科研、旅游等部门从事翻译、研究、教学、管理工作的意大利语专门人才。

三、培养要求

主要学习意大利语语言、文学、历史、政治、经济、外交、社会文化等方面的基本理论和基本知识，受到意大利语听、说、读、写、译等方面的良好训练，掌握一定的科研方法，具有从事翻译、研究、教学、管理工作的业务水平及较好的素质和较强能力。

四、知识技能

毕业生应获得以下几方面的知识和能力：

① 了解我国有关的方针、政策、法规。

② 掌握语言学、文学及相关人文和科技方面的基础知识。

③ 具有扎实的意大利语基础和较熟练的听、说、读、写、译能力。

④ 了解我国国情和意大利语国家的社会和文化。

⑤ 具有较好的意大利语表达能力和基本调研能力。

⑥ 具有意大利语的实际应用能力。

⑦ 掌握文献检索、资料查询的基本方法，具有初步科学研究和实际工作能力。

五、主干课程

高级意大利语、视听、口语、基础语法、外刊选读、意大利国家概况、翻译理论与实践、写作、意大利文学史及文学作品选读、高年级文选等。

六、发展前景

1．就业方向

请参考小语种专业总体介绍。

2．就业前景

请参考小语种专业总体介绍。

2017 年全国开设意大利语专业的院校有 20 所，部分高校按经贸专业方向培养。本专业报考硕士较集中的专业：欧洲语言文学。根据阳光高考信息平台统计数据，意大利语专业 2017 年普通高校毕业生规模 400 到 450 人，高考时文理科比例为理科 43%，文科 57%。考生男女比例为男生 18%，女生 82%。意大利语专业本科就业率为 2016 年 95%～100%，2017 年 95%～100%。

3．专家建议

请参考小语种专业总体介绍。

4．小贴士

请参考小语种专业总体介绍。

北京外国语大学意大利语专业隔年招生。

四川外国语大学成都学院意大利语专业与意大利锡耶纳大学、马切拉塔大学、佩鲁贾大学等意大利学校开展了多个留学项目，有交换留学 1 年、2+2 双学位、4+2 本升硕等，每年向意大利输送近 30 名留学生。

七、开设院校

2017 年全国开设意大利语专业的院校有 20 所。

泰米尔语专业

专业代码	中文名	学科门类	一级学科	授予学位	修学年限
050239	泰米尔语	外国语言文学类	文学	文学学士	四年

一、专业概述

泰米尔语，属达罗毗荼语系南部语族，是达罗毗荼语系中最重要的语言，是印度宪法承认的语言之一，分布于泰米尔纳德邦，使用人口约 3500 万。此外，也使用于斯里兰卡部分地区（约 250 万人），在东南亚、东非、南非、印度洋和南太平洋中的岛屿，也有少数人使用。

二、培养目标

培养具有扎实的泰米尔的语言基础和比较广泛的科学文化知识，能在外事、经贸、文化、新闻出版、教育、科研、旅游等部门从事翻译、研究、教学、管理工作的泰米尔语专门人才。

三、培养要求

主要学习泰米尔语语言、文学、历史、政治、经济、外交、社会文化等方面的基本理论和基本知识，受到泰米尔语听、说、读、写、译等方面的良好训练，掌握一定的科研方法，具有从事翻译、研究、教学、管理工作的业务水平及较好的素质和较强的能力。

四、知识技能

毕业生应获得以下几方面的知识和能力：

① 了解我国有关的方针、政策、法规。

② 掌握语言学、文学及相关人文和科技方面的基础知识。

③ 具有扎实的泰米尔语基础和较熟练的听、说、读、写、译能力。

④ 了解我国国情和泰米尔语国家的社会和文化。

⑤ 具有较好的泰米尔语表达能力和基本调研能力。

⑥ 具有泰米尔语的实际应用能力。

⑦ 掌握文献检索、资料查询的基本方法，具有初步科学研究和实际工作能力。

五、主干课程

基础泰米尔语、高级泰米尔语、报刊选读、视听、口语、泰米尔语写作、翻译理论与实践、语言理论、语言学概论、主要泰米尔语国家文学史及文学作品选读、主要泰米尔语国家国情等。

六、发展前景

1．就业方向

请参考小语种专业总体介绍。

2．就业前景

请参考小语种专业总体介绍。

2017年全国开设泰米尔语专业的院校仅有中国传媒大学1所，2017年没有相关毕业生数据。

3．专家建议

请参考小语种专业总体介绍。

4．小贴士

请参考小语种专业总体介绍。

七、开设院校

2017年全国开设泰米尔语专业的院校仅中国传媒大学1所。

普什图语专业

专业代码	中文名	学科门类	一级学科	授予学位	修学年限
050240	普什图语	外国语言文学类	文学	文学学士	四年

一、专业概述

普什图语是阿富汗斯坦普什图人的语言，与波斯语同为阿富汗斯坦的官方语言，采用阿拉伯字母来拼写，属印欧语系—伊朗语族—东支，分布于阿富汗斯坦和巴基斯坦西北地区。其使用人口在阿富汗斯坦境内有1000多万，在巴基斯坦的西北地区也有近1000万，34%的阿富汗斯坦人使用普什图语。

二、培养目标

培养具有扎实的相应语语言基础和比较广泛的科学文化知识，能在外事、经贸、文化、新闻出版、教育、科研、旅游等部门从事翻译、研究、教学、管理工作的普什图语专门人才。

三、培养要求

主要学习普什图语语言、文学、历史、政治、经济、外交、社会文化等方面的基本理论和基本知识，受到普什图语听、说、读、写、译等方面的良好训练，掌握一定的科研方法，具有从事翻译、研究、教学、管理工作的业务水平及较好的素质和较强的能力。

四、知识技能

毕业生应获得以下几方面的知识和能力：

① 了解我国有关的方针、政策、法规。

② 掌握语言学、文学及相关人文和科技方面的基础知识。

③ 具有扎实的普什图语基础和较熟练的听、说、读、写、译能力。

④ 了解我国国情和普什图语国家的社会和文化。

⑤ 具有较好的普什图语表达能力和基本调研能力。

⑥ 具有普什图语的实际应用能力。

⑦ 掌握文献检索、资料查询的基本方法，具有初步科学研究和实际工作能力。

五、主干课程

基础普什图语、高级普什图语、报刊选读、视听、口语、普什图语写作、翻译理论与实践、语言理论、语言学概论、主要普什图语国家文学史及文学作品选读、主要普什图语国家国情等。

六、发展前景

1. 就业方向

请参考小语种专业总体介绍。

2. 就业前景

请参考小语种专业总体介绍。

2017 年全国开设普什图语专业的院校仅中国传媒大学 1 所，报考硕士较集中的专业：新闻学。截至 2017 年，毕业生总规模小于 50 人，高考时文理科比例为理科 25%，文科 75%。男女生比例为男生 17%，女生 83%。毕业生就业率为 2016 年无相关数据，2017 年 95%～100%。

3. 专家建议

请参考小语种专业总体介绍。

4. 小贴士

请参考小语种专业总体介绍。

七、开设院校

2017 年全国开设普什图语专业的院校仅有中国传媒大学 1 所。

世界语专业

专业代码	中文名	学科门类	一级学科	授予学位	修学年限
050241	世界语	外国语言文学类	文学	文学学士	四年

一、专业概述

世界语是波兰籍犹太人柴门霍夫博士 1887 年在印欧语系基础上创立的一种语言，旨在消除国际交往中的语言障碍，令全世界各个种族肤色的人民都能在同一个人类大家庭里像兄弟姐妹一样和睦共处。

世界语已经成为目前国际上使用最广泛的国际辅助语，全球 150 多个国家和地区都有世界语组织和世界语者。1954 年，联合国教科文组织正式把“国际世界语协会”列为教科文组织 B 级咨询关系单位，确定了国际世界语协会在联合国和教科文组织的正式地位。以世界语作为官方语言的国际性组织有圣马力诺国际科学院、国际文化艺术联合会等。

二、培养目标

培养具有扎实的世界语言基础比较广泛的科学文化知识，能在外事、经贸、文化、新闻出版、教育、科研、旅游等部门从事翻译、研究、教学、管理工作的世界语高级专门人才。

三、培养要求

主要学习世界语语言、文学、历史、政治、经济、外交、社会文化等方面的基本理论和基本知识，受到世界语听、说、读、写、译等方面的良好训练，掌握一定的科研方法，具有从事翻译、研究、教学、管理工作的业务水平及较好的素质和较强的能力。

四、知识技能

毕业生应获得以下几方面的知识和能力：

① 了解我国有关的方针、政策、法规。

② 掌握语言学、文学及相关人文和科技方面的基础知识。

③ 具有扎实的世界语基础和较熟练的听、说、读、写、译能力。

④ 了解我国国情和世界语国家的社会和文化。

⑤ 具有较好的世界语表达能力和基本调研能力。

⑥ 具有世界语的实际应用能力。

⑦ 掌握文献检索、资料查询的基本方法，具有初步科学研究和实际工作能力。

五、主干课程

基础世界语、高级世界语、报刊选读、视听、口语、世界语写作、翻译理论与实践、语言理论、语言学概论、主要世界语文学史及文学作品选读等。

六、发展前景

1. 就业方向

请参考小语种专业总体介绍。

2. 就业前景

请参考小语种专业总体介绍。

除少部分宗教组织和国际机构外，世界语的实际应用范围相当局限。

3. 专家建议

请参考小语种专业总体介绍。

实际应用范围相当局限，如果真的有兴趣，可以考虑作为第二外语进行学习。

4. 小贴士

请参考小语种专业总体介绍。

本专业已经多年没有院校招生，其中北京广播学院（中国传媒大学）2003 年最后一批招生世界语本科。

2018 年 3 月，枣庄学院申请增设的世界语本科专业通过教育部审批备案,计划招收文史类学生 20 人，理工类 5 人，面向山东省招生。

七、开设院校

2018 年全国唯一招生学校为枣庄学院。

孟加拉语专业

专业代码	中文名	学科门类	一级学科	授予学位	修学年限
050242	孟加拉语	外国语言文学类	文学	文学学士	四年

一、专业概述

孟加拉语属于印欧语系印度语族，是孟加拉国和印度西孟加拉邦和特里普拉邦的官方语言，使用人口约 20700 万人，是印度语族在印地语之后的第二大语言。孟加拉语、阿萨姆语和曼尼普尔语都使用孟加拉字母。

二、培养目标

培养具有扎实的孟加拉语语言基础和比较广泛的科学文化知识，能在外事、经贸、文化、新闻出版、教育、科研、旅游等部门从事翻译、研究、教学、管理工作的孟加拉语专门人才。

三、培养要求

掌握孟加拉语的基本原理和关于语言、文学的基本理论，掌握本专业的基础知识以及新闻、历史、哲学、艺术、教育等学科的相关知识，具有文学修养、鉴赏文学能力、较强的写作能力以及语言表达能力。

四、知识技能

毕业生应获得以下几方面的知识和能力：

① 了解我国有关的方针、政策、法规。

② 掌握语言学、文学及相关人文和科技方面的基础知识。

③ 具有扎实的孟加拉语基础和较熟练的听、说、读、写、译能力。

④ 了解我国国情和孟加拉语国家的社会和文化。

⑤ 具有较好的孟加拉语表达能力和基本调研能力。

⑥ 具有孟加拉语的实际应用能力。

⑦ 掌握文献检索、资料查询的基本方法，具有初步科学研究和实际工作能力。

五、主干课程

孟加拉语视听说、演讲、精读、泛读、文学选读、报刊阅读、写作、笔译、口译、对外传播概论、国际贸易与金融、西方文化与社会等。

六、发展前景

1．就业方向

请参考小语种专业总体介绍。

2．就业前景

请参考小语种专业总体介绍。

2017 年没有毕业生相关数据。

3．专家建议

请参考小语种专业总体介绍。

4．小贴士

请参考小语种专业总体介绍。

七、开设院校

2017 年全国有中国传媒大学、云南民族大学、广东外语外贸大学 3 所大学招生。

尼泊尔语专业

专业代码	中文名	学科门类	一级学科	授予学位	修学年限
050243	尼泊尔语	外国语言文学类	文学	文学学士	四年

一、专业概述

尼泊尔语指的是尼泊尔人的语言，属印欧语系—印度语族，在尼泊尔、不丹和印度的一些地区使用，是尼泊尔的官方语言。约有一半的尼泊尔人使用尼泊尔语作为母语，其他尼泊尔人将其作为第二语言。

二、培养目标

培养具有扎实的尼泊尔语言基础和比较广泛的科学文化知识，能在外事、经贸、文化、新闻出版、教育、科研、旅游等部门从事翻译、研究、教学、管理工作的尼泊尔语专门人才。

三、培养要求

主要学习尼泊尔语语言、文学、历史、政治、经济、外交、社会文化等方面的基本理论和基本知识，受到尼泊尔语听、说、读、写、译等方面的良好训练，掌握一定的科研方法，具有从事翻译、研究、教学、管理工作的业务水平及较好的素质和较强的能力。

四、知识技能

毕业生应获得以下几方面的知识和能力：

① 了解我国有关的方针、政策、法规。

② 掌握语言学、文学及相关人文和科技方面的基础知识。

③ 具有扎实的尼泊尔语基础和较熟练的听、说、读、写、译能力。

④ 了解我国国情和尼泊尔语国家的社会和文化。

⑤ 具有较好的尼泊尔语表达能力和基本调研能力。

⑥ 具有尼泊尔语的实际应用能力。

⑦ 掌握文献检索、资料查询的基本方法，具有初步科学研究和实际工作能力。

五、主干课程

基础尼泊尔语、高级尼泊尔语、报刊选读、视听、口语、尼泊尔语写作、翻译理论与实践、语言理论、语言学概论、主要尼泊尔语国家文学史及文学作品选读、主要尼泊尔语国家国情等。

六、发展前景

1．就业方向

请参考小语种专业总体介绍。

2．就业前景

请参考小语种专业总体介绍。

2017 年全国大学中设尼泊尔语专业本科的院校仅中国传媒大学 1 所，报考硕士较集中的专业：新闻学、外国语言文学、外国语言学及应用语言学。根据阳光高考信息平台统计数据，尼泊尔语专业 2017 年普通高校毕业生规模为 50 人以下，高考时文理科比例为理科 25%，文科 75%。男女生比例为男生 14%，女生 86%。尼泊尔语专业本科就业率为 2016 年无相关数据，2017 年 95%～100%。

3．专家建议

请参考小语种专业总体介绍。

4．小贴士

请参考小语种专业总体介绍。

七、开设院校

2017 年全国大学中设尼泊尔语专业本科的院校仅有中国传媒大学 1 所。

克罗地亚语专业

专业代码	中文名	学科门类	一级学科	授予学位	修学年限
050244	克罗地亚语	外国语言文学类	文学	文学学士	四年

一、专业概述

克罗地亚语属于印欧语系—斯拉夫语族—南斯拉夫语支，和塞尔维亚语属于同一种语言，原称塞尔维亚～克罗地亚语，后因政治原因，两者分称，通行于克罗地亚、塞尔维亚、黑山、波黑、斯洛文尼亚等前南斯拉夫国家。

二、培养目标

培养具有扎实的克罗地亚语语言基础比较广泛的科学文化知识，能在外事、经贸、文化、新闻出版、教育、科研、旅游等部门从事翻译、研究、教学、管理工作的克罗地亚语专门人才。

三、培养要求

主要学习克罗地亚语语言、文学、历史、政治、经济、外交、社会文化等方面的基本理论和基本知识，受到克罗地亚语听、说、读、写、译等方面的良好训练，掌握一定的科研方法，具有从事翻译、研究、教学、管理工作的业务水平及较好的素质和较强的能力。

四、知识技能

毕业生应获得以下几方面的知识和能力：

① 了解我国有关的方针、政策、法规。

② 掌握语言学、文学及相关人文和科技方面的基础知识。

③ 具有扎实的相应语言基础和较熟练的听、说、读、写、译能力。

④ 了解我国国情和相应国家的社会和文化。

⑤ 具有较好的汉语表达能力和基本调研能力。

⑥ 具有第二外国语的一定的实际应用能力。

⑦ 掌握文献检索、资料查询的基本方法，具有初步科学研究和实际工作能力。

五、主干课程

基础克罗地亚语、高级克罗地亚语、报刊选读、视听、口语、克罗地亚语写作、翻译理论与实践、语言理论、语言学概论、主要克罗地亚语国家文学史及文学作品选读、主要克罗地亚语国家国情等。

六、发展前景

1．就业方向

请参考小语种专业总体介绍。

2．就业前景

请参考小语种专业总体介绍。

2017 年全国大学中设克罗地亚语专业本科的院校仅有北京外国语大学 1 所，报考硕士较集中的专业：汉语国际教育、外国语言文学。根据阳光高考信息平台统计数据，克罗地亚语专业 2017 年普通高校毕业生规模、高考时文理科比例、男女生比例、就业率均无相关数据。

3．专家建议

请参考小语种专业总体介绍。

4．小贴士

请参考小语种专业总体介绍。

七、开设院校

2017 年全国大学中设克罗地亚语专业本科的院校仅有北京外国语大学 1 所。

荷兰语专业

专业代码	中文名	学科门类	一级学科	授予学位	修学年限
050245	荷兰语	外国语言文学类	文学	文学学士	四年

一、专业概述

荷兰语是荷兰、苏里南的官方语言，也是比利时（在比利时也称弗拉芒语）的官方语言之一，属于印欧语系—日耳曼语族—西日耳曼语支，使用者主要分布于荷兰、比利时、南非、苏里南、加勒比海荷属安的列斯群岛等地。约 2400 万人以荷兰语为第一语言，曾经被荷兰统治了 4 个世纪的印度尼西亚也有日常使用。

二、培养目标

培养具有扎实的荷兰语言基础和比较广泛的科学文化知识，能在外事、经贸、文化、新闻出版、教育、科研、旅游等部门从事翻译、研究、教学、管理工作的荷兰语高级专门人才。

三、培养要求

主要学习荷兰语语言、文学、历史、政治、经济、外交、社会文化等方面的基本理论和基本知识，受到荷兰语听、说、读、写、译等方面的良好训练，掌握一定的科研方法，具有从事翻译、研究、教学、管理工作的业务水平及较好的素质和较强的能力。

四、知识技能

毕业生应获得以下几方面的知识和能力：

① 了解我国有关的方针、政策、法规。

② 掌握语言学、文学及相关人文和科技方面的基础知识。

③ 具有扎实的荷兰语基础和较熟练的听、说、读、写、译能力。

④ 了解我国国情和荷兰语国家的社会和文化。

⑤ 具有较好的荷兰语表达能力和基本调研能力。

⑥ 具有荷兰语的实际应用能力。

⑦ 掌握文献检索、资料查询的基本方法，具有初步科学研究和实际工作能力。

五、主干课程

基础荷兰语、高级荷兰语、报刊选读、视听、口语、荷兰语写作、翻译理论与实践、语言理论、语言学概论、主要荷兰语国家文学史及文学作品选读、主要荷兰语国家国情等。

六、发展前景

1．就业方向

请参考小语种专业总体介绍。

2．就业前景

请参考小语种专业总体介绍。

2017 年全国大学中设荷兰语专业本科的院校有 3 所，报考硕士较集中的专业：新闻传播学、工商管理。根据阳光高考信息平台统计数据，荷兰语专业 2017 年普通高校毕业生规模小于 50 人，高考时文理科比例为理科 25%，文科 75%。男女生比例为男生 17%，女生 83%。荷兰语专业本科就业率为 2016 年无相关数据，2017 年 95%～100%。

3．专家建议

请参考小语种专业总体介绍。

4．小贴士

上海外国语大学荷兰语专业开设于2007年，本科每4年招生一届。

北京外国语大学首次招生在2005年。

七、开设院校

2017年全国大学中设荷兰语专业本科的院校有北京外国语大学、上海外国语大学、中国传媒大学3所。

芬兰语专业

专业代码	中文名	学科门类	一级学科	授予学位	修学年限
050246	芬兰语	外国语言文学类	文学	文学学士	四年

一、专业概述

芬兰语是芬兰人的语言，92%的芬兰人使用，也被境外芬兰族侨民所用。它是芬兰的两种官方语言之一，也是瑞典的一种法定少数民族语言，属乌拉尔语系芬兰—乌戈尔语族。使用芬兰语的人主要分布在芬兰、瑞典、挪威、爱沙尼亚和俄罗斯，还有部分在美国的移民也将其作为日常用语，主要聚居在密歇根州。

二、培养目标

培养具有扎实的芬兰语语言基础和比较广泛的科学文化知识，能在外事、经贸、文化、新闻出版、教育、科研、旅游等部门从事翻译、研究、教学、管理工作的芬兰语专门人才。

三、培养要求

主要学习芬兰语语言、文学、历史、政治、经济、外交、社会文化等方面的基本理论和基本知识，受到芬兰语听、说、读、写、译等方面的良好训练，掌握一定的科研方法，具有从事翻译、研究、教学、管理工作的业务水平及较好的素质和较强的能力。

四、知识技能

毕业生应获得以下几方面的知识和能力：

① 了解我国有关的方针、政策、法规。

② 掌握语言学、文学及相关人文和科技方面的基础知识。

③ 具有扎实的芬兰语基础和较熟练的听、说、读、写、译能力。

④ 了解我国国情和芬兰语国家的社会和文化。

⑤ 具有较好的芬兰语表达能力和基本调研能力。

⑥ 具有芬兰语的实际应用能力。

⑦ 掌握文献检索、资料查询的基本方法，具有初步科学研究和实际工作能力。

五、主干课程

芬兰语视听说、演讲、精读、泛读、文学选读、报刊阅读、写作、笔译、口译、对外传播概论、国际贸易与金融、西方文化与社会等。

六、发展前景

1．就业方向

请参考小语种专业总体介绍。

2．就业前景

请参考小语种专业总体介绍。

2017 年全国大学中设芬兰语专业本科的院校有 2 所。芬兰语专业 2017 年无毕业生相关数据。

3．专家建议

请参考小语种专业总体介绍。

4．小贴士

请参考小语种专业总体介绍。

七、开设院校

2017 年全国设芬兰语专业本科的院校有北京外国语大学、天津外国语大学 2 所。

乌克兰语专业

专业代码	中文名	学科门类	一级学科	授予学位	修学年限
050247	乌克兰语	外国语言文学类	文学	文学学士	四年

一、专业概述

乌克兰语是乌克兰共和国的官方语言，属印欧语系斯拉夫语族东支，约有 4 500 万人使用乌克兰语，除乌克兰外，在北美洲也有少数使用者。乌克兰语在斯拉夫诸语言中仅次于俄语而居第二位。

二、培养目标

培养具有扎实的乌克兰语言基础和比较广泛的科学文化知识，能在外事、经贸、文化、新闻出版、教育、科研、旅游等部门从事翻译、研究、教学、管理工作的乌克兰语专门人才。

三、培养要求

主要学习乌克兰语语言、文学、历史、政治、经济、外交、社会文化等方面的基本理论和基本知识，受到乌克兰语听、说、读、写、译等方面的良好训练，掌握一定的科研方法，具有从事翻译、研究、教学、管理工作的业务水平及较好的素质和较强的能力。

四、知识技能

毕业生应获得以下几方面的知识和能力：

① 了解我国有关的方针、政策、法规。

② 掌握语言学、文学及相关人文和科技方面的基础知识。

③ 具有扎实的乌克兰语基础和较熟练的听、说、读、写、译能力。

④ 了解我国国情和乌克兰语国家的社会和文化。

⑤ 具有较好的乌克兰语表达能力和基本调研能力。

⑥ 具有乌克兰语的实际应用能力。

⑦ 掌握文献检索、资料查询的基本方法，具有初步科学研究和实际工作能力。

五、主干课程

基础乌克兰语、高级乌克兰语、报刊选读、视听、口语、乌克兰语写作、翻译理论与实践、语言理论、语言学概论、主要乌克兰语国家文学史及文学作品选读、主要乌克兰语国家国情等。

六、发展前景

1．就业方向

请参考小语种专业总体介绍。

2．就业前景

请参考小语种专业总体介绍。

2017 年全国大学中设乌克兰语专业本科的院校有 4 所，报考硕士较集中的专业为俄语语言文学。根据阳光高考信息平台统计数据，乌克兰语专业 2017 年普通高校毕业生规模无相关数据，高考时文理科比例为理科 4%，文科 96%。男女生比例无相关数据。乌克兰语专业本科就业率为 2016 年 85%～90%，2017 年无相关数据。

3．专家建议

请参考小语种专业总体介绍。

4．小贴士

上海外国语大学乌克兰语专业 2008 年正式对外招生，本科每 2 年招生一届。本专业学生海外留学比例 100%。

七、开设院校

2017 年全国大学中设乌克兰语专业本科的院校有北京外国语大学、上海外国语大学、天津外国语大学、西安外国语大学 4 所。

挪威语专业

专业代码	中文名	学科门类	一级学科	授予学位	修学年限
050248	挪威语	外国语言文学类	文学	文学学士	四年

一、专业概述

挪威语是挪威的官方语言，使用人口除本国的 420 万人外，移居美国的挪威人中约有 60 万。挪威语经历过漫长的变化后，变得与瑞典语和丹麦语十分相似，这三种语言的人也可以互相沟通。

二、培养目标

培养具有扎实的挪威语语言基础和比较广泛的科学文化知识，能在外事、经贸、文化、新闻出版、教育、科研、旅游等部门从事翻译、研究、教学、管理工作的挪威语专门人才。

三、培养要求

主要学习挪威语语言、文学、历史、政治、经济、外交、社会文化等方面的基本理论和基本知识，受到挪威语听、说、读、写、译等方面的良好训练，掌握一定的科研方法，具有从事翻译、研究、教学、管理工作的业务水平及较好的素质和较强的能力。

四、知识技能

毕业生应获得以下几方面的知识和能力：

① 了解我国有关的方针、政策、法规。

② 掌握语言学、文学及相关人文和科技方面的基础知识。

③ 具有扎实的挪威语基础和较熟练的听、说、读、写、译能力。

④ 了解我国国情和挪威语国家的社会和文化。

⑤ 具有较好的挪威语表达能力和基本调研能力。

⑥ 具有挪威语的实际应用能力。

⑦ 掌握文献检索、资料查询的基本方法，具有初步科学研究和实际工作能力。

五、主干课程

基础挪威语、高级挪威语、报刊选读、视听、口语、挪威语写作、翻译理论与实践、语言理论、语言学概论、主要挪威语国家文学史及文学作品选读、主要挪威语国家国情等。

六、发展前景

1．就业方向

请参考小语种专业总体介绍。

2．就业前景

请参考小语种专业总体介绍。

2017年全国大学中设挪威语专业本科的院校有北京外国语大学1所，报考硕士较集中的专业为外交学。挪威语专业2017年无毕业生相关数据。

3．专家建议

请参考小语种专业总体介绍。

4．小贴士

请参考小语种专业总体介绍。

七、开设院校

2017年全国大学中设挪威语专业本科的院校有北京外国语大学1所。

丹麦语专业

专业代码	中文名	学科门类	一级学科	授予学位	修学年限
050249	丹麦语	外国语言文学类	文学	文学学士	四年

一、专业概述

丹麦语是丹麦王国的官方语言，属于印欧语系－日耳曼语族－北日耳曼语支，通行于丹麦王国以及其属地法罗群岛、格陵兰，也零星通行于德国、挪威和瑞典境内的部分地区。

二、培养目标

培养具有扎实的丹麦语言基础和比较广泛的科学文化知识，能在外事、经贸、文化、新闻出版、教育、科研、旅游等部门从事翻译、研究、教学、管理工作的丹麦语高级专门人才。

三、培养要求

主要学习丹麦语语言、文学、历史、政治、经济、外交、社会文化等方面的基本理论和基本知识，受到丹麦语听、说、读、写、译等方面的良好训练，掌握一定的科研方法，具有从事翻译、研究、教学、管理工作的业务水平及较好的素质和较强的能力。

四、知识技能

毕业生应获得以下几方面的知识和能力：

① 了解我国有关的方针、政策、法规。

② 掌握语言学、文学及相关人文和科技方面的基础知识。

③ 具有扎实的丹麦语基础和较熟练的听、说、读、写、译能力。

④ 了解我国国情和丹麦语国家的社会和文化。

⑤ 具有较好的丹麦语表达能力和基本调研能力。

⑥ 具有丹麦语的实际应用能力。

⑦ 掌握文献检索、资料查询的基本方法，具有初步科学研究和实际工作能力。

五、主干课程

基础丹麦语、高级丹麦语、丹麦语视听说、丹汉互译、丹麦语语法、丹麦文学史与文学选读、丹麦社会与文化等。

六、发展前景

1. 就业方向

请参考小语种专业总体介绍。

2. 就业前景

请参考小语种专业总体介绍。

2017 年全国大学中设丹麦语专业本科的院校只有北京外国语大学 1 所，报考硕士较集中的专业为外交学。丹麦语专业 2017 年无毕业生相关数据。

3. 专家建议

请参考小语种专业总体介绍。

4. 小贴士

请参考小语种专业总体介绍。

七、开设院校

2017 年全国大学中设丹麦语专业本科的院校有北京外国语大学 1 所。

冰岛语专业

专业代码	中文名	学科门类	一级学科	授予学位	修学年限
050250	冰岛语	外国语言文学类	文学	文学学士	四年

一、专业概述

冰岛语是冰岛的官方语言，主要分布于冰岛本土，使用人口超过 30 万。

二、培养目标

培养具有扎实的冰岛语语言基础和比较广泛的科学文化知识，能在外事、经贸、文化、新闻出版、教育、科研、旅游等部门从事翻译、研究、教学、管理工作的冰岛语高级专门人才。

三、培养要求

主要学习冰岛语语言、文学、历史、政治、经济、外交、社会文化等方面的基本理论和基本知识，受到冰岛语听、说、读、写、译等方面的良好训练，掌握一定的科研方法，具有从事翻译、研究、教学、管理工作的业务水平及较好的素质和较强的能力。

四、知识技能

毕业生应获得以下几方面的知识和能力：

① 了解我国有关的方针、政策、法规。

② 掌握语言学、文学及相关人文和科技方面的基础知识。

③ 具有扎实的冰岛语基础和较熟练的听、说、读、写、译能力。

④ 了解我国国情和冰岛语国家的社会和文化。

⑤ 具有较好的冰岛语表达能力和基本调研能力。

⑥ 具有冰岛语的实际应用能力。

⑦ 掌握文献检索、资料查询的基本方法，具有初步科学研究和实际工作能力。

五、主干课程

基础冰岛语、高级冰岛语、报刊选读、视听、口语、冰岛语写作、翻译理论与实践、语言理论、语言学概论、冰岛语国家文学史及文学作品选读、冰岛语国家国情等。

六、发展前景

1．就业方向

请参考小语种专业总体介绍。

2．就业前景

请参考小语种专业总体介绍。

2017 年全国大学中设冰岛语专业本科的院校只有北京外国语大学 1 所，报考硕士较集中的专业为汉语国际教育。根据阳光高考信息平台统计数据，冰岛语专业 2017 年普通高校毕业生规模小于 50 人，高考时文理科比例无相关数据。男女生比例为男生 20%，女生 80%。冰岛语专业本科就业率为 2016 年无相关数据，2017 年 95%～100%。

3．专家建议

请参考小语种专业总体介绍。

4．小贴士

请参考小语种专业总体介绍。

七、开设院校

2017 年全国大学中设冰岛语专业本科的院校有北京外国语大学 1 所。

爱尔兰语专业

专业代码	中文名	学科门类	一级学科	授予学位	修学年限
050251	爱尔兰语	外国语言文学类	文学	文学学士	四年

一、专业概述

爱尔兰语属于印欧语系—凯尔特语族，爱尔兰语和布列塔尼语、威尔士语以及苏格兰盖尔语有相当密切的关系。爱尔兰语是爱尔兰的官方语言，同时也是北爱尔兰官方承认的区域语言，使用人口有 26 万。

二、培养目标

培养具有扎实的爱尔兰语言基础和比较广泛的科学文化知识，能在外事、经贸、文化、新闻出版、教育、科研、旅游等部门从事翻译、研究、教学、管理工作的爱尔兰语高级专门人才。

三、培养要求

主要学习爱尔兰语语言、文学、历史、政治、经济、外交、社会文化等方面的基本理论和基本知识，受到爱尔兰语听、说、读、写、译等方面的良好训练，掌握一定的科研方法，具有从事翻译、研究、教学、管理工作的业务水平及较好的素质和较强的能力。

四、知识技能

毕业生应获得以下几方面的知识和能力：

① 了解我国有关的方针、政策、法规。

② 掌握语言学、文学及相关人文和科技方面的基础知识。

③ 具有扎实的爱尔兰语基础和较熟练的听、说、读、写、译能力。

④ 了解我国国情和爱尔兰语国家的社会和文化。

⑤ 具有较好的爱尔兰语表达能力和基本调研能力。

⑥ 具有爱尔兰语的实际应用能力。

⑦ 掌握文献检索、资料查询的基本方法，具有初步科学研究和实际工作能力。

五、主干课程

基础爱尔兰语、高级爱尔兰语、报刊选读、视听、口语、爱尔兰语写作、翻译理论与实践、语言理论、语言学概论、主要爱尔兰语国家文学史及文学作品选读、主要爱尔兰语国家国情等。

六、发展前景

1．就业方向

请参考小语种专业总体介绍。

2．就业前景

请参考小语种专业总体介绍。

2017 年全国大学中设爱尔兰语专业本科的院校有北京外国语大学 1 所，近几年无招生及毕业生信息。

3．专家建议

请参考小语种专业总体介绍。

4．小贴士

请参考小语种专业总体介绍。

七、开设院校

2017 年全国大学中设爱尔兰语专业本科的院校有北京外国语大学 1 所。

拉脱维亚语专业

专业代码	中文名	学科门类	一级学科	授予学位	修学年限
050252	拉脱维亚语	外国语言文学类	文学	文学学士	四年

一、专业概述

拉脱维亚语又称莱提什语，属印欧语系—波罗的语族东支，是该语族仅存的两种语言之一（另一种为立陶宛语）。使用人口近 200 万，其中约 150 万在拉脱维亚，其余近 50 万在拉脱维亚的附近地区和其他国家，主要是美国。

二、培养目标

培养具有扎实的拉脱维亚语语言基础和比较广泛的科学文化知识，能在外事、经贸、文化、新闻出版、教育、科研、旅游等部门从事翻译、研究、教学、管理工作的拉脱维亚语专门人才。

三、培养要求

主要学习拉脱维亚语语言、文学、历史、政治、经济、外交、社会文化等方面的基本理论和基本知识，受到拉脱维亚语听、说、读、写、译等方面的良好训练，掌握一定的科研方法，具有从事翻译、研究、教学、管理工作的业务水平及较好的素质和较强的能力。

四、知识技能

毕业生应获得以下几方面的知识和能力：

① 了解我国有关的方针、政策、法规。

② 掌握语言学、文学及相关人文和科技方面的基础知识。

③ 具有扎实的拉脱维亚语基础和较熟练的听、说、读、写、译能力。

④ 了解我国国情和拉脱维亚语国家的社会和文化。

⑤ 具有较好的拉脱维亚语表达能力和基本调研能力。

⑥ 具有拉脱维亚语的实际应用能力。

⑦ 掌握文献检索、资料查询的基本方法，具有初步科学研究和实际工作能力。

五、主干课程

基础拉脱维亚语、高级拉脱维亚语、报刊选读、视听、口语、拉脱维亚语写作、翻译理论与实践、语言理论、语言学概论、主要拉脱维亚语国家文学史及文学作品选读、主要拉脱维亚语国家国情等。

六、发展前景

1．就业方向

请参考小语种专业总体介绍。

2．就业前景

请参考小语种专业总体介绍。

全国大学中设拉脱维亚语专业本科的院校主要有北京外国语大学、北京第二外国语学院等，近几年无招生及毕业生信息。

3．专家建议

请参考小语种专业总体介绍。

4．小贴士

请参考小语种专业总体介绍。

七、开设院校

全国大学中设拉脱维亚语专业本科的院校主要有北京外国语大学、北京第二外国语学院等。

立陶宛语专业

专业代码	中文名	学科门类	一级学科	授予学位	修学年限
050253	立陶宛语	外国语言文学类	文学	文学学士	四年

一、专业概述

立陶宛语是立陶宛的官方语言，有400万立陶宛人使用。立陶宛语是现存的两种波罗的语族之一（另一种是拉脱维亚语）。在国外的50多万立陶宛人中，绝大多数仍用立陶宛语，主要居住在美国，其次在巴西、阿根廷、中欧和西欧等国。

二、培养目标

培养具有扎实的立陶宛语言基础和比较广泛的科学文化知识，能在外事、经贸、文化、新闻出版、教育、科研、旅游等部门从事翻译、研究、教学、管理工作的立陶宛语专门人才。

三、培养要求

主要学习立陶宛语语言、文学、历史、政治、经济、外交、社会文化等方面的基本理论和基本知识，受到立陶宛语听、说、读、写、译等方面的良好训练，掌握一定的科研方法，具有从事翻译、研究、教学、管理工作的业务水平及较好的素质和较强的能力。

四、知识技能

毕业生应获得以下几方面的知识和能力：

① 了解我国有关的方针、政策、法规。

② 掌握语言学、文学及相关人文和科技方面的基础知识。

③ 具有扎实的立陶宛语基础和较熟练的听、说、读、写、译能力。

④ 了解我国国情和立陶宛语国家的社会和文化。

⑤ 具有较好的立陶宛语表达能力和基本调研能力。

⑥ 具有立陶宛语的实际应用能力。

⑦ 掌握文献检索、资料查询的基本方法，具有初步科学研究和实际工作能力。

五、主干课程

基础立陶宛语、高级立陶宛语、报刊选读、视听、口语、立陶宛语写作、翻译理论与实践、语言理论、语言学概论、主要立陶宛语国家文学史及文学作品选读、主要立陶宛语国家国情等。

六、发展前景

1．就业方向

请参考小语种专业总体介绍。

2．就业前景

请参考小语种专业总体介绍。

全国大学中设立陶宛语专业本科的院校主要有北京外国语大学、北京第二外国语学院等，近几年无招生及毕业生信息。

3．专家建议

请参考小语种专业总体介绍。

4．小贴士

请参考小语种专业总体介绍。

七、开设院校

2017年设立陶宛语专业本科的院校主要有北京外国语大学、北京第二外国语学院等。

斯洛文尼亚语专业

专业代码	中文名	学科门类	一级学科	授予学位	修学年限
050254	斯洛文尼亚语	外国语言文学类	文学	文学学士	四年

一、专业概述

斯洛文尼亚语属印欧语系斯拉夫语族南支，分布于斯洛文尼亚以及匈牙利、奥地利和意大利等国与斯洛文尼亚接壤的地区，在美国部分社区也有使用，总使用人口超过200万。斯洛文尼亚语曾是前南斯拉夫的3种官方语言之一（另两种是塞尔维亚、克罗地亚语和马其顿语），现为欧盟24种官方语言的一种。

二、培养目标

培养具有扎实的斯洛文尼亚语言基础和比较广泛的科学文化知识，能在外事、经贸、文化、新闻出版、教育、科研、旅游等部门从事翻译、研究、教学、管理工作的斯洛文尼亚语专门人才。

三、培养要求

主要学习斯洛文尼亚语语言、文学、历史、政治、经济、外交、社会文化等方面的基本理论和基本知识，受到斯洛文尼亚语听、说、读、写、译等方面的良好训练，掌握一定的科研方法，具有从事翻译、研究、教学、管理工作的业务水平及较好的素质和较强的能力。

四、知识技能

毕业生应获得以下几方面的知识和能力：

① 了解我国有关的方针、政策、法规。

② 掌握语言学、文学及相关人文和科技方面的基础知识。

③ 具有扎实的斯洛文尼亚语基础和较熟练的听、说、读、写、译能力。

④ 了解我国国情和斯洛文尼亚语国家的社会和文化。

⑤ 具有较好的斯洛文尼亚语表达能力和基本调研能力。

⑥ 具有斯洛文尼亚语的实际应用能力。

⑦ 掌握文献检索、资料查询的基本方法，具有初步科学研究和实际工作能力。

五、主干课程

基础斯洛文尼亚语、高级斯洛文尼亚语、报刊选读、视听、口语、斯洛文尼亚语写作、翻译理论与实践、语言理论、语言学概论、主要斯洛文尼亚语国家文学史及文学作品选读、主要斯洛文尼亚语国家国情等。

六、发展前景

1．就业方向

请参考小语种专业总体介绍。

2．就业前景

请参考小语种专业总体介绍。

全国大学中设斯洛文尼亚语专业本科的院校主要有北京外国语大学，近几年无招生及毕业生信息。

3．专家建议

请参考小语种专业总体介绍。

4．小贴士

请参考小语种专业总体介绍。

七、开设院校

全国大学中设立斯洛文尼亚语专业本科的院校主要有北京外国语大学。

爱沙尼亚语专业

专业代码	中文名	学科门类	一级学科	授予学位	修学年限
050255	爱沙尼亚语	外国语言文学类	文学	文学学士	四年

一、专业概述

爱沙尼亚语是东欧国家爱沙尼亚的国语，约 110 万人使用，其中约 90 万人作为母语使用，是欧盟的官方语言之一。

二、培养目标

培养具有扎实的爱沙尼亚语言基础和比较广泛的科学文化知识，能在外事、经贸、文化、新闻出版、教育、科研、旅游等部门从事翻译、研究、教学、管理工作的爱沙尼亚语专门人才。

三、培养要求

主要学习爱沙尼亚语语言、文学、历史、政治、经济、外交、社会文化等方面的基本理论和基本知识，受到爱沙尼亚语听、说、读、写、译等方面的良好训练，掌握一定的科研方法，具有从事翻译、研究、教学、管理工作的业务水平及较好的素质和较强的能力。

四、知识技能

毕业生应获得以下几方面的知识和能力：

① 了解我国有关的方针、政策、法规。

② 掌握语言学、文学及相关人文和科技方面的基础知识。

③ 具有扎实的爱沙尼亚语基础和较熟练的听、说、读、写、译能力。

④ 了解我国国情和爱沙尼亚语国家的社会和文化。

⑤ 具有较好的爱沙尼亚语表达能力和基本调研能力。

⑥ 具有爱沙尼亚语的实际应用能力。

⑦ 掌握文献检索、资料查询的基本方法，具有初步科学研究和实际工作能力。

五、主干课程

基础爱沙尼亚语、高级爱沙尼亚语、报刊选读、视听、口语、爱沙尼亚语写作、翻译理论与实践、语言理论、语言学概论、主要爱沙尼亚语国家文学史及文学作品选读、主要爱沙尼亚语国家国情等。

六、发展前景

1. 就业方向

请参考小语种专业总体介绍。

2. 就业前景

请参考小语种专业总体介绍。

全国大学中设爱沙尼亚语专业本科的院校主要有北京第二外国语学院，近几年无招生及毕业生信息。

3. 专家建议

请参考小语种专业总体介绍。

4. 小贴士

请参考小语种专业总体介绍。

北京外国语大学和外交学院也曾经有过本专业招生，感兴趣的学生和家长可关注相关院校的招生信息。

七、开设院校

全国大学中设爱沙尼亚语专业本科的院校主要有北京第二外国语学院。另外，北京外国语大学和外交学院也有过本专业招生。

马耳他语专业

专业代码	中文名	学科门类	一级学科	授予学位	修学年限
050256	马耳他语	外国语言文学类	文学	文学学士	四年

一、专业概述

马耳他语是马耳他的官方语言之一（另一种是英语），使用人口约 30 万（全世界马耳他人约有 100 万），在澳大利亚和北美诸国的马耳他移民中也有数量不等的使用者。现在马耳他语的使用者已越来越少，由于在马耳他使用英语被视为身份的象征，学校也使用英语教学，大部分小孩已经不能掌握马耳他语。

二、培养目标

培养具有扎实的马耳他语言基础比较广泛的科学文化知识，能在外事、经贸、文化、新闻出版、教育、科研、旅游等部门从事翻译、研究、教学、管理工作的马耳他语专门人才。

三、培养要求

学习马耳他语语言、文学、历史、政治、经济、外交、社会文化等方面的基本理论和基本知识，受到马耳他语听、说、读、写、译等方面的良好训练，掌握一定的科研方法，具有从事翻译、研究、教学、管理工作的业务水平及较好的素质和较强的能力。

四、知识技能

毕业生应获得以下几方面的知识和能力：

① 了解我国有关的方针、政策、法规。

② 掌握语言学、文学及相关人文和科技方面的基础知识。

③ 具有扎实的马耳他语基础和较熟练的听、说、读、写、译能力。

④ 了解我国国情和马耳他语国家的社会和文化。

⑤ 具有较好的马耳他语表达能力和基本调研能力。

⑥ 具有马耳他语的实际应用能力。

⑦ 掌握文献检索、资料查询的基本方法，具有初步科学研究和实际工作能力。

五、主干课程

基础马耳他语、高级马耳他语、报刊选读、视听、口语、马耳他语写作、翻译理论与实践、语言理论、语言学概论、主要马耳他语国家文学史及文学作品选读、主要马耳他语国家国情等。

六、发展前景

1．就业方向

请参考小语种专业总体介绍。

2．就业前景

请参考小语种专业总体介绍。

全国大学中设马耳他语专业本科的院校主要有北京北京外国语大学，近几年无招生及毕业生信息。

3．专家建议

请参考小语种专业总体介绍。

4．小贴士

请参考小语种专业总体介绍。

七、开设院校

全国大学中设马耳他语专业本科的院校主要有北京外国语大学。

哈萨克语专业

专业代码	中文名	学科门类	一级学科	授予学位	修学年限
050257	哈萨克语	外国语言文学类	文学	文学学士	四年

一、专业概述

哈萨克语是哈萨克斯坦的国语，属阿尔泰语系中的突厥语族。哈萨克语原来使用以古代突厥字母为基础的文字，后来改为阿拉伯字母。苏联境内的哈萨克族于 1940 年采用以西里尔字母为基础的文字，哈萨克斯坦独立后仍是使用西里尔字母。

二、培养目标

培养学生的哈俄双语能力，注重培养学生的哈萨克语实际操作能力、跨文化交际意识以及区域国别研究能力，培养具有良好人文素养、健全知识结构、扎实专业技能、较强思辨能力，并且具有一定程度俄语语言基础和比较广泛的科学文化知识，能够在外交、经济、文化、新闻媒体、教育、科研、国家机关等部门从事翻译、研究、教学、管理工作的哈萨克语人才。

三、培养要求

了解哈萨克语言文化历史，掌握本专业必需的哈萨克族语言、文学的基础理论和基本知识，具备阅读一般哈萨克文的能力，并具有一定的哈萨克语写作能力。

四、知识技能

毕业生应获得以下几方面的知识和能力：

① 了解我国有关的方针、政策、法规。

② 掌握语言学、文学及相关人文和科技方面的基础知识。

③ 具有扎实的哈萨克语基础和较熟练的听、说、读、写、译能力。

④ 了解我国国情和哈萨克语国家的社会和文化。

⑤ 具有较好的哈萨克语表达能力和基本调研能力。

⑥ 具有哈萨克语的实际应用能力。

⑦ 掌握文献检索、资料查询的基本方法，具有初步科学研究和实际工作能力。

五、主干课程

基础哈萨克语、高级哈萨克语、报刊选读、视听、口语、哈萨克语写作、翻译理论与实践、语言理论、语言学概论、主要哈萨克语国家文学史及文学作品选读、主要哈萨克语国家国情等。

六、发展前景

1．就业方向

请参考小语种专业总体介绍。

2．就业前景

请参考小语种专业总体介绍。

全国大学中设哈萨克语专业本科的院校主要有上海外国语大学和西安外国语大学，新设专业，近几年无毕业生信息。

3．专家建议

请参考小语种专业总体介绍。

哈萨克斯坦共和国是一个位于中亚的内陆国家，地处欧亚枢纽，自然资源丰富，尤其是能源资源丰富，是“一带一路”沿线重要国家。1992 年同中国建交以来，两国关系良好，高层互访频繁，经济合作不断加强。中国目前在哈投资额达 190 多亿美元，是中国在海外投资的最主要目的地之一。2014 年，哈政府通过了“光明之路” 新经济计划，旨在通过一系列投资促进经济结构转型，实现经济增长。借此契机，两国努力建设中哈特色的“一带一路”，将中国的“丝绸之路经济带”建设与哈萨克斯坦的“光明之路”战略进行对接。

4．小贴士

请参考小语种专业总体介绍。

上海外国语大学哈萨克语本科专业于 2017 年正式招生，本科每 4 年招生一届。采用 3+1 的培养模式，全部学生二年级时将在哈萨克斯坦留学一年，两国互相承认学分。

七、开设院校

全国大学中设哈萨克语专业本科的院校主要有上海外国语大学和西安外国语大学。

乌兹别克语专业

专业代码	中文名	学科门类	一级学科	授予学位	修学年限
050258	乌兹别克语	外国语言文学类	文学	文学学士	四年

一、专业概述

乌兹别克语属突厥语系—葛逻禄语支，主要分布于乌兹别克斯坦、哈萨克斯坦、吉尔吉斯斯坦、塔吉克斯坦、土克曼斯坦、阿富汗斯坦。此外，在土耳其以及中国新疆的乌鲁木齐市、伊宁市、喀什市、莎车县、叶城县、木垒县乌孜别克族乡、奇台县、吉木萨尔县、克拉玛依市等地也有人使用。2016 年统计数字显示，全世界范围内乌兹别克语使用人数为 3200 多万。

二、培养目标

培养学生的乌兹别克语实际操作能力、跨文化交际意识以及区域国别研究能力，培养具有良好人文素养、健全知识结构、扎实专业技能、较强思辨能力，并且具有一定程度俄语语言基础和比较广泛的科学文化知识，能够在外交、经济、文化、新闻媒体、教育、科研、国家机关等部门从事翻译、研究、教学、管理工作的高级乌兹别克语人才。

三、培养要求

了解乌兹别克语言文化历史。掌握本专业必需的乌兹别克族语言、文学的基础理论和基本知识。具备阅读乌兹别克文的能力，并具有一定的乌兹别克语写作能力。

四、知识技能

毕业生应获得以下几方面的知识和能力：

① 了解我国有关的方针、政策、法规。

② 掌握语言学、文学及相关人文和科技方面的基础知识。

③ 具有扎实的乌兹别克语基础和较熟练的听、说、读、写、译能力。

④ 了解我国国情和乌兹别克语国家的社会和文化。

⑤ 具有较好的乌兹别克语表达能力和基本调研能力。

⑥ 具有乌兹别克语的实际应用能力。

⑦ 掌握文献检索、资料查询的基本方法，具有初步科学研究和实际工作能力。

五、主干课程

基础乌兹别克语、高级乌兹别克语、报刊选读、视听、口语、乌兹别克语写作、翻译理论与实践、语言理论、语言学概论、主要乌兹别克语国家文学史及文学作品选读、主要乌兹别克语国家国情等。

六、发展前景

1．就业方向

请参考小语种专业总体介绍。

2．就业前景

请参考小语种专业总体介绍。

全国大学中设乌兹别克语专业本科的院校主要有上海外国语大学，新设专业，无毕业生信息。

3．专家建议

请参考小语种专业总体介绍。

4．小贴士

请参考小语种专业总体介绍。

上海外国语大学乌兹别克语本科专业 2018 年正式对外招生，本科每 4 年招生一届，采用 3+1 的培养模式，全部学生三年级时将在乌兹别克斯坦共和国的高校留学一年，两国互相承认学分。

七、开设院校

全国大学中设乌兹别克语专业本科的院校主要有上海外国语大学。另外，北京外国语大学、中央民族大学也有过招生。

祖鲁语专业

专业代码	中文名	学科门类	一级学科	授予学位	修学年限
050259	祖鲁语	外国语言文学类	文学	文学学士	四年

一、专业概述

祖鲁语是南非第一大民族祖鲁族的语言，属尼日尔—刚果语系大西洋～刚果语族班图语支，是非洲最流行的语言之一，也是南非最大的语言。目前大约有 900 万人使用祖鲁语，其中的 95%居住于南非共和国境内。

24%南非人的母语是祖鲁语，据 2005 年统计南非国内大约 50%的人可明白祖鲁语。种族隔离结束后，祖鲁语在 1994 年成为南非 11 个官方语言中的一个。

二、培养目标

培养具备扎实的祖鲁语听、说、读、写、译基本技能，掌握祖鲁语国家和地区语言、文学、历史、政治、经济、文化、宗教、社会等的相关知识,能从事外交、外经贸、文化交流、新闻出版、教育、科研等工作的德才兼备、具有国际视野的复合型人才。

三、培养要求

要求学生扎实掌握祖鲁语语言和文学知识，了解祖鲁语国家历史、社会、文化、宗教知识，以及政治、经济、外交状况，鼓励学生学习英语和相近专业语言、辅修第二学位。要求学生熟练掌握祖鲁语听、说、读、写、译的基本技能，具有较强的语言运用能力，了解文献检索和资料查询的基本方法，具有较强的实际工作能力和初步的科学研究能力。

四、知识技能

毕业生应获得以下几方面的知识和能力：

① 了解我国有关的方针、政策、法规。

② 掌握语言学、文学及相关人文和科技方面的基础知识。

③ 具有扎实的祖鲁语基础和较熟练的听、说、读、写、译能力。

④ 了解我国国情和相应国家的社会和文化。

⑤ 具有较好的祖鲁语表达能力和基本调研能力。

⑥ 具有祖鲁语的实际应用能力。

⑦ 掌握文献检索、资料查询的基本方法，具有初步科学研究和实际工作能力。

五、主干课程

基础祖鲁语、高级祖鲁语、报刊选读、视听、口语、祖鲁语写作、翻译理论与实践、语言理论、语言学概论、主要祖鲁语国家文学史及文学作品选读、主要祖鲁语国家国情等。

六、发展前景

1．就业方向

请参考小语种专业总体介绍。

2．就业前景

请参考小语种专业总体介绍。

全国开设祖鲁语专业本科的院校主要有北京外国语大学，无毕业生信息。

3．专家建议

请参考小语种专业总体介绍。

4．小贴士

请参考小语种专业总体介绍。

七、开设院校

全国大学中设祖鲁语专业本科的院校主要有北京外国语大学。

拉丁语专业

专业代码	中文名	学科门类	一级学科	授予学位	修学年限
050260	拉丁语	外国语言文学类	文学	文学学士	四年

一、专业概述

拉丁语属于印欧语系意大利语族，起源拉丁姆地区（意大利的拉齐奥区），为罗马帝国使用。

虽然拉丁语通常被认为是一种死语言，但仍有少数基督宗教神职人员及学者可流利使用拉丁语，罗马天主教传统上用拉丁语作为正式会议的语言和礼拜仪式用的语言。此外，许多西方国家的大学提供有关拉丁语的课程。

二、培养目标

培养具有扎实的拉丁语言基础和比较广泛的科学文化知识，能在外事、经贸、文化、新闻出版、教育、科研、旅游等部门从事翻译、研究、教学、管理工作的拉丁语高级专门人才。

三、培养要求

扎实的拉丁语基础，系统掌握拉丁语语法、词汇等知识，能够用拉丁语进行学术文献的阅读、写作和翻译。学习西方古典文化知识，提高人文素养，能从事与欧洲古典文化相关的人文科学研究工作，同时能为医学、生物学、艺术学等学科提供语言服务。

四、知识技能

毕业生应获得以下几方面的知识和能力：

① 了解我国有关的方针、政策、法规。

② 掌握语言学、文学及相关人文和科技方面的基础知识。

③ 具有扎实的拉丁语基础和较熟练的听、说、读、写、译能力。

④ 了解我国国情和拉丁语国家的社会和文化。

⑤ 具有较好的拉丁语表达能力和基本调研能力。

⑥ 具有拉丁语的实际应用能力。

⑦ 掌握文献检索、资料查询的基本方法，具有初步科学研究和实际工作能力。

五、主干课程

基础拉丁语、高级拉丁语、报刊选读、视听、口语、拉丁语写作、翻译理论与实践、语言理论、语言学概论、拉丁语国家国情等。

六、发展前景

1．就业方向

请参考小语种专业总体介绍。

2．就业前景

请参考小语种专业总体介绍。

全国开设拉丁语专业本科的院校主要有北京外国语大学，无毕业生信息。

3．专家建议

请参考小语种专业总体介绍。

4．小贴士

请参考小语种专业总体介绍。

七、开设院校

全国开设拉丁语专业本科的院校主要有北京外国语大学。

翻译专业

专业代码	中文名	学科门类	一级学科	授予学位	修学年限
050201	翻译	外国语言文学类	文学	文学学士	四年

一、专业概述

翻译专业是将一种相对陌生的表达方式，转换成相对熟悉的表达方式的过程，其内容有语言、文字、图形、符号等的翻译。

二、培养目标

培养具有扎实的语言基础，广博的文化知识，娴熟的口笔译技能，能够胜任外事、商贸、科技、文化、教育等部门翻译工作的应用型人才。

三、培养要求

具备较好的人文素养、较强的思辨能力、扎实的双语基础、广博的知识储备、较好的互译能力，掌握翻译学、语言学、文学、跨文化交际等相关专业知识，能够胜任教育、文化、传媒、外事、商务、科技等社会领域一般难度的笔译、口译工作。

四、知识技能

毕业生应获得以下几方面的知识和能力：

① 了解我国有关的方针、政策、法规。

② 掌握语言学、文学及相关人文和科技方面的基础知识。

③ 具有扎实的相应语言基础和较熟练的听、说、读、写、译能力。

④ 了解我国国情和相应国家的社会和文化。

⑤ 具有较好的汉语表达能力和基本调研能力。

⑥ 具有第二外国语的一定的实际应用能力。

⑦ 掌握文献检索、资料查询的基本方法，具有初步科学研究和实际工作能力。

五、主干课程

翻译技巧、文学翻译、商务笔译、科技翻译、法律翻译、旅游翻译、新闻翻译、计算机辅助翻译等，口译板块课程主要有视听译、随同口译、政务口译、商务口译、同声传译入门等，以及跟翻译能力紧密相关的其他专业选修课等。

六、发展前景

1．就业方向

就业方向主要集中在以下几个领域：政府部门和企事业单位的外事接待、商务、旅游等的口、笔译工作。在科研院所等事业单位从事外语翻译教学及与翻译有关的科研、管理等工作等。

2．就业前景

中国的翻译服务市场正在急速膨胀，各类专业翻译注册公司有 3000 多家，以咨询公司、打印社等名义注册而实际承揽翻译业务的公司更有数万家之多，仅在上海，注册的翻译公司就有 200 多家。中国现有在岗聘任的翻译专业人员约 6 万人，翻译从业人员保守估计达 50 万人，而有关抽样调查显示该数字可能达到 100 万人。即使如此，现有的翻译队伍仍无法满足巨大的市场需求。目前国内市场最紧缺的翻译人才分别为科技口译、会议口译、法庭口译、商务口译、联络陪同口译和文书翻译。

2017 年全国大学中设翻译本科专业的院校共有 253 所，部分高校按以下专业方向培养：法语、英语、朝鲜语、俄语翻译、法律翻译、韩语翻译、日语翻译、英语经贸、国际公务员。全国报考硕士较集中的专业：英语笔译、英语口译、翻译、英语语言文学。根据阳光高考信息平台统计数据，翻译专业 2017 年普通高校毕业生规模为 6000 到 7000 人，高考时文理科比例为理科 33%，文科 67%。男女生比例为男生 13%。女生 87%。翻译专业本科就业率为 2016 年 85%～90%，2017 年 90%～95%。

3．专家建议

① 人才相对稀缺，就业压力相对较小。

不管是在各国交际或者是在其他行业，懂几门外语语言的人才总是特别受欢迎，许多大公司都要求成员必须会英语，这已经成为一个硬性要求。

国内专业外语翻译人员较少，并集中在少数经济相对发达的城市和政府部门。由于翻译入门相对容易，人才缺口不大，但能胜任中译外工作的高质量人才严重不足。

② 做好有难度，学习语言需要有一定的天赋。

在上大学之前的十几年里，本国语言已经形成了一个思维定式，再学习其他的语言，就会感觉难学，有一种摸不到也看不着的感觉。翻译这个专业就相当提供了一个比较系统的基础平台。

③ 人工翻译不可代替，翻译机只能做辅助翻译。

很多语句内容要根据上下文来推断，翻译机始终无法完全正确分析上下文语境。另外对于语句的修饰层次，翻译机明显不能充分理解，经常出现修饰词位置错误。人工智能翻译再怎么强大，有很多感情上的东西是人工智能所无法理解的。真正有能力的翻译永远都不会失业，尤其是在某些重大会议上，即时翻译不可能被人工智能取代，很多时候一句话的语境不同，字面意思天差地别。

④ 翻译分为两大类：笔译和口译。

笔译翻译材料的类型有商业（合同单据、财务报表、会议口译）翻译、文学（小说及影视作品等）翻译、非文学书籍翻译等。

笔译商业翻译的技能需求：一般性合同单据、财务报表，基本英语专业的人都能做，不需要高深的技术知识，专业词汇可查词典，问客户，入门门槛相对较低。合同单据都是以让人看懂为第一要素，大部分很简单，都能看懂，看懂之后把意思表达出来就行，关键是不能错。

口译翻译以商务谈判为主，难度相对笔译要高很多。

文学翻译首先需要一定的再创作能力，也就是遣词造句的能力，把源语言转换成通顺传神的目标语言。还要有丰富的背景文化、俚语和动词短语知识。这个确实有点难，如果文学作品读的少，这个方向估计有很大挑战性。

非文学类的翻译，如工程项目类的翻译需要有相应的专业知识，知道专业术语、术语之间的搭配等。法律类的翻译需要相应的法律基础，需要知道固定的法律专业术语，这是最基本的条件。通俗类的翻译需要知道文化背景、时代背景、热门话题、美式英语表达和英式英语表达差异等。

翻译这个行业，将来可能会两极分化严重，高水平的翻译越来越好做、报酬持续走高，而低水平的翻译则会逐渐被淘汰。

⑤ 招生院校多，培养方向不同。

考生在选报时，可根据自己的兴趣、爱好、实力，结合各校录取分数情况，选择和自己分数批次相符合的院校。

目前专业实力较强的学校主要有三类：一是传统外语类院校。二是综合性大学的外国语学院、英语系。三是一些英语与特定行业结合的特色高校。在选择填报院校时，考生不一定要紧盯着传统外语类院校不放，可以根据自身情况和就业意向，选择那些能与其他专业相结合的综合性大学或具有行业特点的高校。

4．小贴士

从事翻译行业，不单是将一种语言转化为另外一种语言这么简单而已，需要长期的日积月累，如果没毅力，建议不要考虑翻译这个行业。翻译行业两极分化，少量高素质人才薪酬可观。大部分人由于质量不佳，工作竞争十分激烈，且收入微薄。

很多英语爱好者认为翻译行业门槛不高，由于没有受过专业的培训，翻译质量达不到要求，导致翻译市场鱼龙混杂。

七、开设院校

2017 年全国开设翻译本科专业的院校共 253 所。

商务英语专业

专业代码	中文名	学科门类	一级学科	授予学位	修学年限
050262	商务英语	外国语言文学类	文学	文学学士	四年

一、专业概述

商务英语是以适应职场生活的语言要求为目的，内容涉及商务活动的方方面面。商务英语课程不只是简单地对学员的英文水平、能力的提高，它更多的是向学员传授一种西方的企业管理理念、工作心理，甚至是如何和外国人打交道、如何和他们合作、工作的方式方法以及他们的生活习惯等。

二、培养目标

培养具有良好职业道德，掌握一定经贸理论知识、熟悉国际商务操作规程，具有扎实的英语语言基础和系统的国际商务管理理论知识，具有较强的实践技能，能在外贸、外事、文化、新闻出版、教育、科研、旅游等部门从事翻译、管理、教学、研究工作的英语专门人才。

三、培养要求

要求学生受到英语听、说、读、写、译等方面的良好训练，掌握英语语言和文学、政治、经济、管理、社会文化等方面的基本理论和基本知识，并通过相关的英语专业等级考试。

四、知识技能

毕业生应获得以下几方面的知识和能力：

① 了解我国有关的方针、政策、法规。

② 掌握语言学、文学及相关人文和科技方面的基础知识。

③ 具有扎实的英语基础和较熟练的听、说、读、写、译能力。

④ 了解我国国情和英语国家的社会和文化。

⑤ 具有较好的英语表达能力和基本调研能力。

⑥ 具有英语的实际应用能力。

⑦ 掌握文献检索、资料查询的基本方法，具有初步科学研究和实际工作能力。

五、主干课程

基础英语、高级英语、英语听力、英语口语、英语写作、翻译理论与实践、英美文学史及选读、西方经济学、国际贸易、国际商务、市场营销等。

六、发展前景

1. 就业方向

适应外向型现代商务管理工作岗位的要求，能胜任大量需要口头和书面英语交流的高级文员工作，并具备一定的工商管理知识。也可从事英语教学、培训工作，如国际贸易方向可以从事国际贸易业务人员、商务翻译、商务助理。旅游方向可以从事英文导游及涉外宾馆的接待及管理人员、外企业高级文员、外向型企业一般管理员等。

2．就业前景

中国正以前所未有的深度和广度参与经济全球化的进程，形势的发展需要越来越多的具有较强的英语语言技能和具备一定的商务专业知识的复合型、应用型人才。中国加入 WTO 将使国际商务类复合型人才具有更广阔的择业和发展空间，物流、外贸企业对商务英语人才的需求量越来越大。商务英语毕业生的增多，以及非英语专业的毕业生也越来越多地加入英语学习，使得就业压力增大。

2017 年全国大学中设商务英语专业本科的院校共有 360 所，部分高校按以下专业方向培养：国际航空、国际经贸、航空服务、涉外酒店、民航服务英语。全国报考硕士较集中的专业：英语笔译、外国语言学及应用语言学、英语语言文学。根据阳光高考信息平台统计数据，商务英语专业 2017 年普通高校毕业生规模为 12000 到 14000 人，高考时文理科比例为理科 36%，文科 64%。男女生比例为男生 14%，女生 86%。商务英语专业本科就业率为 2016 年 90%～95%，2017 年 90%～95%。

3．专家建议

① 专业知识是前提。

商务英语专业的毕业生将来可以从事很多与专业知识相关的工作，但前提是专业知识一定要好。大学时期得过且过、没有好好学习商务英语专业知识的话，毕业后很难找到一份理想的工作。拥有了较强的英语语言技能加上一定的商务专业知识才可能有广阔的发展空间。

② 需求饱和，实务经验和第二外语更重要。

社会对经贸人才的需求是有限的，高校扩招这些年，许多高校都开设了经贸英语等相关的专业，人才供过于求，商务专业的大学生不仅需要掌控理论知识，还要有丰富的实务经验。另外，市场营销、经济管理等其他专业也有很多英语出色的人才，这就造成了巨大的就业压力。随着与中国进行贸易的国家越来越多，仅掌握英语这一门外语是不够的，学习小语种也成了一种需要。

考生在选报学校和专业时，可根据自己的兴趣、爱好、实力，结合各校录取分数情况，选择和自己分数批次相符合的院校。

4．小贴士

商务英语或者其他“英语+专业”的“复合型”专业，往往拼不过“专业+英语”的“复合型”。很多人抱怨，论专业，不如人家学得扎实、学得精。比英语，人家也不差，况且现在对许多工作来说，英语够用就行。

随着在职人员都在不断地学习英语，追求高水平英语、商务英语科班出身的毕业生反而更不容易找到工作。

七、开设院校

2017 年全国开设商务英语本科专业的院校共 360 所。

新闻学专业

专业代码	中文名	学科门类	一级学科	授予学位	修学年限
050301	新闻学	新闻传播学类	文学	文学学士	四年

一、专业概述

新闻学是一门年轻的专业，是研究人类社会各类新闻传播活动的形成、发展和基本规律的应用性社会科学。人类社会的发展越依赖信息的交流，新闻对人类社会就会产生越大的影响，新闻传播活动从原始的口头传播到文字的手抄和印刷传播、无线电广播和电视广播，已成为人类生存发展必不可少的社会生活条件。

二、培养目标

培养具备系统的新闻理论知识与技能、宽广的文化与科学知识，熟悉我国新闻、宣传政策法规，能在新闻、出版与宣传部门从事编辑、记者与管理等工作的新闻学高级专门人才。

三、培养要求

主要学习马克思主义基本原理和新闻学基本理论和基础知识，受到新闻业务的基本训练，具有社会活动和科研的基本能力。

四、知识技能

毕业生应获得以下几方面的知识和能力：

① 掌握新闻学基本理论与基本知识。

② 掌握新闻采访、写作、编辑、评论、摄影等业务知识与技能。

③ 具有调查研究和社会活动能力。

④ 了解新闻工作的方针、政策和法规。

⑤ 了解中国新闻工作现状与发展趋势，了解外国新闻工作发展动态。

五、主干课程

新闻学概论、中国新闻事业史、外国新闻事业史、新闻采访与写作、新闻编辑与评论、马列新闻论著选读、基础写作、现代汉语基础、中国历代文学作品选读、中国文化概论、大众传播学、新闻法规与新闻职业道德、新闻摄影、 广播电视学、新闻事业管理、广告学、公共关系学等。

六、发展前景

1. 就业方向

新闻专业的学生毕业后对口的方向有三个：新闻业（包括专业媒体及一些单位的新闻宣传部门）、公关业和广告业。

2. 就业前景

过去新闻记者被很多人称为“无冕之王”，这也造成在填报志愿时考生和家长对新闻学专业的盲目追逐，事实上新闻记者仅仅是相关的职业之一，过度神化不但有害无利，还会造成以后巨大的落差感。需要注意的是，本专业毕业生的就业率不低，但就业质量根据个人情况的不同有很大差别，比如有人可能去4A广告公司做策划，但有的人只能去Alex排名5万以下的网站做“网络搬运工”，这就是差距。

多年以前的新闻工作者大都毕业于相关专业，随着新闻制作数码化及互联网的普及程度日益上升，传统、专业的新闻行业正在受到挑战。现在互联网的普及使得任何人都可以通过网络完成一篇突发事件的报道乃至一篇深度报道，这反映了一个不争的事实——新闻学专业毕业生以往擅长的领域正在逐渐受到蚕食。

2017年全国大学中设新闻学专业本科的院校共有324所，部分高校按以下专业方向培养：法治新闻、广播电视、国际新闻、经济新闻、体育新闻、新闻摄影、数据新闻报道、网络与新媒体、影视后期制作、财经新闻、传媒经营。报考硕士较集中的专业：新闻与传播、新闻学、新闻传播学、传播学。根据阳光高考信息平台统计数据，新闻学专业2017年普通高校毕业生规模为18000到20000人，高考时文理科比例为理科16%，文科84%。男女生比例为男生24%，女生76%。新闻学专业本科就业率为2016年85%～90%，

2017 年 85%～90%。

3．专家建议

① 实践性强，需要交往能力和沟通能力。

新闻学专业是一门实践性非常强的专业，很多高校都要求新闻专业的毕业生要有一定量的实践作品，才能修满学分毕业。所以，实习是新闻专业学生必修的也是必须学好的一门课。

此外，由于媒体的行业特殊性，对学生的人际交往能力和沟通能力提出了较高的要求。因此在学习过程中，本专业学生也须着意培养这方面的能力和技巧。

随着互联网技术的飞速发展，市场对新闻专业人才的需求也发生了相应的变化，如果毕业生在学习期间，多学习一些设计、网页制作、新媒体应用等相关课程，对就业大有帮助。

② 新闻正在向全媒体化发展。

从信息获取渠道来说，能熟练阅读国外媒体信息，掌握一门甚至多门外语的人，更容易获得大媒体的青睐。从交流工具来说，采访渠道已经不限于面访、电话和邮件，在线采访、微博采访、微信采访成为新的更快捷的沟通方式，这也是媒体人必须适应和掌握的。从发布平台上来说，即便是新华社、人民日报这种中央级媒体，也是纸媒网媒同时发布，甚至网媒在第一时间发布快讯。

③ 内向考生谨慎报考。

综上所述，本专业学生最好具备一定的人际交往能力和沟通能力，如果偏内向，须谨慎报考新闻学专业，以免出现学习不适应和工作不好找的情况。外向的考生更适合新闻媒体、公关、广告等行业，考生和家长填报志愿时需要了解。

④ 不同高校各有特色。

新闻学专业的培养内容，由于高校专业设立背景以及特色不同，各高校也有不同的侧重。新闻高校界素有“北人大，南复旦”之称，中国人民大学和复旦大学的校友资源十分丰富，各地重要媒体都广有分布，一般来说比较重理论，人文功底深厚，在中国北方名气响亮。而复旦大学重实践，综合实力强劲，在中国南方名声卓越。

其他高校也各有特色，比如中国传媒大学的新闻学专业主干课程就包括了图片新闻报道、音视频新闻报道、新媒体概论等课程。又如中国政法大学的新闻学专业的目标是培养专业的法制新闻记者、编辑和宣传、文化管理工作者。

在报考新闻学专业时，考生和家长需要提前了解各校的具体方向、专业特色和就业去向等信息。考生在选报时，可根据自己的兴趣、爱好、实力，结合各校录取分数情况，选择和自己分数批次相符合的院校。

4．小贴士

新闻学专业毕业的同学，从事记者的人越来越少。

从中国传媒大学发布的广播电视新闻学专业就业报告上来看，毕业生的去向主要集中在广播电视、文化娱乐、网络新媒体三个领域。比例超过 50%。另外一定比例的毕业生则进入政府机关和事业单位。

新闻学专业一直是属于比较热门的专业，新闻学专业的录取分数往往比正常本科专业高出数十分。随着市场竞争加剧，国内的新闻传播业迅速整合，这方面的“门槛”也会逐渐提高，只有那些具备一定专业基础以及良好外语优势的国际化新闻人才才被看好。近年，新闻学专业的专业对口就业率并不高，在北京，广州、上海、武汉这些媒体行业发达的地区，新闻专业的就业率特别在传统媒体行业的就业率呈下降趋势。

七、开设院校

2017 年全国开设新闻学本科专业的院校共 324 所。

广播电视学专业

专业代码	中文名	学科门类	一级学科	授予学位	修学年限
050302	广播电视学	新闻传播学类	文学	文学学士	四年

一、专业概述

广播电视学专业是研究广播、电视及互联网等大众传播媒介新闻信息传播的基本理论与基本方法的应用专业。由于电视与报刊、广播等媒体相比具有一定优势，因此广播电视学备受关注。教育部于 2012 年 9 月将广播电视新闻学专业更名为广播电视学专业。

二、培养目标

培养具有广播电视新闻学基本理论和宽广的文化科学知识，能在广播电视新闻宣传部门，从事编辑、采访、节目主持与管理等工作的新闻传播学专门人才。

三、培养要求

主要学习马克思主义基本原理和新闻学、广播电视学以及与广播电视有关学科的基本理论和基础知识，受到广播电视新闻采访、写作、编导、播音、节目主持等方面的基本训练，具有广播电视节目策划、编辑、采访、管理等方面的基本能力。

四、知识技能

毕业生应获得以下几方面的知识和能力：

① 掌握新闻学、广播电视学、传播学的基本理论、基本知识。

② 具有新闻采访写作、编导、摄录、制作、播音、主持节目的基本能力。

③ 具有口头与文字表达能力，现场及镜头前采访报道能力，社会调查和社会活动能力及广播电视节目策划、制作、评论和分析的能力。

④ 了解广播电视新闻工作的方针政策与法规。

⑤ 了解人文社会科学知识与科技常识，了解中国广播电视事业现状与发展趋势，了解外国广播电视事业的动态。

五、主干课程

广播电视概论、广播电视技术基础、广播电视新闻采访与写作、广播电视节目策划、广播电视编辑、广播电视节目制作、电视专题与电视栏目、电视摄像技术、广播电视史、广播电视法规与广电职业道德、视听语言、影视艺术概论、新闻学概论、传播学概论、现代汉语基础、中国历代文学作品选、基础写作、播音主持艺术、公共关系学、普通话等。

六、发展前景

1．就业方向

可在各级各类电视台、电台、网络、报刊、传媒公司、文化单位，以及政府宣传部门、企事业宣传机构、相关学校、科研机构、等从事文案、报道、宣传、策划、制作、管理等。

2．就业前景

中国的传媒行业在未来数十年内将继续呈现蓬勃发展之势，其中，电视较之报刊、广播等媒体仍然优势明显。虽然面对互联网的强劲挑战，但未来的传媒业，不可能让某一模式独占鳌头，广播电视业仍是人们生活中不可或缺的一部分。目前来看，我国的广播电视新闻行业还存在着一些弊病，比如模式化倾向太重、一些从业者缺乏职业道德、假新闻屡禁不止……

2017 年全国大学开设广播电视学专业本科的院校共有 220 所，部分高校按以下专业方向培养：财经新闻、电视摄影、影视编导、播音与主持、新媒体传播、国际新闻传播、影视多媒体技术。报考硕士较集中的专业：新闻与传播、新闻传播学、传播学、新闻学。根据阳光高考信息平台统计数据，广播电视学专业2017年普通高校毕业生规模为10000到12000人，高考时文理科比例为理科20%，文科80%。男女生比例为男生23%，女生77%。广播电视学专业本科就业率为2016年85%～90%，2017年85%～90%。

3. 专家建议

① 参考新闻学传播类其他专业的资料。

② 要具有较强的社会责任感和新闻敏感性。

这是学习和工作必需的基本素质。广播电视新闻学属于人文学科，传统上以哲学、文学为基础，离不开撰稿和文字编辑，所以应该具备广泛的社会人文知识及较强的写作能力。新闻采访是至关重要的新闻业务，与采访对象之间的沟通与交流直接影响到新闻信息的采集和新闻节目的创作，因此良好的口头表达能力、思辨能力和人际沟通能力缺一不可。性格外向开朗的学生比较适合此专业。

另外，新闻尤其是广播电视新闻与高科技的电子媒介紧密结合，不可避免地要遇到实际操作问题，比如编辑机的运用等，需要有一定的动手操作能力。一般来说学校都会设有相关课程并提供设备，进行操作练习。

③ 院校众多，培养方向各不相同。

考生在选报时，可根据自己的兴趣、爱好、实力，结合各校录取分数情况，选择和自己分数批次相符合的院校。同时要慎重考虑在不同的院校，虽然专业名称相同，但有不同的培养方向。

4. 小贴士

有些院校属于非艺术类招生，历年来分数线都比较高，竞争激烈。

考虑到就业问题，有些院校采取了宽口径的培养方式。

随着电视、网络视频平台以及网络节目的形式不断发展，人才需求非常大。

七、开设院校

2017年全国开设广播电视学本科专业的院校共220所。

广告学专业

专业代码	中文名	学科门类	一级学科	授予学位	修学年限
050303	广告学	新闻传播学类	文学	文学学士	四年

一、专业概述

广告学是研究广告活动的历史、理论、策略、制作与经营管理的学科，是一门综合性边缘科学。它是在总结了大量的广告活动的成功与失败两方面的经验，运用先进的研究方法，借助于现代科学的分析技术，在把广告知识进行系统的整理、综合、总结的基础上，把经验提升到理论的高度，从而探索出广告活动的规律，形成广告原理，揭示了广告活动促进商品销售规律的本质。

二、培养目标

培养具备广告学理论与技能、广博的文化与科学知识，能在新闻媒介广告部门、广告公司、市场调查及信息咨询行业及企事业单位从事广告经营管理、广告策划创意和设计制作、市场营销策划及市场调查分析工作的专门人才。

三、培养要求

主要学习广告学的基本理论与基本知识，受到广告策划、市场营销和实施能力等的基本训练，掌握广告实施与经营管理的基本知识和技能。

四、知识技能

毕业生应获得以下几方面的知识和能力：

① 掌握广告学基本理论、基本知识。

② 具有现代广告的策划、创意、制作、发布的基本能力，以及市场调查与营销的基本知识和市场分析、数据处理的基本能力。

③ 熟悉有关广告的政策法规。

④ 具有公共关系的基本知识与活动能力。

5. 了解中国广告事业的现状与发展趋势，了解外国广告事业的发展动态。

五、主干课程

传播学概论、广告学概论、广告策划与创意、广告史、广告文案写作、广告经营与管理学、广告媒体研究、广告摄像与摄影、实用美术与广告设计、电脑图文设计等。

六、发展前景

1. 就业方向

可在政府部门、新闻媒介广告部门、广告公司、企事业单位等从事市场调查、信息咨询、广告经营管理、广告策划创意和设计制作、市场营销策划及市场调查分析等相关工作。

2. 就业前景

改革开放以来，我国的广告行业有很大发展。既宣传具体商品，又反映了能够体现人们价值观的广告，不但得到了商家的青睐，还点缀了广大群众的生活。与广告业蒸蒸日上的发展情形不相适应的是专业广告人才的缺乏。我国的广告从业人员众多，但真正受过高等专业教育和系统培训的比例很低，许多广告从业人员都是“半路出家”，中国的广告行业需要从根本上提高广告队伍素质。

2017 年全国大学中设广告学专业本科的院校共有 346 所，部分高校按以下专业方向培养：媒介经营、网络传播、形象设计、新媒体传播、平面广告设计、体育营销传播、广告策划与设计。报考硕士较集中的专业：新闻与传播、新闻传播学、传播学。根据阳光高考信息平台统计数据，广告学专业 2017 年普通高校毕业生规模为 18000 到 20000 人，高考时文理科比例为理科 25%，文科 75%。男女生比例为男生 29%，女生 71%。广告学专业本科就业率为 2016 年 90%～95%，2017 年 90%～95%。

3. 专家建议

① 从事广告行业需要量具备一定的专业素质。

除了深厚的理论基础，广告行业从业者还要不断学习新营销、新广告知识，从市场销售工作做起，努力去了解消费者。有全局观、不断开阔视野，这是广告人最需要有的。非艺术设计人员先从文案出发来做，积累案例，努力让自己成为“广告策划案例资料库”，同时了解和学习设计。

② 院校众多，培养方向各异。

在选报时，可根据自己的兴趣、爱好、实力，结合各校录取分数情况，选择和自己分数批次相符合的院校。同时要慎重考虑在不同的院校，虽然专业名称相同，但有不同的培养方向。

从不同学校的培养方向也可以看到，有些学校报考本专业需要艺术考试，比如形象设计和平面广告设计方向。

4. 小贴士

做广告没有表面上那样轻松，能进国际 4A 广告公司的毕竟是少数。

七、开设院校

2017 年全国开设广告学本科专业的院校共 346 所。

传播学专业

专业代码	中文名	学科门类	一级学科	授予学位	修学年限
050304	传播学	新闻传播学类	文学	文学学士	四年

一、专业概述

传播学是研究人类一切传播行为和传播过程发生、发展的规律以及传播与人和社会的关系的学问，即传播学是研究人类如何运用符号进行社会信息交流的学科。它具有交叉性、边缘性、综合性等特点。简言之，传播学是研究人类如何运用符号进行社会信息交流的学科。

二、培养目标

培养能够从事现代传播媒体与社会组织机构的业务操作及组织管理、网络媒体新闻采编与运行管理、媒介市场与商务信息分析与管理、数据管理与分析等工作的专门人才。

三、培养要求

具备从事与新闻传播业务（含传媒新科技）有关的实践能力，具备丰富的社会协调和人际沟通能力、宽泛的知识结构和国际跨文化视野以及高超的信息分析和媒介管理能力。

四、知识技能

毕业生应获得以下几方面的知识和能力：

① 掌握传播学基本理论与基本知识。

② 掌握广播电视节目策划、广告企划制作、公关活动策划与执行、媒体运营、新闻采访、写作、编辑、摄影等业务知识与技能。

③ 有调查研究和社会活动能力。

④ 了解中外传播媒体工作现状与发展趋势。

五、主干课程

新闻传播史、传播学概论、新闻学概论、新闻采访与写作、舆论学、文艺美学、基础摄影、影视导论、影视脚本创作、电视节目制作、摄像技术与艺术、电视新闻与纪录片、科教片编导创作、电视节目编辑、媒体动画与制作、网络传播与文化、多媒体应用技术、网络媒体设计、网页设计与制作、广告学通论、广告视觉设计、媒介组织学、传播学研究方法等。

六、发展前景

1．就业方向

可在新闻媒体机构、出版机构、中央和地方政府及企事业单位的宣传部门、广告公司、教育部门、农业技术推广等部门从事编导、记者、主持、制作、广告与文化经济活动策划、计算机网络课件开发制作等工作。

2．就业前景

本专业是 20 世纪中叶在美国等发达国家逐渐形成的新兴学科，它与信息科学一文一理，覆盖了从信息传播内容到信息传播技术的完整体系，构成了当今信息社会的主旋律，特别是令世人瞩目的大众传播领域，形成了以传播理论为基础，以电子信息技术为传播平台，平面媒体、广播影视媒体、网络媒体相互促进的专业学科群，学科体系横跨从传播者—信息—媒介—受众—效果等整个传播领域。

2017 年全国大学中设传播学专业本科的院校共有 74 所，部分高校按以下专业方向培养：新闻、网络传播、新媒体传播、媒体市场调查与分析、网络媒体经营与管理。全国报考硕士较集中的专业：新闻与传播、传播学、新闻传播学、公共管理。根据阳光高考信息平台统计数据，传播学专业 2017 年全国普通高校毕业生规模为 3500 到 4000 人，高考时文理科比例为理科 29%，文科 71%。男女生比例为男生 25%，女生 75%，传播学专业本科就业率为 2016 年 90%～95%，2017 年 90%～95%。

3．专家建议

① 参考新闻传播类专业的相关资料。

② 本科阶段的学习内容。

传播学专业本科的学习是围绕人类信息传播有关的问题开设的课程。具体课程在各个高校有所不同，大致有传播学史类课程，如传播学基本原理、批判传播学等。还有传播学与其他社会要素或者其他社会领域的关系类课程，如政治传播、社会传播、艺术传播、影视传播、健康传播等。另外，还有传播实务类的课程。

随着信息技术互联网技术的发展，大数据和新媒体方面的人才缺口扩大，传播学的培养方向也随之发生了很大的变化，主要方向有网络传播、新媒体传播、媒体市场调查与分析、网络媒体经营与管理等。

③ 传播学与新闻学的区别。

传播学和新闻学有着不可分割的联系，在 2012 年教育部颁布的本科专业目录中，传播学和新闻学都归为文学中的新闻传播大类。

在研究范围上，新闻学是传播学研究领域的一部分，传播学关注包括新闻传播在内的更广阔和深远的信息传播领域。在媒介环境已经发生变化的情况下，粗略来说二者的区别就是：新闻学所专注的是新闻信息的采集、生产和传播。而传播学要研究的是人类社会信息系统及其运行，所涵盖的范围更广泛。

④ 新领域拓宽就业新渠道。

传播学专业的毕业生可以适应很多行业的需求，不仅可以从事新闻采编、新媒体内容生产、广告、公关、政府及企业宣传、市场营销等传播行业，还可以为任何一个行业的传播活动服务。

随着社会的发展，整个新闻传播学的实践应用已经发生了根本的改变，许多之前与传播无关的行业也开始向传播转型，创造了大量的工作岗位，尤其是自媒体的出现，为新闻传播学人才拓宽了就业渠道。

以北京联合大学该专业为例，一部分学生在传统媒体如中国青年报、法制晚报、北京电视台等就业。大量的学生在新媒体部门就业，多是视频网站、影视公司、自媒体等。也有一些学生到党政机构的宣传部门工作。

在人人都是自媒体的时代，媒体行业的范畴更加宽泛。在新旧媒体的交替中，孕育了不少新领域，如媒体策划、媒体公关、媒体执行、舆情分析等。行业细分、职能细分，对媒体从业者来说，重要的是找准优势，与细分的职能相结合。

⑤ 锻炼成为一专多能的人才。

几乎所有行业都离不开传播，不同行业又有不同的传播特点，新技术创造了新的传播方式。新媒体行业迅猛发展，与传统媒体的结合也不断深入，传播学专业的学生需要拥有复合知识结构，还要掌握新的传播技巧和全面的专业技能，才能适应数字媒介时代的要求。

在专业技能上，新闻采写编评以及策划与执行能力、公关知识、广告策划、文案写作、调查研究和社会活动能力是基础的业务知识与技能，另外，熟练掌握一门外语在从事对外传播时至关重要。

媒体行业的工作不仅要有“一技之长”，还要“多才多艺”。据腾讯新闻发布的最新传媒业人才需求调查报告显示，在媒介内容形式词频统计中，视频的词频位列第一，视频将成为主要的媒介形式。此外，动画、漫画、H5．数据新闻等媒介形式也成为深受欢迎的媒介形式。因此，要在媒体行业中拥有竞争力，不仅要有专业技能过硬，还需要提升视频拍摄、剪辑和包装以及页面设计、H5 制作等方面的技能。

⑥ 开设院校多，培养各有侧重。

目前开设传播类专业的院校很多，普通综合类院校一般都开设有传播学专业或新闻传播类的专业，如中国人民大学和中国传媒大学的传播学专业是国家重点建设的“双一流”学科。

高校传播学专业培养方向大体集中在新闻、网络传播、新媒体传播、媒体市场调查与分析、网络媒体经营与管理等方面。例如复旦大学的传播学专业注重的培养方向则为媒介管理、社会协调、信息分析等。中国传媒大学设有媒体市场调查与分析方向的传播学专业，还有侧重于传播理论和国际传播实务的普通本科类传播学专业方向，另外也有把传播学专业划入社会科学类的院校，侧重于传播学在社会科学方面的研究。

⑦ 报考大类看清专业方向。

各高校传播学专业的招生方式主要有两种：一是按“传播学”专业招生，如中国传媒大学、北京师范大学等。二是按“新闻传播学类”招生，如中国人民大学、厦门大学、武汉大学、兰州大学等。近年，越来越多的院校开始实施按大类招生，入学后再根据学生的兴趣和学习情况，分流到具体的专业。

各校根据自己的专业设置不同，在传播学大类中招生的专业也不同。如苏州大学“新闻传播学类”包含 4 个专业：新闻学、广播电视学、广告学、网络与新媒体专业。厦门大学和武汉大学的“新闻传播类”大类中也包含了 4 个专业，但具体专业有所不同，分别是新闻学、广播电视学、广告学、传播学。考生在报考时最好弄清所报院校的大类中包含哪些具体专业，哪个专业是考生的兴趣所在，再进行选择。

⑧ 传播学是文理兼收专业。

传播学专业招生以文科生为主，也是个文理科兼收的专业，很多院校也面向理科生招生。如中国传媒大学、中国人民大学、华东政法大学、北京信息科技大学等文理兼收的院校还有很多，不能全部列举。这里要提醒考生家长注意的是，这些学校并不是在所有的省份都文理兼收，具体要看各校的分省分专业计划。

⑨ 什么样的学生适合学传播学。

无论选择学什么专业，都需要对该专业有浓厚的兴趣，也要清楚学习该专业需要有什么样的责任和担当。

中国人民大学新闻学院教授、新闻传播研究所副所长刘海龙在《人不能不传播：日常生活中的传播学—传播学专业介绍》一文中提道：“对社会及全球信息运营的体系和秘密具备好奇心，具有理论思辨能力、实际动手能力。具备以传播知识技能完善市场经济体制、促进社会主义民主政治进程的担当。具有以上这些特质的学生适合学习传播学专业。”北京联合大学新闻与传播系主任副教授李彦冰老师认为，学习传播学专业的学生应该具备灵活的头脑、较高的政治敏感度和洞察力、较好的文字表达能力，包括书面表达和口头表达能力。

4．小贴士

就业竞争一年大于一年，新闻传播专业的就业前景并不被看好，但是优秀的媒体人才依然短缺，未来有很大的发展空间。

真实的媒体工作并不像人们想象中的那么光鲜亮丽，在凤凰网工作的某毕业生说：媒体工作最大的体会就是压力很大，特别是一线城市，每天要时刻紧跟新闻大事件的发生，需要确保新闻的时效性，还要有政治敏感度。

有志报考传播学专业并打算日后从事媒体工作的考生，需要有对于新闻传播抱有理想主义与职业热情，要具备较强的心理素质，以克服工作中面临的压力。

相对来说，传播学的专业性不如理工科强，对个人的综合素质要求更高。

七、开设院校

2017年全国开设传播学本科专业的院校共74所。

编辑出版学专业

专业代码	中文名	学科门类	一级学科	授予学位	修学年限
050305	编辑出版学	新闻传播学类	文学	文学学士	四年

一、专业概述

编辑出版学是研究国内外出版业运行规律并指导出版实践发展的一门应用学科。

二、培养目标

培养具备系统的编辑出版理论知识与技能、宽广的文化与科学知识，能在书刊出版、新闻宣传和文化教育部门从事编辑、出版、发行的业务与管理工作以及教学科研的编辑出版学高级专门人才。

三、培养要求

主要学习编辑学、出版与发行学的基本知识，受到编辑与出版的基本技能训练，具有社会活动和科研的基本能力。

四、知识技能

毕业生应获得以下几方面的知识和能力：

① 掌握编辑与出版的基本理论与基本知识。

② 掌握市场分析、选题策划、文字加工、宣传促销的知识与方法。

③ 具有较强的口头表达、文字表达能力和初步从事科学研究的能力。

④ 了解我国有关编辑与出版市场营销的方针、政策、法规。

⑤ 能在互联网上从事信息组织与发布，适应高新技术条件下、网络环境下的信息编辑与发布，具有较强的英语能力。

⑥ 了解汉语言文学、传播学的基础知识。

⑦ 了解有关社会科学、人文科学、管理科学、自然科学与技术科学基本知识。

五、主干课程

中国编辑出版史、书籍编辑学、编辑应用文写作、期刊编辑概论、编辑实用校对、报纸编辑学、报纸副刊编辑、新媒体编辑、图书评论写作、图书装帧设计、目录学、传播学概论 、新闻学概论、古代汉语、中国文学史、西方文学史、出版学概论、图书营销学、出版经营与管理、书业法律基础、出版选题策划、数字出版等。

六、发展前景

1. 就业方向

可在新闻出版系统、出版社、期刊社、网站、新媒体、文化传播公司以及与出版专业相关的企事业单位从事相关工作。具体就业方向图书、期刊出版社或报社、杂志社从事图书、报纸的出版发行工作。报社、杂志社、电视台、广播电台等传统媒体从事内容采编、选题策划、文字校对以及新媒体内容运营等方面的工作。门户网站以及其他新媒体单位从事内容编辑、专题策划等工作。各种媒体单位从事媒介产品营销、推广工作。各种实体企业从事文案策划、企业宣传与公关、新媒体推广等方面的工作。

2．就业前景

加入世界贸易组织后，我国传统的出版方式被打破，出版业最终将走向市场。在当今社会信息急剧变化、知识高折旧率的状况下，对编辑的要求也越来越高。

2017 年全国大学中设编辑出版学专业本科的院校共有 69 所，部分高校按以下专业方向培养：新媒体、网络编辑。报考硕士较集中的专业：出版、新闻与传播、新闻传播学、传播学。根据阳光高考信息平台统计数据，编辑出版学专业 2017 年普通高校毕业生规模为 3000 到 3500 人，高考时文理科比例为理科 17%，文科 83%。男女生比例为男生 20%，女生 80%。编辑出版学专业本科就业率为 2016 年 90%～95%，2017 年 90%～95%。

3．专家分析：

① 看准培养方向选择学校。

对于想要报考编辑出版学专业的考生，应留意不同高校在培养方向上的不同。例如，北京大学编辑出版学本科培养侧重于出版经营管理和现代出版技术方向，南京大学在编辑出版学的本科培养阶段侧重于电子出版方向，北京印刷学院、武汉大学更侧重于图书营销、图书印刷方向，北京师范大学、南开大学侧重于文字编辑方向。考生在报考前通过各学校官网仔细阅读相关专业的专业简介或直接电话咨询相关高校，根据自己感兴趣的方向选择目标院校。

全国设编辑出版学专业本科的院校中，北京大学、武汉大学、中国人民大学、南京大学、北京印刷学院、中国传媒大学、南开大学、河北大学、北京师范大学、陕西师范大学等高校专业设置较为完善，实力较强。

在院系设置方面，虽然编辑出版学专业属于新闻传播学类，并不是所有高校都将编辑出版学专业设置在新闻传播学院中。例如武汉大学、南京大学将该专业设置在信息管理学院中，南开大学、北京师范大学则将本专业设置在文学院中，其余高校大都设置在新闻传播学院。

在课程设置方面，部分高校的侧重点也略有不同。例如北京大学、中国人民大学、河北大学等高校的课程设置侧重传播学原理、中国新闻传播史、媒介经营管理等新闻传播学类课程。武汉大学、南京大学侧重于书业营销、书业经济、网络出版等图书、情报与档案管理类课程。而北京师范大学、南开大学则侧重于现代汉语、古代汉语、文学概论、中外文学史等文学类课程。

② 大多数学校文理兼招，部分高校大类招生。

由于编辑出版学过去属于文学类专业，很容易被理解为只招文科考生而不招理科考生。事实并非如此，除内蒙古大学、北京师范大学等少数高校外，其余大部分高校都是文理兼招，只是在招生比例上文科考生要高于理科考生。所以，对编辑出版学有兴趣的理科考生也可选择合适自己的高校报考。

不是所有高校都按照“编辑出版学”这一专业名称招生，部分高校按照大类招生。例如武汉大学每年在图书情报与档案管理大类下招收编辑出版学专业本科生。中国人民大学、北京大学每年在新闻传播学大类下招收编辑出版学本科生。南京大学则每年在信息管理与信息系统大类下招收该专业本科生。

报考时，需要考生仔细阅读目标院校当年发布的最新招生简章及计划，看准该专业的招生类别，以免耽误志愿填报。

③ 什么样的学生适合学习本专业。

首先，对编辑出版学有浓厚的兴趣，这也是学好任何一个专业的必备条件。

其次，有良好的阅读习惯，较强的文字写作能力。文字写作能力是本专业的基础，也是核心能力之一。提升文字写作能力，多读书、读好书是一个有效的方法，那些平时有良好阅读习惯且善于写作的同学，在本专业的学习中有一定优势。

再次，具有“双重性格”的考生。在从事文字校对、内容编辑等编辑的基本业务工作时，需要有内向性格中冷静、沉稳、严谨、仔细的特点。媒体行业也需要时时与各种各样的人打交道，还要同时兼备外向性格中热情、开朗、善于沟通的特点。

最后，需要有好的计算机操作能力。现今传统媒体向数字媒体转型已经成了不可逆转的趋势，加之新媒体行业的快速发展，计算机已经成了编辑出版行业的主要工作工具。不单是新媒体，就连传统媒体也是如此。编辑出版学专业必须具备熟练的计算机操作能力。

4．小贴士

出版行业有严格的细分工，注意专业的对口性和自己的兴趣和爱好。

编辑往往本身既是编辑又是记者，能编稿也能采写。

编辑素质为三大件："信息触觉，资讯技术，媒体姿态"。其中信息触觉依赖先天的资质更多，资讯技术和媒体姿态则更依赖开始编辑工作后的职业素质培养。提高对资讯的敏感度是十分必要的。

七、开设院校

2017 年全国开设编辑出版学本科专业的院校共 69 所。

历史学门类学科综述

历史学门类学科只有历史学类（0601）一个大类，下设历史学（060101）、世界史（060102）、考古学（060103）、文物与博物馆学（060104）四个基本专业和文物保护技术（060105T）、外国语言与外国历史（060106T 可授历史学或文学学士学位）两个特设专业，共六个专业。

1. 关于历史学类专业

历史学分类下的所有专业，都要去了解古今中外的历史，在学习的过程中要了解基本的史学常识，形成历史观点，学习史学的研究方法。学校师资力量不同，地区文化特色各异，开设的课程也会有不同的特色。比如，陕西一些高校开设的历史学类专业，研究方向的重点是秦汉唐的历史文化、古丝绸之路；少数民族的聚居地则会偏重研究少数民族史。

历史学是一个专业，主要指的是中国史和世界史，而其中最主要的是中国史，尤其是中国古代史。世界史着眼于全局观点，综合研究各地区、国家、民族的历史，学习一些地区通史或世界通史，另外，该专业除要求学生通过六级，学生还要选修第二外语。外国语言与外国历史专业是 2011 年才设立的专业，目前只有北京大学、清华大学、北京外国语大学等少数高校开设，是一个外语与历史融合的专业，学生除了学习世界历史，还要对主修国家和地区的历史、文化、政治、社会、军事、经济的概貌与特点有比较深入的认识，根据学生选课重点和个人意愿，可以授予文学或历史学学士学位。

考古学、文物与博物馆学、文物保护技术这三个专业比较偏重实践技能的学习。考古学通过对古代遗迹、遗物的发掘和调查，或者通过查找古籍，还原一个更真实的古代。文物与博物馆学专业虽然也与考古有所交叉，但是更加注重文物的保护，历史的传承，还兼具宣传教化的功能。文物保护技术专业与考古学专业、文物与博物馆学专业在课程上有所交叉，学生主要学习文物学、博物馆学、考古学的理论课程，以及文物鉴定与保护的基本技能。

历史学、世界史、外国语言与外国历史专业理论型比较强，适合文科生报考。考古学、文物与博物馆学、文物保护技术专业，文、理科生均可考生报考。如果考生耐得住寂寞，喜欢从故纸堆里挖掘只言片语，就去学习理论性较强的几个专业。如果考生性格活泼，可以学习考古学、文物与博物馆学、文物保护技术这样实践性更强的专业。

2. 冷门专业，同样有前景

历史学类专业，对它感兴趣，用心学习，同样可以成长为高质量、多层面的专业人才，为将来的职业发展奠定坚实的基础。考生在报考历史学类专业时，一定要对照专业目录，看准学校的特色和培养方向，选择自己感兴趣的专业方向报考，当然也要在符合自己分数范围的学校内进行充分的考虑。

提醒考生和家长，历史学类专业毕业生专业对口程度比较低。

需要注意的是，有的院校对考生视力有所要求，色盲考生不宜报考，考生和家长在报考前要仔细查阅招生说明。

历史学专业

专业代码	中文名	学科门类	一级学科	授予学位	修学年限
060101	历史学	历史学类	历史学	历史学学士	四年

一、专业概述

历史学是一门以人类历史及其规律为研究对象，主要学习和掌握中国历史和世界历史发生、发展的过程的学科。

二、培养目标

培养具有一定的马克思主义基本理论素养和系统的专业基本知识、有进一步培养潜能的史学专门人才，以及能在国家机关、文教事业、新闻出版、文博档案及各类事业单位从事实际工作的应用型、复合型高级专门人才。

三、培养要求

主要学习历史科学的基本理论和基本知识，受到中国历史和世界历史发展的基本史实及史学研究的基本训练，具有从事专业工作所需的基本能力。

四、知识技能

毕业生应获得以下几方面的知识和能力：

① 掌握历史学科的基本理论和基础知识，对社会科学、人文科学与自然科学有一定的了解。

② 掌握历史学的基本研究方法与分析方法。

③ 具有从事历史研究的初步能力和较强的口头表达、文字表达能力。

④ 熟悉古文字学、版本目录学、音韵学、史料学、历史地理学及考古学等方面的基础知识。

⑤ 了解国内外史学界重要的理论前沿和发展动态。

⑥ 掌握文献检索，资料查询的基本方法。

五、主干课程

中国通史、世界上古史、中国考古学、考古学导论、人类学、民族学导论、中国文化史、世界文化史、博物馆学概论、物质文化史、文物学概论、文物管理与法规、中国历史地理、考古学通论、文物与考古技术、文物保护基础等（专业课程因各校侧重不同会有一定差异）。

六、发展前景

1．就业方向

可在科研机构、大中专院校、博物馆、档案馆从事研究工作。在高校、中小学从事教育工作。在出版社、杂志社、网站等媒体从事编辑、记者等工作。

2．就业前景

就业形势很严峻的今天，作为一直冷门甚至未来还将继续冷门的历史学类专业，就业形势甚为严峻。其实也不尽然，该专业学生凭着大学所学到的广博的知识，就业时只要不期望过高，就业并不比其他专业差。

2017 年全国开设历史学专业的院校有 247 所，部分高校按以下专业方向培养：国学、文化遗产、历史文化产业、满族语言文化、满族历史与文化、文物鉴定与修复。报考硕士较集中的专业：中国史、学科教学（历史）、世界史、文物与博物馆。根据阳光高考信息平台统计数据，历史学专业 2017 年普通高校毕业生规模为 16000～18000 人，高考时文理科比例为文科 99%。理科 1%；男女生比例为男生 30%，女生 70%。历史学专业本科就业率为 2016 年 80%～85%，2017 年 85%～90%。

3．专家建议

① 各学校专业方向有所不同。

经济发达，高校云集的北上广历来都是考生报考的热门地区，历史学专业也不例外。是选择上学的城市还是选择合适的专业，需要家长和学生认真对待。

北京大学历史学系是全国各大学历史学科中历史最为悠久、总体实力最强的院系，其中国古代史、中国近现代史和世界史为国家级重点学科，现有历史学（中国史）、世界史、外国语言与外国历史三个本科专业。

中国人民大学历史学院以清史研究为突出特色，秦汉、唐宋和民国史的研究力量也较为雄厚，专门史、历史文献学、历史地理、史学理论和史学史等方向都具有各自的优势，世界史学科以西方中世纪和近现代史方面的研究力量较强，考古学科侧重北方民族考古。

北京师范大学的历史学科是我国最早设立的历史学系科之一，现有中国史、世界史、考古学 3 个一级学科，中国史入选国家“双一流”建设学科，历史学专业实行宽口径招生，自二年级起始根据兴趣和修读规定选择中国史、世界史、考古学三个专业方向。

复旦大学历史学系创建于 1925 年，是国家人文基础学科人才培养和学术研究基地之一，教学实习工作别具特色，到历史现场感受历史，获得对“过去”的体验，是其历史学科培养人才的重要方式。

中山大学历史学系成立于 1924 年，是中山大学最早设立的学系之一，多位中国现代史学的奠基人，如陈寅恪、傅斯年、顾颉刚、岑仲勉、梁方仲等，都曾在该系任教，奠定了深厚的学术根基，每年招收历史学专业本科生约 70 人，与海内外近二十所著名大学或科研机构建立了广泛的学术交流与合作关系，包括美国耶鲁大学、哈佛大学、英国牛津大学等。

② 历史学不仅是谋生的技能，更是立身的学问。

报考历史学专业，需要对它感兴趣，用心学习，同样可以成长为高质量、多层面的专业人才，为将来的职业发展奠定非常坚实的基础。

考生在报考历史学专业时，一定要对照专业目录，看准学校的特色和培养方向，选择自己感兴趣的专业方向报考，在符合自己分数范围的学校内进行充分的考虑。历史学专业属于基础性学科，社会的需求主要还是以教学单位为主，而且近些年来，由于高校扩招、毕业生数量急剧增多，导致就业市场始终处于供大于求的局面，竞争非常激烈。这也使得除了毕业生间的互相竞争激烈外，用人单位对学历的要求也越来越高。

历史学专业毕业生的择业面看似狭窄，但凭借该专业的人文底蕴和历史厚重感，完全可以在媒体的文案策划、企业的企划部门、图书出版界、旅游等岗位或领域闯出一番天地，而不一定限制在专门的历史研究或教学领域。

③ 就业并不悲观。

从专业对口方面来说，历史学职业需求相对较少，最为人所熟知的就是从事教师工作，或者向历史学研究方向发展。现在毕业生就业是双向选择或多向选择，不必将职业局限在狭窄的领域。

2014 年，《文化部关于贯彻落实〈国务院关于推进文化创意和设计服务与相关产业融合发展的若干意见〉的实施意见》中指出，要提升文化产业的创意水平和整体实力，对于历史专业学生来说是一个利好的消息。如影视、动漫、游戏业，需要内容健康向上、富有创意的优秀原创影视、动漫产品的创作、生产、传播和消费，与之匹配的策划、编剧类职位就是历史学专业毕业生可以尝试的选择。在当前“互联网+”的环境下，在精通本专业的基础上再学习一些计算机方面的知识，会进一步拓宽自己的就业渠道。

4．小贴士

报考时须谨慎留意不同学校的专业培养方向，不要盲目选择学校或者城市。

七、开设院校

目前全国开设历史学专业的院校有247所。

世界史专业

专业代码	中文名	学科门类	一级学科	授予学位	修学年限
060102	世界史	历史学类	历史学	历史学学士	四年

一、专业概述

世界历史是历史学的一门重要分支学科，内容为对人类历史自原始、孤立、分散的人群发展为全世界成一密切联系整体的过程进行系统探讨和阐述。世界历史学科的主要任务是以世界全局的观点，综合考察各地区、各国、各民族的历史，运用相关学科如文化人类学、考古学的成果，研究和阐明人类历史的演变，揭示演变的规律和趋向。

二、培养目标

培养具有一定的马克思主义基本理论素养和系统的专业基本知识，有进一步培养潜能的史学专门人才，以及能在国家机关、文教事业、新闻出版、文博档案及各类事业单位从事实际工作的应用型、复合型高级专门人才。

三、培养要求

主要学习历史科学的基本理论和基本知识，受到中国历史和世界历史发展的基本史实及史学研究的基本训练，具有从事专业工作所需的基本能力。

四、知识技能

毕业生应获得以下几方面的知识和能力：

① 掌握历史学科的基本理论和基础知识，对社会科学、人文科学与自然科学有一定的了解。

② 掌握历史学的基本研究方法与分析方法。

③ 具有从事历史研究的初步能力和较强的口头表达和文字表达能力。

④ 熟悉古文字学、版本目录学、音韵学、史料学、历史地理学及考古学等方面的基础知识。

⑤ 了解国内外史学界重要的理论前沿和发展动态。

⑥ 掌握文献检索，资料查询的基本方法。

五、主干课程

世界通史、中国通史、世界文明史、史学概论、西方史学史、中国史学史、历史地理学，古代汉语、专业外语、中外历史文献以及史学名著选读等。

六、发展前景

1. 就业方向

可在高等院校、科研部门、国家机关、新闻出版等文化机构或文物考古研究、博物馆等单位任职。

2. 就业前景

从世界史专业的整体情况来看，本科毕业生的择业面并不是很广，研究生毕业后有着较为宽阔的就业门径，可以选择进入高等院校或是科研机构从事教学和研究，也可以选择进入各级党政机关、教育单位，新闻出版等部门从事管理和专业相关的工作。历史学相关的专业，是一个都需要较为深厚的学术功底和长时间专业知识积累的专业。

2017 年全国开设世界史专业的院校有 15 所，报考硕士较集中的专业：世界史、中国史、学科教学（历史）、法律（非法学）。根据阳光高考信息平台统计数据，世界史专业 2017 年普通高校毕业生规模为 300～350 人，高考时文理科比例为文科 97%，理科 3%。男女生比例为男生 30%，女生 70%。世界史专业本科就业率为 2016 年 75%～80%，2017 年 85%～90%。

3．专家建议

参考历史学专业。

本专业建议进一步深造。

4．小贴士

网友建议：除非对做学问有非常大的兴趣，还是建议两手抓、两手准备，一边准备考研，一边准备找工作或考公务员、事业单位。

七、开设院校

2017 年全国开设世界史专业的院校有 15 所。

考古学专业

专业代码	中文名	学科门类	一级学科	授予学位	修学年限
060103	考古学	历史学类	历史学	历史学学士	四年

一、专业概述

考古学，即考究古代的学科，属人文科学，在中国是历史学的分支，而世界其他国家则多从属于人类学，也有划归艺术史的。考古学旨在根据古代人类各种活动遗留下来的物质资料，以研究人类古代社会的历史。

二、培养目标

培养具有良好科学素养，系统掌握考古与文物的基础理论、基本知识和基本技能，在考古研究和文物学方面受到专业训练，有进一步培养潜能的专门人才。

三、培养要求

主要学习考古学的基本理论、方法与技能，了解考古学的多学科交叉发展趋势和世界考古学发展概况，熟悉中国考古学的发展历史、研究现状，在中国历史、世界历史、博物馆学、文物学理论、文化人类学、民族学、古代汉语、史料学、地理学、第四纪环境学、古人类学等方面受到基本训练。

四、知识技能

毕业生应获得以下几方面的知识和能力：

① 掌握马克思主义的基本原理和考古学的基本理论、知识、方法与技能。

② 能够从事田野考古发掘、整理及编写考古报告。

③ 掌握博物馆管理技能。

④ 掌握文献检索、资料查询的基本方法和手段。

⑤ 了解国内外考古学界最重要的理论前沿和发展动向。

⑥ 具有从事考古学及历史学研究的初步能力。

五、主干课程

中国通史、世界上古史、中国考古学史、考古学导论、旧石器时代考古、新石器时代考古、夏商周考古、战国秦汉考古、三国两晋南北朝考古、隋唐考古、宋元明考古、田野考古等（不同学校课程设置会有差异）。

六、发展前景

1. 就业方向

考古是一个专业性非常强的领域，可在大学或科研单位从事教学或科学研究工作，也可以到博物馆、拍卖行、文物商店或海关从事文物保护、古玩鉴定以及拍卖等工作。

2. 就业前景

考古专业，是国家确实需要的专业，但需要量不大。总体来说，考古相关机构属于事业编制，虽然开设考古学的高校不多，但每年都有毕业生增加，特别是硕士博士越来越多，在没有编制增加的前提下，相当于本科毕业生的需求大大减少。考古不一定非得要“铁饭碗”，拍卖行、文物商店对于能够从事古玩鉴定以及拍卖等工作的人员也有一定需求，总体不是很多。考古学的专业性太强，转其他行业时竞争力不强。

随着国家经济实力越来越强，对于考古的投入也越来越大，对这个专业来说也算是利好。

2017 年全国开设考古学专业的院校有 24 所，部分高校按文物鉴定专业方向培养。报考硕士较集中的专业：考古学、文物与博物馆、中国史、科学技术史。根据阳光高考信息平台统计数据，考古学专业 2017 年普通高校毕业生规模为 350 至 400 人，毕业生高考时文理科比例为文科 90%，理科 10%。男女生比例为男生 40%，女生 60%。考古学专业本科就业率为 2016 年 80%～85%，2017 年 85%～90%。

3. 专家建议

考古专业相对冷门，开设的院校比较少，好多都是“985 工程”院校和“211 工程”院校。比如排名前几名的学校为北大、西北大学、吉林大学、厦门大学、中山大学、武汉大学等。即使考上了这些比较好的学校，大学毕业直接工作的就业前景也不是很好。

这个行业总体来说比较清苦，要耐得住寂寞。其特点是年纪越大越吃香，刚毕业时大多数需要在基层锻炼很多年。

考古学不是传统的历史学，如果因为喜欢历史然后喜欢考古，可能会失望。

从 20 世纪中国考古学兴起之后，许多学科都根据考古学的成果来解决问题。中华人民共和国成立之后特别是改革开放之后，由于政治经济稳定，发掘成果很多，需要大量的人力物力进行整理，整理研究之后又会给其他各个相关学科注入活力。近年来，随着经济不发达地区的基础建设增多，这些地区的考古发掘和研究的工作量也多起来，会填补一些空白的领域。

考古学在人类起源、农业起源、文明起源、国家形成等重大课题上有较大的话语权，在夏商周三代的历史研究上也十分重要，随着历史时期考古学的发展，考古学也会越来越多地影响历史学的研究，改变我们对于历史的认知。

4. 小贴士

如果对恐龙、古兽感兴趣，就不要学考古学了，不属于同一专业。

考古学主要研究的是一万年以内古人类的进化和发展，从事相关的古人类学工作，如现场发掘、化石研究等。

七、开设院校

2017 年全国开设考古学专业的院校有 24 所。

文物与博物馆学专业

专业代码	中文名	学科门类	一级学科	授予学位	修学年限
060104	文物与博物馆学	历史学类	历史学	历史学学士	四年

一、专业概述

文物与博物馆学专业简称文博专业，它主要涵盖了文物学和博物馆学，并与考古学关系极为密切，是一门内容复杂、内涵丰富的人文学科。从某种程度上讲，文物与博物馆学是属于文化遗产学（广义）的一个不可或缺的重要组成部分。

二、培养目标

培养具备文物学、博物馆学的系统知识，能在政府文物管理和研究机构、各类博物馆和陈列展览单位、考古部门、文物与艺术品专营单位、海关、新闻出版、教育等单位从事文物与博物馆管理、研究工作的博物馆学高级专门人才。

三、培养要求

主要学习文物学、博物馆学的基本理论和基础知识，受到历史、艺术、文化和科技等综合知识的基本训练，有文物、鉴赏、研究和文博事业管理的基本能力。

四、知识技能

毕业生应获得以下几方面的知识和能力：

① 掌握文物学和博物馆学的基本理论和基本知识。

② 掌握我国主要文物种类和重要文物实例。

③ 具有对人类文化遗存评价、分析、鉴赏的基本能力。

④ 了解我国文物工作的方针、政策和法规，了解文物与博物馆管理的国际规章。

⑤ 了解博物馆对人类文化遗存、自然遗存管理的作用，熟知博物馆的基本职能和全面的操作管理要求。

⑥ 了解文物修缮、保管的传统方法和现代科技知识。

⑦ 掌握文献检索、资料查询的基本方法和手段。

五、主干课程

博物馆学概论、博物馆陈列设计、博物馆藏品管理、博物馆经营管理、物质文化史、文化人类学、文物学概论、文物管理与法规、中国历史地理、古代工艺美术、民俗学、艺术史、考古学通论、文物与考古技术、文物保护基础等。

六、发展前景

1．就业方向

可在政府文物管理和研究机构、各类博物馆和陈列展览单位、考古部门、文物与艺术品经营单位、旅游部门、新闻出版、教育单位、文化创意产业等领域从事研究、保护、管理、策划、宣传、咨询等方面工作。

2．就业前景

社会上会有一部分人认为文物与博物馆学专业很冷门，毕业生很难就业。实际上，相比其他专业，文博专业学生的专业对口就业前景很不错，当今的文化遗产热、博物馆热、文物收藏热的兴起已经显示了这一点。据 2012 年国家文物局的统计，全国共新建 395 座博物馆，平均每天增加 1.08 座，对从业人员的需求量可想而知。作为历史悠久的大国，我国有许多珍贵的文化遗产亟须专业人员进行发现、研究、保护与利用，其近年来博物馆发展速度很快，博物馆的策划、设计、建设和管理中的种种问题急需专业人员的担当。此外，文化遗产保护与利用的国际化趋向越来越明显，也需要专业人员的参与。

2017年全国开设文物与博物馆学专业的院校有51所，报考硕士较集中的专业：文物与博物馆、考古学、中国史。根据阳光高考信息平台统计数据，文物与博物馆学专业2017年普通高校毕业生规模为600～700人，高考时文理科比例为文科86%，理科14%。男女生比例为男生33%，女生67%。文物与博物馆学专业本科就业率为2016年80%～85%，2017年80%～85%。

3．专家建议

① 充分考虑兴趣爱好。

我国本科类院校中开设文物与博物馆学专业的院校中，各院校的文物与博物馆学专业各有千秋，北京大学、西北大学、复旦大学、吉林大学、浙江大学等在这个专业方面较强。北京大学侧重考古学、文物保护的理论研究。西北大学侧重文化遗产保护的实际操作，复旦大学将此专业和文化产业进行有效的链接，吉林大学侧重博物馆学的理论研究、藏品的陈列和展示实践操作，浙江大学侧重文化遗产的理论研究。考生可根据自己的兴趣和偏好选择报考学校。

② 文科理科考生皆可报考。

虽然这门学科是一门人文学科，但其中包括一些科技手段和方法，不仅需要具备较好的“文史”知识储备和理论功底，也需要对“理工”科如地理、环境、生物等学科的一些相关知识有一定程度的了解和掌握。“文”“理”结合，是这门学科的最大优势。

文物与博物馆学有很强的交叉性和包容性，既适合具有人文背景的学生，如博物馆学与文化遗产方向。也适合具有理工基础的学生，如文物科技保护与科技考古方向。

③ 色盲考生不宜报考。

考生需要注意的是，文物与博物馆学对考生身体条件有一定要求，色盲考生报考该专业时，学校可不予录取。《普通高等学校招生体检工作指导意见》中明确规定，色觉异常Ⅱ度（俗称色盲），博物馆学（注：即现在的文物与博物馆学）专业可不予录取。复旦大学就规定过色盲考生不宜报考该专业。

④ 就业对口性很强。

《全国文博人才发展中长期规划纲要（2014～2020年）》中指出：我国文博人才队伍总体状况与建设文化遗产强国的要求尚不相适应。人才总量短缺，队伍结构不合理，人才素质偏低，特别是高层次领军人才、科技型专业技术人才、技能型职业技术人才、复合型管理人才严重匮乏。当前，我国文物事业正处于高需求、快发展的黄金机遇期。

4．小贴士

小众的学科，不是赚大钱的专业。

行业内的工作流动性很小，一个萝卜一个坑。

七、开设院校

2017年全国开设文物与博物馆学专业的院校有51所。

理学门类学科综述

理学门类学科（07）包括数学类（0701）、物理学类（0702）、化学类（0703）、天文学类（0704）、地理科学类（0705）、大气科学类（0706）、海洋科学类（0707）、地球物理学类（0708）、地质学类（0709）、生物科学类（0710）、心理学类（0711）、统计学类（0712）共十二个学科大类。

数学类（0701）下设数学与应用数学（070101）、信息与计算科学（070102）两个基本专业及数理基础科学（070103T）一个特设专业，共三个专业。

物理学类（0702）下设物理学（070201）、应用物理学（070202）、核物理（070203）三个基本专业和声学（070204T）一个特设专业，共四个专业。

化学类（0703）下设化学（070301）、应用化学（070302 可授理学或工学学士学位）两个基本专业及化学生物学（070303T）、分子科学与工程（070304T）两个特设专业，共四个专业。

天文学类（0704）下设天文学（070401）一个基本专业。

地理科学类（0705）下设地理科学（070501）、自然地理与资源环境（070502 可授理学或管理学学士学位）、人文地理与城乡规划（070503 可授理学或管理学学士学位）、地理信息科学（070504）四个基本专业。

大气科学类（0706）下设大气科学（070601）、应用气象学（070602）两个基本专业。

海洋科学类（0707）下设海洋科学（070701）、海洋技术（070702 可授理学或工学学士学位）两个基本专业及海洋资源与环境（070703T）、军事海洋学（070704T）两个特设专业，共四个专业。

地球物理学类（0708）下设地球物理学（070801）、空间科学与技术（070802 可授理学或工学学士学位）两个基本专业。

地质学类（0709）下设地质学（070901）、地球化学（070902）两个基本专业和地球信息科学与技术（070903T 可授理学或工学学士学位）、古生物学（070904T）两个特设专业，共四个专业。

生物科学类（0710）下设生物科学（071001）、生物技术（071002 可授理学或工学学士学位）、生物信息学（071003 可授理学或工学学士学位）、生态学（071004）四个专业。

心理学类（0711）下设心理学（071101 可授理学或教育学学士学位）、应用心理学（071102 可授理学或教育学学士学位）两个基本专业。

统计学类（0712）下设统计学（071201）、应用统计学（071202）两个基本专业。

理学是中国大学教育中重要的一支学科，是指研究自然物质运动基本规律的科学，大学理科毕业后通常即成为理学学士。与文学、工学、教育学、历史学等并列，组成了我国的高等教育学科体系。

理学和工学常常被并称为“理工”，其实理学和工学属于两个独立的学科门类，它们之间既有联系，也有区别。简单地说，理学和工学的区别有以下几个方面：

理学研究的是基础科学，要求研究的越具体、越详细、越明白越好，工学研究的是技术，要求研究得越简单、能把生产成本降的越低越好；理科重视的基础科研，工科重视的实际应用。理科培养科学家，工科培养工程师。

1．关于师范类理学专业和非师范类理学专业。

这两者在学校学的东西不一样，培养目标也不一样。师范类是为了培养教师，普通高校则是偏向科研。如果你以后打算搞科研，而不是当教师，建议报考普通高校。

2．关于数学类专业。

首先，评价数学、统计学、物理这类专业好不好是没有意义的，因为这是基础学科，是所有社会科学和自然学科的基础，人文学科也不可或缺，如果没有数学就没有现代科学。你可能听很多人说过学数学不好，那要么是从本科就业的角度，要么没做好规划，要么是对数学有什么误解。

本科打好数学基础，转其他专业或做其他领域工作比较容易。对于很多专业来说，当这些专业提到一些课程难的时候，往往就是与数学有关的部分难。例如金融学专业里的计量经济学、保险精算学，计算机专业里的算法、离散数学、密码学等。数学专业学生如果没有能力在数学领域出人头地，转到这些专业的时候学习并不困难，甚至比科班出身的人更有优势。

数学对学校还是有一定要求的，建议“985 工程”以下不要读数学，实在想读也得读有数学博士点和博士后流动站的“211 工程”高校，一般多为文理型综合类院校，但也有例外，比如湘潭大学的数学实力就很强。

3．关于物理学类。

很多人认为物理学是所有专业中最难的专业之一，所以选择这一类别的学生必须要具备对本专业知识深厚的兴趣，除此之外还要有很强的逻辑思维能力，要能耐得住寂寞，又要有科研和创新精神。

物理学虽说属于理学，但并不完全是纯理论研究，应用性也很强，与社会生活的各方面都有着密切的联系，就业领域还是很广泛的。毕业的学生可以去科研院所，还有的学生去工程领域工作，如果想成为杨振宁、李政道那样的物理学家，可以考研、考博，或者去国外深造。

4．天文学是一门古老的科学。

天文学专业其实是人类科学的六大基础学科之一，也就是大家常说的“数理化天地生”。但是此前，天文学在中国高校中属于比较稀少的专业(主要问题是就业面比较窄)，也就是所谓的“冷门专业”。一般而言，天文学专业一般分布在师范院校和一些著名的综合大学。

5．冷门专业地理科学专业。

地理系的学生与别的专业最大不同就是，其他系都是在实验室或者室内做研究，而地理专业经常会有野外实习、异地考察的机会，也会学到很多的东西。地理学最大的难点是地理现象太复杂了，很难准确地表达出来。另外，很多地理的科技遥感等受到信息技术发展和人民生活的限制不能广泛的应用。

地理学类研究还是很广泛的，包括气象、水文、土壤、生态、资源、规划、信息技术、空间技术等领域。

6．快乐与痛苦并存的大气科学类。

这个学科很有意思，气候气象的万般变化，千种风景，如果有统计学的基础几乎能把世间万物都囊括其中。

这门学科的科研做起来很痛苦，动力气象、天气原理、数值预报等其实无一例外都需要严密的数学和物理基础，其中数学公式的推理，是以实际大气的物理特性进行简化，会让你在推导公式的时候，内心无比的焦虑。有些知识体系，譬如混沌理论、奇异摄动理论、变分原理等也要比较广泛的涉及，数学、物理的知识让很多人感觉有些费劲。

7．海洋科学类专业：打开一扇新世界的大门。

本学科是有社会需求的冷门学科，很多事业单位（比如前国家海洋局下属单位）能够消化一部分毕业生。如果不晕船的话，这个专业有很多“丰富人生经历”的潜在机会，比如南北极、三大洋、南海的科考。

8．高大上的地球物理学类，就业需求量少。

地球物理学其实与我们的生活也有着密不可分的联系，地震、海啸一切地理自然灾害都是地球物理学研究的范围，再到天上的空间工程都是本专业的研究领域，所以说来这个学科还是很高大上的。从就业角度讲，需求量还是少的，毕业生除能去研究所或政府部门，还可以到石油、天然气、油田、矿产等领域做勘查工作，有些艰苦，比较适合男生。

9．地质学类与地质工程有区别，女生不宜。

地质工程和地质学不同，地质学侧重理论研究，主要是探矿；而地质工程注重运用，主要是从事与工程建筑相关的地质技术工作。相同点就是都会常出差，如果应用能力强，不喜欢搞研究，地质工程稍微好一些。

只要跟地质沾边的专业，就业都会很容易，工资也不低，还会有一些外包项目，经常会有出国做工程的机会，但是因为出差时间长，条件艰苦，可能女生不宜报考。

10．生物科学类：本科毕业生就业很难。

生物学科看上去是个涉及面很广泛的学科，但是另一方面也说明哪个领域都不专，想做研究性的工作就得读硕、读博。接收生物科学类专业毕业生的主要单位是各类生物制品公司，其中大部分是生物制药、酒水饮料食品、保健品企业；其次是环保生态部门，但吸收量不是很大。同学们在报考生物科学类专业时，可尽量选择好一些的院校，在就业形势没有显著扭转的情况下，名牌大学的优势显而易见。本科毕业的同学很多都做了销售或其他文职工作，再有就是到学校教生物，但必须有教师资格证。

11．心理学类：如果只是感兴趣，未必要选择这个专业。

本科毕业后，一半学术：如学校教师。一半非学术，如企业人力资源、用户体验、学校心理健康工作。此专业本科毕业直接就业的很少，做的多是非心理学直接相关的工作。

在中国，心理咨询行业仍属于新兴行业，不少人对心理咨询存在一定的偏见，心理咨询行业生存现状并不是非常乐观。

12．统计学类：典型的工具型专业。

统计学以前是数学的一个分支，现在已经和数学并列成为二级学科了，但同时又和经济学有着莫大的关系，所以经济学很强的高校大多是经管类的，或者是以经管见长的院校，招生专业名称一般为统计学、应用统计学。

中国大多数统计学本科所学内容不足以让统计学本科生做与本专业相关的内容（如建模、大数据等），大部分都是描述统计类工作，类似于画画图表、说说走势之类的工作。如果你不想做描述统计，想做建模、大数据、数据挖掘相关的工作，现实是无论国内国外，本科做不了此类相关工作，得读研究生甚至博士。

数学与应用数学专业

专业代码	中文名	学科门类	一级学科	授予学位	修学年限
070101	数学与应用数学	数学类	理学	理学学士	四年

一、专业概述

数学与应用数学包括基础数学和应用数学两方面，基础数学研究的是数学本学科的基本理论与发展规律，如著名的哥德巴赫猜想等问题就是基础数学的研究对象。应用数学就是由大量的实际问题引发的数学理论，解决现实生活或其他学科与科学技术中碰到的问题。

二、培养目标

培养掌握数学科学的基本理论与基本方法，具备运用数学知识、使用计算机解决实际问题的能力，受到科学研究的初步训练，能在科技、教育和经济部门从事研究、教学工作或在生产经营及管理部门从事实际应用、开发研究和管理工作的高级专门人才。

三、培养要求

主要学习数学和应用数学的基础理论、基本方法，受到数学模型、计算机和数学软件方面的基本训练，具有较好的科学素养，初步具备科学研究、教学、解决实际问题及开发软件等方面的基本能力。

四、知识技能

毕业生应获得以下几方面的知识和能力：

① 具有扎实的数学基础，受到比较严格的科学思维训练，初步掌握数学科学的思想方法。

② 具有应用数学知识去解决实际问题，特别是建立数学模型的初步能力。

③ 熟练使用计算机（包括常用语言、工具及数学软件），具有编写应用程序的能力。

④ 了解国家科学技术等有关政策和法规。

⑤ 了解数学科学的某些新发展和应用前景。

⑥ 有较强的语言表达能力，掌握资料查询、文献检索及运用现代信息技术获取相关信息的基本方法，具有一定的科学研究和教学能力。

五、主干课程

分析基础、高等代数、几何学、常微分方程、实变函数、概率论、科学计算、抽象代数、微分几何、复变函数、泛函分析等。

六、发展前景

1. 就业方向

此专业师范类的毕业生大多数从事教师职业，从小学到大学教师。也有部分毕业生从事软件工程师和考取公务员。也可从事软件设计、工程计算、网络安全、国防科技等方面的技术工作。

2. 就业前景

一段时间以来，人们认为数学这样的基础学科难学、就业不易，是专业中的冷门。事实上，基础学科和应用学科之间存在着你中有我、我中有你、相互交叉、相互渗透的联系，社会对数学人才的需求也是多方面、多层次的。无论是进行理论研究、科研数据分析、软件开发，还是从事金融保险、国际经济与贸易、工商管理、通信工程、建筑设计等行业，都离不开相关的数学专业知识。

2017 年，全国开设数学与应用数学专业的院校有 521 所，部分高校按以下专业方向培养：基础、财经数学、经济数学、数理金融、金融与统计、金融与保险精算、金融数学与金融工程、物流系统模型与仿真、数据科学与大数据技术。报考硕士较集中的专业：学科教学（数学）、数学、应用数学、基础数学。根据阳光高考信息平台统计数据，数学与应用数学专业 2017 年普通高校毕业生规模为 46000～48000 人，高考时文理科比例为文科 0%，理科 100%。男女生比例为男生 37%，女生 63%。数学与应用数学专业本科就业率为 2016 年 85%～90%，2017 年 90%～95%。

3．专家建议

① 开设院校多，选择余地大。

目前，全国本科阶段开设数学与应用数学的专业院校有 520 多所，大多集中在一批、二批院校中，考生选择余地较大，成绩拔尖的同学可以考虑名牌高校。

师范院校是基础专业开设相对比较集中的院校，在 500 余所开设数学与应用数学专业的院校中，师范院校就占了 135 所。除了北京师范大学、华东师范大学外，陕西师范大学、华中师范大学、东北师范大学等实力也比较强。这类院校中的数学专业大多是师范类专业，也有部分非师范专业。

另外，二本院校中可选择的范围也很广，很多高校数学专业都各具特色。由于开设院校多，该专业在各个高校的培养特色和课程设置上也有不同侧重。有的侧重基础数学或金融数学，有的侧重理论与应用，有的侧重信息与计算科学。考生在选报时，可根据自己的兴趣爱好和分数情况等综合考虑。

② 了解专业方向和招生大类。

值得注意的是，在招生时，一些高校是按数学与应用数学专业招生，如北京师范大学的数学与应用数学专业包括基础数学、应用数学、数学教育、信息处理与计算科学等方向，中央财经大学的数学与应用数学专业有金融数学方向等。还有很多高校是按“数学类”招生的，比如北京大学、复旦大学、南开大学等。不同院校的专业类中包含的专业不同，以北京大学为例，数学科学学院设有五个系：数学系、概率统计系、科学与工程计算系、信息科学系和金融数学系。北京大学招生时按数学大类招生，入学两年后学生可自由选择进入五个系之一学习。

考生在报考时，可提前了解一下报考院校专业大类中包含哪些专业。一般来说，各个专业在大一、大二所开设的基础课程基本相同，大二下学期才进入各自的专业学习。另外，有很多院校的理科实验班学生毕业以后也可以选择数学专业为其将来的发展方向。

③ 学好数学，爱好很关键。

一般来说数学能力强的人，基本体现在两种能力上，一是逻辑思维能力，二是抽象思维能力。爱因斯坦也说过：“纯粹数学，就其本质而言，是逻辑思想的诗篇。”所以，考生在报考数学专业时，最好要了解自己的专长和兴趣，例如是否擅长逻辑思维，是否有较好的图形、图像想象力及代数运算能力，是否喜欢用数学概念来了解和解释世界。

不同于其他学科，纯数学是一个偏重理论研究的基础学科，兴趣爱好、良好的基础和天赋是关键。如果希望自己将来能从事数学基础理论的研究并有所建树，首先要对数学有浓厚的兴趣并具有探究、钻研精神，其次最好有一定的数学天赋。

④ 就业难度并不比其他专业大。

数学专业毕业生具有比较扎实的理论基础，只要再学习一些相关知识，他们可以转向很多理工、经济类专业，比如计算机、统计、金融、经济学等。随着现代计算机技术的飞速发展，需要一大批懂数学的工程师做相应的数据库开发，经济领域中也有很多情况需要具有专业数学知识的人才。数学专业在专业知识、逻辑思维和创新能力上都有较大的优势，跨专业考研或跨专业就业并不困难。

据统计，收入较高、工作相关度高、提升较快的专业主要集中在计算机、金融、信息安全、软件工程等相关行业领域；而数学专业毕业生大多从事与其相关行业的技术岗位，如精算师、银行、证券业工作、程序员、数据分析师等。

4．小贴士

数学与应用数学专业是一个纯数学类的专业，课程比较偏重基础数学理论，大学期间要学习大量的高等数学类的内容，学起来相当不容易。

七、开设院校

2017年全国开设数学与应用数学专业的院校有521所。

信息与计算科学专业

专业代码	中文名	学科门类	一级学科	授予学位	修学年限
070102	信息与计算科学	数学类	理学	理学学士	四年

一、专业概述

信息与计算科学专业原名“计算数学”，1987年更名为“计算数学及其应用软件”，1998年教育部将其更名为“信息与计算科学”，是以信息领域为背景，数学与信息、计算机管理相结合的数学类专业。

二、培养目标

培养具有扎实的数学基础、良好的专业知识和熟练的计算机应用能力，初步具备在信息科学、高性能计算领域的某个方向上从事科学研究、解决实际问题、软件设计与开发的能力的高级专门人才。

三、培养要求

要求在扎实的数学基础之上，合理架构信息科学与计算机科学的专业基础理论，通过信息论、科学计算、运筹学等方面的基础知识教育和建立数学模型、数学实践课、专业实习各环节的训练，着重培养学生解决科学计算、软件开发和设计、信息处理与编码等问题的能力。

四、知识技能

毕业生应获得以下几方面的知识和能力：

① 具有扎实的数学基础，掌握信息科学、计算机科学的基本理论和基本知识。

② 能熟练使用计算机（包括常用语言、工具及一些专用软件），具有基本的算法分析、设计能力和较强的编程能力。

③ 了解某个应用领域，能运用所学的理论、方法和技能解决某些科研或生产中的实际课题。

④ 对信息科学与计算科学理论、技术及应用的新发展有所了解。

⑤ 掌握文献检索、资料查询的基本方法，具有一定的科学研究和软件开发能力。

五、主干课程

数学分析、高等代数、解析几何、概率统计、数学模型、离散数学、模糊数学、实变函数、复变函数、微分方程、物理学、信息处理、信息编码与信息安全、现代密码学教程、计算智能、计算机科学基础、数值计算方法、数据挖掘、最优化理论、运筹学、计算机组成原理、计算机网络、计算机图形学、C/C++语言、Java语言、汇编语言、算法与数据结构、数据库应用技术、软件系统、操作系统等。

六、发展前景

1．就业方向

在信息与计算科学、计算机信息处理、经济、金融等部门从事研究、教学、应用软件开发或者在管理部门从事实际应用、开发研究、管理等工作。

2．就业前景

就专业来说，信息与计算科学专业是数学学科下的一个理科新专业。一方面为我国培养信息与计算科学人才提供了新的平台，顺应了时代发展。但另一方面该专业开设的时间较短，就业面临短期供求失衡，没有明确的就业行业。

2017 年全国开设信息与计算科学专业的院校有 471 所，部分高校按以下专业方向培养：大数据、云计算、数理金融、信息处理、信息数字化、移动互联网、计算数学与软件。报考硕士较集中的专业：数学、计算机技术、应用数学。根据阳光高考信息平台统计数据，信息与计算科学专业 2017 年普通高校毕业生规模为 20000～22000 人，高考时文理科比例为文科 0%，理科 100%。男女生比例为男生 61%，女生 39%。信息与计算科学专业本科就业率为 2016 年 85%～90%，2017 年 90%～95%。

3．专家建议

① 参考数学类专业的相关资料。

② 关于就业的建议。

软件研发问题说到底是数学问题，所以计算机相关专业对数学很重视，通常会开设较多的数学课程，包括高数、线性代数、概率论、离散数学等，同时配备算法设计、数据结构等专业课程，以提高学生的基础研发能力。相对于计算机专业来说，信息与计算科学专业则更加注重数学课程的教育，所以该专业的毕业生未来在 IT 行业会有一定的发展空间。

信息与计算机科学专业选择读研比较不错。在大数据、人工智能时代，选择这两个方向的研究生会明显提升自身的竞争力，近年相关方向的研究生就业情况就能较好地说明这个问题。另外，大数据、人工智能相关方向的研究生导师大多也比较喜欢信息与计算科学专业的毕业生。

如果选择在本科毕业之后参加工作，应该注重三个问题：一是在本科期间应加强动手实践能力的培养。二是选择一个主攻方向，比如大数据、机器学习、计算机视觉等。三是尽量拓展自身的知识面。虽然本科毕业生大部分情况下会从应用级程序员岗位开始做起，但是信息与计算科学专业的毕业生完全可以选择走研发级程序员的路线。

③ 学好数学类专业，兴趣爱好是关键。

一般来说数学能力强的人，基本体现在两种能力上，一是逻辑思维能力，二是抽象思维能力。考生在报考数学类专业时，最好要了解自己的专长和兴趣，例如是否擅长逻辑思维，是否有较好的图形、图像想象力及代数运算能力，是否喜欢用数学概念来了解和解释世界。

④ 根据不同学校的培养方向，谨慎选择。

4．小贴士

数学成绩不好，谨慎报考该专业。

七、开设院校

2017 年全国开设信息与计算科学专业的院校有 471 所。

物理学专业

专业代码	中文名	学科门类	一级学科	授予学位	修学年限
070201	物理学	物理学类	理学	理学学士	四年

一、专业概述

物理学是揭示和阐述物质世界基本属性、基本构成、相互作用和运动规律的自然科学。更广义地说，物理学是探索、研究大自然现象及其规律的学问。它是当今最精密、最基础的自然科学之一，也是众多技术学科的支柱。

二、培养目标

培养掌握物理学的基本理论与方法，具有良好的数学基础和实验技能，能在物理学或相关的科学技术领域中从事科研、教学、技术和相关的管理工作的高级专门人才。

三、培养要求

主要学习物质运动的基本规律，接受运用物理知识和方法进行科学研究和技术开发训练，获得基础研究或应用基础研究的初步训练，具备良好的科学素养和一定的科学研究与应用开发能力。

四、知识技能

毕业生应获得以下几方面的知识和能力：

① 掌握数学的基本理论和基本方法，具有较高的数学修养。

② 掌握坚实的、系统的物理学基础理论及较广泛的物理学基本知识和基本实验方法，具有一定的基础科学研究能力和应用开发能力。

③ 了解相近专业的一般原理和知识。

④ 了解物理学发展的前沿和科学发展的总体趋势。

⑤ 了解国家科学技术、知识产权等有关政策和法规。

⑥ 掌握资料查询、文献检索及运用现代信息技术获取相关信息的基本方法。

⑦ 具有一定的实验设计，创造实验条件，归纳、整理、分析实验结果，撰写论文，参与学术交流的能力。

五、主干课程

高等数学、力学、热学、光学、电磁学、原子物理学、数学物理方法、理论力学、热力学与统计物理、电动力学、量子力学、固体物理学、结构和物性、计算物理学入门等。

六、发展前景

1．就业方向

可在高校、国防部门、科研机构等从事教学研究及相关科研管理工作。中国有很多与物理相关的研究所，如中国科学院高能物理研究所、理论物理研究所、近代物理研究所、等离子体物理研究所、国家空间科学中心等，这都是物理学毕业生深造和就业的去处。

2．就业前景

有报道显示，物理学专业对口就业率不高，毕业生半年后的工作与专业相关度仅为37%，这是大多数基础学科的就业特点，因为并不是每个学物理的人都能成为物理学家或搞科研工作。表面上看，直接与物理对口的行业很少，但事实上物理学的就业范围很广，许多以物理为基础的学科领域都可以，如信息、能源、航天、军工、材料、交通、经济、生命科学等。

2017 年全国开设物理学专业的院校有 283 所，部分高校按以下专业方向培养：太阳能、通用技术、应用物理、新能源材料、绿色能源技术、光伏科学与技术、光电器件及其应用、光信息科学与技术。报考硕士较集中的专业：学科教学（物理）、物理学、凝聚态物理、光学。根据阳光高考信息平台统计数据，物理学专业 2017 年普通高校毕业生规模为 16000～18000 人，高考时文理科比例为文科 0%，理科 100%。男女生比例为男生 56%，女生 44%。物理学专业本科就业率为 2016 年 80%～85%，2017 年 90%～95%。

3．专家建议

① 近300所院校开设物理专业。

物理专业是传统的基础专业之一，很多院校都开设了这个专业，如北京大学、清华大学、复旦大学、南京大学、中国科学技术大学、北京师范大学等院校的物理学专业都是国家级重点学科。阳光高考平台数据显示，物理学专业的招生大多分布在综合类院校、理工类院校、师范类院校的一批招生专业中。

② 看清招生形式，找准专业方向。

具体到招生方式和招生专业，考生家长可以查看当年下发的《招生专业目录》，从近几年的《招生专业目录》中我们可以看到，物理学专业的招生方式主要有两种：一是按物理学专业招生，二是按物理大类招生。近年来，越来越多的院校开始以物理大类招生，入学后经过一到两年的培养，再根据学生的兴趣和学习情况，分流到具体的专业，如北京大学、南京大学、北京航空航天大学等。

北大的物理学科拥有全国最多的国家级精品课程，学生按物理学大类入学后第一、二年级不分专业，从三年级起以物理学类入校的同学在物理学科、大气与海洋学科中再分别选课、研修。南京大学物理学类含物理学、应用物理学、声学三个专业，有理论物理与计算物理、基本粒子/核物理与宇宙学、超导/量子调控与量子计算、晶体/光学与光电子学、磁学与磁电子学、声学/声信息技术与工程、生物物理与软物质科学、新能源物理与纳米科学八个培养方向，招生时不分专业，本科二年级下学期到三年级上学期进行专业分流。北京航空航天大学的物理学类包括应用物理、核物理两个本科专业，从 2013 年开始增设“爱因斯坦”实验班，新生入学后优选 20 名左右学生重点培养，其中凝聚态物理为北京市和原国防科工委重点学科，理论物理和光学为工信部重点支撑基础学科，核能科学与工程为国防紧缺学科。

另外，还有一种大类招生是以实验班的形式，但其中所包含的专业不全是物理学的专业方向。如北京师范大学的理科试验班可自主选择数学、物理、化学、生物学。复旦大学的“自然科学实验班”包括物理学、理论与应用力学、化学、高分子材料与工程等 15 个专业。考生在报考时，要根据自己的兴趣爱好、分数情况，结合院校的专业方向综合考虑。

③ 了解院校章程及报考条件。

虽然在《普通高等学校招生体检工作指导意见》中对报考物理学专业的考生没有提出身体限制，但有的高校对报考该专业的考生有单科成绩的要求，如首都师范大学在《招生章程》中规定：“数学单科成绩要求：数学科学学院、物理系和信息工程学院的各专业以及国际经济与贸易专业，在录取时对数学单科成绩有一定要求，具体分数视当年考生总体水平而定。”有意报考物理专业的考生还需留意相关高校当年的招生章程。

④ 就业率不高，适合继续深造。

虽然物理学专业对口就业率并不高，但俗话说得好，“学好数理化，走遍天下都不怕”。深厚的知识功底让物理学毕业生无论在哪个行业工作都能很快上手。北大物理学院对 20 世纪八九十年代物理学专业的本科毕业生进行的问卷调查，得到他们的就业领域分布百分比为：科研、教育 32%。IT 业 28% 。金融、贸易、商务、咨询 13%，半导体 14%，生物产业 2%，传统工业类 6%，文体、卫生 2%，律师 1%，新闻媒体 1%……他们都认为物理学习为后来的发展打下了牢固基础。

物理学专业毕业生具有较扎实的理论基础，很多同学会选择考研或出国深造，深造的专业大部分为物理学相关专业。若国内考研，物理有许多课程是其他专业的主干学科或考试科目，考研率很高，这也是物理学专业的优势。

4．小贴士

很多物理研究的课题是基础性的，往往需要政府的大量政策性投入，难以实现产业化，对于打算毕业后从事物理研究的人来说，应该做好思想准备。

七、开设院校

2017 年全国开设物理学专业的院校有 283 所。

应用物理学专业

专业代码	中文名	学科门类	一级学科	授予学位	修学年限
070202	应用物理学	物理学类	理学	理学学士	四年

一、专业概述

应用物理学，顾名思义就是以应用为目的的物理学专业，是以物理学的基本规律、实验方法及最新成就为基础，来研究物理学应用。应用物理学是当今高新技术发展的基础，是多种技术学科的支柱。其目的是便于将理论物理研究的成果尽快转化为现实的生产力，并反过来推动理论物理的进步。

二、培养目标

培养掌握物理学基本理论与方法，具有良好的数学基础和基本实验技能，掌握电子技术、计算机技术、光纤通信技术、生物医学物理等方面的应用基础知识、基本实验方法和技术，能在物理学、邮电通信、航空航天、能源开发、计算机技术及应用、光电子技术、医疗保健、自动控制等相关高校技术领域从事科研、教学、技术开发与应用、管理等工作的专门人才。

三、培养要求

主要学习物理学的基本理论与方法，具有良好的数学基础和实验技能，受到应用基础研究、应用研究和技术开发以及工程技术的初步训练，具有良好的科学素养，适应高新技术发展的需要，具有较强的知识更新能力和较广泛的科学适应能力。

四、知识技能

毕业生应获得以下几方面的知识和能力：

① 掌握系统的数学、计算机等方面的基本原理、基本知识。

② 掌握较坚实的物理学基础理论、广泛的应用物理知识、基本实验方法和技能。

③ 具备运用物理学某一专门方向的知识和技能进行技术开发、应用研究、教学和相关管理工作的能力。

④ 了解相近专业以及应用领域的一般原理和知识。

⑤ 了解我国科学技术、知识产权等方面的方针、政策和法规。

⑥ 了解应用物理的理论前沿、应用前景和最新发展动态以及相关高新技术产业的发展状况。

⑦ 掌握资料查询、文献检索及运用现代信息技术获取最新参考文献的基本方法。

⑧ 具有一定的实验设计，创造实验条件，归纳、整理、分析实验结果．撰写论文，参与学术交流的能力。

五、主干课程

高等数学、线性代数、概率论与数理统计、普通物理学（包括力学、热学、光学、电磁学、原子物理学）、理论物理（包括理论力学、电动力学、热力学与统计力学、量子力学）、数学物理方法、电子技术（包括模拟电子技术、数字电子技术）、原子核物理、微机原理、C 语言、智能仪器原理及应用、传感器原理及应用、计算机网络、结构物理、材料物理、固体物理学、机械制图、核电子学等。

六、发展前景

1．就业方向

可在应用物理、电子信息技术、材料科学与工程、计算机技术等相关科学领域从事应用研究、技术开发以及教学和管理工作。

2．就业前景

① 参考物理学专业的内容。

② 就业存在一些问题。

该专业的人才虽然就业面比较广，但是往往竞争力不够强，例如，虽然他们对半导体材料有一些研究，但是研究深度比半导体专业有一些差距，往往在竞争时处于下风。

当前，我国东部沿海地区的某些行业，逐渐从劳动密集型向技术密集型和资金密集型发展，对基础技术的需求越来越大，这些技术虽然大部分从国外引进，但掌握这些技术、操作这些技术载体的仪器，需要大量的应用物理专业的人才。随着新一轮的技术革命，将会促进应用物理专业的研究继续向纵深方向发展。

2017 年全国开设应用物理学专业的院校有 199 所，部分高校按以下专业方向培养：微电子、物联网、原子核、光伏工程、生物物理、医学物理学、应用电子技术。报考硕士较集中的专业：物理学、凝聚态物理、光学、光学工程。根据阳光高考信息平台统计数据，应用物理学专业 2017 年普通高校毕业生规模为 8000～9000 人，高考时文理科比例为文科 0%，理科 100%。男女生比例为男生 77%，女生 23%。应用物理学专业本科就业率为 2016 年 80%～85%，2017 年 90%～95%。

3．专家建议

① 参考物理学业相关资料。

② 应用物理学虽然是以古老的物理学为基础建立的，但它属于比较年轻的专业，近年来的发展十分迅速。

应用物理学和理论物理学一个很大的不同点，就是两者的研究方法不同。理论物理学更多地依赖于数学和物理，主要是通过思考和推导来获得进步。而应用物理学涉及的是一些非常具体的问题，一般都是采取实验的方法来进行研究。目前应用物理学发展比较快的主要是一些新兴技术性行业，如电子科学、计算机科学等，这些行业也是物理学理论转化为应用的要求最急切的，比如将物理电磁学方面的理论转化在电子和计算机方面，会为这些行业的发展提供非常强大动。现在及将来，最需要的是把理论研究的结果更快、更直接地转化为现实生产力。

从专业特点来说，应用物理学需要使用到的研究方法主要是实验，对于学生的实验能力要求比较高，不仅是对动手能力的要求，同时也要求有严谨的科学研究态度。对物理学有浓厚兴趣，有一贯严谨的学习态度，具有较强动手和实验能力的学生，但又不适合或不愿意做纯粹理论研究，喜欢工作和科研成果可以实实在在地被应用，本专业是一个不错的选择。

不过考生在报考时应该注意，本专业虽然是应用类的专业，但在本科学习期间，由于专业涵盖范围广，理论学习占很重要的部分，有大量比较艰深的理论课程，需要学生有充分的信心来很好地完成理论课程的学习，为进一步学习和研究打下坚实的基础。

需要提醒的是，某些院校的应用物理学系有名无实，对应用方面的重视远远不够，考生务必仔细选择一个有比较丰富经验和教学能力的学校。

4．小贴士

作为应用型专业，在一些院校的招生中，对于色盲和色弱的学生有所限制。

七、开设院校

2017 年全国开设物理学专业的院校有 199 所。

核物理专业

专业代码	中文名	学科门类	一级学科	授予学位	修学年限
070203	核物理	物理学类	理学	理学或工学学士	四年

一、专业概述

核物理学又称原子核物理学，是20世纪新建立的一个物理学分支。它研究原子核的结构和变化规律。射线束的产生、探测和分析技术，以及同核能、核技术应用有关的物理问题。

二、培养目标

培养在核物理与核科学技术领域内具有扎实、宽厚的理论基础、熟练的实验技能并获得科学研究的系统训练，具有较强的工作适应能力和后劲，能在工业、农业、国防、医学及环保及其相关领域从事核物理专业基础研究、应用研究、教学、管理等的高级专门人才。

三、培养要求

主要通过对原子核物理学、核电子学、核物理实验方法、核技术应用等专业基础知识的学习，掌握核物理专业的基本科学知识和体系，并受到相关专业实验的训练，从而具有良好的数理基础和核物理学科的理论基础，具有较深入的专业知识和熟练的实验技能，能够适应核物理学科各方向发展的基本需要。

四、知识技能

毕业生应获得以下几方面的知识和能力：

① 具有较扎实的自然科学基础，较好的人文、艺术和社会科学基础及正确运用本国语言、文字的能力。

② 掌握数学的而基本理论方法，具有比较坚实的数学基础。

③ 掌握物理的基本理论和基本实验方法，具有一定的基础科学研究能力和应用开发能力。

④ 掌握核物理专业的基本科学知识和体系，获得核物理专业的实践训练，了解核物理学发展的前沿和趋势。

⑤ 掌握一门外语，掌握计算机及信息技术应用知识，能够进行中外文献检索，掌握科技写作知识，具有一定的科技论文的写作能力和科技学术交流的能力。

⑥ 了解国家科学技术、知识产权等有关政策和法规。

⑦ 具有较强的自学能力、创新意识和较高的综合素质。

五、主干课程

普通物理、电子技术基础、数学物理方法、理论力学、热力学与统计物理、电动力学、量子力学、固体物理、原子核物理学、核电子学、核物理实验方法、辐射剂量与防护、核技术基础等。

六、发展前景

1．就业方向

可在相关科研部门、高等学校从事科学研究和教学工作，也可到原子核物理及核技术相关的厂矿、企事业技术和行政管理部门从事应用研究、科技开发、生产技术管理工作。

2．就业前景

① 可参考物理学其他专业的资料。

② 考研相对容易。

因为此专业开设院校不多，大多数学生考研去了比较集中的几个科研院所做深入研究，如清华大学、中国科学技术大学、北京大学、上海交通大学、兰州大学、山东大学、南京大学、中国科学院大学及相关研究所等。如果选择就业，从专业技能水平来说，大多很难满足对口岗位的需要，但可以从事计算机、金融、保险、大数据等对数理能力要求较高的工作。

2017 年全国开设核物理专业的院校有南华大学、北京航空航天大学、吉林大学、哈尔滨工业大学 4 所。报考硕士较集中的专业：粒子物理与原子核物理、物理学、凝聚态物理、核技术及应用。根据阳光高考信息平台统计数据，核物理专业 2017 年普通高校毕业生规模为 100～150 人，高考时文理科比例为文科 0，理科 100%。男女生比例为男生 88%，女生 12%。核物理专业本科就业率为 2016 年 80%～85%，2017 年 90%～95%。

3．专家建议

① 可参考物理学类其他两个专业的资料。

② 核物理专业为原子核物理专业，并非核工程与核技术。

核物理属于理科专业，科研性质较强，在本专业方向上，学生本科毕业后多考虑读研或从事科研、教育等相关工作。而核工程与核应用，属于工科专业，更偏向于核能量的应用，比如核电、环保等。

若对核物理专业感兴趣，并且将来想要从事相关工作，需要在本科期间打好扎实的基础，计算机、电路、电子、高数、线性代数、概率论等工科基础性课程，尤其要学好，这些都是从事核物理科学研究的基础。

4．小贴士

本科阶段课程比较单调和枯燥。

七、开设院校

2017 年全国开设核物理专业的院校有南华大学、北京航空航天大学、吉林大学、哈尔滨工业大学 4 所。

化学专业

专业代码	中文名	学科门类	一级学科	授予学位	修学年限
070301	化学	化学类	理学	理学学士	四年

一、专业概述

化学学科研究的是物质的结构、组成、性质以及变化规律的基础自然科学，借助物质间的化学反应制造出新材料、新能源，从而解决人类不断增长的吃、穿、住、行方面的需求。

二、培养目标

培养具备化学的基础知识、基本理论和基本技能，能在化学及与化学相关的科学技术和其他领域从事科研、教学技术及相关管理工作的高级专门人才。

三、培养要求

主要学习化学方面的基本知识、基本理论和基本技能与方法，受到科学思维和科学实验的训练，具有一定的科学研究、应用研究及科技管理的能力。

四、知识技能

毕业生应获得以下几方面的知识和能力：

① 掌握数学、物理等方面的基本理论和基本知识。

② 掌握无机化学、分析化学（含仪器分析）、有机化学、物理化学（含结构化学）及化学工程的基础知识、基本原理和基本实验技能。

③ 了解相近专业的一般原理和知识。

④ 了解国家关于科学研究、化学相关产业的政策，以及国内外知识产权等方面的法律法规。

⑤ 了解化学某些领域的理论前沿、应用前景和最新发展动态以及化学相关产业发展状况。

⑥ 掌握中外文资料查询、文献检索及运用现代信息技术获取相关信息的方法。

⑦ 有一定的实验设计，创造实验条件，归纳、推理、分析实验结果，撰写论文，参与学术交流的能力。

五、主干课程

无机化学、分析化学（含仪器分析）、有机化学、物理化学（含结构化学）、化学工程基础等。

六、发展前景

1．就业方向

可在精细化工相关企事业单位、商贸公司从事技术开发、产品研制、生产管理、生产监督、环境监测、质量检验、技术服务等工作，还可到相关行业从事化学品的应用研发、安全管理、质量检测等工作。

2．就业前景

目前，在稳步推进新型城镇化和消费升级等因素拉动下，石化化工产品市场需求保持较快增长。同时，社会消费能力的增长将带动相关能源、建材、家电、食品、服装、车辆等行业的发展，这些都是化学专业涉及的行业。

2017 年全国开设化学专业的院校有 307 所，部分高校按以下专业方向培养：科学、药物、工业分析、化学制药、分析与检测、精细化学工业。报考硕士较集中的专业：化学、学科教学（化学）、有机化学、物理化学。根据阳光高考信息平台统计数据，化学专业 2017 年普通高校毕业生规模为 22000～24000 人，高考时文理科比例为文科 0%，理科 100%。男女生比例为男生 34%，女生 66%。化学专业本科就业率为 2016 年 85%～90%，2017 年 90%～95%。

3．专家建议

① 化学是理科专业。

化学专业是传统的基础专业之一，在教育部 2012 年版《普通高等学校本科专业目录》中属理学中的化学类。化学大类中，化学和应用化学是两个基础专业，工学中有化学工程与工艺专业，这三个专业往往容易混淆。

简单来说，化学偏重于研究物质变化的规律性。化学工程注重如何将实验放大得到产品。应用化学介于两者之间。举个简单的例子，比如同样发现了一种化学新物质，化学专业更关心这种物质是怎样合成的。而化学工程则更关心这种物质有怎样的用途以及如何大规模的生产。应用化学虽说是理科，但与纯理科不同，也比较强调应用，是介于化学和化学工程之间的应用理科专业。

② 化学专业本科学习内容。

低年级的化学专业学生，除了数学、物理、英语等公共基础课之外，主要学习无机化学、有机化学、分析化学、物理化学四门专业基础课。这四门课被称为“四大化学”，是所有化学专业必须掌握的。高年级学生可以根据自己的兴趣爱好，分别在无机、有机、分析、物化等专业方向课程中选修相应的高级课程。

有机化学主要研究有机化合物，比较活跃的研究领域有药物分子设计与合成。无机化学是研究无机化合物，比较活跃的研究领域是研制功能性无机材料，如电池材料。分析化学是研究物质组成、结构和性能的分析方法的科学，目前环境样品分析、食品安全分析都是其研究热点。物理化学则偏重于寻求隐藏于化学现象内部的化学规律性研究，对其他学科提供理论支撑。高分子化学是研究高分子材料，研制具有特殊性能的高分子材料（如弹性材料、高强度材料等）。

③ 院校众多，各有特色。

目前全国排名靠前的高校基本上都有本专业，其中近一半为师范类院校。

北京大学化学与分子工程学院（简称化学学院）是在北京大学原化学系的基础上发展起来的，学科设立齐全，包括化学、材料化学、化学生物学、应用化学四个专业。自 2003 年开始，化学学院按化学大学科招生，本科阶段不再细分无机、有机等专业，入学第三年可选择进入化学、材料化学、应用化学和化学生物学四个专业学习，学制均为四年。本科阶段注重化学基础素养培养，化学、材料化学、应用化学三个专业仅有少数课程设置不同，化学生物学专业将安排更多生物类的理论及实验课程。

南开大学化学学院设有化学、应用化学、化学生物学和分子科学与工程四个专业，2015 年开始按化学类专业大类招生。入学后参加南开大学优秀学生培养试验计划（伯苓班）的选拔，根据志愿和选拔成绩分出化学生物学和分子科学与工程两个专业，化学与应用化学专业前两年统一上课，两年后分专业。

还有些院校的化学专业是新开设的，如北京化工大学的化学专业 2016 年开始招生，优势和特色就在于学校浓厚的化工背景和氛围，学校一半以上的专业与化学学科相关，如化学工程、生物制药、高分子材料等。

④ 实验科学需要善于动手。

和其他自然学科一样，学习化学需要有探索未知世界的勇气和热情。相比于数学的逻辑和物理的严谨，具有发散性思维、喜欢创新，又喜欢动手去实验的学生，很适合化学。化学是一门实验科学，喜欢动手、善于动手是学好化学的条件之一。

⑤ 选考科目有要求，色弱或者色盲考生不宜报考。

化学专业对考生身体条件有一定要求，对视力要求更具体。对于实行新高考方案省市（上海、浙江、山东等）考生，化学专业制定的选考科目要求为必测物理或者化学。请参考《普通高等学校招生体检工作指导意见》《招生章程》和高考体检结果填报志愿。

不建议色弱或者色盲考生填报化学专业，身体专业受限不仅会影响在学校期间的专业学习，也会影响学生毕业后的求职就业。

4．小贴士

近年，因毕业难以找到对口工作、工资低、工作环境差、劳动强度大等，在网络上被评为红牌专业。

七、开设院校

2017 年全国开设化学专业的院校有 307 所。

应用化学专业

专业代码	中文名	学科门类	一级学科	授予学位	修学年限
070302	应用化学	化学类	理学	理学或工学学士	四年

一、专业概述

应用化学，就是通过学习掌握各种化学知识并应用到实际生产生活中，包括化工、材料、医药、环境、能源、轻工等行业。应用化学专业的研究内容与人类的衣食住行有密切关系。

二、培养目标

培养具备化学的基本理论、基本知识且具有较强的实验技能，能在科研机构、高等学校及企事业单位等从事科学研究、教学工作及管理工作的高级专门人才。

三、培养要求

主要学习化学方面的基础知识、基本理论、基本技能以及相关的工程技术知识，受到基础研究和应用基础研究方面的科学思维和科学实验训练，具有较好的科学素养，具备运用所学知识和实验技能进行应用研究、技术开发和科技管理的基本技能。

四、知识技能

毕业生应获得以下几方面的知识和能力：

① 掌握数学、物理等方面的基本理论和基本知识。

② 掌握无机化学、分析化学（含仪器分析）、有机化学、物理化学（含结构化学）、化学工程及化工制图的基础知识、基本原理和基本实验技能。

③ 了解相近专业的一般原理和知识。

④ 了解国家关于科学技术、化学相关产品、知识产权等方面的政策、法规。

⑤ 了解化学的理论前沿、应用前景、最新发展动态，及化学相关产业发展状况。

⑥ 掌握中外文资料查询、文献检索及运用现代信息技术获取相关信息的方法。

⑦ 具有一定的实验设计，创造实验条件，归纳、整理、分析实验结果，撰写论文，参与学术交流的能力。

⑧ 熟练掌握实验室的各种仪器，并且能够利用各种仪器完成系列的物质检验，产品分析，等常规处理方法。

五、主干课程

无机化学、分析化学、有机化学、物理化学、化学工程基础、工程制图、精细合成化学、物质结构、高等有机化学、专业课程设计等（各高校实际的课程安排，以其培养计划或专业介绍为准）。

六、发展前景

1．就业方向

可在高等院校、科研院所、企业从事与化工、制药、材料、能源、绿色化学品相关的教学、科学研究、技术开发及相关管理工作。

2．就业前景

化学向其他学科的渗透趋势比较明显，化学学科在生物学、材料的交叉领域有很大作用。因此，应用化学不仅是开发基本化工原料、无机材料、有机精细化学品、高分子材料等的基础，而且在工农业生产、海洋开发、航天航空、信息产业、环境保护、生物工程、国防建设以及日常生活中发挥着重要的作用。

2017 年全国开设应用化学专业的院校有 451 所，部分高校按以下专业方向培养：制药、功能材料、精细化工、药物合成、质量检测、分析与检测、药用化妆品、产品检测技术、化学生物应用、环境监测与评价。报考硕士较集中的专业：化学、化学工程、化学工程与技术、有机化学。根据阳光高考信息平台统计数据，应用化学专业 2017 年普通高校毕业生规模为 28000～30000 人，高考时文理科比例为文科 0%，理科 100%。男女生比例为男生 56%，女生 44%。应用化学专业本科就业率为 2016 年 85%～90%，2017 年 90%～95%。

3．专家建议

① 参考化学专业的相关资料。

② 400 余所院校，培养各有特色。

开设应用化学专业的高校由于人才培养侧重点不同，形成了电化学、工业分析、化学制药、精细化工、生物制药、油田化学、质量检测、化工与制药、产品质量检验、化学材料与技术、无机非金属材料等众多方向。

考生在报考时，要对目标高校该专业的特色和方向有所了解。

③ 色盲色弱考生不宜报考。

考生需要注意的是，应用化学专业对考生身体条件有一定要求，尤其对视力要求更具体。请参考《普通高等学校招生体检工作指导意见》《招生章程》和高考体检结果填报志愿。

《指导意见》中明确规定，一眼失明另一眼矫正到 4.8 镜片度数大于 400 度的，轻度色觉异常（俗称色弱），色觉异常Ⅱ度的（俗称色盲），不宜就读应用化学专业。各高校对考生身体条件也有明确要求，比如北京科技大学要求报考应用化学专业的学生应身体健康，色弱考生不宜填报。天津大学要求考生身心健康，视力方面要求不能有色弱、色盲等。北京化工大学要求报考应用化学专业的考生不能是色盲。

④ 对化学感兴趣、动手能力强的考生更适合报考。

报考应用化学专业需要对生产、生活、科学研究中的化学现象、化学理论感兴趣，热爱化学学习，中学化学基础扎实，思维活跃、动手能力强、喜欢进行化学研究和探索、立志从事化学相关领域的研究与应用工作。选择应用化学专业作为自己的志愿之前，应该通过网络资源、亲自走访等方式了解本专业的研究方向和应用领域，自发产生对专业的兴趣。

对于实施专业选考的省份，高考选考科目需要选择化学或物理。

4. 小贴士

据阳光高考网统计，本专业一次性就业率较高，特别是南方。另外，本专业女生就业相对困难。

七、开设院校

2017 年全国开设应用化学专业的院校有 451 所。

天文学专业

专业代码	中文名	学科门类	一级学科	授予学位	修学年限
070401	天文学	天文学类	理学	理学学士	四年

一、专业概述

天文学和物理、数学、生物等一样，是一门基础学科。它的主要内容是研究宇宙空间天体、宇宙的结构和发展，包括天体的构造、性质和运行规律等，以各种现代尖端技术作为探测手段观测天体发射到地球的辐射，发现并测量它们的位置，探索它们的运动规律，研究它们的物理性质、化学组成、内部结构、能量来源及其演化规律等。

二、培养目标

培养具备良好的数学、物理和天文等方面的基本知识和基本能力，能在天文学及相关学科从事科研、教学和技术工作的高级专业人才。

三、培养要求

主要学习天文、物理和数学等方面的基本理论和基本知识，受到天文观测方面的科学思维和基础训练，具有良好的科学素养，掌握理论分析、数据处理和计算机应用的基本技能。

四、知识技能

毕业生应获得以下几方面的知识和能力：

① 掌握较系统的数学及物理等方面的基本理论和基本方法。

② 掌握天文学的基本理论和基本知识，以及进行天文观测的技术和基本分析方法，具有理论分析、

数据处理和计算机应用能力。

③ 了解相近专业的一般原理和知识。

④ 了解天文学发展的理论前沿和最新发展动态。

⑤ 了解国家科学技术、知识产权等有关政策和法规。

⑥ 掌握资料查询、文献检索及运用现代信息技术获取相关信息的基本方法。

⑦ 具有一定的实验设计，创造实验条件，归纳、整理、分析实验结果，撰写论文，参与学术交流的能力。

五、主干课程

基础天文、天体物理（理论、实测）、量子力学、天文技术与方法、电动力学、理论力学、原子物理、恒星物理、计算天文学以及大学英语、线性代数、微积分、高等数学等。

六、发展前景

1．就业方向

多数集中在航天、国防、测地等与天文学专业的应用型交叉学科领域或互联网、出版社、科技馆等。

2．就业前景

毕业生大部分选择继续读研深造，少部分没有继续深造的同学，凭借学到的全面综合能力，且天文学专业多出自名牌高校，社会认可度较高，就业选择面十分广泛，超过了许多热门专业。

2017 年全国开设天文学专业的院校有 10 所，报考硕士较集中的专业：天体物理、天文学、天体测量与天体力学。根据阳光高考信息平台统计数据，天文学专业 2017 年普通高校毕业生规模为 100～150 人，高考时文理科比例为文科 0，理科 100%。男女生比例为男生 80%，女生 20%。天文学专业本科就业率为 2016 年 85%～90%，2017 年 90%～95%。

3．专家建议

① 开设院校很少。

国内在本科阶段开设天文学专业的高校不多，主要有南京大学、北京大学、北京师范大学、中国科学技术大学、厦门大学、云南大学等。

在以上列出的 6 所高校中，南京大学设有独立的天文与空间科学学院并内设天文学系，北京师范大学设有与学院同级的独立的天文学系，其余 4 所高校都将天文学系及天文学专业设置在物理学院中。

其中，南京大学天文与空间科学学院成立于 2011 年 3 月，其前身天文学系始建于 1952 年，是目前全国高校中历史最悠久、培养人才最多的天文学专业院系。学院目前拥有塔式太阳望远镜、X～光衍射仪、高光谱分辨仪、米德望远镜、2 米射电望远镜、从紫外到红外的室内/野外光谱仪、光学和近红外太阳爆发探测望远镜等先进的科研、教学设备，并与法国巴黎天文台等多个国际知名科研机构建立了广泛合作关系。学院现在每年按照天文学类（天文学、空间科学和技术）大类招生，招生计划约 50 人。有意的考生和家长可关注学校每年发布的招生简章及招生计划。

② 招生方式略有不同。

对于想要报考天文学专业的考生，一定要注意各院校招生方式的不同。

北京大学天文学系虽然设置在物理学院中，但在招生时则是单独招生，招生计划由天文学系单独制定，不占用物理学院招生计划。北京师范大学则采取自主招生方式招收天文学专业本科生，考生需先参加学校自行组织的自主招生考试，考试合格获得入选资格后，方可在高考填报志愿时填报该专业。

报考时，需仔细阅读各学校的招生章程。

③ 注意各高校大类招生名称。

提醒考生注意，部分学校虽然招收天文学专业学生，但在招生计划上却并不全是按照天文学这一专业招生。有些学校按照大类专业招生，例如南京大学每年按照天文学类（天文学、空间科学和技术）大类招收本科生。厦门大学每年在物理学大类下招收天文学专业本科生。

考生要认真阅读各学校当年的招生简章及招生计划，以免影响志愿填报。

④ 什么样的考生适合报考天文学专业。

首先，对天文学有浓厚的兴趣。兴趣是最好的老师，对于一门学科有浓厚的兴趣，是学好它的基本前提。如果考生本身对于天文学并无多大兴趣，那么建议谨慎选择该专业。

其次，良好的数学、物理基础和英文交流、写作能力。虽然天文学专业对于考生的数学、物理两门课的成绩没有特殊要求，但数学、物理是天文学两门最重要的基础学科。如果考生在这两方面基础薄弱或对这两门课程不感兴趣，建议谨慎报考天文学专业。另外，天文学专业在本科培养过程中非常重视国际交流，许多天文学核心期刊都以英文出版，良好的英文交流、写作能力必不可少。

有下列疾病或生理缺陷者不宜报考：色盲，不能准确识别红、黄、绿、蓝、紫各种颜色的导线、字母、数码、几何图形、信号灯者。

4. 小贴士

理科类的冷门专业，如果不能对口就业，只能转行。

作为业余爱好能给生活增加乐趣，一旦成为专业，关于星空的浪漫幻想就变成了数学、物理、计算机等艰深的课程。

七、开设院校

2017 年全国开设应用天文学专业的院校有 10 所。

地理科学专业

专业代码	中文名	学科门类	一级学科	授予学位	修学年限
070501	地理科学	地理学类	理学	理学学士	四年

一、专业概述

地理科学是一门研究地球表层自然要素与人文要素的交互关系与作用的科学，研究范围十分广泛，上至大气圈对流层的顶部，下至岩石圈、水圈、生物圈，是融自然科学与社会科学于一体的综合性学科。时间和空间是地理科学研究的两个基本尺度，即地理科学研究事物或现象的时空变化。

二、培养目标

培养掌握地理科学基本理论、基本知识和基本技能，能够在中等及以上学校进行地理、环境等教学。在科研机构从事科研，在企事业、行政管理部门从事资源环境管理与评价、区域开发规划、地理信息系统管理等方面工作的专门人才。

三、培养要求

主要学习地理科学的基本理论和基本知识，受到基础研究、应用基础研究方向的科学思维和科学实验的训练，具有较好的科学素养，掌握运用地图遥感及地理信息系统与资源环境实验分析的基本技术。

四、知识技能

毕业生应获得以下几方面的知识和能力：

① 掌握数学、物理、化学等方面的基本理论和基本知识。

② 掌握地理科学的基本理论、基本知识和基本实验技能。

③ 了解相近专业如资源环境与城乡规划管理、地理信息系统的一般原理和方法。

④ 熟悉国家科技政策、知识产权等有关法规。

⑤ 了解地理科学的理论前沿、应用前景和最新发展动态。

⑥ 掌握资料查询、文献检索及运用现代信息技术获取相关信息的基本方法。

⑦ 具有一定的实验设计，创造实验条件，归纳、整理、分析实验结果，撰写论文，参与学术交流的能力。

五、主干课程

自然地理学、人文地理学、测绘学、地图学、遥感学、地理信息系统、城乡规划、世界地理、中国地理、区域地理、计量地理学、人口地理学、地质学与地貌学、水文学、地貌学、植物学、气象学、土壤学等。

六、发展前景

1．就业方向

目前开设地理科学专业的高校以师范院校为主，所以中学教师是最大的就业方向。其他院校毕业生就业方向以政府公务员和事业编制为主，如地方气象局、测绘局、水务局、地震局、规划局、旅游局等与地理相关的政府部门或事业单位。

2．就业前景

地理科学专业的学科特性决定了这是一门企业需求小而政府需求大的专业。据不完全统计，地理科学的专业就业面狭窄，80%去做中学地理老师。另外的10%专业不对口的就业，或者考公务员。还有10%去地方气象局、测绘局、水务局、地震局、规划局、旅游局等与地理相关的政府部门或事业单位。

2017年全国开设地理科学专业的院校有165所，部分高校按以下专业方向培养：城乡规划管理、旅游资源开发、人文地理与城乡规划、遥感与地理信息系统、资源环境与城乡规划。报考硕士较集中的专业：学科教学（地理）、自然地理学、人文地理学、地理学。根据阳光高考信息平台统计数据，地理科学专业2017年普通高校毕业生规模为10000～12000人，高考时文理科比例为文科48%，理科52%。男女生比例为男生31%。女生69%。地理科学专业本科就业率为2016年85%～90%，2017年90%～95%。

3．专家建议

① 蓬勃发展的规划产业。

随着社会的发展，城市规划、旅游规划等规划产业正在成为新兴的产业。

近年来，随着人口向城市快速集中，城市配套设施建设与管理服务水平难以适应，一些城市出现交通拥堵、住房紧张、环境污染、事故灾害等问题，对城市治理形成新的挑战，城市规划的重要作用逐渐体现，城市规划逐渐成为一个产业。

随着我国旅游业的爆发式发展，中国已成为世界上第二大入境旅游接待国及第一大出境旅游客源国，这也导致了旅游规划产业蓬勃发展，除了学院派、政府派的规划企业，万达等大企业也纷纷成立旅游规划公司，为旅游规划产业带来新的活力。地理科学专业中的城乡规划、旅游地理、城市地理等多个方向都与上述规划产业对口，逐渐成为就业热点。

② 150余所高校开设本专业。

中国的近代地理学是由竺可桢先生引入的，属于中国开展较早的近现代学科，在重点高校中均有开设。阳光高考平台的统计数据显示，截至2017年全国共有165所本科高校开设地理科学专业。其中安徽师范大学、华东师范大学、东北师范大学、河南大学、北京师范大学、西北师范大学等是国家特色专业点。由此也可以看出，地理科学专业以师范类院校为主，其他高校中多开设城乡规划、旅游规划等相近专业。在最新公布的“双一流”名单中，北京大学、北京师范大学、南京师范大学的地理学入选一流学科建设名单。

③ “文科”还是“理科”。

以前，地理科学专业只招理科生，文科生不能报考。近年来逐渐放开，开始招收文科生。如果是因为高中地理成绩不错而想报考地理科学专业的文科生，还请慎重选择，因为它与常人所想象的颇有差距。

高中地理的教学目标是最基本的地理理论与地理常识，是对初中所学过的地理知识的螺旋上升，这会给人一种地理科学专业是高中地理的螺旋上升的假象。实际上，地理科学专业课程涉及跨度较大，如数学方面就要学习高等数学和概率论、线性代数，这是文科生所面临的不小挑战，第一门专业课地球概论中的天体系统与历法计算也足以让文科生吃苦头。虽然根据阳光高考平台统计数据显示，地理科学专业的文科生与理科生的录取比例为五五开，但文科生在报考时要做好学习中多费些力的准备。

④ 相近专业。

与地理科学相近的专业有自然地理与资源环境、人文地理与城乡规划、地理信息科学、地质学、地球物理学和地球化学等。地理科学、自然地理与资源环境、人文地理与城乡规划、地理信息科学都是地理科学类一级学科下的二级学科，四者同源。其中，地理科学所涵盖的范围最广，研究地球表层自然要素与人文要素的交互关系与相互作用。其他三个专业的内容在地理科学中都要学习，而自然地理与资源环境、人文地理与城乡规划、地理信息科学则分别是对地理科学中的自然地理、人文地理和地理信息系统的细化，对相应专业的研究更为深化，各有侧重。

地质学也是常常与地理学混淆的学科。两者有所交叉，但是存在较大差别。地质学研究的是地球的固体硬壳——地壳或岩石圈，主要研究地球的物质组成、内部构造、外部特征、各层圈之间的相互作用和演变历史，而地理科学也有地质地貌相关的研究内容，研究深度远不及地质学。

地球物理学与地理科学存在较大差别。地球物理学是通过定量的物理方法，如地震弹性波、重力、地磁、地电、地热和放射能等，地理科学主要是通过物理学的方法和原理来探索地球空间的结构、组成、形成和演化等以及寻找地球内部的矿藏资源。

地球化学是研究地球的化学组成、化学作用和化学演化的科学，是地质学与化学、物理学相结合而产生和发展起来的交叉学科。同样，地球化学与地理科学中的土壤学、环境学有所交叉，但是侧重点有所不同。

4. 小贴士

大学本科毕业，非教师类职业就业难度很大，非教师类职位在我国需求很少。

七、开设院校

2017 年全国开设地理科学专业的院校有 165 所。

自然地理与资源环境专业

专业代码	中文名	学科门类	一级学科	授予学位	修学年限
070502	自然地理与资源环境	地理科学类	理学	理学或管理学学士	四年

一、专业概述

自然地理与资源环境是地理科学下面的一个二级专业名称，前身是资源环境与城乡规划管理，2012 年教育部将“资源环境与城乡规划管理”专业拆分为“人文地理与城乡规划”和“自然地理与资源环境”两个专业。

二、培养目标

培养具备资源环境与城乡规划管理的基本理论、基本知识和基本技能，能在科研机构、高等学校、企事业单位和行政管理部门从事科研、教学、资源开发利用与规划、管理等工作的资源环境与城乡规划管理的高级专门人才。

三、培养要求

具备自然地理与资源环境的基本理论、知识和技能，具有创新意识和实践能力，接受严格科学思维和训练和良好的专业技能训练，具有一定的开展科学研究的能力。

四、知识技能

毕业生应获得以下几方面的知识和能力：

① 掌握数学、物理、化学等方面的基本理论和基本知识。

② 掌握资源环境与城乡规划管理的基本理论和基本方法。

③ 了解相近专业如地理科学、生态学、环境科学和管理科学的一般原理和方法。

④ 了解国家科学技术、知识产权等政策，熟悉环境保护、可持续发展战略等政策和法规。

⑤ 了解资源环境与城乡规划管理的理论前沿、应用前景和最新发展。

⑥ 掌握资料查询、文献检索及运用现代信息技术获取相关信息的基本方法。

⑦ 具有一定的实验设计，创造实验条件，归纳、整理、分析实验结果，撰写论文，参与学术交流的能力。

五、主干课程

地质学、自然地理学、国土规划、地图学、遥感应用、管理科学、环境科学、环境监测、环境经济学、土地评价与土地管理、资源学、水资源计算与管理、景观生态学、生态环境规划、环境化学、地理信息系统、计量地理学、地质学、地貌学地理信息系统、遥感与数字图像处理等。

六、发展前景

1．就业方向

主要就业方向为教师、科研人员以及政府各相关部门如规划研、国土资源局、水文水利厅、气象局、环保部门等。部分学生会选择进入测绘、建筑等行业的企业工作，另外还可以进入非政府组织，从事环保、自然资源保护利用、开发等工作。

2．就业前景

就目前情况看就业前景并不理想，毕业生多从事与其专业不相关的工作。本专业主要的就业方向是公务员，如环保局、建设局、国土局或相关的研究所。

2017 年全国开设自然地理与资源环境专业的院校有 105 所，报考硕士较集中的专业：自然地理学、地理学、环境工程、生态学。根据阳光高考信息平台统计数据，自然地理与资源环境专业 2017 年普通高校毕业生规模为 3000～3500 人，高考时文理科比例为文科 16%，理科 84%。男女生比例为男生 47%，女生 53%。自然地理与资源环境专业本科就业率为 2016 年无相关数据，2017 年 85%～90%。

3．专家建议

① 参考地理科学专业相关内容。

② 自然地理与资源环境和人文地理与城乡规划两个专业的差别：

自然地理与资源环境专业侧重自然地理过程、环境变化研究和资源管理、环境保护或应用方面。人文地理与城乡规划侧重宏观、中观区域规划和土地管理，城乡建设与区域经济发展规划的研究、教学、开发或应用。

这个区别比较难理解，以大学实习为例举例说明：目的地为山西大同，自然地理的学生到了大同后看死火山、了解死火山形成，看地震形成的断裂带、研究河谷如何形成，这个是自然形成的。人文地理的学生看到的是大同是一个历史文化古城，有云冈石窟、有北岳恒山、有悬空寺等古建筑、古文化，这些都是人类规划建设的，人文地理研究这些古建筑的整体规划，以及古建筑中所蕴含的文化信息。

4．小贴士

谨慎报考，名牌大学除外。

七、开设院校

2017 年全国开设自然地理与资源环境专业的院校有 105 所。

人文地理与城乡规划专业

专业代码	中文名	学科门类	一级学科	授予学位	修学年限
070503	人文地理与城乡规划	地理科学类	理学	理学或管理学学士	四年

一、专业概述

人文地理与城乡规划专业是以人口、资源、环境与区域可持续发展的研究、应用、管理为内容的基础性与应用性相结合的专业，由原资源环境与城乡规划管理专业拆分而来。它涉及地理科学、人文科学、城乡建设规划、地理信息系统管理等多个领域的内容。

二、培养目标

培养掌握地理学、经济学、管理学、城乡规划等基本理论、基本知识和基本技能，掌握城乡规划设计、土地资源利用和规划、旅游资源规划等专业基本技能，熟悉资源与环境、城乡规划有关政策和法规，了解资源环境与城乡规划管理领域发展动态，能够从事城乡规划设计、城建管理、土地规划和管理、旅游规划和开发及相关领域工作中的高级应用型人才。

三、培养要求

具有人文地理、城乡规划与设计等方面的基本理论和基本知识，掌握测量、计算机制图、城乡规划、土地评价与房地产开发等基本技术和方法。

四、知识技能

毕业生应获得以下几方面的知识和能力：

① 树立正确的世界观、人生观和价值观，有良好的社会公德、职业道德、个人品德。

② 具有较好的自然科学基础、人文社会科学基础。了解城乡规划设计与管理领域的理论前沿和应用前景。

③ 掌握城乡规划设计与管理的基本原理、先进理念和先进方法。

④ 能够娴熟应用手工、计算机等技术或软件开展实际工作。

⑤ 熟悉工程项目开发、资源开发利用、环境保护和城乡规划等领域的相关政策和法规。

⑥ 掌握利用专业技术方法和先进理念，独立或团队合作开展具有一定水平的规划设计和创新管理能力。

五、主干课程

自然地理学、地图学与现代测量、高等数学、线性代数与概率统计、人文地理学、经济地理学、管理学、区域分析与规划、城市规划原理、GIS 原理与应用、遥感导论、遥感图像处理与专题地图编制、土地估价、土地利用规划学、乡村规划、城市详细规划经济地理学,环境演变与全球变化,房地产经营与开发、人居环境、能源地理学、城镇体系规划、规划科学思想史、城市规划管理与法规、土地资源调查与评价、文化地理学、城市地理学、资源与环境经济学、土地整治设计、科技论文写作、人口地理学、区域经济学、旅游地理学等。

六、发展前景

1. 就业方向

可在政府部门从事宏观经济研究、产业发展研究、资源开发利用与管理等工作。也可在企业从事相关的工作，如土地管理、土地评估、房地产评估、旅游开发评估、城市规划等。

2. 就业前景

整体就业都不乐观情况下，这个专业没有特别的竞争优势。在我国，如何解决人口、资源、环境的问题，已经被作为基本国策提出，三者成为各级政府施政纲领中必不可少的部分。人文地理与城乡规划研究的内容就是通过城乡规划和管理，合理利用资源和环境，促进城乡人口和经济的可持续发展，只能说有一定量的社会需求。

2017 年全国开设人文地理与城乡规划专业的院校有 169 所，部分高校按以下专业方向培养：房地产经营、旅游规划与策划、旅游开发与管理、房地产开发与管理。报考硕士较集中的专业：人文地理学、地理学、城乡规划学、城市规划。根据阳光高考信息平台统计数据，人文地理与城乡规划专业 2017 年普通高校毕业生规模为 7000～8000 人，高考时文理科比例为文科 34%，理科 66%。男女生比例为男生 45%，女生 55%。人文地理与城乡规划专业本科就业率为 2016 年 60%～65%～90%，2017 年 85%～90%。

3. 专家建议

① 参考地理科学和自然地理与资源环境专业的相关资料。

② 人文地理与城乡规划专业对学生的要求。

首先要感兴趣。人文地理与城乡规划专业的课程，理论偏多，有了深厚的理论基础，才能指导实践，成为优秀的地理学者。

其次，要认真对待每一门课程。无论是理论课还是实践课，都是需要花时间去理解学习。尤其是两次短学期实践课，一次是地理认知实习，需要强健的体魄、顽强的毅力，克服烈日风雨，去野外实地调查学习。另外一个是空间综合评价实习，在实验室应用相关软件对地理对象进行评估，这都是很好的学习锻炼机会。

人文地理与城乡规划专业综合性较强，不仅需要有广泛的学科基础，也需要有较强的逻辑推理能力和发散性的思维能力。比如，城市地理学需要有较强的历史、政治基础等，才能理解城市经济的变化和城市社区的变迁。计算机图形学课程需要有较强的逻辑推理和 C 语言等电脑基础，才能编写出高效的程序。地图学等需要细致、认真、耐心，并且需要对颜色、规则等有所掌握。

不同的课程对不同的人难易不同。

4. 小贴士

谨慎报考，名牌大学除外。

七、开设院校

2017 年全国开设人文地理与城乡规划专业的院校有 169 所。

地理信息科学专业

专业代码	中文名	学科门类	一级学科	授予学位	修学年限
070504	地理信息科学	地理科学类	理学	理学学士	四年

一、专业概述

地理信息科学专业原名地理信息系统专业，2012 在教育部印发的《普通高等学校本科专业目录（2012年）》中，在地理科学类专业中将其改为地理信息科学专业，主要研究地理信息采集、分析、存储、显示、管理、传播与应用及研究地理信息流的产生、传输和转化规律。

二、培养目标

培养具备地理信息科学与地图学、遥感技术方面的基本理论、基本知识、基本技能，能在科研机构或高等学校从事科学研究或教学工作，能在城市、区域、资源、环境、交通、人口、住房、土地、灾害、基础设施和规划管理等领域的政府部门、金融机构、公司、高校、规划设计院所从事与地理信息系统有关的应用研究、技术开发、生产管理和行政管理等工作的高级专门人才。

三、培养要求

主要学习地理信息系统和地图学、遥感技术方面的基本理论和基本知识，受到应用基础研究和技术开发方面的科学思维和科学实验训练，具有较好的科学素养，具有地理信息系统研究、设计与开发的基本技能及初步的教学、研究、开发和管理能力。

四、知识技能

毕业生应获得以下几方面的知识和能力：

① 掌握数学、物理、化学等方面的基本理论和基本知识。

② 了解人文地理与城乡规划的理论前沿、应用前景和最新发展。

③ 熟悉城乡资源与环境、城镇建设等方面的相关方针、政策和法规。

④ 结合所设置的选修课程，夯实基础，拓宽知识面。

⑤ 了解地理信息系统的理论前沿、应用前景和最新发展动态、地理信息系统产业发展状况。

⑥ 掌握资料查询、文献检索及运用现代信息技术获取相关信息的基本方法。

⑦ 具有一定的实验设计、创造实验条件，归纳、整理、分析实验结果，撰写论文，参与学术交流的能力。

五、主干课程

自然地理学、人文地理学、经济地理学、地图学、遥感技术、数据库技术、地理信息系统原理、地理信息系统设计与应用、全球卫星定位系统、数字测图、离散数学、线性代数、数据结构、计算机视觉、图像处理等。

六、发展前景

1．就业方向

可在与城市、区域、资源、环境、交通、人口、住房、土地、基础设施和规划管理等领域的相关部门从事与地理信息系统有关的应用研究、技术开发、生产管理和行政管理等工作，也可在科研机构或高等学校从事科学研究或教学工作。

2．就业前景

过去，地理信息主要应用于以政府部门为主的多个行业和领域，随着智能手机的普及，地理信息产业得到了长足发展，目前已经渗透到人们的衣食住行中，如在近期流行的外卖、共享单车、滴滴打车、高德地图等手机软件中，地理信息已经成为主流元素。在市场需求的推动下，地理信息产业在全球范围内已形成较大规模的产业链，囊括了数据采集和处理体系、数据和位置结合的地理信息服务体系以及基于地理信息系统的各个行业应用体系。

虽然地理信息已经深入我们的生活，然而与普通人直接接触较为紧密的除了电子地图及其相关的信息查询外，缺少更广泛的民用地理信息应用案例，地理信息更多是作为行业领域的辅助工具来支撑业务功能，没有发挥其核心价值。

2017 年全国开设地理信息科学专业的院校有 182 所，部分高校按以下专业方向培养：数字城市建设、智慧城市建设、无人机遥感技术。报考硕士较集中的专业：地图学与地理信息系统、测绘工程、地理学、地图制图学与地理信息工程。根据阳光高考信息平台统计数据，地理信息科学专业 2017 年普通高校毕业生规模为 7000～8000 人，高考时文理科比例为文科 7%，理科 93%。男女生比例为男生 53%，女生 47%。地理信息科学专业本科就业率为 2016 年 85%～90%，2017 年 85%～90%。

3．专家建议

① 参考地理学类专业的相关资料。

② 180 余所高校开设该专业。

本学科较为年轻、涉面较广，目前全国共有 180 余所本科高校开设地理信息科学专业。其中，武汉大学、中国地质大学(北京)、南京师范大学、首都师范大学、广西师范学院等院校的地理信息科学专业是国家特色专业建设点。另外。各个高校的侧重也各有不同。比如，武汉大学侧重实用技术型人才的培养，北京师范大学注重业务综合型人才培养，而北京大学侧重地理理论型人才培养。

③ 与高中地理相差很大。

在高中阶段，地理被划为文科，如果是仅仅喜欢地理课，常去名胜古迹旅游的文科生，要慎重选择地理信息科学这个专业。

高中地理课讲的知识基本属于自然地理和人文地理，靠死记硬背基本可以掌握，但地理信息科学的专业课涉及领域跨度较大，如数学方面有离散数学、线性代数，计算机方面有数据结构、数据库技术，软件开发方面有图像处理、数字地图制图软件设计等课程。这些专业知识都要求学生具备一定的理科基础，文科生学习起来吃力。统计显示，该专业文科生的比例仅占 7%。

2020 年山东省高考不分文理，文科生可根据自己的实际情况，综合考虑是否报考。

4．小贴士

本专业毕业生呈现出供大于求的状况，谨慎报考。

七、开设院校

2017 年全国开设地理信息科学专业的院校有 182 所。

大气科学专业

专业代码	中文名	学科门类	一级学科	授予学位	修学年限
070601	大气科学	大气科学类	理学	理学学士	四年

一、专业概述

大气科学是研究大气的各种现象（包括人类活动对它的影响），这些现象的演变规律，以及如何利用这些规律为人类服务的一门学科。大气科学是地球科学的一个组成部分。大气科学的分支学科主要有大气探测、气候学、天气学、动力气象学、大气物理学、大气化学、人工影响天气、应用气象学等。

二、培养目标

培养具有扎实的数学、物理、大气科学基础和良好的科学素养，系统掌握大气科学基本理论、基本知识和专业技能，受到科学研究和业务工作的初步训练，能够在大气科学等相关学科从事科研、教学、业务和管理工作的专门人才。

三、培养要求

主要学习大气科学等方面的基础知识和专业理论，受到科学思维、科学实验、资料信息处理技术等方面的专业训练，具备良好的科学素养，具有进行大气科学基础研究或应用研究、理论分析、数据处理和计算机应用的基本技能，具有较强的知识更新能力和较广泛的科学适应能力。

四、知识技能

毕业生应获得以下几方面的知识和能力：

① 掌握系统的数学、物理、化学、计算机等方面的基本理论和基本知识。

② 具有扎实的大气科学的基础理论、基础知识和基本技能，掌握进行大气探测的技术和分析的基本方法。

③ 了解相近专业的一般原理和知识。

④ 了解国家科技发展、环境保护、知识产权等有关政策和法规。

⑤ 了解大气科学及相关学科发展的理论前沿和最新发展动态。

⑥ 掌握资料查询、文献检索及运用现代信息技术获取相关信息的基本方法。

⑦ 具有一定的实验设计，创造实验条件，归纳、整理、分析实验结果，撰写论文，参与学术交流的能力。

五、主干课程

高等数学、概率统计、计算方法、大学物理、数理方程、大气物理学、大气探测学、流体力学、现代气候学、热力学、天气学原理和方法、气象统计方法、天气学分析基础、典型天气过程分析、动力气象学、中国天气、数值天气预报、短期气候预测、天气会商与讨论、大气环流、热带天气动力学、天气预报综合实习、现代气象业务、公共气象服务、气象雷达资料处理及应用、气象卫星资料处理及应用、数值预报产品试用等。

六、发展前景

1．就业方向

可在气象、航空、航天、海洋、环境、水利等部门或高等院校、科研单位从事教学、科研及相关的业务和管理工作。

2．就业前景

一方面，国家气象局系统和军队系统对本科毕业生都有一定的需求量，预计未来几年，这种需求虽然会继续下去，但需求量会减少。另一方面，气象局系统及对口单位对本科毕业生的需求主要是县级及基层单位，一些毕业生不愿去基层单位就业，造成人才相对过剩。另外，航空、航天、海洋、环境、水利、风电等行业有新增需求。

2017 年全国开设大气科学专业的院校有 15 所，部分高校按以下专业方向培养：大气环境、大气探测、大气物理、水文气象。报考硕士较集中的专业：气象学、大气科学、大气物理学与大气环境、环境工程。根据阳光高考信息平台统计数据，大气科学专业 2017 年普通高校毕业生规模为 1500～2000 人，高考时文理科比例为文科 0，理科 100%。男女生比例为男生 48%，女生 52%。大气科学专业本科就业率为 2016 年 90%～95%，2017 年 90%～95%。

3．专家建议

大部分人的印象，理学类专业的就业情况比工学类专业差，其实，理学专业比较冷门的专业要比工科多，比如化学、物理学等。实际上，大气科学专业不一样，这个专业的就业情况并不差，毕业生的主要就业方向是气象局，就业前景和薪资待遇比较乐观。并且近几年来，我国民用航空产业、风电产业的发展迅猛，而这两大产业都离不开大气科学方面的专业人才。

本科生就业形势不是很好，大气科学专业对口的就业面很窄。国家气象局基本要博士以上，省市局基本是研究生以上，县局至少是本科。相对而言研究生就业形势比较好，近几年气候预测以及区域环境监测的作用越来越大，大气科学的作用越来越受到重视。

近年来有一些毕业生去了航空公司，此外，不管是从热度还是从难度上来说，大气科学专业考研不是很难。

4．小贴士

大气科学专业需要很好的数学、物理基础。

七、开设院校

2017 年全国开设大气科学专业的院校有 15 所。

应用气象学专业

专业代码	中文名	学科门类	一级学科	授予学位	修学年限
070602	应用气象学	大气科学类	理学	理学学士	四年

一、专业概述

应用气象学专业是根据大气科学原理和大气探测结果，进行天气与气候预测、灾害预警等，旨在充分利用有利天气和气候资源，减轻气候灾害和沙尘天气对农业及其他行业的影响。特别是随着全球气候变暖，影响生态、社会经济、生活的各个方面，是当前的科学热点之一，在现代社会、经济和生态环境建设中起着重要作用。

二、培养目标

培养掌握应用气象学专业的基础知识、基本理论和基本技能，能够在农业气象及生态环境监测调控、信息分析处理、资源开发利用和防灾减灾等科研、教学和业务部门工作的应用性高级专门人才。

三、培养要求

掌握气象信息服务系统研制与运用、气候资源开发与利用、产业工程的适用气象技术研究、气象防灾减灾对策与技术研究，生态环境调控及解决气象学在有关领域中应用问题方面的基本能力。

四、知识技能

毕业生应获得以下几方面的知识和能力：

① 掌握系统的数学、物理、化学、计算机等方面的基本原理、基本知识。

② 具有扎实的应用气象学和相关学科的基础知识和基本技能。

③ 掌握遥感数据处理与应用技术、资源环境评价方法，具有理论联系实际以及综合分析问题、解决问题的能力，能熟练地运用计算机开发应用气象及相关学科的应用软件。

④ 了解相近专业如生态学、环境科学的一般原理和知识。

⑤ 熟悉我国气象业务、环境保护、资源利用等方面的方针、政策和法规，以及气象现代化与国民经

济可持续发展战略的关系。

⑥ 了解应用气象专业与经济可持续发展等方面的理论前沿、应用前景和最新发展动态。

⑦ 掌握资料查询、文献检索及运用现代信息技术获取最新参考文献的基本方法。

⑧ 具有一定的实验设计，创造实验条件，归纳整理和分析实验结果，撰写论文，以及参与学术交流的能力。

五、主干课程

大气物理学、大气探测学、天气学原理、产业工程气象学、气象信息服务、应用气象学方法、农业气象学、遥感原理及应用、气候资源学、生态学、环境科学概论、微气象学等。

六、发展前景

1. 就业方向

可到政府机关、高等学校、科研院所等单位从事与气象、农业、环境、海洋、国防、民航等相关的科研、教学、管理工作。

2. 就业前景

参考大气科学专业。

2017 年全国开设应用气象学专业的院校有 11 所，部分高校按公共气象服务专业方向培养。报考硕士较集中的专业：大气科学、气象学、大气物理学与大气环境、农业资源利用。根据阳光高考信息平台统计数据，应用气象学专业 2017 年普通高校毕业生规模为 300～400 人，高考时文理科比例为文科 0，理科 100%。男女生比例为男生 50%，女生 50%。应用气象学专业本科就业率为 2016 年 90%～95%，2017 年 90%～95%。

3. 专家建议

① 参考大气科学专业。

② 应用气象学和大气科学的差别。

应用气象学是将大气科学的基本理论和方法，以及一些研究成果应用到相关领域，并解决相关领域的一些问题。应用气象学研究的范围比较广，它涵盖了农业气象学、海洋气象学、军事气象学及医学气象学等领域。如人们记忆犹新的 2003 年发生在我国的 SARS（非典）疫情，它发生在春夏之交的季节里而没有发生在秋季和冬季，发生地多是人群稠密的大城市，而人员稀少的高原地区却很少，这些问题的原因就是医学气象学作为应用气象学这样一个重要的分支将来要研究的范畴。

4. 小贴士

该专业对物理科目要求较高。

七、开设院校

2017 年全国开设应用气象学专业的院校有 11 所。

海洋科学专业

专业代码	中文名	学科门类	一级学科	授予学位	修学年限
070701	海洋科学	海洋科学类	理学	理学学士	四年

一、专业概述

海洋科学，顾名思义是研究海洋的自然现象、性质及其变化规律，以及与开发利用海洋有关的知识体系。它的研究对象是占地球表面 71%的海洋，包括海水、溶解和悬浮于海水中的物质、生活于海洋中的生物、海底沉积和海底岩石圈，以及海面上的大气边界层和河口海岸带。

二、培养目标

培养具备海洋科学的基本理论、基础知识和基本技能，能在海洋科学及相关领域从事科研、教学、管理及技术工作的高级专门人。

三、培养要求

具有坚实的数学、物理学及海洋科学方面的基本理论和基本知识，受到海洋科学研究方面的基本训练，掌握海洋科学基本调查方法和实验技能，具有从事海洋调查和海洋科学研究的基本能力。

四、知识技能

毕业生应获得以下几方面的知识和能力：

① 掌握数学、物理、化学等方面的基本理论和基本知识。

② 掌握海洋科学的基本理论和基本知识，具有从事海洋调查研究的基本能力。

③ 了解相近专业的一般原理和知识。

④ 熟悉国家海洋科学技术政策、知识产权、安全条例等有关政策和法规。

⑤ 了解海洋科学的发展动向，能跟踪国际海洋科学研究的方向。

⑥ 掌握资料查询、文献检索及运用现代信息技术获取相关信息的基本方法。

⑦ 具有一定的实验设计，创造实验条件，归纳、整理、分析实验结果，撰写论文，参与学术交流的能力。

五、主干课程

数学、海洋科学导论、流体力学、物理海洋学、化学海洋学、海洋地质学、海洋生物学、海洋水文气象、海洋遥感技术、海洋管理概论、海洋技术、船舶与港口工程、航道测量学、海洋要素调查等。

六、发展前景

1. 就业方向

可在地质、地震、石油、化工、海洋科学、材料科学、环境科学和工业建设等有关研究单位、高等院校、生产和管理部门从事基础理论及应用研究、教学、生产和管理工作。

2. 就业前景

近年，我国在海洋科学上取得了巨大的成绩，尤其是在海洋资源利用、海底石油勘测、海产品生产等方面，已经达到世界领先地位。今后，海洋科学领域还有持续的发展。

2017 年全国开设海洋科学专业的院校有 28 所，部分高校按以下专业方向培养：海洋生物学、物理海洋学、海洋环境科学、海洋生物制药。报考硕士较集中的专业：物理海洋学、海洋科学、海洋生物学、海洋化学。根据阳光高考信息平台统计数据，海洋科学专业 2017 年普通高校毕业生规模为 1000～1500 人，高考时文理科比例为文科 0，理科 100%。男女生比例为男生 55%，女生 45%。海洋科学专业本科就业率为 2016 年 90%～95%，2017 年 90%～95%。

3. 专家建议

① 要热爱海洋、热爱科研。

报考海洋科学专业，首先要热爱海洋，愿意了解海洋、探索海洋。其次对数学、物理、化学或生物的其中一门或几门具有浓厚的兴趣。再次，要热衷实践。此外，要有较好的英语基础。这个专业的相关工作会出海作业，比较艰苦。

② 身体条件要合格。

需要提醒的是，海洋科学专业对考生身体条件有一定要求，请参考《普通高等学校招生体检工作指导意见》《招生章程》和高考体检结果填报志愿。

根据《指导意见》，患有轻度色觉异常（俗称色弱）、色觉异常Ⅱ度（俗称色盲）的考生，不能录取到海洋科学专业。另外，患有下列疾病也不宜就读海洋科学专业：

主要脏器：肺、肝、肾、脾、胃肠等动过较大手术，或曾患有心肌炎、胃溃疡或十二指肠溃疡、慢性支气管炎、风湿性关节炎等病史，甲状腺功能亢进已治愈一年的。屈光不正（近视眼或远视眼，下同）任何一眼矫正到4.8镜片度数大于400度的。一眼失明另一眼矫正到4.8、镜片度数大于400度的。

这些疾病今后会影响就业和发展，因此“不宜就读”。考生可根据自身情况自主、慎重地选报。除了《指导意见》，考生还要认真阅读所报高校《招生章程》，看该校海洋科学专业对身体条件有无其他特殊要求。

③　前景不错。

很多热点问题亟待海洋科学专业的人才来解决，如深海中的生物与生命起源的关系、海洋污损生物防治、海洋沉积及油气储藏、海洋渔业发展、近海污染治理、海岸带管理等。我国的海洋科学发展较晚，客观来讲，如今的水平比起开发海洋较早的国家如美国、俄罗斯等还有一段距离，为了尽快赶上世界先进水平，除了利用当下的空间技术、生物技术优势，继续保持和加强之外，在落后的领域，也会增加研究和开发的资金和力量。

党的十八大报告提出，要提高海洋资源开发能力，发展海洋经济，建设海洋强国。习近平主席提出了“建设 21 世纪海上丝绸之路”的重要倡议。在这样的战略背景下，国家对于海洋科学采取了积极支持发展的政策。

4．小贴士

和很多基础学科类似，海洋科学专业偏向于科研，本科毕业对口工作岗位不多，相当多的毕业生选择继续深造。

七、开设院校

2017年全国开设海洋科学专业的院校有28所。

海洋技术专业

专业代码	中文名	学科门类	一级学科	授予学位	修学年限
070702	海洋技术	海洋科学类	理学	理学或工学学士	四年

一、专业概述

海洋技术是一门以综合高效开发海洋资源为目的的高技术，包括深海挖掘、海水淡化以及对海洋中的生物资源、矿物资源、化学资源、动力资源等的开发利用方面的技术。

二、培养目标

培养具备海洋科学的基本知识及海洋高新技术开发研究的能力，能从事海洋高科技、海洋资源开发、海洋工程及相关学科专业工作的高级专门人才。

三、培养要求

主要学习海洋高科技和海洋工程方面的基本理论和基本知识，受到海洋新技术的基本训练，具有从事海洋调查和海洋科学研究方面的基本能力。

四、知识技能

毕业生应获得以下几方面的知识和能力：

① 掌握数学、物理的基本理论和基本知识。

② 掌握海洋高技术的基本理论和基本知识，掌握海洋工程评价方法，具有从事海洋开发的基本能力。

③ 了解相近专业的一般原理和知识。

④ 熟悉我国海洋科技、环境保护、资源利用等方面的方针、政策和法规以及海洋科技与国民经济可持续发展战略的关系。

⑤ 了解海洋技术的发展动向，能跟踪国际海洋技术的发展方向。

⑥ 掌握资料查询、文献检索以及运用现代信息技术获取相关信息的基本方法。

⑦ 具有一定的实验设计，创造实验条件、归纳、整理、分析实验结果，撰写论文，参与学术交流的能力。

五、主干课程

高等数学、海洋科学导论、物理海洋学、化学海洋学、生态海洋学、海洋测量学、卫星海洋学、微波遥感、海洋遥感应用技术、海洋地质学、地理信息系统原理与应用、卫星定位与导航、声学基础、声呐技术、海洋管理信息系统、数字海洋工程等。

六、发展前景

1. 就业方向

可以进入海洋和信息处理技术及相关领域的科研院所、企事业单位、高等院校和国家机关，从事科学研究、技术开发和生产管理等工作。

2. 就业前景

参考海洋科学专业。

2017 年全国开设海洋技术专业的院校有 23 所，报考硕士较集中的专业：海洋科学、声学、物理海洋学、水产养殖。根据阳光高考信息平台统计数据，海洋技术专业 2017 年普通高校毕业生规模为 600～700 人，高考时文理科比例为文科 0，理科 100%。男女生比例为男生 64%，女生 36%。海洋技术专业本科就业率为 2016 年 85%～90%，2017 年 90%～95%。

3. 专家建议

① 参考海洋科学专业。

② 海洋技术以海洋资源勘查和海洋资源开发为核心。

主要包括海洋矿产开采、海洋生物捕捞及增养殖、海水化学资源提取、海洋空间利用等。海洋的开发，需要获取大范围、精确的海洋环境数据，需要进行海底勘探、取样、水下施工等。要完成上述任务，就需要一系列的海洋开发支撑技术，包括深海探测、深潜、海洋遥感、海洋导航、水下声学技术、水下光学技术、海上无线通信、水声通信等，这都是大学海洋技术专业要涉及的。因为涉及的开发技术太多，大学不可能都学到，所以不同的大学都细分了方向，以中国海洋大学为例，刚开始是偏重海洋声学方向，后来又加了海洋技术遥感方向和海洋光学方向。其他学校的研究方向也各有侧重，还有海洋生物技术方向以及海洋技术测绘方向。

不同的院校有不同的培养方向，请参考招生院校的招生简章。

4. 小贴士

和基础学科类似，本专业偏向于科研，本科毕业后对口工作岗位不多，相当多的毕业生选择继续深造。

七、开设院校

2017 年全国开设海洋技术专业的院校有 23 所。

地球物理学专业

专业代码	中文名	学科门类	一级学科	授予学位	修学年限
070801	地球物理学	地球物理学类	理学	理学学士	四年

一、专业概述

地球物理学是地球科学的主要学科之一，是通过定量的物理方法（地震弹性波、重力、地磁、地电、地热和放射能等）研究地球以及寻找地球内部矿藏资源的一门综合性学科，研究范围包括地球的地壳、地幔、地核和大气层。

二、培养目标

培养具备坚实的数理基础和较系统的地球物理学基本理论、基本知识和基本技能，受到基础研究和应用基础研究的基本训练，具有较好的科学素养及初步的教学、研究能力，能在科研机构、高等学校或相关的技术和行政部门从事科研、教学、技术开发和管理工作的高级专门人才。

三、培养要求

主要学习地球物理学方面的基本理论和基本知识，受到基础研究和应用基础研究方面的科学思维和科学实验训练，掌握地球深部构造、地震预测、地球物理工程、能源及矿产资源勘查等研究与开发的基本技能。

四、知识技能

毕业生应获得以下几方面的知识和能力：

① 掌握数学、物理、地质学等方面的基本理论和基本知识。

② 掌握地球物理学的基本理论、基本知识和基本实验技能，以及地球深部构造、地震预测、地球物理工程、能源及矿产资源勘查等的基本技能。

③ 了解相近专业的一般原理和知识。

④ 了解国家科技、产业政策、知识产权等有关政策和法规。

⑤ 了解地球物理学的理论前沿、应用前景和最新发展动态。

⑥ 掌握资料查询、文献检索及运用现代信息技术获取相关信息的基本方法。

⑦ 具有一定的实验设计，创造实验条件，归纳、整理、分析实验结果，撰写论文，参与学术交流的能力。

五、主干课程

大学物理、大学物理实验、地质学基础、概率论与数理统计、复变函数、计算方法、数学物理方程、科学计算理论与实践、数据结构与计算机图形学、地球物理学原理、岩石物理学、地球物理观测与实验、勘探地球物理方法、空间物理学、实验地球物理学等。

六、发展前景

1．就业方向

可在矿产资源、能源勘查，工程勘查和检测、环境监测与评价、地质灾害调查与防治、地球物理软件开发、地球物理仪器研发、海洋与内河（湖）调查与管理、地球科学研究等领域的相关企事业单位从事资源能源勘查、近地表工程勘查、地震分析预报、冶金矿产资源以及从事海洋国土测绘等领域的地球物理研究、管理以及环境与工程地球物理勘查、矿产与能源地球物理勘探等工作。

2．就业前景

从就业角度讲，本专业需求量少，除了去研究所或政府部门，还可以到石油、天然气、油田、矿产等领域做勘查地质构造的工作，有些艰苦，比较适合男生。

地球物理学与我们的生活也密不可分，地震、海啸等一切地理自然灾害都是地球物理学研究的范围。空间工程也是本专业的研究领域，本专业对于国民经济及社会的各个方面都有着非常重要的战略意义及基础性作用。

2017 年全国开设地球物理学专业的院校有 22 所，报考硕士较集中的专业：地球物理学、地质工程、固体地球物理学、地球探测与信息技术。根据阳光高考信息平台统计数据，地球物理学专业 2017 年普通高校毕业生规模为 800～900 人，高考时文理科比例为文科 0，理科 100%。男女生比例为男生 77%，女生 23%。地球物理学专业本科就业率为 2016 年 90%～95%，2017 年 85%～90%。

3．专家建议

① 从事地质类专业勘查。

以科研工作为主要方向，通过各种地球物理方法从事地质研究，包括复杂地质条件下大型岩体工程稳定性分析的理论与方法，地震正反演及地震数据处理中的热点问题研究，重大工程建设和城市发展中的环境工程地质问题，灾害环境下重大工程安全性问题的基础研究，滑坡形成机理与预测预报等。

② 预测自然灾害。

利用各种数字地震台网和台站观测数据为基础，结合重力、形变等地球物理观测手段，通过震源运动学与动力学、近断层地面运动和重力变化场等方面的研究，为地震发生机理研究与地震预测提供理论指导。同时开展工程与城市防震减灾基础理论和应用技术研究。开展地震区划理论研究，编制地震区划图。开展强震观测、震害调查场地勘测与工程结构测试与分析。开展城市灾害预警和减灾技术、地震紧急救援技术与方法研究。

③ 从事工程探测类。

通过地球物理方法，探测工程、建筑进行水文工程地质、城市环境与建筑基础以及地下管线铺设情况的勘查等，通过工程地质、浅层地球物理与岩土力学的理论、实验研究和工程实践及其信息综合集成，认识地球表层物质、结构、状态及其在自然和工程作用下的变形破坏机理与过程，评价工程岩土体的稳定性及其环境效应，寻求相应的工程技术与处理措施，保证重大工程的安全构筑与运行。

④ 用以勘查石油与天然气和煤田地质构造，寻找金属与非金属矿产。

可以到涉及煤田、油田、矿井性质的国有大中型企业做相关技术性工作。中国石化、中国石油、中国海洋石油等大型国企都有大量的地球物理学专业人才。

4．小贴士

国家对这一领域的高层次人才需求是非常强烈的。

这个专业全多数为名牌大学招生，招生少，就业不难，考研会发展得更好。

七、开设院校

2017 年全国开设地球物理学专业的院校有 22 所。

空间科学与技术专业

专业代码	中文名	学科门类	一级学科	授予学位	修学年限
070802	空间科学与技术	地球物理学类	理学	理学或工学学士	四年

一、专业概述

空间科学与技术是一门新型交叉学科，以空间物理和空间探测技术为主要内容。

二、培养目标

培养适应我国航天事业、国防建设、国民经济和社会发展需要，具有扎实的数学、物理、外语和计算机基础，系统掌握空间环境和空间探测等方面的基本知识与方法，具备空间环境及探测技术，空间传感器技术相关技能，具有较强创新精神，能够在航天工程、空间环境分析、空间物理探测、空间技术应用和空间资源开发，以及其他相邻学科领域从事科学研究、人才培养、工程技术和管理工作的高素质的专门人才。

三、培养要求

主要学习自然科学基础、技术科学基础和本专业领域及相关专业的基本理论和基础知识，了解并掌握现在空间科学与技术的基础知识，受到现代工程师和科研技术人员的基本训练，具有分析和解决实际问题的能力。

四、知识技能

毕业生应获得以下几方面的知识和能力：

① 掌握数学、物理等方面的基本理论和基本知识。

② 掌握空间科学与技术的基本理论、基本知识和基本实验技能，以及日地空间、行星际空间、恒星空间环境的物理、化学特性等的基本技能。

③ 了解相近专业的一般原理和知识。

④ 了解国家科技、产业政策、知识产权等有关政策和法规。

⑤ 了解空间科学与技术的理论前沿、应用前景和最新发展动态。

⑥ 掌握资料查询、文献检索及运用现代信息技术获取相关信息的基本方法。

⑦ 具有一定的实验设计，创造实验条件，归纳、整理、分析实验结果，撰写论文，参与学术交流的能力。

五、主干课程

电动力学、流体力学、数学物理方法、数字电子技术、传感器原理、空间物理学基础、空间技术基础、空间环境及探测技术、空间环境学、空间辐射及其效应、高层大气物理化学基础、空间传感器信号处理技术等。

六、发展前景

1．就业方向

可在空间探测、航空航天、国防、资源环境监测等行业的相关研究所和事业单位从事相关的理论研究，技术开发和管理等工作。

2．就业前景

空间科学与技术专业是密切结合航天技术的迅猛发展需求而设立的新专业，空间科学方向侧重于天文学与天体力学、空间环境，空间应用方向侧重于空间光学与微波遥感、卫星与天文导航。这一行业中国现在正在投入巨资。

2017 年全国开设空间科学与技术专业的院校有 9 所，报考硕士较集中的专业：空间物理学、航天工程、天体物理、地球物理学。根据阳光高考信息平台统计数据，空间科学与技术专业 2017 年普通高校毕业生规模为 100～150 人，高考时文理科比例为文科 0，理科 100%。男女生比例为男生 78%，女生 22%。空间科学与技术专业本科就业率为 2016 年 75%～80%，2017 年 95%～100%。

3．专家建议

① 空间科学与技术专业既要广泛学习物理类、电子类、计算机类和数学类专业知识，涉猎各个学科

领域，进行深厚的知识储备，不断拓宽视野和提高知识层次。又要深入学习空间科学与空间技术专业知识，全面运用各种知识和技能学习解决航天活动中的空间科学与空间技术问题，不断认识与掌握已有的空间物理规律，成为横跨多个学科领域的高级创新人才。

② 目前，我国空间科学与技术专业所属学科方向建立了从本科到博士的航天人才培养体系，在空间科学与技术专业人才培养上位于全球前列。

③ 空间科学与技术的应用已经渗透到各行各业，受到社会各界特别是电信业、金融业，政府决策机构的高度关注，在高度发达的信息时代，空间科学与技术人才将是人类社会持续发展不可或缺的人才。

④ 相对而言，研究生以上层次，尤其博士层次的个人发展会更好些。

4. 小贴士

如果想要发展得更好，需要考研。

七、开设院校

2017 年全国开设空间科学与技术专业的院校有 9 所。

地质学专业

专业代码	中文名	学科门类	一级学科	授予学位	修学年限
070901	地质学	地质学类	理学	理学学士	四年

一、专业概述

地质学，与数学、物理、化学、生物并列为自然科学五大基础学科之一，是研究地球及其演变的一门自然科学。地质学的研究对象为地球的固体硬壳——地壳或岩石圈，主要研究地球的物质组成、内部构造、外部特征、各层圈之间的相互作用和演变历史的知识体系。

二、培养目标

培养具备基础地质学、地球物理学、地球化学、水文地质学、工程地质学、地下水科学等基本理论方面的知识，具有从事资源地质勘查的初步能力和解决常见地质工程问题的基本能力，能在资源勘查、工程勘查、设计、施工、管理等领域从事资源勘查与评价、管理、各类工程建设地质等方面工作的工程技术人才。

三、培养要求

主要学习地质学方面的基本理论和基本知识，受到基础研究和应用基础研究方面的科学思维和科学实践训练，掌握地质调查、科学研究、资源开发和管理的基本技能。

四、知识技能

毕业生应获得以下几方面的知识和能力：

① 掌握数学、物理、化学等方面的基本理论和基本知识。

② 掌握地质学的基本理论、基本知识和基本技能(包括野外地质工作方法)。

③ 了解相近专业的一般原理和知识。

④ 了解国家科学技术政策、知识产权及可持续发展战略等有关政策和法规。

⑤ 了解地质学的理论前沿、应用前景和最新发展动态，以及资源开发状况。

⑥ 掌握资料查询、文献检索及运用现代信息技术获取报关信息的基本方法。

⑦ 具有一定的设计实验，创造实验条件，归纳、整理、分析实验结果，撰写论文，参与学术交流的能力。

五、主干课程

基础地质学、矿产地质学、水文地质学、工程地质学、地球物理勘探、地球化学勘探、钻掘工程学、基础工程施工、环境地质学、地质工程学、矿床地质特征、地下水力学、地下水科学概论、岩土力学等（专业课程因各校侧重不同会有一定差异）。

六、发展前景

1．就业方向

可在地质、地震、冶金、石油、煤炭、建材、化工、水电、城建、核能、海洋科学、材料科学、环境科学和工业建设等有关单位、高等院校和生产部门从事基础理论及应用研究、教学和生产实际工作。

2．就业前景

在国家“十三五”规划中，地质行业将迎来新机遇，如建设现代能源体系、强化水安全保障、拓展蓝色经济空间、应对全球气候变化等都与地质学有着密切的关联。业内专家表示，“一带一路”也给地质工作带来新的前景，其一是“一带一路”涵盖区域的基础地质调查工作，可为国家重大区域发展提供技术支撑和信息服务，其中周边国家重要成矿带对比研究与编图、陆上及海上丝绸之路经济带境外矿产资源潜力评价、全球多尺度化学填图、全球重点地区地质矿产合作战略调查等地质工作内容都是地质学新的就业机遇。其二，“一带一路”沿线城市的基础建设、垃圾处理、污水处理有很大的改善空间，城市地质、环保地质是转型升级的主要方向。其三，在“一带一路”倡议中，国家将打造六条经济走廊和海上战略支点，而六条经济走廊所涵盖的成矿区带需要完善的成矿理论体系，选择以铜、铜—金、铜—钼、铅—锌—银和铀为主攻矿种，开展产出环境、形成作用、成矿规律和找矿潜力的研究。

2017 年全国开设地质学专业的院校有 30 所，部分高校按地球物理学专业方向培养。报考硕士较集中的专业：地质学、地质工程、矿物学、岩石学、矿床学、构造地质学。根据阳光高考信息平台统计数据，地质学专业 2017 年普通高校毕业生规模为 2000～2500 人，高考时文理科比例为文科 0，理科 100%。男女生比例为男生 74%，女生 26%。地质学专业本科就业率为 2016 年 85%～90%，2017 年 90%～95%。

3．专家建议

① 分清地质学与地理学。

地质学、地理学，虽只有一字之差，却存在很大差异。第一，地质学、地理学虽说都属于理学，但分属不同大类。第二，研究对象和研究领域不同。简单地说，地质学主要研究地球及其演变，着重于岩石圈和地球内部。地理学主要研究人地关系，着重于地表的地理环境和自然现象。

② 地质勘查技能要求高。

在校期间，学校一般会安排野外地质学习或区域地质测量实习，如对地下岩石进行采样调查等。毕业后的大多对口工作都需要到野外勘查、采样等，工作环境相对比较艰苦。地质学专业就业分类很多，比如矿产勘查、区域地质调查、地层的分布、环境地质调查、水文地质等，一般都要通过野外实地勘探、测量、调查、取样来做研究，都需要很强的地质勘查技能。这不仅需要有较好的理科专业背景，对地球科学具有浓厚的兴趣，而且要有好的身体素质。

③ 报考时需要注意什么。

首先，地质学行业是一个需要能吃苦且工作强度相对较大的工作，除了对地质学专业感兴趣外，还要有较强的体魄，适宜较长时间的野外作业，这也是选择该专业不可忽视的条件。相对来说，女生报考要慎重。

其次，该专业对视力有要求，色弱者不建议报考。我国现行的《普通高等学校招生体检工作指导意见》

中明确规定，轻度色觉异常即色弱者不予录取地质学专业。

4．小贴士

能吃苦、感兴趣。

七、开设院校

2017 年全国开设地质学专业的院校有 30 所。

地球化学专业

专业代码	中文名	学科门类	一级学科	授予学位	修学年限
070902	地球化学	地质学类	理学	理学学士	四年

一、专业概述

地球化学是研究地球及其子系统(包括部分宇宙体）的化学组成和化学演化的一门学科。主要研究地球(包括部分天体)的化学组成，研究地质过程中化学作用机制和条件、元素的共生组合及其赋存形式及元素的迁移和循环等的学科。

二、培养目标

培养具备地球化学和地质学的基本理论、基本知识和基本技能，受到基础研究、应用基础研究和技术开发的基本训练，具有较好的科学素养及初步的教学、研究、开发和管理能力，能在科研机构、学校从事地球化学研究或教学工作，在资源、能源、材料、环境、基础工程等方面从事生产、测试、技术管理等工作以及在行政部门从事管理工作的高级专门人才。

三、培养要求

主要学习地球化学方面的基本理论和基本知识，受到基础研究、应用基础研究和技术开发方面科学思维和科学实践的训练，掌握野外和室内地质及地球化学的基本技能。

四、知识技能

毕业生应获得以下几方面的知识和能力：

① 掌握数学、物理、化学等方面的基本理论和基本知识。

② 掌握矿物学、岩石学、矿床学、地球化学和地质学等方面的基本理论、基本知识和基本实验技能以及野外和室内地质及地球化学的研究工作方法、测试手段的基本原理和方法。

③ 了解相近专业的～般原理和知识。

④ 了解国家科学技术政策、知识产权及可持续发展等有关政策和法规。

⑤ 了解地球化学的理论前沿、应用前景和最新发展动态。

⑥ 掌握资料查询、文献检索及运用现代信息技术获取相关信息的基本方法。

⑦ 具有一定的设计实验，创造实验条件，归纳、整理、分析实验结果，撰写论文，参与学术交流的能力。

五、主干课程

地球科学概论、构造地质学、结晶学与矿物学、岩石学、矿床学、地球化学、同位素地球化学、环境地球化学、地球物理学等。

六、发展前景

1．就业方向

可以在科研机构、高等院校的地球化学研究或教学工作。也可以在资源、能源、材料、环境、基础工程等领域的生产、测试、技术管理工作。另外，还可以行政部门的管理工作。

2．就业前景

地球化学研究正在经历三个较大的转变：由大陆转向海洋。由地表、地壳转向地壳深部、地幔。由地球转向球外空间。地球化学的分析测试手段向更为精确、快速及微量、超微量分析测试技术的发展，可获得超微区（微米）范围内和超微量（微克）样品中元素、同位素分布和组成资料。低温地球化学、地球化学动力学、超高压地球化学、稀有气体地球化学、比较行星学等有发展前景。

2017 年全国开设地球化学专业的院校有 11 所，报考硕士较集中的专业：地质学、地球化学、地质工程、矿物学、岩石学、矿床学。根据阳光高考信息平台统计数据，地球化学专业 2017 年普通高校毕业生规模为 350 至 400 人，高考时文理科比例为文科 0，理科 100%。男女生比例为男生 72%，女生 28%。地球化学专业本科就业率为 2016 年 85%～90%，2017 年 90%～95%。

3．专家建议

① 参考地质学类专业的相关资料。

② 地球化学作为一门比较年轻的科学，目前正处于飞跃发展的阶段，一般理解地球化学就是做化探，其实不然，地球化学在很多方面都有很重要的应用，比如环境、勘查、矿床、农业等。随着社会经济的发展，国家对资源能源的需求越来越强烈，除了外购，立足于自身资源的勘探也是必需的。

首先地球化学专业参与野外实习和实验比较多，需要有较强的实验操作和动手能力。其次，由于该学科涉及很多化学知识的学习，需要对化学有兴趣并且具备扎实的物理、化学基础。三是身体条件要好，色弱和体质差者慎报，并且因涉及野外工作，女生也要慎重考虑。

地球化学专业在不同的学校，由于师资力量和研究方向不同，课程设置也略有不同，如中国科技大学偏重于化学，南京大学则偏重于地质学等。

4．小贴士

地球化学以前在油气勘探领域很有作为，现在受冲击很大，属小众专业，在大型研究院等有些需求，一般研究单位需求不多。

七、开设院校

2017 年全国开设地质学专业的院校有 11 所。

生物科学专业

专业代码	中文名	学科门类	一级学科	授予学位	修学年限
071001	生物科学	生物科学类	理学	理学学士	四年

一、专业概述

生物科学（也被称为生命科学）是自然科学的一个分支学科，从本质上说，生物科学是研究生命现象、揭示生命活动规律和生命本质的科学。

二、培养目标

培养具备生物科学的基本理论、基本知识和较强的实验技能，能在科研机构、高等学校及企事业单位等从事科研、教学及管理工作的生物科学专门人才。

三、培养要求

培养学生学习生物科学技术方面的基本理论、基本知识，受到应用基础研究和技术开发方面的科学思维和科学实验训练，进而具有较好的科学素养及初步的教学、研究、开发与管理的基本能力。

四、知识技能

毕业生应获得以下几方面的知识和能力：

① 掌握数学、物理、化学等方面的基本理论和基本知识；

② 掌握动物生物学、植物生物学、微生物学、生物化学、细胞生物学、遗传学、发育生物学、神经生物学、分子生物学、生态学等方面的基本理论、基本知识和基本实验技能。

③ 了解相近专业的一般原理和知识；

④ 了解国家科技政策、知识产权等有关政策和法规；

⑤ 了解生物科学的理论前沿、应用前景和最新发展动态。

⑥ 掌握资料查询、文献检索及运用现代信息技术获取相关信息的基本方法。

⑦ 具有一定的实验设计，创造实验条件，归纳、整理、分析实验结果，撰写论文，参与学术交流的能力。

五、主干课程

动物生物学、植物生物学、微生物学、生物化学、细胞生物学、遗传学、发育生物学、神经生物学、分子生物学、生态学等。

六、发展前景

1．就业方向

主要面向国家科研机构与高等学校从事自然科学基础研究与教学工作，也可适应以生物学为基础的其他专业的科研与教学工作，也可从事生物领域中高新技术的研发以及新产品、新品种的开发和推广。

2．就业前景

近年来，有媒体在报道专业就业情况时，生物科学或生物技术的就业在倒数几位。当然，学校之间也存在差异，“985 工程”高校的生物科学的就业情况是很好的，大部分选择在国内外读研。相比之下，盲目开设生物学专业的高校，师资、科研等跟不上，就业肯定会遇到更多困难。

2017 年全国开设生物科学专业的院校有 294 所，部分高校按以下专业方向培养：实验、海洋生物、生物教育、检验与检测、应用微生物学、生态监测与评价、动物养殖与产品加工、药用植物资源与利用。报考硕士较集中的专业：学科教学（生物）、生物学、生物化学与分子生物学、植物学。根据阳光高考信息平台统计数据，生物科学专业 2017 年普通高校毕业生规模为 20000～22000 人，高考时文理科比例为文科 0，理科 100%。男女生比例为男生 29%，女生 71%。生物科学专业本科就业率为 2016 年 85%～90%，2017 年 85%～90%。

3．专家建议

① 相近专业：生物技术、生物工程。

生物科学、生物技术、生物工程（在工学门类下），三者可以看作是从基础研究到应用开发研究的上游、中游和下游的关系。生物科学的研究重点在探索自然的规律、揭示生命的本质和奥秘，是最基础的学科。生物技术可以说是利用生物科学揭示的规律、机制和途径，去创造怎样利用生物、改造生物的手段和技术，如我们常提到的转基因技术、分子育种技术、器官移植技术、发酵技术、生物制药等都是利用前人揭示的生物基本规律和生命本质基础上创造出来的。而生物工程是如何把这些技术通过工艺、工程的设计，使之实现产业化、商品化，供人类利用。三者的界限也不是很绝对的，互相是有交叉的。因为生物工程也需要研究一些与生物技术有关的问题，一些生物科学毕业后的学生也去了与生物技术有关的行业，很多生物技术毕业的学生也会到生物科学各二级学科去深造。

② 易混淆专业：生物医学工程。

从名称上看，生物医学工程和生物科学很像，但专业内涵却有很大差别。虽然也要学习生物方面的课程，但生物医学工程专业属于工学门类下的生物医学工程类，其着眼点是从事现代医疗技术的研究和开发，如研究医疗仪器设备等。

生物医学工程是医学与现代科技相结合的交叉学科，着重培养具有扎实的计算机、电子技术、宽广的医学知识的复合型科学研究与技术开发的专门人才，毕业生具备从事现代医疗技术的研究和开发的能力。学生毕业后可去医院和医疗卫生部门从事医疗设备管理、质量监督工作。去医疗企业和 IT 类电子企业从事产品的研发、市场销售和技术支持工作。也可以去高校、研究所从事科学研究和教学工作

③ 理论与实践并重，实验机会多。

除了公共基础课外，生物科学专业的主要必修课程有普通生物学及实验、生物化学及实验、分子生物学及实验、细胞生物学及实验、微生物学及实验、遗传学及实验、基因工程综合实验、细胞、遗传与发育生物学综合实验等。各校还会开设各类选修课程，如动物生理学及实验、生物物理学、生物物理实验技术、发育生物学、免疫学、神经生物学、生物信息学、药物药理学导论、生物统计学基础、重大疾病的分子机制等。

④ 众多高校开设生物科学专业，须注意侧重点。

2017 年全国开设生物科学专业的院校有 294 所。开设生物科学专业的院校，各具特色，有的以生化、植物为主，有的以微生物学为主，有的侧重于制糖、发酵，有的侧重于病原理、人体学等。师范院校一般以培养生物学教师为主，但随着就业市场的开放，一些实力较强的师范院校也开始培养非师范类人才。

招生时，有的高校使用生物科学的专业名称，还有的按“生物科学类”进行大类招生。如浙江大学则按“理科试验班类”进行招生，请考生选择专业时注意，避免遗漏。

⑤ 要有作为终身职业的打算。

生命科学由于需要解决和可以解决的问题很多，在未来一段时间内仍旧会是现代科学发展的核心之一。由于生命科学所带动的下游产业有限，这些产业都具有投资规模大、风险高的特点，本专业培养的人才主要从事科研工作。

对于从事生命科学研究的人来说以下特点很重要：首先是较好的动手能力。其次是足够的耐心和细心。对于基本还是试验科学的生命科学来说，做出漂亮的试验结果是一切研究的前提。做实验就要面对失败，而且是经常性的失败。从这些失败中找到蛛丝马迹靠的就是细心与耐心。由于本学科的特点，十年左右的求学生涯（博士毕业）和此后的职业生涯要依赖细心与耐性，无法坚持就会前功尽弃，选择生命科学要把它作为终身职业。

生物专业对数理化的要求比较高，部分学生在这类基础课程的学习上有可能会遇到困难。大一的时候尤其需要刻苦努力，打好基础。

需要注意的是，生物科学专业不招收色盲和色弱的考生。

⑥ 本科对口就业难度大。

生物专业不好就业的印象，来自国内生物对口的就业岗位少，就业面较窄。如果想进入高校或研究机构从事科研，需要读完博士。本科生如果选择直接就业，很可能要去医药类企业或转行。

目前，国内生命科学所带动的下游产业有向好的趋势。有人觉得到企业公司工作掉价，实际上杭州、上海、北京等很多跨国的和国内有名的生物医药企业都需要优秀的生物学人才，将来企业才是创新的主体，在那里有年轻人可以施展才华的空间和平台。

生物学有很多领域，各领域之间也存在差异，比如生物信息和生物统计方面有较好的就业前景。这两个领域与信息科学和统计学有交叉，生物专业的学生也可以考虑多接触跨学科的知识领域。

4．小贴士

和医学专业类似，生物专业也需要做动物解剖实验，同学们要有心理准备。

七、开设院校

2017 年全国开设生物科学专业的院校有 294 所。

生物技术专业

专业代码	中文名	学科门类	一级学科	授予学位	修学年限
071002	生物技术	生物科学类	理学	理学或工学学士	四年

一、专业概述

生物技术是应用生物学、化学和工程学的基本原理，利用生物体（微生物，动物细胞和植物细胞）或其组成部分（细胞器和酶）来生产有用物质，或为人类提供某种服务的技术。

二、培养目标

培养具备生命科学的基本理论和较系统的生物技术的基本理论、基本知识、基本技能，能在科研机构或高等学校从事科学研究或教学工作，能在工业、医药、食品、农、林、牧、渔、环保、园林等行业的企业、事业和行政管理部门从事与生物技术有关的应用研究、技术开发、生产管理和行政管理等工作的专门人才。

三、培养要求

主要学习生物技术方面的基本理论、基本知识，受到应用基础研究和技术开发方面的科学思维和科学实验训练，具有较好的科学素养及初步的教学、研究、开发与管理的基本能力。

四、知识技能

毕业生应获得以下几方面的知识和能力：

① 掌握数学、物理、化学等方面的基本理论和基本知识。

② 掌握基础生物学、生物化学、分子生物学、微生物学、基因工程、发酵工程及细胞工程、动植物学等方面的基本理论、基本知识和基本实验技能，以及生物技术及其产品开发的基本原理和基本方法。

③ 了解相近专业的一般原理和知识。

④ 熟悉国家生物技术产业政策、知识产权及生物工程安全条例等有关政策和法规。

⑤ 了解生物技术的理论前沿、应用前景和最新发展动态，以及生物技术产业发展状况。

⑥ 掌握资料查询、文献检索及运用现代信息技术获取相关信息的基本方法。

⑦ 具有一定的实验设计，创造实验条件，归纳、整理、分析实验结果，撰写论文，参与学术交流的能力。

五、主干课程

微生物学、细胞生物学、遗传学、动物学、植物学、生态学、植物生理学、动物生理学、生物化学、分子生物学、工业微生物学育种学、基因工程、细胞工程、微生物工程、生化工程、生物工程下游技术、发酵工程设备、酶工程等。

六、发展前景

1．就业方向

在科研机构或高等学校从事科学研究或教学工作，或者在工业、医药、食品、农、林、牧、渔、环保、园林等行业的企业、事业和行政管理部门从事与生物技术有关的应用研究、技术开发、生产管理和行政管理等。

2．就业前景

参考生物科学专业相关资料。

生物技术专业毕业生由于连续数年失业量较大，就业率持续走低，早在 2010 年就已经被教育部列为 10 大“红牌”的本科专业。

2017 年全国开设生物技术专业的院校有 373 所，部分高校按以下专业方向培养：食用菌、茶叶检测、功能食品、生物制药。全国报考硕士较集中的专业：生物化学与分子生物学、生物学、微生物学、细胞生物学。根据阳光高考信息平台统计数据，生物技术专业 2017 年普通高校毕业生规模为 18000～20000 人，高考时文理科比例为文科 0，理科 100%。男女生比例为男生 47%，女生 53%。生物技术专业本科就业率为 2016 年 85%～90%，2017 年 90%～95%。

3．专家建议

参考生物科学专业。

希望广大考生在填报志愿时，根据自身的经济条件和兴趣爱好理智填报。

4．小贴士

生物技术及生物相关领域行业就业的适宜学历为研究生以上学历，就业范围为生物科研单位、生物制品行业、制药企业、生物日用企业。

七、开设院校

2017 年全国开设生物技术专业的院校有 373 所。

生物信息学专业

专业代码	中文名	学科门类	一级学科	授予学位	修学年限
071003	生物信息学	生物科学类	理学	理学学士	四年

一、专业概述

生物信息学是研究生物信息的采集、处理、存储、传播、分析和解释等各方面的学科，也是随着生命科学和计算机科学的迅猛发展，生命科学和计算机科学相结合形成的一门新学科。它通过综合利用生物学、计算机科学和信息技术而揭示大量而复杂的生物数据所赋有的生物学奥秘。

二、培养目标

培养全面发展，具有较好的分子生物学、计算机科学与技术、数学和统计学素养，掌握生物信息学基本理论和方法，具备生物信息收集、分析、挖掘、利用等方面的基本能力，能在科研机构、高等学校、医疗医药、环境保护等相关部门与行业从事教学、科研、管理、疾病分子诊断、药物设计、生物软件开发、环境微生物监测等工作的高级科学技术人才。

三、培养要求

主要学习生物信息学的基本理论和方法，受到相关科学实验和科学思维的基本训练，具有较好的分子生物学、计算机科学与技术、数学和统计学素养，具备生物信息的收集、分析、挖掘、利用等方面的基本能力，具有较好的业务素质。

四、知识技能

毕业生应获得以下几方面的知识和能力：

① 掌握普通生物学、生物化学、分子生物学、遗传学等基本知识和实验技能。

② 掌握计算机科学与技术基本知识和编程技能(包括计算机应用基础、Linux 基础及应用、数据库系统原理、模式识别与预测、生物软件及数据库、Perl 编程基础等)，具备较强的数学和统计学素养(高等数学Ⅰ、Ⅱ、生物统计学等)。

③ 掌握生物信息学、基因组学、计算生物学、蛋白质组学、生物芯片原理与技术的基本理论和方法，初步具备综合运用分子生物学、计算机科学与技术、数学、统计学等知识和技能，解决生物信息学基本问题的能力。

④ 掌握生物信息学资料的查询、文献检索及运用现代信息技术获得相关信息的基本方法，具有一定的实验设计、结果分析、撰写论文、参与学术交流的能力。

⑤ 熟悉国家生物信息产业政策、知识产权及生物安全条例等有关政策和法规。

⑥ 了解生物信息学的理论前沿、应用前景和最新发展动态。

⑦ 具有较好的科学人文素养和较强的英语应用能力，具备较强的自学能力、创新能力和独立解决问题的能力。

⑧ 具有良好的思想道德素质和文化素养，身心健康。

⑨ 具有较好的科学素质、竞争意识、创新意识和合作精神。

五、主干课程

普通生物学、生物化学、分子生物学、遗传学、生物信息学、计算生物学、基因组学、生物芯片原理与技术、蛋白质组学、模式识别与预测、数据库系统原理、Linux 基础及应用、生物软件及数据库、Perl 编程基础等。

六、发展前景

1．就业方向

学生毕业后可在各级生物信息学的研究机构、高等学校、企事业单位以及在研究和成果产业化过程中涉及生物信息学的相关部门，从事科学研究、教学和管理工作。也可在科研机构、医疗医药、环境保护等相关部门与行业从事教学、科研、管理、疾病分子诊断、药物设计、生物软件开发、环境微生物监测等工作。

2．就业前景

本专业主要的出路是学术（如高校老师，研究人员），进企业有难度。目前该专业毕业生大部分读博或做博士后，个别硕士生直接进入中科院的研究所做研究助理，还有少量毕业生进了生物芯片公司等。

2017 年全国开设生物信息学专业的院校有 31 所，部分高校按以下专业方向培养：食用菌、茶叶检测、功能食品、生物制药。报考硕士较集中的专业：生物化学与分子生物学、生物学、微生物学、细胞生物学。根据阳光高考信息平台统计数据，生物信息学专业 2017 年普通高校毕业生规模为 700～800 人，高考时文理科比例为文科 0，理科 100%。男女生比例为男生 53%，女生 47%。生物信息学专业本科就业率为 2016 年 90%～95%，2017 年 90%～95%。

3．专家建议

① 参考生物科学和生物技术专业的相关资料。

② 生物信息学是在生命科学的研究中，以计算机为工具对生物信息进行储存、检索和分析的科学。

它是当今生命科学和自然科学的重大前沿领域之一，同时也将是 21 世纪自然科学的核心领域之一。其研究重点主要体现在基因组学和蛋白质组学两方面，具体说就是从核酸和蛋白质序列出发，分析序列中表达的结构功能的生物信息。

从事科研工作需要耐得住寂寞，对科研没有强烈兴趣的最好不要考虑。

4. 小贴士

需要慎重考虑的一个专业。

七、开设院校

2017 年全国开设生物信息学专业的院校有 31 所。

生态学专业

专业代码	中文名	学科门类	一级学科	授予学位	修学年限
071004	生态学	生物科学类	理学	理学学士	四年

一、专业概述

生态学着重研究生物与环境之间的各种关系，特别是生态系统在人类活动干预下的各种运行机制及变化规律。现代生态学注重解决全球面临的生态环境重大问题和社会经济发展中的众多生态问题。

二、培养目标

培养具备生物学及其他相关自然科学基础知识，系统地掌握生态学专业理论和知识，具有开展生态学实验和野外实践的技能，能在与生态学密切相关的农业、林业、水利、环保、规划等教学与科研单位、职能部门和企业从事生态学教学、科研、技术开发等工作，具有良好科学素养和创新能力的复合型人才。

三、培养要求

主要学习生态学方面的基础理论、基本知识，受到基础研究和应用基础研究的科学思维和科学实验训练，具有较好的科学素养，掌握现代生态学理论和计算机模拟等实验技能，初步具备教学、研究、开发和管理能力。

四、知识技能

毕业生应获得以下几方面的知识和能力：

① 掌握普通生物学、生态学等基本知识和实验技能。

② 掌握生物信息学资料的查询、文献检索及运用现代信息技术获得相关信息的基本方法，具有一定的实验设计、结果分析、撰写论文、参与学术交流的能力。

③ 熟悉国家生态信息产业政策、知识产权及生物安全条例等有关政策和法规。

④ 了解生态信息学的理论前沿、应用前景和最新发展动态。

⑤ 具有较好的科学人文素养和较强的英语应用能力，具备较强的自学能力、创新能力和独立解决问题的能力。

⑥ 具有良好的思想道德素质和文化素养，身心健康。

⑦ 具有较好的科学素质、竞争意识、创新意识和合作精神。

五、主干课程

普通生态学，农业生态学，生态工程与设计，生态管理工程，土壤、植物营养与环境分析，田间实验设计和生物统计，资源环境与信息技术，景观生态规划与设计，绿色食品与有机食品，保护生物学，污染生态学，普通生物学，生物化学，微生物学，植物生理学，城市生态学，项目投资与评估等。

六、发展前景

1．就业方向

主要到科研机构、高等学校、企事业单位及行政部门等从事科研、教学和管理等工作，也可从事农业、环保、计划、国土资源等部门的行政管理工作、高等院校教学科研工作、科研单位及生产部门的科技工作，各级技术推广单位的技术管理和推广工作，各层次的生态农业、生态工程的设计和建设工作，区域农业开发的规划、设计、实施及管理工作。

2．就业前景

新中国成立以来，我国生态环境的保护和生态产品的开发长期处于空白状态，这方面的人才匮乏。改革开放以后，我国经济迅速发展带来的污染负荷已经越来越构成了对生态环境的威胁，不得不使我国提高了对生态环境的保护，加强了生态学的研究。目前我国生态学专业人才除了这些年培养外，主要来自生态研究相关的其他专业如环境工程专业、林业、动植物专业以及化学专业等。从工作地区来看，生态专业的毕业生分布于我国从沿海到整个中西部地区。

2017 年全国开设生态学专业的院校有 69 所，部分高校按以下专业方向培养：食用菌、茶叶检测、功能食品、生物制药。报考硕士较集中的专业：生物化学与分子生物学、生物学、微生物学、细胞生物学。根据阳光高考信息平台统计数据，生态学专业 2017 年普通高校毕业生规模为 1000～1500 人，高考时文理科比例为文科 1%，理科 99%。男女生比例为男生 43%，女生 57%。生态学专业本科就业率为 2016 年 85%～90%，2017 年 85%～90%。

3．专家建议

① 参考生物科学的其他专业的相关资料。

② 目前学习生态学专业的人数较多，但是缺乏高精尖学者，高端人才短缺，造成就业现状的不平衡，专业人才数量不能满足现状需求。

我国正处于西部大开发战略实施阶段，主要任务有生态保护、生物生态产品的开发与生产等。长期以来，西部部分地区过度砍伐、放牧，造成了严重的水土流失现象，野生动物、植物的生存空间越来越小，生态破坏没有得到控制。生态保护的任务主要是针对这种情况，在经济发展与生态环境改善之间寻找一个平衡方案。另外，通过对生物习性和经济价值的研究，可以在一定范围内开发生物产品，我国目前已经有多家企业致力于野生动植物的人工养殖、产品开发等，这项工作可以大力促进西部部分地区的经济发展。

4．小贴士

须注意不同院校的专业培养方向和侧重点。

七、开设院校

2017 年全国开设生态学专业的院校有 69 所。

心理学专业

专业代码	中文名	学科门类	一级学科	授予学位	修学年限
071101	心理学	心理学类	理学	理学或教育学学士	四年

一、专业概述

心理学是研究心理现象发生、发展和活动规律的科学，是一门探讨人类精神世界和行为模式的科学，是一门综合使用行为测量和先进技术手段的文理交叉的科学。

二、培养目标

培养具备心理学的基本理论、基本知识、基本技能，能在科研部门、高等和中等学校、企事业单位等从事心理学科学研究、教学工作和管理工作的专门人才。

三、培养要求

主要学习心理学方面的基本理论和基本知识，接受心理学科学思维和科学实验的基本训练，具有良好的科学素养和进行心理学实验和心理测量的基本能力。

四、知识技能

毕业生应获得以下几方面的知识和能力：

① 掌握数学、物理、化学、生物学等方面的基本理论和知识。

② 掌握心理学的基本理论、知识和实证研究方法，掌握相关的统计、测量方法，具有综合分析、数据处理和计算机应用的能力。

③ 了解相近专业的一般原理和知识。

④ 了解国家科学技术、知识产权等有关政策和法规。

⑤ 了解心理学的理论前沿、应用前景和最新发展动态。

⑥ 掌握资料查询、文件检索及运用现代信息技术获取相关信息的基本方法。

⑦ 具有一定的实验设计，创造实验条件，归纳、整理、分析实验结果，撰写论文，参与学术交流的能力。

五、主干课程

普通心理学、实验心理学、心理统计、心理测量、生理心理学、人格心理学、社会心理学、认知心理学、发展心理学等。

六、发展前景

1．就业方向

毕业生主要去向为政府机构、企事业单位、科研院所、教育系统以及社区、医院等机构从事心理健康教育与咨询、心理测评、人力资源管理等工作。也可以去学校、教育机构、心理咨询机构、培训机构从事心理健康教育、校园问题处理、学习成绩改善、课程设计、教师培训等工作，如中小学校心理健康教育教师、心理教育与咨询专员。

2．就业前景

我国正处于经济社会快速转型期，人们的生活节奏明显加快，竞争压力不断加剧，个体心理行为问题及其引发的社会问题日益凸显。心理行为异常和常见精神障碍人数逐年增多，个人极端情绪引发的恶性案（事）件时有发生，成为影响社会稳定和公共安全的危险因素。但是，目前我国的心理健康服务体系不健全，政策法规不完善，社会心理疏导工作机制尚未建立，服务和管理能力严重滞后，现有的心理健康服务状况远远不能满足人们的需求及经济建设的需要。

2017年全国开设心理学专业的院校有75所，部分高校按以下专业方向培养：特殊教育、人力资源开发与测评、学校心理辅导与咨询。报考硕士较集中的专业：心理健康教育、应用心理、发展与教育心理学、应用心理学。根据阳光高考信息平台统计数据，心理学专业2017年普通高校毕业生规模为4000～4500人，高考时文理科比例为文科36%，理科64%。男女生比例为男生22%，女生78%。心理学专业本科就业率为2016年80%～85%，2017年85%～90%。

3．专家建议

① 部分院校按大类招生。

部分院校依据自身的人才培养战略，按“心理学类”本科大类招生，其培养模式为学生入校后前几年为不分专业的基础培养，一般大学一、二年级开设共同的心理学基础课程，而后根据兴趣、成绩、双向选择的原则进行专业分流。考生在填报志愿时还要注意看清高校大类招生所包含的专业方向。

② 心理学是个文理兼招的专业。

部分院校既招收理科生也招收文科生，如首都师范大学、四川师范大学等。另外，也有部分院校，如北京师范大学，在2017年的本科招生中就只招理科生。有志于报考心理学专业的考生，填报高考志愿时需要看清高校的招生要求。已经取消文理分科省份的考生，则要看清招生高校该专业对选考科目的要求。

③ 视力有要求。

高校根据各专业学习的需要，对考生的身体条件会有相应的要求。《普通高等学校招生体检工作指导意见》中规定，患有轻度色觉异常（俗称色弱）学校可不予录取的专业中就包括心理学专业。考生在报考时，一定要认真阅读各高校招生章程及报考指南中的具体要求。

④ 理想与现实有差距。

《“健康中国2030”规划纲要》里提出要促进心理健康，加强心理健康服务体系建设，提升全民心理健康素养。2016年底，国家卫生计生委、中宣部等22个部门联合印发《关于加强心理健康服务的指导意见》，要求到2020年，各领域各行业普遍开展心理健康教育及心理健康促进工作，全民心理健康意识明显提高。到2030年，符合国情的心理健康服务体系基本健全，全民心理健康素养普遍提升。

在中国，心理咨询行业属于新兴行业，不少人对心理咨询存在一定的偏见，心理咨询行业生存现状非常不乐观。

4．小贴士

心理咨询行业生存现状非常不乐观。

七、开设院校

2017年全国开设心理学专业的院校有75所。

应用心理学专业

专业代码	中文名	学科门类	一级学科	授予学位	修学年限
071102	应用心理学	心理学类	理学	理学或教育学学士	四年

一、专业概述

应用心理学是心理学中迅速发展的一个重要学科分支，研究心理学基本原理在各种实际领域的应用，包括工业、工程、组织管理、市场消费、学校教育、社会生活、医疗保健、体育运动以及军事、司法、环境等各个领域。

二、培养目标

培养具备心理学基本理论、基本知识、基本技能，能在教育、工程设计部门、工商企业、医疗、司法、行政管理等部门从事教学、管理、咨询与治疗、技术开发等工作的专门人才。

三、培养要求

主要学习心理学方面的基本理论和基本知识，受到心理学科学思维和科学实验的基本训练，具有良好的科学素养，具备进行心理学实验和心理测量的基本能力和将心理学理论、技术应用于某一相关领域，解决实际问题的能力。

四、知识技能

毕业生应获得以下几方面的知识和能力：

① 掌握数学、物理、化学、生物学等方面的基本理论和基本知识。

② 掌握应用心理学的基本理论、基本知识和实证研究方法，掌握相关的统计、测量方法，具有综合分析、数据处理和计算机应用的能力。

③ 了解相近专业的一般原理和知识。

④ 了解国家科学技术、知识产权等有关政策和法规。

⑤ 了解应用心理学的最新发展动态和应用前景。

⑥ 掌握资料查询、文件检索及运用现代信息技术获取相关信息的能力。

⑦ 具有一定的实验设计，创造实验条件，归纳、整理、分析实验结果，撰写论文，参与学术交流的能力。

五、主干课程

普通心理学、实验心理学、心理统计学、学习心理学、社会心理学、心理测量、工业心理学、教育心理学、临床心理学、发展心理学、变态心理学、人格心理学、认知心理学、SPSS 原理及应用、心理健康教育、管理心理学、精神分析等。

六、发展前景

1. 就业方向

主要到教育、工程设计部门、工商企业、医疗、司法、行政管理等部门从事教学、管理、咨询与治疗、技术开发等工作。

2. 就业前景

参考心理学专业。

2017 年全国开设应用心理学学专业的院校有 277 所，部分高校按以下专业方向培养：运动心理、人力资源管理、组织管理心理学、教师教育心理健康、人力资源与市场营销、心理健康咨询与教育。报考硕士较集中的专业：应用心理、应用心理学、发展与教育心理学、心理健康教育。根据阳光高考信息平台统计数据，应用心理学专业 2017 年普通高校毕业生规模为 12000～14000 人，高考时文理科比例为文科 42%，理科 58%。男女生比例为男生 28%，女生 72%。应用心理学学专业本科就业率为 2016 年 80%～85%，2017 年 85%～90%。

3. 专家建议

① 参考心理学专业。

② “真假”兴趣辨析。

在选专业的过程中，我们会发现好多学生的兴趣都是“伪”兴趣，自己哪门课成绩好就觉得对相应的专业也感兴趣，看了一些影视剧就产生了不切实际的兴趣想法，或者完全随大流的兴趣，别人报什么我就报什么，或者道听途说得来的兴趣，在这样的情况下产生的兴趣并不能算真正的兴趣。只有在详细了解专业的情况下，仍对其感兴趣，才能算是真正的志业兴趣，这样在进入大学后学习该专业才能给自己带来成就感。

③ 看清招生单位的培养方向。

每个院校的心理学专业培养方向并不完全一样。例如，北师大的心理学专业有基础心理学、应用心理学、教育与发展心理学三个培养方向，对学生自身的能力要求也相对较高，新高考之前只招收理科专业的学生。再比如西南大学的心理学专业，侧重心理咨询专业人才的培养。

4. 小贴士

展望不等于将来的现实，需要时间来证实。

七、开设院校

2017 年全国开设应用心理学学专业的院校有 277 所。

统计学专业

专业代码	中文名	学科门类	一级学科	授予学位	修学年限
071201	统计学	统计学类	理学	理学学士	四年

一、专业概述

统计学是通过搜索、整理、分析数据等手段，以达到推断所预测对象的本质，甚至预测对象未来的一门综合性学科，是应用数学的一个分支，主要通过利用概率论建立数学模型，收集所观察系统的数据，进行量化分析总结，做出推断和预测，为相关决策提供依据和参考。

二、培养目标

培养具有良好的数学或数学与经济学素养，掌握统计学的基本理论和方法，能熟练地运用计算机分析数据，能在企业、事业单位和经济、管理部门从事统计调查、统计信息管理、数量分析等开发、应用和管理工作，或在科研、教育部门从事研究和教学工作的专门人才。

三、培养要求

主要学习必需的数学、物理的基础知识，学习统计学基础理论及某一专业方向的专门知识，加强实验能力和计算机应用能力的训练，培养理论分析能力和力学应用的能力、受到科学研究和工程技术应用的初步训练，具有良好的科学素养。

四、知识技能

毕业生应获得以下几方面的知识和能力：

① 具有坚实的统计学和经济学、金融学、生物学等知识基础。

② 掌握统计学基本理论和方法，具有采集、加工、分析和解释数据的基本能力。

③ 能够使用统计学定量分析方法解决经济、金融、生物、工农业、政府部门等领域的数据分析问题。

④ 具备运用统计软件分析、解决实际问题的能力。

⑤ 具备良好的创新意识和开拓精神。

⑥ 掌握资料查询、文献检索及运用现代信息技术获取相关信息的基本方法。

⑦ 具有一定的归纳、整理、分析、撰写论文，参与学术交流的能力。

五、主干课程

高数、线性代数、概率论与数理统计、数学分析、解析几何、常微分方程、偏微分方程、复变函数、多元统计分析、抽样调查、运筹学、统计软件应用等。

六、发展前景

1．就业方向

主要就业方向有：政府部门（统计局等）。银行、保险公司、证券公司等金融部门，以及市场调查公司、咨询公司、各公司的市场研究部门、工业企业的质量检测部门等。

2．就业前景

在我国，统计学最早的应用在政府，例如，政府需要通过计算居民消费指数等手段来衡量物价水平、通货膨胀水平，通过人口普查来了解人口结构，老龄化趋势等。政府运用统计和数据分析，为国家制定各种政策法规提供参考依据。各个学科都在自己的领域使用统计学，生物学、经济学、心理学三个学科对统计应用尤其多，还发展出了各自的统计方法，如生物统计、计量统计和心理测验。

随着大数据时代的来临，统计学和数据分析发生了革命性的变化。各行各业都产生了大量的数据，这些数据都需要用统计方法进行挖掘分析应用，才能成为有价值的信息资产。计算机和大数据为统计学带来了广阔的市场前景。

2017 年全国开设统计学专业的院校有 279 所，部分高校按以下专业方向培养：保险精算、金融统计、数据工程、大数据分析与应用、市场调查与数据分析。报考硕士较集中的专业：应用统计、统计学、工商管理、统计学。根据阳光高考信息平台统计数据，统计学专业 2017 年普通高校毕业生规模为 9000～10000 人，高考时文理科比例为文科 1%，理科 99%。男女生比例为男生 33%，女生 67%。统计学专业本科就业率为 2016 年 80%～85%，2017 年 90%～95%。

3．专家建议

① 统计学的发展。

统计学是一门古老的科学，迄今已有两千三百多年的历史。成立以后，统计学教育发展也有一段有意思的历史。1952 年我国高校进行院系调整，概率论与数理统计归属于数学，设在综合性大学。社会经济统计则划归经济学，大都设在财经类院校。20 世纪 90 年代开始，国内开始提倡“大统计”，强调各类统计学的内在统一性。1998 年颁布的本科专业目录中，数学类的“数理统计”、经济类的“经济统计学”专业合并成“统计学类”归入理学门类，上升成为与数学、物理学、经济学等并列的学科类，可授理学或经济学学士学位。随着统计在经济学越来越多的应用，在 2012 年教育部最新颁布的本科专业目录中，经济统计重又划归为经济类，授予经济学学位。同时，在统计学类中，新增加了应用统计学，和统计学一起授予理学学士学位。

② 需要好的数学基础。

在《普通高等学校本科专业目录（2012 年）》中，理学中的统计学类分为统计学和应用统计学，毕业后授予理学学士。在经济学类中，设有经济统计学，授予经济学学士学位。

现在高校开设的统计学主要分为两个方向，一个是数理统计方面的，一个是经济方面的。其中数理统计主要针对统计学基本理论和方法进行研究，比较偏纯理论，一般设在数学院较多。经济统计是运用统计学基础知识来科学调查、搜索经济信息、描述数据、分析数据，比较偏应用。无论是数理统计还是经济统计，都是以数学为基础的，且要求同时具备较高的计算机分析处理能力。

目前绝大部分高校统计学专业只招收理科学生，即使高考改革省份取消文理分科，选择该专业考生最好有一定的数学基础或本身对数学感兴趣为佳。

③ 看清院校的招生大类。

在高考填报志愿中，考生需要注意一下选择的大类。大多数学院的统计学是按专业名称或统计学大类招生，如北京师范大学、中央财经大学、天津财经大学、上海财经大学等。例如中央财经的统计大类包含统计、经济统计、应用统计（金融统计）。考生在报考时只要了解一下大类中包含了哪几种统计学方向即可。

还有一些高校的统计专业包含在数学大类中招生。如北京大学、南开大学、南京大学、厦门大学等高校的统计学专业是包含在数学大类或理科实验班类中招生。以北京大学为例，统计学专业设在数学科学学院的概率统计系中，按数学大学科招生，入学两年后学生可自由选择进入五个专业方面之一。

报考时，一定要仔细阅读招生专业目录和高校院系专业介绍，以免造成不必要的疏漏。

4．小贴士

选择该专业的考生最好有一定的数学基础或本身对数学感兴趣为佳。

七、开设院校

2017 年全国开设统计学专业的院校有 279 所。

应用统计学专业

专业代码	中文名	学科门类	一级学科	授予学位	修学年限
071202	应用统计学	统计学类	理学	理学或经济学学士	四年

一、专业概述

应用统计学是应用数学的一个分支，主要通过利用概率论建立数学模型，收集所观察系统的数据，进行量化的分析、总结，进而进行推断和预测，为相关决策提供依据和参考。它被广泛地应用在各门学科之上，从物理和社会科学到人文科学，甚至被用来工商业及政府的情报决策之上。

二、培养目标

培养具有良好的数学或数学与经济学素养，掌握统计学的基本理论和方法，能熟练地运用计算机分析数据，能在企业、事业单位和经济、管理部门从事统计调查、统计信息管理、数量分析等开发、应用和管理工作，或在科研、教育部门从事研究和教学工作的应用型人才。

三、培养要求

主要学习统计学的基本理论和方法，打好数学基础，具有较好的科学素养，受到理论研究、应用技能和使用计算机的基本训练，具有数据处理和统计分析的基本能力。

四、知识技能

毕业生应获得以下几方面的知识和能力：

① 具有扎实的数学基础，受到比较严格的科学思维训练。

② 掌握统计学的基本理论、基本知识、基本方法和计算机操作技能。具有采集数据、设计调查问卷和处理调查数据的基本能力。

③ 了解与社会经济统计、医药卫生统计、生物统计或工业统计等有关的自然科学、社会科学、工程技术的基本知识，具有应用统计学理论分析、解决该领域实际问题的初步能力。

④ 了解统计学理论与方法的发展动态及其应用前景。

⑤ 对于理学学士，应能熟练使用各种统计软件包，有较强的统计计算能力。

⑥ 对于经济学学士，应具有扎实的经济学基础并利用信息资料进行综合分析和管理的能力。

⑦ 掌握资料查询、文献检索及运用现代信息技术获取相关信息的基本方法。

⑧ 具有一定的科学研究和实际工作能力。

五、主干课程

数学基础课、概率论、数理统计、运筹学、描述统计、抽样调查原理、多元统计分析、计算机基础、应用随机过程等。

六、发展前景

1．就业方向

主要到企业、事业单位和经济、管理部门从事统计调查、统计信息管理、数量分析等开发、应用和管理工作，或在科研、教育部门从事研究和教学工作。具体来讲，主要包括金融和保险部门，投资、证券及社会保障机构，市场调研、咨询及信息产业部门，国家统计部门，各类公司等。

2．就业前景

参考统计学专业。

2017 年全国开设应用统计学专业的院校有 209 所，部分高校按以下专业方向培养：大数据、金融统计、生物统计学、风险管理与精算。报考硕士较集中的专业：应用统计、统计学、数学、金融。根据阳光高考信息平台统计数据，应用统计学 2017 年普通高校毕业生规模为 5000～6000 人，高考时文理科比例为文科 0，理科 100%。男女生比例为男生 36%，女生 64%。应用统计学专业本科就业率为 2016 年 90%～95%，2017 年 90%～95%。

3．专家建议

① 参考统计学专业相关资料。

② 现在的统计学基本是属于数学和经济学的交叉学科，一般授予理学或经济学两种学位，原因是院校的侧重点不同。如果想进入互联网公司或者数据公司，可以选择授予理学学位的高校，比如北京师范大学、中国科学技术大学。如果想进入证券公司、保险公司等金融机构，可以选择授予经济学学位的高校，比如中国人民大学、上海财经大学、东北财经大学等。

统计学是典型的工具型专业，一般的小公司或者分公司需要的很少，需要统计学专业性人才的都是大型公司或者是公司的总部。进入大公司或者是一些公司的总部，本科学历一般不够，有条件的可以考统计学的专硕。

4．小贴士

经济属性的统计学就业率是比较高，也是高考热门专业。

七、开设院校

2017 年全国开设应用统计学专业的院校有 209 所。

工学门类学科综述

工学门类学科共有以下三十一个大类：力学类（0801）、机械类（0802）、仪器类（0803）、材料类（0804）、能源动力类（0805）、电气类（0806）、电子信息类（0807）、自动化类（0808）、计算机类（0809）、土木类（0810）、水利类（0811）、测绘类（0812）、化工与制药类（0813）、地质类（0814）、矿业类（0815）、纺织类（0816）、轻工类（0817）、交通运输类（0818）、海洋工程类（0819）、航空航天类（0820）、兵器类（0821）、核工程类（0822）、农业工程类（0823）、林业工程类（0824）、环境科学与工程类（0825）、生物医学工程类（0826）、食品科学与工程类（0827）、建筑类（0828）、安全科学与工程类（0829）、生物工程类（0830）、公安技术类（0831）。其中：

力学类（0801）下设理论与应用力学（080101 可授工学或理学学士学位）、工程力学（080102）两个专业。

机械类（0802）下设机械工程（080201）、机械设计制造及其自动化（080202）、材料成型及控制工程（080203）、机械电子工程（080204）、工业设计（080205）、过程装备与控制工程（080206）、车辆工程（080207）、汽车服务工程（080208）八个基本专业及机械工艺技术（080209T）、微机电系统工程（080210T）、机电技术教育（080211T）、汽车维修工程教育（080212T）四个特设专业，共十二个专业。

仪器类（0803）下设测控技术与仪器（080301）一个专业。

材料类（0804）下设材料科学与工程（080401）、材料物理（080402 可授工学或理学学士学位）、材料化学（080403 可授工学或理学学士学位）、冶金工程（080404）、金属材料工程（080405）、无机非金属材料工程（080406）、高分子材料与工程（080407）、复合材料与工程（080408）八个基本专业及粉体材料科学与工程（080409T）、宝石及材料工艺学（080410T）、焊接技术与工程（080411T）、功能材料（080412T）、纳米材料与技术（080413T）、新能源材料与器件（080414T）六个特设专业，共十四个专业。

能源动力类（0805）下设能源与动力工程（080501）一个基本专业及能源与环境系统工程（080502T）、新能源科学与工程（080503T）两个特设专业，共三个专业。

电气类（0806）下设电气工程及其自动化（080601）一个基本专业及智能电网信息工程（080602T）、光源与照明（080603T）、电气工程与智能控制（080604T）三个特设专业，共四个专业。

电子信息类（0807）下设电子信息工程（080701 可授工学或理学学士学位）、电子科学与技术（080702 可授工学或理学学士学位）、通信工程（080703）、微电子科学与工程（080704 可授工学或理学学士学位）、光电信息科学与工程（080705 可授工学或理学学士学位）、信息工程（080706）六个基本专业及广播电视工程（080707T）、水声工程（080708T）、电子封装技术（080709T）、集成电路设计与集成系统（080710T）、医学信息工程（080711T）、电磁场与无线技术（080712T）、电波传播与天线（080713T）、电子信息科学与技术(080714T 可授工学或理学学士学位)、电信工程及管理（080715T）、应用电子技术教育（080716T）十个特设专业，共十六个专业。

自动化类（0808）下设自动化（080801）一个基本专业及轨道交通信号与控制（080802T）一个特设专业，共两个专业。

计算机类（0809）下设计算机科学与技术（08090 可授工学或理学学士学位）、软件工程（080902）、网络工程（080903）、信息安全（080904K 可授工学或理学或管理学学士学位）、物联网工程（080905）、数字媒体技术（080906）六个基本专业及智能科学与技术（080907T）、空间信息与数字技术（080908T）、电子与计算机工程（080909T）三个特设专业，共九个专业。

土木类（0810）下设土木工程（081001）、建筑环境与能源应用工程（081002）、给排水科学与工程

（081003）、建筑电气与智能化（081004）四个基本专业及城市地下空间工程（081005T）、道路桥梁与渡河工程（081006T）两个特设专业，共六个专业。

水利类（0811）下设水利水电工程（081101）、水文与水资源工程（081102）、港口航道与海岸工程（081103）三个基本专业及水务工程（081104T）一个特设专业，共四个专业。

测绘类（0812）下设测绘工程（081201）、遥感科学与技术（081202）两个基本专业及导航工程（081203T）、地理国情监测（081204T）两个特设专业，共四个专业。

化工与制药类（0813）下设化学工程与工艺（081301）、制药工程（081302）两个基本专业及资源循环科学与工程（081303T）、能源化学工程（081304T）、化学工程与工业生物工程（081305T）三个特设专业，共五个专业。

地质类（0814）下设地质工程（081401）、勘查技术与工程（081402）、资源勘查工程（081403）三个基本专业及地下水科学与工程（081404T）一个特设专业，共四个专业。

矿业类（0815）下设采矿工程（081501）、石油工程（081502）、矿物加工工程（081503）、油气储运工程（081504）四个基本专业及矿物资源工程（081505T）、海洋油气工程（081506T）两个特设专业，共六个专业。

纺织类（0816）下设纺织工程（081601）、服装设计与工程（081602 可授工学或艺术学学士学位）两个基本专业及非织造材料与工程（081603T）、服装设计与工艺教育（081604T）两个特设专业，共四个专业。

轻工类（0817）下设轻化工程（081701）、包装工程（081702）、印刷工程（081703）三个基本专业。

交通运输类（0818）下设交通运输（081801）、交通工程（081802）、航海技术（081803K）、轮机工程（081804K）、飞行技术（081805K）五个基本专业及交通设备与控制工程（081806T）、救助与打捞工程（081807T）、船舶电子电气工程（081808TK）三个特设专业，共八个专业。

海洋工程类（0819）下设船舶与海洋工程（081901）一个基本专业及海洋工程与技术（081902T）、海洋资源开发技术（081903T）两个特设专业，共三个专业。

航空航天类（0820）下设航空航天工程（082001）、飞行器设计与工程（082002）、飞行器制造工程（082003）、飞行器动力工程（082004）、飞行器环境与生命保障工程（082005）五个基本专业及飞行器质量与可靠性（082006T）、飞行器适航技术（082007T）两个特设专业，共七个专业。

兵器类（0821）下设武器系统与工程（082101）、武器发射工程（082102）、探测制导与控制技术（082103）、弹药工程与爆炸技术（082104）、特种能源技术与工程（082105）、装甲车辆工程（082106）、信息对抗技术（082107）七个专业。

核工程类（0822）下设核工程与核技术（082201）、辐射防护与核安全（082202）、工程物理（082203）、核化工与核燃料工程（082204）四个专业。

农业工程类（0823）下设农业工程（082301）、农业机械化及其自动化（082302）、农业电气化（082303）、农业建筑环境与能源工程（082304）、农业水利工程（082305）五个专业。

林业工程类（0824）下设森林工程（082401）、木材科学与工程（082402）、林产化工（082403）三个专业。

环境科学与工程类（0825）下设环境科学与工程（082501）、环境工程（082502）、环境科学（082503 可授工学或理学学士学位）、环境生态工程（082504）五个基本专业和环保设备工程（082505T）、资源环境科学（082506T 可授工学或理学学士学位）两个特设专业，共七个专业。

生物医学工程类（0826）下设生物医学工程（08260 可授工学或理学学士学位）一个基本专业和假肢矫形工程（082602T）一个特设专业，共两个专业。

食品科学与工程类（0827）下设食品科学与工程（08270 可授工学或农学学士学位）、食品质量与安全（082702）、粮食工程（082703）、乳品工程（082704）、酿酒工程（082705）五个基本专业和葡萄与葡萄酒工程（082706T）、食品营养与检验教育（082707T）、烹饪与营养教育（082708T）三个特设专业，共八个专业。

建筑类（0828）下设建筑学（082801）、城乡规划（082802）、风景园林（082803 可授工学或艺术学学士学位）三个基本专业和历史建筑保护工程（082804T）一个特设专业，共四个专业。

安全科学与工程类（0829）下设安全工程（082901）一个专业。

生物工程类（0830）下设生物工程（083001）一个基本专业和生物制药（083002T）一个特设专业，共两个专业。

公安技术类（0831）下设刑事科学技术（083101K）、消防工程（083102K）两个基本专业和交通管理工程（083103TK）、安全防范工程（083104TK）、公安视听技术（083105TK）、抢险救援指挥与技术（083106TK）、火灾勘查（083107TK）、网络安全与执法（083108TK）、核生化消防（083109TK）七个特设专业，共九个专业。

工学门类是我国高校专业最多的一个门类，也是招生最多的一个门类，同时也是社会就业最多的。众多在物理和化学比较偏弱的考生，也可以考虑部分工科专业。

工学门类学科之力学类、机械类、仪器类、材料类

1．力学类：工学中的基础学科，适合进一步深造

在《普通高等学校本科专业目录》中，力学类属于工学之中的一个一级学科，所含专业有理论与应用力学、工程力学。其中，理论与应用力学偏重于力学理论的研究，工程力学侧重于各种工程领域（机械、建筑、材料、交通等）的实际应用研究。

力学在工科里算是研究型而非技术型的专业，所以有的学校颁发的是理学学士学位，适合乐于钻研、搞研究的同学，特别是数学和物理学的好的同学。

力学是所有工学的基础学科，涵盖面很广，学习的过程会很枯燥。就业的话，很多领域都需要力学的毕业生，但是由于几乎每一个领域都有这个领域对口专业的毕业生，本科生就业有困难。不打算深造的学生需要在本学科学好的同时，对某一自己感兴趣的领域有所擅长，就业会容易一些。

作为基础学科，进一步深造是最好的，几乎所有工科领域的研究生，都欢迎力学的本科生报考。

2．机械类：就业前景含而不露

一提到机械类专业，大家就不免和工厂里满身油污、手拿冰冷坚硬“铁疙瘩”的工人联想到一起，这样一来，很多人就在机械类专业面前望而却步了，转而去拼一些爆热的专业，直到三四年后看着机械类机械专业毕业生成为市场的热门时才后悔不已。

我国大型工业逐渐在复苏，社会对于精通现代机械设计与管理人才的需求正逐渐增大，具有开发能力的数控人才将成为各企业争夺的目标，机械设计制造与加工机械专业人才供需比也很高。机械类机械专业还涉及不少交叉科，通过这些知识的积累，也可以跨机械专业、跨行业就业。

尽管近几年机械行业效益不太好，在人们心目中的地位大打折扣，就业的吸引力和容纳能力有所下降，但由于机械行业的重要性和庞大规模，对毕业生的需求还是有一定的规模。

除了近年来比较热门的模具行业和汽车类专业外，机械类专业也并非全部都只是和硬邦邦的机器打交道，其中的工业设计专业，就是一门和艺术相关的机械类专业，是属于对现代工业产品、产品结构、产业结构进行规划设计、不断创新的机械专业。工业设计在一件产品的价值里占多大成分，不大容易量化，因为它是蕴含在里边的，是一个软价值。国外有些类似的比方，如美国有这样一个说法：企业里如果投资于技术设备更新带来了效益的话，那工业设计带来的效益是它的5倍。

材料成型及控制工程是材料、机械、控制、计算机等多学科交叉融合的工程技术机械专业，主要研究金属材料、非金属材料、超导材料、微电子材料及特殊功能材料的成型设备与工艺、成型过程的自动化与智能控制、质量检测和可靠性评价等。随着各种新材料在各行各业中的广泛应用，加上我国新材料行业的产业结构调整与材料成型设备新技术的发展，这个专业的重要性不言而喻。

过程装备与控制工程是集机械工程、化学工程和控制工程等多学科于一体的交叉机械专业。强调以计算机应用为平台，使工艺、装备和控制紧密结合，侧重于阀门密封、低温与制冷、压力容器等过程装备与控制成套技术的设计开发及应用。

3．仪器类：无处不在的仪器仪表

仪器类只有测控技术及仪器一个专业，是1998年教育部将10个本科专业合并而来，这10个本科专业包括：精密仪器、光学技术与光电仪器、检测技术及仪器仪表、电子仪器及测量技术、几何量计量测试、热工计量测试、力学计量测试、无线电计量测试、检测技术与精密仪器、测控技术与仪器。

仪器仪表是信息产业的重要组成部分，是信息工业的源头，它的相关学科主要有控制科学与工程学科和信息与通信工程学科。控制科学与工程学科是该专业的理论基础，主要研究自动控制理论和相关算法，

为今后在测控技术理论研究和工程实际中提供必要的系统控制概念和方法。信息与通信工程学科是该专业的应用基础，主要研究信息通信的基础理论和相关技术，为测量与控制信息的传输提供必要的理论和技术支持。

影响本专业的因素主要有下列几方面:

① 仪器仪表的作用、地位未得到应有的重视。

虽然仪器仪表是信息产业重要的组成部分，是信息社会的基础产业，但它的地位至今尚未得到从领导决策层到普通平民阶层的广泛认同，长期以来没有得到从战略高度加以扶植、倾斜、重点规划发展的机遇。

② 主干学科组成的理解不一致。

仪器仪表是多学科交叉综合的边缘学科，这是由它在信息产业中所承担的任务决定的，也是当代对具有宽广知识面的人才需求所要求的。但也有人认为这是一种“机不如机械专业、电不如电类专业”的万金油专业，贬低了本专业宽口径、综合性的形象，对学生产生不利的负面影响。

③ 对仪器仪表学科隶属关系的做法千差万别。

仪器仪表无论在主干学科组成、教学安排、教学实践、科学研究等方面都有其特殊性，因此有条件的院校应成立独立的仪器仪表类专业院系。凡是这样做的学校，仪器仪表学科都得到了很大的进步，这也是考生在报考时需要注意的。

④ 仪器仪表行业状况的影响。

透过本专业招生数不断增长、就业形势看好的表面现象，就会发现有相当一大部分毕业生是凭借本专业的学科多样性进入相关行业特别是电子信息行业工作，而真正进入仪器仪表专业领域内从事设计、制造、开发研究的并不是很多。这种状况是由我国仪器仪表行业的落后面貌决定的。

④ 考研、就业对本科教育的冲击不容忽略。

4．材料类：热门专业，挑三拣四可能会找不到工作

材料类专业属于工科最实用、国家政策也比较照顾的专业，相对于理科、文科，就业形势要好一些。材料类行业发展比较慢，就业大体不难，但找到好工作不易，想做出成就很难，而且不同的方向相差很大，高分子、生物材料、医用材料以后几年应该还不错。金属和无机非金属是传统行业，应用范围很广。

材料分类非常多，一般包括高分子材料、无机材料、复合材料、金属材料。金属材料和无机非金属材料更多地运用物理知识，当然也要用到化学，而高分子材料和高分子基的复合材料则完全是关于化学方面的，对物理的运用要少得多，所以有的学校的材料学院都把高分子材料分出去了，比如浙江大学专门成立了高分子系，里面包括高分子物理、化学专业和高分子材料科学工程专业，而浙江大学的材料科学与工程学院主要包括无机非金属、金属和半导体，当然半导体更多的是关于无机非金属的。而清华大学的高分子材料专业被划分到了化工学院，这就能看出高分子材料与化学的密切相关。

理论与应用力学专业

专业代码	中文名	学科门类	一级学科	授予学位	修学年限
080101	理论与应用力学	力学类	工学	工学或理学学士	四年

一、专业概述

理论与应用力学专业是一门具有较强应用性倾向的基础科学，同时也是多种学科的基础，如机械制造，土木建筑，天体力学等。该专业在国内目前大致分为两个主流方向：航空航天类大学的纯力学方向以及土木建筑大类的复杂工程结构分析方向。

二、培养目标

培养掌握力学的基本理论、基本知识和基本技能，能在力学及相关科学领域从事科研、教学、技术和管理工作的高级专门人才。

三、培养要求

学习必需的数学、物理的基础知识，学习力学基础理论及某一专业方向的专门知识，加强实验能力和计算机应用能力的训练，注意培养理论分析能力和力学应用的能力，受到科学研究和工程技术应用的初步训练，具有良好的科学素养。

四、知识技能

毕业生应获得以下几方面的知识和能力：

① 掌握数学、物理的基础知识，具有较强的分析和演算能力。

② 系统掌握力学基本理论知识，初步掌握力学的基本实验技能和实验分析方法。

③ 掌握一定的工程背景知识，初步学会建立简单力学模型的方法。

④ 了解相近专业的一般原理和知识。

⑤ 对该专业范围内科学技术的新发展有所了解。

⑥ 了解国家科技、产业政策、知识产权等有关政策和法规。

⑦ 掌握资料查询、文献检索以及运用现代信息技术获取相关信息的基本方法。

⑧ 具有一定的实验设计，创造实验条件、归纳、整理、分析实验结果，撰写论文，参与学术交流的能力。

五、主干课程

数学分析、高等代数、数学物理方法、计算方法、程序设计、普通物理学、理论力学、材料力学、弹性力学、流体力学等。

六、发展前景

1．就业方向

主要到力学及相关科学领域从事科研、教学、技术和管理工作。

2．就业前景

目前，由于与理论与应用力学专业相关的行业快速发展，对专业人才需求渐旺，受此影响，开设理论及应用力学专业的高校数量和该专业的就业率有上升的趋势，但是由于该专业的工作性质决定，需求总量不大。目前，理论与应用力学专业的就业状况仍然不尽如人意，很大一部分学生毕业后跳转到其他专业。目前国内开设理论与应用力学专业的高校数量有限，毕业生的数量也有限。

2017 年全国开设理论与应用力学专业的院校有 19 所，报考硕士较集中的专业：力学、固体力学、工程力学、流体力学。根据阳光高考信息平台统计数据，理论与应用力学 2017 年普通高校毕业生规模为 450

至 500 人，高考时文理科比例为文科 0，理科 100%。男女生比例为男生 84%，女生 16%。理论与应用力学专业本科就业率为 2016 年 80%～85%，2017 年 85%～90%。

3．专家建议

① 可参考工程力学专业的相关资料。

② 这个专业是个很基础的专业，学好了对以后的深造大有帮助，考研究生的话可以考力学、土木、机械、航空航天等。如果就业的话，需要看不同学校的侧重点，有的学校侧重土木，如哈尔滨工业大学、同济大学；有的学校侧重于岩土地质；有的则是侧重于航空航天，如西北工业大学、北京航空航天大学。

本专业理工兼修的特点，既不同于单纯的理科，比如数学、物理。也不同于单纯的工科，比如计算机技术、电子技术。学生需要有很强的理论研究能力，也要有很强的解决实际问题的能力，对计算机编程能力要求也比较高，适合数学逻辑思维比较强的学生报考。计算机数值计算与数学是理论与应用力学的两大工具，学好本专业，前提就是熟练掌握这两大工具。本专业所研究的问题，多以工程实际为背景，目的性很强。目前的工程实际问题，都极其复杂，必须越来越多地借助计算机进行数值计算，所以，本专业对计算机要求比较高。

本专业的培养是开放性的，面向各种工程领域，着重培养学生理论分析能力，解决实际问题能力。学生毕业以后，选择就业的范围相当广阔，机械、土建、材料、能源、交通、航空、船舶、水利、化工等领域都有理论与应用力学专业毕业生的用武之地。

4．小贴士

选择该专业考生最好有数学和物理基础或对数学和物理感兴趣。

学习过程比较枯燥。

七、开设院校

2017 年全国开设理论与应用力学专业的院校有 19 所。

工程力学专业

专业代码	中文名	学科门类	一级学科	授予学位	修学年限
080102	工程力学	力学类	工学	工学学士	四年

一、专业概述

工程力学就是力学和工程实际的紧密结合，以理论、实验和计算机仿真为主要手段，研究和解决工程中的与力学相关的振动、变形、断裂、疲劳、破坏等问题，涉及航空、航天、建筑、机械、汽车、造船、环境和生物医学等诸多领域，是独立于物理学的一门自然科学。进入 21 世纪，工程力学在航空航天、高速铁路、土木工程、船舶海洋工程、机械工程、能源工程等众多工程领域均有广泛的应用。

二、培养目标

培养具备力学基础理论知识、计算和实验能力，能在各种工程（如机械、土建、材料、能源、交通、航空、船舶、水利、化工等）中从事与力学有关的科研、技术开发、工程设计和力学教学工作的高级工程科学技术人才。

三、培养要求

主要学习力学、数学基本理论和知识，受到必要的工程技能训练，具有应用计算机和现代实验技术手段，具有解决与力学有关的工程问题的基本能力。

四、知识技能

毕业生应获得以下几方面的知识和能力：

① 具有较扎实的自然科学基础，较好的人文、艺术和社会科学基础及正确运用本国语言、文字的表达能力。

② 较系统地掌握该专业领域宽广的技术理论基础知识，主要包括固体力学、流体力学、电工与电子技术、市场经济及企业管理等基础知识。

③ 具有较强的解决与力学有关的工程技术问题的理论分析能力与实验技能。

④ 具有较强的计算机和外语应用能力。

⑤ 具有较强的自学能力、创新意识和较高的综合素质。

五、主干课程

理论力学、材料力学、弹性力学、塑性力学、断裂力学、分析力学、流体力学、振动力学、计算力学、实验力学、结构力学、电工与电子技术、计算机基础知识及程序设计等。

六、发展前景

1．就业方向

可从事与力学有关的科研、技术开发、工程设计和力学教学等方面的工作，就业去向主要包括：土建、机械、水利、交通、航空航天、教育机构等方向。

2．就业前景

作为工程科学的基础，工程力学专业毕业生在几乎所有工程领域都有用武之地。随着国家“一带一路”、长江经济带、京津冀协同发展三大区域性经济发展战略的推进，国家基础设施建设、机械制造、航空航天等各行业都将面临从“制造”到“创造”再到“智造”的转型，而行业中的力学问题更是为工程力学专业学生提供了广阔的就业和发展前景。

力学是现代工程技术的基础，只要学得好，必定能够在工程领域中游刃有余，无论在哪一行，机械、土建、材料、能源、交通、航空航天、船舶、水利、化工，都可以一点即通，是最为典型的“厚基础、宽口径”专业。工程力学无论参与到建筑设计还是土木施工中都大有可为，能源采掘、船舶制造和航天器制造，也都要充分用到力学知识。

2017 年全国开设工程力学专业的院校有 85 所，部分高校按工程结构分析专业方向培养。报考硕士较集中的专业：力学、工程力学、固体力学、建筑与土木工程。根据阳光高考信息平台统计数据，工程力学专业 2017 年普通高校毕业生规模为 4000～4500 人，高考时的文理科比例为文科 0，理科 100%。男女生比例为男生 88%，女生 12%。工程力学专业本科就业率为 2016 年 85%～90%，2017 年 90%～95%。

3．专家建议

① 不同院校培养方向各具特色。

开设工程力学专业院校中包括清华大学、北京大学、西安交通大学、长安大学、中国矿业大学、北京理工大学、同济大学、河海大学等多所“985 工程”高校和行业特色型“211 工程”大学。考生如想报考工程力学专业，需仔细了解各院校招生专业目录、专业设置等信息，结合自身情况选择院校。

国内各高校对工程力学专业的定位有所区别，根据各自学校的优势而定位。例如以长安大学为代表的交通土建领域。以清华大学、同济大学等为代表的建筑领域。以上海交大、西安交大等为代表的机械领域。以哈尔滨工业大学、西北工业大学等为代表的航空航天领域，以河海大学等为代表的水利领域等。

举例来说：同济大学工程力学专业设在航空航天与力学学院，专业传统优势方向“结构工程”瞄准土木工程、车辆工程、航空航天工程等行业对于“力学工程师”专门人才的需求。长安大学工程力学专业设在理学院，结合交通运输、国土资源和住房与城乡建设的行业背景，有鲜明的特色和优势，主要培养面向公路、铁路、工民建以及机械等行业的工程技术人才。河海大学工程力学专业设在力学与材料学院，依托河海大学力学、水利和土木等特色，培养能够在水利、土木等领域从事有关核心工程力学问题的分析、计算、试验和研究的专门人才。

② 报考注意大类招生和选考科目。

工程力学是一个“宽口径、厚基础”的专业，在专业学习过程中，数学知识运用较多、数学基础好的同学学习力学有一定优势。在新一轮的高考招生改革的高考选考科目中，很多高校都把物理、数学作为该专业的选科科目。另外，现在越来越多的高校进行大类招生，招生专业可能包含在“土木类”“机械类”或“实验班”中，入学后再根据学生的兴趣和学习情况，分流到具体的专业。考生在报考时一定要注意。

③ 可参考理论与应用力学专业的相关资料。

4．小贴士

学习过程比较枯燥。

七、开设院校

2017年全国开设工程力学专业的院校有85所。

机械工程专业

专业代码	中文名	学科门类	一级学科	授予学位	修学年限
080201	机械工程	机械类	工学	工学学士	四年

一、专业概述

机械工程专业是以有关的自然科学和技术科学为理论基础，结合生产实践中的技术经验，研究和解决在开发、设计、制造、安装、运用和修理各种机械中的全部理论和实际问题的应用学科。

二、培养目标

培养具备机械设计、制造、机电工程及自动化基础知识与应用能力，能在科研院所、企业、高级技术公司利用计算机辅助设计、制造及技术分析，从事各种机械、机电产品及系统、设备、装置的研究、设计、制造、控制、编程，数控设备的开发、计算机辅助编程，从事工业机器人及精密机电装置、智能机械、微机械、动力机械等高级技术产品与系统的设计、制造、开发、应用研究，以及从事技术管理的高级工程技术人才。

三、培养要求

主要学习机械设计、制造、电工电子技术、计算机技术、信息处理技术及自动化的基础理论，受到现代机械工程师的基本训练，具有从事机械、机电产品的设计、制造及系统的技术分析与生产组织管理、设备控制的基本能力。

四、知识技能

毕业生应获得以下几方面的知识和能力：

① 具有较扎实的自然科学基础，较好的人文、艺术和社会科学基础及正确运用本国语言、文字的表达能力。

② 较系统地掌握该专业领域宽广的技术理论基础知识，主要包括力学、机械学、电工与电子技术、计算机技术、机械工程材料、机械设计工程学、机械制造基础、市场经济及经营管理等基础知识。

③ 具有该专业必需的制图、计算、测试、文献检索和基本工艺操作等基本技能及较强的计算机和外

语应用能力。

④ 具有该专业领域内某个专业方向所必要的专业知识，了解其科学前沿及发展趋势。

⑤ 具有初步的科学研究、科技开发及组织管理能力。

⑥ 具有较强的自学能力、创新意识和较高的综合素质。

五、主干课程

机械工程制图、电工与电子技术应用、机电设备自动检测、机械结构分析、液压系统应用与维护、机械制造技术、数控设备操作与维护、机械系统安装与调试、设备电气控制与修理、现代设备管理、机电设备故障诊断与维修等。

六、发展前景

1. 就业方向

可在国家有关部门、科研院所、高等院校、企业从事各种机电产品及机电自动控制系统及设备的研究、设计、制造。如进行工业机器人、微机电系统、智能装置等高级技术产品与系统的设计、制造、开发、试验与研究工作。

2. 就业前景

机械工程专业是为各行各业制造并提供机械设备和电气装置的部门，被誉为“国民经济的装备部”。因为过去几乎所有的工科院校都设有机械类专业，已经培养了不少专业人才，加上传统的机械企业这几年经济效益普遍不好，对人才的吸纳能力和吸引力都有限，所以目前机械行业的就业需求并不旺盛。目前，中国几乎成了全球的制造业和加工工业中心，在这种形势下，对机械的需求有了较大的提升。行业得到发展，继而会对用人提出数量方面和质量方面的要求。

2017 年全国开设机械工程专业的院校有 148 所，部分高校按以下专业方向培养：数控技术、港口机械工程、高分子加工机械、机械设计与制造、模具设计与制造、机械设计制造及自动化。全国报考硕士较集中的专业：机械工程、机械工程、机械制造及其自动化、机械电子工程。根据阳光高考信息平台统计数据，机械工程专业 2017 年普通高校毕业生规模为 20000～22000 人。高考时文理科比例为文科 0，理科 100%。男女生比例为男生 91%，女生 9%。机械工程专业本科就业率为 2016 年 85%～90%，2017 年 90%～95%。

3. 专家建议

① 可参考机械设计制造及其自动化专业的相关资料。

② 机械工程的服务领域十分广泛，凡是使用机械、工具，包括能源和材料生产的部门，无不需要机械工程的服务。现代机械工程有五大服务领域：设计制造能量转换机械，设计与制造产业机械，设计制造各种服务机械，设计制造家庭和个人生活中应用的机械，设计制造应用于国防的武器装备。

尽管近几年机械行业效益不太好，在人们心目中的地位大打折扣，就业的吸引力和容纳能力有所下降，但由于机械行业的重要性和庞大规模，对毕业生的需求还是有一定的规模。

机械专业的就业呈现跨学科、多行业就业的形式。因为并非只有机械行业才需要机械专业人才，任何行业，无论是生产型企业还是研发型单位，只要使用设备、生产线，就会给机械专业人才用武之地，例如印刷、物流、制药、食品、橡胶等行业都需要他们来安装和维护生产设备。只要整个社会经济正常发展，该专业毕业生就不乏就业岗位。

4. 小贴士

这个专业适合动手能力强、有合作能力、有创新能力的这样学生。

现在大学普遍采取大类招生，机械工程专业也不例外，学生和家长报考时须谨慎留意不同学校在这个专业上的培养方向。

七、开设院校

2017 年全国开设机械工程专业的院校有 148 所。

机械设计制造及其自动化专业

专业代码	中文名	学科门类	一级学科	授予学位	修学年限
080202	机械设计制造及其自动化	机械类	工学	工学学士	四年

一、专业概述

机械设计制造及其自动化是工学中机械大类的一个专业，从它的名称不难看出，这个专业包括了三部分内容：机械设计、机械制造、机械自动化。也就是说，它是以机械结构的设计、加工、制造为基础，融入自动控制技术、信息技术、计算机科学技术的交叉学科。

二、培养目标

培养具备机械设计制造基础知识与应用能力，能在工业生产第一线从事机械制造领域内的设计制造、科技开发、应用研究、运行管理和经营销售等方面工作的高级工程技术人才。

三、培养要求

主要学习机械设计与制造的基础理论，学习微电子技术、计算机技术和信息处理技术的基本知识，受到现代机械工程师的基本训练，具有进行机械产品设计、制造及设备控制、生产组织管理的基本能力。

四、知识技能

毕业生应获得以下几方面的知识和能力：

① 具有较扎实的自然科学基础，具有较好的人文、艺术和社会科学基础及正确运用本国语言、文字的表达能力。

② 较系统地掌握该专业领域宽广的技术理论基础知识，主要包括力学、机械学、电工与电子技术、机械工程材料、机械设计工程学、机械制造基础、自动化基础、市场经济及企业管理等基础知识。

③ 具有该专业必需的制图、计算、实验、测试、文献检索和基本工艺操作等基本技能。

④ 具有该专业领域内某个专业方向必要的专业知识，了解其科学前沿发展趋势。

⑤ 具有初步的科学研究、科技开发及组织管理能力。

⑥ 具有较强的自学能力和创新意识。

五、主干课程

工程图学、理论力学、材料力学、机械原理、机械设计基础、气动与液压技术、电工与电子技术、微型计算机原理及应用、机械工程材料、机械 CAD/CAM、数控技术、机电一体化设计等。

六、发展前景

1．就业方向

可在机械制造领域从事科技研发、运行管理、应用研究、销售等工作。

2．就业前景

机械行业是我们国家的一个基础行业，很多行业的发展，都离不开机械类行业的技术支撑，如航空航天、船舶制造、建筑机械、农业机械等，都需要机械行业来帮助制造基础设备。机械行业是国民经济的“装备部”。

2017 年全国开设机械设计制造及其自动化专业的院校有 548 所，部分高校按以下专业方向培养：车辆、机辆工程、汽车运用、数控技术、机电一体化、机械新技术、机械设计制造、精密制造技术 、机电传动与控制、制造自动化与测控技术。报考硕士较集中的专业：机械工程、机械制造及其自动化、机械电子工程。根据阳光高考信息平台统计数据，机械设计制造及其自动化专业2017年普通高校毕业生规模为85000～90000人。高考时文理科比例为文科0，理科100%。男女生比例为男生92%，女生8%。机械设计制造及其自动化专业本科就业率为2016年85%～90%，2017年90%～95%。

3．专家建议

① 和机械工程专业的区别。

机械类是个大家族，在本科专业目录中，机械大类包含：机械工程、机械设计制造及其自动化、材料成型及控制工程、过程装备与控制工程等8个一级专业。机械工程和机械设计制造及其自动化的区别有以下几个方面。

从文字的理解来说，机械工程的外延要大一些，包含机械设计、机械制造等很多内容。可以说机械设计制造及其自动化是机械工程的一部分，机械工程则更宽泛一些，但两者之间差别不大。业内人士也表示，其实这两个专业没有什么本质的区别，叫机械工程只是因为有些院校设立该专业的年份较早，行业背景深厚，包含的专业方向比较广，会根据自身的优势培养人才。

另外，就是以前在招生过程中很多院校使用的名称不太统一，有叫机械工程及其自动化的，也有用机械制造及其自动化的，2012年专业目录修改后，统一改为机械工程和机械设计制造及其自动化两个专业。

② 就业想要高待遇需要有“一招鲜”。

业内人士认为，机械专业的学生只要不是特别差，一般找工作都不成问题。虽然就业容易，但待遇高低要看个人能力，这跟机械专业的特点有关。机械行业实践性强，看重经验技术，当经验和技术都积累到一定阶段，可以做一些技术含量高的工作时，各方面待遇比较好。

机械行业人才培养要求学生有较强的动手能力、实践能力和专业创新能力。这些能力是很重要，但对于就业来说，普通的学生还是应该把基础知识学好，把基本能力掌握扎实，不需要能力很全面，但要有“一招鲜”的本领。比如，人家说出一个产品，你就能绘出三维设计图，设计出虚拟的产品，这就需要绘图能力。工厂需要一个零件，给你一个东西你得会加工，能把它制作出来，这就是制造能力。再比如，拿出一个机械你能通过数字实验，把它的内在品质呈现出来，这就是分析能力。有了这样的能力，有了“一招鲜”，就不愁找不到工作，不愁待遇上不去。

③ 招生院校众多，各有侧重。

目前该专业全国招生院校500余所，分别在本科各批次中招生。各高校培养方向也会根据自身背景有所侧重。例如，按功能或工作原理分，有的侧重机械设计、机械制造，有的侧重机电一体化，有的专攻液压。按服务的产业分，有的偏重农业机械，有的偏重纺织机械，有的侧重于印刷，还有的侧重冶金。

具体举例，如沈阳航空航天大学的机械设计制造及其自动化本科类专业就分为机械制造、机械设计、数控等三个方向。而北京物资学院机械设计制造及其自动化专业则主要偏重于物流设备工程方向，培养能从多方面对物流设备进行规划、设计、管理的高级工程技术人才。考生在报考时可以参考院校背景、各校的《招生章程》及专业设置等情况，根据院校侧重，选择未来的发展方向。

④ 可参考机械工程专业的相关资料。

4．小贴士

工科的课业负担比较重，机械类专业更是如此，将来从事的工作也比较辛苦。

目前就读该专业的女生较少。

七、开设院校

2017年全国开设机械设计制造及其自动化专业的院校有548所。

材料成型及控制工程专业

专业代码	中文名	学科门类	一级学科	授予学位	修学年限
080203	材料成型及控制工程	机械类	工学	工学学士	四年

一、专业概述

材料成型及控制工程是研究塑性成型及热加工改变材料的微观结构、宏观性能和表面形状过程中的相关工艺因素对材料的影响，解决成型工艺开发、成型设备、工艺优化的理论和方法；是研究模具设计理论及方法，也是研究模具制造中的材料、热处理、加工方法等问题。

二、培养目标

培养具备机械工程和材料科学与工程和自动化学科的理论基础、材料成型加工及其控制工程、模具设计制造、计算机应用等专业知识，能在机械、模具、材料成型加工等领域从事科学研究、应用开发、工艺与设备的设计、生产及经营管理等方面工作的高级工程技术人才和管理人才。

三、培养要求

主要学习材料科学及各类热加工工艺的基础理论与技术和有关设备的设计方法，受到现代机械工程师的基本训练，具有从事各类热加工工艺及设备设计、生产组织管理的基本能力。

四、知识技能

毕业生应获得以下几方面的知识和能力：

① 具有较扎实的自然科学基础，较好的人文、艺术和社会科学基础及正确运用本国语言、文字的表达能力。

② 系统掌握该专业领域宽广的技术理论基础知识，主要包括力学、机械学、电工与电子技术、热加工工艺基础、自动化基础、市场经济及企业管理等基础知识。

③ 具有该专业必需的制图、计算、测试、文献检索和基本工艺操作等基本技能及较强的计算机和外语应用能力。

④ 具有该专业领域内某个专业方向必需的专业知识，了解科学前沿及发展趋势

⑤ 具有较强的自学能力、创新意识和较高的综合素质。

五、主干课程

工程力学、机械原理及机械零件、电工与电子技术、微型计算机原理及应用、热加工工艺基础、热加工工艺设备及设计、检测技术及控制工程、CAD/CAM 基础等。

六、发展前景

1. 就业方向

可进入钢铁企业、机械制造业、汽车及船舶制造业、金属及橡塑材料加工业等领域从事与塑性成型、焊接材料成型、模具设计与制造等相关的生产过程控制、技术开发、科学研究、经营管理、贸易营销等方面的工作。

2. 就业前景

该专业是国民经济发展的支柱产业，是制造业的核心专业，是先进制造业和智能制造技术（比如 3D 打印）的主要专业，也是我国较多工科院校开设的重要专业。总体上来说，该专业毕业生就业形势不温不火，不是热门的专业，就业机会虽然比较多，但就业形势和环境并不十分理想。该专业毕业生在建筑建材领域就业的比较多，而且就业岗位比较多；在机械设备重工等行业领域就业看似比较专业对口，实际上要求毕业生拥有扎实的专业技能和综合能力，才能顺利就业。

该专业毕业生在一线大城市和大型工业设计制造产业发展良好的地区就业机会较多。

2017 年全国开设材料成型及控制工程专业的院校有 279 所，部分高校按以下专业方向培养：模具、焊接技术、模具设计制造及自动化。报考硕士较集中的专业：材料工程、材料科学与工程、材料加工工程、机械工程。根据阳光高考信息平台统计数据，材料成型及控制工程专业 2017 年普通高校毕业生规模为 20000～22000 人。高考时文理科比例为文科 0，理科 100%。男女生比例为男生 84%，女生 16%。材料成型及控制工程专业本科就业率为 2016 年 90%～95%，2017 年 90%～95%。

3．专家建议

材料成形及控制工程专业有两个专业方向，分别为金属成型及模具专业方向和塑料成型及模具专业方向。既不完全是按照行业特点设立的专业，也不是按照学科特征设立的专业，因此其发展具有其特殊性。按照本专业的情况及市场需求情况进行分析，估计本专业今后的发展将主要表现为以下几个方面：先进制造技术将成为本专业今后的主导技术发展方向。厚基础、宽专业将成为本专业人才培养的主要模式。在今后一段时期内，分类培养仍将占据主要的地位。

材料成型及控制工程专业通俗来说，传统的铸造、锻造、冲压成型、轧制和注塑等都属于这个专业，随着科技的发展，这些领域也有新的发展。

4．小贴士

专业对口就业的工作环境不是太理想，女生就业情况不如男生。

该专业对数学、物理科目要求较高。

七、开设院校

2017 年全国开设材料成型及控制工程专业的院校有 279 所。

机械电子工程专业

专业代码	中文名	学科门类	一级学科	授予学位	修学年限
080204	机械电子工程	机械类	工学	工学学士	四年

一、专业概述

机械电子工程专业俗称机电一体化，是机械工程与自动化的一种。机械电子工程专业包括基础理论知识和机械设计制造方法、计算机软硬件应用能力，能承担各类机电产品和系统的设计、制造、实验和开发工作。

二、培养目标

培养机电结合，掌握机械工业自动化、电力电子和计算机应用等技术，从事机械装备运行管理，机电新产品设计开发，计算机辅助设计、计算机辅助管理，以及机器人控制等方面的高级工程技术人才。

三、培养要求

主要学习力学、机械学、微电子技术、电力电子技术、信号处理技术、计算机应用技术、信息处理技术和现代设计方法的基本知识，受到现代工程师的基本训练，有机电产品的设计、开发、制造、运行、试验与生产组织管理的基本能力。

四、知识技能

毕业生应获得以下几方面的知识和能力：

① 具有制图、机电信号采集转换与检测、机电系统微机与 PLC 控制、文献检索等基本技能。

② 具有较强的数控机床操作、调试、维修、维护等实际操作技能。

③ 具备运用现代技术手段测试机电参数、合理运用机电设备的能力。

④ 具有机电产品的开发运用能力。

⑤ 具有机械、电子、数码等产品结构研发设计的能力。

⑥ 具有机械、电子相关生产企业及研发机构的管理能力。

五、主干课程

工程力学、机械原理及机械零件、电工与电子技术、微机原理及应用、热加工工艺基础、热加工工艺设备及设计、检测技术及控制工程、CAD/CAM 基础等。

六、发展前景

1．就业方向

可在相关设计部门、技术公司、工业企业从从事机电系统设计、电气控制、工程设计与开发、控制系统设计等方向的试验测试、产品开发、技术管理等工作。

2．就业前景

机械类专业是一个长期的专业，在社会发展的任何阶段都需要这方面的人才，尤其是动手能力强、有实践经验的毕业生。本专业是机电结合的宽口径专业，致力于为我国的制造业信息化发展战略服务，毕业生具备从事机电产品软硬件设计开发的基本能力，可在制造业、IT 产业和自动化行业从事机械、电子、信息及其交叉领域中的相关技术、生产、管理和市场等方面的工作。其就业区域主要分布于苏、浙、广等沿海经济发达地区的机械制造行业。

2017 年全国开设机械电子工程专业的院校有 315 所，部分高校按以下专业方向培养：机器人技术、先进制造与工业机器人。全国报考硕士较集中的专业：机械工程、机械电子工程。根据阳光高考信息平台统计数据，机械电子工程专业 2017 年普通高校毕业生规模为 14000～16000 人。高考时文理科比例为文科 0，理科 100%。男女生比例为男生 90%，女生 10%。机械电子工程专业本科就业率为 2016 年 85%～90%，2017 年 90%～95%。

3．专家建议

① 参考机械类的机械工程和机械设计制造及其自动化专业的相关资料。

② 学这个专业需要有一定的数学基础。这个专业常见性别歧视，女生读机械基本一般只能考研。从事机械电子专业有很长的路要走，经验是至关重要的，越老越吃香。对男生来说，这个专业基本上是本科毕业就能找到工作的一个专业。

这个专业一般有两个选择，机械方向和电子方向。偏机械类的就业比较容易，工资水平一般。而偏电子类的就业稍显困难，工资水平较高。本专业实践性较强，动手能力强的学生更受欢迎。

4．小贴士

机械行业的性别歧视很常见。

七、开设院校

2017 年全国开设机械电子工程专业的院校有 315 所。

工业设计专业

专业代码	中文名	学科门类	一级学科	授予学位	修学年限
080205	工业设计	机械类	工学	工学学士	四年

一、专业概述

工业设计（又称工业产品设计），是以工学、美学、经济学为基础对产品进行设计，是专注于产品的实用性、美观性以及整体环境方面的设计，是增进产品的亲和力及可用性的一种应用艺术。工业设计的对象是批量生产的产品，目的是满足人们生理与心理双方的需求。

二、培养目标

培养具备工业设计的基础理论、知识与应用创新能力，掌握工业设计的基本技能，进行工业产品造型的开发与设计、管理以及科学研究的应用型专门人才。

三、培养要求

主要学习工业设计的基础理论与知识，具有应用造型设计原理和法则处理各种产品的造型与色彩、形式与外观、结构与功能、结构与材料、外形与工艺、产品与人、产品与环境、市场的关系，并将这些关系统一表现在产品的造型设计的基本能力。

四、知识技能

毕业生应获得以下几方面的知识和能力：

① 具有较扎实的自然科学基础，较好的人文、艺术和社会科学基础及正确运用本国语言、文字的表达能力。

② 系统掌握本专业领域宽广的技术理论基础知识，主要包括工业设计工程基础、设计表现基础、设计基础、设计理论、人机工程、设计材料及加工、计算机辅助设计、市场经济及企业管理等基础知识。

③ 具有新产品的研究与开发的初步能力，有较强的实验技能、动手能力、对美的鉴赏与创造能力以及较强的计算机和外语应用能力。

④ 具有较强的自学能力和较高的综合素质。

五、主干课程

技术基础与设计表达、交互设计原理与方法、用户研究与体验策略、智能产品开发、设计心理学、交互设计技术、服务设计、设计论证、交叉设计与实践等。

六、发展前景

1．就业方向

就业方向主要有：一是政府支持的设计机构，如中国工业设计协会、北京工业设计促进中心等。二是专业的工业设计公司。三是院校和企业设计部门，主要从事本部门的科技转化。

2．就业前景

工业设计在国外有很长的发展历史，在制造业等产业的振兴和发展过程中具有特殊的地位和作用，很多国家都把它视为国家创新发展的重要组成部分。很多国家设置了专门的监管部，投入大量资金，并在政策上给予支持和扶助，这些政策极大地促进了工业设计的发展，同时也大大提升了制造业等行业的水平。在我国，工业设计是一个新兴的行业，是国家大力提倡的一门学科，随着中国红星奖的发展到现在，国家越来越重视工业设计的作用。

从我国目前实际情况看，广东、上海、北京、深圳及浙江地区的工业设计已经形成了一定的规模，发生了巨大的变化，有着向全国发展的趋势。从从业人员方面来看，工业设计从业人员多数为近年各大高校的毕业生，数量每年都在增长，呈现出年轻化趋势。工业设计的好坏直接关系企业的未来发展，凡是具有国际竞争力的品牌产品，无一例外都是设计精品，具有较高的产品附加值。我国的制造企业大多是低端加工生产，发展工业设计是实现产业转型升级的必然选择。发展工业设计，是我国走上工业设计强国的必要措施，也符合工业设计的发展方向。

2017 年全国开设工业设计专业的院校有 327 所，部分高校按服装设计专业方向培养。全国报考硕士较集中的专业：工业设计工程、设计学、艺术设计。根据阳光高考信息平台统计数据，工业设计专业 2017 年普通高校毕业生规模为 12000～14000 人。高考时文理科比例为文科 6%，理科 94%。男女生比例为男生 54%，女生 46%。工业设计专业本科就业率为 2016 年 85%～90%，2017 年 85%～90%。

3．专家建议

① 工业设计专业不是艺术类专业。

这个专业从字面上很容易被误认为艺术类专业，实际上在 2012 年版《普通高等学校本科专业目录》中，工业设计专业是工学学科门类机械类的下属专业，授工学学士学位。其中，属于国家特色专业建设点的高校有浙江大学、郑州轻工业学院、湖南大学、中南林业科技大学、沈阳航空航天大学、同济大学、江南大学、武汉理工大学、西安交通大学、广州美术学院、四川美术学院等。

② 目前开设了工业设计专业的高校各有特色。

以下面三所院校为例。

湖南大学设计艺术学院工业设计专业在着重培养学生工业设计基本理论与方法、设计思维与创新、图形与视觉表现、产品造型、计算机辅助设计等核心能力的同时，围绕社会对专业人才的需求将高年级专业课程组合成产品设计、交通工具、数字传播与交互三大课程模块。

同济大学设计创意学院提出了立体“T 型”的本、硕、博创新设计人才培养框架，分别按“技”“理”“道”三层级有侧重、分类型地培养各种不同设计、研究、教育和管理人才。

江南大学设计学院工业设计专业是国家特色专业建设点，目前已逐步形成面向信息时代特点的基于工程与技术实现支撑的交互设计与服务设计的系统课程体系，体现多学科交叉互融，并率先在可持续设计、智能产品设计、健康设计、公共服务设计等新领域展开设计研究与产业合作。

③ 考生需看清报考要求。

工业设计是一门艺术创新与工程学科相结合的交叉学科，高校对报考工业设计专业的考生有一定的要求，如江南大学要求有绘画基础，湖南大学要求具有一定美术基础。作为设计师的基础能力之一，培养过程中会有大量的美术课程，如素描、平面构成、色彩构成等，考生最好对此有一定的兴趣爱好。各高校具体要求不同，考生要认真阅读《普通高等学校招生体检工作指导意见》《招生章程》，查看该专业是否对视力等身体条件有要求。

④ 富有创意的人才更适合，但就业有尴尬。

设计是一个需要不断学习的职业，同样也是不断接受挑战的职业，只有对生活和工作一直保持激情、富有创意的人才适合学它。所以，考生首先要熟悉这个专业的具体情况，它是做什么工作的，自己是否感兴趣，能否从事相关工作，并把它作为以后的职业。

目前工业设计专业就业很难，无法满足企业要求。若你在高校中选的是工业设计专业，建议向机械方向靠，尤其是汽车行业有不错的发展前景。目前机械行业对于产品设计人员有一定需求。

4．小贴士

考生需看清不同学校的具体报考要求，特别要查询是工业类还是艺术类。

七、开设院校

2017 年全国开设工业设计专业的院校有 327 所。

过程装备与控制工程专业

专业代码	中文名	学科门类	一级学科	授予学位	修学年限
080206	过程装备与控制工程	机械类	工学	工学学士	四年

一、专业概述

过程装备与控制工程前身是化工机械专业，1998 年 3 月教育部应教学指导委员会的建议将专业改名为过程装备与控制工程，是以工业生产过程为控制对象，以控制理论和控制工程为基础，以自动化仪表和微型计算机为技术手段，对工业生产过程参数在线检测和控制，实现生产过程自动化及生产管理最优化。

二、培养目标

培养掌握控制科学与工程、机械工程、化工原理及化工工艺等基础理论和知识，掌握工业生产过程检测与控制的专业知识，掌握仪器仪表开发与微型计算机应用的专业知识，培养从事工业生产过程检测与控制系统设计、智能仪器仪表设计、计算机应用及其软件开发工作的高级工程技术人才。

三、培养要求

主要学习过程装备及控制工程专业的基础理论与技术和有关设备的设计方法，受到现代机械工程师的基本训练，具有从事各类机械设备设计、生产组织管理的基本能力。

四、知识技能

毕业生应获得以下几方面的知识和能力：

① 具有较扎实的自然科学基础，较好的人文、艺术和社会科学基础及正确运用本国语言、文字的表达能力。

② 系统掌握本专业领域宽广的技术理论基础知识，主要包括力学、机械学、电工与电子技术、热加工工艺基础、自动化基础、市场经济及企业管理等基础知识。

③ 具有本专业必需的制图、计算、测试、文献检索和基本工艺操作等基本技能及较强的计算机和外语应用能力。

④ 具有本专业领域内某个专业方向必需的专业知识，了解科学前沿及发展趋势。

⑤ 具有较强的自学能力、创新意识和较高的综合素质。

五、主干课程

微机原理及应用、理论力学、材料力学、化工流体力学、机械原理、机械设计、机械制图、工程材料及机制基础、化工原理、过程装备力学基础、过程设备设计、过程流体机械、过程装备控制技术及应用、过程装备制造与检测、过程装备材料腐蚀与防护、过程装备成套技术等。

六、发展前景

1．就业方向

可从事化工、炼油、医药、轻工、环保等过程设备与过程自动控制的设计、研究、开发、制造、技术管理和教学等工作。

2．就业前景

从名称上就不难看出该专业各学科的交叉性，曾经有人这么解释过过控专业：学过程控制的比学化工的多懂些机械，比学机械的多懂些控制，比学控制的多懂些工艺，这是一个比较生动的说法。

我国的化工类行业是相当繁荣的，一直保持良好的发展势头。煤化工和石油化工基本上囊括了所有的化工企业，过程控制专业可以在这两类企业中大显身手。

2017 年全国开设过程装备与控制工程专业的院校有 128 所，部分高校按石油化工机械专业方向培养。

全国报考硕士较集中的专业：化工过程机械、动力工程及工程热物理、动力工程、机械工程。根据阳光高考信息平台统计数据，过程装备与控制工程专业 2017 年普通高校毕业生规模为 9000～10000 人。高考时文理科比例为文科 0，理科 100%。男女生比例为男生 86%，女生 14%。过程装备与控制工程专业本科就业率为 2016 年 85%～90%，2017 年 85%～90%。

3．专家建议

由于该专业已经渗入到航空、航天、原子能、材料冶金、化工、制药、石油、轻工、环保、食品等领域中的真空技术和过程装备的设计与控制等诸多方面。可以说，只要是与化工设备机械有关的单位，该专业的毕业生都选择。

与化工设备有关的公司或者企业可分为三类：一类是化工设备制造企业，比如压力容器制造、空分设备制造。第二类是化工厂，该专业的毕业生主要是承担设备管理工作。第三类就是化建公司（专门负责建立化工厂），毕业生主要负责所建化工厂的整体规划布局以及化工设备的安装工作。目前来看，大多数毕业生的去向都在上述三类企业之内。

如果对设计方面比较感兴趣并且有很好的设计方面的功底，可以选择化工机械制造公司的设计部门，要强调的一点是，需要对机械制图掌握精通，达到熟练程度，还要掌握一些常用的绘图软件，如 CAD、Solid Works、3ds Max、Pro/E 等。

国家大力发展洁净煤技术来推动节能减排，煤炭的液化、煤变油、煤变气是今后煤炭利用的另一个重点发展方向。矿业类过程控制毕业生还可以发挥自己专业的特色，凭借专业优势，到大型国有煤炭企业的对口单位工作。

与石油有关的学校如中国石油大学的该专业学生去石化公司的比较多。

化建类公司主要承担新建化工厂的项目，除整体的厂房建设之外就是各种化工设备的安装，这两方面分别由土木工程和过程装备与控制工程的专业人员来指导完成，安装后的调试工作一般由过程控制专业人员承担。

4．小贴士

“211 工程”、“985 工程”院校毕业生就业优势明显，研究生学历在研究院就业优势更大。

七、开设院校

2017 年全国开设过程装备与控制工程专业的院校有 128 所。

车辆工程专业

专业代码	中文名	学科门类	一级学科	授予学位	修学年限
080207	车辆工程	机械类	工学	工学学士	四年

一、专业概述

车辆工程是研究汽车、机车车辆、军用车辆及其他工程车辆等陆上移动机械的理论、设计及制造技术的工程技术学科，研究范围从力学、机械、材料、化工，延伸到计算机、电子技术、测试计量技术、交通运输等相关专业。

二、培养目标

培养知识结构合理，具有创新精神及坚实工科背景的，能从事车辆工程技术领域设计制造、科研开发、应用研究、经营管理和市场营销等工作的复合型高级专业人才。

三、培养要求

系统学习和掌握机械设计与制造的基础理论，学习微电子技术、计算机应用技术和信息处理技术的基本知识，受到现代机械工程的基本训练，具有进行机械和车辆产品设计、制造及设备控制、生产组织管理的基本能力。

四、知识技能

毕业生应获得以下几方面的知识和能力：

① 有较扎实的自然科学基础，有较好的人文、艺术和社会科学基础及正确的运用本国语言、文字的表达能力。

② 较系统地掌握本专业领域宽广的技术理论基础知识，主要包括工程力学、电工电子技术、计算机应用技术、机械工程材料、机械设计、机械制造工艺、自动化、测试技术、市场经济及企业管理等基础知识。

③ 具有本专业必需的制图、计算、试验、测试、计算机应用、文献检索和基本工艺操作等基本技能。

④ 具有车辆工程领域必要的专业知识，了解其科学前沿及发展趋势。

⑤ 具有初步的科学研究、科技开发及组织管理能力。

⑥ 具有较强的自学能力和创新意识。

五、主干课程

工程图学、工程力学、电工与电子技术、机械原理、机械设计、流体力学与液压传动、热工基础、机械制造技术基础、控制工程基础、车辆构造、车辆理论、车辆试验学、车辆设计、车辆电子控制技术等。

六、发展前景

1．就业方向

可从事汽车整车及零部件的设计开发、车身及造型设计、车辆电子技术应用、车辆的性能测试与试验研究、汽车制造工艺、工装以及生产管理等技术工作，也可在交通运输及管理等部门从事车辆维修管理工作。

2．就业前景

在我国，车辆行业占有举足轻重的地位，公共汽车、电车、地铁、轻轨、汽车承担了大量的客运和货运量，并对交通运输、经济发展、国防现代化的进程有重大影响。近年来，汽车产业已经成为国民经济重要的支柱产业，产业链长、关联度高、就业面广、消费拉动大。

日前，工业和信息化部与国家标准委联合印发《国家车联网产业标准体系建设指南（总体要求）》，工业和信息化部科技司副司长王卫明指出，车联网产业是汽车、电子、信息通信、道路交通运输等行业深度融合的新型产业，是全球创新热点和未来发展的制高点。大力发展车联网，有利于促进汽车产业创新发展，构建汽车和交通服务新模式新业态。

2017 年全国开设车辆工程专业的院校有 266 所，部分高校按以下专业方向培养：车身、汽车工程、汽车发动机、新能源汽车、城市轨道交通管理、汽车电子控制技术。报考硕士较集中的专业：车辆工程、机械工程。根据阳光高考信息平台统计数据，车辆工程专业 2017 年全国普通高校毕业生规模为 18000～20000 人。高考时文理科比例为文科 1%，理科 99%。男女生比例为男生 90%，女生 10%。车辆工程专业本科就业率为 2016 年 90%～95%，2017 年 90%～95%。

3．专家建议

① 企业抢人，工作不愁。

北京理工大学机械与车辆学院有关负责人表示，车辆工程是一门讲究细节、追求精确、要求学生有极强动手能力的专业。所以，该专业在人才培养上有两大要求，一是工程实践能力，二是专业创新能力。现在的状况是企业抢着到学校来要人，而学校没有人。从北理工往年毕业生的去向来看，考研或出国的占到40%，剩下的60%毕业生基本上都去了国内的制造行业中的一流企业。其他院校的车辆工程专业毕业生的就业形势也比较好。

车辆工程专业毕业生的就业方向有很多，从汽车生产流程中的调研、设计、试验到销售环节，都可以选择。比较理想的，可以到各种车辆研究所，汽车、机车车辆、地铁及轻轨车辆的设计制造企业，参与城市交通系统的规划、设计、建设、运营和管理等工作。

由于地域不同，毕业生所从事的工种不同，车辆工程专业的薪酬待遇也有一定的差异，技术性岗位后期薪酬有很大上升空间。

② 三大主要专业方向。

车辆工程本科专业大体上分为车身设计、发动机设计、底盘设计三个大的方向，还包括维修、汽车检测、仪表、营销、物流与信息、交通管理等一些交叉学科。考生选择这个专业时，具体要看院校侧重、专业设置、培养目标。

如吉林大学车辆工程专业主要培养从事车辆设计、制造、试验研究以及经营管理等工作的复合型人才。华南理工大学主要培养从事汽车设计和制造、运用管理、保养维修，工程车辆的研究、设计、制造与运用管理等方面的工程技术人才。北京理工大学对人才培养的要求是掌握汽车总体、主要零部件、电控及信息等现代汽车技术，为汽车工业培养汽车产品设计、制造、研究和检测及试验等方向的专业技术人才。

③ 看清专业侧重点后再选择。

一般来说，国内院校的车辆工程设置在“汽车学院”或者“机械工程学院”，所指“车辆工程”多数是“汽车工程”。也有一些院校，其主要研究方向是轨道交通车辆。如西南交通大学，其主要研究方向是铁路、公路交通及城市轨道交通车辆（火车或者其他有轨车辆）的设计制造。同济大学有两个车辆工程专业在本科招生，一个是车辆工程（五年制汽车）专业，一个是车辆工程（轨道交通）专业，两个车辆工程专业隶属的学院不同，录取分数线略有差别，前者录取分数稍高一些，汽车学院的车辆工程专业研究的对象是作为运动载体的汽车，偏重于车身设计。而车辆工程（轨道交通）研究领域主要是车辆选择、车辆控制以及交通路线的规划等。

由此可见，同样是车辆工程，有的院校偏重于研究汽车领域，有的院校则侧重于轨道交通，两个学科的研究方向有所不同。

车辆工程专业的招生院校基本集中在本科一批、二批，录取分数的跨度较大。如学科优势较强的清华大学、吉林大学、北京理工大学等院校的录取分数相对较高。还有一些院校是按机械大类招生。所以，对车辆工程专业有兴趣的考生在填报志愿时，一定要根据自己的喜好和实际分数情况，看清招生专业目录、院校专业设置等信息，选择与自己分数、批次相符合的院校。

④ 一个行业总是会有起起落落，汽车行业也不例外。

4．小贴士

近几年，开设该专业的院校呈增多趋势，毕业生人数一直处在不断增长的状态，虽然市场仍有很大潜力，某些院校的就业依然不乐观。

七、开设院校

2017年全国开设车辆工程专业的院校有266所。

汽车服务工程专业

专业代码	中文名	学科门类	一级学科	授予学位	修学年限
080208	汽车服务工程	机械类	工学	工学学士	四年

一、专业概述

汽车服务工程专业作为汽车专业类中的新设专业，关注的是从汽车设计、生产进入流通领域，到汽车再生的全生命周期过程的技术服务与管理。

二、培养目标

培养具有扎实的汽车技术和汽车服务理论基础，掌握一定的现代信息技术和经营管理的知识，熟悉相关法律法规，具备“懂技术、擅经营、会服务”的综合素质，能够适应汽车技术服务、贸易服务、金融服务等汽车服务领域工作的高级工程人才。

三、培养要求

主要学习汽车技术、汽车运用、汽车服务等领域的基本理论知识，接受现代汽车诊断、检测与维修技术、汽车营销和其他汽车服务的系统训练，具有从事汽车技术服务及经营管理等工作的基本能力。

四、知识技能

毕业生应获得以下几方面的知识和能力：

① 有较扎实的自然科学基础、较好的沟通和文字的表达能力。

② 较系统地掌握该专业领域宽广的技术理论基础知识，主要包括工程力学、计算机应用技术、机械设计、汽车构造、测试技术等基础知识。

③ 具有该专业必需的制图、测试、计算机应用、文献检索和基本工艺操作等基本技能。

④ 具有车辆工程领域必要的专业知识，了解其科学前沿及发展趋势。

⑤ 具有初步的科学研究、科技开发及组织管理能力。

⑥ 具有较强的自学能力和创新意识。

五、主干课程

电工与电子技术、机械制图、汽车机械基础、工程力学、汽车学、汽车构造、汽车电气设备及维修、汽车发动机构造与维修、汽车电子控制技术、汽车故障诊断与检测、车辆技术评估与检测、汽车服务工程、汽车运用工程、汽车运用和油料、汽车维修行业法规及标准等。

六、发展前景

1. 就业方向

本专业毕业后可在汽车设计和汽车及其零部件生产企业从事设计开发、生产维护和企业管理工作;可以在汽车运用企业事业单位进行汽车使用管理与调度、汽车服务系统管理和经营，也可以在汽车服务企业进行汽车维修与保养、汽车产品宣传与市场规划、汽车评估与评价、汽车保险与理赔等多方面从事管理、经营和服务工作。

2. 就业前景

当前我国汽车工业的飞速发展，也带动着汽车服务产业的急速扩张。国家统计局公布的数据显示，自2009年以来，我国汽车产销量连续七年蝉联全球第一。随着汽车行业竞争加剧，整车销售利润不断降低，汽车产业盈利点逐渐向汽车服务业转移。以汽车服务业内的二手车市场为例，我国目前汽车保有量约为1.72亿辆，每年新增新车超过2400万辆，发达国家二手车与新车流通量比例一般在1.5∶1以上。按照这个比例计算，未来我国二手车交易量每年可望超过 3600 万辆，汽车服务业已经成为我国国民经济的一个支柱行业。

2017 年全国开设汽车服务工程专业的院校有 202 所，部分高校按以下专业方向培养：检测工程、运用工程、汽车检测与维修、汽车运用与维修技术、新能源汽车工程技术。报考硕士较集中的专业：车辆工程、机械工程、交通运输工程。根据阳光高考信息平台统计数据，汽车服务工程专业 2017 年普通高校毕业生规模为 7000～8000 人。高考时文理科比例为文科 6%，理科 94%。男女生比例为男生 78%，女生 22%。汽车服务工程专业本科就业率为 2016 年 90%～95%，2017 年 90%～95%。

3．专家建议

① 开设本专业的院校逐年增多，低端就业市场压力增大。

汽车服务工程专业属于工学中的机械大类，是为了满足汽车服务市场蓬勃发展的需要，于 2003 年经教育部批准开设的本科专业。据不完全统计，2015 年开设本专业的本科院校为 155 所，到了 2017 年，增加到 202 所。而专科及高职院校则更多，毕业生也相应逐年增加，低端就业市场压力增大。

② 看清专业侧重点后再选择。

根据学校的学科优势和历史沿革不同，各高校的汽车服务工程专业设置及依托学科有所不同，下面简要介绍一下长安大学、吉林大学、同济大学、武汉理工大学四所院校汽车服务工程专业的基本情况。

长安大学汽车服务工程专业设置在汽车学院，依托于国家级特色专业“车辆工程”、国家重点学科“载运工具运用工程”、国家“985 工程”优势学科创新平台和交通部重点实验室“汽车运输安全保障技术交通行业重点实验室”，已成为我国汽车服务行业领域科学研究和高层次人才培养的重要基地，该专业以汽车试验、检测、诊断和维修为特色，在行业中有重要影响力。

吉林大学汽车服务工程专业设置在交通学院，依托于载运工具运用工程和交通环境与安全技术两个博士学位学科，在行业内有较强影响力，该专业特色以诊断和检测等为侧重。

同济大学汽车服务工程专业设置在中德学院，是结合了德国应用科技大学相关专业的教学计划的精华，按照德国应用科技大学教学模式成立的中德学院三个本科专业之一，汉德双语教学。该专业以汽车服务产品设计、专用汽车设计、汽车回收利用和诊断技术为特色。

武汉理工大学汽车服务工程专业设置在汽车工程学院，延伸和扩展了武汉理工大学汽车工程学院过去的汽车运用工程、交通运输（汽车）的专业方向，更加适应汽车服务市场的需求，以汽车贸易和金融服务为特色。

③ 院校水平参差不齐，行业发展潜力大。

有些院校开设本专业是为了追逐热点，缺少相应的师资及教学能力，敬请考生和家长在报考时认真阅读不同院校的招生简章，注意甄别。

与国外发达国家相比，我国汽车服务市场起步较晚，服务措施亟待完善，汽车服务工程领域高级人才紧缺严重制约了汽车服务业的发展，因此培养满足企业与社会各个方面所需的汽车服务工程专业高级人才迫在眉睫。

近年来，《汽车产业发展政策》《汽车产业调整和振兴规划》和《关于加快推进重点行业企业兼并重组的指导意见》等一系列促进汽车产业和汽车服务业发展的国家政策法规和指导意见的出台，特别是近期针对汽车服务市场的法令法规不断颁布实施，正加快和促进汽车服务业的健康发展。

汽车服务业产业链长，吸纳就业人数多、拉动消费作用大，在未来很长的一段时期内，汽车服务业的发展前景和汽车服务工程专业的就业前景都长期向好。最近几年，由于汽车类的中职和高职专业毕业生进入市场，这一状况有所改观，但是高素质的专业人才尤其是掌握多种专业知识和技能的复合型人才仍然非常紧缺。

4．小贴士

某些院校的就业不是很乐观。

七、开设院校

2017 年全国开设汽车服务工程专业的院校有 202 所。

测控技术与仪器专业

专业代码	中文名	学科门类	一级学科	授予学位	修学年限
080301	测控技术与仪器	仪器类	工学	工学学士	四年

一、专业概述

测控技术与仪器是精密机械、电子、光学、计算机、电路及自动控制技术等多学科互相渗透而形成的一门高新技术密集型综合学科，是我国仪器仪表行业唯一的本科专业。测控技术及仪器是 1998 年教育部将 10 个本科专业合并而来（精密仪器、光学技术与光电仪器、检测技术及仪器仪表、电子仪器及测量技术、几何量计量测试、热工计量测试、力学计量测试、无线电计量测试、检测技术与精密仪器、测控技术与仪器）。

二、培养目标

培养具备精密仪器设计制造以及测量与控制方面基础知识与应用能力，能在国民经济各部门从事测量与控制领域内有关技术、仪器与系统的设计制造、科技开发、应用研究、运行管理等方面的高级工程技术人才。

三、培养要求

主要学习精密仪器的光学、机械与电子学基础理论，掌握测量与控制理论和有关测控仪器的设计方法，受到现代测控技术和仪器应用的训练，具有本专业测控技术及仪器系统的应用及设计开发能力。

四、知识技能

毕业生应获得以下几方面的知识和能力：

① 具有较扎实的自然科学基础，具有较好的人文、艺术和社会科学基础及正确运用本国语言、文字的表达能力。

② 较系统地掌握本专业领域宽广的技术理论基础知识，主要包括机械学、电子学、光学、测量与控制、市场经济及企业管理等基础知识。

③ 掌握光、机、电、计算机相结合的当代测控技术和实验研究能力。

④ 具有本专业测控技术、仪器与系统的设计及开发的能力。

⑤ 具有较强的外语应用能力。

⑥ 具有较强的自学能力、创新意识和较高的综合素质。

五、主干课程

电路原理度、EDA 技术及应用、传感器与检测技术、自动控制原理、单片机原理及应用、程序设计、精密机械与仪器设计、精密机械制造工程、模拟电子技术基础、数字电子技术基础、微型计算机原理与应用、控制工程基础、信号分析与处理、精密测控与系统、工程光学等。

六、发展前景

1．就业方向

可在航天航空、兵器、机械、电子、能源、化工、通信、交通等众多国防科技及国民经济建设领域的研究院所和企业，从事现代测控系统的研究设计、制造、应用工作。

2．就业前景

在“中国制造 2025”产业规划的驱动下，将智能控制、通信、电子技术为代表的信息技术应用到传统制造业是产业发展的必然要求，测控技术与仪器专业将更好地服务于经济社会发展。

测控技术与仪器专业是信息科学技术的源头，是光学、精密机械、电子、电力、自动控制、信号处理、计算机与信息技术多学科互相渗透而形成的一门高新技术密集型综合学科。测控技术与仪器专业涉及面很广，小到生产过程自动控制，大到火箭卫星的发射及监控。

2017 年全国开设测控技术与仪器专业的院校有 283 所，部分高校按以下专业方向培养：自控、汽车电子控制技术、现代医疗仪器设备、检测技术与自动化装置、飞机机载电子电气设备维修及管理。报考硕士较集中的专业：仪器科学与技术、仪器仪表工程、控制工程、控制科学与工程。根据阳光高考信息平台统计数据，测控技术与仪器专业 2017 年普通高校毕业生规模为 18000～20000 人。高考时文理科比例为文科 0，理科 100%。男女生比例为男生 76%，女生 24%。测控技术与仪器专业本科就业率为 2016 年 85%～90%，2017 年 90%～95%。

3．专家建议

① 专业面广。

测控技术与仪器是研究信息的获取和处理，以及对相关要素进行控制的理论与技术，是电子、光学、精密机械、计算机、电力及自动控制技术等多学科互相渗透而形成的一门高新技术密集型综合学科，专业面广，小到生产过程自动控制，大到火箭卫星的发射及监控。很多人认为这属于制造业，实际上由于对自动控制及精度的严格要求，它归于测控技术与仪器专业。很多时候，电气自动化专业毕业的学生能做的，测控专业都能做，而且在弱电领域及传感器、电气测量仪表方面，测控专业是对口专业。

② 专业分三大方向，不同院校侧重点不同。

智能仪器仪表方向主要从事仪器仪表，电子产品的软件，硬件研发、测试，也可以从事仪表自动控制等方面的工作。测试计量技术与仪器方向主要从事计量、测试检测、品质检验等的工作，研究生更有优势。计算机测控技术方向：偏向于计算机操作平台的运用，航空航天应用研究较多。

每个学校开设这个专业的侧重点也不同，举例来说，成都理工主要以设计和应用核测试仪器为主，西南交大的测控技术与仪器主要以道路建筑工程方面的测控仪器学习为主。

③ 专业比较没有名气，其实很高端。

在众多专业当中，这个专业是相当没有名气的，很多人都不知道有这个专业，很大部分当初都是调剂到这个专业的。

这个专业并不是常人所想象的那样使用直尺、三角板，现在一般都是激光技术等手段，对于学生的要求也比较高：首先要有扎实的数学、物理等自然科学和一定社会科学基础理论知识，同时也要掌握计算机学科的知识如电路原理、模拟与数字电子技术、微机原理及接口技术、自动控制理论、检测理论与传感技术、精密仪器及测量系统的设计与应用等基础理论和绘图、识图、计算、测试、信息检索等基本技能。

4．小贴士

学习时难度很大。

七、开设院校

2017 年全国开设测控技术与仪器专业的院校有 283 所。

材料科学与工程专业

专业代码	中文名	学科门类	一级学科	授予学位	修学年限
080401	材料科学与工程	材料类	工学	工学学士	四年

一、专业概述

材料科学与工程是一个涉及材料学、工程学和化学等方面的较宽口径专业。该专业以材料学、化学、物理学为基础，主要研究的是材料成分、结构、加工工艺与其性能和应用。

二、培养目标

培养具备包括金属材料、无机非金属材料、高分子材料等材料领域的科学与工程方面较宽的基础知识，能在各种材料的制备、加工成型、材料结构与性能等领域从事科学研究与教学、技术开发、工艺和设备设计、技术改造及经营管理等方面的科研与工程技术人才。

三、培养要求

具有扎实的自然科学基础、人文社会科学基础和材料科学与工程专业基础，具有较强的实践能力、自我获取知识能力、社会交往能力、组织管理能力，能在材料相关领域的科研院所或企业从事材料科学与工程基础理论研究以及新材料、新工艺和新技术的开发、企业管理、生产技术管理等工作。

四、知识技能

毕业生应获得以下几方面的知识和能力：

① 掌握金属材料、无机非金属材料、高分子材料、防腐专业以及其他高新技术材料科学的基础理论和材料合成与制备、材料复合、材料设计等专业基础知识。

② 掌握材料性能检测和质量控制的基本知识，具有研究和开发新材料、新工艺的初步能力。

③ 掌握材料加工的基本知识，具有正确选择设备进行材料研究、设计、研制的初步能力。

④ 具有该专业必需的机械设计、电工与电子技术、计算机应用的知识和技能。

⑤ 熟悉技术经济管理知识。

⑥ 掌握文献检索、资料查询的基本方法，具有初步的科学研究和实际工作能力。

⑦ 熟练掌握材料测试的仪器使用。

五、主干课程

无机化学、有机化学、物理化学、分析化学、材料科学与工程概论、材料物理性能、材料力学、材料工程基础、材料专业基础实验、工程材料力学性能、现代材料研究技术等（专业课程因各校侧重不同会有一定差异）。

六、发展前景

1．就业方向

可在材料及高分子复合材料成型加工、高分子合成、化学纤维、新型建筑装饰材料、现代喷涂与包装材料、陶瓷、水泥、家用电器、电子电气、汽车厂、钢铁企业、石油化工、制造企业、航天航空等企业从事设计、新产品开发、生产管理、市场经营及贸易部门工作。

2．就业前景

随着人类进入新世纪和科学的发展，无论是工业领域、建筑领域、医用领域还是航空领域，材料学都面临着技术突破和重大产业发展机遇。同时以高分子材料、纳米材料、光电子材料、生物医用材料及新能源材料等为代表的新材料技术创新也发展很快。很多日用化工类、机械加工类、石油化工、钢铁制造类企业都离不开材料科学与工程。

2017年全国开设材料科学与工程专业的院校有216所，部分高校按无机非金属材料专业方向培养。报考硕士较集中的专业：材料科学与工程、材料工程、材料学、材料加工工程。根据阳光高考信息平台统计数据，材料科学与工程专业2017年普通高校毕业生规模为14000～16000人。高考时文理科比例为文科0，理科100%。男女生比例为男生71%，女生29%。材料科学与工程专业本科就业率为2016年90%～95%，2017年90%～95%。

3．专家建议

材料科学与工程是一个基础性学科，应用广泛，在工科专业中就业率不算最高，但是比较稳定。

① 看准方向选学校。

材料科学与工程专业蓬勃发展，很多工科和综合院校均开设了这个专业。材料科学与工程专业在各大学的专业方向和培养侧重点各有不同。专业方向的选择可能直接影响未来的就业，考生在考虑院校时，最好对学校特色和专业方向有所了解，看准目标比较清楚后，再选择符合自身情况的学校和专业。

国内一些著名的高校的材料科学与工程专业都有自己的特色方向，如北京航空航天大学的材料科学与工程为全国最早进行“材料科学大类人才培养”改革试点的专业，高年级后按金属与陶瓷材料、特种功能材料与器件、高分子及复合材料、材料加工工程与自动化、腐蚀与保护等五个培养方向。

北京科技大学的材料科学与工程是首批国家重点学科，材料科学与工程专业按一级学科材料科学与工程招生，包括材料成形与控制工程、材料物理、材料化学、无机非金属材料工程、纳米材料与技术等专业，学生在大一学年结束后分专业。

2018年起北京化工大学材料科学与工程学院开始实施按“材料类”招生，入校学生经过一段时间的基础课程学习后，依据个人志愿和专业招生计划，分流到“高分子材料与工程”“材料科学与工程”和“功能材料”三个本科专业中。

② 有些学生不适合材料专业。

材料专业研究的主要是材料的成分、结构、加工工艺与其性能等方面，而构成材料性能结构的因素主要就是化学结构。从该专业所学的课程就能看出无机化学、有机化学、物理化学、分析化学等其专业课程很多都与化学相关，可以说化学是研究材料性能的基础，材料的进一步加工、改性、塑性等都离不开化学和物理学的基础。所以，考生在报考该专业时，一定要根据自己的兴趣爱好、实际情况来选择，喜欢化学、物理的学生学习时会如鱼得水。

另外，材料类专业对考生的身体条件也有一定的要求，根据《普通高等学校招生体检工作指导意见》任何一眼矫正到4.8、镜片度数大于800度的考生不宜就读材料类专业；患有轻度色觉异常（俗称色弱）不能录取的专业中就包括材料类中的高分子材料与工程专业；另外，患有色觉异常Ⅱ度（俗称色盲）不能录取的专业中除了高分子材料与工程外，还包括了材料类中的材料物理、冶金工程、无机非金属材料工程等专业。

这里所说的只是总体情况，各校的要求不同，考生在报考时一定要注意查看各院校招生章程或咨询该校招办，以免发生误选、错漏的情况。

4．小贴士

高度近视、色盲及色弱等不适合本专业。

冶金类、化工类学校，女生须慎重考虑。

七、开设院校

2017年全国开设材料科学与工程专业的院校有216所。

材料物理专业

专业代码	中文名	学科门类	一级学科	授予学位	修学年限
080402	材料物理	材料类	工学	工学或理学学士	四年

一、专业概述

材料物理是从物理学原理出发提供材料结构、特性与性能的一门新兴交叉学科，主要面向新能源与新信息等新功能材料的探索。

二、培养目标

培养较系统地掌握物理学及材料科学的基本理论与技术，具备材料物理相关的基本知识和基本技能，能在物理学、材料科学及与其相关的领域从事研究、教学、科技开发及相关管理工作的材料物理高级专门人才。

三、培养要求

主要学习物理学和材料科学方面的基本理论、基本知识和基本技能，受到科学思维与科学实验方面的基本训练，具有运用物理学和材料科学的基础理论、基本知识和实验技能进行材料研究和技术开发的基本能力。

四、知识技能

毕业生应获得以下几方面的知识和能力：

① 掌握数学、物理、化学等方面的基本理论和基本知识。

② 掌握材料制备(或合成)、材料加工、材料结构与性能测定及材料应用等方面的基础知识、基本原理和基本实验技能。

③ 了解相近专业的一般原理和知识。

④ 熟悉国家关于应用物理学与材料科学与工程研究、科技开发及相关产业的政策，以及国内外知识产权等方面的法律法规。

⑤ 了解材料物理的理论前沿、应用前景和发展动态，以及材料科学与工程产业的发展状况。

⑥ 掌握中外文资料查询、文献检索以及运用现代信息技术获取信息的基本方法。

⑦ 具有一定的实验设计，创造实验条件，归纳、整理、分析实验结果，撰写论文，参与学术交流的能力。

五、主干课程

普通物理（力、热、电、光、原）、理论物理（理论力学、电动力学、热力学与统计物理、量子力学）、材料科学基础、工程材料学、材料的力学性能、功能材料、微电子材料、材料的相与相变基础物理、固体物理等。

六、发展前景

1．就业方向

可在与物理或材料相关的科研单位、大中型企事业单位、外资高新技术企业从事相关的科研、教学和科技开发工作。

2．就业前景

为更好地服务于现代工业和国防为主的高技术领域，对现代材料或新材料的需求量越来越大，新材料的研制与开发速度也越来越快，所出现的新概念、新理论、新技术、新方法、新工艺、新产品和新问题越来越需要材料学家和物理学家等共同努力来进行归纳、整理、总结及创新。材料物理是多学科知识交叉、渗透的结果，给现代材料的研究、开发和应用以及相关科学的发展带来了新的空间，为新材料的可持续发展提供系统的理论指导和技术保障。

2017 年全国开设材料物理专业的院校有 85 所，报考硕士较集中的专业：材料科学与工程、材料工程、材料物理与化学、材料学。根据阳光高考信息平台统计数据，材料物理专业 2017 年普通高校毕业生规模为 3500～4000 人。高考时文理科比例为文科 0%，理科 100%。男女生比例为男生 75%，女生 25%。材料物理专业本科就业率为 2016 年 85%～90%，2017 年 90%～95%。

3. 专家建议

① 材料物理偏重基础研究，需要的学历比较高。

材料科学是自然科学的重要方面，它的研究对于国民经济及社会的各个方面都有着非常重要的战略意义及基础性作用，因此国家对这一高层次人才的需求也是非常强的，其需求前提是在此领域有潜力、有兴趣、有志向的学生。

② 注意不同高校的专业侧重点。

由于是交叉学科，高校在方向上又各有侧重，所以，这个专业在不同的高校设置于不同的学院，有的设在物理学院，有的设在材料学院，有的则设在光电学院，等。少数高校按专业招生，大多数高校则是按大类招生，不同高校把材料物理专业归入不同的大类，在报考时要注意识别。

③ 另外，该专业以工为本、理工结合为特色，对学生的数学、物理基础要求较高，本科毕业可授予工学或理学学士，请考生和家长注意。

4. 小贴士

该专业适合升学考研，打算本科毕业后马上就业的考生不建议报考。

材料物理属于色觉异常Ⅱ度（俗称色盲）不能录取的专业

七、开设院校

2017 年全国开设材料物理专业的院校有 85 所。

材料化学专业

专业代码	中文名	学科门类	一级学科	授予学位	修学年限
080403	材料化学	材料类	工学	工学或理学学士	四年

一、专业概述

材料化学是一门新兴的交叉学科，属于现代材料科学、化学和化工领域的重要分支，是在原子和分子水准上设计新材料的专业学科。

二、培养目标

培养系统掌握材料化学的基本理论与技术，具备材料化学相关的基本知识和基本技能，能运用化学和材料科学的基础理论、基本知识和实验技能在材料科学与化学及其相关的领域从事研究、教学、科技开发及相关管理工作的具有开拓型、前瞻性、复合型的高级人才。

三、培养要求

主要学习化学和材料科学方面的基本理论、基本知识和基本技能，接受科学思维与科学实验方面的基本训练并能够熟练运用，充分了解材料化学理论和应用的最新发展动态，掌握信息收集检索的方法，具有运用化学和材料学的基础理论、基本知识和基本技能独立进行研究、教学、生产和开发的基本能力。

四、知识技能

毕业生应获得以下几方面的知识和能力：

① 掌握数学、物理、化学等方面的基本理论和基本知识。

② 掌握材料制备(或合成)、材料加工、材料结构与性能测定等方面的基础知识、基本原理和基本实验技能。

③ 了解相近专业的一般原理和知识。

④ 熟悉国家关于材料科学与工程研究、科技开发及相关产业的政策，国内外知识产权等方面的法律法规。

⑤ 了解材料化学的理论前沿、应用前景和发展动态，以及材料科学与工程产业的发展状况。

⑥ 掌握中外文资料查询、文献检索以及运用现代信息技术获取信息的基本方法。

⑦ 具有一定的实验设计，创造实验条件，归纳、整理、分析实验结果，撰写论文，参与学术交流的能力。

五、主干课程

有机化学、无机化学、分析化学、物理化学、结构化学、材料化学、材料物理等。

六、发展前景

1. 就业方向

可在科研院所、高等院校从事科研和教学工作，也可在光电信息、石油化工、轻工、工程塑料、特种复合材料、新能源材料、环保、市政、建筑、消防等领域内从事质量检验、产品开发、生产、技术管理等工作。

2. 就业前景

与化工、化学等专业相比，材料化学专业更注重研究新材料的开发和应用，同时在一些边缘学科诸如环境、药物、生物技术、纺织、食品、林产、军事和海洋等领域，材料化学专业也有用武之地。

随着科学技术的发展，原来各类相对独立的材料相互渗透、相互结合，多学科的交叉是材料科学技术的重要特征。如建筑材料中混凝土外加剂的应用，聚合物混凝土、薄膜材料在玻璃深加工上的应用，有机高分子材料用于水泥砂浆的改性和对陶瓷工艺的改进等。

2017 年全国开设材料化学专业的院校有 177 所，部分高校按以下专业方向培养：高分子材料、无机功能材料应用技术、有机功能材料应用技术。全国报考硕士较集中的专业：材料工程、材料科学与工程、化学、材料学。根据阳光高考信息平台统计数据，材料化学专业 2017 年普通高校毕业生规模为 7000～8000 人。高考时文理科比例为文科 0，理科 100%。男女生比例为男生 63%，女生 37%。材料化学专业本科就业率为 2016 年 90%～95%，2017 年 85%～90%。

3. 专家建议

① 偏重基础研究，要求比较高。

材料化学专业所研究的大多跟传统产业有关，属于解决实际问题的理论学科，因此材料化学专业研究的课题没有那么新潮和热门，但是在现实生产中，对优秀的材料化学方面人才的需求是巨大的，例如说冶金行业，在钢铁、有色金属冶炼过程中存在效率低、产品质量差、生产过程中浪费严重等问题，都需要用材料化学的知识来解决。

该专业对考生的要求比较全面，希望报考该专业的考生，特别是那些参加“3+X”考试的考生有所准备。并且，该专业属于理学范畴，但是却不同于纯理学，对动手能力有一定的要求。总体来说，该专业竞争并不是很激烈，比起工程学的热门专业来说难度要小，在国内各高校中，清华大学材料科学与工程系在材料化学方面的实力很强，另外，北京科技大学、上海交通大学、哈尔滨工业大学、中国民航大学等水平也很高。

② 注意不同高校的专业侧重点。

由于是交叉学科，高校在方向上又各有侧重，因此在材料科学与工程各专业中，很多工科比较齐全的学校都开设了相关专业，基本上都是在材料科学与工程系/学院下面，在报考时要注意识别。

③ 另外，该专业以工为本、理工结合为特色，对学生的数学、化学、物理基础要求较高，本科毕业可授予工学或理学学士，请考生和家长注意。

4. 小贴士

本专业属于理学范畴，但是却不同于纯理学，对动手能力有一定的要求。

本专业竞争不是很激烈，比工程学的热门专业来说难度要小，建议本科毕业后首选考研。

七、开设院校

2017 年全国开设材料化学专业的院校有 177 所。

冶金工程专业

专业代码	中文名	学科门类	一级学科	授予学位	修学年限
080404	冶金工程	材料类	工学	工学学士	四年

一、专业概述

冶金工程是研究从矿石等资源中提取金属或化合物，并制成具有良好使用性能和经济价值材料的工程技术专业，包括钢铁冶金和有色金属冶金两大类。

二、培养目标

培养具有较扎实的冶金工程专业基础理论和专业知识，能够在钢铁冶金、有色金属冶金及冶金与材料物理化学和化工技术领域从事产品开发及工艺设计、生产组织与管理、技术开发、科学研究等方面工作的高级工程技术人才。

三、培养要求

主要学习黑色和有色金属(包括重、轻、稀有和贵金属)冶金的基本理论、生产工艺和设备、实验研究、设计方法、环境保护及资源综合利用的基本理论和基本知识受到冶炼工艺制定、工程设计、测试技能和科学研究的基本训练，具有开发新技术，新工艺和新材料及工业设计和生产组织、管理的能力。

四、知识技能

毕业生应获得以下几方面的知识和能力：

① 掌握专业所需的制图、机械、电工与电子技术和计算机应用的知识和技能。

② 掌握黑色和有色金属冶金过程的基础理论和生产工艺知识。

③ 具有黑色和有色金属冶金生产组织、技术经济、科学管理、环境安全的基础知识和工业设计的初步能力。

④ 具有分析解决本专业生产中的实际问题以及进行科学研究，开发新技术、新工艺、新材料的初步能力。

⑤ 了解本专业和相关学科科技发展的动态。

五、主干课程

物理化学、金属学、冶金传输原理、冶金原理、钢铁冶金学、有色金属冶金学等。

六、发展前景

1．就业方向

可在大中型冶金企业、冶金相关设备制造、冶金原辅材料等行业从事产品设计、生产、技术开发、生产组织和管理、产品销售、科学研究等方面的工作。

2．就业前景

钢铁的冶炼生产是国家经济发展的支柱产业，冶金工程是一门拥有几千年历史的学科，从夏周冶炼青铜开始发展至今。新中国成立以来，冶金工程一直备受重视，中国的钢铁产量也始终保持在世界前列。随着科学的发展，冶金工程也需要更多的高素质的专业人才来发展这个古老的重要行业。

2017 年全国开设冶金工程专业的院校有 51 所，部分高校按稀土专业方向培养。全国报考硕士较集中的专业：冶金工程、材料科学与工程、材料工程。根据阳光高考信息平台统计数据，冶金工程专业 2017 年普通高校毕业生规模为 4500～5000 人。高考时文理科比例为文科 0，理科 100%。男女生比例为男生 89%，女生 11%。冶金工程专业本科就业率为 2016 年 85%～90%，2017 年 90%～95%。

3．专家建议

① 传统行业有新发展。

随着现代科技的迅猛发展，该专业对从业人员的综合素质也提出了较高的要求，如计算机控制技术在冶金工程领域的广泛应用，也就使得学生在大学里就要逐步接触并掌握到丰富而实用的计算机知识。另外，该领域在国内的发展与国外先进技术的交流也日益频繁，对学生外语的使用也提出了相当高的要求

现代冶金科技的进步非常大，新建的冶金工厂基本都是智能化操作，工作环境都非常好，工作待遇在当地都是中等偏上，由于社会的某些偏见，这个专业趋冷，实际上冶金工程的专业人才还是有一定需求的。

② 高学历会更有前途。

目前，我国仅有 20 多所高校开设了冶金工程硕士这一领域，主要集中在北方，每年培养的冶金工程硕士的数量也有限。市场对于冶金工程专业高级人才的需求人数多于实际毕业人数。由于冶金工程硕士培养模式是实际与理论并重，毕业生具有研究开发冶金新工艺，维护修理现有冶金设备能力，可以就业于冶金、化工、有色金属提炼、钢铁材料及相关行业的科研、管理、销售、质量检测等部门，主要从事生产管理、技术监督、质量检测、工艺研发和企业管理等中、高级管理岗位。除此之外，也可工作于钢铁行业协会、有色金属行业协会、政府事业单位等。

4．小贴士

冶金行业工作环境工作条件相对差，本科毕业改行时择业面较窄。

传统的低分专业，录取分数线比其他专业相对较低。

七、开设院校

2017 年全国开设冶金工程专业的院校有 51 所。

金属材料工程专业

专业代码	中文名	学科门类	一级学科	授予学位	修学年限
080405	金属材料工程	材料类	工学	工学学士	四年

一、专业概述

金属材料工程是材料科学与工程领域的基础学科，按教育部最新专业目录，金属材料覆盖了冶金、有

色金属、复合材料、粉末冶金、材料热处理、材料腐蚀与防护及表面等方向。

二、培养目标

培养具备金属材料科学与工程等方面的知识，能在冶金、材料结构研究与分析、金属材料及复合材料制备、金属材料成型等领域从事科学研究、技术开发、工艺和设备设计、生产及经营管理等方面工作的高级工程技术人才。

三、培养要求

培养具备金属材料科学与工程等方面的知识，具备能在冶金、材料结构研究与分析、金属材料及复合材料制备、金属材料成型等领域从事科学研究、技术开发、工艺和设备设计、生产及经营管理等方面基本能力。

四、知识技能

毕业生应获得以下几方面的知识和能力：

① 掌握材料科学的基础理论。

② 掌握金属材料的专业基础理论知识。

③ 掌握金属材料的成型和加工工程的专业知识和技术经济管理知识。

④ 掌握金属材料制品的检测、产品质量控制和防护措施的基本知识和技能。

⑤ 具有金属材料的设计、选用及正确选择生产工艺及设备的初步能力。

⑥ 具有该专业必需的机械、电工与电子技术、计算机应用的基本知识和技能。

⑦ 具有研究开发新材料、新工艺和设备的初步能力。

五、主干课程

金属学、材料工程基础、材料热力学、材料力学性能、金属工艺学、金属热处理、材料固态相变、材料分析技术、金相技术、金属材料学、材料成型加工工艺与设备、计算机在材料工程中的应用等。

六、发展前景

1．就业方向

可从事金属材料的设计制造、材料表面改性以及金属材料、无机非金属材料、高分子材料、复合材料、功能材料等在机械与化工、能源与环境、电子与信息、冶金与矿山、电力与动力和国防建设等领域以及在汽车、石油化工、半导体等行业中的应用，也能从事材料生产组织、技术管理和材料的检测、失效分析等技术监督工作。

2．就业前景

国内对于一般性的金属材料的加工技术还可以，对于工业来说主要的还是如何实现工控自动化以尽量节省能源，在特种金属材料研制领域，尤其是在高级工程人员和高级技术人员仍是缺乏。世界上在材料领域的竞争十分激烈，提高现有材料的性能和开发新型材料迫在眉睫。

2017 年全国开设金属材料工程专业的院校有 95 所，报考硕士较集中的专业：材料工程、材料科学与工程、材料学、材料加工工程。根据阳光高考信息平台统计数据，金属材料工程专业 2017 年普通高校毕业生规模为 6000～7000 人。高考时文理科比例为文科 0，理科 100%。男女生比例为男生 80%，女生 20%。金属材料工程专业本科就业率为 2016 年 85%～90%，2017 年 90%～95%。

3．专家建议

① 传统行业有新发展。

金属材料工程是国家重点支持的研究方向，每年都有大量的资金投入，成果也很显著。该专业研究范围很广，可以说几乎包括所有的金属元素，目前国内主要侧重于铁合金、铝合金以及其他一些特种金属材料的研究开发。金属材料、陶瓷材料、高分子材料、复合材料中应用最广泛、用量最大的就是金属材料，国家的支柱产业涉及金属的也很多，国家正处在经济快速发展阶段，金属的用量只能增不能减，新型金属的需求也越来越多越来迫切，使得金属材料工程的前景看好。

② 不同的专业方向就业不同。

专业方向是金属性能改性的适合继续深造。专业方向偏向机械加工的，适合机床厂和汽车厂以及钢铁冶金类，就业方向偏向钢铁企业。专业方向侧重于铸造的，可以去各大钢厂、铝业等有色金属企业做熔铸，还可以去汽车厂船厂等机械制造厂做零件生产。专业方向为热处理的，只要铸造能去的地方它都能去，还能去一些专门的热处理厂等企业。专业方向是焊接的，就业去向和前两者差不多，就是具体做的事情不太一样。

4．小贴士

专业对口工作环境条件相对差。

传统的低分专业，录取分数线比其他专业相对较低。

七、开设院校

2017 年全国开设冶金工程专业的院校有 51 所。

无机非金属材料工程专业

专业代码	中文名	学科门类	一级学科	授予学位	修学年限
080406	无机非金属材料工程	材料类	工学	工学学士	四年

一、专业概述

无机非金属材料是材料科学中的重要分支，随着现代科学技术的迅猛发展，无机非金属材料的组成、工艺和用途不再局限于传统硅酸盐材料（水泥、陶瓷等）的范围。

二、培养目标

培养具备无机非金属材料及其复合材料科学与工程方面的知识，能在无机非金属材料结构与分析、材料的制备、材料成形与加工等领域从事科学研究、技术开发、工艺和设备设计、生产及经营管理等方面的高级工程技术人才。

三、培养要求

主要学习无机非金属材料及复合材料的生产过程，学习工艺及设备的基础理论、组成、结构、性能及生产条件间的关系，具有材料测试、生产过程设计、材料改性及研究开发新产品、新技术和设备及技术管理的能力。

四、知识技能

毕业生应获得以下几方面的知识和能力：

① 掌握无机非金属材料的工业生产过程和设备、生产工艺的专业基础知识。

② 掌握材料制备的原理及工艺基础，材料的结构与性能。

③ 掌握本专业所必需的机、电、微型计算机应用的基本知识技能。

④ 具有制品的工业生产、质量控制和技术管理的初步能力。

⑤ 具有正确选用材料、设备并进行工艺设计的能力。

⑥ 具有研究改进材料性能、开发新材料、制品、工艺的初步能力。

五、主干课程

物理化学、无机材料科学基础、热工基础、热工设备、粉体工程、无机材料性能、无机非金属材料测试及研究方法、无机材料工艺学、水泥工艺设计、陶瓷工艺设计、陶瓷基复合材料等。

六、发展前景

1. 就业方向

在无机非金属材料结构研究与分析、材料的制备、材料成型与加工等领域从事技术开发、工艺和设备设计、生产及经营管理、科学研究等方面工作。如从事硅酸盐领域生产过程的生产运行、系统优化设计、研究、开发、技术改造及管理工程技术工作，从事高温材料的产品工艺设计、生产运行管理及研究开发工作。从事钢铁企业中与耐火材料相关的专业。从事矿山开发建设工作。建筑材料检测及监测行业的测试与管理工作。在建筑、能源、航空航天、交通、化工、冶金和机械等领域的企业、科研设计单位从事科学研究、工程设计、生产技术、经营管理、新产品开发工作。

2. 就业前景

水泥、玻璃、混凝土、建筑陶瓷等建筑材料行业是无机非金属领域中最大、最成熟的产业之一，所以，以水泥厂、玻璃厂、陶瓷厂、建筑施工等企业是吸纳无机非金属材料，尤其是传统无机非金属材料专业毕业生的主要场所。

当今，无机非金属材料的含义和应用领域越来越宽泛，一些前沿新材料，像半导体、超导材料、纳米材料、石墨烯等，也属于无机非领域。研究方向为半导体材料的同学可以考虑前往电子元器件企业、半导体材料制造以及研发单位、半导体照明等半导体相关企事业单位。电池业的规模也相对较大。研究方向为电池材料的同学可以考虑电池材料生产、电池制造等电池业、新能源车、光伏制造业相关企事业单位。其他像晶体、特种陶瓷等研究方向，行业规模相对较小，对人才需求也较小。

2017 年全国开设无机非金属材料工程专业的院校有 99 所，部分高校按以下专业方向培养：光学材料、建筑材料与土木结构检测。报考硕士较集中的专业：材料科学与工程、材料工程、材料学、材料物理与化学。根据阳光高考信息平台统计数据，无机非金属材料工程专业 2017 年普通高校毕业生规模为 6000～7000 人。毕业生高考时的文理科比例为文科 0%，理科 100%。高考时男女生比例为男生 77%，女生 23%。无机非金属材料工程专业本科就业率为 2016 年 85%～90%，2017 年 90%～95%。

3. 专家建议

（1）生态与环保促使本专业领域建立科学的评价体系，实现可持续发展。

西方发达国家在促进传统无机非金属材料产业健康、可持续发展方面采取了许多重要措施，世界发达国家十分重视建材工业的可持续发展与绿色评价，生态评价也成为可持续发展的一个重要手段。许多国家正在进行“生态城市”的建设与实践，推广建筑节能技术材料，使用可循环材料等，改善城市生态系统状况。由此，提出了绿色建材、环保建材与节能建材的概念，并开展了大量的研究与实践工作。

与西方发达国家相比，中国还存在很大的差距，特别是缺乏立法支持与技术标准的指导以及相应组织的管理与监督，使得中国的传统无机非金属材料工业发展还有很大的提升空间。面对资源和环境对中国经济发展的严峻考验，国民经济的可持续发展战略显得愈加重要。

（2）传统无机非行业的发展趋势。

本专业的传统就业去向为水泥、玻璃、陶瓷企业，工作条件相对艰苦。随着国家对环保和劳动保障方面的要求不断提高，工作和生产条件会越来越好，对人的素质要求也会更高。

1） 节能、降耗。

传统的无机非金属材料工业是能源消耗大户，在世界能源日益紧张的今天，如何节能降耗，如何生产出高质量的建筑节能、保温产品是建材工业发展的重要趋势，新型建筑材料将会得到大量应用。材料也向着提高材料性能、高使用寿命的方向发展。

2） 单线生产能力向大型化发展。

无论是水泥工业、玻璃工业，还是陶瓷工业，单条生产线的生产能力有大型化的趋势，生产线的大型化可以有效提高产品质量，降低能源消耗。

3） 向着智能化方向发展。

随着技术的进步，无论是水泥工业、玻璃工业，还是陶瓷工业的生产线的自动化、智能化水平也会越来越高。在建筑领域，建筑的智能化需要更多更新的建筑材料的支持，建筑材料的安全性智能诊断技术将更多的应用于建筑中。

4） 材料向着复合化、多功能化方向发展。

复合材料具有单一材料所无法满足的使用功能，是建筑材料的发展趋势，对建筑材料的功能要求越来越趋向于多功能化。

（3）新的前沿领域适合高学历人才。

如果想从事半导体、晶体、特种陶瓷、超导材料、纳米材料、石墨烯无机非金属材料的前沿领域方面的工作，读硕士、博士研究生是最好的选择。

（4）不同院校有不同的培养方向，报考是慎重考虑。

4．小贴士

传统的低分专业，录取分数线比其他专业相对较低。

女生学习和就业相对劣势，请慎重考虑。

七、开设院校

2017 年全国开设无机非金属材料工程专业的院校有 99 所。

高分子材料与工程专业

专业代码	中文名	学科门类	一级学科	授予学位	修学年限
080407	高分子材料与工程	材料类	工学	工学学士	四年

一、专业概述

高分子材料与工程是研究高分子材料的设计、合成、制备以及组成、结构、性能和加工应用的充满活力的材料类学科，其工业和研究体系已经成为国民经济发展的支柱产业。

二、培养目标

培养具备高分子材料科学与工程等方面的知识、素质和能力，能在高分子材料的合成改性和加工成型等领域从事科学研究、技术开发、工艺和设备设计、生产及经营管理等方面的工作，并具备工程意识和创新能力的高级工程技术人才。

三、培养要求

主要学习高聚物化学与物理的基本理论，掌握高分子材料的组成、结构与性能间的基本规律以及高分子材料成型模具、成型机械等加工技术方面的基本知识，具备高分子材料科学与工程等方面的知识、素质和能力。

四、知识技能

毕业生应获得以下几方面的知识和能力：

① 具有较扎实的自然科学基础，具有较好的人文、艺术和社会科学基础及正确运用本国语言、文字的表达能力。

② 掌握高分子材料的合成、改性的基本原理和工艺方法。

③ 掌握高分子材料的组成、结构和性能之间的基本关系。

④ 掌握聚合物加工流变学，成型加工工艺和成型模具设计基本理论和基本技能。

⑤ 具有对高分子材料进行改性及加工工艺研究、设计和分析测试，并开发新型高分子材料及产品的初步能力。

⑥ 具有本专业必需的机械、电工、电子技术及计算机应用的基本知识和技能。

⑦ 具有本专业必需的制图、计算、测试、文献检索和基本工艺操作等基本技能和较强的外语应用能力。

⑧ 具有对高分子材料的加工生产过程进行技术经济分析和管理的初步能力。

五、主干课程

有机化学、物理化学、高分子化学、高分子物理、聚合物流变学、聚合物成型工艺、聚合物加工原理、高分子材料研究方法等。

六、发展前景

1．就业方向

可到石油化工、电子电器、建材、汽车、包装、航空航天、军工、轻纺及医药等系统的科研（设计）院所、企业，从事塑料、橡胶、化纤、涂料、粘合剂、复合材料的合成、加工、应用、生产技术管理和市场开发等工作。也可致力于为高新技术领域研究开发高性能材料、功能材料、生物医用材料、光电材料、精细高分子材料和其他特种高分子材料。

2．就业前景

高分子材料是任何行业不可或缺的，小到穿衣吃饭、电脑手机，大到建筑楼房、航空航天，高分子材料的主要方向都有工作就业的机会，比如塑料、橡胶、合成纤维、黏合剂以及涂料等。在交叉领域中还有复合材料等。

2017 年全国开设高分子材料与工程专业的院校有 194 所，部分高校按以下专业方向培养：合成、塑料工程、橡胶工程。报考硕士较集中的专业：材料科学与工程、材料工程、高分子化学与物理、材料学。根据阳光高考信息平台统计数据，高分子材料与工程专业 2017 年普通高校毕业生规模为 12000～14000 人。高考时文理科比例为文科 0，理科 100%。男女生比例为男生 68%，女生 32%。高分子材料与工程专业本科就业率为 2016 年 85%～90%，2017 年 90%～95%。

3．专家建议

① 专业的发展历程。

中国高分子类专业设置始于 1953 年，是从化学和化工类专业中形成和分离出来的。理科高分子化学教研室始建于北京大学化学系。工科的塑料工学教研室则建于成都工学院（今四川大学）化工系。最早的高分子化学与物理系是在中国科技大学建立的。而北京化工大学是在全国最早建立学科内容全面的“高分子系”的院校。20 世纪 50 年代以来，在我国高校中陆续设置的高分子类专业是：高分子化学、高分子物理、高分子化工、塑料工学（塑料工程）、橡塑工程、高分子材料、复合材料、合成橡胶、化学纤维等三级学科专业。

1998 年教育部本科专业目录调整将高分子材料相关的工科类专业统一为“高分子材料与工程”专业，将理科类的高分子专业并入材料化学专业或化学专业。将高分子化工专业并入化学工程专业，使高分子材料类专业的办学口径拓宽到二级学科。就学科内涵而言，高分子材料的组成与结构、合成与制备、加工与应用、性能表征与方法，是高分子材料科学与工程的四大基本要素，是相互有机联系的统一体。

② 本科生大多只能进入传统有机化工行业。

就业状况与高校的层次和地域有很大关系，本科毕业生大多进入塑料、橡胶、合成纤维、树脂基复合材料、功能高分子材料、高分子材料加工助剂等领域，从事产品生产、科学研究、工程设计、新技术新产品开发的技术或经营管理工作，一般是在生产一线的工作。

不同高校建立这个专业的背景不同，需要考生和家长在报考时认真阅读不同学校的招生简章，勿盲目选择。

研究生可以从事更深层次的研究工作或者高级管理工作。

③ 新的前沿领域适合高学历人才。

如果想从事高分子材料的前沿领域方面的工作，读硕士、博士研究生是最好的选择。

4. 小贴士

在上海、广州、深圳等沿海城市的工作机会比较多。

七、开设院校

2017年全国开设高分子材料与工程专业的院校有194所。

复合材料与工程专业

专业代码	中文名	学科门类	一级学科	授予学位	修学年限
080408	复合材料与工程	材料类	工学	工学学士	四年

一、专业概述

复合材料与工程主要研究复合材料结构、性能、生产工艺等基本知识和技能，以结构复合材料和功能复合材料为主，涉及无机材料、高分子材料、金属材料等多个领域，被广泛应用于生活中。例如：玻璃纤维制成的防弹服、碳纤维制成的运动器材、芳纶纤维制成的汽车高压软管等。

二、培养目标

培养掌握新型复合材料生产原理和生产工艺，能胜任无机材料、高分子材料、新型复合材料等生产企业基层管理工作和实际岗位操作，具有较高综合素质的应用型人才。

三、培养要求

主要学习材料科学工程的基础知识，掌握复合材料与工程方面的基础理论和基本知识，掌握复合材料制品成型工艺及设备的基础知识及复合材料结构设计的基本能力等。

四、知识技能

毕业生应获得以下几方面的知识和能力：

① 掌握复合材料结构、组成、工艺过程及设备、性能与应用之间关系的规律。

② 掌握复合材料制备与工程研究、开发设计与应用的理论和实验技能，具有对复合材料进行材料设计、结构设计、工艺设计、开发先进复合材料及制品的能力。

③ 掌握材料微观结构、性能的现代测试方法和宏观生产过程的工程测试技术。

④ 掌握复合材料的成型加工技术和设备原理。

⑤ 了解复合材料学科前沿发展信息。

⑥ 具有较高的外语水平，较强的计算机应用能力，较强的自学能力、工程实践能力和一定的创新能

力。

五、主干课程

材料复合原理、复合材料学、复合材料工艺设备、复合材料工厂设计概论、材料学概论、复合材料的实验技术、高分子化学及物理、高分子物理、机械制图、热工基础及设备、复合材料工艺学、复合材料聚合物基础、有机化学、物理化学、大学物理、无机化学等。

六、发展前景

1．就业方向

可就业于与复合材料相关的汽车、建筑、电机、电子、航空航天、国防军工、信息通讯、轻工、化工等有关企业和公司，担任工程研究人员、工程师和营销管理人员，从事设计、研发、分析、生产、测试、评价、营销、管理等工作。

2．就业前景

材料界公认 21 世纪已进入复合材料时代。高科技产品的发展离不开复合材料，复合材料的研究深度和应用广度及其生产发展的速度和规模，已成为衡量一个国家科学技术先进水平的重要标志之一。在城市化进程中，大规模的市政建设、新能源的利用和大规模开发、环境保护政策的出台、汽车工业的发展、大规模的铁路建设、航空航天和国防军工等领域，复合材料有着不可或缺的作用。

2017 年全国开设复合材料与工程专业的院校有 40 所，报考硕士较集中的专业：材料工程、材料科学与工程、材料学、材料物理与化学。根据阳光高考信息平台统计数据，复合材料与工程专业 2017 年普通高校毕业生规模为 1000～1500 人。高考时文理科比例为文科 0，理科 100%。男女生比例为男生 72%，女生 28%。复合材料与工程专业本科就业率为 2016 年 85%～90%，2017 年 85%～90%。

3．专家建议

① 参考材料类相关专业的资料。

② 本专业的本科生需求量有限。

目前，国内复合材料相关研究单位和企业较少，本科生大多只能从事一线工作，需求量有限。研究生可以从事更深层次的研究工作或者高级管理工作。

③ 适合高学历人才

如果想在材料的前沿领域方面的工作，读硕士、博士研究生是最好的选择，该专业具有很大的发展潜力。

4．小贴士

生产一线存在性别歧视，女生慎重考虑。

七、开设院校

2017 年全国开设复合材料与工程专业的院校有 40 所。

工学门类学科之能源动力类、电气类、电子信息类、自动化类

1. 能源动力类

在《普通高等学校本科专业目录》中，能源动力类属于工学之中的一个一级学科。其所含专业有能源与动力工程、能源与环境系统工程、新能源科学与工程。

能源与动力工程致力于传统能源的利用及新能源的开发和如何更高效地利用能源，多数学校侧重于煤、石油、天然气等传统能源的燃烧及内燃机、锅炉、制冷等领域相关技术。

能源与环境系统工程专业侧重于清洁能源开发、电力生产自动化、能源环境保护、制冷与低温、空调和储能、空调与人工环境等领域。

新能源科学与工程专业侧重于新能源转换与利用原理、新能源装置及系统运行技术、风能、太阳能、生物质能等方面的新能源科学领域。

2. 电气类

电气是电能的生产、传输、分配、使用和电工装备制造等学科或工程领域的统称，是以电能、电气设备和电气技术为手段来创造、维持与改善限定空间和环境的一门科学。

在《普通高等学校本科专业目录》中，电气类属于工学之中的一个一级学科。所含专业有电气工程及其自动化、智能电网信息工程、光源与照明、电气工程与智能控制。电气工程及其自动化专业主要特点是强弱电结合、电工技术与电子技术相结合、软件与硬件结合、元件与系统结合。光源与照明专业主要是照明产品的设计、开发、制造、智能化控制、工程设计与施工、产品检测、技术管理等领域。电气工程与智能控制专业主要侧重于工业企业运动控制、过程控制、供电技术、检测与自动化仪表、信息处理等领域。智能电网信息工程专业侧重于新能源发电与智能接入技术、电网智能调度与控制技术、智能电网信息通信技术等方向。

3. 电子信息类

电子信息类专业，毕业生人数多，就业率高，多年来一直是工科热门专业。电子信息在计算机技术、通信技术和高密度存储技术的迅速发展并在各个领域里得到广泛应用。电子信息打破了纸质载体在信息的存储、传播和应用方面一统天下的地位，代表了信息业发展的方向，主要研究电路与系统的理论、分析、测试、设计和物理实现。

在《普通高等学校本科专业目录》中，电子信息类属于工学之中的一个一级学科。所含专业有电子信息工程、电子科学与技术、通信工程、微电子科学与工程、光电信息科学与工程、信息工程、广播电视工程、水声工程、电子封装技术、集成电路设计与集成系统、医学信息工程、电磁场与无线技术、电波传播与天线、电子信息科学与技术、电信工程与管理、应用电子技术教育。

电子信息工程专业主要侧重于电子信息类产品开发、生产、运行、维护维修等方面，以软件及硬件结合为主要方式。电子科学与技术侧重于各种信息电子材料、元器件、集成电路乃至集成电子系统研究的学科，偏重于基础研究。通信工程侧重于通信过程中的信息传输和信号处理，包括原理和设备。微电子科学与工程主要研究半导体器件物理、功能电子材料、固体电子器件，超大规模集成电路（VLSI）的设计与制造技术、微机械电子系统以及计算机辅助设计制造技术等。光电信息科学与工程侧重于光信息的辐射、传输、探测以及光电信息的转换、存储、处理与显示的原理及设备等方面。信息工程是研究信息处理理论、技术和工程实现的专门学科，包括信息处理的设备及软件等。

电子信息类还包括十个特设专业：广播电视工程着重于视音频处理、信源压缩、影视制作与节目管理、节目播出与分发等。水声工程主要从事水声信号处理、声呐及水声对抗系统与设计、水声换能器与基阵的

研究等。电子封装技术侧重于微元件组合及再加工构成微系统及工作环境的制造技术，如电子封装用晶片、阻容、MEMS 等微元件制造电子器件等。集成电路设计与集成系统顾名思义，就是研究集成电路设计与集成系统的专业。医学信息工程侧重于医药领域信息系统的开发、维护、测评的软件工程的专业。电磁场与无线技术是研究射频无线信号的产生、辐射、传播、散射、接收和处理的相关理论、技术和工程应用的专门学科。电波传播与天线是研究电磁波的辐射、传播、散射及其在通信、雷达、遥感、导航等领域中的应用的专业学科。电子信息科学与技术包括电子科学技术和信息科学技术两项内容，大体上属于电子信息工程和电子科学与技术两个专业的综合。电信工程与管理侧重于现代通信系统和网络的设计、运营和管理。应用电子技术教育主要是培养在高（中）等职业技术院校和普通中学从事电子应用技术、计算机应用和信息技术教育等方面教学和研究的师资的专业，属师范类。

4．自动化类

自动化类下设自动化、轨道交通信号与控制两个专业，自动化是一门软硬件结合、强电和弱电结合的综合学科。

学自动化，并不阻碍你成为优秀的程序员，并不阻碍你画出高质量的电路板，并不阻碍你读懂化工厂几千个回路的流程图。

（1） 自动化与电气类的电气工程与自动化专业是有区别的。

“电气自动化”实际是电气类，介乎于电工与自动化之间，涉及一些强电知识，但又不是专门的电工，因为还有个自动化。

“电气及其自动化”跟“自动化”有本质差别：“电气及其自动化”主要方向在“电气”，是以电气设备为具体研究载体，在这个基础上研究自动化运行。这些电气设备包括电机，变压器，逆变器，中继器，开关，等。而“自动化”可就广了，它是研究所有系统的“自动化”理论原理，不仅仅局限于电气设备。因此它高一个层次。以前我们研究机械系统的自动化，如今有些学科已经开始跨界，剑走偏锋研究经济系统的自动化了。

（2） IT 与自动化（工业控制）的区别。

1） 软件连接人与人，而工控连接物与物，间接连接人与物，这就是 IT 与工控的本质差别。连接物与物，需要更多的资源投入和社会协作，与软件项目相比，工业项目都是重资产项目，资本与权力才是起决定性作用的因素。而软件项目呢，闭门造车都有改变世界的可能性。

尽管搞 PLC 的和搞 IT 的都要编写软件代码，但是工控设备与最终用户之间，却隔着机器、工人、产品、仓储、销售、物流等 N 个环节，自控人员的价值只有通过这 N 个环节才能传递给消费者。而 IT 呢，无论是个人应用软件、企业信息系统，还是互联网、移动 App，大多数情况下，软件的使用者即为最终用户。

2） 自动化只能是工业的辅助。

在 IT 领域，单靠一个程序员或一个软件开发团队，轻松就可以搞出一个网站、一个 App、一套软件。而工控领域，100 个工控人员也建不成一个发电厂，只能是资金、工艺、设备、采购、施工、规划、设计占大头。

3） 大国梦包括个人未来的梦永远离不开自动化。

由于世界上中高端工业设备的研发、生产、销售与运维市场几近被美日欧韩垄断，国内很多企业只能在低端市场上运行，或者沦为外企的分包商和打工仔而受尽压榨，很多工控人员只好纷纷逃离这个行业，只有实现了关键设备的国产化，抢回国内市场再去开拓海外市场，国内的工控人员才能活得有尊严，这才是一个自动化人的大国梦。

“互联网+”是未来，电商是未来，软件是未来，工控人员的未来是更加高效地连接物与物、人与物，只有国产工业崛起了，我们才能实现自我价值，未来值得期待！

能源与动力工程专业

专业代码	中文名	学科门类	一级学科	授予学位	修学年限
080501	能源与动力工程	能源动力类	工学	工学学士	四年

一、专业概述

能源与动力工程是在1998年《普通高等学校本科专业目录》中，将“热能工程”“热能工程与动力机械”“热力发动机”“制冷及低温工程”“流体机械与流体工程”“水利水电动力工程”“工程热物理”“能源工程”和“冷冻与冷藏”等9个专业合并成的专业，2012年修订的《本科专业目录》进一步将“热能与动力工程”“能源工程及自动化”“能源动力系统及自动化”和 “能源与资源工程”（部分）合并为“能源与动力工程”专业。

二、培养目标

培养具备热能工程、传热学、流体力学、动力机械、动力工程等方面基础知识，能在国民经济各部门，从事动力机械(如热力发动机、流体机械、水力机械) 的动力工程(如热电厂工程、水电动力工程、制冷及低温工程、空调工程)的设计、制造、运行、管理、实验研究和安装、开发、营销等方面的高级工程技术人才。

三、培养要求

主要学习动力工程及工程热物理的基础理论，学习各种能量转换及有效利用的理论和技术，受到现代动力工程师的基本训练，具有进行动力机械与热工设备设计、运行、实验研究的基本能力。

四、知识技能

毕业生应获得以下几方面的知识和能力：

① 具有较扎实的自然科学基础，具有较好的人文、艺术和社会科学基础及正确运用本国语言、文字的表达能力。

② 较系统地掌握该专业领域宽广的技术理论基础知识，主要包括工程力学、机械学、工程热物理、流体力学、电工与电子学、控制理论、市场经济及企业管理等基础知识。

③ 获得该专业领域的工程实践训练，具有较强的计算机和外语应用能力。

④ 具有该专业领域某个专业方向必要的专业知识，了解其科学前沿及发展趋势。

⑤ 具有较强的自学能力、创新意识和较高的综合素质。

五、主干课程

工程力学、机械设计基础、机械制图、电工与电子技术、工程热力学、流体力学、传热学、控制理论、测试技术、燃烧学等。

六、发展前景

1．就业方向

可在大型企业、相关公司以及相关的研究所、设计院、高等院校和管理部门从事热能工程、动力工程、制冷工程方面的研究与设计、产品开发、制造、试验、管理、教学等工作。主要就业方向为发电厂、内燃机厂、汽车制造厂、物流调控、锅炉厂、大型机械厂、造船厂、空调厂、制冷设备厂、暖通工程等。

2．就业前景

能源动力是经济和社会发展的重要基础，一个国家的国民生产总值和它的能源消费量大致成正比，能源动力直接关系到国民经济的发展和人民生活水平的高低。电力企业只是学生的选择之一，就业领域跟自身的机遇和选择的专业方向有很大关系。能源与动力工程是多门科学技术的综合，在能源、电力、汽车、船舶、航空航天工程、农业工程、环境工程等诸多领域都有广泛的应用，学生毕业后可以从事很多环节的具体工作，如动力设备的系统设计、运行、自动控制、信息处理、计算机应用、环境保护、新能源开发、能源高效清洁利用等。

2017 年全国开设能源与动力工程专业的院校有 212 所，部分高校按新能源汽车专业方向培养。报考硕士较集中的专业：动力工程、动力工程及工程热物理、热能工程、动力机械及工程。根据阳光高考信息平台统计数据，能源与动力工程专业 2017 年普通高校毕业生规模为 18000～20000 人。高考时文理科比例为文科 0，理科 100%。男女生比例为男生 84%，女生 16%。能源与动力工程专业本科就业率为 2016 年 90%～95%，2017 年 90%～95%。

3. 专家建议

① 能源与动力工程的研究内容。

有人开玩笑说这个专业是烧锅炉的，学生毕业后都是高级锅炉工。这种观点很狭隘，现在的能源动力工程不仅涵盖锅炉、热力发电机，还包括汽轮机、燃气轮机等流体机械，以及水利机械、空调工程、制冷及低温工程等。汽车类、航天类、核电类、动力设备、空调制冷等企业，都是能动专业不错的选择。比如学习热力发动机、内燃机方向，就业定位可以放在各大汽车厂，像一汽、北汽、大众、吉利等，大多数汽车厂都有发动机生产厂和研发部门。另外，生产柴油机、农业机械等企业也是这个专业可以选择的。

能源与动力工程包括两部分：一是能源，二是动力。能源是指能够直接取得或者通过加工、转换而取得有用性的各种资源，包括煤炭、原油、天然气、水能、核能、风能、太阳能、地热能、生物质能等一次能源和电力、热力、成品油等二次能源，以及其他新能源和可再生能源。动力则是研究如何将各种能源转化成我们需要的动力，包括锅炉、内燃机、航空发动机、制冷及相关技术等。

② 专业方向各有优势。

能源与动力工程专业包含的专业方向比较广，高校根据自己的专业方向和优势设置不同方向：有的偏重电力、锅炉，有的侧重内燃机、汽车发动机，有的偏重制冷与低温。各校专业方向不同，开设的课程有很多不同。

比如华北电力大学该专业本科阶段主要基础课和专业课包括工程热力学、工程流体力学、传热学、汽轮机原理、锅炉原理、热力发电厂、泵与风机、汽轮机运行、锅炉运行、自动控制理论、工程图学、机械设计基础、电工技术基础、电子技术基础、电厂高温金属材料等。北京交通大学该专业学生在校期间，除了要学习公共基础课和工程热力学、工程流体力学、传热学等专业基础主干课程，还要学习工程燃烧学、热能与动力测试技术等专业平台课程，并要按照专业方向学习内燃机学、汽车理论或锅炉原理、汽轮机原理等专业特色课程。

西安交通大学、上海交通大学、天津大学的内燃机方向都非常有优势，很多都是国家重点学科。北京航空航天大学的该专业招生时属于“飞行器动力工程”专业的一个方向，更偏重于航空发动机。江苏大学能源与动力工程侧重流体机械，其“流体机械及工程”学科是全国唯一以泵为研究特色的国家重点学科。华北电力大学该专业最早曾叫 “电厂热能动力工程”，从专业名称也能看出该专业主要侧重如何将热能转化成电能。

在报考时，考生可根据学校特色、自己的兴趣爱好和分数情况等综合考虑。

③ 报考时看清楚专业方向。

能源与动力工程专业涵盖的下级学科有很多，如工程热物理、热能工程、动力机械及工程、流体机械及工程、化工过程机械等，各校开设的专业方向也很多，如热能动力工程、能源与环境工程、制冷与空调工程、建筑环境与能源应用、内燃机、汽车及发动机等专业方向。很多院校的能源与动力工程是由“热能与动力工程”调整而来，所以开设的专业方向中，以“热能与动力工程”最为普遍。

例如，北京交通大学能源与动力工程专业分设“热能工程专业方向”和“汽车及发动机专业方向”，学生从第六学期起，可以根据自身爱好选择方向。天津大学的能源与动力工程专业含“内燃机”和“热能工程”两个方向，以内燃机为研究方向的“动力机械与工程”学科为国家重点学科，“热能工程”以中低温热能高效利用、制冷为研究方向。华北电力大学该专业包括热能动力与工程、电厂集控运行、燃气轮机及联合循环等三个专业方向。

在此提醒考生和家长，上述专业方向不可能每个学校都开设，有些院校即使开设也不是全国招生，报考时可以查阅所在地当年下发的《招生专业目录》，查看招生计划和专业方向。

④ 大类招生。

从近几年的《招生专业目录》中可以看到，不同学校招生时使用的名称不完全相同，一般有两种情况：一是按能源与动力工程专业招生，二是按“能源动力类”招生。

如武汉大学按能源动力类招生包含能源与动力工程、核工程与核技术、能源化学工程三个专业。重庆大学按能源动力类招生，包含能源与动力工程、新能源科学与工程两个专业。西安交通大学的能源动力大类招生，包含能源与动力工程和新能源科学与工程两个专业。北京科技大学“能源动力类”包括能源与动力工程、建筑环境与能源应用工程两个专业，按大类招收的学生入学后实行宽口径培养模式，一年半后学生将根据本人志愿和在校学习成绩进入不同的专业学习。

目前，以“能源动力类 ”招生的院校有较多，考生在报考前可以提前了解一下各校大类招生中所包含的专业有哪些。

⑤ 注意身体要求。

能源动力类专业对考生的身体条件有要求，根据《普通高等学校招生体检工作指导意见》，主要脏器如肺、肝、肾、脾、胃肠等动过较大手术，或曾患有心肌炎、胃溃疡或十二指肠溃疡、慢性支气管炎、风湿性关节炎等病史，甲状腺功能亢进已治愈一年的，不宜就读能源动力类。任何一眼矫正到 4.8、镜片度数大于 800 度的，不宜就读能源动力类。还有的学校在报考要求中也有提示，不适宜辨色能力异常（色盲、色弱）的考生报考。考生在报考时，应该仔细阅读所报院校的招生章程，查看是否有特殊要求，以免发生疏漏。

4．小贴士

有些领域如热能方向，主要面向电厂。

七、开设院校

2017 年全国开设能源与动力工程专业的院校有 212 所。

电气工程及其自动化专业

专业代码	中文名	学科门类	一级学科	授予学位	修学年限
080601	电气工程及其自动化	电气类	工学	工学学士	四年

一、专业概述

电气工程是以电能、电气设备和电气技术为手段来创造、维持与改善限定空间和环境的一门科学，涵盖电能的转换、利用和研究三方面。工学中的电类专业可分为强电和弱电两类，具体到专业上来说，电子信息工程、通信工程等专业是以弱电为主。而电气工程及其自动化专业是以强电为主，弱电为辅。

二、培养目标

培养具有工程技术基础知识和相应的电气工程专业知识，具有解决电气工程技术分析与控制问题基本能力的高级工程技术人才。

三、培养要求

主要学习电工技术、电子技术、信息控制、计算机技术等方面的工程技术基础知识和专业知识，在知识方面强弱电结合、电工技术与电子技术相结合、软件与硬件结合、元件与系统结合，受到电工电子、信息控制及计算机技术方面的基本训练，具有解决电气工程技术分析与控制技术问题的基本能力。

四、知识技能

毕业生应获得以下几方面的知识和能力：

① 掌握较扎实的数学、物理、化学等自然科学的基础知识，具有较好的人文社会科学和管理科学基础和外语综合能力。

② 系统地掌握该专业领域必需的较宽的技术基础理论知识，主要包括电工理论、电子技术、信息处理、控制理论、计算机软硬件基本原理与应用等。

③ 获得较好的工程实践训练，具有较熟练的计算机应用能力。

④ 具有该专业领域内 1～2 个专业方向的专业知识与技能，了解该专业学科前沿的发展趋势。

⑤ 具有较强的工作适应能力，具备一定的科学研究、科技开发和组织管理的实际工作能力。

五、主干课程

电路原理、电子技术基础、工程电磁场、软件技术基础、微型计算机技术、计算机网络 、电机学、自动控制理论、信号分析与处理、管理学、工程经济学、电力系统（暂态、稳态）分析、电力系统继电保护、发电厂电气主系统、高电压技术等。

六、发展前景

1．就业方向

可从事电机电器设计、制造、控制、试验、运行维护、研制开发、生产管理工作。从事电力系统与电气装备的运行、供电系统和高层建筑的电气设计与运行维护工作。在建筑电气领域从事电气设计、楼宇自动化、综合布线与智能建筑的系统设计、系统运行、研制开发、试验分析、工程建设与管理等工作。

2．就业前景

传统的电气工程专业主要培养在发电、送电、配电、用电四个阶段的设计、安装和维护人才，如发电机的维护、变压器的安装检测、输电线路的设计、安装后的调试等。随着经济和现代化工业的不断发展，电气自动化技术不断提高、自动化产品不断普及、智能楼宇和智能家居的广泛应用、智能交通的不断发展，电气自动化专业也有了长足的发展和广泛应用。

2017 年全国开设电气工程及其自动化专业的院校有 593 所，部分高校按以下专业方向培养：电机与电器、供配电技术、煤矿自动化、输电线路工程、城轨交通电气化、电力工程与管理、注册电气工程师、电力电子与电力传动、电力系统及其自动化、新能源装置运行与控制。报考硕士较集中的专业：电气工程、控制工程、电力系统及其自动化。根据阳光高考信息平台统计数据，电气工程及其自动化专业 2017 年普通高校毕业生规模为 80000～85000 人。高考时文理科比例为文科 0，理科 100%。男女生比例为男生 82%，女生 18%。电气工程及其自动化专业本科就业率为 2016 年 85%～90%，2017 年 90%～95%。

3．专家建议

① 专业对口主要领域之一是电力领域。

专业对口的就业领域首先是国家电力系统，主要是指国家电网公司、区域电网公司。各省电力公司。五大发电集团公司（华能、国电、大唐、华电、中电投）。电力设计院（华北、西北、西南、中南、华东等)。各省设计院、电力勘测设计院。各城市供电公司、地区县级供电公司等。目前电力行业属于垄断行业，门槛较高，用人单位喜欢名牌大学毕业生或者电气工程专业排名靠前的院校毕业生，进入这个系统需要很强的个人能力。

除了国家电力系统以外，多数工作岗位更多偏向电气设备（如变压器）制造公司、电气设备厂和其他与电相关的工作。

② 其他发展空间，学科背景决定就业前景。

值得一提的是，几乎所有的制造类企业都需要电气工程及其自动化专业人才，这也是土机电（土木、机械、电气）三大工科类专业中电气专业的优势所在。电气工程作为一门基础的学科，具有交叉学科的性质，与很多热门的行业有着密切的关系，如电力、电子、控制、计算机等，有这些学科背景的毕业生可以比较轻松地向自动化、自动控制、电子、计算机等专业领域转型。

另外，作为实践性很强的学科，无论哪个行业、哪个单位，都需要有较强的专业能力和现场经验，那些具有过硬理论基础和技术能力的毕业生更受欢迎。

从该专业毕业后从事的工作内容和工作环境来讲，比较适合男生。

③ 各高校侧重不同。

由于开设院校众多，这个专业在各个高校的培养特色和课程设置上也有不同侧重。有的侧重于电力系统、电力部门。有的偏向于交通铁路部门，有的偏重于自动化。

如清华大学电机系的学科领域涵盖“电气工程”一级学科及下属的全部五个二级学科，分别为：电力系统及其自动化、高电压与绝缘技术、电机与电器、电工理论与新技术、电力电子与电力传动。华北电力大学的电气工程及其自动化是国家级特色专业，本科专业中包括电力系统及其自动化、继电保护与自动远动技术、电力电子技术、高电压及信息技术 4 个专业方向，学生的职业目标是电气工程师，就业去向有电网公司、电力设计院等。西南交通大学“电气工程及其自动化”偏重电气运输，1996 年学校将“铁道电气化”和“电力牵引与传动控制”两个专业纳入“电气工程及其自动化”专业，下设“轨道交通供电及其自动化”“电力系统及其自动化”“电力电子与传动控制”“城轨与磁浮交通电气化”和“城轨交通电气化”五个方向。

很多院校的电气工程及其自动化学科下细分为多个下级学科，在下级学科里，强电与弱电专业划分的较为清楚，研究方向也有较大区别。

④ 大类招生。

华中科技大学、哈尔滨工业大学、河南理工大学、东北电力大学等院校都是按电气工程及其自动化专业的名称来招生的，有的院校招生后再分具体的专业方向。考生和家长要注意的是，有些高校虽然开设电气工程及其自动化专业，但在其招生专业中却找不到这个专业名称，是因为部分高校按“电气类”招生，该专业大类中包括电气工程及其自动化专业，如中国矿业大学、华北电力大学等。考生在填报专业志愿时只需选择大类招生专业名称“电气类”，入学后经过一段时间的大类基础学习，根据自己的学习成绩、兴趣爱好申请选择相应专业。

考生在考虑院校时，要对该专业的特色和方向了解清楚后，再选择符合自身情况的高校。

⑤报考要求。

电气工程及自动化专业所学课程相对较难，学习这个专业需要具备扎实的数学、物理基础和较强的综合素质。

此类专业对身体条件并没有特别苛刻的要求。考生的身体状况只要符合教育部、卫计委、中国残联印发的《普通高等学校招生体检指导意见》即可报考。同时，考生也要留意各院校招生章程对该专业有没有特殊要求。

如华北电力大学的招生章程中就写明，电气工程及其自动化专业不适宜辨色能力异常（色盲、色弱）的考生攻读。还有的学校在专业简介中也有报考提示，一眼失明另一眼矫正到 4.8 镜片度数大于 400 度、色盲、不能准确识别单颜色导线等的学生不宜报考该专业。考生在报考时，应该仔细阅读所报院校的招生章程，查看是否有特殊要求，以免发生疏漏。

4．小贴士

电气专业的课程在工科类专业中属于比较难的，对数学和物理的要求较高。

七、开设院校

2017 年全国开设电气工程及其自动化专业的院校有 593 所。

电子信息工程专业

专业代码	中文名	学科门类	一级学科	授予学位	修学年限
080701	电子信息工程	电子信息类	工学	工学或理学学士	四年

一、专业概述

电子信息工程是一门应用计算机等现代化技术进行电子信息控制和信息处理的学科，主要研究信息的获取与处理，以及电子设备与信息系统的设计、开发、应用和集成。电子信息工程专业是集现代电子技术、信息技术、通信技术于一体的专业，影响着社会经济和人类生活的方方面面。

二、培养目标

培养具备电子技术和信息系统的基础知识，能从事各类电子设备和信息系统的研究、设计、制造、应用和开发的高等工程技术人才。

三、培养要求

主要学习信号的获取与处理、电厂设备信息系统等方面的专业知识，受到电子与信息工程实践的基本训练，具备设计、开发、应用和集成电子设备和信息系统的基本能力。

四、知识技能

毕业生应获得以下几方面的知识和能力：

① 较系统地掌握该领域的技术基础理论知识，适应电子和信息工程方面广泛的工作范围。

② 掌握电子电路的基本理论和实验技术，具备分析和设计电子设备的基本能力。

③ 掌握信息获取、处理的基本理论和应用的一般方法，具有设计、集成、应用及计算机模拟信息系统的基本能力。

④ 了解信息产业的基本方针、政策和法规，了解企业管理的基本知识。

⑤ 了解电子设备和信息系统的理论前沿，具有研究、开发新系统、新技术的初步能力。

⑥ 掌握文献检索、资料查询的基本方法，具有一定的科学研究和实际工作能力。

五、主干课程

数学分析、高等数学、基础物理、概率统计、C 语言程序设计、计算机软件技术基础、电子信息工程导论、电路分析、电子电路、电磁场理论、信号与系统、数字电路、数字信号处理、通信原理、信息论基础、自动控制原理、图像信号处理、通信天线与馈电系统、软件无线电基础、遥控遥测系统等。

六、发展前景

1．就业方向

可从事电子设备、信息系统和通信系统的研究、设计、制造、应用和开发。

2．就业前景

电子信息工程专业在现代社会中的应用非常广泛，上至神舟飞船的控制系统、宇宙空间站的控制电路，下至深海潜艇的超声波检测仪，以及身边的日用电器、电脑、手机、硬盘、遥控器……到处都可以看到电子信息工程的身影。“十三五”期间重点落实的《中国制造 2025》，以智能制造为主攻方向，加快提升电子信息产业数字化、网络化、智能化的能力，电子信息产业将有长足发展。

2017 年全国开设电子信息工程专业的院校有 681 所，部分高校按以下专业方向培养：电信、物联网、电子工程、通信工程、嵌入式系统、电子技术应用、电气及其自动化、电子设计自动化、移动互联网应用、航空电子设备维修、移动设备应用开发、汽车电子设计与开发。报考硕士较集中的专业：电子与通信工程、信息与通信工程、信号与信息处理、通信与信息系统。根据阳光高考信息平台统计数据，电子信息工程专业 2017 年普通高校毕业生规模为 50000～55000 人。高考时文理科比例为文科 1%，理科 99%。男女生比例为男生 73%，女生 27%。电子信息工程专业本科就业率为 2016 年 85%～90%，2017 年 90%～95%。

3．专家建议

① 院校各有特色，按大类招生。

全国开设电子信息工程专业的院校很多，一般的理工科院校都开设有电子信息工程专业，北京大学、南开大学、山西大学、内蒙古大学、吉林大学、复旦大学等老牌院校该专业开设较早。清华大学、北京航空航天大学、北京邮电大学的电子信息工程专业久负盛名，报考难度比较大。各校培养重点和特色优势有很大不同，部分高校专业培养方向有电信、物联网、电子工程、通信工程、嵌入式系统、电子技术应用、电气及其自动化、电子设计自动化、移动互联网应用、航空电子设备维修、移动设备应用开发、汽车电子设计与开发。一些学校偏重电子技术或者嵌入式系统。一些学校偏重于图像处理、模式识别。还有的学校会偏于通信等领域。考生在考虑院校时，最好对所报考院校的专业设置、培养方向、优势特色有所了解。

北京航空航天大学是国内第一个建立航空电子类专业的院校，在空天通信、无人飞行器遥控遥测测控与通信、无线通信、二代卫星导航芯片组、卫星导航、现代空中交通管理、空天信息感知与处理、专用集成电路与系统、情感信号处理等方面实力雄厚。浙江大学电子信息工程则是着重于电力电子技术和集成电路设计这两方面。北京邮电大学电子信息工程专业面向信息、通信及传媒行业，针对现代社会对多媒体通信与数字电视技术的社会需求和市场应用，主干学科为电子科学与技术、信息与通信工程、计算机科学与技术。

考生报考时，还应该注意各校该专业的招生方式：一是按电子信息工程专业招生。二是按“电子信息类”招生。近年，越来越多的院校开始以“电子信息类”进行大类招生，入学后再根据学生的兴趣和学习情况，分流到具体的专业。

各校根据自己的专业设置不同，大类招生中包括的具体专业也不同。

② 数理基础要求高。

电子信息工程专业基础课较多，课程也有一定难度，想选择这个专业的同学，学好数学、物理很重要，电子信息工程专业的课程中有很大一部分数理基础课。以北航的课程设置为例：大一基础课基本都是数学、物理，15 门专业课里有 12 门课程的基础都是数学，如电路分析、信号处理就是用微积分的方法去分析电路。电子、电路都是跟电和物理相关的。实践类课程的动手能力也很重要。

这个专业更适合那些喜欢数学、物理，喜欢钻研动手的同学。

③ 注意单科成绩和身体要求。

电子信息工程专业对身体条件要求不是特别严格，有的高校会对视力、色盲、色弱有些限制，主要是因为以前学习电路需要焊线，线路的颜色不能搞混。现在大部分都靠编程来完成，要求相对放松。考生报考时可注意查看各高校招生章程中的具体要求。

另外，考生也要注意看有没有单科成绩方面的要求，比如江西财经大学 2016 年招生章程中就明确了各专业对单科成绩要求："金融学类、数学类、计算机类、电子信息类（含通信工程、电子信息工程）等专业要求数学单科成绩较好，总分相同条件下，数学成绩高者优先录取"。

4．小贴士

注意不同学校因为专业方向而对身体条件和单科成绩提出的特殊要求。

七、开设院校

2017 年全国开设电子信息工程专业的院校有 681 所。

电子科学与技术专业

专业代码	中文名	学科门类	一级学科	授予学位	修学年限
080702	电子科学与技术	电子信息类	工学	工学或理学学士	四年

一、专业概述

电子科学与技术是以近代物理学和数学为基础，研究电磁波的产生、运动及在不同介质中相互作用的规律，并在此基础上发明和发展各种电子材料、元器件、集成电路乃至集成电子系统的学科，是一门以电子、电子器件及其系统应用为研究对象的学科。各种电子材料、元器件、集成电路、Wifi 等都是这个专业的成果。

二、培养目标

培养具备电子科学与技术的基本理论和基本知识，受到严格的科学实验训练和科学研究初步训练，能在电子信息科学与技术、计算机科学与技术及相关领域和行政部门从事科学研究、教学、科技开发、产品设计、生产技术或管理工作的电子信息科学与技术高级专门人才。

三、培养要求

具备微电子、光电子、集成电路等领域相关理论和基础、实验能力和专业知识，能在电子科学与技术及相关领域从事各种电子材料、元器件、集成电路、电子系统、光电子系统的设计、制造、科技开发，以及科学研究、教学和生产管理工作，具有本学科及跨学科的应用研究与技术开发的基本能力。

四、知识技能

毕业生应获得以下几方面的知识和能力：

① 具有坚实的自然科学基础，较好的人文社会科学基础，并熟练掌握一门外语。

② 系统地掌握本专业领域必需的较宽的技术基础理论。

③ 具有较强的专业领域实验能力，计算机辅助设计与测试能力和工程实践能力。

④ 了解本专业领域的理论前沿和发展动态。

⑤ 掌握文献检索、资料查询的基本方法，具有一定的科学研究和实际工作能力。

五、主干课程

电子线路、计算机语言、微型计算机原理、电动力学、量子力学、理论物理、固体物理、半导体物理、物理电子与电子学以及微电子学等。

六、发展前景

1．就业方向

可在电子信息类高科技行业诸如通信、信息、控制、计算机、生物医学仪器等领域从事研究、开发及技术管理等工作。

2．就业前景

提起电子科学与技术，人们就会想到电脑、手机、家用电器等电子设备。电子科学与技术是电子工业发展的基础，而电子工业的发展让我们进入了数字化时代。这个专业主流的工作就是在各个领域从事电子材料、元器件、集成电路和相应产品的技术研发、生产、更新、维护。毕业生在通信、电子信息、集成电路等行业就业的较多。除了电子材料、元器件之外，电子科学与技术也会涉及电子系统和光电子系统的研究。还有一些我们看不见摸不着的领域，比如利用技术手段对电磁波进行控制，阻止通信等。随着技术的不断进步，电子科学与技术在民用、信息、能源、材料、航天、生命、环境、军事等科技领域会有更广泛的应用。

军事和航天事业的发展也极大地带动了电子科学与技术行业的发展和内需。当前国内高科技含量的自主研发的产品越来越多，电子行业形成了自主研发和来料加工共存的局面。目前，中国电子行业大、中、小企业的分布和产品结构趋于合理，出口产品稳步增加，高技术产品不断向民用化发展。

2017 年全国开设电子科学与技术专业的院校有 215 所，部分高校按以下专业方向培养：自动化、智能电子、微电子技术、物理电子技术、电子材料与元器件、印制电路技术与工艺、物理电子与光电子技术。报考硕士较集中的专业：电子与通信工程、电子科学与技术、微电子学与固体电子学、集成电路工程。根据阳光高考信息平台统计数据，电子科学与技术专业 2017 年普通高校毕业生规模为 12000～14000 人。高考时文理科比例为文科 0，理科 100%。男女生比例为男生 77%，女生 23%。电子科学与技术专业本科就业率为 2016 年 90%～95%，2017 年 90%～95%。

3．专家建议

① 举个例子说明几个相似专业。

信息的载体是数据，数据的载体是信号，而信号的载体是电磁场与电磁波，电子信息类专业设置基本是按照这样的主线来进行的。下面我们以手机为例，比较一下电子类不同专业的作用。

手机是个电子设备，要将语音传送出去，首先要将语音转换为手机能够处理的信号，这要用到麦克风也就是传感器，需要用语音信号处理（电子信息工程专业）。语音信号需要传输得更快、更清楚，需要用通信系统（通信工程专业）。处理后的信号从手机里面发出需要射频电路（电子科学与技术专业）。上述功能需要由集成电路实现（微电子专业）。集成电路往往是可以编程的，则需要程序设计（软件工程）。手机还需要上网（网络工程），视频要处理和传输，就用到了数字媒体技术类专业。

1985 年国家颁布专业目录，将激光专业和红外光谱学合并，更名为光电子技术专业。1998 年颁布新的本科专业目录和引导性专业目录，将原微电子技术、光电子技术、物理电子技术、电子材料与元器件和电磁场与微波等本科专业整合为一级学科电子科学与技术。2012 年新版普通高等学校本科专业目录将电子科学与技术、真空电子技术合并在一起，形成了现在的电子科学与技术专业。

② 不同院校，各具特色。

近年来，许多高校都设立了电子科学与技术专业，部分高校按以下专业方向培养：自动化、智能电子、微电子技术、物理电子技术、电子材料与元器件、印制电路技术与工艺、物理电子与光电子技术。各校办学特点不尽相同，专业所在的院系也不一样，有的在电子信息学院，有的在计算机学院，有的在微电子学院，还有的是在精密仪器学院。

从院系设置也可以看到它们的不同侧重，如北京邮电大学电子科学与技术专业设在电子工程学院，以集成电路芯片设计、电子信息与通信系统设计集成以及计算机应用相互融合为专业特色。天津大学的电子科学与技术本科专业设置在精密仪器与光电子工程学院，以激光科学与技术为代表，综合光学、电子学、计算机技术与信息技术，侧重光电子技术方向。东南大学的该专业设在电子科学与工程学院，拥有“电子科学与技术”国家一级重点学科，下设物理电子学、微电子学与固体电子学、电路与系统三个国家二级重点学科。

③　注意各高校大类招生名称。

对于想要报考电子科学与技术专业的考生，一定要注意各院校招生专业名称，如果是按大类招生，最好弄清楚大类中包含哪些专业。

东南大学的电子科学与技术专业本科生按电子科学与技术（类）大类招生，三年级进行专业分流，有电子科学与技术、物联网工程、新能源材料与器件3个国家特色专业。复旦大学按技术科学实验班招生，是个超级大类，包含了电子信息类、电子科学与技术、通信工程、电气工程及其自动化、计算机科学与技术等 14 个专业方向。同济大学按工科试验班（电气信息类）招生，有电子信息工程、电气工程及其自动化、电子科学与技术等5个专业方向。需要注意的是，同济大学还有一个工科实验班是计算机类的，报考时一定要看清楚专业代码。

要提醒考生注意的是，有的学校该专业招生时不招单色不能识别者，考生在报考时应看清身体条件要求。具体可参考高校招生章程中的规定。

4．小贴士

这个专业注重数理知识，要求较好地掌握现代物理学和电子科学基本理论。

七、开设院校

2017 年全国开设电子科学与技术专业的院校有 215 所。

通信工程专业

专业代码	中文名	学科门类	一级学科	授予学位	修学年限
080703	通信工程	电子信息类	工学	工学学士	四年

一、专业概述

通信工程专业属于工学中的电子信息类，是电子工程的一个重要分支，也是其中的一个基础学科。该学科关注的是通信过程中的信息传输和信号处理的原理和应用，并运用各种工程方法对通信中的一些实际问题进行处理。

二、培养目标

培养德智体全面发展，具有扎实的理论基础和开拓创新精神，能够在电子信息技术、通信与通信技术、通信与系统和通信网络等领域中，从事研究、设计、运营、开发的专门人才。

三、培养要求

主要学习通信系统和通信网方面的基础理论、组成原理和设计方法，受到通信工程实践的基本训练，具备从事现代通信系统和网络的设计、开发、调测和工程应用的基本能力。

四、知识技能

毕业生应获得以下几方面的知识和能力：

①　掌握通信领域内的基本理论和基本知识。

② 掌握光波、无线、多媒体等通信技术。

③ 掌握通信系统和通信网的分析与设计方法。

④ 具有设计、开发、调测、应用通信系统和通信网的基本能力。

⑤ 了解通信系统和通信网建设的基本方针、政策和法规。

⑥ 掌握文献检索、资料查询的基本方法，具有一定的科学研究和实际工作能力。

五、主干课程

高等数学、线性代数、概率论与数理统计、大学物理、电路分析基础、模拟电子线路、数字电子技术、通信电子线路、电磁场与电磁波、信号与系统、数字信号处理、通信原理、信息论与编码、移动通信、光纤通信、微波技术与天线、广播电视发送技术、广播电视网络技术、数字广播电视技术等。

六、发展前景

1．就业方向

可在通信类相关公司、科研院所、设计单位、金融系统、民航、铁路及政府和大专院校等从事科研、技术开发、经营及管理工作，也可到军队、铁路、电力等部门从事相应的工作。

2．就业前景

通信技术是当今社会发展速度最快的技术之一，涉及的领域越来越广泛，如电信、网络、家电、金融、医疗、航空、工业等。在通信的传统领域，我国的信息通信基础设施包括光纤、卫星、程控交换、移动通信、数据通信、互联网等。信息通信已经成为国民经济增长的支柱和先导产业。自 2010 年起，我国电信业务总量呈上升趋势，从 2014 年开始电信业务总量增速迅猛，行业迅猛增长。计算机、互联网、多媒体的飞速发展和应用极大地推动了通信工程专业发展，如手机功能从短信和通话发展到上网、游戏、微博、微信、视频、电子商务……

2017 年全国开设通信工程专业的院校有 571 所，部分高校按以下专业方向培养：海洋通信、移动互联网、通信网络管理、无线移动通信、移动通信技术、电信网规划与设计、通信系统运行管理、通信与广电建造师、通信设备安装与维护、无线多媒体广播技术。全国报考硕士较集中的专业：电子与通信工程、信息与通信工程、通信与信息系统、工商管理。根据阳光高考信息平台统计数据，通信工程专业 2017 年普通高校毕业生规模为 46000～48000 人。高考时文理科比例为文科 0，理科 100%。男女生比例为男生 66%，女生 34%。通信工程专业本科就业率为 2016 年 85%～90%，2017 年 90%～95%。

3．专家建议

① 主要就业领域。

很多人认为传统的通信人才已经饱和，像电信、移动、联通这样的企业更加难进，随着新技术的不断发展，真正有实力的通信人才需求还有缺口。

通信专业就业类型主要有软件和硬件两大方向。软件如软件开发、网络的设计、应用软件的开发等。硬件方面主要是在电子通信器材、设备类的企业。毕业生就业去向主要涉及通信运营商、现代通信设备制造企业、电子信息类技术研发的相关科研机构、高新技术科技产业公司、企事业单位等。

3G、4G 以及 5G 领域的发展，也给就业提供了更多的机会。很多学校把嵌入式技术等与计算机相关的领域作为一个重要教学方向。

② 院校各有特色，水平差别很大。

开设通信工程专业的院校很多，分别在本科各批次中招生。其中按本科通信工程一级学科招生的院校占绝大多数，还有少数院校按照“电子信息科学类”大类专业招生。开设该专业的院校在办学层次、专业特色、录取批次上有区别。专业排名靠前、整体实力较强的院校录取分数较高，如清华大学、北京大学、北京邮电大学、北京航空航天大学、北京理工大学、上海交通大学、东南大学、国防科学技术大学、哈尔滨工业大学、西安电子科技大学等。

另外，也有很多院校的通信工程专业非常有特色，如中国民航大学、南京邮电大学、南京信息工程大学、重庆邮电、杭州电子科技大学、桂林电子科技大学等。考生可结合自己的实际情况，参考历年录取分数综合选择。

③　注意大类招生。

通信工程专业的招生方式主要有两种：除了以通信工程一级学科招生以外，还有很多院校都是以电子信息科学（类）大类的形式招生，如清华大学、北京交通大学、北京航空航天大学等。

清华大学电子信息科学类有电子科学与技术和信息与通信工程两个一级学科，从大三开始两个专业方向在专业课设置上有不同侧重。北京航空航天大学通信工程按工科试验班类（信息类）招生，包含了 5 个学院的 13 个专业，其中就包含通信工程。北京交通大学该专业按电子信息类（通信与控制）招生，特色方向包括光通信、无线通信、网络通信和信息安全等。

以往有些考生家长在填报志愿时因为粗心或者没弄明白什么是“大类”招生，选错了专业方向，致使入学后遇到困难。

④　参考学科特长和兴趣爱好，注意特殊要求。

通信工程专业跨电子、计算机专业，所修课程兼有两者的特点，需要学生有较好的数学、物理基础以及较强的动手应用能力，那些逻辑思维能力强、善于分析的同学会更加适合。考生在报考该专业时，一定要以自己的兴趣爱好、学科特长和实际分数来为参考。

该专业对考生的身体条件也有一定的要求，根据《普通高等学校招生体检工作指导意见》，任何一眼矫正到 4.8、镜片度数大于 800 度的考生不宜就读电子信息科学类专业。考生家长一定要看各院校章程中的具体要求。

4．小贴士

需要有较好的数学、物理基础以及较强的动手应用能力和逻辑思维能力。

七、开设院校

2017 年全国开设通信工程专业的院校有 571 所。

微电子科学与工程专业

专业代码	中文名	学科门类	一级学科	授予学位	修学年限
080704	微电子科学与工程	电子信息类	工学	工学或理学学士	四年

一、专业概述

微电子科学与工程是在物理学、电子学、材料、计算机、集成电路设计制造等多个学科和超净、超纯、超精细加工技术基础上发展起来的一门新兴学科，主要研究半导体器件、功能电子材料、固体电子器件，超大规模集成电路（VLSI）的设计与制造技术、微机械电子系统以及计算机辅助设计制造技术等。

二、培养目标

培养德智体全面发展，具有扎实的数理基础和电子技术基础理论，掌握新型微电子器件和集成电路分析、设计、制造的基本理论和方法。具备良好的实验技能，能在微电子及相关领域从事科研、教学、科技开发、工程技术、生产管理与行政管理等工作的专门人才。

三、培养要求

主要学习微电子科学与工程的基本理论和基本知识，受到科学实验与科学思维的基本训练，具有良好科学素养，掌握大规模集成电路及新型半导体器件的设计、制造及测试所必需的基本理论和方法，具有电路分析、工艺分析、器件性能分析和版图设计等的基本能力。

四、知识技能

毕业生应获得以下几方面的知识和能力：

① 掌握数学、物理等方面的基本理论和基本知识。

② 掌握固体物理学、电子学和 VLSI 设计与制造等方面的基本理论和基本知识，掌握集成电路和其他半导体器件的分析与设计方法，具有独立进行版图设计、器件性能分析和指导 VLSI 工艺流程的基本能力。

③ 了解相近专业的一般原理和知识。

④ 熟悉国家电子产业政策、国内外有关的知识产权及其他法律法规。

⑤ 了解 VLSI 和其他新型半导体器件的理论前沿、应用前景和最新发展动态，以及电子产业发展状况。

⑥ 掌握资料查询、文献检索及运用现代信息技术获取相关信息的基本方法。

⑦ 具有一定的实验设计，创造实验条件，归纳、整理、分析实验结果，撰写论文，参与学术交流的能力。

五、主干课程

电路分析基础、信号与系统、模拟电路基础、数字逻辑设计及应用、半导体物理、量子力学、统计物理、固体物理、电磁场与波、微波技术、微电子器件、集成电路原理、微处理器系统结构与嵌入式系统设计、微电子工艺、先进半导体材料与器件、微电子电路设计、电子设计自动化技术、电力电子器件基础、半导体光电器件、集成电子学等。

六、发展前景

1. 就业方向

可在集成电路制造厂家、集成电路设计中心以及通信和计算机等信息科学技术领域从事开发和研究工作。

2. 就业前景

微电子学是一门极其活跃的学科，是现代工业的基础和信息时代工业的发展动力，它的发展能使计算机运算能力成倍数增长，硬件成本大幅度降低，促进信息化网络、计算机和各种电子设备大行其道。微电子工业已被世界公认是电子工业、信息产业经济增长的驱动力量。

微电子专业的就业相关行业主要是集成电路行业和半导体制造业，它们既是技术密集型产业，又是投资密集型产业，涉及计算机、家用电器、民用电子产品、通信器材、工业自动化设备、国防军事、医疗仪器等。现代经济发展的数据表明，GDP 每增长 100 元，需要 10 元左右电子工业产值和 1 元——3 元集成电路产值的支持。根据美国半导体产业协会（SIA）发布的最新数据显示，2015 年全球半导体市场规模为 3352 亿美元，而集成电路的规模高达 2753 亿美元，占半导体市场的 81%，集成电路是半导体产业的重中之重。

2017 年全国开设微电子科学与工程专业的院校有 90 所，报考硕士较集中的专业：微电子学与固体电子学、集成电路工程、电子科学与技术、电子与通信工程。根据阳光高考信息平台统计数据，微电子科学与工程专业 2017 年全国普通高校毕业生规模为 4000～4500 人。高考时文理科比例为文科 0，理科 100%。男女生比例为男生 77%，女生 23%。微电子科学与工程专业本科就业率为 2016 年 85%～90%，2017 年 90%～

95%。

3．专家建议

① 微电子与电子科学与技术专业的区别。

从学科上讲，微电子科学与工程和电子科学与技术在血缘关系上相当亲近，有很多交融之处，甚至可以把微电子认为是后者的一个分支。微电子侧重电子科学与技术中与半导体、集成电路和芯片相关的内容。电子科学与技术的专业范围更加广泛，还涉及电子材料与器件、电子物理与器件、光电子等其他内容。

微电子的学习目标和内容比较明确，就是研究新型电子器件及大规模集成电路的设计、制造，并学会用计算机辅助集成电路分析。微电子专业是一个强调操作性、实践性和技术性三结合的专业，毕业生继续深造的比例相当高，如果想在这个行业里做出成果，进一步深造是最好的途径。如果想要本科毕业就工作的话，必须学习好模电、数电，并精通一门编程语言。目前技术革新的趋势是软件主导，硬件步入智能化时代，未来硬件性能的提升会越来越困难，竞争也会更激烈。

② 报考时须注意大类招生。

该专业在本科阶段招生名称为微电子科学与工程，专科阶段名称为微电子技术，招生时很多高校是按大类招生的。比如，清华大学电子工程系是我国最早从事信息与电子科学技术教学和研究工作的单位之一，是全国学科最全、综合性最强的电子工程专业，该专业招生时按电子信息类大类招生，入学一年后分流至微电子学或电子信息科学与技术专业。

上海交通大学该专业也是按照电子信息类招生，包括自动化、信息工程、电子科学与技术、计算机科学与技术、测控技术与仪器、电气工程及其自动化、信息安全、软件工程、微电子科学与工程等 9 个专业方向。

上述院校中并不是都在本科阶段招收微电子科学与技术专业的学生，有些是研究生阶段的专业方向，包含在电子科学与技术一级学科中。考生在报考时，可以关注目标高校的招生网站查看具体情况。

③ 注意对考生的身体要求。

微电子科学与工程属于电子信息大类，根据《普通高等学校招生体检工作指导意见》规定，任何一眼矫正到 4.8、镜片度数大于 800 度的，不宜就读电子信息科学类专业。当然有些学校在报考时，要求并不是那么严格，考生在报考前，可以注意阅读各高校招生章程中的具体要求，或直接咨询高校。

4．小贴士

需要有坚实的数理基础，具备一定的动手能力和操作技能。

七、开设院校

2017 年全国开设微电子科学与工程专业的院校有 90 所。

光电信息科学与工程专业

专业代码	中文名	学科门类	一级学科	授予学位	修学年限
080705	光电信息科学与工程	电子信息类	工学	工学或理学学士	四年

一、专业概述

光电信息科学与工程专业是教育部在 2012 年将原属于电子信息科学类的光信息科学与技术、光电子技术科学专业及原属于电气信息类的信息显示与光电技术、光电信息工程、光电子材料与器件五个专业统一修订后的专业名称，光电信息科学与工程是由光学、光电子、微电子、通信、计算机等多学科交叉结合的专业，涉及光信息的辐射、传输、探测以及光电信息的转换、存储、处理与显示等众多的内容。

二、培养目标

培养具有现代科学意识、理论基础扎实、知识面宽、创新实践能力强，可从事光学工程、光通信、电子学、图像与信息处理等技术领域的科学研究，以及相关领域的产品设计与制造、科技开发与应用、运行管理等工作，能够适应当代信息化社会高速发展需要的应用型人才。

三、培养要求

主要学习光学、机械学、电子学及计算机科学基础理论及专业知识，了解光电信息技术的前沿理论，把握当代光电信息技术的发展动态，具有研究开发新系统、新技术的能力，接受现代光电信息技术的应用训练，掌握光电信息领域中光电仪器的设计及制造方法，具有在光电信息工程及相关领域从事科研、教学、开发的基本能力。

四、知识技能

毕业生应获得以下几方面的知识和能力：

① 掌握数学、物理等方面的基本理论和基本知识。

② 掌握光电信息科学与工程的基本知识和基本实验技能。

③ 了解相近专业的一般原理和知识。

④ 熟悉国家信息产业政策及国内外有关知识产权的法律法规。

⑤ 了解光电信息科学与工程的理论前沿、应用前景和发展动态，以及信息产业发展状况。

⑥ 掌握资料查询、文献检索及运用现代信息技术获取相关信息的基本方法。

⑦ 具有一定的实验设计，创造实验条件，归纳、整理、分析实验结果，撰写论文，参与学术交流的能力。

五、主干课程

电路原理、模拟电子技术、数字电子技术、通信原理、信号与系统、数字信号处理、微机原理及应用、单片机、软件技术基础、物理光学、应用光学、信息光学、光电信息工程、信息处理基础、光电检测技术、近代光学量测技术、传感器原理、激光技术、光纤通信、光电子学、数字图像处理等。

六、发展前景

1．就业方向

可在企、事业单位从事光电仪器、精密仪器的设计、制造，光学零件的加工、镀膜、刻画，以及生产组织、经营等工作。也可在高校、科研单位、部队从事教学、科研光学工程等工作。

2．就业前景

光电信息技术广泛应用于国民经济和国防建设的各行各业，近年来迅速发展。光电信息技术以其极快的响应速度、极宽的频宽、极大的信息容量以及极高的信息效率和分辨率推动着现代信息技术的发展。发达国家，光电信息技术相关产业的产值已占国民经济总产值的很高比例。

2017 年全国开设光电信息科学与工程专业的院校有 248 所，部分高校按以下专业方向培养：光电仪器、光学工程、光通信技术、光电信息技术、光电检测与光通信、光电工程。报考硕士较集中的专业：光学工程、物理学、光学。根据阳光高考信息平台统计数据，光电信息科学与工程专业 2017 年普通高校毕业生规模为 12000～14000 人。高考时文理科比例为文科 0，理科 100%。男女生比例为男生 77%，女生 23%。光电信息科学与工程专业本科就业率为 2016 年 85%～90%，2017 年 90%～95%。

3．专家建议

① 光电产业发展前景。

光电信息产业是 21 世纪最具魅力的朝阳产业之一，有人预测它将成为 21 世纪最大的产业。随着我国发展光电技术和产业的一系列战略的出台，以及“光谷”的建设和投入，光通信、光传感、光存储、光显示等一大批光电信息领域的技术和产业相继出现。工信部 2017 年 1 月发布《软件和信息技术服务业发展规划（2016—2020 年）》，将“十三五”期间软件和信息技术服务产业年均增速定为 13%以上，到 2020 年，产业业务收入突破 8 万亿元。各地也在不断加大相关产业规模。2017 年 1 月武汉东湖高新区年度经济数据出炉，“光谷”五大战略性支柱产业全部跨入千亿规模。

光电技术和产业方向主要有激光器、光纤、光通信、光传感、光电器件、光电检测设备、显微、液晶、光伏、光存储、光谱等。光子具有电子所不具备的许多特性，一根小小的光纤预制棒，可以拉出 1 万公里长、头发丝一样细的光纤，传输 1 个 G 的信息只需 10 秒。目前光电技术和信息领域结合比较紧密，市场应用也主要集中在光纤、光通信方向。我国电子行业以微电子为主发展了几十年，光电应用还处于光纤到户、宽带加速的初级阶段，其他应用尚需更多技术支撑。随着科技的不断发展，未来图像处理、模式识别、光子计算机等都将不是梦想，光电技术或将成为新一轮科技革命和产业变革的核心所在。

② 专业要求高，大多选择考研或深造。

光电专业有几个特点：一是课程难。二是本科生找工作难。三是出国深造的多。这三点是有联系的，第一点从专业课能够看出来，这个专业比较偏物理，还有一些光学、量子力学、电子等比较难的课程，跨专业考研比较有优势。第二点也比较好理解，这个专业就业面向的不是科研院所就是高科技企业，起点一般都是研究生，本科生需求不多。

③ 注意各院校的培养方向及招生大类。

在开设光电信息科学与工程专业的院校中，部分高校按以下专业方向培养：光电仪器、光学工程、光通信技术、光电信息技术、光电检测与光通信、光电工程。培养方向不同，就业方向也有很大差异。

浙江大学 1952 年设置了国内第一个光学仪器专业，侧重于光学工程，目前浙江大学光学工程学科在全国位居领先地位。南开大学电子信息与光学工程学科是在物理学科的基础上发展起来的，2013 年组建电子信息与光学工程学院和计算机与控制工程学院，现有电子信息科学与技术、通信工程、电子科学与技术、微电子科学与工程、光电信息科学与工程 5 个本科专业，其中光电信息科学与工程专业是南开大学与天津大学共建专业。哈尔滨工业大学的光电信息科学与工程隶属于航天学院，招生时按照电子信息类（Ⅱ）专业招生，包含微电子技术、光电子技术、光电信息科学与工程三个专业方向，各专业方向招生的学生数为专业总招生数的 50%、30%、20%，学习一年后根据学生兴趣自主选择专业方向，并依照第一学年学习成绩分三个分数段按各专业方向的招生比例进行专业分流。

考生在报考时，可仔细阅读高校专业设置和招生章程，根据自己的兴趣爱好和实际情况综合选报。

4. 小贴士

要有较扎实的数学、物理基础和较强的逻辑思维能力。

七、开设院校

2017 年全国开设光电信息科学与工程专业的院校有 248 所。

信息工程专业

专业代码	中文名	学科门类	一级学科	授予学位	修学年限
080706	信息工程	电子信息类	工学	工学学士	四年

一、专业概述

信息工程专业是研究信息处理理论、技术和工程实现的专门学科，以研究信息系统和控制系统的应用技术为核心，是信息科学原理应用到工农业生产部门中去而形成的技术方法的总称，覆盖了原电子信息类多数专业及光电信息工程及遥感信息工程等专业内容。

二、培养目标

培养具有信息的获取、传递、处理以及利用等方面的知识，能在信息产业等国民经济部门及国防部门从事信息系统的研究、设计、集成以及制造等方面工作的信息工程学科的高级工程技术人才。

三、培养要求

主要学习各种类型模拟与数字信息传输过程、信息的采集与处理相关技术、协议、传输安全等内容，具备从事通信网络一般设计、调试的基本能力，具备信息电子采集系统设计、信息处理和网络安全基础设计的基本能力。

四、知识技能

毕业生应获得以下几方面的知识和能力：

① 掌握通信领域内的基本理论和基本知识。

② 掌握光波、无线、多媒体等通信技术。

③ 掌握通信系统和通信网的分析与设计方法。

④ 具有设计、开发、调测、应用通信系统和通信网的基本能力。

⑤ 了解通信系统和通信网建设的基本方针、政策和法规。

⑥ 掌握文献检索、资料查询的基本方法，具有一定的科学研究和实际工作能力。

五、主干课程

电路与系统、信号与线性系统、随机信号处理、通信电子线路、数字信号处理、信息论、编码理论、微型计算机原理、通信系统原理、数字信号与信息处理，C语言程序设计，计算机通信网等。

六、发展前景

1．就业方向

可在工业与电气工程有关的运动控制、工业过程控制、电气工程、电力电子技术、检测与自动化仪表、电子与计算机技术等领域从事工程设计、系统分析、系统运行、研制开发、经济管理等方面的工作。

2．就业前景

未来的发展重点是电子信息产品制造业、软件产业和集成电路等产业，新兴通信业务如数据通信、多媒体、互联网、电话信息服务、手机短信等业务也将迅速扩展，值得关注的还有文化科技产业，如网络游戏等。目前，信息技术支持人才的需求中，排除技术故障、设备和顾客服务、硬件和软件安装以及配置更新和系统操作、监视与维修等四类人才需求最多，此外，电子商务和互动媒体、数据库开发和软件工程方面的需求量也比较大。

2017年全国开设信息工程专业的院校有99所，部分高校按以下专业方向培养：移动通信技术、网络信息安全与法政信息管理。全国报考硕士较集中的专业：电子与通信工程、信息与通信工程、通信与信息系统。根据阳光高考信息平台统计数据，信息工程专业2017年普通高校毕业生规模为6000～7000人。高考时文理科比例为文科0，理科100%。男女生比例为男生71%，女生29%。信息工程专业本科就业率为2016年85%～90%，2017年90%～95%。

3．专家建议

① 信息工程、电子信息工程、通信工程三个相似专业的区别。

当前，电子信息类专业是学生报考的热门专业之一，尤其是电子信息工程、信息工程、信息与通信工

程（有些学校简化成通信工程），很多考生家长容易混淆这几个专业

信息工程：属于工科大类，电子信息类，偏重信息处理，主要学习信息的获取、传递、处理以及利用等方面的知识，学的广而深。目前来讲，就业较为一般，毕业生可从事工业与电气工程相关工作，以及部分其他 IT 类型工作。

电子信息工程：工科大类，电子信息类，偏向利用现有电子元器件制造电子系统，主要培养能从事各类电子设备和信息系统的研究、设计、制造、应用和开发的高等工程技术人才。目前来讲，就业相对较好，可从事电子与通信工程领域及各类信息处理系统的研究、设计、制造、应用和开发等方面的技术工作。

通信工程：工科大类，电子信息类，偏通信领域，学习通信技术、通信系统和通信网络等方面的知识。就业比前两个专业好，可从事无线通信、电视、大规模集成电路、智能仪器及应用电子技术领域的研究、设计和通信工程的研究、设计、技术引进和技术开发工作。

上述三个专业，按大类招生时，有的院校在同一个大类中，有的院校在不同的大类中。

② 专业有侧重，须看清大类招生。

对于某一个具体专业，每个学校的课程和培养方案都不完全一样，在做相关报考准备的时候，家长一定要对意向高校及专业进行分析，再结合孩子自身的情况做精准定位。考生在报考时，须仔细阅读高校专业设置和招生章程，根据自己的兴趣爱好和实际情况综合选报。

4. 小贴士

用人单位对人才层次的要求在不断升级，由本（专）科向硕士和博士发展。

七、开设院校

2017 年全国开设信息工程专业的院校有 99 所。

自动化专业

专业代码	中文名	学科门类	一级学科	授予学位	修学年限
080801	自动化	自动化类	工学	工学学士	四年

一、专业概述

自动化专业以系统科学、控制科学、信息科学等学科为理论基础，以电工技术、电子技术、传感技术、计算机技术、网络技术等为主要技术手段，以实现各类运动体的运动控制、各类生产过程的过程控制、各类系统的最优化等的跨学科综合性专业。本专业主要有运动控制、过程控制、嵌入式系统与机器人、人工智能四个发展方向。

二、培养目标

培养德、智、体全面发展，具有扎实的自然科学基础，具有良好的计算机、外语、经济、管理等方面的应用基础，具备电工电子技术、控制理论、自动检测与仪表、信息处理、系统工程、计算机技术与应用等专业知识，掌握自动控制、计算机软硬件、人工智能和机器人领域相关知识，能够在自动化及相关领域从事系统设计、产品开发、科学研究和技术管理等工作，能解决复杂工程问题的高素质应用型专门人才。

三、培养要求

主要学习电工技术、电子技术、控制理论、自动检测与仪表、信息处理、系统工程、计算机技术与应用和网络技术等较宽广领域的工程技术基础和一定的专业知识，具有自动化系统分析、设计、开发与研究的基本能力，综合素质高，具有坚实理论基础和创新能力。

四、知识技能

毕业生应获得以下几方面的知识和能力：

① 具有系统思维、终身学习和多学科知识交叉融合的能力。

② 具有工程项目管理、技术经济分析和市场分析能力。

③ 熟悉本行业的技术标准和政策法规，具备良好的职业道德、尊重社会和环境价值的能力。

④ 能够利用专业理论和工程技术知识创造性地解决复杂工程技术问题。

⑤ 能够根据工程任务合理选用工作方法或技术手段，制定工作计划和实施方案。

⑥ 具有组织协调和沟通能力，成为适应时代技术发展的专业技术人员。

五、主干课程

电路、信号与系统、PLC编程应用、模拟电子技术、数字电子技术、自动控制原理、现代控制理论、微机原理及应用、软件技术基础、电机与拖动、电力电子技术、计算机控制技术、系统仿真、计算机网络、运动控制、过程控制、单片机与嵌入式系统原理、计算机辅助设计、智能控制、C语言程序设计等。

六、发展前景

1．就业方向

可在各类企业、科研院所、设计单位、大专院校、金融系统、通信系统、税务、外贸、工商、铁路、民航、海关、工矿企业及政府和科技部门从事系统集成、计算机软件硬件开发和通信等方面的工作。

2．就业前景

自动化技术已融入人类社会生活的方方面面，在各个领域发挥着至关重要的作用。大到航天飞船、轨道交通信号的控制，汽车的无人驾驶。小到电灯的自动控制开关，冰箱的控温系统，洗衣机的定时甩干功能等。这些我们习以为常的事情，都是自动化技术的功劳。

由于自动化专业所学知识量大，与其他学科交叉甚多，几乎所有专业都能与自动化挂钩，而且与现代化工业、农业、国防、民生等众多行业息息相关，因此转行、转专业也相对容易，如电子工程、计算机、通信领域都是自动化专业发展的方向。目前，自动化专业的就业领域主要包括技术研发公司、科研院所、设计单位、通信系统、钢铁企业、工矿企业、铁道、化工、航空、海关、税务、工商、外贸、大专院校及政府和科技部门等。随着自动化产品不断普及、智能楼宇和智能家居的应用、智能交通的不断发展，选择方向会更多。

2017年全国开设自动化专业的院校有494所，部分高校按以下专业方向培养：楼宇自动化、电气技术教育、电气自动化技术、机器人技术教育、演艺工程与舞台技术、城市轨道自动化与控制。报考硕士较集中的专业：控制工程、控制科学与工程、控制理论与控制工程。根据阳光高考信息平台统计数据，自动化专业 2017 年全国普通高校毕业生规模为 44000～46000 人。毕业生高考时的文理科比例为文科 0，理科100%。男女生比例为男生81%，女生19%。自动化专业本科就业率为2016年85%～90%，2017年90%～95%。

3．专家建议

① 就业面广，就业不难。

自动化是工学门类中比较普遍的一个专业，从专科、本科到硕士、博士学等各个学历层次都有，占全国工科高等院校的90%以上。有毕业生表示，自动化是一个比较好找工作的专业，只要不过分挑剔，就业一般不成问题。由于该行业的待遇往往与实际经验紧密联系，所以刚入行的本科工资一般不会高，随着工作能力和工作经验的提升，待遇也会有提升。

② 看分数，选学校。

从近几年的录取分数来看，重点高校的录取分数线比较高，如清华大学、北京航空航天大学、北京理工大学等，很多本科一批次院校的自动化专业近年来的录取分数大都较高。

对于这类报考较热的专业，就业情况也随着院校层次不同有很大差别，考生可结合自己的实际情况，参考历年录取分数综合选择。

③ 选适合自己的方向。

除了考虑院校层次和分数以外，报考时院校的培养方向和课程设置也是考生不可忽视的。不同院校的专业培养方向和专业课程设置，也会影响到入学后的学习和将来的就业，部分高校按以下专业方向培养：楼宇自动化、电气技术教育、电气自动化技术、机器人技术教育、演艺工程与舞台技术、城市轨道自动化与控制。

例如，北京航空航天大学的自动化（本科类）专业以电为主，机电结合，以自动控制和计算机信息获取、信息处理与仿真为基础进行专业教育，研究生阶段的方向多以飞行器控制为主。东北大学的自动化是东北大学的王牌专业之一，研究生方向很多，其中控制理论与控制工程为国家重点学科。北京交通大学的自动化本科招生有自动化和自动化（铁道信号）两个方向，该校的自动化专业总体来说更偏重交通控制、智能交通等方向，自动化（铁道信号）方向加强了实践等环节。

自动化专业学习的知识比较全面，课程、课时要多于很多工科专业，尤其在重点大学，课程安排很满，学习压力比较大。理工科基础差的同学学习时相对比较吃力，一般来说，理工科基础较强的同学适合报考该专业。在选择学校时一定要考虑自己对专业的应用领域是否有兴趣，同时看清院校层次、专业方向、院校章程、录取分数等信息，选择和自己分数、批次相符合的院校。

4．小贴士

需要很强理工科基础。

七、开设院校

2017 年全国开设自动化专业的院校有 494 所。

工学门类学科之计算机类、土木类、水利类、测绘类

1．计算机类

计算机类涉及计算机科学与技术、软件工程、网络工程、信息安全、物联网工程、数字媒体技术、智能科学与技术、空间信息与数字技术、电子与计算机工程九个专业。

计算机科学与技术是研究如何设计计算机体系架构、工具和算法来解决问题的一个学科，是硬件和软件结合的学科，软件编程只是该专业的一项基本技能。软件工程侧重于软件需求分析、软件设计、软件测试、软件维护和软件项目管理等方面。网络工程主要是研究各类网络系统的组网、规划、设计、评价的理论、方法与技术的学科，包括网络相关的硬件和软件开发。信息安全是主要研究确保信息安全的科学与技术的专业。物联网工程是研究物品通过射频识别等信息传感设备与互联网连接起来，实现智能化识别和管理的一门新兴学科。数字媒体技术是面向教学与出版、新闻、影视等文化媒体及其他数字媒体软件开发和产品设计制作行业的一个专业。智能科学与技术主要从事机器感知、智能机器人、智能信息处理和机器学习等交叉学科的研究。空间信息与数字技术包括由武汉大学开创的（地理）空间信息与数字技术（即武大模式），和由西安电子科技大学开设的以外太空空间信息为研究对象的技术（即西电模式）。电子与计算机工程是将软件设计与硬件设计一体化，并结合电力电子学的一门专业，包括电子系统的开发设计、工艺控制、智能设备的软硬件开发以及电力电子系统设计等。

① 计算机类专业中，计算机科学与技术是一个基础性的专业，其他专业都是其不同的专业研究方向。目前作为一个高考及就业的热门专业，除了那些从事基础的硬件维护、工程施工的岗位外，绝大多数毕业生都从事软件编程类的岗位，在从事软件编程的岗位中，绝大部分从事的是应用软件的开发，只有少部分人能够从事深层次的开发。

② 经过这些年的高考扩招及研究生扩招，计算机类本科毕业生的就业情况不容乐观，专业对口工作岗位趋于饱和，计算机作为一个日常工作的工具，其他专业的学生，在这方面的水平也越来越高，对于计算机类的学生来说，是一个很大的挑战。

③ 记住做网页、做图片、做 flash、玩游戏、上网、听歌、录 mp3、搞电影字幕、装 Windows、改注册表、为软件做皮肤……这些不是计算机专业。不要让浮躁与功利蒙蔽双眼，毁掉前程。

2．土木类：以建筑施工为主的专业

所谓的土木，是指一切和水、土、文化有关的基础建设的计划、建造和维修，现时一般的土木工作项目包括房屋、道路、水务、渠务、防洪工程及交通等。

在《普通高等学校本科专业目录》中，土木类属于工学之中的一个一级学科。土木类下设土木工程、建筑环境与能源应用工程、给排水科学与工程、建筑电气与智能化、城市地下空间工程、道路桥梁与渡河工程六个专业。

土木工程主要是在房屋建筑、地下建筑（含矿井建筑）、道路、隧道、桥梁建筑、水电站、港口及近海结构与设施、给水排水和地基处理等领域从事规划、设计、施工、管理。建筑环境与能源应用工程主要包括建筑节能技术与工程、建筑设施智能技术、建筑环境与设备工程，如建筑物采暖、空调、通风除尘、空气净化和燃气应用专业工程领域等。给排水科学与工程主要是城市给水工程、排水工程、建筑给水排水工程、工业给水排水工程等专业工程领域。建筑电气与智能化是以电能、电气设备和电气技术为手段来创造、维持与改善限定空间和环境的一门科学，是建筑工程领域的一个专业领域。城市地下空间工程侧重于城市地下铁道、地下隧道与管线、基础工程、地下商业与工业空间、地下储库等工程。道路桥梁与渡河工程侧重于公路、城市道路、机场工程、桥梁及隧道工程等专业工程。

通俗来讲，土木工程盖房子，建筑环境与能源应用工程负责配套暖通空调等，给排水专业负责建筑的给水和排水，建筑电气与智能化负责配套安装调试电气设备及智能化设备。

这是一个专业对口工作比较艰苦的专业，大多数本科毕业生需要去各类建筑工地从事一线工作。

3．水利类

水利科学经过了千百年的发展，由单纯的农业水利和防治水患，逐渐发展到蓄水充能，进行水力发电，包括水利水电工程、水文与水资源工程、港口航道与海岸工程、水务工程四个专业。

水利水电工程是以工程或非工程措施调控和利用水能资源的工程科学，主要从事大中型水利水电枢纽及其建筑物(包括大坝，水电站厂房，闸和进水、引水、泄水建筑物等)以及工业用水工建筑物的规划、设计、施工、管理。水文与水资源工程是对水资源的勘查、开发、利用等方面研究的学科，主要从事水文、水资源及环境保护方面勘测、规划设计、预测预报、管理等工作。港口航道与海岸工程主要从事港口工程、航道工程、海岸工程的规划、设计、施工和管理等方面。水务工程结合城市给水排水工程、环境工程、水文与水资源工程、城市水利工程等诸多学科，除研究水量外，更以水质为中心，包括水的开采、加工、输送、回收及利用等水的社会循环全过程。

水利类相对于其他工科专业是个专业很强的专业类别，就业面不如其他专业那样宽泛，但是因为开设的大学也相对少一些，专业对口就业压力相对较小。由于学科特点，水利类专业虽然就业不难，但是工作地点相对偏远，在施工现场的话风吹日晒是常有的事，有时还需要长期住船（港口航道），所以对工作环境有要求，不愿吃苦的考生慎重报考。

4．测绘类

测绘类专业包括地面与卫星测量、摄影测量与遥感以及地图与地理信息工程等方面内容，主要从事国家基础测绘建设、城市和工程建设测绘、国土资源调查、运载工具导航、地理信息系统的开发与应用、遥感技术应用、环境保护与灾害预防及地球动力学等领域的测绘工作，包括测绘工程、遥感科学与技术、导航工程、地理国情监测四个专业。

测绘工程主要研究测绘技术和测绘原理及方法。遥感科学与技术主要从事摄影测量和遥感相关工作。导航工程从事导航定位技术研发及应用、导航与通信装备使用、维修等工作。地理国情监测主要从事地理国情动态获取、集成处理、综合分析和评估等工作。

计算机科学与技术专业

专业代码	中文名	学科门类	一级学科	授予学位	修学年限
080901	计算机科学与技术	计算机类	工学	工学或理学学士	四年

一、专业概述

计算机科学与技术是研究计算机的设计与制造，及利用计算机进行信息获取、表示、存储、处理、控制等的理论、原则、方法和技术的学科。

二、培养目标

培养有良好的科学素养，系统掌握计算机科学与技术包括计算机硬件、软件与应用的基本理论、基本知识和技能与方法，能在科研部门、教育单位、企业、事业、技术和行政管理部门等单位从事计算机教学、科研和应用的计算机科学与技术学科的专门技术人才。

三、培养要求

主要学习计算机科学与技术方面的基本理论和基本知识，接受从事研究与应用计算机的基本训练，具有研究和开发计算机系统的基本能力。

四、知识技能

毕业生应获得以下几方面的知识和能力：

① 具备扎实的数据基础理论和基础知识。

② 具有较强的思维能力、算法设计与分析能力。

③ 系统掌握计算机科学与技术专业基本理论、基本知识和操作技能。

④ 了解学科的知识结构、典型技术、核心概念和基本工作流程。

⑤ 有较强的计算机系统的认知、分析、设计、编程和应用能力。

⑥ 掌握文献检索、资料查询的基本方法、能够独立获取相关的知识和信息，具有较强的创新意识。

⑦ 熟练掌握一门外语，能够熟读该专业外文书刊。

五、主干课程

电路原理、模拟电子技术、数字逻辑、数值分析、计算机原理、微型计算机技术、计算机系统结构、计算机网络、高级语言、汇编语言、数据结构、操作系统、数据库原理、编译原理、图形学、人工智能、计算方法、离散数学、概率统计、线性代数以及算法设计与分析、人机交互、面向对象方法、计算机英语等。

六、发展前景

1．就业方向

可在国家机关以及各个大中型企事业单位的信息技术部门、教育部门等单位从事软件计算机领域的技术开发、教学、科研及管理等工作。

2．就业前景

IT 行业一直是国家优先发展的重点行业，也是国内外人才需求量最大的行业之一。近年来，很多跨国公司陆续在中国成立软件研发中心，为计算机专业的高层次人才提供高质量的就业机会。这给计算机科学与技术专业的毕业生提供了极好的机遇，也造成这一专业的报考火热。从全球 IT 行业的发展看，经过几年的低迷发展，已经逐渐走出低谷，日益显现出蓬勃生机。由于我国经济社会发展的不平衡，导致了东西部之间、城乡之间出现很大的差距，特别是经济发展比较落后的地区，急需计算机方面的专业人才。

2017 年全国开设计算机科学与技术专业的院校有 957 所，部分高校按以下专业方向培养：.NET、Java、大数据、云计算、软件工程、金融信息化、嵌入式软件、传媒设计与制作 、计算机网络技术、移动互联网信息与技术。报考硕士较集中的专业：计算机技术、计算机科学与技术、工商管理、软件工程。根据阳光高考信息平台统计数据，计算机科学与技术专业 2017 年普通高校毕业生规模为 100000 人以上。高考时文理科比例为文科 2%，理科 98%。男女生比例为男生 66%，女生 34%。计算机科学与技术专业本科就业率为 2016 年 85%～90%，2017 年 90%～95%。

3．专家建议

① 参考计算类其他专业相关资料。

② 院校层次不同，专业侧重不同。

计算机科类专业是国内开设院校最多的一个专业，2017 年全国开设仅计算机科学与技术本科专业的院校达 957 所之多，如果加上信息类和专科及高职院校，几乎占全国所有理工科学生总数的 1/3。根据高考分数，选择合适的院校，是考生和家长需要重点关注的问题。

在众多院校中，各有不同的专业培养方向，也是需要关注的重点，部分高校按以下专业方向培养：.NET、Java、大数据、云计算、软件工程、金融信息化、嵌入式软件、传媒设计与制作 、计算机网络技术、移动互联网信息与技术。

对于这类报考较热的专业，就业情况也随着院校层次不同有很大差别，考生可结合自己的实际情况，参考历年录取分数综合选择。

③ 毕业生需求量大，就业冷热不均。

信息技术和计算机两个大类专业的学生数量占全国理工科学生总数的 1/3，在今后的一段时间内，用人单位的选择余地越来越大。具备一定的职业能力、综合素质高的毕业生更受到欢迎。比如互联网科技类公司，对于在校成绩的关注度较低，更在意的是个人水平。计算机相关行业更新快，意味着淘汰速度也快，需要终身学习。淘汰速度快也是一个机遇，年轻人的机会就会越多。计算机领域是一个专业能力需求很大的学科，只要学好，相比金融类学科，更容易就业。

④ 正确选择专业方向，冷静对待。

软件编程、网络工程人才、信息安全、电脑动画人才等专业方向近几年比较热门，也面临较大的就业压力，需要根据自己的情况，选择合适的学校和专业。

无论是重点大学还是一般大学，计算机相关的专业都是热门，在不同批次院校中录取分数都比较高，由于大量学校上马此类专业，培养出来的人才也是参差不齐，选报学校不当，毕业后多数只能去从事电脑销售或维修等工作。

计算机专业经常需要从事长期的项目开发，项目开发、写程序都需要很多的精力和体力。

4．小贴士

计算机操作类的岗位，一方面越来越少，另一方面随着毕业生增多，再加上专科及高职毕业生的加入竞争，就业压力之大可想而知。

七、开设院校

2017 年全国开设计算机科学与技术专业的院校有 957 所。

软件工程专业

专业代码	中文名	学科门类	一级学科	授予学位	修学年限
080902	软件工程	计算机类	工学	工学或理学学士	四年

一、专业概述

软件工程是采用工程的概念、原理、技术和方法来开发、维护软件，把管理技术与开发技术有效地结合起来，以计算机科学与技术学科为基础，强调软件开发的工程性，包括软件开发、测试、维护和软件项目管理的一门学科。

二、培养目标

培养适应计算机应用学科的发展、特别是软件产业的发展，具备计算机软件的基础理论、基本知识和基本技能，具有用软件工程的思想、方法和技术来分析、设计和实现计算机软件系统的能力，毕业后能在IT 行业、科研机构、企事业中从事计算机应用软件系统的开发和研制的高级软件工程技术人才。

三、培养要求

主要学习软件工程方面的基本理论和基本知识，接受从事研究与软件开发的基本训练，具有一般计算机相关工程的分析设计和解决实际问题的能力。

四、知识技能

毕业生应获得以下几方面的知识和能力：

① 掌握和计算机科学与技术相关的基本理论知识。

② 掌握计算机系统的分析和设计的基本方法。

③ 了解文献检索、资料查询的基本方法，具有一定的科学研究和实际工作能力。

④ 了解与计算机有关的法规。

⑤ 能够运用学习知识和外文阅读能力查阅外文资料。

⑥ 掌握文献检索、资料查询的基本方法，具有获取信息的能力。

五、主干课程

线性代数、概率论与数理统计、程序设计语言、数据结构、离散数学、操作系统、编译技术、软件工程概论、统一建模语言、软件体系结构、软件需求、项目管理、算法分析、面向对象程序设计、数据库原理与实现技术、编译原理、计算机安全等。

六、发展前景

1．就业方向

主要两类岗位：一类是在各种规模的 IT 企业从事项目管理、软件设计、软件开发和质量保证等相关岗位。第二类是在对 IT 技术依赖度比较高的金融、电信等行业及各类企业的 IT 部门，从事相关业务软件的开发、测试、维护等工作。

2．就业前景

作为信息产业核心的软件产业是国民经济信息化的基础，涉及工业、农业、商业、金融、科教文卫、国防和百姓生活等各个领域。采用先进的工程化方法进行软件开发和生产是实现软件产业化的关键。因此，为积极促进我国软件产业发展，加速我国信息化建设，增强国际竞争力，急需培养大批软件工程领域的实用型、复合型软件工程技术人才和管理人才。

2017 年全国开设软件工程专业的院校有 598 所，部分高校按以下专业方向培养：Java、大数据、云计算、软件设计、数字媒体、金融软件开发、嵌入式应用开发、软件开发与测试、移动互联网开发、移动设备应用开发。报考硕士较集中的专业：软件工程、计算机技术、计算机科学与技术。根据阳光高考信息平台统计数据，软件工程专业 2017 年普通高校毕业生规模为 55000 人到 60000 人。高考时文理科比例为文科 3%，理科 97%。男女生比例为男生 73%，女生 27%。软件工程专业本科就业率为 2016 年 85%～90%，2017 年 90%～95%。

3．专家建议

① 参考计算机类专业的相关资料。

② 计算机科学与技术专业与软件工程专业的区别。

这两个专业都需要掌握计算机科学的基础知识及编程的基本功，但是这两个专业的关注点有很大不同。计算机专业学习技术，是为了改进技术，提高技术，研究出更好的理论，研究出更好的计算机。而软件工程专业学习技术，是为了知道在什么情况下应该用什么样的技术可以最好地解决问题，更关注开发大型软件系统开发的组织方法和流程。

③ 软件工程专业的认识误区。

有些人认为，软件相关的专业是青春饭，30 多岁后就没有发展前途，不能当一辈子程序员。这是一个认识误区，实事上软件工程专业更关注开发大型软件系统的组织方法和流程，培养学生掌握大型软件的开发和管理的能力。随着经验和能力的增长，才能胜任大项目的组织和管理，才能成为众多程序员的管理者。

还有人认为，现在懂编程的人很多，凡是理工专业的学生都学过编程，抓来就能用。但是，软件工程专业所掌握的大型软件开发的组织、设计和管理技术，不是普通的编程技术可以相比的。比方说，普通的工人经过训练，盖平房、砌堵墙没问题，但是如果去造摩天大楼就不行了。软件工程培养的是有能力设计和制造摩天大楼的人才。

④ 招生院校多，看清培养目标。

开设软件工程专业的院校分布在不同层次，在这些院校中，既有综合性大学，也有理工类院校，还有师范类院校。不同院校软件工程专业方向有所不同。

例如华东师范大学软件工程专业有软件科学与技术、嵌入式软件与系统、数据科学与工程、密码与网络安全四个方向，这四个方向的培养侧重点也不一样，软件科学与技术方向培养学生的软件理论基础和软件设计与开发综合能力，数据科学与工程方向培养数据科学家。东南大学软件工程一级学科包括软件工程的理论与实践、可信软件、软件智能化、软件自动化、软件服务工程和软件建模与分析等六个学科方向。

⑤ 按大类招生 分清专业方向。

除单独的专业招生形式外，很多院校都以计算机类、软件工程等大类形式招生。按照计算机类大类招生的院校有中央民族大学、北京理工大学、北京信息科技大学等。按照软件工程大类招生的院校有南京大学、厦门大学、武汉大学、湖南大学等。北京理工大学计算机类包含计算机科学与技术、物联网工程、软件工程三个专业方向。厦门大学软件工程包含软件工程、数字媒体技术两个专业方向。

考生在选择时，一定要根据自己的爱好和需求，看清各高校的招生章程要求和专业设置情况，最好看一下大类包含的专业方向再填报。

4．小贴士

热门专业，录取分数都比较高。学校众多，教学质量参差不齐。

七、开设院校

2017 年全国开设软件工程专业的院校有 598 所。

网络工程专业

专业代码	中文名	学科门类	一级学科	授予学位	修学年限
080903	网络工程	计算机类	工学	工学学士	四年

一、专业概述

网络工程是指按计划进行的以工程化的思想、方式、方法，设计、研发和解决网络系统问题的工程，网络工程主要是指计算机网络系统，主要解决网络的设计、实施和维护等一系列技术问题。

二、培养目标

培养掌握网络工程的基本理论与方法以及计算机技术和网络技术等方面的知识，能运用所学知识与技能去分析和解决相关的实际问题，可在信息产业以及其他国民经济部门从事各类网络系统和计算机通信系统研究、教学、设计、开发等工作的高级科技人才。

三、培养要求

主要学习计算机、通信以及网络方面的基础理论、设计原理，掌握计算机通信和网络技术，接受网络工程实践的基本训练，具备从事计算机网络设备、系统的研究、设计、开发、工程应用和管理维护的基本能力。

四、知识技能

毕业生应获得以下几方面的知识和能力：

① 具有扎实的自然科学基础、较好的人文社会科学基础和外语综合能力。

② 系统地掌握计算机和网络通信领域内的基本理论和基本知识。

③ 掌握计算机、网络与通信系统的分析、设计与开发方法。

④ 具有设计、开发、应用和管理计算机网络系统的基本能力。

⑤ 了解计算机及网络通信领域的一些最新进展与发展动态。

⑥ 了解信息产业、计算机网络建设及安全的基本方针、政策和法规。

⑦ 掌握文献检索、资料查询的基本方法，具有一定的科学研究和实际工作能力。

五、主干课程

数据结构、编译原理、操作系统、数据库系统、汇编语言程序设计、计算机组成原理、微机系统与接口技术、通信原理、通信系统、计算机网络、现代交换原理、TCP/IP 原理与技术、计算机网络安全、计算机网络组网原理、网络编程技术、计算机网络管理、网络操作系统、Internet 技术及应用、软件工程与方法学、数字信号处理、计算机系统结构等。

六、发展前景

1. 就业方向

可在国家机关、科研机构、学校、工厂等企事业单位从事计算机应用软件及网络技术的研究、设计、制造、运营、开发及系统维护和教学、科研等工作。

2. 就业前景

① 参考计算机类专业。

② 随着计算机远程信息化处理应用的高速发展和广泛应用，网络已成为经济发展的强大动力，计算机网络工程是计算机技术和通信技术密切结合而形成的新兴的技术领域，在当今互联网迅猛发展和网络经济蓬勃繁荣的形势下，网络工程技术已成为信息技术界关注的热门技术之一、发展迅速并在信息社会中得到广泛的应用。

2017年全国开设网络工程专业的院校有428所，部分高校按以下专业方向培养：物联网、铁道信号、智慧城市、渗透与测试、网络安全与攻防、网络工程与管理、移动互联网开发、云计算与大数据、网络系统开发与管理、网络系统集成与网络安全。报考硕士较集中的专业：计算机技术、计算机科学与技术、软件工程、计算机应用技术。根据阳光高考信息平台统计数据，网络工程专业2017年普通高校毕业生规模为20000人到22000人。高考时文理科比例为文科2%，理科98%。男女生比例为男生71%，女生29%。网络工程专业本科就业率为2016年90%～95%，2017年90%～95%。

3．专家建议

① 参考计算机类专业相关资料。

② 网络是优秀的软件工程师、优秀的硬件工程师与优秀的通信工程师三类人合作的智慧结晶。

大学期间，网络工程专业需要学习的课程比其他专业多，既要学习信号分析方面的课程，又要学习硬件相关的课程，还要学习软件开发设计，甚至连通信原理方面的课程也要涉及。

值得注意的是，有些学校的教学课程可能会有落后，学习的时候更多要靠自己。计算机相关专业的核心是编程，学习网络工程专业也一样。

③ 冷静对待各类网络工程师认证。

大部分认证不是高薪的敲门砖，而是上岗前的知识水平测试。

通过了某项认证，代表的是懂得了那些知识，如果没有实际工作能力，那么认证仅仅是一张纸。微软系统工程师认证（MCSE）、思科认证网络工程师（CCNA）、互联网专业技能的培训认证（CIW）、华为认证网络工程师（HCNA）等认证都有它存在的意义，有机会的话都值得一学，他们是正规的知识来源，也是经过理论、实践、时间与市场考验的产品。

4．小贴士

课程难度相对较大，整个课程体系涉及大量的数学知识和物理知识。

七、开设院校

2017年全国开设网络工程专业的院校有428所。

信息安全专业

专业代码	中文名	学科门类	一级学科	授予学位	修学年限
080904K	信息安全	计算机类	工学	工学或理学或管理学学士	四年

一、专业概述

信息安全是研究信息获取、存储、传输和处理过程中的安全保障问题的一门学科，主要学习和研究密码学理论与方法、设备安全、网络安全、信息系统安全、内容和行为安全等方面的理论与技术，是集数学、计算机、通信、电子、法律、管理等学科为一体的交叉性学科。

本专业是计算机类专业中的国家控制布点专业，可授予工学或理学或管理学学士学位。比如山东大学授予理学学士学位，北京邮电大学授予工学学士学位。

二、培养目标

培养从事计算机、通信、电子商务、电子政务、电子金融等领域信息安全的专门人才。

三、培养要求

具有本学科科学研究所需的基本素质，具有应用已掌握的基本知识解决实际应用问题的能力，具有不断增强系统的应用、开发以及不断获取新知识的能力。

四、知识技能

毕业生应获得以下几方面的知识和能力：

① 掌握防火墙技术，建立企业网络的第一道安全屏障。

② 掌握入侵检测系统，有效抵御外来入侵事件，并监控网络内部非法行为。

③ 掌握安全评估分析工具，对用户环境进行基于安全策略的审计分析，及时发现安全隐患。

④ 掌握防毒系统，清除病毒危害并预防病毒事件，实现防毒的完全智能化。

⑤ 掌握服务器防护系统，保护企业重要服务器的数据安全性。

⑥ 部署及维护企业信息化管理（OA、Exchange）系统、UNIX系统等。

⑦ 掌握专业的数据备份、还原系统，保护企业用户最关键的数据和资源。

⑧ 能够能利用各级别的企业核心路由器、交换机及各种操作系统（Linux、Windows）、数据库产品（SQL Server、Oracle）、安全的域环境设计，根据不同业务需求的不同性，制定严格的安全策略及人员安全要求。

五、主干课程

程序设计与问题求解、离散数学、数据结构与算法、计算机网络、信息安全导论、密码学、网络安全技术、计算机病毒与防范、密码学实验、网络安全技术实验、计算机病毒与防范实验、数据结构与算法、计算机原理、数据库系统原理、计算机网络、操作系统、信息安全课程设计等。

六、发展前景

1．就业方向

可在政府机关、国家安全部门、银行、金融、证券、通信领域从事各类信息安全系统、计算机安全系统的研究、设计、开发和管理工作，也可在IT领域从事计算机应用工作。

2．就业前景

参考计算机类其他专业的相关资料。

信息是社会发展的重要战略资源，国际上围绕信息的获取、使用和控制的斗争愈演愈烈，信息安全已成为维护国家安全和社会稳定的焦点之一，世界各国都给以极大的关注和投入。网络信息安全是发挥信息革命带来的高效率、高效益的有力保证，也是抵御信息侵略的重要屏障。信息安全保障能力是21世纪综合国力、经济竞争实力和生存能力的重要组成部分，信息安全问题全方位地影响我国的政治、军事、经济、文化、社会生活的各个方面，如果解决不好将使国家面临信息战和经济金融风险的高度威胁。

2017年全国开设信息安全专业的院校有109所，部分高校按保密专业方向培养。报考硕士较集中的专业：计算机技术、计算机科学与技术、网络空间安全、软件工程。根据阳光高考信息平台统计数据，信息安全专业2017年普通高校毕业生规模为4500人到5000人。高考时文理科比例为文科2%，理科98%。男女生比例为男生65%，女生35%。信息安全专业本科就业率为2016年85%～90%，2017年90%～95%。

3．专家建议

① 参考计算机类其他专业的相关资料。

② 信息安全专业需要四类人才。

目前我国社会对信息安全专业人才的需求大体可分为如下四类。

第一类是研究开发型人才，这种需求主要来自信息安全的专业机构、科研院所、高等院校、大型企业中的信息安全研发机构。

第二类是技术开发人才，这种需求主要来自提供信息安全产品和信息安全系统服务的各类单位。

第三类是信息安全服务人才，这种需求主要来自企事业单位和政府部门。

第四类是信息安全管理人才，这种需求主要来自党政部门、各级互联网管理部门、事企业单位的网站管理部门。

② 不同院校培养人才各具特色。

北京航空航天大学信息安全专业设在数学与系统科学学院，学院按照数学类大类招生，采取“3+1”的培养方式，第四年选修特色课程。其数学学院有四个主要的专业方向：数学与应用数学、信息与计算科学、信息安全和统计学，及与此相关的诸多研究方向，如实分析、复分析、数论、动力系统、图像处理、信息安全、数理统计、并行计算、系统控制、多智能体控制、微分方程数值解、计算流体、优化等。

北京邮电大学信息安全专业设在计算机学院，2002 年开始招收本科专业，2007 年成为全国首批国家级特色专业，2011 年被教育部批准为首批国家卓越工程师计划的试点专业，拥有密码学和信息安全硕士点、博士点及博士后流动站，可为本科生提供继续深造的机会。

山东大学信息安全专业设在数学学院，按照数学类大类招生，由数学各学科、计算机科学、信息科学与信息通讯科学等交叉渗透而形成，具有独特的理论体系与技术。在“Hash 和分组密码”研究方面具有突出的专业优势，在“数论代数安全计算”和“公钥密码算法的分析”方面处于国内先进水平。

中国科学技术大学信息安全专业设在信息科学技术学院，主要培养学生掌握密码基础理论和技术方法，掌握信息系统安全、网络基础设施安全、信息内容安全和信息对抗等相关专门知识，并具有网络空间安全专业综合素质，具备信息系统分析与综合集成、工程设计与实际运用、安全策略制定与监控管理的基本能力。

③ 需要好的数学功底和动手实战能力。

从以上举例的四所高校的院系设置可以看出，信息安全专业和数学、计算机等学科联系紧密，是高度融合的学科。

以中国科学技术大学为例，信息安全专业需要学习数学、计算机、通信、电子等多方面的知识，尤其需要较好的数学和计算机基础。例如数据结构与算法则需要线性代数、离散数学等数学功底。

网络安全行业非常强调动手能力，讲究人与人的技术对抗，非常需要具备实战对抗能力。在校期间信息安全专业主修的多以理论为主，实践操作很少，技术发展太快，毕业后很可能会发现知识过时，不得不从头学起。

④ 注意招生的身体要求。

信息安全属于计算机类，需要符合国家高考对考生的基本身体要求，具有良好的身体素质和心理素质。部分高校在招生章程中注明了不予录取的情况，比如暨南大学备注“本专业色盲、色弱者不予录取”。

4．小贴士

本专业热度持续升温，请注意招生院校的教学能力。

七、开设院校

2017 年全国开设信息安全专业的院校有 109 所。

物联网工程专业

专业代码	中文名	学科门类	一级学科	授予学位	修学年限
080905	物联网工程	计算机类	工学	工学学士	四年

一、专业概述

物联网工程就是通过各种信息传感设备，如传感器、射频识别技术、IPv6 技术、全球定位系统、红外感应器、激光扫描器、气体感应器等各种装置与技术，实时采集需要监控、连接、互动的物体或过程，让声、光、热、电、力学、化学、生物、位置等各种信息，与互联网结合形成的一个网络。也就是说，把所有物品通过信息传感设备与互联网连接起来，实现智能化识别和管理。

二、培养目标

培养能够系统地掌握物联网的相关理论、方法和技能，具备通信技术、网络技术、传感技术等信息领域的专业知识的高级工程技术人才。

三、培养要求

具有较好的数学和物理基础，掌握物联网的相关理论和应用设计方法，具有较强的计算机技术和电子信息技术的能力。

四、知识技能

毕业生应获得以下几方面的知识和能力：

① 掌握和计算机科学与技术相关的基本理论知识。

② 掌握物联网工程的分析和设计的基本方法。

③ 了解文献检索、资料查询的基本方法，具有一定的科学研究和实际工作能力。

④ 了解与物联网工程有关的法规。

⑤ 能够运用学习知识和外文阅读能力查阅外文资料。

⑥ 掌握文献检索、资料查询的基本方法，具有获取信息的能力。

五、主干课程

信息与通信工程、电子科学与技术、计算机科学与技术、物联网导论、电路分析基础、信号与系统、模拟电子技术、数字电路与逻辑设计、微机原理与接口技术、工程电磁场、通信原理、计算机网络、现代通信网、传感器原理、嵌入式系统设计、无线通信原理、无线传感器网络、近距无线传输技术、二维条码技术、数据采集与处理、物联网安全技术、物联网组网技术等。

六、发展前景

1．就业方向

可从事物联网相关技术的研发及物联网应用系统规划、分析、设计、开发、部署、运行维护、智能系统的设计与开发等工作。

2．就业前景

教育部审批设置的高等学校战略性新兴产业本科专业中有“物联网工程”“传感网技术”和“智能电网信息工程”三个与物联网技术相关的专业。

目前，全球物联网产业体系正在建立和完善中。工信部出台的《物联网发展规划（2016～2020 年）》中提到发展目标时指出，到 2020 年，具有国际竞争力的物联网产业体系基本形成，包含感知制造、网络传输、智能信息服务在内的总体产业规模突破 1.5 万亿元。可以预见，物联网将会被广泛应用于交通、物流、安防、电力、家居、医疗、矿业、军事等各个领域，物联网行业将迎来一个迅猛发展的时期，也将给世界经济与社会带来巨大的变化。

2017 年全国开设物联网工程专业的院校有 513 所，部分高校按以下专业方向培养：电商物联网、移动嵌入式、智能机器人、物联网大数据采集与分析。报考硕士较集中的专业：计算机技术、计算机科学与技术、软件工程、电子与通信工程。根据阳光高考信息平台统计数据，物联网工程专业 2017 年普通高校毕业生规模为 14000 人到 16000 人。高考时文理科比例为文科 1%，理科 99%。男女生比例为男生 66%，女生 34%。物联网工程专业本科就业率为 2016 年 90%～95%，2017 年 90%～95%。

3．专家建议

① 参考计算机类其他专业及自动化专业的相关资料。

② 本科阶段引入本专业存在争议。

有专家认为，目前我国物联网产业尚处于初创阶段，虽然应用前景非常广阔，但其标准、技术、商业模式以及配套政策等条件还未成熟，迄今为止，学术界、社会研究机构的物联网应用还都在摸索阶段，从业者数量不多，师资力量不均衡。各高校从电子、计算机、通信等相关专业借调老师的情况比较常见。除师资等软实力外，有些高校开设物联网专业的硬件实力也比较薄弱。

中国物联网产业协会副理事长柏斯维曾表示，本科不是开设物联网专业的黄金时期。

有些高校老师认为，在硕士、博士阶段或在少数几家拥有强大科研实力的高校做试点，试行物联网、云计算教育即可，现阶段将物联网专业大规模地引入高校，尤其是本科教育阶段，为时过早。实际上，现有本科很多专业都是物联网中的组成部分，不需要盲目地开设独立课程。例如，计算机方面的专业、仪器仪表类专业以及自动化类专业和物联网的联系非常紧密，在已有课程中加入物联网的概念及知识是比较好的选择。

③ 人才有缺口，本科生不能满足。

未来的物联网技术要得到发展，需要在信息收集、改进、芯片推广、程序算法设计等方面有所突破，而做到这些的关键是人才。整体来看，物联网行业非常需要人才。

从人才市场的需求来看，无论是物联网专业还是云计算专业的人才炙手可热，企业对人才的要求相当高。很多单位和企业不但要求应聘者必须是硕士以上学历，还要求有几年的相关工作经验。企业的观点是，核心的研发工作或核心的基础架构需要经验积累，本科应届生一般不具备这些要求。物联网是个交叉学科，涉及通信技术、传感技术、网络技术以及 RFID 技术、嵌入式系统技术等多项知识，在本科阶段想深入学习这些知识的难度很大，所以部分物联网研究院从事核心技术工作的职位都要求硕士学历。

在此建议，对本专业有兴趣的同学可在本科阶段从物联网有关的知识着手，找准专业方向、夯实基础，同时增强实践与应用能力。

④ 最好选择有相关强势专业的院校。

物联网工程专业属于典型的交叉学科，涉及电子、计算机、测控、通信、软件等多个专业的知识，因此有些高校未明确将它归属在哪个院系，有些高校的物联网工程专业由几个院系合作共同规划建设。考生在选择时最好先了解相关专业所在院系的实力和背景，优先选择那些相关专业实力强的院校。比如与物联网专业联系比较紧密的计算机和通信专业，考生报考时就可以优先选择这两个专业实力背景深厚的学校。专业培养方向决定着人才的就业发展走向，有突出的强势专业，必然能带动该学科在某个领域的发展。

⑤ 报考时不必紧盯着物联网专业。

物联网行业缺少的是复合型人才，支撑物联网专业的交叉学科和基础学科都是希望进入此行业工作的考生可以选择。由于物联网工程有多学科交叉性的特殊性，本科阶段想要深入、全面地学习物联网方面的所有知识是不可能的。有志于物联网行业的考生没必要只锁定物联网一个专业，完全可以从其他相关的基础学科或交叉学科着手，选择一个专业方向学精、学专，未来从事更高端细分领域的工作及研究，这样再转专业时比较容易。好的专业发展要依靠良好的专业基础。

⑥ 院校很多，参考各校往年录取情况。

物联网专业是新兴专业，开设学校逐年增多，大多数院校招生人数较少，分数要求较高。阳光高考平台统计数字显示：2012 年有近 120 所高校录取了物联网专业的学生，总人数为 7300 余人，到了 2017 年全国开设物联网工程专业的院校有 513 所，当年毕业生人数达 12000 人到 14000 人。

考生可选择那些在生源所在省（市、自治区）有该专业招生计划的院校，认真阅读招生章程，比较各院校之间该专业的招生人数、录取分数等数据，选择和自己兴趣、分数、批次相符合的院校。

4．小贴士

本专业热度持续升温，请注意招生院校的教学能力。

七、开设院校

2017年全国开设物联网工程专业的院校有513所。

数字媒体技术专业

专业代码	中文名	学科门类	一级学科	授予学位	修学年限
080906	数字媒体技术	计算机类	工学	工学学士	四年

一、专业概述

数字媒体技术是融合了数字信息处理技术、计算机技术、数字通信和网络技术等，通过现代计算和通信手段，综合处理文字、声音、图形、图像等信息，使抽象的信息变成可感知、可管理和可交互的一种技术。

二、培养目标

培养面向数字时代兼具信息传播理论、数字媒体技术和设计管理能力的复合型人才。

三、培养要求

要求学生具备良好的数字媒体技术和艺术基础，能够进行数字媒体作品的设计，熟练掌握数字媒体的制作基础，同时具备坚实的数字媒体软件系统开发能力。

四、知识技能

毕业生应获得以下几方面的知识和能力：

① 系统掌握数字媒体技术专业的基本理论、基本知识与基本技能，了解本专业及相关领域的前沿，关注数字媒体产业的发展方向。

② 掌握动画设计的基本理论，能够运用相关软件进行二维、三维动画设计和创作的能力。

③ 掌握交互式多媒体网站开发的基本技术，具备开发功能丰富的交互式多媒体网站的能力。

④ 掌握数字影视技术、数字影视制作技术的基本理论和方法，能熟练运用拍摄、编辑、特效制作等技巧制作数字影视作品。

⑤ 了解数字产品的产权保护及相关法律规定和行业规范，熟悉数字媒体产品项目的开发及管理的相关理论和方法。

五、主干课程

摄影摄像技术、艺术设计基础、数字媒体技术概论、程序设计基础、数据库设计、网页设计与制作、交互式多媒体网站开发、数字信号处理、数据结构、算法设计与分析、面向对象程序设计(Java)、计算机图形图像处理、人机交互技术、多媒体数据库、动画设计与制作、3D造型、电视节目编导与制作、音视频信息处理、特效制作与非线性编辑等。

六、发展前景

1．就业方向

可在电子信息、文化教育、艺术设计、广播影视、广告设计、影视特技、数字动画、娱乐游戏、网络应用等产业的数字媒体领域，从事数字图形图像作品、数字影视作品、数字动画作品制作以及数字媒体系统的运行、管理与维护工作。

2．就业前景

数字媒体技术是一门将抽象的数字、作为实物的媒体以及计算机技术三者结合在一起的专业，是面向数字音频、数字视频、数字电影、电脑动画、虚拟现实等新一代的数字传播媒体而开设的专业。数字媒体行业有望成为国民经济的重要支柱行业，前景广阔。

2017 年全国开设数字媒体技术专业的院校有 245 所，部分高校按以下专业方向培养：游戏开发、移动媒体开发、游戏设计技术、动漫设计与制作、动漫与影视后期制作、数字影视动画技术与应用、虚拟现实及游戏开发技术。报考硕士较集中的专业：计算机技术、软件工程、计算机科学与技术、计算机应用技术。根据阳光高考信息平台统计数据，数字媒体技术专业 2017 年普通高校毕业生规模为 8000 人到 9000 人。高考时文理科比例为文科 9%，理科 91%。男女生比例为男生 51%，女生 49%。数字媒体技术专业本科就业率为 2016 年 85%～90%，2017 年 90%～95%。

3．专家建议

① 可参考计算机类的其他专业的相关资料。

② 可参考艺术类中的数字媒体艺术专业的相关资料。

数字媒体技术是计算机专业的一个方向，其培养目标侧重计算机图形学、游戏引擎设计、AR、VR 等。毕业后选择很多，比如软件、设计、动画、游戏等的开发。数字媒体专业学习的知识面比较广，在工作方面选择的空间也比较大。以下是主要的几个就业方向

可进入广告公司，或者自己开广告工作室。广告设计及制作方面的知识是大学中要学习的专业课之一，现在社会广告的需求很多，大到大型企业，小到街头小店都用得上广告，遍布在我们生活的方方面面。

从事二维动画、三维动画制作。因为不涉及太多软件代码的部分，相对比较简单，这个方向也可以去影视动漫类的公司。有不少中国风的动漫和动漫电影，票房很火爆。

从事软件开发。涉及代码和编程，在大学期间 C 语言一定要学好，后期还会学到 Java、JavaScript、Android、HTML、CSS、C++、C#这些语言。近年本专业毕业生选择软件开发方向的比较多。

游戏制作。相对而言，游戏制作比较难，要掌握建模、漫游、代码以及具有一定的美学功底。现在的世界离不开游戏，很多大型游戏已经火了很多年（LOL、Dota2 等），大型的游戏公司都在创作新的游戏。如果专业知识过硬，可以进入这个方向，高难度，高挑战，高收入。

影视后期制作。女生选择的相对多一些，工作难度相对简单，学好 Pr 和 Ae 就基本够用，最好再学一些摄影方面的技术。

4．小贴士

从事计算机图形学研究要求有很好的数学基础。

如果大学期间学习没有侧重，工作时会发现自己技术不如学计算机科学与技术的、设计不如学广告设计的。软件应用甚至不如社会培训学校的学生。

七、开设院校

2017 年全国开设数字媒体技术专业的院校有 245 所。

土木工程专业

专业代码	中文名	学科门类	一级学科	授予学位	修学年限
081001	土木工程	土木类	工学	工学学士	四年

一、专业概述

土木工程是建造各类土地工程设施的科学技术的统称，即建造在地上或地下，直接或间接为人类生活、生产、军事、科研服务的各种工程设施。例如房屋、道路、铁路、管道、隧道、桥梁、运河、堤坝、港口、电站、飞机场、海洋平台、给水排水以及防护工程等。

二、培养目标

培养掌握工程力学、流体力学、岩土力学和市政工程学科的基本理论和基本知识，具备从事土木工程的项目规划、设计、研究开发、施工及管理的能力，能在房屋建筑、地下建筑、隧道、道路、桥梁、矿井等的设计、研究、施工、教育、管理、投资、开发部门从事技术或管理工作的高级工程技术人才。

三、培养要求

主要学习工程力学、流体力学、岩土力学和市政工程学科的基本理论，受到课程设计、试验仪器操作和现场实习等方面的基本训练，具有从事土木工程的规划、设计、研究、施工、管理的基本能力。

四、知识技能

毕业生应获得以下几方面的知识和能力：

① 具有较扎实的自然科学基础，较好的人文社会科学基础和外语语言综合能力

② 掌握工程力学、流体力学、岩土力学、工程地质学和工程制图的基本理论与基本知识。

③ 掌握建筑材料、结构计算、构件设计、地基处理、给水排水工程和计算机应用方面的基本知识、原理、方法与技能，初步具有从事土建结构工程的设计与研究工作的能力。

④ 掌握建筑机械、电工学、工程测量、施工技术与施工组织、工程监测、工程概预算以及工程招标等方面的基本知识、基本技能，初步具有从事工程施工、管理和研究工作的能力。

⑤ 熟悉各类土木工程的建设方针、政策和法规。

⑥ 了解土木工程各主干学科的理论前沿和发展动态。

⑦ 掌握文献检索和资料查询的基本方法，具有一定的科学研究和实际工作能力。

五、主干课程

理论力学、结构力学、土力学、钢筋混凝土、房屋建筑学、钢结构、大跨度结构设计等。

六、发展前景

1. 就业方向

主要就业方向有工程技术方向、设计、规划及预算方向、质量监督及工程监理方向、公务员、教学及科研方向。涉及行业包括建筑、房地产开发、路桥施工、工程勘察设计、交通或市政工程类政府职能部门、工程造价咨询、科研院所等。

2. 就业前景

土木工程方面的专业人才遍布国民经济建设的各条战线，可以说没有土木工程，就没有我们日常生活的最基本条件，住的房子、坐的地铁、参观的场馆、享受的休闲场所，无不与土木工程紧密相连。高铁、活动场馆、城市轨道交通、南水北调等项目的建设，任何基础设施的建设，都离不开土木工程专业。历年就业情况显示，土木工程专业的就业很少偏离本专业，是对口就业率最高的几个专业之一。随着城镇化进程的推进，也带来对土木工程领域人才的需求。

2017 年全国开设土木工程专业的院校有 554 所，部分高校按以下专业方向培养：结构、安全工程、房屋建筑、建筑工程、交通土建、岩土工程、注册建造师、城市地下工程、道路与桥梁工程、注册造价工程师。报考硕士较集中的专业：建筑与土木工程、结构工程、土木工程、岩土工程。根据阳光高考信息平台统计数据，土木工程专业 2017 年普通高校毕业生规模为 100000 人以上。高考时文理科比例为文科 0，理科 100%。男女生比例为男生 87%，女生 13%。土木工程专业本科就业率为 2016 年 85%～90%，2017 年 90%～95%。

3．专家建议

① 不同院校培养特点迥异。

说起土木工程专业，不能不提“建筑老八校”，指的是新中国成立之初最早开设建筑学、城市规划相关专业的八所高校，包括清华大学、东南大学、同济大学、天津大学、华南理工大学、哈尔滨建筑大学（已并入哈尔滨工业大学）、重庆建筑大学（已并入重庆大学）和西安冶金建筑学院（已更名为西安建筑科技大学，前身是东北大学建筑系）。这八所学校的土木工程及相关专业，是社会公认的 A 级水平。

除了这些老牌土木强校，国内开设土木工程专业的高校已有 550 多所，在培养目标方面，各高校因历史沿革、师资力量和科研方向的原因各有侧重。

② 建筑行业证书很多。

与很多实践性强的专业一样，土木工程专业毕业生在就业过程中，想要为自己的提升增加砝码，就需要考取各种从业证书，如全国注册建造师、注册建筑师、注册土木工程师、注册结构工程师等。很多企业在招聘应届生时，有时会特别标注有相关从业资格证书者优先。

4．小贴士

如果看到物理书就头疼的学生不太适合报该专业。

七、开设院校

2017 年全国开设土木工程专业的院校有 554 所。

建筑环境与能源应用工程专业

专业代码	中文名	学科门类	一级学科	授予学位	修学年限
081002	建筑环境与能源应用工程	土木类	工学	工学学士	四年

一、专业概述

建筑环境与能源应用工程就是通过采用一系列建筑设备为建筑营造一个最佳的室内环境，同时对建筑、设备的运行调节进行自动控制，节能控制。教育部 2012 年把建筑节能技术与工程、建筑设施智能技术（部分）、建筑环境与设备工程合并为建筑环境与能源应用工程（最早期专业名为暖通工程）。

二、培养目标

培养能够在建筑环境控制、建筑节能和建筑设施智能技术领域工作，具有空调、供热、通风、建筑给排水、燃气供应等公共设施系统、建筑热能供应系统和建筑节能的设计、施工、调试、运行管理能力和建筑自动化系统方案的制定能力的高级工程技术人才和管理人才。

三、培养要求

主要学习建筑物理环境和建筑节能的基础理论和基本知识，受到建筑设施智能技术的调试和运行管理等方面的基本训练，并初步具备这方面的工作能力。

四、知识技能

毕业生应获得以下几方面的知识和能力：

① 较系统地掌握该专业领域必需的技术基础理论知识，主要应包括：流体力学、热湿交换理论与设备等。

② 较系统地掌握建筑环境工程、建筑设备工程的专业基本理论知识，并了解该专业领域的现状与发展趋势。

③ 具有一定的室内环境及设备系统测试、调试及运行管理的能力。

④ 初步掌握室内环境及设备系统的设计方法。

⑤ 具有较好的自然科学基础及人文社会科学基础。

⑥ 具有较强的工作适应能力及协作精神和自学能力。

五、主干课程

工程热力学、流体力学、传热学、流体输配系统、建筑环境学、热质交换原理与应用、锅炉与锅炉房设备、空调用制冷技术、燃气供应、建筑环境测试技术、建筑电气、建筑给排水、建筑设备自动化、供热工程、空调工程、通风工程、建筑设备安装技术、安装工程施工组织与预算等。

六、发展前景

1．就业方向

可在建筑设计研究和规划管理部门、工程建设公司、设备制造企业、运营公司等单位从事供热、通风、空调、冷热源、净化、燃气等方面的规划设计、研发制造、施工安装、运行管理及系统保障等技术和管理工作。

2．就业前景

施工单位是主要就业方向之一，在建筑市场火热的大趋势下，选择这个方向的比较多，主要是从事现场施工管理。另外，去空调公司的也很多，主要从事技术开发或施工。设计院是比较理想的一个就业选择，但本科毕业生有难度。

2017 年全国开设建筑环境与能源应用工程专业的院校有 197 所，部分高校按建筑设备专业方向培养。报考硕士较集中的专业：供热供燃气、通风及空调工程、建筑与土木工程、动力工程、土木工程。根据阳光高考信息平台统计数据，建筑环境与能源应用工程专业 2017 普通高校毕业生规模为 10000 人到 12000 人。高考时文理科比例为文科 0，理科 100%。男女生比例为男生 71%，女生 29%。建筑环境与能源应用工程专业本科就业率为 2016 年 85%～90%，2017 年 90%～95%。

3．专家建议

① 参考土木工程专业的相关资料。

② 本专业在多数院校是将原来的暖通空调专业改了名称，报考时须注意不同院校培养特点迥异。

4．小贴士

施工现场条件艰苦，主要以男同学为主，女同学则相对较少。

七、开设院校

2017 年全国开设建筑环境与能源应用工程专业的院校有 197 所。

给排水科学与工程专业

专业代码	中文名	学科门类	一级学科	授予学位	修学年限
081003	给排水科学与工程	土木类	工学	工学学士	四年

一、专业概述

给排水科学与工程一般指的是城市用水供给系统、排水系统（市政给排水和建筑给排水），简称给排水。

二、培养目标

培养具备城市给水工程、排水工程、建筑给水排水工程、工业给水排水工程、水污染控制规划和水资源保护等方面的知识，能在政府部门、规划部门、经济管理部门、环保部门、设计单位、工矿企业、科研单位、大中专院校等从事规划、设计、施工、管理、教育和研究开发方面工作的工程技术人才。

三、培养要求

主要学习普通化学、工程力学、测量学、工程制图、微生物学、水力学、电工学、给水排水工程学科的基本理论和基本知识，受到外语、计算机技术及绘图、污染物监测和分析、工程设计、管理及规划方面的基本训练，具有在水科学和环境科学技术领域的科学研究、工程设计和管理规划方面的基本能力。

四、知识技能

毕业生应获得以下几方面的知识和能力：

① 掌握普通化学、工程力学、测量学、工程制图、微生物学、水力学、电工学、给水排水工程学科的基本理论、基本知识。

② 掌握给水工程、排水工程、建筑给排水工程、工业给排水工程的基本原理和设计方法。

③ 具有污染物监测和分析、环境监测、环境质量评价、环境规划与管理的初步能力。

④ 了解水科学与技术、环境科学与技术的理论前沿和发展动态。

⑤ 掌握文献检索、资料查询的基本方法，具有初步的科学研究和实际工作能力。

五、主干课程

工程力学、材料力学、测量学、水力学、水泵与泵站、水文学与水文地质学、土建工程基础、电工学、建筑电气、给水工程、排水工程、水工程施工、建筑给排水工程、给水排水管网系统、水处理生物学、普通化学、有机化学、物理化学、无机及分析化学等。

六、发展前景

1. 就业方向

可在设计部门、规划部门、环保部门、科研院所、高等院校、工矿企业和政府部门等从事给水排水工程规划、设计、施工、管理、科研和教学等工作。

2. 就业前景

面对全球性淡水资源短缺、水源污染加剧和我国水环境逐年恶化的严峻局面，水问题已为政府和媒介关注、民众关心的焦点。中国给水排水工程投资逐年增多，工程规模越来越大。作为和水密切相关的专业，给排水工程主要涉及城市水的输送、净化及水资源保护与利用。随着城市化的进程，与土木工程专业密切相关的给排水专业也呈现了良好的态势。同时，给排水科学与工程专业是小而精的一个专业，随着毕业生增多，竞争加剧，就业压力越来越大。

2017 年全国开设给排水科学与工程专业的院校有 186 所，部分高校按城市水科学与市政工程专业方向培养。报考硕士较集中的专业：建筑与土木工程、市政工程、环境工程、土木工程。根据阳光高考信息平台统计数据，给排水科学与工程专业 2017 年普通高校毕业生规模为 10000 人到 12000 人。高考时的文理科比例为文科 0，理科 100%。男女生比例为男生 71%，女生 29%。给排水科学与工程专业本科就业率为 2016 年 85%～90%，2017 年 90%～95%。

3．专家建议

① 参考土木工程类专业的相关资料。

② 给排水工程主要有三个发展方向：一是给水工程，二是排水工程，三是建筑给排水，报考时须注意不同院校培养特点迥异。其中，城市给排水方向与水利类专业中的特设专业水务工程专业有一定的相似度。

4．小贴士

该专业对物理要求较高。

七、开设院校

2017 年全国开设给排水科学与工程专业的院校有 186 所。

建筑电气与智能化专业

专业代码	中文名	学科门类	一级学科	授予学位	修学年限
081004	建筑电气与智能化	土木类	工学	工学学士	四年

一、专业概述

建筑电气与智能化专业是一个在土木工程学科背景下，以建筑为平台，综合应用电子技术、电气技术、控制技术、计算机技术、信息处理及通信技术等，研究以建筑物为运行载体时对电能的传输、转换、控制、利用和对信息的获取、传输、处理和利用的专业。本专业是为了适应建筑电气与智能化技术的迅猛发展和行业的需要而设置的专业。本专业与传统的建筑电气专业有本质不同，其内涵已延伸到“电气＋信息”，是多学科、多技术的综合集成。

二、培养目标

培养掌握电工电子技术、控制理论及技术、计算机技术及应用、网络通信技术、建筑及建筑设备、智能建筑环境学等较宽领域的基础理论，掌握建筑电气控制技术、建筑供配电、建筑照明、建筑设备自动化、建筑信息处理技术、建筑公共安全技术等专业知识和技术，基础扎实、知识面宽、综合素质高、实践能力强、有创新意识、具备执业注册工程师基础知识和基本能力的高级工程技术人才。

三、培养要求

主要学习建筑物理环境和环境控制系统的基础理论和基本知识，受到建筑设备系统之设计、调试和运行管理等方面的基本训练，掌握电工电子技术、控制理论及技术、计算机技术、网络通信技术、建筑及建筑设备、建筑智能环境学等较宽领域的基础理论，掌握建筑电气控制技术、建筑供配电、建筑照明、建筑设备自动化、建筑信息处理技术、公共安全技术、节能控制技术等专业知识和技术，基础扎实、知识面宽、综合素质高、实践能力强、有创新意识、具备执业注册工程师基础知识和基本能力。

四、知识技能

毕业生应获得以下几方面的知识和能力：

① 掌握建筑物理环境和环境控制系统的基础理论和基本知识。

② 掌握电工电子技术、控制理论及技术、计算机技术、网络通信技术、建筑及建筑设备、建筑智能环境学等较宽领域的基础理论。

③ 掌握建筑电气控制技术、建筑供配电、建筑照明、建筑设备自动化、建筑信息处理技术、公共安全技术、节能控制技术等专业知识和技术。

④ 掌握文献检索、资料查询的基本方法，具有初步的科学研究和实际工作能力。

五、主干课程

电路原理、电子技术基础、自动控制理论、计算机原理与应用、建筑概论、建筑设备、网络与通信基础、智能建筑环境学、建筑供配电、照明工程、电气控制与PLC、建筑设备自动化、建筑物信息设施系统、建筑公共安全技术、建筑电气与智能化工程设计等。

六、发展前景

1. 就业方向

可到建筑设计院、建筑施工单位、智能化设备安装公司、建筑监理公司、物业公司等从事电气和智能化系统的设计、安装、调试、运行、监理和管理等方面的工作，也可到自动化、电子信息等企业从事技术及技术管理工作。

2. 就业前景

随着信息化技术的发展，国民经济对数字化城市、绿色与智能建筑的要求越来越高，各行各业用信息技术来改造传统产业是大势所趋。本专业毕业生主要面向建筑行业工程单位，从事建筑电气的设计、安装、调试、运行、维护与管理等。作为近十几年发展起来的一个新领域，建筑智能化能为人们提供良好的办公和生活环境，并带来效率和经济效益，是建筑行业发展最快的领域。

2017 年全国开设给建筑电气与智能化专业的院校有 87 所，报考硕士较集中的专业：控制科学与工程、控制工程、电气工程。根据阳光高考信息平台统计数据，建筑电气与智能化专业 2017 年普通高校毕业生规模为 3000 人到 3500 人。高考时文理科比例为文科 1%，理科 99%。男女生比例为男生 82%，女生 18%。建筑电气与智能化专业本科就业率为 2016 年 85%～90%，2017 年 90%～95%。

3. 专家建议

① 参考土木类其他专业的相关资料。

② 有太多相似的专业，如电子类、计算机类、信息类、自动化类等。

随着我国高等教育大学毕业生就业制度改革，高校扩招政策出台，我国高等教育逐步走向大众化，大学毕业生就业问题凸现，在就业形势严峻的大背景之下，建筑电气与自动化专业就业情况也不尽人意。

本专业主要就业方向在相关生产企业进行设备维护或者做售后服务。在相关生产企业从事技术销售。进入供电行业或者相关建筑用电力产品及元器件生产企业。从事电气设计，分为建筑电气设计和电子产品开发设计，如民用建筑电气设计、工业建筑电气设计和市政桥梁等，电子产品开发设计方向研究生是最低要求。在相关施工单位从事现场施工的技术或者管理。做相关产品的软件开发编程。

4. 小贴士

关键在于自己的能力。

七、开设院校

2017 年全国开设给建筑电气与智能化专业的院校有 87 所。

水利水电工程专业

专业代码	中文名	学科门类	一级学科	授予学位	修学年限
081101	水利水电工程	水利类	工学	工学学士	四年

一、专业概述

水利水电工程学科是在对水的自然特性研究之基础上，以工程或非工程措施调控和利用水能资源的工程科学。

二、培养目标

培养具有水利水电工程的勘测、规划、设计、施工、科研和管理等方面的知识，能在水利、水电等部门从事规划、设计、施工、科研和管理等方面工作的高级工程技术人才。

三、培养要求

主要学习水利水电工程建设所必需的数学、力学和建筑结构等方面的基本理论和知识，受到必要的工程设计方法、施工管理方法和科学研究方法的基本训练，具有水利水电工程勘测、规划、设计、施工、科研和管理等方面的基本能力。

四、知识技能

毕业生应获得以下几方面的知识和能力：

① 具有较扎实的自然科学基础，较好的人文社会科学基础和外语综合能力。

② 掌握工程力学、流体力学、岩土力学、工程地质、工程测量、工程水文学、河流动力学、管理学等基本理论、基本知识。

③ 掌握工程结构设计基本理论、知识和技能。

④ 掌握水利水电枢纽、河道治理工程的勘测、规划、设计、施工和管理技术。

⑤ 具有较强的计算机应用能力。

⑥ 具有水利水电工程所必需的测绘制图、运算和基本工艺操作技能。

⑦ 熟悉国家关于水利水电工程建设和管理的方针、政策和法规。

⑧ 掌握文献检索、资料查询的基本方法，具有水利水电工程科研的初步能力。

五、主干课程

工程力学、水力学、河流动力学、岩土力学、工程地质及水文地质学、工程测量、工程水文学、工程经济学、建筑材料、钢筋混凝土结构和钢结构等。

六、发展前景

1．就业方向

可从事水利和水电工程领域的研究、规划、设计、施工和管理等方面工作，主要去向为施工企业如各水工工程局、国有及地方性的施工单位、工程公司等，这是大部分本科毕业生的就业方向；可以去水利水电设计单位如各省市级设计院、流域部委下属设计院、地方性及私人性质的设计院、各级水利行政单位的设计室等，基本只招收名校的应届硕士生、博士生；可以去施工监理单位，单位和工作性质基本与施工相似；也可以去水利水电业主单位，如水电开发企业及流域开发公司、各流域主管机构及下属单位、南水北调各段建管局、各级水利机关、河湖管理处、景区管理处等。

2．就业前景

一般来说，水电都是在高山峡谷中，人迹罕至，工作环境比较恶劣；并且水电工程远离城市，工作枯燥。作为水电建设者，基本上常年在工地，大多数水利水电工程专业的毕业生找到满意舒适的工作不是很容易。

2017 年全国开设水利水电工程专业的院校有 90 所，报考硕士较集中的专业：水利工程、水工结构工程、水利水电工程。根据阳光高考信息平台统计数据，水利水电工程专业 2017 年普通高校毕业生规模为 8000 人到 9000 人。高考时文理科比例为文科 0，理科 100%。男女生比例为男生 79%，女生 21%。水利水电工程专业本科就业率为 2016 年 85%～90%，2017 年 90%～95%。

3．专家建议

① 专业对口工作大都很辛苦，前景不错。

大多数水利水电工程专业（简称水工专业）的毕业生就业前景还是不错的。因为我国的大陆性气候特点和地理条件，存在水资源时空分布不均的情况，兴水利除水害的任务历来十分艰巨，也是党和国家实现中华民族伟大复兴的重要基础，水工专业的毕业生基本上可以学以致用，但是大部分人的工作十分辛苦，这也是水利行业作为传统艰苦行业的必然。

由于大学扩招导致大学生过剩，一般来说本科生去设计单位比较困难（除了几个水工专业的老牌名校，如河海大学、清华大学、武汉大学、四川大学等），监理、施工单位是其主要选择。

② 有变冷的趋势。

前些年，水利工程发展势头很足，不断地开展新水利工程项目的建设，需要大量的人员储备，带动了水利专业成为热门。随着各城市的水电工程和主要的水电站建设基本完成，专业需求减少，专业也逐渐冷门。

目前就全国来说，大型水利工程已基本建设完成，大型水电主要集中在云贵川三省和西藏的一些地方。另外，大型水利工程的海外市场非常活跃，主要集中在东南亚、巴基斯坦、非洲等地。

4．小贴士

水利行业是传统艰苦行业。

七、开设院校

2017 年全国开设水利水电工程专业的院校有 90 所。

水文与水资源工程专业

专业代码	中文名	学科门类	一级学科	授予学位	修学年限
081102	水文与水资源工程	水利类	工学	工学学士	四年

一、专业概述

水文与水资源工程专业是以地球科学基本理论为基础，以水资源为主要研究对象，系统学习水资源的分布、形成、演化等方面的专业知识和技能，兼顾地下水科学、岩土工程和环境工程的基础知识，并将其应用于水信息的采集和处理，水资源的规划与开发、评价与管理，水利工程的勘查、设计、施工，地下水环境和地质环境的监测、评价和治理等。

二、培养目标

培养具有较扎实的自然科学知识，较好的人文科学知识，较强的计算机、外语、管理等方面应用能力与水文水资源及水环境方面专业及专业基础知识，能在水利、能源、交通、城市建设、农林、环境保护等部门从事水文、水资源及环境保护方面勘测、规划设计、预测预报、管理、技术经济分析以及教学和基础理论研究的高级工程技术人才。

三、培养要求

主要学习水文水资源及环境信息的采集及处理、水旱灾害预测及防治、水资源规划、水环境保护、水利工程规划与设计、水利工程运行与管理、水政管理等方面的基本理论和基本知识，受到工程制图、运算、实验、测试等方面的基本训练，具有应用所学专业分析解决实际问题、科学研究、组织管理的基本能力。

四、知识技能

毕业生应获得以下几方面的知识和能力：

① 掌握数学、物理、水力学、气象与气候学及自然地理学等方面基础理论、基础知识。

② 掌握水文预报方案、水文分析与计算、水文信息采集与处理、水资源评价、规划与管理及水环境监测预报的设计方法。

③ 具有从事工程规划、勘测、设计和管理的基本能力。

④ 熟悉国家的方针、政策和法规。

⑤ 了解水文学、水资源学及水环境的发展动态。

⑥ 掌握文献检索、资料查询的基本方法，具有初步的科研和实际工作能力。

五、主干课程

自然地理学、人文地理学、气象与气候学、水力学、河流动力学、水利工程、水文学、水文统计学、水资源学、地下水文学、环境化学、水利法规、水文分析与水利计算、水文预报、水文测验、水资源规划与评价、水污染与水质分析等。

六、发展前景

1．就业方向

可在各类水电企业从事生产、经营和管理工作，也可在水利（水务）局、水文水资源勘测局、水利（电力）设计院、各大流域管理机构、城建部门、环保部门、金融机构和咨询公司从事规划设计、技术经济分析、管理和咨询工作。

2．就业前景

水文与水资源工程是水利的重要专业领域之一。随着社会发展，水资源的自然资源基础作用越来越明显，我国已确立水资源为三大战略资源之一。区域人口增长、社会经济发展使得水资源供需矛盾成为全球普遍性问题，中国的水资源开发利用和管理中存在着许多问题，诸如水资源短缺对策、水资源持续利用、水资源合理配置、水灾害防治以及水污染治理、水生态环境功能恢复及保护等已成为亟待研究和解决的问题。水文与水资源工程是水资源开发利用和管理中的一门重要的工程技术学科。

2017 年全国开设水文与水资源工程专业的院校有 54 所，报考硕士较集中的专业：水文学及水资源、水利工程、地质工程。根据阳光高考信息平台统计数据，水文与水资源工程专业 2017 年普通高校毕业生规模为 2500 人到 3000 人。高考时文理科比例为文科 0，理科 100%。男女生比例为男生 63%，女生 37%。水文与水资源工程专业本科就业率为 2016 年 80%～85%，2017 年 85%～90%。

3．专家建议

① 参考水利类其他专业的相关资料及地质学类专业资料。

② 专业对口就业面窄，就业岗位有限。

某些院校水文与水资源工程专业会在水文地质学为专业特色的基础上，向岩土工程和环境工程等方向适当扩展。

本专业因为专业对口就业面窄，就业岗位有限，目前毕业严重生过剩，专业对口的就业率极低。本专业去向大都是各个地方的地勘院、地质队、水勘院，或者去一些施工单位等，研究单位有地方的地研所等。

本专业男生就业比女生具有优势，“985 工程”“211 工程”类高校就业优于普通高校，研究生优于本科生。

4．小贴士

专业对口的工作岗位大多极为艰苦，慎重报考，特别是女生。

本专业人才需求缺口小，即便是专业排名在前的河海大学，就业率近几年也有所下降。

七、开设院校

2017 年全国开设水文与水资源工程专业的院校有 54 所。

港口航道与海岸工程专业

专业代码	中文名	学科门类	一级学科	授予学位	修学年限
081103	港口航道与海岸工程	水利类	工学	工学学士	四年

一、专业概述

港口航道与海岸工程专业以近海工程、港口工程、航道工程、河道整治与取水工程、流域开发、防洪减灾为主要学习、服务对象。

二、培养目标

培养具有扎实的自然科学和人文科学基础，掌握港口航道与海岸工程领域以及相关工程领域的规划、勘查、设计、施工、管理和科学研究等方面的理论知识与技能，具有较强的工程实践能力、研究创新能力、组织管理能力、终身学习能力、交流合作能力的高级工程技术人才、管理人才及部分研究型人才。

三、培养要求

主要学习港口工程、航道工程和海岸工程方面的基本理论和基本知识，受到制图、测量、运算、实验、综合分析和书写报告等方面的基本训练，具有工程规划、设计、施工和管理方面的基本能力。

四、知识技能

毕业生应获得以下几方面的知识和能力：

① 掌握工程力学、海岸动力学和建筑结构学科的基本理论、基本知识。

② 掌握港口工程、航道工程和海岸工程的设计方法。

③ 具有从事工程规划、勘测、设计、施工和管理的基本能力。

④ 熟悉国家有关的方针、政策和法规。

⑤ 了解港口工程、航道工程和海岸工程的发展动态。

⑥ 掌握文献检索、资料查询的基本方法，具有初步的科学研究和实际工作能力。

五、主干课程

工程制图、理论力学、工程测量、材料力学、结构力学、水力学、工程水文学、建筑材料、土力学与地基基础、工程地质、水工钢筋混凝土结构、河流动力学与航道整治、海岸动力学、水运工程施工、港口规划布置、港口水工建筑物、渠化工程、工程经济学、工程项目管理等。

六、发展前景

1．就业方向

可在交通、水利、海岸开发等部门或企业从事规划、设计、施工和管理等。

2．就业前景

全世界经济技术最发达的区域多位于沿海地区，世界 60%的人口居住在距海岸 100 公里内的沿海地区，港口是进行海洋与海岸带开发及国际交流的基地和桥头堡，国际贸易量的90%是通过水路运输和港口完成的。港口航道与海岸工程是在海洋自然特性研究的基础上，以工程措施进行海岸带资源开发和空间利用、海岸防护的工程科学，主要包括港口工程、海岸防护工程、河口治理工程、海上疏浚工程、围海工程等。

2017 年全国开设港口航道与海岸工程专业的院校有 35 所，报考硕士较集中的专业：港口海岸及近海工程、水利工程、建筑与土木工程。根据阳光高考信息平台统计数据，港口航道与海岸工程专业 2017 年普通高校毕业生规模为 1500 人到 2000 人。高考时文理科比例为文科 0，理科 100%。男女生比例为男生 82%，女生 18%。港口航道与海岸工程专业本科就业率为 2016 年 90%～95%，2017 年 90%～95%。

3．专家建议

① 参考土木类、水利类专业的相关资料。

② 就业分布最多的省市有江苏、辽宁、山东、上海、广东、湖北等，大多是港口和沿海城市。刚毕业的大学生通常从技术员做起，随着工作经验的增加，可以向项目主管、项目总工、项目经理等岗位努力。用人单位大多对英语水平要求比较高，由于行业性质，有些单位或岗位需要员工能够长期在国外出差。

通俗地讲，土木工程在陆地上、城市里搞施工，港航在沿海、沿河地带搞水工工程。毕业生的几个去向：在施工单位或者监理单位任技术员，参与建造码头、围海造陆、对港口进行疏浚等，比较漂泊辛苦。去甲方业主单位的比较少。在设计单位搞设计，至少是研究生学历。考公务员，可以参加国考、省考等，方向多为港务局、水利局、海事局等。

③ 受经济气候影响大。

对于施工企业来说，全球经济疲软、海运行业发展下行、国家经济增速放缓等因素会造成港口货运量减少，原有港口之间竞争激烈，新港口建设减少，都会影响到这个专业的发展前景。另外，也不能完全悲观，施工领域疏浚是铁饭碗（很多港口必须要疏浚），目前围海造陆、吹填行业也发展很快，比如南海造岛等就是这个专业的强项。出国施工的方向主要是非洲、西亚、南美，收入多但很漂泊辛苦。将来从事港航施工行业需要深思熟虑。

4．小贴士

冷门专业，如果成绩很好的话，可以选大连理工、河海大学 、海洋大学等。

近几年就业趋势向好。

七、开设院校

2017 年全国开设港口航道与海岸工程专业的院校有 35 所。

测绘工程专业

专业代码	中文名	学科门类	一级学科	授予学位	修学年限
081201	测绘工程	测绘类	工学	工学学士	四年

一、专业概述

测绘工程的主要工作是测量空间、大地的各种信息并绘制各种地形图，以地球及其他行星的形状、大小、重力场为研究对象，研究和测绘的对象十分广泛，主要包括地表的各种地物、地貌和地下的地质构造、水文、矿藏等，以及山川、河流、房屋、道路、植被等。

二、培养目标

培养具备大地测量、海洋测量、空间测量、摄影测量与遥感及地图编制等方面的知识，能在国民经济各部门从事国家基础测绘建设、陆海空运载工具导航与管理、城市和工程建设、矿产资源勘查与开发、国土资源调查与管理等测量工程、地图与地理信息系统的设计、实施和研究等方面的工程技术人才。

三、培养要求

主要学习测绘学的基本理论、基本知识和基本技能，空间精密定位与导航的理论，城市与工程建设的基本知识及其测量工程的设计、实施和管理等方面的理论与技术，摄影测量与图像图形信息处理的理论与技术，各类地图设计与编制的理论与技术；受到科学研究的基本训练，具有测绘工程方面的基本能力。

四、知识技能

毕业生应获得以下几方面的知识和能力：

① 掌握地面测量、海洋测量、空训测量、地球形状及外部重力场等方面的基本理论和知识。

② 掌握大地测量、工程测量、海洋测量、矿山测量、地籍测量技术。

③ 掌握摄影测量（解析摄影测量、数字摄影测量）和图像图形信息处理的理论和方法。

④ 掌握使用各种信息源设计、编制各类地图的理论与方法。

⑤ 具有从事国家大地控制网的建立，陆地、海洋、空间精密定位与导航，大比例尺数字化测图与地籍图的测绘及其信息系统的建立，各种工程、大型建筑物的各阶段测绘及变形监测，资源（土地、矿产、海洋等）合理开发、利用及环境整治等方面工作的基本能力。

⑥ 了解现代大地测量、现代工业测量、空间测量、地球动力学、海洋测量等领域的理论前沿及发展动态。

五、主干课程

测绘学概论、GPS 原理及其应用、地理信息系统原理、遥感原理与应用、数字地形测量学、误差理论与测量平差基础、空间信息采集技术、摄影测量学、地图学基础、工程测量学等。

六、发展前景

1．就业方向

可到测绘局系统、科研单位从事工程测量、科学研究工作以及在各种工程建设部门（电力、水利、城建、军事、能源、交通等）和有关的工矿企业（如金属矿山、石油、地质、煤炭等）从事勘测、施工与营运方面的测量工作。

2．就业前景

开发一片土地或进行大型工程建设前，必须由测绘工程师测量绘制地形图，并提供其他信息资料，然后才能进行决策、规划和设计等工作，所以测绘工作非常重要。日常见到的地图、交通旅游图都是在测绘的基础上完成的。

随着信息时代的来临，我国已经确定了相应的信息产业政策及可持续发展政策，测绘学产业化的趋势明显，测绘学专业已经从间接产业效益转向直接产业效益。在信息技术的推动下，测绘学也在不断进步，新兴的前沿技术层出不穷，与卫星定位相结合以及与计算机相结合的趋势已经形成。国家的大型建设、灾区恢复重建测绘、极地重点区域测绘、地理国情监测、国土资源普查等重大项目中都需要专业测绘的参与。

2017 年全国开设测绘工程专业的院校有 161 所，部分高校按无人机遥感专业方向培养。报考硕士较集中的专业：测绘工程、测绘科学与技术、大地测量学与测量工程、摄影测量与遥感。根据阳光高考信息平台统计数据，测绘工程专业 2017 年普通高校毕业生规模为 9000 人到 10000 人。高考时文理科比例为文科 0，理科 100%。男女生比例为男生 79%，女生 21%。测绘工程专业本科就业率为 2016 年 85%～90%，2017 年 90%～95%。

3. 专家建议

① 工作条件大为改观。

测绘专业的前辈们在艰苦的工作条件下，背着标杆，跋山涉水，风餐露宿，靠双脚丈量着国土，绘制出一张张精美的地图。今天，已经发生了很大变化，测绘所需的各类仪器、设备和技术的现代化程度越来越高，大大改善了测绘工作者的工作条件。如今利用相应的设备，测量人员开着车、操纵着飞机就能把需要的信息采集回来。当然，在一些偏远农村、基层和特殊环境，即使有先进的仪器，也需要付出艰苦的努力。和其他一些专业相比，测绘工程还是比较辛苦的。

② 就业领域呈立体趋势。

以前，测绘专业的主要就业领域是在传统的测绘部门，比如各省的测绘局、测绘研究院、测绘公司。随着社会经济的发展，测绘行业逐渐成为信息行业中的一个重要组成部分，服务对象和范围从传统测绘的应用领域（如绘制地图），扩大到了国民经济和国防建设中的方方面面，与各种新技术和新工具相结合衍生出许多新兴领域。如测量的范围从三维空间测量向多维空间发展，从静态测量向动态实时测量发展，从地面向地下和宇宙空间拓展。测量行业也从传统的纸质地图产品，向数字化测绘生产体系和管理、使用、开发空间信息数据转变。

测绘专业毕业生就业领域广泛，主要在国民经济各部门从事国家基础测绘建设、陆海空运载工具导航与管理、城市和工程建设、矿产资源勘查与开发、国土资源调查与管理等测量工程、地图与地理信息系统的设计、实施和研究工作。也可以在环境保护与灾害预防及地球动力学等领域从事研究、管理、教学等方面的工作。还可从事信息系统的设计、开发、建立、维护、管理和信息处理分析工作，在相关部门为重大项目的立项、论证、投资环境的评估、各种用地的评价、重大工程的选址、规划及各种灾难的损失估计和预告提供科学信赖的依据。也可在各类企业公司从事测绘产品、软件和设备的研究开发等工作。

③ 不同院校专业大类和侧重点不同。

开设测绘工程专业的院校很多，武汉大学、信息工程大学、同济大学、中国矿业大学、中南大学、中国地质大学、西南交通大学、辽宁工程技术大学、北京建筑大学等国家重点学科院校或在测绘学科评估中排名靠前的高校。

各高校培养方向也会根据自身背景有所侧重，如武汉大学测绘工程专业分为城市空间信息工程、大地测量、测量工程、摄影测量与遥感、卫星应用工程、地图学与地理信息系统等专业方向，实行一二年级打通培养、三年级开始分方向选课、学生自愿选择专业方向的方案。

该专业在大部分院校都是按照测绘工程招生，也有一些院校是按测绘类招生的，如中南大学测绘类（测绘地理信息类）就涵盖了测绘工程、地理信息系统、遥感科学与技术等 3 个本科专业。中国矿业大学（徐州）测绘类包含环境工程、土地资源管理、测绘工程和地理信息科学四个专业，学生入学第一年全院按照大类进行培养，第二年本科学生进行大类分流，分流后各专业实行本科生导师制，进行分类培养。考生在选报的时候，最好看清专业类所包含的专业，并根据自身情况和院校侧重综合考虑选择。

④ 报考的特殊要求。

测绘工程专业是一门专业性很强的工学专业，需要良好的工科基础。学生最好具有较强的数学能力、空间能力和动手能力，同时需要较好的方位感，如果一出门就找不到路，那么学这个专业有难度。

另外，测绘工程专业对考生的身体条件也有一定的要求，根据《普通高等学校招生体检工作指导意见》，任何一眼矫正到 4.8、镜片度数大于 800 度的。主要脏器：肺、肝、肾、脾、胃肠等动过较大手术，或曾患有心肌炎、胃溃疡或十二指肠溃疡、慢性支气管炎、风湿性关节炎等病史，甲状腺功能亢进已治愈一年的，不宜就读测绘类专业

4．小贴士

从事测绘工作经常进行野外作业，要有面对艰苦环境的心理准备。

七、开设院校

2017年全国开设测绘工程专业的院校有161所。

遥感科学与技术专业

专业代码	中文名	学科门类	一级学科	授予学位	修学年限
081202	遥感科学与技术	测绘类	工学	工学学士	四年

一、专业概述

遥感科学与技术是在测绘科学、空间科学、电子科学、地球科学、计算机科学以及其学科交叉渗透、相互融合的基础上发展起来的一门新兴交叉学科。

二、培养目标

培养掌握遥感科学基本理论、方法和技术，兼具测绘工程、地理信息科学专业知识，能够适应行业发展的遥感专业人才。

三、培养要求

具有较宽知识面，掌握一定的相关学科知识，了解本学科的发展与学科前沿，有创新意识，并能独立从事本学科及其交叉学科研究的能力。

四、知识技能

毕业生应获得以下几方面的知识和能力：

① 掌握数学、物理、电子技术、计算机应用技术等方面的基本理论和基本知识。

② 掌握遥感机理、遥感数字图像处理、遥感信息工程及应用的基本技能与方法，了解其理论前沿、应用前景及最新发展动态。

③ 掌握相关学科地理信息系统、空间定位系统、测绘工程等的原理和方法。

④ 掌握资料查询、文献检索及运用现代信息技术获取相关信息的基本方法，具有一定的实验设计、创造实验条件，归纳、整理、分析实验结果，撰写论文，参与学术交流等能力。

五、主干课程

电磁场理论、通信原理、电路信号与系统、微波技术、遥感原理与方法、微波遥感、数字信号处理、数字图像处理、GPS原理、误差理论与测量平差基础、摄影测量基础、遥感应用模型、激光成像、雷达干涉测量、模式识别与人工智能。

六、发展前景

1．就业方向

可在测绘、遥感、地质、水利、交通、农业、林业、冶金、电力、石油、医学、机械、矿山、煤炭、国防、军工、城建、环保、文物保护、航空摄影、航空航天、电子技术应用等行业和部门从事摄影测量与遥感方面的生产、设计、规划和管理及有关教学、科研管理工作。

2．就业前景

卫星遥感不是单一的技术，它集中了空间、电子、光学、计算机通信和地学等学科的成就。随着卫星遥感技术的发展，人类进入了一个多层、立体、多角度、全方位和全天候对地观测的新时代。

2017 年全国开设遥感科学与技术专业的院校有 37 所，报考硕士较集中的专业：摄影测量与遥感、测绘工程、地图学与地理信息系统、测绘科学与技术。根据阳光高考信息平台统计数据，遥感科学与技术专业 2017 年普通高校毕业生规模为 1000 人到 1500 人。高考时文理科比例为文科 0，理科 100%。男女生比例为男生 66%，女生 34%。遥感科学与技术专业本科就业率为 2016 年 85%～90%，2017 年 85%～90%。

3．专家建议

① 参考测绘工程专业的相关资料。

② 遥感发挥作用的领域。

观测 PM2.5：从备受关注的雾霾治理工作来说，从 2013 年 1 月 1 日起，我国对 70 多个城市开展了 PM2.5 的监测，同时运用卫星遥感技术，从空中监测灰霾的影响范围。

防灾减灾：遥感卫星可以用于各类灾害应急监测和抢险救灾信息支持，如地震、火山活动、土砂灾害等。

资源普查：卫星遥感技术可以用来普查地球资源，例如水、石油、天然气、煤炭、金属矿藏储量。

天气预测、掌握海面温度、海洋资讯：气象卫星，可以帮助我们全面监测大气成分，做好气象预报预测。海洋卫星，可以帮助我们了解和解决赤潮等问题。陆地遥感卫星，可以有效地监测森林、沙漠等的变化情况。

考古研究：遥感技术在我国的考古工作中运用越来越多，在新疆的北庭古城、高昌古城，陕西的汉长安城，河南的汉魏洛阳故城、安阳殷墟等很多古代遗址的考古工作中，遥感技术获得的影像资料，为学者们发现遗迹现象、摸清遗址范围和内涵、了解遗址过去和当下的保存状况等工作，提供了很多帮助。

农作物生产预测：卫星遥感技术可以掌握全球耕地分布，监测大宗作物的长势与估产。遥感技术的应用，让农业统计数据的获取途径发生重大变化，有了遥感技术，一个地区的粮食种植面积在卫星照片上一目了然，大大提升了数据的准确性。

军事：遥感在军事科学上的应用是显然的，可以远距离地观察目标，获得相对宏观的分析数据，可以对目标国家和地区的资源状况的监视，监视对方军事部署和大规模的军事移动。在具体的作战中，遥感可以帮助分析局部的地形、资源状况，从而帮助己方进行战术行动的方案判断。

③ 遥感专业不同院校有不同侧重。

目前开设遥感科学与技术专业的院校的专业方向多集中于学校自身特色方向，包括矿业、交通、农业、海洋、气象以及土地利用等领域。如武汉大学是办学历史较早、专业师资力量雄厚的院校，其遥感信息工程学院设有遥感科学与技术和地理国情监测 2 个本科专业，遥感科学与技术拥有遥感信息工程、摄影测量、地理信息工程等三个专业方向。

2013 年以前北京地区仅有北京航空航天大学和首都师范大学设有该专业，前者的遥感专业偏重于仪器类航空航天遥感，后者侧重于环境遥感。2014 年北京建筑大学开设遥感专业，其专业特色建立在建筑测绘、城市遥感等基础上。

④ 报考注意事项。

学习遥感专业，要运用很多专业软件，要进行很多编程实习。那些不喜欢电脑，对编程完全没兴趣的同学，选报时一定要慎重。没有编程基础，也不用担心，经过几年的刻苦学习也许会成为一个电脑高手。

遥感专业和其他热门专业相比，录取分数线不算高。各校的情况不同，生源和就业形势也在不断变化，不排除遥感专业分数线提高的可能。本专业趋于热门，开设本专业的学校也逐年增多。需要提醒的是，真正专业对口的就业岗位并不是很多，请谨慎考虑。

色弱、色盲的同学要认真阅读所选院校的招生章程，谨慎选择。

4．小贴士

必须学好英语，还得学会一门计算机编程语言。

七、开设院校

2017 年全国开设遥感科学与技术专业的院校有 37 所。

工学门类学科之化工与制药类、地质类、矿业类、纺织类、轻工类

1．化工与制药类

化工与制药类大类包括化学工程与工艺、制药工程、资源循环科学与工程、能源化学工程、化学工程与工业生物工程五个专业。基础，化学工程与工艺是基础，制药工程是在化学工程与工艺的基础上发展来的，其他三个专业都是化工的不同侧重点。

化学工程与工艺工是利用化学反应生产化学产品的工业，包括熟料、橡胶、合成纤维、制药、药剂、燃料等。化工生产一般包括原料处理，化学反应和产品精制 3 个步骤，无论生产规模如何，各种化学生产工艺都是通过为数不多的在特定的设备中进行的基本操作，如传热、蒸发、蒸馏、吸收、干燥、过滤、萃取、结晶等。化学工程的主要目标是怎样选用、改进生产设备，化学工艺的主要目标是采用何种生产方法进行化学工业生产

制药工程是研究化学类药物的寻找、设计、合成以及生产工程过程的控制理论、技术和方法的学科，其特点在于研究的对象不是一般的化学药品，而是用于人体并且可以产生诊断、治疗、预防或缓解疾病作用的化学类药物。

资源循环科学与工程的侧重于循环经济工程技术基础理论研究与技术开发。能源化学工程的主要研究方向是能源清洁转化、煤化工、石油化工、燃气及天然气工程、环境催化、绿色合成、新能源利用与化学转化环境化工。化学工程与工业生物工程侧重于利用酶工程、细胞工程、发酵工程研究生物产品的生产过程，研制开发新的生物工程产品以及对生物产品进行分析测定的技术。

2．地质类

地质泛指地球的性质和特征，主要是指地球的物质组成、结构、构造、发育历史等，包括地球的圈层分异、物理性质、化学性质、岩石性质、矿物成分、岩层和岩体的产出状态、接触关系，地球的构造发育史、生物进化史、气候变迁史，以及矿产资源的赋存状况和分布规律等。地质类包括地质工程、勘查技术与工程、资源勘查工程、地下水科学与工程四个专业。

地质工程主要研究如何获取地质环境条件，并分析研究人类工程活动与地质环境相互制约形式，进而研究认识、评价、改造和保护地质环境，是其他专业的基础。勘查技术与工程主要从事资源勘查、地质勘查、工程勘查及油气（水）井工程的设计、施工、管理等方面的工作。资源勘查工程主要是对固体矿产和石油与天然气进行勘查选区、勘查评价到矿产开发等工作。地下水科学与工程侧重于地下水资源和地下水工程研究，重点是地下水资源的勘查、评价、开发、管理，地下水环境和地质环境监测、评价和治理，工程地质勘查、设计、施工。

3．矿业类

顾名思义，矿业类专业就是跟矿物有关的专业。矿产资源是地壳在其长期形成、发展与演变过程中的产物，我国现已发现的矿产有 168 种，探明有一定数量的矿产有 153 种，其中能源矿产 8 种，金属矿产 54 种，非金属矿产 88 种，水气矿产 3 种。矿业类专业包括采矿工程、石油工程、矿物加工工程、油气储运工程、矿物资源工程、海洋油气工程六个专业。

采矿工程主要从事矿区开发规划、矿山（露天、井下）设计、矿山安全技术及工程设计、监察、生产技术管理等方面的工作。石油工程从事油气钻井工程、采油工程、油藏工程、储层评价等方面的工程设计、工程施工与管理、应用研究与科技开发等方面的工作。矿物加工工程侧重于将有用矿物和脉石（无用）矿

物分离，例如将铁、铜、铅、锌矿石中含有石英等脉石矿物，通过重选、磁选和浮选等方法，将品位较低的原矿富集为人造富矿，为进行下一步的冶炼工作（冶炼过程属于冶金工程专业）工作做准备。油气储运工程主要包括油气田集输、长距离输送管道、储存与装卸及城市输配系统等方面的工作。矿物资源工程主要从事矿物资源开发、现代矿山开采系统的规划设计与开发、工程设计、企业生产与经营、技术与行政管理、安全技术及监督、科学研究与技术革新、矿山生产管理等方面工作。海洋油气工程以海洋钻井、海洋采油工艺为主。

4. 纺织类

纺织类包括纺织工程、服装设计与工程、非织造材料与工程、服装设计与工艺教育四个专业。

纺织工程是生产各种布的专业，主要从事纺织品设计开发、纺织工艺设计、纺织生产质量控制、生产技术改造，具体有原料（棉、纤维）生产开发、纺纱、织造、染整、纺织品检验检测、纺织品贸易等。服装设计与工程通俗说是做衣服的，从事服装开发、设计、生产管理和营销等方面工作。非织造材料是指定向或随机排列的纤维通过摩擦、抱合或黏结或这些方法的组合而相互结合制成的片状物、纤网或絮垫（不包括纸、机织物、针织物、簇绒织物，带有缝编纱线的缝编织物以及湿法缩绒的毡制品），如常用的无纺布等。服装设计与工艺教育主要是为职业技术院校培养服装类专业课师资。

5. 轻工类

轻工类专业是相对于重工业来说的，轻工业主要是指生产消费资料的工业部门，如食品、纺织、皮革、造纸、日用化工、文教艺术体育用品等。轻工类包括轻化工程、包装工程、印刷工程三个专业。

轻化工程是以多种天然资源及产品为原材料，通过化学、物理和机械方法加工纺织品、皮革、纸张和卷烟等，主要在纸浆造纸、纺织染整、皮革、添加剂等领域从事生产、工艺、研究、技术管理等方面的工作。包装工程主要从事商品包装的设计、生产以及包装相关装备方面的工作。印刷工程主要是在各类印刷企业从事数字化图文处理技术、制版与印刷、设备和材料、印刷材料适性测试、印刷品质量检测与控制等方面的工作。

化学工程与工艺专业

专业代码	中文名	学科门类	一级学科	授予学位	修学年限
081301	化学工程与工艺	化工与制药类	工学	工学学士	四年

一、专业概述

化学工程与工艺就是研究化学工业生产过程中的共同规律，并用化学方法改变物质组成或性质来生产化学产品的一门工程学科。简单来说，就是化学在工程实际中的应用。

二、培养目标

培养具备化学工程与化学工艺方面的知识，能在化工、汽车、机电炼油、煤转化、天然气转化、冶金、能源、轻工、医药、环保和军工等部门从事工程设计、技术开发、生产技术管理和科学研究等方面工作的工程技术人才。

三、培养要求

主要学习化学工程学与化学工艺学等方面的基本理论和基本知识，受到化学与化工实验技能、工程实践、计算机应用、科学研究与工程设计方法的基本训练．具有对现有企业的生产过程进行模拟优化、革新改造，对新过程进行开发设计和对新产品进行研制的基本能力。

四、知识技能

毕业生应获得以下几方面的知识和能力：

① 掌握化学工程、化学工艺、应用化学等学科的基本理论、基本知识。

② 掌握化工装置工艺与设备设计方法，掌握化工过程模拟优化方法。

③ 具有对新产品、新工艺、新技术和新设备进行研究、开发和设计的初步能力。

④ 熟悉国家对于化工生产、设计、研究与开发、环境保护等方面的方针、政策和法规。

⑤ 了解化学工程学的理论前沿，了解新工艺、新技术与新设备的发展动态。

⑥ 掌握文献检索、资料查询的基本方法，具有一定的科学研究和实际工作能力。

⑦ 具有创新意识和独立获取新知识的能力。

五、主干课程

无机化学、有机化学、物理化学、分析化学、化工原理、化工热力学、化学反应工程、化工分离工程、化工系统工程、催化原理、化工工艺学、化工设计、环境工程、天然气综合利用、化工技术经济、化工安全工程等。

六、发展前景

1．就业方向

可在化工、炼油、冶金、能源、轻工、医药、环保和军工等部门从事工程设计、技术开发、生产技术管理和科学研究等方面工作。

2．就业前景

化工专业毕业生找到一份工作不难，但找什么样的工作因人而异，就业情况和所在院校及院校专业方向也有一定关系。由于化工各个方向分类较细，各个大学都有自己擅长的专业方向，如有些学校侧重石油化工、煤化工，有些侧重医药化工，有的则偏重金属冶炼或精细化工等。

2017 年全国开设化学工程与工艺专业的院校有 361 所，部分高校按以下专业方向培养：煤化工、化工工艺、化工贸易、精细化工、石油化工、化学能源工程、药物制备工程、过程装备及控制工程、能源变换材料及工程。报考硕士较集中的专业：化学工程、化学工程与技术、化学工艺。根据阳光高考信息平台统计数据，化学工程与工艺专业 2017 年普通高校毕业生规模为 30000 人到 32000 人。高考时文理科比例为文科 0，理科 100%。男女生比例为男生 65%，女生 35%。化学工程与工艺专业本科就业率为 2016 年 85%～90%，2017 年 90%～95%。

3．专家建议

① 选学校必须看专业培养方向。

各大学的专业方向和培养侧重点不同，专业方向的选择可能直接影响就业方向。考生在考虑院校时，最好对学校特色和专业方向有所了解，看准目标并比较清楚后，再选择符合自身情况的学校和专业。

如清华大学化工系有化学工程与工业生物工程和高分子材料与工程两个本科专业，每年招收 100 余名本科生，近年来更专注于绿色环境友好型的新能源、新材料、节能环保和生物产业等战略性新兴产业方向。天津大学化工学院下设化学工程与工艺、分子科学与工程、应用化学（工）等 7 个本科专业。北京化工大学化学工程学院化学工程与工艺专业是国家级特色专业。北京石油化工学院化学工程学院设有化学工程与工艺、应用化学、制药工程三个本科专业。

② 报考须看招生章程，危险程度与企业的具体生产有关。

化学工程与工艺专业是一门专业性很强的工学专业，要求具有较强的理工科基础和动手能力。实验在教学中占据一定的比重，细心谨慎、有想象力和动手能力、善于分析实验结果的学生更容易脱颖而出。很多考生家长担心化学工程专业会不会有危险这个问题，其实在本科学习中能接触到的危险物质很少，即使实验课时会遇到一些比较危险的物质，如强酸、强碱，课堂上也有严格的操作流程和安全保护措施。就业后，生产过程的危险程度与企业的具体产品和生产工艺有关。

本科毕业生绝大多数要去企业工作，随着国家对健康安全和环境（HSE）的重视，危险系数并不是很大，有毒有害的程度也越来越小，但是会比较辛苦。

化学工程与工艺专业属于工科中的化工与制药类，该类专业对色觉有一定要求。根据《普通高等学校招生体检工作指导意见》，对以颜色波长作为严格技术标准的化学类、化工与制药类、药学类等专业，患有轻度色觉异常（俗称色弱）的考生，学校可不予录取。

③ 某些专业侧重点与轻化工程相似。

有人对化工存在一定的误区，比如煤化工和石油化工，担心毕业后要去挖煤、炼石油等。实际上，传统的石油化工、煤化工只是其中的一个就业方向，如果对此不感兴趣，还有更多的领域可选择，如选择和生活息息相关的精细化工，日常使用的洗发水、洗面奶、沐浴液的研发生产都属于精细化工。其他还有食用油、巧克力等食品加工行业。另外，香水、化妆品及奢侈品制造等也是化工专业的方向。

4．小贴士

化工行业讲究经验和积累。

七、开设院校

2017 年全国开设化学工程与工艺专业的院校有 361 所。

制药工程专业

专业代码	中文名	学科门类	一级学科	授予学位	修学年限
081302	制药工程	化工与制药类	工学	工学学士	四年

一、专业概述

制药工程是运用化学、生物学、药学和工程类学科的原理与方法研究解决药品规范化生产过程中的工艺、工程和质量管理等共性问题的一门工程学科。以生命科学、药学和化学工程的知识为主要理论依据，结合现代生物技术，研究开发并工业化生产与人类医疗保健相关的产品或提供服务。

二、培养目标

培养具有制药工程方面的知识，能在医药、农药、精细化工和生物化工等部门从事医药产品的合成与工艺研究、医药产品开发、应用研究和经营管理等方面的高素质专门人才。

三、培养要求

主要学习有机化学、物理化学、化工原理、药物合成化学、制药工艺学、药物化学、药理学、药剂学、生物化学等方面的基本知识和基本理论，受到化学与化工实验技能、工程实践、计算机应用、科学研究与工程设计方法的基本训练，具有从事医药产品的开发与生产的基本能力。

四、知识技能

毕业生应获得以下几方面的知识和能力：

① 掌握化学制药、生物制药、中药制药、药物制剂技术与工程的基本理论、基本知识。

② 掌握药物生产装置工艺与设备设计方法。

③ 具有对药品新资源、新产品、新剂型进行研究、开发和设计的初步能力。

④ 熟悉国家关于化工与制药生产、设计、研究与开发、环境保护等的方针、政策和法规。

⑤ 了解与本专业相关的理论前沿，了解新工艺、新技术与新设备的发展动态。

⑥ 具有创新意识和独立获取新知识的能力。

五、主干课程

有机化学、无机化学、生物化学、化工原理、药物化学、药理学、药剂学、药物合成反应、制药工艺学等。部分中药制药学科还包括药用植物学、中药学、方剂学、中药化学、中药药剂学、中药制剂分析、中药药理学等。部分农药制药工程学科要学习植物学、农药学等。

六、发展前景

1. 就业方向

可到制药工程（或医药生物技术）领域相关的生产企业、营销企业、科研院所、药品监督管理部门等企、事业单位从事药品生产、管理、营销、检验监督和研发等工作。

2. 就业前景

制药工程是以高新技术为依托的产业，发展迅速。从全球看，新兴医药市场需求旺盛，化学仿制药在用药结构中比重的提高，为医药发展带来新的机遇。同时，随着人们生活水平和健康意识的提高，以及复杂的生存环境（如：空气，水，土壤污染等）引发新疾病的出现，人类对防病、治病药物的需求也在不断地增大，从而进一步推动医药市场较快增长。“十三五”期间，国家相继出台了一系列的医药政策，如《医药工业发展规划指南》提出瞄准市场重大需求，推进生物药、化学药、中药、医疗器械等领域重点发展。在化学药领域，重点加强化学新药、化学仿制药、高端制剂、临床短缺药物等方面的研发力度，实现重点突破。

2017 年全国开设制药工程专业的院校有 287 所，部分高校按以下专业方向培养：民族制药、生物制药、食品与药品安全、中药及天然药物。报考硕士较集中的专业：药学、制药工程、药物化学。根据阳光高考信息平台统计数据，制药工程专业 2017 年普通高校毕业生规模为 18000 人到 20000 人。高考时文理科比例为文科 0，理科 100%。男女生比例为男生 43%，女生 57%。制药工程专业本科就业率为 2016 年 85%～90%，2017 年 90%～95%。

3．专家建议

① 制药工程与药学专业的区别。

制药工程专业属于工学中的化工与制药类，1998 年该专业正式出现在教育部本科专业目录上。最初制药工程偏重于化工，大部分院校的制药工程专业都设在化学院系。制药工程与药学院药学类专业的区别则在于制药工程更注重研究药物的工业化制备过程，将实验室研究成果放大转化为大规模生产。简单地说，药学学的是药物的性质分类，属于理学或者医学，偏研究。而制药工程偏向实际生产，侧重于运用化学、生物工艺制造生产药品。

② 不同院校各具特色、存在参差不齐的现象。

开设制药工程专业的院校中，各大学的教学重点和培养模式不尽相同，其中综合实力较强的有天津大学、浙江大学、中国药科大学、华东理工大学、北京化工大学、沈阳药科大学、华南理工大学等。

例如，中国药科大学制药工程专业设在工学院，重点培养化学合成药物的生产、管理、科研开发的科学技术人才。华东理工大学制药工程专业设在药学院，是我国首个制药工程特色专业。北京化工大学制药工程专业设在生命科学与技术学院，立足大化工，在先进药物制造工艺、生物制药、中药现代化方面具有较强专业优势。沈阳药科大学制药工程本科专业设在制药工程学院，本科阶段不分专业方向，以药学背景为依托，培养重点在药物合成、药物工艺改进等方面。

近十年来，开设本专业的学校从一百到所增加到近三百所，某些院校的师资和培养能力堪优，从而影响到学生的就业，考生和家长须谨慎考虑。

③ 哪类学生适合报考。

制药工程是一个工科重实验实践的专业，首先需要有良好的理工科背景，特别是物理、化学和生物学基础。其次是课程学习中会有大量的实验操作及实践培养，学生要具备良好的动手能力。最后需要有足够的耐心和细心。对化学、生物和药物研究具有浓厚兴趣的学生能更好地适应生物制药专业的学习。

制药工程的研发是一项长期的工程，研发一个新药往往需要几年甚至十几年的时间，从事科研需要具有科学探索的精神。

④ 对身体条件有要求。

报考该专业要有良好的身体素质，特别要求无色盲色弱，无化学试剂过敏等身体问题。具体到每个院校的要求，可能会更严格、更细致、更明确，各高校会在招生章程中做出明确规定。考生在报考时，一定要看清《普通高等学校招生体检工作指导意见》和各高校招生章程中的具体要求。

4．小贴士

制药行业是一个监管极其严格的行业，对学历和科研能力要求高。

大多数岗位可能会频繁接触化学药物。

七、开设院校

2017 年全国开设制药工程专业的院校有 287 所。

地质工程专业

专业代码	中文名	学科门类	一级学科	授予学位	修学年限
081401	地质工程	地质类	工学	工学学士	四年

一、专业概述

地质工程是研究地质问题，并利用工程手段来解决问题的科学。地质工程侧重于对地质现象、地质成因和演化、地质规律、地质与工程相互作用的研究，以现代钻掘工程技术、现代测试和计算机技术为手段，以工程涉及的地质体及工程所在的地质环境为研究对象，服务于矿产资源勘查与开发，土木、水利工程的规划、设计、施工，水文工程、环境地质的评价、监测与保护，地质灾害预测与防治和地下深部探测等领域。

二、培养目标

培养能在资源勘查、工程勘查、设计、施工、管理等领域从事资源勘查与评价、管理、各类工程建设地质等方面工作的高级工程技术人才。

三、培养要求

主要学习基础地质学、地球物理学、地球化学、水地质学、工程地质学地质工程等方面的基本理论知识，具有从事资源地质勘查的初步能力和解决常见地质工程问题的基本能力。

四、知识技能

毕业生应获得以下几方面的知识和能力：

① 掌握宽广的综合性知识及扎实的计算机语言基础，具有扎实的专业技术基础知识和技能。

② 掌握地质工程专业有关的基本理论，系统学习地质学、力学的基本理论，掌握工程力学、结构力学、岩土力学、地质学、水文地质学、工程地质分析、岩土工程施工技术等方面的基本理论和基本知识。

③ 具有进行工程地质综合分析、勘察设计、施工设计、岩土工程施工、岩土改良的专业知识和能力，能对地质现象进行客观的分析和判断。

④ 具有工程地质勘查、设计、工程施工、规划和管理的基本技能和能力，受到工程师的系统训练。

⑤ 熟悉勘查技术工程的有关规范和熟悉国土资源法和环境地质保护法等法规，具有工程管理方面的基本知识和能力。

⑥ 利用现代化知识传播手段进行文献检索、资料查询、信息交换，掌握信息分析、信息处理的基本方法，具有一定的科学研究能力和知识更新能力。

五、主干课程

地质工程、高等数学、大学外语、大学物理、大学化学、工程制图、大学计算机信息技术、程序设计语言、概率论与数理统计、普通地质学、矿物岩石学、构造地质学、第四纪地质与地貌学、地史古生物、工程物探化探、工程力学、测量学、土力学、岩体力学、工程地质原理、工程地质勘查、水文地质学基础、地下水动力学、水文地质勘查、地质工程设计等。

六、发展前景

1. 就业方向

可在国土资源、中铁中建、工矿企业、工程设计院等从事资源勘查与评价，环境评价，城市与环境水文地质，工程勘查、设计和施工、生产管理等方面工作。

2. 就业前景

有资料显示，随着中国大批基础设施建设的完成和城市建设的规模化，从事基础工程施工的人才需求出现下降的趋势，而地矿行业的需求量在未来会有所增加。近年铁路建设走势增强，人才需求形势看好，勘查行业对人才的需求在平稳中略有走强趋势。其他行业对地质工程人才需求减弱，而对岩土钻凿工程技术人才需求增加。值得注意的是，水利水电行业历来是地质工程专业的人才需求大户，也是未来地质工程专业发展的一个重要方向。

2017 年全国开设地质工程专业的院校有 60 所，报考硕士较集中的专业：地质工程、地质资源与地质工程、矿产普查与勘探。根据阳光高考信息平台统计数据，地质工程专业 2017 年普通高校毕业生规模为 4000 人到 4500 人。高考时文理科比例为文科 0，理科 100%。男女生比例为男生 87%，女生 13%。地质工程专业本科就业率为 2016 年 85%～90%，2017 年 85%～90%。

3．专家建议

① 参考地质类其他专业的相关资料。

② 比较老的冷门专业。

地质工程专业中的两个专业方向是原工程地质专业和探矿工程专业，它们都是一个相对比较老的专业，有半个多世纪的办学历史。很多学校根据社会对人才的需求变化，调整了专业培养计划，对地质工程专业的教学进行了较大幅度的调整，拓宽了学科基础，增加了岩土工程设计、岩土工程勘查、岩土工程施工、工程地质、建筑基础工程施工、地质灾害评价与防治、地下矿产的钻孔开采与利用、非开挖施工技术、岩土工程施工管理等方面的内容。

③ 专业对口工作很辛苦。

从事地质专业对口的工作比较辛苦，据有关专家分析，现在地质专业缺少的是综合型人才和专业型人才，所以对于在读还未就业的大学生目前应该做的是学好本专业的知识，做好扎实的基础功，然后在此基础上扩展自己的知识面，多实习，培养自己的实践能力。

相对来说地质专业比较适合男生，因为以后的工作条件艰苦，多在室外或者野外，不太适合女生，能吃苦的女生当然也可以在这个专业做得很好。

4．小贴士

很多用人单位都对男生优先考虑，对口工作相对辛苦。

七、开设院校

2017 年全国开设地质工程专业的院校有 60 所。

勘查技术与工程专业

专业代码	中文名	学科门类	一级学科	授予学位	修学年限
081402	勘查技术与工程	地质类	工学	工学学士	四年

一、专业概述

勘查技术与工程专业，是从以前的石油及地矿类院校勘探系的地质勘探专业发展过来的。包括以下专业方向：应用地球物理学（物探）、应用地球化学（化探）、岩土工程（工程类，如建筑物、桥梁、隧道、大坝、自然灾害等）、水文地质与工程地质（地下水研究）。

二、培养目标

培养知识结构合理、基础牢、专业面宽、素质高、富有创新精神，具备一定的科学研究能力和创造思维能力、具有较好的科学素养，能在科研机构、高等学校或技术和行政部门从事勘查技术与工程领域的工程勘查、资源勘查等方面的科研、教学、技术开发和管理工作的综合性人才。

三、培养要求

主要学习基础地质学、地球物理学、工程地质学地质工程等方面的基本理论知识，具有从事资源地质勘查的初步能力和解决常见地质工程问题的基本能力。

四、知识技能

毕业生应获得以下几方面的知识和能力：

① 掌握地震勘探、电法勘探、磁法勘探、重力勘探等地球物理勘查技术、地球化学勘查与遥感技术的基本理论、基本知识和基本技能，掌握工程与环境物探的常用方法和技术、掌握矿产资源与能源勘查等研究与开发的基本技能。

② 了解地质学、资源勘查工程、力学、数学等相近专业的一般原理和知识。

③ 具有进行工程地质综合分析、勘察设计、施工设计、岩土工程施工、岩土改良的专业知识和能力，能对地质现象进行客观的分析和判断。

④ 熟悉国家有关矿产资源、工程勘查、建筑工程方面的政策法规。

⑤ 了解国内外资源勘查与工程勘查新技术及其发展动态。

⑥ 掌握资料查询、文献检索及运用现代信息技术获取资源与工程勘查相关信息的基本方法。

⑦ 具有整理、分析实验结果，撰写论文，参与学术交流的能力。

五、主干课程

工程力学、地质学基础、工程地质分析原理、工程地质勘查、岩土力学、岩土钻孔工程、岩土工程设计与施工、岩土加固与治理、岩土工程检测技术、岩土工程机械、岩土工程施工项目管理、水文地质学、环境工程地质学等。

六、发展前景

1．就业方向

可在国土资源、中铁中建、工矿企业、工程设计院等从事资源勘查与评价，环境评价，城市与环境水文地质，工程勘查、设计和施工、生产管理等方面工作。

2．就业前景

如今的勘查技术与工程，服务领域已从单纯的地质调查和找矿勘探，扩大到为整个地球科学发展、国民经济建设、国家战略安全、改善人民生活环境等众多领域服务，广泛应用于工业建筑、道路桥梁、城市建设等各类建筑施工中的地基基础工程及地质灾害防治、地热勘探开发、边坡支护、地下管线非开挖铺设、地下空间开发、地源（或水源）热泵的利用、钻孔法采矿等工程领域，涉及地质、冶金、有色、石油、煤炭、建材、水电、城建、市政、铁路、道桥、国防等行业和部门，在社会和国民经济建设中具有重要的地位。

2017 年全国开设勘查技术与工程专业的院校有 50 所，部分高校按以下专业方向培养：物探、钻探工程、勘查地球物理。报考硕士较集中的专业：地质工程、地质资源与地质工程、地球探测与信息技术。根据阳光高考信息平台统计数据，勘查技术与工程专业 2017 年普通高校毕业生规模为 3500 人到 4000 人。高考时文理科比例为文科 0%，理科 100%。男女生比例为男生 86%，女生 14%。勘查技术与工程专业本科就业率为 2016 年 85%～90%，2017 年 85%～90%。

3．专家建议

① 参考地质工程专业的相关资料。

② 专业很重要，对口工作很辛苦。

勘查技术与工程和经济社会的可持续发展有着密不可分的关系，是保证人类可持续发展的重要技术手段，具有广阔的应用前景。美国等许多国家已经将钻掘工程提升到关系国家安全和可持续发展的重要战略地位。

③ 关于地质工程、勘查技术与工程、资源勘探工程三个专业。

中科院地质与地球物理研究所著名的工程地质学家孙广忠教授于 1984 年提出了“地质工程”的命题，

对其概念进行了专门探讨，强调了工程地质、岩石力学和地质工程三位一体。地质工程学是当代工程地质学和岩体力学相互结合，不断深化、拓展和延伸的产物。

从工程地质发展到地质工程，是一个质的飞跃，地质工程学的产生和发展，是人类社会发展的要求和工程实践的结果。从这个角度来说，地质工程比勘查技术与工程更具发展潜力。

勘查技术与工程专业是国家进行新一轮学科专业目录调整后形成的一个专业，这些专业包括以前的工程地质学、探矿工程、地球物理勘探、化探、放射性勘探等。因此这个专业里面包含了多个专业方向。

资源勘探工程的工作对象主要是有色金属，黑色金属或者其他能源的勘探，是以地层地质学，矿物学等为基础的学科，需要学会计算矿体储量，工作方向一般是矿山、地质矿产勘查机构等。

4．小贴士

本专业对数学要求很高，就业面窄一些。

七、开设院校

2017年全国开设勘查技术与工程专业的院校有50所。

资源勘查工程专业

专业代码	中文名	学科门类	一级学科	授予学位	修学年限
081403	资源勘查工程	地质类	工学	工学学士	四年

一、专业概述

资源勘查工程专业包括固体矿产勘查、石油与天然气地质勘查两个专业方向，涉及勘查选区、勘查评价及矿产开发全过程的地质、技术、经济和环境等。

二、培养目标

培养具备地质学的基础理论知识，掌握地质调查与勘探的室内外工作方法，具有对矿床地质、矿床分布规律等综合分析和研究的初步能力，能在资源勘查、开发（开采）与管理等领域从事固体、液体、气体矿产资源的勘查、评价和管理等方面工作的高级工程技术人才。

三、培养要求

主要学习基础地质、应用地质和现代资源勘查技术等方面的基本理论和基础知识，受到资源地质调查和找矿勘查室内外工作等方面的基本训练，具有综合分析研究区域地质与矿产地质特征、矿产分布规律及工业价值，进行资源评价与矿产资源管理等方面的基本能力。

四、知识技能

毕业生应获得以下几方面的知识和能力：

① 掌握基础地质的基本理论和基本知识。

② 掌握进行区域地质调查、矿产资源普查勘探的室内外工作方法。

③ 具有对区域地质、矿床地质、成矿地质条件、矿产分布规律等进行综合分析和研究的初步能力。

④ 熟悉国家有关矿产资源及环境方面的方针、政策和法规。

⑤ 了解现代地质学的理论前沿及现代资源勘查技术的发展动态。

⑥ 掌握文献检索、资料查询的基本方法，具有初步的科学研究能力和一定的实际工作能力。

五、主干课程

普通地质学、结晶矿物学、晶体光学、矿产勘查学、矿物岩石学、古生物地层学、构造地质学、矿床学、能源地质学、应用地球物理、应用地球化学、工程测量、地理信息系统、资源管理与评价等。

六、发展前景

1. 就业方向

可在工程勘查、资源勘查、矿产资源开发（开采）与管理等领域从事固体、液体、气体矿产资源勘查、评价和管理等方面的工作。

2. 就业前景

矿产资源包括固体矿产、石油与天然气等，是国民经济的重要物质基础。

2017年全国开设资源勘查工程专业的院校有56所，部分高校按以下专业方向培养：油气、固体矿产、煤及煤层气工程、石油与天然气地质、工程地质勘查与地质灾害防治。报考硕士较集中的专业：地质工程、地质学、矿产普查与勘探、矿物学、岩石学、矿床学。根据阳光高考信息平台统计数据，资源勘查工程专业2017年普通高校毕业生规模为5000人到6000人。高考时文理科比例为文科1%，理科99%。男女生比例为男生83%，女生17%。资源勘查工程专业本科就业率为2016年85%～90%，2017年85%～90%。

3. 专家建议

① 参考地质类其他专业的相关资料。

② 是关乎民生的学科。

由于采掘技术落后等原因，曾一度出现资源短缺和地质行业的效益滑坡。随着各类科学技术的提升，矿产开采也从过去的浅层矿发展到了深层矿。随着新一轮的资源开发，地质行业恢复了生机。

多数人未曾注意到的是，有关人类生存的专业正在慢慢升温。一方面人们需要衣食住行，建筑和机械制造专业是必需的，工业化进程带动了经济发展。另一方面，民生专业开始展现出魅力，因为它承载着国民经济的命脉。在某种程度上，有关“能源与资源”的“处理技术”各专业，需要大量的知识沉淀和经验技术积累。

4. 小贴士

中国的石油和矿产的勘探几乎遍及全世界。

七、开设院校

2017年全国开设资源勘查工程专业的院校有56所。

采矿工程专业

专业代码	中文名	学科门类	一级学科	授予学位	修学年限
081501	采矿工程	矿业类	工学	工学学士	四年

一、专业概述

采矿工程专业主要研究矿床开采的理论和方法，发展矿业新技术。

二、培养目标

培养具备固体（煤、金属及非金属）矿床开采的基本理论和方法，具备采矿工程师的基本能力，能在采矿领域等方面从事矿区开发规划、矿山（露天、井下）设计、矿山安全技术及工程设计、监察、生产技术管理的工程技术人才。

三、培养要求

主要学习岩体工程力学、采矿及矿山安全及工程方面的基本理论和基本技术，受到采矿工程师的基本训练，具有矿区规划、矿山开采设计、岩层控制技术、矿山安全技术及工程设计方面的基本能力。

四、知识技能

毕业生应获得以下几方面的知识和能力：

① 掌握采矿学科的基本理论和基本知识。

② 掌握矿区开发、矿井开采、巷道开拓的设计方法。

③ 掌握矿山压力及岩体工程监测、矿井通风与空调、矿山安全以及矿井灾害预防等技术。

④ 具有先进的生产组织和技术管理基本能力以及新工艺、新技术研究和开发的初步能力。

⑤ 熟悉国家有关采矿工业的基本方针、政策和法规。

⑥ 掌握文献检索、资料查询的基本方法，具有一定的科学研究和实际工作能力。

五、主干课程

岩体力学、工程力学、采矿学、矿井通风与安全、电工与电子技术、采矿机械、矿山企业管理与技术经济分析等。

六、发展前景

1．就业方向

可从事煤及非煤矿物开采、铁路隧洞等设计与管理，也可从事冶金、有色、化工、核工业、非金属和煤炭等六类矿业及水利、铁道、地下工程的生产开发、科研工作与教学工作。

2．就业前景

矿产资源包括固体矿产、石油与天然气等，是国民经济的重要物质基础。采矿业本身是工业的龙头行业，承担着为工业企业提供能源及动力的重任，在国民经济发展中地位重要。随着我国经济体制改革和教育体制改革的深入，该专业的发展既有困难又有机遇，其中促进因素有国家对采矿业的重视、国民素质的不断提高、采矿业本身管理水平相对进一步理顺，对此专业的良性发展具有重要意义。

2017 年全国开设采矿工程专业的院校有 61 所，部分高校按煤与煤层气专业方向培养。报考硕士较集中的专业：采矿工程、矿业工程、岩土工程。根据阳光高考信息平台统计数据，采矿工程专业 2017 年普通高校毕业生规模为 6000 人到 7000 人。高考时文理科比例为文科 0，理科 100%。男女生比例为男生 99%，女生 1%。采矿工程专业本科就业率为 2016 年 75%～80%，2017 年 85%～90%。

3．专家建议

① 参考地质类专业的相关资料。

两大类专业的区别在于地质类专业侧重探矿，矿业类专业侧重开采和加工。

② 不同学校有不同的培养方向和就业方向。

如北京科技大学、武汉科技大学、东北大学、内蒙古科技大学等的培养方向以铁矿为主，一般就业方向是各大钢铁集团。中南科技大学、江西理工大学以有色金属方向为，毕业生去向为有色金属公司如山东黄金集团等。其他院校多数以煤矿为主，如中国矿业大学、华北科技学院、贵州大学、太原理工大学等，毕业生主要去向为各类煤矿。

按照艰苦程度来说，铁矿<有色金属矿<煤矿。按照收入排序，有色金属矿>煤矿>铁矿。

③ 虽然工作生活条件依然艰苦，但有很大改善。

在目前的就业形势下，采矿专业对口就业率相对较好，多数矿山现在条件大有改善，比如武钢和首钢的矿山都建有生活区，生活区里有大型体育馆等设施，虽然比不上城市，基本上相当于小城镇。

国内的采矿工程专业，是一个小众专业，不像老师、医生这样的专业更为人熟知，多数人只是听说，真正接触采矿工程专业的人比较少。

4．小贴士

矿山工作，环境相对城市要差，一般离城市较远。

近几年国家对于煤矿的治理越来越严，最新政策是煤矿的从业人员将会采取企业和学校联合培养的方式，逐渐改变现有煤矿的从业人员结构。

七、开设院校

2017年全国开设采矿工程专业的院校有61所。

石油工程专业

专业代码	中文名	学科门类	一级学科	授予学位	修学年限
081502	石油工程	矿业类	工学	工学学士	四年

一、专业概述

石油工程，是根据油气和储层特性建立适宜的流动通道并优选举升方法，经济有效地将深埋于地下的油气从油气藏中开采到地面所实施的一系列工程和工艺技术的总称，包括油藏、钻井、采油和石油地面工程等。

二、培养目标

培养具备工程基础理论和石油工程专业知识，能在石油工程领域从事油气钻井工程、采油工程、油藏工程、储层评价等方面的工程设计、工程施工与管理、应用研究与科技开发等方面的工作，获得石油工程师基本训练的专门技术人才。

三、培养要求

主要学习数学、物理、化学、力学、地质学、工程科学的基础理论和与石油工程有关的基本知识，受到石油工程方面的基本训练，具有进行油气田钻井、采油及油气开发工程的设计、施工、管理以及初步的应用研究和开发的基本能力。

四、知识技能

毕业生应获得以下几方面的知识和能力：

① 掌握数学、物理、化学、力学、地质学、计算机科学及与石油工程有关的基本理论、基本知识。

② 具有用数学、地质学方法及系统的力学理论进行油气田开发设计的基本能力。

③ 具有应用基础理论和基本知识进行油气钻采工程设计的基本能力。

④ 具有一般钻采工具和设备部件机械设计的初步能力。

⑤ 具有运用基础理论分析和解决石油工程实际问题、进行技术革新和科学研究的初步能力。

⑥ 具有应用系统工程方法和现代经济知识进行石油工程生产、经营与管理的初步能力。

五、主干课程

技术经济学、油气田开发地质、工程力学、计算机程序设计、流体力学、渗流力学、钻井工程、采油工程、油藏工程、油田化学、钻采新技术等。

六、发展前景

1．就业方向

可在石油工程领域从事油气钻井与完井工程、采油工程、油藏工程、储层评价等相关的工程设计、工程施工与管理、应用研究与科技开发等工作。

石油工程专业分为钻井、采油和油藏三个方向。钻井方向主要去井队，包括一部分人去井下作业公司，或者固井公司。采油方向主要去石油公司下面的采油厂采油队，在一线从事油水井的日常管理、监测工作，采油厂的技术岗位主要有方案分析、油水井动态监测、适时提出开发调整方案等。油藏方向偏地质，主要从事开发方案和动态监测，或油田开发的数模等工作。

2．就业前景

我国的石油工程建设技术经过多年的探索实践，已经发展到从简单到复杂，从易到难，从仅考虑满足生产到全面考虑工程的社会效益、经济效益和环境效益，从单纯购买引进设备到拥有自己的专利技术。随着经济持续高速展，国内石油开采远不能满足加工、消费增长的需要，我国已经成为世界最大的石油输入国。国内的石油开采企业一方面继续加大勘探开采力度，寻找新的具商业价值产能的增长点，实施“稳定东部，发展西部”的战略部署。另一方面贯彻国家走出去的战略方针，充分利用国外石油资源，采取切实效的措施保持原油产量稳升，天然气产量实现幅度增长，石油工程建设将继续大量开展。

2017 年全国开设石油工程专业的院校有 24 所，报考硕士较集中的专业：油气田开发工程、石油与天然气工程、油气井工程、石油与天然气工程。根据阳光高考信息平台统计数据，石油工程专业 2017 年普通高校毕业生规模为 3500 人到 4000 人。高考时文理科比例为文科 0，理科 100%。男女生比例为男生 81%，女生 19%。石油工程专业本科就业率为 2016 年 80%～85%，2017 年 85%～90%。

3．专家建议

中国的石油发展战略是在加快开发国内石油资源的同时，积极扩大和占领海外石油勘探开发市场。无论是国内市场还是海外市场，在石油勘探开发过程中，中外合作是必不可少的，也是必需的。这种合作要求石油企业员工必须懂得国际合作惯例，有较好的外语水平，同时还要有较强的专业技术素质。

4．小贴士

石油行业很艰苦，采油、钻井等一线工作，环境差，常年在外。

专业对口就业率很好。

七、开设院校

2017 年全国开设石油工程专业的院校有 24 所。

矿物加工工程专业

专业代码	中文名	学科门类	一级学科	授予学位	修学年限
081503	矿物加工工程	矿业类	工学	工学学士	四年

一、专业概述

矿物加工工程是研究矿物分离的一门应用技术学科，是将有用矿物和脉石（无用）矿物分离。例如：在铁、铜、铅、锌矿石中含有石英等脉石矿物，通过重选、磁选、浮选、化学选、生物选等方法，将品位较低的原矿富集为人造富矿，为下一步的冶炼工作（冶炼过程属于冶金工程专业）做准备。在煤炭行业，用重选和浮选的办法将选出精煤，抛弃煤矸石。

二、培养目标

培养从事矿物(金属、非金属、煤炭)分选加工和矿产资源综合利用领域内的生产、设计、科学研究与开发及技术改造与管理的高等工程技术人才。

三、培养要求

主要学习数学、物理、化学、力学、矿物学、选矿学、机械工程、资源综合利用等方面的基本理论和基础知识，受到实验研究、工程设计方法、生产管理、计算机应用等方面的基本训练，具有矿物加工方面的研究、设计与生产管理方面的基本能力。

四、知识技能

毕业生应获得以下几方面的知识和能力：

① 掌握有关化学、有机化学、物理化学、电磁学、工程流体力学等基本理论、基础知识和基本技能。

② 掌握本专业所必需的矿物学与岩石学、机械、电工与电子技术、计算机应用的基本知识和技能。

③ 掌握矿物(金属、非金属、煤炭)材料科学的基本知识及材料性能检测、研究方法及产品质量控制的基本知识和技能。

④ 掌握矿物加工厂工程设计方法，并具有进行工艺设计的能力。

⑤ 具有矿物加工常规机、电设备的事故处理与设备维护的基本知识和初步掌握科研的能力。

⑥ 有一种或多种常规选矿（重、磁、浮、烧结、球团、湿法冶金等）技术能力。

五、主干课程

普通化学、大学物理、计算机、物理化学、有机化学、分析化学、流体力学、机械制图、矿物粉碎工程、矿物物理分选、矿物界面分选、矿物加工研究方法、矿物加工工程设计等。

六、发展前景

1．就业方向

可在矿产资源利用领域的设计研究单位、厂矿企业及政府机关，从事矿物（金属、非金属、煤炭）分选加工及金属矿物、非金属矿物资源综合利用等的技术改造、生产、设计、决策、科学研究、开发及管理工作。

2．就业前景

资源界曾有一个说法，一个好的地质工程师（找矿的）顶200个选矿工程师，因为找到一个容易选别的矿床会省下很多选矿工作，如巴西的铁矿石品位就在65%左右，不用选矿就可以直接炼铁。我国97%的铁矿是品位30%以下的贫矿，一个好的选矿工程师顶200个地质工程师，因为我国的选矿技术处于国际领先地位，不论地质工程师找到什么样的贫矿，都能选别出可供冶炼的有用矿物。只要有人类存在，就需要资源，就需要矿物加工。

2017年全国开设矿物加工工程专业的院校有44所，报考硕士较集中的专业：矿物加工工程、矿业工程、材料科学与工程。根据阳光高考信息平台统计数据，矿物加工工程专业2017年普通高校毕业生规模为2000人到2500人。高考时文理科比例为文科0，理科100%。男女生比例为男生87%，女生13%。矿物加工工程专业本科就业率为2016年80%～85%，2017年85%～90%。

3．专家建议

① 未来发展有喜有忧。

选煤行业不容乐观。煤炭深加工行业的发展，促进了选煤行业的发展。由于行业容量有限，目前基本饱和。随着富矿越来越少，而矿产资源的需求不会变，选矿就会越来越重要。

矿物加工行业的长期趋势，根据矿物品种、储量、世界年消耗量、可开采年限、在当代人类经济活动中的地位等，不同矿物品种会有很大差异。例如某些矿产品地球上的开采年限只剩下几百年，个别品种甚至只有几十年。我们有理由相信矿物加工工程专业会与时俱进，不断地向新领域进军，将来也不必悲观。

② 工作生活条件在不断改善。

矿物加工工程的艰苦程度比采矿工程低，工作环境比冶金工程好。

本类职业的福利较好，现在矿山职工的生活基地一般都建在附近的城镇，选矿厂和住宅之间都有班车，在医疗、教育等方面的条件一般相当于县城。

4．小贴士

地质矿业类行业的通病，专业对口工作存在性别歧视。

七、开设院校

2017 年全国开设矿物加工工程专业的院校有 44 所。

油气储运工程专业

专业代码	中文名	学科门类	一级学科	授予学位	修学年限
081504	油气储运工程	矿业类	工学	工学学士	四年

一、专业概述

油气储运工程专业是研究油气和城市燃气储存、运输及管理的一门交叉性高新技术学科。油气储运工程连接油气生产、加工、分配、销售诸环节，主要包括油气田集输、长距离输送管道、储存与装卸及城市输配系统等。

二、培养目标

培养具备工程流体力学、物理化学、油气储运工程等方面知识，能在国家与省、市的发展计划部门、交通运输规划与设计部门、油气储运管理部门等从事油气储运工程的规划、勘察设计、施工项目管理和研究开发等工作的工程技术人才。

三、培养要求

主要学习油气储运工艺、设备设施方面的基本理论和基本知识，受到识图制图、上机操作、工程测量、工程概预算的基本训练，具有进行油气储运系统的规划、设计与运行管理的基本能力。

四、知识技能

毕业生应获得以下几方面的知识和能力：

① 掌握有关化学、有机化学、电磁学、工程流体力学等基本理论、基础知识和基本技能。

② 掌握本专业所必需的基本知识和技能。

③ 掌握油气储运工程设计方法，并具有进行工艺设计的能力。

④ 具有油气储运工程事故处理与设备维护的基本知识和初步掌握科研的能力。

五、主干课程

工程力学、工程流体力学、工程热力学、传热学、物理化学、泵与压缩机、电工与电子技术、油气管道设计与管理、油气集输、油库设计与管理、油气储运工程最优化、技术经济学等。

六、发展前景

1．就业方向

可在油气田企业、油气管道的规划设计/建设/运营管理单位、石油化工企业、石油销售企业、城市燃气公司、建筑公司、部队和民航的油料公司、设计院以及国家物资储备部门等从事工程规划、勘测设计、施工、监督与管理、科学研究与技术开发以及油气储运设备运营等方面的工作。

2．就业前景

石油储运专业对口的就业单位有：中石化、中石油、中海油和所属的石油化工分公司、石化研究院、石化设计院、高等院校、大型石油公司、现代物流管理部门、石油贸易公司、航空油料公司、港口、军队等单位。最初，有这个专业的高校全国不超过七所，毕业生紧俏。到 2017 年增加到 36 所，就业形势日趋紧张。随着石油、天然气在社会中的应用越来越多，人才的需求也会增加。

2017 年全国开设油气储运工程专业的院校有 36 所，报考硕士较集中的专业：油气储运工程、石油与天然气工程、化学工程与技术。根据阳光高考信息平台统计数据，油气储运工程专业 2017 年普通高校毕业生规模为 3000 人到 3500 人。高考时文理科比例为文科 0，理科 100%。男女生比例为男生 71%，女生 29%。油气储运工程专业本科就业率为 2016 年 85%～90%，2017 年 85%～90%。

3．专家建议

相对于石油勘探等专业，油气储运工程专业部分岗位在油库、加油站、管道局等单位，野外作业时间相对少。

总体来说，石油方面的专业，特别是那些需要在工地或者野外的岗位，男生的竞争优势比女生强。

4．小贴士

有些岗位有倒班熬夜的情况。

七、开设院校

2017 年全国开设油气储运工程专业的院校有 36 所。

纺织工程专业

专业代码	中文名	学科门类	一级学科	授予学位	修学年限
081601	纺织工程	纺织类	工学	工学学士	四年

一、专业概述

纺织工程是古老而又传统的工程领域，研究的内容是以纺织纤维为原料，经过各类纺织加工过程，最终生产出品种各异的纺织产品。纺织工程专业是以纤维与纺织制品为研究对象，主要涉及纤维和纺织制品的设计与加工工艺、结构性能研究、生产过程控制、产品检验、产品销售和贸易等领域。

二、培养目标

培养具备纺织工程方面的知识和能力，能在纺织企业、科研、教学等部门从事纺织品设计开发、纺织工艺设计、纺织生产质量控制、生产技术改造以及具有经营管理初步能力的高级工程技术人才。

三、培养要求

主要学习纺织工程方面的基本理论和基本知识，受到纺织品设计、纺织工艺设计等方面的基本训练，具有纺织品生产管理方面的基本能力。

四、知识技能

毕业生应获得以下几方面的知识和能力：

① 掌握纺织工程学科的基本理论、基本知识。

② 掌握纺织品生产技术。

③ 具有纺织品设计和纺织工艺设计的基本技能。

④ 熟悉与纺织工业有关的方针、政策和法规。

⑤ 了解纺织科技的发展动态。

⑥ 掌握文献检索、资料查询的基本方法，具有初步的科学研究和实际工作能力。

五、主干课程

纺织化学、纺织材料学、纺纱学、机织学、织造学、针织学、非织造学、织物组织学、纺织 CAD、纺织品设计、产业用纺织品设计与开发、织物后加工、纺织品质量控制与检验、纺织品市场营销、国际贸易实务、纺织企业管理、外贸跟单实务等。

六、发展前景

1. 就业方向

可在纺织企业的技术和业务管理部门从事工艺设计、生产管理、产品开发等工作，也可以在经营和外贸等部门从事经营管理和专业外贸等工作。

2. 就业前景

纺织工业是我国的“母亲工业”，经过半个多世纪的发展，一直是我国国民经济的支柱产业，随着社会经济的发展，纺织业一度被认为已经常变成夕阳产业。实际上，随着“一带一路”倡议的实施，纺织品行业整体保持较好的发展势头，同时，“互联网+”和电子商务也为纺织行业提供了新机遇。

2017 年全国开设纺织工程专业的院校有 47 所，部分高校按以下专业方向培养：材料科学与工程、纺织技术与管理、纺织科学与技术。报考硕士较集中的专业：纺织工程、纺织科学与工程、纺织材料与纺织品设计。根据阳光高考信息平台统计数据，纺织工程专业 2017 年普通高校毕业生规模为 3500 人到 4000 人。高考时文理科比例为文科 0，理科 100%。男女生比例为男生 45%，女生 55%。纺织工程专业本科就业率为 2016 年 90%～95%，2017 年 90%～95%。

3. 专家建议

（1） 大就业方向。

本专业毕业生的就业面宽，主产业链和关联产业的每一个具体环节，都有着落点。纺织行业的主产业包括纤维原料、纺纱、织造、服装等领域，关联产业有纺织机械、配件耗材、测试仪器、专用软件等领域。主产业和关联产业涉及的环节有原材料及配件耗材采购、产品设计与研发、生产过程管理与技术支持、产品检测与质量控制、产品的营销与贸易等。

毕业生的就业去向大致有以下 5 种：

1） 纺织及关联产业的生产企业：主要从事物资采购、生产管理、技术管理、质量控制、设计研发与贸易营销等工作。

2） 纺织及关联产业的贸易公司：主要从事纺织品及关联产品的内外贸易。

3） 纺织品的第三方检验公司：主要从事纺织品质量检测与管理。

4） 政府进出口检疫检验及技术监督部门（需考取公务员）：主要从事纺织品质量检验与监督工作。

5） 继续深造：获取硕士、博士学位后，有机会进入研究机构、大专院校从事研究和教学工作。

（2） 开设纺织工程专业的高校仅有 47 所，就业相对较好。

在开设本专业的学校中，东华大学、天津工业大学、苏州大学、江南大学、浙江理工大学、武汉纺织大学、西安工程大学、大连工业大学等高校都具备较强的教学和科研实力。

东华大学的前身是中国纺织大学，纺织学科总体实力在国内和国际上都处于领先水平，纺织工程专业设在纺织学院，本科招生时实行大类招生，下设纺织与面料、针织与服装、纺织品检验与商务、纺织品设计、纺织国际贸易、高技术纺织品零售、纺织机电一体化等 8 个柔性专业方向，完成 2 年基础教育后再按人才市场的需求情况，以双向选择的原则进行专业或柔性专业方向分流。

天津工业大学的纺织学科是国家重点学科，入学后分 5 个专业方向进行学习，专业方向包括纺织科学与技术、纺织与服装贸易、纺织品设计与应用、纺织品检验与商务、针织与针织服装。

江南大学的纺织工程是国家特色专业、教育部首批“卓越工程师教育培养计划”专业，该校纺织服装学院的纺织工程系成立于 1952 年，是全国成立最早的纺织系之一。

（3） 行业前景未必暗淡。

纺织工业是传统工业，属劳动密集型产业，通常被认为发展前景比较暗淡。

随着科学技术的发展，新的纤维资源不断被开发利用，各种高性能和功能性的化学纤维不断问世，纤维制品的加工新方法不断出现，加工设备日益高效化、精密化、自动化和智能化，从而使纺织制品也日趋多样化和功能化，应用领域尤其是在重要产业部门的应用不断拓宽。另外，纺织制品与人体工程、环境保护及社会文化的关系日益密切，使纺织工程内涵大为扩展，与其他工程领域的交叉渗透也大大加强，新的学科增长点不断形成。

（4） 需要注意的问题。

一眼失明，另一眼矫正到 4.8、镜片度数大于 400 度的考生不宜就读纺织工程专业，具体以目标院校招生章程为准。由于培养要求和知识结构的原因，该专业过去只招理科生，对化学感兴趣且有一定的设计和欣赏能力的同学适宜就读。该专业报考时并不热门，对分数要求相对不是很高。山东省 2020 年高考不分文理科，文科生选考化学科目，也有机会报考该专业。

纺织工程属于工科专业，由于我国的纺织产品外销量很大，英语水平尤为重要，很多时候用人单位要考察应聘者的英语能力。

4. 小贴士

2017 年该专业的男女比例为 45%和 55%，几乎相同。

七、开设院校

2017 年全国开设纺织工程专业的院校有 47 所。

服装设计与工程专业

专业代码	中文名	学科门类	一级学科	授予学位	修学年限
081602	服装设计与工程	纺织类	工学	工学或艺术学学士	四年

一、专业概述

服装设计属于艺术学门类，注重对学生艺术设计能力的培养。服装工程属于工学门类，聚焦于服装生产过程中相关的打版、生产、管理等方面工作。

二、培养目标

培养具备服装设计、服装结构工艺及服装经营管理理论知识和实践能力，能在服装生产和销售企业、服装研究单位、服装行业管理部门及新闻出版机构等从事服装产品开发市场营销、经营管理、服装理论研究及宣传评论等方面工作的高级专门人才。

三、培养要求

主要学习服装学科的基本理论和基本知识，受到服装设计方法和成衣结构工艺方面的基本训练，具有从事服装开发、设计、生产管理和营销等方面工作的基本能力。

四、知识技能

毕业生应获得以下几方面的知识和能力：

① 掌握服装学科的基本理论、基本知识。

② 具有较扎实的人文学科和工程技术基础知识，具有较高的文化艺术素养和较强的审美能力。

③ 掌握服装款式、结构、工艺设计方法和成衣化生产工艺技术，具有较强的艺工结合特色。

④ 具有独立完成服装设计构思、效果图、基础纸样和推板及确定加工工艺与成衣制作的基本能力，并能较熟练地运用计算机进行服装辅助设计。

⑤ 掌握主要服装材料的结构性能和特点，具有对服装材料的选择、鉴别和初步开发的能力。

⑥ 具有服装生产管理、市场预测和市场营销的基本能力。

五、主干课程

服装设计、服装色彩、服装材料、服装结构、成衣纸样与工艺、服装 CAD、服装生产与管理、服装工业制板、服装市场营销、服装史、美学、服装工效学等。

六、发展前景

1．就业方向

可到服装生产和销售企业、服装研究单位、服装企业管理部门及新闻出版机构等从事服装产品开发、市场营销、经营管理、服装理论研究及宣传评论等方面的工作。

2．就业前景

我国的服装产业在 40 年的改革开放历程中积累了深厚的生产功底、技术力量以及大量的运作资本，同时也拥有全球先进的技术装备，全国范围的消费群体也形成了完备的体系。改革开放以来，中国的服装总产量增长超过 53 倍，国内消费额增长超 54 倍，出口创汇额增长超 163 倍。

随着消费者对物质文化需求日益多样化，对服装的消费需求更是如此。服装企业为应对国际环境变化带来的冲击，纷纷转向以价值创新为核心的品牌发展，服装产业正处在从“纺织服装大国”向“纺织服装强国”转变的关键时期。服装行业的“洗牌”在促使服装产业结构升级的同时，高层次的现场技术、管理人员特别是高层次的现场工程师成为各大服装企业需求热点。

2017 年全国开设服装设计与工程专业的院校有 113 所，部分高校按服装设计与表演专业方向培养。报考硕士较集中的专业：服装设计与工程、艺术设计、设计学、纺织工程。根据阳光高考信息平台统计数据，服装设计与工程专业 2017 年普通高校毕业生规模 6000 人到 7000 人。高考时文理科比例为文科 24%，理科 76%。男女生比例为男生 25%，女生 75%。服装设计与工程专业本科就业率为 2016 年 90%～95%，2017 年 90%～95%。

3．专家建议

① 两个专业方向的差别很大。

服装设计与工程专业从名称上就可以看出包括服装设计和服装工程，实际这个方向有很大的差别：服装设计专业属于艺术学门类的，更注重对学生艺术设计能力的培养，侧重于时装类。服装工程专业则属于工学门类的，课程设置更聚焦于服装设计相关的打版、生产、管理等，侧重于服装的批量化生产。

倾向于服装设计的考生，可以考虑艺术类的服装与服饰设计专业。

② 有院校撤销该专业，可参考服装与服饰设计专业的相关资料。

服装设计与工程专业（下称服装工程专业的）目前已有 9 所高校撤销，也存在不少的大学曾经设置却不招生的情况，其中四川大学将该专业转为服装设计专业。目前，这个专业主要的方向是服装工程而非服装设计。

4．小贴士

也许有人认为这是热门专业，实事上服装设计的前景并非想象中的那样。

七、开设院校

2017 年全国开设服装设计与工程专业的院校有 113 所。

轻化工程专业

专业代码	中文名	学科门类	一级学科	授予学位	修学年限
081701	轻化工程	轻工类	工学	工学学士	四年

一、专业概述

轻化工程是一个高校专业名称，涉及制浆造纸、精细化工、纺织染整、皮革等在国民经济中地位重要的基础工业和原材料工业领域。

二、培养目标

培养在染整工程、皮革工程、制浆造纸等轻纺化工领域从事工业生产、工艺设计、科学研究、技术管理和新产品开发的工程技术人才。

三、培养要求

掌握以多种天然资源及产品为原材料，通过化学、物理和机械方法加工纺织品、皮革、纸张和卷烟等的基本理论和工艺原理，获得实验操作技能、工艺设计、产品性能检测分析、生产技术管理和新产品开发研究的基本训练。

四、知识技能

毕业生应获得以下几方面的知识和能力：

① 具有本专业所需的数学、物理、化学等自然科学基础，具备较强的计算机应用能力和外语综合能力。

② 系统掌握化工单元操作基础理论、工艺原理、专业理论知识和实验技术基本技能，具有对产品进行性能分析、检测和质量控制的能力。

③ 掌握轻化工程生产机械设备基本原理，具有设备选型、配套、技术改造和生产组织管理的初步能力。

④ 具有新产品、新工艺、新材料、新技术研究开发的初步能力。

⑤ 掌握生产过程技术经济分析、环境保护和综合利用的基础知识。

⑥ 具有创新意识和独立获取新知识的能力，了解本专业学科前沿和发展趋势。

五、主干课程

无机及分析化学、有机化学、物理化学、高分子化学及物理、化工原理、生物化学等（各院校因专业侧重点不同，开设的课程也有差异）。

六、发展前景

1. 就业方向

可在制浆与造纸、外贸商检、环境保护、技术监督、化工等有关部门从事生产技术管理、品质控制与分析检测及废水处理的研究开发工作。

2. 就业前景

轻化工产品是国民经济各相关部门不可缺少的物质材料和人们日常生活的必需品，随着生活水平提高和社会经济发展，轻化工程所起到的作用日益重要。

2017 年全国开设轻化工程专业的院校有 55 所，部分高校按以下专业方向培养：革制品设计、制浆造纸工程、皮革化学与工程。报考硕士较集中的专业：纺织化学与染整工程、制浆造纸工程、纺织工程、化学工程。根据阳光高考信息平台统计数据，轻化工程专业 2017 年普通高校毕业生规模 3500 人到 4000 人。高考时文理科比例为文科 0，理科 100%。男女生比例为男生 63%，女生 37%。轻化工程专业本科就业率为2016年90%～95%，2017年90%～95%。

3．专家建议

① 冷门专业。

轻化工程专业现今不是“最”冷，也算比较冷的，在读学生中很多人都是被调剂进了这个专业。全国开设这个专业的大学就很少，加上未来工作环境一般，这个专业表现得边缘化。

轻化工程是个工科专业，偏应用性质。大学学习的内容，数学、物理、制图、化学都得学，通常是理论+实践综合培养，看起来立体丰满，现实比较残酷。

② 四个专业方向，跨度很大。

开设这个专业的院校，其专业侧重点大致有四个方向，一是纸浆造纸，二是纺织染整，三是皮革，四是添加剂。几个方向之间，跨度很大，从一个方向跳到另一个方向很难。

造纸行业。这个行业的特点，一是污染大，二是市场小，受困于整个的经济发展，行业景气度受经济环境影响很大。国内造纸厂家总数有限，本科毕业进造纸企业较容易，岗位有生产一线、品控、研发或者后勤。如果不想进造纸行业，只能考研然后去研究机构或者留校。

纺织染整：这个行业在20世纪一度很兴旺，近年不太景气，因为国内的人工成本一直上升，迫使这个行业向东南亚地区转移。相对来说，这个行业的就业环境，比造纸好一些。本科毕业在企业就业没问题，或者选择去做外贸、深造考研。

皮革行业：本科毕业生去工厂或者做外贸都可以，这个行业的污染很严重，长期在一线工作，对身体有一定的影响。

添加剂方向：有食品添加剂，化妆品添加剂，还有涂料等，都是社会上的小众行业，大型企业少，多为中小企业，相对来说有一定的前景。

4．小贴士

直接报考本专业的学生较少，录取分数相对低，如果有兴趣，比如添加剂方向还是值得考虑的。

轻化工程专业就业地点大多集中在轻工业发达的南方及沿海地区。

开设院校少，一般都是二本以上，大都是各高校的重点专业。

七、开设院校

2017年全国开设轻化工程专业的院校有55所。

包装工程专业

专业代码	中文名	学科门类	一级学科	授予学位	修学年限
081702	包装工程	轻工类	工学	工学学士	四年

一、专业概述

包装工程专业是一个新兴的、综合性、交叉性的专业。以产品包装及其物流过程为研究对象，主要研究产品包装材料、技术、工艺、设备及过程、包装产品贮运销售、包装废弃物与环境等环节中的相关科学技术问题。

二、培养目标

培养具备包装系统设计与管理等方面的力，在商品生产与流通部门、包装企业、科研机构、外贸、商检等部门从事包装系统设计、质量检测、技术管理和科学研究的工程技术人才。

三、培养要求

学习保护产品、方便流通、促进销售的包装基础理论，以及包装材料、包装印刷、包装测试、包装艺术设计、包装结构设计、包装机械、包装动力学、包装物流等基本知识和相关能力。

四、知识技能

毕业生应获得以下几方面的知识和能力：

① 掌握工程力学、材料学、生物学、设计美学等包装工程的基础理论。

② 掌握包装工艺、包装结构设计方法和包装测试、包装管理技术。

③ 具有制定包装工艺、合理选择包装材料和包装设备的初步能力。

④ 熟悉国家有关包装的方针、政策和法规。

⑤ 了解包装学前沿和发展趋势。

⑥ 掌握文献检索、资料查询的基本方法，具有分析解决包装工程技术问题，研究、开发包装新材料、新结构、新工艺、新设备和技术管理的初步能力。

五、主干课程

包装材料学、包装工艺学、包装结构设计、包装机械、包装测试、包装运输、包装印刷、包装容器结构设计与制造、包装装潢设计、高分子物理与化学、有机化学、无机化学、物流工程、工程力学、理论力学、材料力学、电子电工学、机械原理、机械设计基础、机械制造等。

六、发展前景

1. 就业方向

可在商品生产与流通部门、包装企业、制造过程监督、销售与市场、商检、技术服务等部门从事包装设计、包装制品加工、质量检测、技术管理等工作。

2. 就业前景

包装本身属于产品的一部分，包装得好坏不仅直接影响商品的质量，还会影响商品的价格，可以有效提高商品的附加值。随着我国包装工业的快速发展，除了传统的机电产品、食品、药品、烟酒等行业需要包装外，广告、出版等媒体产业也需要包装。

2017 年全国开设包装工程专业的院校有 71 所，报考硕士较集中的专业：轻工技术与工程、机械工程、工商管理、材料科学与工程。根据阳光高考信息平台统计数据，包装工程专业 2017 年普通高校毕业生规模 3000 人到 3500 人。高考时文理科比例为文科 0，理科 100%。男女生比例为男生 63%，女生 37%。包装工程专业本科就业率为 2016 年 90%～95%，2017 年 90%～95%。

3. 专家建议

① 相对热门的专业，各院校培养方向相差较大。

包装工程专业是应用类理工专业，专业跨度较大，涉及材料、机械、设计等诸多方面，不同的院校在专业设置时也相差较大。有的学校偏重于包装机械，有的学校偏重于包装材料，还有的学校偏重于艺术设计。有的学校把这个专业设置在印刷学院，有的学校把包装专业设置在食品学院等。

② 就业区域。

从就业区域上来看，从事包装设计的毕业生大多集中在北京，以上海为中心的长三角地区和以广州、深圳为中心的珠三角地区，且以大中城市为主，主要因为大型包装企业多集中在这几个区域。从事包装生产及工艺的毕业生相对分布的地域要广一些，中西部都有，多以中小型加工、生产型企业为主。本专业的优势是紧跟一线。

4. 小贴士

将来的就业形势关键看行业的发展情况。

七、开设院校

2017 年全国开设包装工程专业的院校有 71 所。

印刷工程专业

专业代码	中文名	学科门类	一级学科	授予学位	修学年限
081703	印刷工程	轻工类	工学	工学学士	四年

一、专业概述

印刷工程专业是把印刷工程和数字印刷两个专业合并而来的，从工作流程方面来看分为印刷前、印刷中、印刷后三个部分。

二、培养目标

培养具备图文信息处理及印刷复制工程知识，能在各类印刷企业和科研单位从事工艺设计、生产实施、组织管理和科学研究的高等工程技术人才。

三、培养要求

主要学习彩色图像与文字处理、制版与印刷工艺的基础理论和基本知识，受到图文处理，制版与印刷工艺设计和实践的基本训练，掌握图文信息处理、制版与印刷工艺及设备、材料的选择和印刷适性测试等方面的基本能力。

四、知识技能

毕业生应获得以下几方面的知识和能力：

① 掌握印刷光学、印刷色度学、电子出版技术、印刷工艺学、印刷材料学和印刷设备等学科的基本理论、基本知识。

② 掌握印刷工艺设计及工艺操作的基本技术。

③ 具有印刷设备及材料的选择、测试和使用的基本能力。

④ 具有印刷产品质量的检测、控制以及印刷生产组织、管理的初步能力。

⑤ 具有制版与印刷新工艺、新技术和新材料的研究和开发的初步能力。

⑥ 掌握文献检索、资料查询的基本方法，具有初步的科学研究和实际工作能力。

五、主干课程

印刷概论、色彩学、色彩管理原理与应用、信息获取与输出技术、印前处理原理与技术、印刷原理与工艺、材料科学基础、信息记录材料与技术、显示材料与技术、印刷材料与适性、数字图像处理、计算机图形学、数字内容管理、页面描述语言、印刷设备、计算机集成印刷系统、信息与编码、通信与信息系统等。

六、发展前景

1．就业方向

可在印刷等信息可视化传播及相关领域的生产企业、教育和科研机构、国家行政及事业单位等从事生产、技术、管理、教育以及研发工作。

2．就业前景

由于互联网时代的影响，很多人都知道电子媒介取代了很多纸质媒介，传统印刷大市场（报纸、书刊、杂志、商业印刷等）需求下降，小市场（个性化印刷、短单、包装印刷、标签印刷等）有一定的发展，特别是包装类印刷及特种印刷需求量增大。无论社会如何发展，不可能完全放弃印刷。

2017 年全国开设印刷工程专业的院校有 22 所，报考硕士较集中的专业：轻工技术与工程、制浆造纸工程。根据阳光高考信息平台统计数据，印刷工程专业 2017 年普通高校毕业生规模 1000 人到 1500 人。高考时文理科比例为文科 4%，理科 96%。男女生比例为男生 55%，女生 45%。印刷工程专业本科就业率为 2016 年 90%～95%，2017 年 90%～95%。

3．专家建议

① 传统印刷行业萎缩。

由于互联网时代的影响，电子媒介取代了很多纸质媒介，传统印刷大市场（报纸、书刊、杂志、商业印刷等）需求下降，小市场（个性化印刷、短单、包装印刷、标签印刷等）有一定的发展，市场总体规模有限，行业总体需求疲软，已经过了行业黄金期。随着科技的发展，印刷工业化自动化程度越来越高，大部分工作被机器代替，操作人员需求减少。

② 专业趋冷但就业不难。

除传统的印刷行业，毕业生还可以去数字媒体、新闻出版单位的出版社、期刊社、报社以及各类企业的企业文化发展部门、图书和出版工作室、网站、排版公司、广告公司以及其他传播行业单位，从事文字技术编辑、图文编排、版面设计、出版物质量监控、出版物成本核算、印制业务管理、网络编辑、校对、出版物生产组织管理的工作，以及从事包装行业。

4．小贴士

小众冷门专业。

七、开设院校

2017 年全国开设印刷工程专业的院校有 22 所。

工学门类学科之交通运输类、海洋工程类、航空航天类、兵器类、核工程类

1．交通运输类

交通运输类下设交通运输、交通工程、航海技术、轮机工程、飞行技术、交通设备与控制工程、救助与打捞工程、船舶电子电气工程八个专业。

交通运输主要研究铁路、公路、水路及航空运输等领域中的基础设施的布局及修建和经营管理，是由交通运输专业由交通运输、载运工具运用工程、道路交通管理工程三个专业合并而成专业，偏宏观方向。

交通工程主要从事交通工程规划、交通工程设计、交通地铁土建施工工程建设管理，侧重于交通类的工程施工。

航海技术是一个培养“船长”的专业，学的是海洋船舶驾驶、船舶运输管理等方面的知识和技能。

轮机工程的工作就是在船舶上管理船舶所有机电设备和动力装置，对应的岗位是船舶上的轮机长和轮机工程师。

飞行技术主要是培养民用航空的飞行员。

交通设备与控制工程侧重于交通设备（车辆、船舶、飞机等相关的机械设备、线路、通信设备、信号标志等）的技术开发、设计制造、检修、运用研究、生产及经营管理方面。

救助与打捞工程主要在救助打捞系统、各类海洋工程公司从事救助打捞行以及和救助打捞相关装备研究、设计及制造。

船舶电子电气工程面向的是现代船舶各项自动装置的维护和修理任务。

2．海洋工程类

海洋工程是指以开发、利用、保护、恢复海洋资源为目的，并且工程主体位于海岸线向海一侧的新建、改建、扩建工程，具体包括围填海、海上堤坝工程，人工岛、海上和海底物资储藏设施、跨海桥梁、海底隧道工程，海底管道、海底电(光)缆工程，海洋矿产资源勘探开发及其附属工程，海上潮汐电站、波浪电站、温差电站等海洋能源开发利用工程，大型海水养殖场、人工鱼礁工程，盐田、海水淡化等海水综合利用工程，海上娱乐及运动、景观开发工程，以及国家海洋主管部门会同国务院环境保护主管部门规定的其他海洋工程。海洋工程类有船舶与海洋工程、海洋工程与技术、海洋资源开发技术三个专业。

船舶与海洋工程专业是关于造船的专业，目前主要是海洋平台设计、平台供应船设计制造等一些相关的工作。

海洋工程与技术侧重于从事海洋调查和海洋科学研究方面的工作。

海洋资源开发技术是以海洋生物资源开发利用为主研究食品、药品、功能生物制品的专业。

3．航空航天类

航空航天类专业是一个研究航空航天有关的专业，包括飞行器（包括航天器与运载端）设计、结构设计与研究、结构强度分析与试验以及从事通用机械设计及制造等方面的内容。航空航天类下设航空航天工程、飞行器设计与工程、飞行器制造工程、飞行器动力工程、飞行器环境与生命保障工程、飞行器质量与可靠性、飞行器适航技术七个专业。

航空航天工程主要是做飞行器总体、结构与系统设计分析方面的工作。飞行器设计与工程最主要指的就是对飞机、导弹等飞行器的设计。飞行器制造工程解决的是飞行器制造工程中的实际问题。飞行器动力工程就是飞机和火箭上的发动机的设计制造。飞行器环境与生命保障工程研究的是飞行器的环境控制与生

命保障系统。飞行器质量与可靠性专业侧重于飞行器系统可靠性设计与分析及飞行器质量与可靠性监测方面的工作。飞行器适航技术主要研究适航法规、适航验证与审定技术以及适航工程管理方面的事项。

总的来说，航空航天是工程性极强的行业，其中集中了许多尖端技术。正因为如此，飞行器的设计、制造需要极大的财力和人力的投入，并且需要很长时间的积累才能形成规模，这种性质决定了这是一个对国家计划和国家政策非常敏感的行业，需要国家的直接支持。

哈尔滨工业大学、北京航空航天大学、清华大学等 21 所普通高校开办了航空航天专业，专业也由最初的 4 个发展到涵盖航空航天科学的所有学科，逐步形成了国家重点大学与地方高校共同培养不同层次航空航天人才的格局。同时，航天人才培养也形成了由学士、硕士到博士的完整学历教育体系。

首先，航空航天院校不等于军校。在我国，除了部队所属院校外，设立航空航天专业的高校已经有 21 所，其中隶属于工业和信息化部的高校有北京航空航天大学、哈尔滨工业大学、南京航空航天大学等 6 所，教育部所属高校有清华大学、厦门大学、湖南大学等 7 所，交通运输部所属高校有中国民航大学，地方所属高校有长春大学、上海工程技术大学、南昌航空大学等 7 所。

其次，学航空航天专业不是男生的专利。在上述 21 所高校招生简章里，不存在性别歧视和不录取女生到相关专业的问题。进入大学后，男女生学习是一样的。在一些高校里，女生学习成绩往往好于男生；在实践能力上，女生也是“巾帼不让须眉”。例如，在北航宇航学院，大学本科生独立参与的“北航一号”探空火箭项目组以及参加“冯如杯”科技竞赛的团队里，女生的比例远高于在校生中的男生比例。

第三，航空航天专业不是培养飞行员或航天员。在这些高校中，北航设立了培养飞行员的专业，这不代表着高校航天专业的培养目标就是飞行员或宇航员，其培养目标是航天工程领域的技术与管理人才。除了飞行员专业对身高和性别有一定要求外，其他专业并没有这方面限制。航空航天专业对考生的身体要求统一执行教育部、卫计委、中国残联印发的《普通高等学校招生体检指导意见》。

航空航天类专业的开设院校可以说都是“大腕”，哈尔滨工业大学、北京航空航天大学、沈阳航空航天大学、南京航空航天大学、西北工业大学、北京理工大学等，都是响当当的，其学校牌子本身就是就业率的保证，一些民用企业很乐意高薪招纳该类毕业生任研发人员，如设计冲床等高难设备。加上航空航天业发展迅猛，人才需求量大，而它的专业又非常“专”，其他专业根本不具备可替代性，就业委实可以用“无忧”来形容，各大航空航天科研院所、军科院和航空公司，都是薪水高、地位高、技术高的“三高”好地方。以北京航空航天大学为例，在“神六”发射成功以后，统计出参与航空工程的北航毕业生有好几千人。

一般来说，航空航天类专业学生的就业与国防事业的挂钩比较紧密，大致面临着系统内和系统外的分别。就北京航空航天大学的学生而言，由于我国的航空工业还不太景气，加上大部分航空航天企业分布在沈阳、成都、贵阳等地，待遇也不是很高，所以北航的毕业生一般不情愿去这些单位，大部分学生还是愿意去外企、留京，或者留在研究所，或者通过考研转专业来从事其他行业的工作。在系统内单位就业的北航毕业生大部分就业于一些像航空航天研究所或飞机制造集团这样的国防单位。

我国航天事业在软硬件条件上已有了极大改善，大多数研究机构都设在北京、上海、西安、武汉、沈阳等大城市，神舟飞船的研制工作都是在大城市的研究院里完成的，只有装备、发射在基地进行。许多学习航天专业的学生既可选择留在航天系统工作，也可到民用部门或公司从事设计、开发和研究工作。由于航天专业属于高、精、尖科学，因此学习航天专业非常辛苦，需要付出极大努力。

航天事业是一项寂寞、艰苦的工作，许多航天人在偏僻的地方默默无闻地辛勤工作。他们没有很高的收入、没有喧嚣的都市生活，他们有的就是一股为我国的航天事业奉献终生的精神，有的是实现自己人生价值的成就感。如果不能怀揣理想，到祖国最需要的地方去，就无法成为一个真正的航天人。

友情提示：此类专业近几年的高考录取分数逐年提高，基本上和绝大多数学生无缘。

4．兵器类

兵器类专业是对于常规武器进行开发、研究、制造的专业，下设武器系统与工程、武器发射工程、探测制导与控制技术、弹药工程与爆炸技术、特种能源技术与工程、装甲车辆工程、信息对抗技术七个专业。

武器系统与工程主要是做武器的整体设计、制造及测试方面的工作。武器发射工程研究的是武器从发射、飞行到命中目标全过程的力学现象、运动规律和测试等方面的内容。探测制导与控制技术由原来的鱼雷飞雷工程、火控与指挥系统工程、引信技术、飞行器制导与控制四个专业归并而成，主要研究目标及环境的探测、识别、跟踪、定位、制导与控制、安全与起炸控制以及机电控制和传感检测等。弹药工程与爆炸技术侧重于研究弹药（子弹、炮弹等）设计和爆炸技术。特种能源技术与工程侧重于含能材料设计、制造，通俗说就是设计、制造炸药。装甲车辆工程是研究装甲车辆设计、制造的专业，和车辆工程专业极其相似。信息对抗技术专业主要是研究信息战争与防御技术以及民用信息安全防护等方面，包括电子战、信息战、电子对抗、雷达对抗等，信息类专业中的信息安全是这个专业的一个部分。

学兵器的学生要有很严格的组织纪律性，有敬业精神，有爱国主义热情，特别是军工企业大多地处偏远，所以要做好忍受寂寞和吃苦耐劳的准备。兵器类开设院校很少，基本就是工信部下属的院校，或者军校，所以就业也不难。如果不想去部队，学弹药工程与爆炸技术和特种能源技术的毕业生可以到民用企业和基础建设单位从事爆破烂尾楼或烟火制造等工作，当然不如在部队有保障。相对来说，信息对抗技术在信息技术领域应用范围很广，在计算机网络的大环境下，信息系统的防护和对抗技术显得尤为重要。

5．核工程类

核工程类专业主要从事核工程与核技术方面的研究、设计、制造、运行、应用和管理方面的工作，下设核工程与核技术、辐射防护与核安全、工程物理、核化工与核燃料工程四个专业。

核工程与核技术是本类的基础专业，侧重于核工程、核技术相关研究、实验、设计建造、运行、管理。辐射防护与核安全主要从事辐射防护与核安全研究、设计、开发、生产和管理。工程物理研究的范围包括辐射物理、加速器物理、辐射探测、核信号处理、粒子信息分析及核技术应用，主要从事射线分析应用技术等方面的研究、设计、开发、应用和管理。核化工与核燃料工程侧重于核材料的生产、核燃料后处理及核废物处置、核材料工程等。

核能是 21 世纪人类先进能源的主要支柱之一。在我国，核电成为国家重点发展的高新技术和能源领域，具有广阔的发展前景。同时，随着科技的发展，核技术的运用日益广泛，核能对医疗、卫生用品进行高效消毒和灭菌等。

很多人认为从事与核有关的工作核辐射过大，其实也不会受到那么严重的辐射，现场都有保护，保证在安全范围内，即使是一线的工作人员受到的核辐射，也相当于正常 X 光透视的辐射量，大家担心的核泄漏，那是百年不遇的安全事故，如果不想有任何安全风险的话，还是谨慎报考。

这个专业的毕业生就业还可以，但是由于专业范围过窄，好学校和成绩优秀、英语过六级的同学找工作能容易些。

交通运输专业

专业代码	中文名	学科门类	一级学科	授予学位	修学年限
081801	交通运输	交通运输类	工学	工学学士	四年

一、专业概述

交通运输（以前称交通运输工程）是研究铁路、公路、水路及航空运输基础设施的布局及修建、载运工具运用工程、交通信息工程及控制、交通运输经营和管理的工程领域。

二、培养目标

培养能够研究生产交通运输设备，能够组织、规划和管理交通运输生产，能够实现经济和社会效益的专业人才。

三、培养要求

主要学习运筹学、汽车学、物流学，交通运输组织学方面的基本理论和知识，接受交通运输技术管理、车辆工程、物流管理、信息管理的基本训练，使学生具有运用运输技术设备、车辆设计制造、汽车运用技术，合理组织运输生产以获得最佳社会与经济效益的基本能力。

四、知识技能

毕业生应获得以下几方面的知识和能力：

① 掌握运筹学、管理学、交通运输组织学等基本理论、基本知识。

② 掌握一般的最优化方法和计算机在交通运输、车辆工程中应用的基本技术。

③ 具有交通运输组织指挥、交通运输企业、企业生产与经营的基本能力。

④ 熟悉国家关于交通运输方面的方针、政策和法规。

⑤ 了解交通工程设备及交通运输组织管理的发展动态。

⑥ 掌握文献检索、资料查询的基本方法，具有初步的科学研究和实际工作能力。

五、主干课程

除微积分、线性代数、力学等基础课程外，一般还有运筹学、管理学、交通运输组织学方面的课程。另外，根据培养方向不同，还会学到轨道相关知识、民航相关知识或汽车相关知识等。在很多学校，还有交通运输信息化相关课程等。

六、发展前景

1．就业方向

就业方向比较集中，主要包括大型的交通运输企业比如中国远洋运输集团公司等。物流公司比如顺丰、四通一达（申通、圆通、中通、汇通、韵达）等。国家交通部、地方交通厅(局)、行业协会等，这些单位一般是公开招考。交通部下的各研究院、大专院校等，大多需要更高的学历。

2．就业前景

如今，高铁建设轰轰烈烈，支线机场此起彼伏，电商物流需求越来越大。交通运输专业也越来越受到重视。

2017 年全国开设交通运输专业的院校有 155 所，部分高校按以下专业方向培养：航空物流、空中乘务、民航交通、汽车维修、城市轨道交通、民航电子电气、民航机务工程、汽车运用工程、民航运输业务管理、汽车电子技术与检测诊断。报考硕士较集中的专业：交通运输工程、交通运输规划与管理、工商管理。根据阳光高考信息平台统计数据，交通运输专业 2017 年普通高校毕业生规模 12000 人到 14000 人。高考时文理科比例为文科 8%，理科 92%。男女生比例为男生 69%，女生 31%。交通运输专业本科就业率为 2016

年85%～90%，2017年90%～95%。

3．专家建议

① 培养方向和侧重点不同。

根据学校的学科优势和传统不同，各高校对学生的培养有不同的方向和侧重，如公路、铁路、物流、航空等。比如东南大学在培养方向上，是“大交通”概念，专业骨干课程就包括运输组织学、运输港站枢纽规划与设计、城市客运交通、运输系统信息与控制、物流学、物流系统规划与设计、汽车构造与原理、汽车运用工程等，课程范围非常广泛。西南交通大学的交通运输专业的专业方向为铁路运输、城市轨道交通。

本专业的培养方向很多，比如航空物流、空中乘务、民航交通、汽车维修、城市轨道交通、民航电子电气、民航机务工程、汽车运用工程、民航运输业务管理、汽车电子技术与检测诊断等，考生和家长须仔细查阅相关高校的招生简章，认清各自的培养侧重点。

② 需要兴趣和数理基础。

交通运输专业，需要对轨道交通或道路交通方面有兴趣，有较强的数理基础和动手实践能力。如果有钻研、探索的精神，则会更加合适。比如北京交通大学的交通类专业立足于培养掌握轨道交通系统理论和轨道交通工程领域的专门知识与关键技术，具备较强研究能力和工程实践能力，具有能够引领轨道交通科技与管理发展潜质和国际竞争力的工程创新人才。

交通运输专业到现场的机会比较多，即使是研究所、政府部门也有这种工作要求。所以，要有个好身体。

③ 负面的信息。

是个有点尴尬的专业。具有道桥铁路公路汽车相关的基础专业知识，但只是“基础”，而企业更愿意寻求“专精”型人才，有不上不下的感觉；交通运输专业虽然就业广泛，近年就业率也比较高，但是相对于其他理工科不够“精”，就业时与其他专业竞争优势不大。

4．小贴士

需要扎实的理工科基础。

七、开设院校

2017年全国开设交通运输专业的院校有155所。

交通工程专业

专业代码	中文名	学科门类	一级学科	授予学位	修学年限
081802	交通工程	交通运输类	工学	工学学士	四年

一、专业概述

交通工程学是从道路工程学中派生出来的一门年轻的学科，它把人、车、路、环境及能源等与交通有关的几个方面综合在道路交通这一统一体中进行研究，以寻求道路通行能力最大、交通事故最少、运行速度最快、运输费用最省、环境影响最小、能源消耗最低的交通系统规划、建设与管理方案，从而达到安全、迅速、经济、方便、舒适、节能及低公害的目标。

二、培养目标

培养有创新精神和实践能力，有坚实的基础知识，掌握必备的交通工程、土木工程的基本理论和技能，能够在交通工程领域从事交通工程规划、交通工程设计、交通地铁土建施工、工程建设管理等方面工作的工程技术人才。

三、培养要求

主要学习系统工程学、交通工程学方面的基本理论和基本知识，受到识图制图、上机操作、工程测量、工程概预算的基本训练，掌握进行交通基础设施规划、设计与工程项目评价方面的基本能力。

四、知识技能

毕业生应获得以下几方面的知识和能力：

① 掌握数学和外语的基本知识和运用能力。

② 掌握交通运输学科的基本理论、基本知识。

③ 掌握道路与地铁施工、道路桥梁设计、公路养护等基本技术。

④ 具有交通规划、交通工程设计开发的初步能力。

⑤ 掌握文献检索、资料查询的基本方法，具有初步的科学研究和实际工作能力。

五、主干课程

交通工程、系统工程、交通工程经济与法规、交通规划、结构力学、土质土力学、交通控制与管理、道路工程、轨道交通、交通项目评价、道路工程监理、工程概预算等。

六、发展前景

1. 就业方向

可从事交通规划、勘测、设计、施工、监理等方面的技术和管理工作，主要面向公路、地铁、市政、城建、公安、铁道等领域，如公路局、交通局、地铁施工公司、建设局、设计院、高速公路建设公司、高速公路养护公司、交通管理部门等单位。

2. 就业前景

我国正处于交通工程设施建设的高速发展时期。

2017 年全国开设交通工程专业的院校有 134 所，报考硕士较集中的专业：交通运输工程、交通运输规划与管理、道路与铁道工程。根据阳光高考信息平台统计数据，交通工程专业 2017 年普通高校毕业生规模 7000 人到 8000 人。高考时文理科比例为文科 1%，理科 99%。男女生比例为男生 75%，女生 25%。交通工程专业本科就业率为 2016 年 85%～90%，2017 年 90%～95%。

3. 专家建议

① 参考交通运输专业及土木工程、道路与桥梁专业等的相关资料。

② 注意大类招生和身材条件要求。

各个高校由于历史渊源和发展背景不同，对学生的培养有不同的方向和侧重，随着国家对工程教育的规范化和标准化认证，在突出特色的同时，也在对学生的培养和就业出路向厚基础、宽口径的方向转变。我国交通基础设施建设原属于交通部、建设部、铁道部、民航局等若干部委，公路、城市道路、铁路、机场分别归属不同的部委，随着机制改革，行业管理进一步优化，部委之间的分割逐渐消失，原属于不同行业管理的高校也迎来新的发展空间

为了响应教育部对高等学校教育厚基础、宽口径的要求，部分高校如长安大学实行交通工程专业的大类招生，除通用的学科基础课以外，还涉及城市轨道交通、民用机场规划、设计、管理和航空运行管理的课程和知识模块。有的院校拓展了交通控制设备、交通信息化和智能化系统的相关课程。有的院校拓展了交通管理及设施、运行优化等方向，开设相关的课程。同济大学的交通工程专业因曾隶属于建设部，以城市道路、城市交通为主要研究对象，侧重系统规划设计和管理、道路与机场工程设计与管理、交通信息工程、城市轨道交通工程等方向。

提醒考生注意的是，一些高校的交通工程专业在招生时按大类招生，如东南大学交通运输类含交通土建与交通工程。同济大学该专业按工科实验班招生，含交通工程、交通运输、物流工程专业，不招色盲、色弱。报考时一定要看清院校的招生专业和专业要求，根据自己的兴趣仔细调查院校的培养方向及优势，然后再决定取舍。

4．小贴士

就业情况并不像外界想象的那样，很少有毕业生能进入交通局或公路局，交通规划方面的工作不是本科生能胜任的。多数毕业生在公路桥梁类施工企业就业。

七、开设院校

2017 年全国开设交通工程专业的院校有 134 所。

航海技术专业

专业代码	中文名	学科门类	一级学科	授予学位	修学年限
081803K	航海技术	交通运输类	工学	工学学士	四年

一、专业概述

航海技术主要研究船舶如何在一条理想的航线上，从某一地点安全而经济地航行到另一地点的理论、方法和艺术。航海技术是具有悠久历史、内容丰富且有很强的实践性的综合性应用科学。

二、培养目标

培养具备海洋船舶驾驶、船舶运输管理等方面知识，能在海洋运输各企事业单位从事海洋船舶驾驶和营运管理工作，符合国际和国家海船船员适任标准要求的高级航海人才。

三、培养要求

主要学习从事现代海洋船舶驾驶、船舶运输管理的基本理论和基本知识，受到船舶操纵、船舶避碰和值班、识别和运用各种航图、导航仪器仪表和 GMDSS 通信方面的基本训练，还需接受高级消防、精通急救等一些高级船员必备的能力培养，具有独立指挥和组织船舶航行的初步能力。

四、知识技能

毕业生应获得以下几方面的知识和能力：

① 掌握船舶的货物运输、运营管理、海商法与远洋运输业务等方面的基础知识。

② 掌握船舶及其设备的使用、保养等基本技术。

③ 具有设计航线、组织船舶航行和操作 GMDSS 通信设备的初步能力。

④ 熟悉航海和海商法的有关法律法规。

⑤ 了解航海和海商的发展动态。

⑥ 掌握文献检索、资料查询的基本方法，具有初步的科学研究和实际工作能力。

五、主干课程

航海学、船舶避碰与值班、航海气象学、船舶结构与设备、船舶货运、航海英语、船舶安全与管理、船舶操纵、船舶无线电技术基础、航海仪器、航运业务与海商法、船舶原理、轮机概论等。

六、发展前景

1．就业方向

专业就业面很窄，从事与航海相关的技术研发或具体操作，或者在造船厂、船舶主机厂及其他与轮机工程有关的企事业单位和海军有关部门担任工程技术人员，或者是在海洋运输各企事业单位从事海洋船舶驾驶和营运管理工作。

2．就业前景

本专业培养的主要目标是船长，能从事这一岗位的人有限。

2017年全国开设航海技术专业的院校有22所（其中有3所为公安、军事类院校），报考硕士较集中的专业：交通信息工程及控制、交通运输工程、公共管理、船舶与海洋工程。根据阳光高考信息平台统计数据，航海技术专业2017年普通高校毕业生规模2000人到2500人。高考时文理科比例为文科1%，理科99%。男女生比例为男生98%，女生2%。航海技术专业本科就业率为2016年90%～95%，2017年90%～95%。

3．专家建议

国家控制布点的特殊专业，招生院校少，就业面窄，特殊要求多。

天津理工大学主要培养方向为远洋和近海船舶驾驶，报考条件除国家规定的统一报名和体检标准外，报考本专业的学生必须是学习英语，热爱远洋事业，五官端正，无色盲（弱），每眼裸眼视力5.0以上，无口吃、无平足、无任何传染病的男生。渤海大学对新生的要求为符合《普通高等学校招生体检工作指导意见》要求和《海船船员健康检查要求》，性别要求为不宜女生就读，语种限制为非英语语种考生不宜就读。

部分院校在本科提前批进行招生。

对这个专业感兴趣的考生和家长请查阅相关院校的招生简章。

4．小贴士

有志于当船长的考生不妨试试。

七、开设院校

2017年全国开设航海技术专业的院校有22所（其中有3所为公安、军事类院校）。

轮机工程专业

专业代码	中文名	学科门类	一级学科	授予学位	修学年限
081804K	轮机工程	交通运输类	工学	工学学士	四年

一、专业概述

轮机工程专业被教育部列为交通行业80个主干专业之一，现代远洋船舶被称为集高技术与高资本于一体的“流动城市”，配备了从生活到工作所用的各类机电设备和动力装置。轮机工程系培养的是管理船舶所有机电设备和动力装置的机电全能工程师。

二、培养目标

培养具备机械原理和轮机系统等方面知识，能在海洋运输各企事业单位从事轮机操纵、维修和船舶监造工作，并基本具备同类船舶工管轮任职资格的高级技术人才。

三、培养要求

主要学习电机工程、电力工程方面的基本理论和基本知识，受到识图制图、机械设计、轮机工程检测的基本训练，具有操纵和维修船舶动力装置和对船舶监修、监造的初步能力。

四、知识技能

毕业生应获得以下几方面的知识和能力：

① 掌握船舶动力装置、电器、液压、气动和机电一体化等方面的基础知识。

② 掌握轮机工况检测、轮机系统的保养和维修等基本技术。

③ 具有操纵船舶动力装置、船舶监修、监造职责的初步能力。

④ 熟悉有关海船运输安全方面的公约和法律法规。

⑤ 了解海洋运输船舶的发展动态。

⑥ 掌握文献检索、资料查询的基本方法，具有初步的科学研究和实际工作能力。

五、主干课程

船舶与海洋工程、电气工程、控制科学与工程、工程热力学、传热学、流体力学、理论力学、材料力学、机械设计基础、金属材料、电路与电子技术、轮机工程、轮机操作、自动化技术基础等。

六、发展前景

1．就业方向

在航运企事业单位从事远洋和近海船舶的轮机管理工作，也可在航运机务部门、港务监督、船检等相关企事业单位从事相关工作。

2．就业前景

本专业的培养目标是船舶上的轮机长及轮机工程师。

2017 年全国开设轮机工程专业的院校有 23 所（包括公安海警学院），部分高校按以下专业方向培养：船机修造、轮机管理。报考硕士较集中的专业：轮机工程、船舶与海洋工程、动力工程。根据阳光高考信息平台统计数据，轮机工程专业 2017 年普通高校毕业生规模 2500 人到 3000 人。高考时文理科比例为文科 1%，理科 99%。男女生比例为男生 98%，女生 2%。轮机工程专业本科就业率为 2016 年 85%～90%，2017 年 90%～95%。

3．专家建议

① 参考航海技术专业。

② 国家控制布点专业，开设本专业的院校很少，不同院校有不同的培养方向，感兴趣的考生和家长可仔细查阅招生院校的相关资料。

本专业对身体条件有严格的特殊要求。

4．小贴士

不适合女生。

七、开设院校

2017 年全国开设轮机工程专业的院校有 23 所（包括公安海警学院）。

飞行技术专业

专业代码	中文名	学科门类	一级学科	授予学位	修学年限
081805K	飞行技术	交通运输类	工学	工学学士	四年

一、专业概述

飞行技术是指驾驶飞机的综合性技术。

二、培养目标

培养具备空气动力学、飞行力学、飞行性能与操纵原理等方面知识，能在民用航空公司从事民航航线飞行驾驶，并且符合国际民航航线运输机驾驶员执照标准和营运管理的高级飞行技术人才。

三、培养要求

主要学习飞行性能和控制原理、现代运输飞机构造等方面的基本理论和知识，受到识别和运用各种航图、运输机通信和空中领航的基本训练，具有民航航线飞行方面的基本能力。

四、知识技能

毕业生应获得以下几方面的知识和能力：

① 掌握飞行性能和操作原理、航空发动机、飞机维修的基本理论和基本知识。

② 掌握现代飞行驾驶的基本技术。

③ 具有民航航线飞行和空中领航的初步能力。

④ 熟悉航空管制和飞行安全的有关法律法规。

⑤ 了解飞行技术的发展动态。

⑥ 掌握文献检索、资料查询的基本方法，具有初步的科学研究和实际工作能力。

五、主干课程

飞行原理、飞机构造、航空发动机、机械设备、飞机自动飞行、空中领航、航空气象、维修工程基础、发动机维修、系统维修、飞行安全、机组资源管理、航空体育等。

六、发展前景

1. 就业方向

根据发展的需要，国家将需要大批飞行员，如：国家交通部海上搜救工作需要配备大量直升机。公安部门的救援、缉毒、反恐、消防、追击逃犯等工作，也将配备大量直升机。林业部门将成立森林消防大队，并要配备直升机。

2. 就业前景

我国现在是民航大国，但不是民航强国，不但要有强大的航线飞行员队伍，也要有强大的通用航空飞行员队伍

2017 年全国开设飞行技术专业的院校有 17 所（不包括军队院校），部分高校按以下专业方向培养：驾驶、运输机驾驶。报考硕士较集中的专业：交通运输工程。根据阳光高考信息平台统计数据，飞行技术专业 2017 年普通高校毕业生规模 3000 人到 3500 人。高考时文理科比例为文科 15%，理科 85%。男女生比例为男生 100%，女生 0。飞行技术专业本科就业率为 2016 年 90%～95%，2017 年 90%～95%。

3. 专家建议

国家控制布点专业，开设本专业的院校很少。

飞行是一种特殊的行业，要在高空、高速与剧烈运动的环境下，从事高端技术的操作管理，执行各项复杂的任务。飞行技术专业的招生要经过严格的选拔程序，身体、心理、政治、文化四项均需达标。

飞行技术专业分为民航类和军事类两个方向，前者由航空公司安排体检和面试等一系列程序进行选拔，后者由中国人民解放军空军设置招飞工作局进行选拔，目前设有沈阳、北京、兰州、济南、南京、广州、成都 7 个选拔中心。

大体来说，每年招收高中毕业生飞行员工作分为两个阶段进行，第一阶段为预选阶段，从九月份开始至十二月份结束，主要进行宣传动员、报名推荐和预选初检等工作。第二阶段为全面检测选拔阶段，从次年二月份开始至八月份结束，主要对预选对象进行体格检查、心理品质检测、政治审查、文化考试、招飞复查、审批录取等项工作。

报考民航类和军事类飞行员的考生均须参加全国统一高考，高考报名，填报志愿，普通体检与其他考生同步进行，并在提前批次按照招飞控制分数线择优录取。军事类比普通类要求更加严格。

具有下列情况之一者，不适合报考“飞行技术”专业：身高不足 170 厘米（海航为不足 168 厘米）或

超过 185 厘米(中国民航飞行学院为超过 187 厘米)。标准体重计算方式：体重(千克)=[身高(厘米)－110]±[身高(厘米)－110]×10%，体重不足或超出以上范围者。骨与关节疾病或畸形。明显的“O”形或“X”形腿。久治不愈的皮肤病，如头癣、湿疹、牛皮癣、慢性荨麻疹等。慢性肠胃道疾病。肝炎或肝脾肿大，HBsAg 阳性。肾炎或血尿，蛋白尿。有传染病史、精神病家族史、癫痫病史。颜面五官明显不对称。晕车、晕船。口吃。耳朵流过脓，听力差，经常耳鸣。视力低于 0.5(环形 C 字表)(其中由中国民用航空飞行学院负责面试的体检规定为裸眼视力低于 0.3 或者矫正视力低于 1.0 或者屈光度超过 300 度)、做过角膜手术、斜视、色盲、色弱。肺结核。较重的砂眼或倒睫。

部分院校为非飞行员专业，如西安航空学院培养在工业生产第一线从事飞行器制造与机械制造领域内设计、制造、科技开发、应用研究、运行管理和经营管理等方面工作的应用型工程技术人才。具体请自行查询相关院校。

4．小贴士

身体条件合格及有强烈兴趣的考生可以考虑。

七、开设院校

2017 年全国开设飞行技术专业的院校有 17 所（不包括军队院校）。

船舶与海洋工程专业

专业代码	中文名	学科门类	一级学科	授予学位	修学年限
081901	船舶与海洋工程	海洋工程类	工学	工学学士	四年

一、专业概述

船舶与海洋工程专业是一门研究船舶轮机的工作原理，研究船舶的设计方法及如何保证航行的快速性、良好的操纵性和抗风浪能力等问题的学科，是船舶建造、使用及海运行业的重要支撑学科，其研究对象不仅包括船舶，还包括各种海上运载器，如海上移动固定建筑结构、水面船舶、水下潜器、水面浮台等。

二、培养目标

主要培养具备现代船舶与海洋工程设计、研究、建造的基本技能和管理基础知识以及计算机编程及应用能力，能在船舶与海洋结构物设计、研究、制造、检验、使用和管理等部门从事技术和管理方面工作的工程技术人员。

三、培养要求

主要学习物理、数学、船舶及海洋工程原理的基本理论和基本知识。掌握船舶与海洋结构物的设计方法。具有船体制图，应用计算机进行科研的初步能力。熟悉船舶与海洋结构物的建造法规和国内外重要船级社的规范。了解造船和海洋开发的理论前沿，新型舰船和海洋结构物的应用前景和发展动态。掌握文献检索、资料查询的基本方法，具有一定的科学研究和实际工作能力。

四、知识技能

毕业生应获得以下几方面的知识和能力：

① 掌握船舶动力装置、电器、液压、气动和机电一体化等方面的基础知识。

② 掌握轮机工况检测、轮机系统的保养和维修等基本技术。

③ 具有操纵船舶动力装置，履行船舶监修、监造职责的初步能力。

④ 熟悉有关海船运输安全方面的公约和法律法规。

⑤ 了解海洋运输船舶的发展动态。

⑥ 掌握文献检索、资料查询的基本方法，具有初步的科学研究和实际工作能力。

五、主干课程

理论力学、材料力学、流体力学、船舶结构力学、船舶静力学、船舶阻力、船舶推进、船体强度与结构设计、船体建造工艺、船体焊接、船舶设计原理等。

六、发展前景

1．就业方向

可在船舶与海洋工程设计研究单位、海事局、国内外船级社、船舶公司、船厂、海洋石油单位、高等院校、船舶运输管理、船舶贸易与经营、海关、海上保险和海事仲裁等部门，从事船舶与海洋结构物设计、研究、制造、检验、使用和管理等工作。

2．就业前景

从古至今，人类一直从海洋中获取丰富的食物和矿物资源，享受着海上运输带来的交通便利。随着现代科学技术的迅猛发展，船舶与海洋工程专业不断与新兴的电子技术、计算机技术、自动控制等学科相联合，获得了新的生命力。中国是世界造船大国，造船是一个古老的行业，但不是夕阳产业。2015 年 5 月国务院印发了《中国制造 2025》为“造船强国”做出了新注解，“海洋工程装备及高技术船舶”被归为重点突破的十大战略领域之一，瞄准了世界船舶工业的最高水平，吹响了我国向高端造船业挺进的号角。

2017 年全国开设船舶与海洋工程专业的院校有 36 所（包括海军潜艇学院），部分高校按游艇专业方向培养。报考硕士较集中的专业：船舶与海洋工程、船舶与海洋结构物设计制造、力学。根据阳光高考信息平台统计数据，船舶与海洋工程专业 2017 年普通高校毕业生规模 2500 人到 3000 人。高考时的文理科比例为文科 15%，理科 85%。男女生比例为男生 86%，女生 14%。船舶与海洋工程专业本科就业率为 2016 年 85%～90%，2017 年 90%～95%。

3．专家建议

① 前景广阔。

造船与海洋工程工业是一项周期长、资金密集、科技密集、劳动密集型产业，需要大量高素质的专业技术人才。

随着陆地石油及其他稀有资源的逐步减少，人们已经把石油及其他稀有资源的开发转向海洋。无论是海洋渔业、海洋交通运输业、海洋油气开发业、滨海旅游业，还是海洋工程建筑业，都离不开船舶和各类海洋工程装备。船舶与海洋工程专业担负着开发、利用、保护海洋资源的任务，发展前景广阔。

② 未来需要两种人才。

目前最需要的是两种人才，一种是技师，也就是技术工人。另一种就是高水平的技术设计人才。随着信息技术的不断发展，计算机、雷达、遥感技术的应用，环境保护要求的提高，以及对能源的更高效利用，船舶的动力装置、船舶电器设备、轮机自动化系统等都面临着新的技术要求与挑战，也需要高、精、尖技术人才来解决。

③ 报考注意事项。

在报考该专业时，考生还是应该结合自己的实际成绩、院校录取分数，各校专业侧重等因素综合考虑，看清各院校培养侧重和专业方向。如哈尔滨工程大学的船舶与海洋工程，始于中国人民解放军军事工程学院（哈军工）的海军工程系舰船设计专业，有船舶工程、海洋工程 2 个专业方向。上海交通大学船舶与海洋工程一级学科涵盖 3 个二级学科，船舶与海洋结构物设计制造、轮机工程、水声工程，通过长期的发展建设，又逐步凝练成多个重要研究方向，如船舶设计制造、船舶力学、海洋工程、海洋水下工程与科学、船舶主推进与辅助系统、水下探测技术等。

大部分院校以船舶与海洋工程专业一级学科招生，也有个别院校（如上海交通大学）以“海洋工程类”大类招生。考生家长在查看《招生专业目录》时，一定要看清大类所包含的专业方向，及大类中是否包含有意向报考的专业，以免疏漏。

4．小贴士

对数学、物理等科目的基础要求较高。有的院校航海类专业对身体条件和性别有不同的要求。

七、开设院校

2017年全国开设船舶与海洋工程专业的院校有36所（包括海军潜艇学院）。

航空航天工程专业

专业代码	中文名	学科门类	一级学科	授予学位	修学年限
082001	航空航天工程	航空航天类	工学	工学学士	四年

一、专业概述

航空航天工程是航空工程与航天工程的总称，涉及飞机等航空器与人造卫星等航天器的研究、设计、开发、建造和测试。

二、培养目标

培养具有扎实的数学、物理、力学、计算机等基础理论，掌握航空航天领域的多学科知识，具有良好的综合能力和创新意识的高级人才。

三、培养要求

掌握数学、物理、动力学与控制、空气动力学、材料与结构、工程热力学、控制系统原理、飞行器总体设计、航空电子系统、飞行器制造工艺及设计、实验等方面的基础理论和专业知识，具有飞行器总体、结构与系统设计分析的能力。

四、知识技能

毕业生应获得以下几方面的知识和能力：

① 掌握数学、物理、力学、计算机等基本理论和基本知识。
② 掌握飞行器总体、结构设计的分析方法和实验方法。
③ 具有飞行器系统设计的工程能力。
④ 熟悉航空航天飞行器设计的有关规范和设计手册等。
⑤ 了解飞行器设计的理论前沿、应用前景和发展动态。
⑥ 掌握文献检索、资料查询的基本方法，具有一定的科学研究和实际工作能力。

五、主干课程

空气动力学、飞行器结构力学、航空航天概论、机械设计基础、电路与电子学、自动控制原理、工程热力学、飞行器总体设计、飞行器结构设计、传热学、燃烧学、流体力学、材料力学、结构强度、材料与制造工艺、航空发动机、飞行控制、通信与导航、风洞试验、可靠性与质量控制、安全救生、环境控制、航空仪表、航空宇航制造工程、航空航天动力装置、电子对抗技术、隐身技术、飞机维修等。

六、发展前景

1．就业方向

主要就业方向包括在国家航天、航空和兵器等国防系统院所从事飞行器设计、武器装备研发以及工程管理工作。在高等院校、政府部门和军队从事与本专业有关的教育和研究工作。以及在各类相关企业从事设计、研发和管理工作。

2．就业前景

航空航天科技是20世纪兴起的现代科技，自形成以来，一直汲取基础科学和其他应用科学领域的最新成就，高度综合各领域的最新成果，力学、热力学、材料学、医学、电子技术、自动控制、喷气推进、计算机、真空技术、低温技术、半导体技术、制造工艺学等都对航空航天的进步发挥了重要作用。航空航天是综合性尖端科技的象征和结晶，是工业皇冠上的一颗明珠。

21世纪以来，航空航天技术是最为活跃的高科技领域之一，更是衡量一个国家综合国力的重要标志，世界各国都在抢占这一科技制高点，未来的发展潜力不容小视。国务院公布的《国家中长期科学和技术发展规划纲要》中，关于大型飞机、高分辨率对地观测系统、载人航天工程与探月工程等航空航天领域范畴的工程占了16个重大专项中的4项。近年来的大飞机、载人航天、探月工程等项目的重大突破，为航空航天类专业带来了机遇。

2017年全国开设航空航天工程专业的院校有11所，报考硕士较集中的专业：航空宇航科学与技术、航空工程、航天工程、力学。根据阳光高考信息平台统计数据，航空航天工程专业2017年普通高校毕业生规模200人到250人。高考时文理科比例为文科0，理科100%。男女生比例为男生82%，女生18%。航空航天工程专业本科就业率为2016年95%～100%，2017年95%～100%。

3．专家建议

① 航空航天类专业总体介绍。

在《普通高等学校本科专业目录》中航空航天属于工学中的一个专业类。它包含航空航天工程、飞行器设计与工程、飞行器制造工程、飞行器动力工程、飞行器环境与生命保障工程、飞行器质量与可靠性、飞行器适航技术等7个专业。开设航空航天类专业的院校会根据自身的学科优势和发展历史，选择开设其中的一个或几个专业。

这里简单说一下飞行器设计与工程、飞行器动力工程、飞行器制造工程三个主要专业。这三个专业名称听起来很相近，却是有很大区别的。飞行器设计、飞行器制造、飞行器动力最终的目的都是为了完成一个可以投入实际运用的飞行器。简单地说，区别就是一个是将飞行器设计出来，一个是将飞行器制造出来，一个研究的是飞行器所需的动力装置。

② 总体要求高，毕业生适应性强。

可供毕业生选择的对口职业有很多，可进入航空航天系统内的科研院所，从事设计、制造、研发、管理等工作，如飞机制造集团、中国航天航空集团下属的航天一院（中国运载火箭技术研究院）、航天二院（地空导弹研究院）、航天三院（飞航导弹研究院）、航天五院（中国空间技术研究院）等十多家研究院、数十个科研基地及上百个加工制造厂都是对口单位。这些对口的研究院所对毕业生的要求也相当高。

有些人担心航空航天类专业将来需要到偏远地区工作。目前我国的航空航天事业在软硬件条件上有了极大改善，大多数研究机构都设在北京、上海、西安、武汉、沈阳等大城市。比如，神舟飞船的研制工作都是在大城市的研究院里完成的，只有装备、发射在基地进行。研发人员可能会去当地出差一段时间来配合发射，大部分科技人员的工作主要还是在城市。

航空航天科技工业是知识密集和技术密集的高技术领域，其技术成果早已不仅仅应用于飞机或航天器，已逐渐向电子、机械、汽车、通信、气象、能源、探测等领域渗透。也就是说，航空航天专业除了面向航空航天系统内就业外，可以到其他领域工作。

③ 培养方向、培养层次各不相同。

航空航天类专业虽然开设的院校不多，但由于院校层次和发展历史不同，专业实力也有一定的差距。

我国开设航空航天类专业的重点院校开始是有北京航空航天大学、南京航空航天大学、西北工业大学、哈尔滨工业大学、北京理工大学等。近年，清华大学、北京大学、上海交通大学、浙江大学、厦门大学等也相继开设了此类专业，还有一些院校如南昌航空大学、沈阳航空航天大学、郑州航空工业管理学院等也开设了相关专业。填报志愿时，考生可以根据实际情况，确定自己的位置，选择和自己分数、批次相符合的院校。

航空航天类专业的招生方式主要有两种：一是按专业招生，二是按“航空航天类”招生。如北京理工大学按航空航天类招生，该校航空航天类包含飞行器设计与工程、飞行器动力工程、航空航天工程、武器发射工程等4个专业。上海交通大学则是以航空航天工程专业招生。南京航空航天大学分别以飞行器设计与工程、飞行器制造工程、飞行器动力工程、飞行器环境与生命保障工程专业招生。北京航空航天大学将其分为航空学院和宇航学院，航空学院设有飞行器设计与工程、工程力学、飞行器环境与生命保障工程三个本科专业，宇航学院设有飞行器设计与工程（航天）、探测制导与控制技术（航天）和飞行器动力工程（航天）三个本科专业。

考生在考虑院校时，最好能对院校和专业方向有所了解，选择那些符合自身实际情况和兴趣爱好的高校选报。

④ 关于招生要求。

一些考生和家长误以为报考航空航天类专业将来可能当航天员，对身体要求会非常严格。其实不然，学航空航天类专业既不是开飞机也不是当飞行员，主要是培养航空航天领域的专业技术人才。所以，此类专业对身体条件并没有特别严格的要求，考生的身体状况只要符合教育部、卫计委、中国残联印发的《普通高等学校招生体检指导意见》即可报考。

还有人误认为航空航天类专业不招收女生。其实只要成绩和相关条件符合要求，高校对女生报考航空航天类专业没有限制。

另外，航空航天类专业要求学生有很好的逻辑思维能力、学习钻研能力和动手能力。从所学课程中也不难看出，航空航天专业普遍对力学、数学、物理的要求非常高，课程也比较难。所以，数学、物理等科目成绩优异，且具有较强逻辑思维能力、钻研动手能力的学生更适合选择这类专业。

4．小贴士

近几年的热门及高分专业。

七、开设院校

2017年全国开设航空航天工程专业的院校有11所。

飞行器设计与工程专业

专业代码	中文名	学科门类	一级学科	授予学位	修学年限
082002	飞行器设计与工程	航空航天类	工学	工学学士	四年

一、专业概述

飞行器设计与工程专业主要研究的是各种航天飞行器，包括人造卫星、宇宙飞船、空间站、深空探测器运载火箭、航天飞机等空间飞行器及导弹等飞行器的设计。

二、培养目标

培养具有良好数学、力学基础，具有飞行器工程基本理论和工程应用等方面知识，能从事飞行器（包括航天器与运载器）总体设计、机构设计、飞机外形设计、飞机性能计算与分析、结构受力与分析、飞机故障诊断及维修、软件开发等，并能从事通用机械设计及制造的高级工程技术人员和研究人员。

三、培养要求

主要学习飞行器设计相关学科的基础理论知识，接受航空航天飞行器工程方面的基本训练，具有参与飞行器设计的基本技能。

四、知识技能

毕业生应获得以下几方面的知识和能力：

① 有与飞行器设计相关的，包括固体力学、流体力学、飞行力学、机构设计、总体设计、飞行器气动力估算、外形设计、结构强度设计和实验力学、飞机维修等基本理论和基本知识。

② 具有飞行器设计的基本技能，掌握本专业指定专业方向必需的计算、测试、试验和开发软件能力。

③ 熟悉本专业领域的方针、政策和法规。

④ 了解本专业领域的理论前沿、应用前景和发展动态。

⑤ 掌握文献检索、资料查询基本方法，具有一定的科学研究和实际工作能力，具有较强的创新意识和较高的综合素质。

五、主干课程

材料力学、机械设计、弹性力学、结构力学、流体力学与空气动力学基础、飞行器结构力学、飞行力学、结构强度、试验技术、自动控制理论、飞行器总体设计、结构设计、复合材料设计与分析、民机结构维修、民机维修无损检测等。

六、发展前景

1．就业方向

在航空航天系统的设计、生产与研发部门从事飞行器的设计、结构受力与分析、故障诊断与维修、软件开发等方面的研究、计划、教育和管理工作。

2．就业前景

参考航空航天工程专业及本节综述的相关资料。

2017年全国开设飞行器设计与工程专业的院校有24所（包括陆军工程大学），报考硕士较集中的专业：飞行器设计、航空工程、航空宇航科学与技术、航天工程。根据阳光高考信息平台统计数据，飞行器设计与工程专业2017年普通高校毕业生规模1500人到2000人。高考时文理科比例为文科0，理科100%。男女生比例为男生86%，女生14%。飞行器设计与工程专业本科就业率为2016年70%～75%，2017年95%～100%。

3．专家建议

参考航空航天工程专业及本节综述的相关资料。

4．小贴士

就业率比较高，竞争很大。

七、开设院校

2017年全国开设飞行器设计与工程专业的院校有24所（包括陆军工程大学）。

飞行器制造工程专业

专业代码	中文名	学科门类	一级学科	授予学位	修学年限
082003	飞行器制造工程	航空航天类	工学	工学学士	四年

一、专业概述

飞行器制造工程以一般机械制造工程为基础，广泛吸收各种先进技术和科学理论的成果，针对飞行器的特点研究各种制造方法的机理和应用，探求制造过程的规律，合理利用资源，经济而高效率地制造先进优质飞行器的一门技术科学。

二、培养目标

培养掌握先进航空制造技术、计算机技术和现代管理技术，从事飞行器制造领域内的设计、制造、研究、开发与管理的高级工程技术和管理人才。

三、培养要求

主要学习自然科学基础知识、制造工程基本理论和飞行器制造的基本理论和知识，并通过各种实践性教学环节，培养学生运用所学的基本知识和技能，分析和解决飞行器制造工程中实际问题的能力。

四、知识技能

毕业生应获得以下几方面的知识和能力：

① 掌握数学、力学、机械学、材料科学、电工与电子技术和计算机技术等方面的基本理论、基本知识。

② 掌握飞行器零件加工与成型工艺规程、飞行器装配工艺规程以及相关工艺装备与设备的设计技术。

③ 具有现代飞行器制造过程中的技术经济分析与生产组织管理基本能力。

④ 熟悉飞行器制造的方针、政策和法规。

⑤ 了解现代飞行器制造技术的发展动态和发展趋势。

⑥ 掌握文献检索、资料查询的基本方法，具有一定的从事该专业范围内的新技术研究与开发的能力。

五、主干课程

理论力学、材料力学、机械原理、机械设计、航空工程材料、电工与电子技术、计算机技术、金属塑性成形原理、模具设计与制造、零件加工与成型工艺等。

六、发展前景

1. 就业方向

主要从事现代飞行器的制造、飞行器数字化设计制造、计算机辅助设计制造、装备数字化控制等技术生产领域的设计、研究、生产和管理工作。

2. 就业前景

参考航空航天工程专业及本节综述部分关于航空航天类介绍的相关资料。

2017 年全国开设飞行器制造工程专业的院校有 32 所，部分高校按航空机械或钣金与模具专业方向培养。报考硕士较集中的专业：航空宇航制造工程、航空工程、机械工程、航空宇航科学与技术。根据阳光高考信息平台统计数据，飞行器制造工程专业 2017 年普通高校毕业生规模 2000 人到 2500 人。高考时文理科比例为文科 0，理科 100%。男女生比例为男生 90%，女生 10%。飞行器制造工程专业本科就业率为 2016 年 80%～85%，2017 年 90%～95%。

3．专家建议

参考航空航天工程专业及本节综述部分关于航空航天类介绍的相关资料。

4．小贴士

热门及高分专业，低培养层次院校慎重考虑。

七、开设院校

2017 年全国开设飞行器制造工程专业的院校有 32 所。

飞行器动力工程专业

专业代码	中文名	学科门类	一级学科	授予学位	修学年限
082005	飞行器动力工程	航空航天类	工学	工学学士	四年

一、专业概述

飞行器动力工程主要研究飞行器的动力装置及控制系统的工作原理、结构、设计方法等方面的基本知识和技能，涉及数学、力学、机械学及电子学等领域，从而进行飞行器动力装置及控制系统的设计、研究、测试、运行维护等。例如：火箭发动机的维修养护，飞机控制系统的测试，载人飞船动力装置的研发制造等。

二、培养目标

培养具备飞行器动力装置或飞行器动力装置控制系统等方面的知识，能在航空、航天、交通、能源、环境等部门从事飞行器动力装置及其他热动力机械的设计、研究、生产、实验、运行维护和技术管理等方面的高级工程技术人才。

三、培养要求

主要学习有关飞行器动力装置的基础理论和基本知识，受到机械工程设计、实验测试和计算机应用等方面的基本训练，具有飞行器动力装置及控制系统的设计、实验和运行维护等方面的基本能力。

四、知识技能

毕业生应获得以下几方面的知识和能力：

① 掌握扎实的数学、力学、机械学及电子学等学科的基本理论、基本知识。

② 掌握飞行器动力装置或飞行器动力装置控制系统的原理和结构的设计和分析方法。

③ 具有综合的机械工程设计的基本能力。

④ 了解飞行器动力装置的应用前景和发展动态。

⑤ 掌握文献检索、资料查询的基本方法，具有初步的科研和实际工作能力。

⑥ 具有从事本专业范围内新技术研究与开发的初步能力。

⑦ 具有较高的人文社会科学知识的修养，具有一定的组织管理和社会活动能力。

⑧ 熟悉飞行器动力工程研制与发展的方针、政策和法规。

五、主干课程

工程力学、工程热力学、结构力学、气体动力学、机械设计基础、机械制造基础、电工电子技术、微机原理与应用、自动控制原理、测试技术、航空宇航推进原理、发动机设计等。

六、发展前景

1．就业方向

主要从事飞行器推进系统及热机系统的理论研究、技术开发、总体论证、方案设计、实验技术研究及技术管理等工作。

2．就业前景

参考航空航天工程专业及本节综述部分关于航空航天类介绍的相关资料。

2017年全国开设飞行器动力工程专业的院校有25所（包括空军工程大学和火箭军工程大学），部分高校按飞机发动机维修及其管理专业方向培养。报考硕士较集中的专业：航空工程、航空宇航推进理论与工程、航空宇航科学与技术、动力工程及工程热物理。根据阳光高考信息平台统计数据，飞行器动力工程专业2017年普通高校毕业生规模2000人到2500人。高考时文理科比例为文科0，理科100%。男女生比例为男生92%，女生8%。飞行器动力工程专业本科就业率为2016年75%～80%，2017年90%～95%。

3．专家建议

参考航空航天工程专业及本节综述部分关于航空航天类介绍的相关资料。

4．小贴士

热门及高分专业。

七、开设院校

2017年全国开设飞行器动力工程专业的院校有25所（包括空军工程大学和火箭军工程大学）。

飞行器环境与生命保障工程专业

专业代码	中文名	学科门类	一级学科	授予学位	修学年限
082005	飞行器环境与生命保障工程	航空航天类	工学	工学学士	四年

一、专业概述

飞行器环境与生命保障工程专业的任务是为航空航天飞行器内部人员提供舒适的工作环境、保障电子设备稳定可靠工作、为飞行器提供防冰系统技术、为飞行器着陆和回收提供气动减速和防护救生技术等。

二、培养目标

培养具备航空、航天环境模拟及控制、生命保障系统设计与研究的能力，能在航空航天领域从事环境控制与生命保障系统设计，在民用领域从事热能利用、空调、供暖等系统设计的工程技术人才。

三、培养要求

主要学习人机工程学、航空航天空间环境工程、热控系统理论、控制理论、人机系统工程、航空航天生命保障工程等基础理论，掌握从事航空航天环境模拟、控制与生命保障系统设计与研究所必需的基本知识和技能。

四、知识技能

毕业生应获得以下几方面的知识和能力：

① 掌握机械制图、计算机、控制和电工与电子技术的基本理论和基本知识。

② 掌握传热学、工程热力学、流体力学、空间环境工程和人机工程的基本理论。

③ 掌握航空航天生理和生命保障系统的基本理论。

④ 具有航空航天环境模拟与控制系统设计的基本能力。

⑤ 具有从事民用空调、制冷系统设计的基本能力。

⑥ 掌握文献检索、资料查阅的基本方法，具有一定的科学研究和实际工作能力。

五、主干课程

人机与环境系统工程、动力工程与工程热物理、控制科学与工程、工程热力学、传热学、空间环境工程、航空航天生理学、人机工效学、空气动力学、理论力学、结构强度基础、航空航天环境模拟与控制技术、航空航天安全工程、空间环境试验技术、人工智能工程、飞行器总体设计、振动与噪声控制技术基础等。

六、发展前景

1. 就业方向

可在航空、航天、民航、机械、建筑、化工等领域从事飞行器环境与生命保障、航天器热控技术、空调与制冷技术、热能与动力工程、电子设备热设计等的技术研发及管理工作。

2. 就业前景

参考航空航天工程专业及本节综述部分关于航空航天类介绍的相关资料。

2017 年全国开设飞行器环境与生命保障工程专业的院校有北京航空航天大学、哈尔滨工业大学、南京航空航天大学、西北工业大学共 4 所。报考硕士较集中的专业：人机与环境工程、航空工程、飞行器设计、航空宇航科学与技术。根据阳光高考信息平台统计数据，飞行器环境与生命保障工程专业 2017 年普通高校毕业生规模 100 人到 150 人。高考时文理科比例为文科 0，理科 100%。男女生比例为男生 71%，女生 29%。飞行器环境与生命保障工程专业本科就业率为 2016 年 30%～35%，2017 年 95%～100%。

3. 专家建议

① 参考航空航天工程专业及综述部分关于航空航天类介绍的相关资料。

② 该专业由于专业性太强，在中航工业内，就业范围比较窄。最对口的单位是南京 609 和襄樊 610，也可以进主机厂和主机所。本科生进主机所有难度。硕士相对好一点，可以进主机所，也有进中国航天的博士生进主机所没有问题，一般都选择中航工业。

如果跨行业就业，相当宽泛，如舰船和潜艇环境控制、空调制冷行业、电子设备热设计行业、热能与动力行业等。

4. 小贴士

航空航天类最贴近民用的专业之一。

七、开设院校

2017 年全国开设飞行器环境与生命保障工程专业的院校有北京航空航天大学、哈尔滨工业大学、南京航空航天大学、西北工业大学共 4 所。

武器系统与工程专业

专业代码	中文名	学科门类	一级学科	授予学位	修学年限
082101	武器系统与工程	兵器类	工学	工学学士	四年

一、专业概述

武器系统与工程是关于火炮、自动武器（枪械）、弹药、发射架、火箭弹等基本武器总体设计的专业。

二、培养目标

培养具备武器系统总体和战斗载荷发射技术以及机械工程和自动化等方面的基础理论知识和工程实践能力，能在有关科研单位、生产企业和管理部门从事系统设计、技术开发、产品制造、实验测试和科技管理方面工作的工程技术人才。

三、培养要求

主要学习武器系统及其子系统总体技术，以及机械工程和自动化等相关民用工程技术方面的基本理论和专业知识，接受武器系统设计、技术综合、产品研制、实验测试及工程管理方面的基本训练，具备武器系统分析与综合、工程设计与计算、计算机应用、试验检测、科技管理等方面的基本能力。

四、知识技能

毕业生应获得以下几方面的知识和能力：

① 掌握力学、机械学、控制科学和系统工程学学科的基本理论、基本知识。

② 掌握武器系统与发射工程的分析与设计方法及产品研制技术。

③ 具有使用计算机和仪器设备解决工程技术问题的基本能力。

④ 熟悉国家有关技术经济和国防建设的方针、政策和法规。

⑤ 了解当代武器系统与发射工程领域的理论前沿、应用前景和发展动态。

⑥ 掌握文献检索、资料查询的基本方法，具有一定的科学研究和实际工作能力。

五、主干课程

力学、机械工程、兵器科学与技术、控制科学与工程、高等数学、理论力学、材料力学、画法几何与工程制图、机械设计、机械原理、火炮自动武器概论、弹道学、自动机结构设计、反后坐装置设计等。

六、发展前景

1. 就业方向

在国家有关部门、科研单位、部队、企业和管理部门从事火炮、自动武器以及机械系统设计、技术开发、产品制造、实验测试和科研管理等方面的工作。

2. 就业前景

中国虽然早已进入和平年代，但是面临瞬息万变的国际形势，军事力量的建设十分重要。武器系统工程专业就是武器系统设计、制造与使用、保障之间的关键节点。在世界各国军事科技力量迅猛发展的形势下，武器系统与运用工程专业面对的既是机遇也是挑战。

2017 年全国开设武器系统与工程专业的院校共 9 所，其中非军事类院校有北京理工大学、南京理工大学和中北大学，其他为军事类院校。报考硕士较集中的专业：火炮/自动武器与弹药工程、兵器科学与技术、航空宇航推进理论与工程、武器系统与运用工程。根据阳光高考信息平台统计数据，武器系统与工程专业 2017 年普通高校毕业生规模 250 人到 300 人。高考时文理科比例为文科 0，理科 100%。男女生比例为男生 88%，女生 12%。武器系统与工程专业本科就业率为 2016 年 90%～95%，2017 年 80%～85%。

3. 专家建议

① 参考综述部分关于兵器类专业的相关资料。

② 军事类院校有严格的体检和政审要求。非军校的院校数量很少，如果有兴趣，可查询本专业招生院校的详细资料，慎重考虑。

4. 小贴士

通俗说，这是一个设计和制造枪炮类常规武器的专业。

七、开设院校

2017 年全国开设武器系统与工程专业的院校共 9 所，其中非军事类院校有北京理工大学、南京理工大学和中北大学，其他为军事类院校。

武器发射工程专业

专业代码	中文名	学科门类	一级学科	授予学位	修学年限
082102	武器发射工程	兵器类	工学	工学学士	四年

一、专业概述

武器发射工程专业研究武器从发射、飞行到命中目标全过程的力学现象、运动规律和测试等有关理论和工程应用技术。随着高新技术迅猛发展及其在兵器技术中的应用，弹箭、火炮高新技术含量不断提高，出现了许多新概念武器。

二、培养目标

培养具备武器系统总体和战斗载荷发射技术以及机械工程和自动化等方面的基础理论知识和工程实践能力，能在有关科研单位、高等学校、生产企业和管理部门从事系统设计、技术开发、产品制造、实验测试和科技管理方面工作的高级工程技术人才。

三、培养要求

主要学习武器系统及其发射、运载以及民用机械工程与自动化方面的基本理论和基本知识，受到系统设计、技术开发、产品研制、实验测试及工程管理方面的基本训练，具备系统分析与综合、工程设计与计算、计算机应用、试验检测方面的基本能力。

四、知识技能

毕业生应获得以下几方面的知识和能力：

① 掌握力学、机械学、电子学、计算机、控制科学、弹道学等学科的基本理论、基本知识。

② 掌握武器系统与发射工程的分析与设计方法及产品研制技术。

③ 具有使用计算机和仪器设备解决工程技术问题的基本能力。

④ 熟悉国家有关技术经济和国防建设的方针、政策及法规。

⑤ 掌握文献检索、资料查询的基本方法，具有一定的科学研究和实际工作能力。

五、主干课程

高等数学、大学物理、大学英语、信息技术基础、Visual Basic 程序设计、机械设计与制造、微机原理、模拟电路与数字电路、工程热力学、气体动力学、弹箭空气动力学、内弹道学、外弹道学、武器概论、实验弹道学、新概念武器等。

六、发展前景

1．就业方向

在国家有关部门、科研院所、部队、企业和管理部门从事武器系统设计、技术开发、产品制造实验测试、机械工程及其自动化等工作。

2．就业前景

当前，武器发射工程专业主要面向尖端航天技术及制导技术。

2017 年全国开设武器发射工程专业的院校共 8 所，其中非军事类院校有北京理工大学、南京理工大学、中北大学及沈阳理工大学 4 所，其他为军事类院校。报考硕士较集中的专业：兵器科学与技术、兵器工程、兵器发射理论与技术、航空宇航科学与技术。根据阳光高考信息平台统计数据，武器发射工程专业 2017

年普通高校毕业生规模200人到250人。高考时文理科比例为文科0，理科100%。男女生比例为男生92%，女生8%。武器发射工程专业本科就业率为2016年60%～65%，2017年75%～80%。

3．专家建议

① 参考综述部分关于兵器类专业的相关资料。

② 军事类院校有严格的体检和政审要求。

非军事类院校数量很少，如果有兴趣，可查询本专业招生院校的详细资料，慎重考虑。

北京理工大学侧重武器系统、火箭导弹发射技术与设备。

沈阳理工大学以突出火炮设计与制造能力为专业特色。

中北大学侧重武器发射系统总体、战斗载荷发射和飞行控制技术。

南京理工大学侧重现代火炮和火箭发射理论与技术、外弹道理论及弹箭空气动力与增程技术、弹箭飞行控制。

4．小贴士

通俗说，这个专业研究设计制造子弹、炮弹、火箭弹等。

七、开设院校

2017年全国开设武器发射工程专业的院校共8所，其中非军事类院校有北京理工大学、南京理工大学、中北大学及沈阳理工大学4所。

探测制导与控制技术专业

专业代码	中文名	学科门类	一级学科	授予学位	修学年限
082103	探测制导与控制技术	兵器类	工学	工学学士	四年

一、专业概述

探测制导与控制技术是由原来的鱼雷飞雷工程、火控与指挥系统工程、引信技术、飞行器制导与控制四个专业归并而成。该专业根据学校专业侧重的不同分为电子方面和航天方面，多数院校倾向于电子方向。

二、培养目标

培养具备目标及环境的探测、识别、跟踪、定位、制导与控制、安全控制以及机电控制和传感检测等方面的基础理论知识和工程实践能力，能在有关科研单位、高等学校、生产企业和管理部门从事系统设计、技术开发、产品研制、实验测试和科技管理等方面工作的高级工程技术人才。

三、培养要求

主要学习目标探测与识别技术、制导与控制技术、传感与检测技术、机电控制技术和系统分析与综合等方面的基本理论和基本知识，受到系统设计、技术开发、产品研制、实验测试以及工程管理方面的基本训练，具备系统分析与综合、工程设计与计算、计算机应用与开发、检测与实验等方面的基本能力。

四、知识技能

毕业生应获得以下几方面的知识和能力：

① 掌握机械学、电子学和控制科学学科的基本理论和基本知识。

② 掌握武器探测、制导与控制原理、系统分析与设计方法和产品研制技术。

③ 具有利用计算机和仪器设备解决工程技术问题的基本能力。

④ 熟悉国家有关技术经济和国防建设的方针、政策和法规。

⑤ 了解武器探测、制导与控制领域的理论前沿、应用前景和发展趋势。

⑥ 掌握文献检索、资料查询的基本方法，具有一定的科学研究和实际工作能力。

五、主干课程

机电系统设计、中近程探测与识别技术、现代控制理论、制导与控制原理及系统、传感与检测技术、模式识别与智能控制、GPS与抗干扰技术、武器探测、制导与控制系统分析与设计、系统建模与仿真技术等。

六、发展前景

1．就业方向

可在相关科研单位、部队、生产企业和管理部门从事系统设计、技术开发、产品制造、实验测试和科技管理等工作。

2．就业前景

随着我国国防技术的发展，天文导航技术在航天、航空、航海领域的需求日益强烈，技术发展十分迅速，航天事业的发展迎来了天文导航技术的辉煌。我国的载人航天技术极大地促进了天文导航技术在航天领域的发展，随着新一轮月球和火星探测等一系列深空探测活动的开展，天文导航以其自主性强、精度高、成本低廉等特点在深空探测领域得到了越来越广泛的应用。

天文导航技术是舰船、卫星和深空探测器必不可少的关键技术，同时还是中远程弹道导弹、运载火箭和高空远程侦察机等的重要辅助导航手段，在未来人类探索宇宙的星际航行中也必将发挥重要的作用。

2017年全国开设探测制导与控制技术的院校共17所（包括海军大连舰艇学院）。报考硕士较集中的专业：控制科学与工程、导航/制导与控制、控制工程、系统工程。根据阳光高考信息平台统计数据，探测制导与控制技术专业2017年普通高校毕业生规模900人到1000人。高考时文理科比例为文科0，理科100%。男女生比例为男生81%，女生19%。探测制导与控制技术专业本科就业率为2016年70%～75%，2017年90%～95%。

3．专家建议

① 参考综述部分关于兵器类专业的相关资料。

② 军事类院校有严格的体检和政审要求。

此专业前些年境况不佳，随着国有企业改革，产业结构调整和人力资源的配置优化，特别是随着近年来航空航天事业的发展，该专业逐渐受到人们的关注。

探测制导与控制技术是武器类专业，分引信、鱼雷和飞行器三个方向，前两个是非常冷的冷门，飞行器方向就业比较好，该专业基本上以推荐为主。

探测制导与控制技术专业的前景仍被人们看好，民用方向主要集中在印刷机械、数控机床、发电设备、工程机械等领域，与自动控制类似。

4．小贴士

通俗说，这个专业是为导弹、鱼雷等进行配套的专业。

七、开设院校

2017年全国开设探测制导与控制技术专业的院校共17所（包括海军大连舰艇学院）。

弹药工程与爆炸技术专业

专业代码	中文名	学科门类	一级学科	授予学位	修学年限
082104	弹药工程与爆炸技术	兵器类	工学	工学学士	四年

一、专业概述

本专业以爆炸能量的释放、控制、应用及爆炸燃烧安全为研究范围。

二、培养目标

培养具备弹药战斗部与爆炸技术以及在民用机械工程和工程爆破等方面的基础理论知识和工程实践能力，能在有关科研单位、生产企业和管理部门从事系统设计、技术开发、产品制造、实验测试和科技管理工作的工程技术人才。

三、培养要求

主要学习弹药工程、爆炸与安全技术以及民用机械工程与工程爆破方面的基本理论和基本知识，受到系统设计、技术开发、产品研制、实验测试以及工程管理方面的基本训练，具备系统分析与综合、工程设计与制造、计算机应用、试验检测方面的基本能力。

四、知识技能

毕业生应获得以下几方面的知识和能力：

① 掌握机械学、力学、弹药学、爆炸学学科的基本理论和基本知识。

② 掌握弹药工程及爆炸技术的基本分析与设计方法和产品研制技术。

③ 具有利用计算机和仪器设备解决工程技术问题的初步能力。

④ 熟悉国家有关技术政策、法规及重要的专业技术标准。

⑤ 了解弹药工程与爆炸技术领域的理论前沿、新技术和发展动态。

⑥ 掌握文献检索、资料查询的基本方法，具有一定的科学研究和实际工作能力。

五、主干课程

弹药系统分析与设计、爆炸物理、弹道学、终点效应、动态检测技术、冲击动力学、爆炸技术、安全工程学等。

六、发展前景

1. 就业方向

可在爆破器材生产企业、研究机构以及化工、铁道、水利水电、矿业、军工、建筑工程等行业的相关单位从事与爆炸相关的设计、技术开发、产品制造、检验测试、科学研究与安全管理等方面的工作。

2. 就业前景

该专业的专业性强，具有无法替代性，就业区域在全国范围内覆盖且较为均衡，偏向于重工业尤其是矿山企业较多的地区，就业行业主要分布在建筑业、道路桥梁、矿业、军事、消防等领域。就业单位主要有中国船舶重工集团公司、中国兵器工业集团公司、中国兵器装备集团公司、公安部门、消防部门、军工集团下属研究所等，由于专业的特殊性，专业人才需求供给较为平衡。

2017 年全国开设弹药工程与爆炸技术专业的院校共 8 所（包括 2 所军事类院校）。报考硕士较集中的专业：兵器科学与技术、火炮/自动武器与弹药工程、兵器工程、工程力学。根据阳光高考信息平台统计数据，弹药工程与爆炸技术专业 2017 年普通高校毕业生规模 500 人到 600 人。高考时文理科比例为文科 0，理科 100%。男女生比例为男生 93%，女生 7%。弹药工程与爆炸技术专业本科就业率为 2016 年 80%～85%，2017 年 85%～90%。

3．专家建议

① 参考综述部分关于兵器类专业的相关资料。

② 军事类院校有严格的体检和政审要求。

弹药工程与爆炸技术专业主要的研究方向，一是军工方向，研究各种枪弹、炮弹、导弹中战斗部分的设计和制造。二是民用方向，主要研究爆破技术在民用以及生产环节中的应用。

这个专业是国家单位（公安、安全管理部门）招收工作人员的指定专业。

4．小贴士

通俗说，本专业是研究爆破和炸弹的专业，学好了可以研究造炸弹，学不好只能造炮仗。

七、开设院校

2017 年全国开设弹药工程与爆炸技术专业的院校共 8 所（包括 2 所军事类院校）。

特种能源技术与工程专业

专业代码	中文名	学科门类	一级学科	授予学位	修学年限
082105	特种能源技术与工程	兵器类	工学	工学学士	四年

一、专业概述

特种能源技术与工程专业是以化学和化工为基础，涉及含能材料设计、制造和应用的国防军工专业。

二、培养目标

培养适应国防建设和国民经济建设的需要，基础理论扎实，知识结构合理，掌握火（炸）药及火工烟火技术等特种能源及其能量转换的基本理论和基础知识，具有较强的科技创新能力和开发应用能力，适应国防现代化建设和特种能源发展需求的、德智体美全面发展的、高素质应用型高级专业人才。

三、培养要求

主要学习化学化工、火药和火工及烟火技术等特种能源及其能量转换的基本理论和基本知识，并且在系统设计、技术开发、产品研制、性能测试以及工程管理方面接受基本训练，具备系统分析与综合、工程设计与制造、计算机应用、试验检测等方面的基本能力。

四、知识技能

毕业生应获得以下几方面的知识和能力：

① 掌握化学、化工、含能材料学科的基础理论、基本知识。

② 掌握一些特种能源技术的分析与设计方法及产品研制技术。

③ 具有使用计算机和仪器设备解决工程技术问题的基本能力。

④ 熟悉国家有关技术经济和国防建设的方针、政策和法规。

⑤ 了解当代能源领域的理论前沿、应用前景和发展动态。

⑥ 掌握文献检索、资料查询的基本方法，具有一定的科学研究和实际工作能力。

五、主干课程

无机化学、有机化学、物理化学、化工原理、高分子物理与化学、高分子材料与工程、火（炸）药合成和制造技术、燃烧与爆炸物理学、能源材料与火工烟火制造工艺学、弹药学、起爆药化学工艺学、火工品技术、烟火学原理等。

六、发展前景

1．就业方向

可在兵工航天科研单位、兵工企业、生产企业和矿山安全管理部门从事系统设计、技术开发、产品制造、实验测试和科技管理工作。

2．就业前景

本专业就业面较窄，通俗理解就是制造炸药类材料的专业。

2017 年全国开设特种能源技术与工程专业的院校共 7 所。报考硕士较集中的专业：兵器科学与技术、军事化学与烟火技术、化学工程与技术、化学工程。根据阳光高考信息平台统计数据，特种能源技术与工程专业 2017 年普通高校毕业生规模 400 人到 450 人。高考时文理科比例为文科 0，理科 100%。男女生比例为男生 83%，女生 17%。特种能源技术与工程专业本科就业率为 2016 年 75%～80%，2017 年 80%～85%。

3．专家建议

① 参考综述部分关于兵器类专业的相关资料。

② 通俗理解就是制造炸药类材料的专业，也包括火箭的固体燃烧材料，专业对口就业主要是相关国企。诺贝尔奖创始人诺贝尔算是本专业的名人。

4．小贴士

学好了可以研究造炸药，学不好只能去炮仗。

七、开设院校

2017 年全国开设特种能源技术与工程专业的院校共 7 所。

装甲车辆工程专业

专业代码	中文名	学科门类	一级学科	授予学位	修学年限
082106	装甲车辆工程	兵器类	工学	工学学士	四年

一、专业概述

本专业以军用车辆（包括履带式车辆、轮式车辆、军用机器人）研究为特色，主要内容包括军用车辆总体技术、车辆传动系统技术、军用车辆行动系统技术、车辆操纵系统技术、军用车辆综合电子信息技术、军用车辆制造工艺技术等。

二、培养目标

培养从事装甲车辆工程领域科学研究与开发应用、工程设计、技术攻关与技术改造、汽车排放、新技术推广与应用等方面的高级工程技术人才。

三、培养要求

主要学习装甲车辆工程的基本理论和基本知识，受到系统设计、技术开发、产品研制、性能测试以及工程管理方面的基本训练，具备系统分析与综合、工程设计与制造、计算机应用、试验检测方面的基本能力。

四、知识技能

毕业生应获得以下几方面的知识和能力：

① 掌握研究设计装甲车辆及发动机的总体系统。

② 掌握编制装甲车辆及发动机的制造工艺。

③ 掌握研究设计装甲车辆三防和自动灭火和自动导航、隐身等特设装置。

④ 掌握研究装甲车辆的装甲防护技术。

⑤ 编制装甲车辆的技术标准，开发推广新技术。

五、主干课程

计算机系列课程、工程力学、机械设计基础课群、工程材料基础、电工和电子技术、流体力学、机械振动、自动控制理论基础、车用内燃机、坦克学、液压与液力传动、轮式车辆技术、现代车辆试验学等。

六、发展前景

1．就业方向

可在国防工业所属的军工企业、科研院所或其他工业部门从事机动武器、装甲车辆的设计、制造、试验等工作，也可从事普通机械、汽车的设计制造等工作。

2．就业前景

除设计、生产、制造军用车辆的国防军工企业、研究机构、政府部门外，在民用领域的就业情况可参考车辆工程专业。

2017 年全国开设装甲车辆工程专业的院校共 6 所（北京理工大学、中北大学、南京理工大学、重庆理工大学、沈阳理工大学以及陆军装甲兵学院）。报考硕士较集中的专业：机械工程、车辆工程。根据阳光高考信息平台统计数据，装甲车辆工程专业 2017 年普通高校毕业生规模 150 人到 200 人。高考时文理科比例为文科 0，理科 100%。男女生比例为男生 95%，女生 5%。装甲车辆工程专业本科就业率为 2016 年 65%～70%，2017 年 70%～75%。

3．专家建议

① 参考综述部分关于兵器类专业的相关资料。

② 民用领域的就业可参考车辆工程专业。

4．小贴士

适合有兴趣的考生报考。

七、开设院校

2017 年全国开设装甲车辆工程专业的院校共 6 所（北京理工大学、中北大学、南京理工大学、重庆理工大学、沈阳理工大学以及陆军装甲兵学院）。

信息对抗技术专业

专业代码	中文名	学科门类	一级学科	授予学位	修学年限
082107	信息对抗技术	兵器类	工学	工学学士	四年

一、专业概述

电子信息的安全维系着国家的国防安全、金融、交通、商贸的安全，维系着企业和个人的安全。电子信息存在安全问题，说明存在着信息对抗，也就产生了信息对抗技术。军工类的院校的信息对抗技术是指雷达对抗为主，不仅仅是网络对抗。

二、培养目标

培养具备进攻与防御信息战技术系统及其决策支持系统以及民用信息安全防护等方面的基础理论知识和技术综合能力，能在科研单位、高等学校、信息产业及其使用管理部门从事系统设计、技术开发、操作管理和安全防护方面工作的高级工程技术人才。

三、培养要求

主要学习计算机科学与技术、网络与通信技术等基本理论与基础知识，掌握密码学、信息对抗理论与技术、信息安全等专业理论和知识，掌握网络安全态势感知、信息系统安全风险评估、网络信息对抗等基本原理和方法，具备从事信息防御体系构建、网络安全防护等工作的初步能力。

四、知识技能

毕业生应获得以下几方面的知识和能力：

① 有宽厚坚实的自然科学、人文社会科学和工程技术基础理论知识，具备绘图、运算、实验、测试和表达技能，有较强的自学、综合分析和创新能力。

② 初步掌握一门外语，达到国家四级考试标准，能顺利阅读专业书刊，具有听、说、读、写能力。

③ 了解一定的国防知识和体育运动知识，初步掌握锻炼身体的技能，养成科学锻炼身体的习惯，达到大学生体育合格标准。

④ 掌握信息科学、电子学和计算机科学的基本理论、基本知识。

⑤ 掌握信息对抗技术系统、信息安全防护系统的分析、设计和研制技术。

⑥ 熟悉有关国家安全和国防建设的方针政策和法规以及国际法律、法规。

⑦ 了解信息战、信息武器系统及其对抗技术领域的理论前沿、应用前景和发展动态。

五、主干课程

信息对抗新技术、雷达原理、雷达对抗原理、网络对抗原理、通信原理、通信对抗原理、雷达对抗实验、网络对抗实验、数字信号处理、随机信号处理、信息战导论、雷达系统、信息论与编码理论、扩频通信、网络安全与保密、DSP 系统设计等。

六、发展前景

1. 就业方向

可在国防、军事领域从事信息对抗工作。也可在民用行业如金融、保险、税务、企业等部门从事信息安全防护工作。可从事信息系统、信息对抗系统的研究、开发，亦可从事此类系统的维护、管理、咨询等工作。

2. 就业前景

现代社会信息繁杂，信息安全问题常常困扰着人们，从而产生了信息对抗技术，而且越来越受到重视。相似专业可参考信息安全专业。

2017 年全国开设信息对抗技术专业的院校共 17 所（包括战略支援部队信息工程大学）。报考硕士较集中的专业：电子与通信工程、信息与通信工程、信号与信息处理、通信与信息系统。根据阳光高考信息平台统计数据，信息对抗技术专业 2017 年普通高校毕业生规模 700 人到 800 人。高考时文理科比例为文科 0，理科 100%。男女生比例为男生 77%，女生 23%。信息对抗技术专业本科就业率为 2016 年 80%～85%，2017 年 80%～85%。

3. 专家建议

① 参考综述部分关于兵器类专业的相关资料。

② 相似专业可参考信息安全专业。

4. 小贴士

战略支援部队，听着就高大上。

七、开设院校

2017 年全国开设信息对抗技术专业的院校共 17 所（包括战略支援部队信息工程大学）。

核工程与核技术专业

专业代码	中文名	学科门类	一级学科	授予学位	修学年限
082201	核工程与核技术	核工程类	工学	工学学士	四年

一、专业概述

核工程与核技术是一门多学科相互交叉的高新技术专业，它包括核动力工程与核能利用、核技术及应用两大分支。

二、培养目标

培养具备工程热物理及核工程技术基础知识，能在各相关领域从事核工程及核技术方面的研究、设计、制造、运行、应用和管理的高级工程技术人才。

三、培养要求

主要学习工程热物理、核工程、核技术的基础理论，受到核工程、核技术方面的实践训练，具有从事核工程、核技术的实验研究、设计建造、运行管理的基本能力。

四、知识技能

毕业生应获得以下几方面的知识和能力：

① 具有较扎实的自然科学基础，较好的人文、艺术和社会科学基础及正确运用本国语言、文字的表达能力。

② 较系统地掌握该专业领域宽广的技术理论基础知识，主要包括工程力学、电工与电子学、机械学、工程热物理、流体力学、核技术与核工程等基础知识。

③ 获得核技术、核工程方面的实践训练，具有较强的计算机和外语应用能力。

④ 具有较强的自学能力、创新意识和较高的综合素质。

五、主干课程

工程力学、机械设计基础、电工与电子技术、工程热力学、流体力学、传热学、控制理论、测试技术、核物理、核反应堆、核能与热能动力装置、热工设备等。

六、发展前景

1．就业方向

除传统的核科技、核工程部门外，主要在与近代物理技术和信息技术密切相关的领域与部门，包括环境、医疗、卫生、国防、工业、农业的政府部门、规划部门和经济管理部门，核电工程的科研设计单位（站、厂、院、所），核动力和核供热以及常规火力电站，工矿企业等从事研究、规划、设计、施工、核电厂运行管理及设备制造、研发、技术咨询等工作。

2．就业前景

我国核电建设从20世纪70年代起步至今，发展迅猛，但是核电在整个电力供应中所占比例仍然较低。2007年，国务院发布了首部《核电中长期发展规划》，计划未来 20年内，再兴建15座大型核电站，使环保、清洁的核能成为我国电力供应的主要能源。一般来说，一台百万千瓦级核电机组，需要长达4年以上的建设周期，需要各类专业技术和管理人员上千人参与其中，其中相当数量人员必须是具备经验的高端人才，包括高级操作及管理人员。

2017年全国开设核工程与核技术专业的院校共30所，部分高校按核电站专业方向培养。报考硕士较集中的专业：核科学与技术、核能与核技术工程、核技术及应用、核能科学与工程。根据阳光高考信息平台统计数据，核工程与核技术专业2017年普通高校毕业生规模1500人到2000人。高考时文理科比例为文科 0，理科 100%。男女生比例为男生 85%，女生 15%。核工程与核技术专业本科就业率为 2016 年 85%～90%，2017 年 90%～95%。

3．专家建议

① 参考本节综述中核工程类专业的相关资料。

② 这是一个目前就业率较高的专业，主要原因是核工业在我国正处于一个快速发展时期，该方面的专业人员较少，开设此专业的高校和每年的毕业生人数不多，绝大多数毕业生都能找到专业对口的工作。

核电站一般都是国企，待遇都不差。每个月都有餐补、交通补助、工资也很高，很稳定。其缺点是在核电站工作需要不断学习，每年都有很多考试，至少要经过三年的培训，才能取得高级操作员资格；另外，核电站多数离城市有一定距离，某些岗位需要倒班。

要想取得操纵员执照得付出艰辛的努力：无论是本科生还是研究生，都必须从现场操作员做起，然后是中级现场操纵员、高级现场操纵员、主管。学员操作员一般两年后才能初步具备报考操纵员的资格，而高级操纵员则要在取得操纵员执照的两年后才能报考。其考试过程非常严酷，8 小时的笔试、紧张的口试、高难度的模机考试，每个环节的一个小失误都可能导致失败。

我国核工业已经从适度发展迈向积极发展，相比 20%的世界平均水平，我们的发展空间很大。

4．小贴士

开设本专业的院校越来越多，请考生和家长注意甄别学校的教学能力。

这个专业也适合医院的放射性治疗岗位，本科毕业一般在县级医院。

七、开设院校

2017 年全国开设核工程与核技术专业的院校共 30 所。

辐射防护与核安全专业

专业代码	中文名	学科门类	一级学科	授予学位	修学年限
082202	辐射防护与核安全	核工程类	工学	工学学士	四年

一、专业概述

辐射防护与核安全专业是根据教育部 2012 年“关于普通高等学校现设本科专业整理”的要求，在原核工程与核技术专业中“辐射防护与环境保护”方向的基础上设置，是核科学与技术在生命、环境、资源等相关领域安全应用的保障。

二、培养目标

培养具有扎实的辐射防护、辐射安全评价、核废料与退役核设施处置、环境保护的基本理论知识和较强的辐射监测和辐射事故应急处理能力的应用型技术人才。

三、培养要求

掌握辐射监测、辐射防护、辐射安全评价、核安全评价、辐射污染防治等基本技能和专业知识，有从事与辐射防护、核设施安全以及环境工程相关的评价、研究、管理工作能力。

四、知识技能

毕业生应获得以下几方面的知识和能力：

① 有扎实的自然科学基础，有基本的人文、艺术和社会科学基础及准确运用语言文字的能力。

② 掌握数学和物理的基本理论和方法，具有坚实的数学和物理基础。

③ 掌握辐射防护与核安全的基本理论和实验方法，有一定的科学研究能力和应用开发能力。

④ 掌握辐射防护与核安全专业的基本科学知识和体系，获得辐射防护与核安全专业的实践训练，了解辐射防护与环境工程发展的前沿和趋势。

⑤ 掌握计算机及信息技术应用知识，能够进行中外文文献检索与阅读，掌握科技写作知识。

⑥ 了解国家有关的辐射防护与核安全的法律、法规和科学技术、知识产权等政策和法规。

⑦ 具有较强的自学能力、创新意识和较高的综合素质。

五、主干课程

核能与核技术概论、辐射物理、核辐射探测方法、辐射防护、电离辐射剂量学、环境工程、环境影响评价方法、环境地球化学基础、核安全法规、放射生态学、核电子学与核仪器、辐射监测方法与仪器、核数据获取与处理、核反应堆物理基础等。

六、发展前景

1．就业方向

能在环保、核电安全、核工业及其他工业领域，从事辐射防护和核环境治理工程、核辐射检测等的研究、设计、开发、生产、管理等多方面的工作。

2．就业前景

参考本节综述中核工程类专业的相关资料。

2017 年全国开设辐射防护与核安全专业的院校共 9 所（包括陆军防化学院、火箭军工程大学两所军事类院校）。部分高校按核安全工程专业方向培养。报考硕士较集中的专业：核技术及应用、核科学与技术、核能与核技术工程、辐射防护及环境保护。根据阳光高考信息平台统计数据，辐射防护与核安全专业 2017 年普通高校毕业生规模 250 人到 300 人。高考时文理科比例为文科 0，理科 100%。男女生比例为男生 67%，女生 33%。辐射防护与核安全专业本科就业率为 2016 年 90%～95%，2017 年 90%～95%。

3．专家建议

参考本节综述中核工程类专业的相关资料。

开设本专业的院校多数为二本，分数不高。

4．小贴士

开设院校较少，重启核电的前几年就业前景不是很好，未来应当不错。

七、开设院校

2017 年全国开设辐射防护与核安全专业的院校共 9 所（包括陆军防化学院、火箭军工程大学两所军事类院校）。

工程物理专业

专业代码	中文名	学科门类	一级学科	授予学位	修学年限
082203	工程物理	核工程类	工学	工学学士	四年

一、专业概述

工程物理是物理，工程和数学三种学科结合的学科，是研究能量以热和功及其他相关的形式在转化、传递和利用过程中的基本规律及其应用的一门应用基础科学，几乎与所有产业部门及科技领域都密切相关。

二、培养目标

培养近代物理电子学、辐射技术、加速器技术、核能工程、安全技术、粒子物理与核物理等方面的人才。

三、培养要求

要求学生有严谨求实的科学态度和作风，具有独立从事科学研究的能力，并能在本学科领域某一方面的理论或实践上取得创造性研究成果。

四、知识技能

毕业生应获得以下几方面的知识和能力：

① 掌握扎实的工程热物理的系统基础理论知识。

② 熟知并能熟练运用相关学科的基础理论和新技术开展本学科的科研与应用开发工作。

③ 了解学科的进展、动向和最新发展前沿。

④ 具有独立从事科研的能力，在本学科领域某一方面的理论或实践上取得创造性研究成果。

⑤ 至少掌握一门外语，具有一定的外文写作能力和进行国际学术交流的能力，同时能熟练地阅读该专业的外文资料。

五、主干课程

电工技术、模拟电子技术、数字电子技术、计算机软件技术、计算机硬件技术、工程力学、流体力学、辐射物理及探测学、近代物理电子学、核工程原理、智能物理仪器、系统安全工程等。

六、发展前景

1. 就业方向

清华大学工程物理专业主要研究核技术，设工程物理、工程物理（能源实验班）、工程物理（定向物院）和核工程与核技术（定向中核）本科专业方向。

2. 就业前景

本专业只有清华大学一所学校招生，就业没有问题。有兴趣的考生自行查询。

2017年全国开设工程物理专业的院校只有清华大学一所。报考硕士较集中的专业：核科学与技术、核能与核技术工程、动力工程及工程热物理、电气工程。根据阳光高考信息平台统计数据，工程物理专业2017年普通高校毕业生规模50人到100人。高考时文理科比例为文科0，理科100%。男女生比例为男生84%，女生16%。工程物理专业本科就业率为2016年95%～100%，2017年95%～100%。

3. 专家建议

工程物理系原是全校规模最大的系之一。由于学科发展的需要，学校对系际专业进行调整，成立了若干新系和院所，工程物理系也先后调出部分专业，规模有所缩小，专业设置也有所变化。

4. 小贴士

前提是分数能够上清华大学。

七、开设院校

2017年全国开设工程物理专业的院校只有清华大学一所。

核化工与核燃料工程专业

专业代码	中文名	学科门类	一级学科	授予学位	修学年限
082204	核化工与核燃料工程	核工程类	工学	工学学士	四年

一、专业概述

核化工与核燃料工程专业的研究方向是核材料开发和性能测试。

二、培养目标

培养适应我国国民经济和国防核科技工业发展需要，在核化工与核燃料工程及相近专业领域从事科研、设计、生产、应用和管理等的专门人才。

三、培养要求

具有良好的数理化基础、扎实的专业知识和熟练的专业技能，能够适应该专业各个方向发展的基本需要。

四、知识技能

毕业生应获得以下几方面的知识和能力：

① 有扎实的自然科学基础，有较好的人文、艺术和社会科学基础。

② 具有坚实的数理化基础，掌握其基本理论和方法。

③ 掌握核化工与核燃料工程的基本理论和实践技能，具有一定的科学研究、工程设计和应用开发能力，了解该专业发展的前沿和趋势。

④ 掌握一门外语，掌握计算机及信息技术应用知识，能够进行中外文文献检索，掌握科技写作技巧。

⑤ 具有较强的自学能力、创新意识和较高的综合素质。

五、主干课程

原子核物理基础、化工流体与流动、无机化学、有机化学、分析化学、物理化学、核化学与放射化学、核化工原理、核燃料循环化学工艺学、核化工机械与材料、核化工过程建模与仿真等。

六、发展前景

1．就业方向

可在核燃料转化、核燃料组件生产、核电站、核能设计、核试验基地等涉核部门及民用化工、建材、材料、新能源、环保企业等相关行业从事生产、科研和管理工作。

2．就业前景

随着国家经济发展、国力增强以及对新的清洁能源的迫切需求，核能的应用已经呈现出明朗的发展趋势。

2017 年全国开设核化工与核燃料工程专业的院校共 7 所。报考硕士较集中的专业：核科学与技术、化学、核能与核技术工程、化学工程与技术。根据阳光高考信息平台统计数据，核化工与核燃料工程专业 2017 年普通高校毕业生规模 200 人到 250 人。高考时文理科比例为文科 0，理科 100%。男女生比例为男生 90%，女生 10%。核化工与核燃料工程专业本科就业率为 2016 年 85%～90%，2017 年 95%～100%。

3．专家建议

参考本节综述中核工程类专业的相关资料。

这个行业吸纳的毕业生总数毕竟有限，随着毕业生增多，就业形势会变得紧张。

4．小贴士

真正的核燃料企业只有几家，在很偏远的地方。

七、开设院校

2017年全国开设核化工与核燃料工程专业的院校共7所。

工学门类学科之农业工程类、林业工程类、环境科学与工程类、生物医学工程

1．农业工程类

传统意义上，农业与工业是分开的两个产业，农业工程是这两大产业形成的一个交叉性的工学专业大类，它侧重的是“工程”，通俗理解，是用工程的方式来解决农业的一些问题。农业工程类下设农业工程、农业机械化及其自动化、农业电气化、农业建筑环境与能源工程、农业水利工程五个专业。

农业工程综合应用各种工程技术，为农业生产提供各种工具、设施和能源，以求创造最适于农业生产的环境，改善农业劳动者的工作、生活条件。农业机械化及其自动化是关于农业的机械化生产系统和机械化及自动化控制装置的设计、制造。农业电气化解决和农村、农业有关的电力系统及其自动化、生产过程电气自动化及应用电子信息技术方面的问题。农业建筑环境与能源工程以农业生产性建筑、设施农业工程、农村新能源开发利用等方面为研究对象。农业水利工程侧重于农业水利工程勘测、规划、设计、施工、管理。不难看出，农业工程是其他四个专业的综合应用。

农业工程不属于农学类，因为农业工程不直接和土地庄稼打交道、跟机械打交道，农业工程是研究农业机械的生产制造的，所以属于工学范围。但是如果想学机械及自动化最好报机械类的专业，这样会比加农业两个字的专业就业更广一些。无论是农业工程还是农业水利都与机械打交道，就业会有性别歧视，所以此类的专业女生谨慎报考。

2．林业工程类

林业工程类下设森林工程、木材科学与工程、林产化工三个专业。

森林工程主要是从事森林工程项目的设计与实施、道路桥梁勘测之类的工作。木材科学与工程主要从事木材加工、家具、室内设计、室内装饰等方面的工作。林产化工侧重于林产资源化学与生物化学加工利用、新产品研究开发、工程设计等方面，基本上走的都是与化工相关的工作。

林业工程类的就业率只能说还行，与其他工科比起来差很多，不算好不算坏，待遇一般，如果是女生最好谨慎报考。

3．环境科学与工程类

随着我国人民生活水平的不断提高，伴随的却是环境的日益恶化，使得大家越来越意识到保护环境的重要性，环境治理，任重而道远。环境科学与工程类下设环境科学与工程、环境工程、环境科学、环境生态工程、环保设备工程、资源环境科学、水质科学与技术七个专业。

环境科学与工程是本大类的基础专业，主要从事环境污染控制、环境技术开发、环境科学研究、环境监测、环境管理与规划等方面工作。环境工程侧重于环境科学技术和给水排水工程领域的科研、工程设计和管理，主要是工程建设。环境科学主要从事环境管理、环境政策的研究和制定、环境评价、环境监测等相关领域工作，偏重于理论方面，部分学校授予理学学士。环境生态工程主要在农、牧、林、水、土地资源管理等行业从事资源利用、生态保护与建设方面的工作，侧重生态环境和生态保护。环保设备工程侧重于环保设备的设计、制造、研发和环保工程建设与管理，以设备及工程施工为主。资源环境科学研究资源的高效利用及生态环境建设和保护，偏重理论的应用，可授予工学或理学学士。水质科学与技术的重点是水质科学研究、水处理系统设计、水质监测与控制、材料腐蚀与防护，水处理新技术、新材料、新设备和新工艺的研发和生产。

4．生物医学工程类

生物医学工程学是一门理工医相结合的交叉学科，它是应用工程技术的理论和方法，研究解决医学防病治病，保障人民健康的一门新兴的边缘科学。通俗来说，这个专业主要面向的是大型医疗设备的操作、维修及管理。生物医学工程类下设生物医学工程和假肢矫形工程两个专业。

农业工程专业

专业代码	中文名	学科门类	一级学科	授予学位	修学年限
082301	农业工程	农业工程类	工学	工学学士	四年

一、专业概述

农业工程是一门多学科交叉的综合性科学与技术，综合了物理、生物等基础科学和机械、电子等工程技术，研究农业系统内的农业生物、工程措施、环境变化等规律，用先进的工程和工业手段促进农业生物的繁育、生长、转化和利用，为我们的粮食、肉蛋制品、水果蔬菜的生产、加工和储藏提供技术和装备。

二、培养目标

培养德、智、体全面发展，具有现代科学技术知识和工程实践能力的农业工程科学研究、农业机械装备及相关产品设计开发、农业设施与环境、农业资源开发与利用、现代农业生产技术集成与管理、自动控制与检测等方面的高素质复合型高级工程技术人才和创新型人才

三、培养要求

要求学生系统接受自然科学基础理论和农业工程技术基本训练，掌握较宽的生物生产系统、农业工程机具装备、农业设施与环境、信息与自动化技术以及农业工程项目规划设计与管理等知识，具有宽广的知识结构、良好的素质和系统综合能力，适应现代科技发展，特别是农业工程领域技术集成与创新的需求。

四、知识技能

毕业生应获得以下几方面的知识和能力：

① 掌握本学科的相关知识。

② 掌握本学科相关的基本技能。

③ 具有从事农业工程相关领域的规划、设计能力。

④ 了解国内外农业工程学科及相关学科的学科前沿和发展趋势。

⑤ 熟悉国家农业工程方面的有关方针、政策和法规。

⑥ 掌握文献检索、资料查询的基本方法，具有初步的科研和实际工作的能力。

五、主干课程

机械制图与计算机绘图、工程力学、机械设计基础、电工技术、电子技术、工程测试技术、生物学基础、农牧业生产基础、工程材料基础、工程结构基础、农业工程导论、农业机械与设备、土壤与水资源、农产品加工工程、设施农业工程、新能源工程、水工建筑物、机械装备设计、农业工程项目规划与设计、工程项目管理、机电系统驱动与控制等（专业课程因各校侧重不同会有一定差异）。

六、发展前景

1．就业方向

可在现代农业工程设施与装备部门、农业高新技术企业、科技开发园区、规划设计院所和科研教学单位等，从事农业工程及相关领域的规划、设计、开发、建设、管理、教学或试验研究等工作。也可到工业部门从事农业装备的性能设计、管理营销和教学科研等方面的工程技术类工作。

2．就业前景

随着我国农业现代化的推进，农业工程各学科有着广阔的应用。

2017 年全国开设农业工程专业的院校有中国农业大学、沈阳农业大学、浙江大学 3 所。报考硕士较集中的专业：农业工程、农业机械化工程、机械工程。根据阳光高考信息平台统计数据，农业工程专业 2017 年普通高校毕业生规模 50 人到 100 人。高考时文理科比例无相关数据。男女生比例为男生 62%，女生 38%。

农业工程专业本科就业率为 2016 年 80%～85%，2017 年 80%～85%。

3．专家建议

传统的农业工程一般指农业水利工程，随着科技发展和经济社会发展，农业工程变成了一个大类学科，包括农业工程、农业机械化及其自动化、农业电气化、农业建筑环境与能源工程、农业水利工程五个本科专业，各自有不同的研究方向。

浙江大学农业工程主要致力于获取动物、植物和微生物的生长信息，如研究生物对各种环境激励的响应及各种环境因素与生物繁育和生长的相互作用关系的规律，为生物的繁育和生长提供合适的环境条件、装备（机械化装备和自动化装备）和工程设施，改善生物生产手段和生物生长环境，控制生物的生长过程和质量，如植物工厂、智能温室、智能控制的现代畜禽舍等。为生物物料的处理和加工利用提供工程技术和装备。设计提高人们生活质量的生物系统。为生物资源的合理利用提供先进的工程技术手段和装备。

中国农业大学农业工程本科专业涵盖面广，涉及农田水利、农产品加工、农业设施、生物质工程等，各方面均有涉猎，能够较为全面地了解农业工程学科，为日后深造读研提供了更多选择的空间。

沈阳农业大学农业工程以农业生产领域的机械装备研制与开发为主要特色，教学计划围绕工程管理、农业环境自动控制和畜牧机械设计三个方向实施。

4．小贴士

三个学校各有侧重，请考生和家长注意。

七、开设院校

2017 年全国开设农业工程专业的院校有中国农业大学、沈阳农业大学、浙江大学 3 所。

农业机械化及其自动化专业

专业代码	中文名	学科门类	一级学科	授予学位	修学年限
082302	农业机械化及其自动化	农业工程类	工学	工学学士	四年

一、专业概述

农业机械化及其自动化，是应用自动控制和电子计算机等技术手段实现农业生产和管理自动化的工程学科。

二、培养目标

培养具备农业机械及其自动化装备的构造原理、性能设计研究、使用管理及现代生物学的知识，能在农业机械设计、机械化生产管理及服务部门从事农业机械及相关装备性能设计、农业机械化规划与管理、教学与科研、营销与服务等方面工作的高级工程技术人才。

三、培养要求

主要学习农学、机械学、自动化技术及经营管理学方面的基本理论和基本知识，受到农业产前、产中、产后生产过程机械化及其自动化工艺及相关装备性能设计制造、试验鉴定、选型配套、使用维修方面的基本训练，具有农业生产、机械化系统的规划设计、企业经营管理和农业机械化及其自动化装备的研究开发、推广运用等基本能力。

四、知识技能

毕业生应获得以下几方面的知识和能力：

① 掌握农学、机械学、自动化控制技术及经营管理方面的基本理论或基本知识。

② 掌握农业机械及其自动化装备的性能设计、试验鉴定、选型配套. 使用维修等方面的知识和技术。

③ 具有农业生产机械化系统的规划设计和经营管理的能力。

④ 具有农业机械化及其自动化新工艺、新装备、新技术的科研、开发、推广的能力。

⑤ 熟悉我国农业机械化的方针、政策和法规。

⑥ 了解国内外农业和农业机械化及其自动化的科学前沿和发展趋势。

五、主干课程

工程制图、工程力学、电工电子学、机械设计基础、机械制造基础、现代测试技术、液压技术、技术经济学、农业机械学、汽车拖拉机构造及原理、汽车电器设备、机电一体化技术、农业机械化生产与管理、农产品加工等。

六、发展前景

1. 就业方向

在有关科研院所、生产企业的机械及其装备部门从事项目的设计、开发、应用研究、推广及技术管理工作，也可在农业机械设计、机械化生产管理及服务部门中从事农业机械化规划及其他相关工作。

2. 就业前景

中国的农业出路在于农业机械化及其自动化。进入 21 世纪，特别是加入 WTO 以后，中国农业发展面临挑战和巨大的发展空间，同时给农业机械化及其自动化专业提供了迅速发展的良好契机。农业机械化及其自动化作为中国农业发展、研究的重要方面，是我国 21 世纪发展的重要学科之一。

2017 年全国开设农业机械化及其自动化专业的院校共有 46 所。报考硕士较集中的专业：农业机械化工程、机械工程、农业工程。根据阳光高考信息平台统计数据，农业机械化及其自动化专业 2017 年普通高校毕业生规模 2500 人到 3000 人。高考时文理科比例为文科 0，理科 100%。男女生比例为男生 87%，女生 13%。农业机械化及其自动化专业本科就业率为 2016 年 85%～90%，2017 年 85%～90%。

3. 专家建议

① 参考农业工程专业的相关资料。

② 本专业与机械工程和机械制造及其自动化等专业的区别。

本专业是以机械工程为基础，融合信息技术、农业生物技术及环境科学的综合性学科，探索既能发展农业生产、提高经济效益，又能保护环境、保证农业可持续发展的机械化生产体系，也研究农业生产机械装备技术。

与机械工程和机械制造及其自动化等专业的区别：总体来说都是机械类，在行业没有严格划分界限，这两个专业几乎可以互相代替，机械制造能做的，农机基本上也都可以。中国很多省区是制造业大省，并准备建成全国的制造业基地，据统计，其中三分之二以上产值来自农业机械制造业。

4. 小贴士

该专业以后就业大都向“机械”靠拢，不愿受累于“农业”。其就业不比机械、车辆、土木等专业的就业率高，也没有电气工程自动化，通信工程等待遇高，但是比生物技术，管理工程等难就业的专业要相对好一些。

七、开设院校

2017 年全国开设农业机械化及其自动化专业的院校共有 46 所。

农业电气化专业

专业代码	中文名	学科门类	一级学科	授予学位	修学年限
082303	农业电气化	农业工程类	工学	工学学士	四年

一、专业概述

农业电气化有三个研究领域，一个是农业电气化与自动化技术，二是农业工程检测与控制技术，三是农业信息技术。

二、培养目标

培养具备地方电力系统及其自动化、生产过程电气自动化及应用电子信息技术有关的分析计算、工程设计使用维护、生产管理的基本理论和基本知识，能在农业、农村有关的地方电力系统、用电管理部门、电子信息产业和技术发展系统从事有关的技术设计、经营管理、教学科研等方面工作的高级工程技术人才。

三、培养要求

主要学习电力、电子与控制工程方面的基本理论，学习电子计算机应用技术和企业经营管理方面的基本知识，受到电力与自动化工程规划设计、科研开发及实验调试方面的基本训练，具有农村(地方)电力系统及农用电气工程和自动化技术有关的工程设计、科研开发及实验调试方面的基本能力。

四、知识技能

毕业生应获得以下几方面的知识和能力：

① 掌握电气、电子与控制工程方面的基本理论。

② 掌握应用电子技术与计算机技术方面的基本知识。

③ 掌握电力及自动化工程的分析计算、工程设计方法和农业电气化与自动化、农业生物工程及其环境设计的检测控制技术。

④ 了解电力技术、自动化技术的应用前景和发展动态。

⑤ 掌握文献检索、资料查询的基本方法，具有一定的科学研究和实际工作能力。

⑥ 有较强的调查研究与决策、组织与管理、口头与文字表达能力，具有独立获取知识、信息处理和创新的基本能力。

五、主干课程

电路理论、模拟与数字电子电路、电机学、信号与系统、自控理论与系统、电力系统工程、计算机原理及应用、计算机控制技术、计算机网络技术、农业工程导论等。

六、发展前景

1. 就业方向

可在农业企业、地方电力系统、用电管理部门、电子信息产业和技术发展系统从事有关的技术、设计、经营管理、科研等方面的工作。

2. 就业前景

农业电气化是农业机械化和自动化的重要技术基础，农业电气化的范畴遍及农业各个部门的所有生产过程和绝大部分环节，以及农村居民生活用电的各个方向。到目前为止，几乎所有的发达国家的农场和农庄都已实现了电气化，但我国的农业电气化的水平比较低，各地区发展不平衡。

2017 年全国开设农业电气化专业的院校共有 25 所，报考硕士较集中的专业：电气工程、农业电气化与自动化、电力系统及其自动化。根据阳光高考信息平台统计数据，农业电气化专业 2017 年普通高校毕业生规模 1000 人到 1500 人。高考时文理科比例为文科 0，理科 100%。男女生比例为男生 74%，女生 26%。

农业电气化专业本科就业率为2016年90%～95%，2017年85%～90%。

3．专家建议

① 参考农业工程类其他专业的资料。

② 参考电气工程及其自动化专业的资料。

③ 本专业的农村电力系统及自动化技术本质上来自于计划经济时代的电力供应的城乡分割（电网系统分为城市电网和农村电网），是面向广大农村的电气工程及其自动化专业。农业电气化又叫农村电气化，是指在农村广泛地建立电站网，向农村中输送电力，以提高农业生产和改善农民生活。农业电气化是农业机械化的重要条件，比如，电力机械耕地、收割、抽水灌溉，用电动剪子剪羊毛，用电力挤奶器挤牛奶等，都离不开送配电。近年来，有些学校增加了信息技术方面的教学内容。

农业装备和产业技术改造的自动化技术，顾名思义，就是工业装备的自动化在农业方面的应用，农业信息与网络技术更不用说了。

本专业包括农村电力系统及自动化技术、农业装备和产业技术改造的自动化技术、农业信息与网络技术等三个方向，报考时须注意不同院校的培养侧重点。

4．小贴士

主要是电气工程及其自动化专业在农业领域的应用。

七、开设院校

2017年全国开设农业电气化专业的院校共有25所。

农业建筑环境与能源工程专业

专业代码	中文名	学科门类	一级学科	授予学位	修学年限
082304	农业建筑环境与能源工程	农业工程类	工学	工学学士	四年

一、专业概述

农业建筑环境与能源工程专业是现代设施农业和工厂化农业发展的重要支撑学科，包括农业生产性建筑、设施农业工程、农村新能源开发利用等方面。

二、培养目标

培养具备农业生产性建筑、设施农业工程、农村新能源开发利用等方面的基本理论和基本知识，能在农业建筑与环境、工厂化设施农业系统、农村新能源开发与科学利用等领域从事规划设计、装备开发与集成、经营与管理、教学与科研等方面工作的高级工程技术人才。

三、培养要求

主要学习生物环境工程、建筑工程与农村能源方面的基本理论．具备从事乡镇建设、设施农业与农村能源建设方面的基本知识，受到建筑工程师、农业生物环境与农村能源工程师的基本训练，具有该专业工程项目建设可行性论证、工程规划设计、施工与运行管理等基本能力。

四、知识技能

毕业生应获得以下几方面的知识和能力：

① 掌握农业建筑工程、农业生物环境与农村能源工程等学科的基本理论、基本技能与方法及相邻专业的基础知识。

② 掌握农业生产性建筑、设施农业与农村新能源开发利用等工程项目的规划设计、施工及管理的基

本知识。

③ 掌握建筑工程 CAD 的设计方法、系统工程的分析方法和各种环境调控、新能源设备的开发、选型、配套、安装调试和运行管理技术。

④ 了解该专业领域及相关学科的学科前沿和发展趋势。

⑤ 熟悉该专业有关的方针、政策和法规。

⑥ 掌握文献检索，资料查询、规范及手册使用范围的基本方法，具有初步的科学研究和实际工作的能力。

⑦ 有较强的调查研究与决策、组织与管理、口头与文字表达的能力，具有独立获取知识、信息处理和创新的基本能力。

五、主干课程

农业生物环境原理、建筑力学、农业建筑结构、流体力学、工程热力学与传热学、建筑测量、土力学与基础工程、房屋建筑学、城市与区域规划、设施农业工程工艺及建筑设计、农业生物环境工程、新能源工程等。

六、发展前景

1．就业方向

可在农业建筑与环境、工厂化设施农业系统、农村新能源开发与科学利用等领域从事规划设计、装备开发与集成、经营管理、教学科研等工作。

2．就业前景

农业建筑环境与能源工程专业是现代设施农业和工厂化农业发展的重要支撑学科。随着我国农业现代化、农村城镇化和新农村建设的战略实施，随着人类社会能源问题的愈发突出和对环境的追求越来越高，本专业将在现代设施农业新技术、新设施、新设备及新能源的研究开发和城乡建设规划管理中发挥重要作用。

2017 年全国开设农业建筑环境与能源工程专业的院校共有 14 所。部分高校按农村能源、建筑与环境工程等专业方向培养。报考硕士较集中的专业：农业生物环境与能源工程、建筑与土木工程、动力工程、农业工程。根据阳光高考信息平台统计数据，农业建筑环境与能源工程专业 2017 年普通高校毕业生规模 500 人到 600 人。高考时文理科比例为文科 0，理科 100%。男女生比例为男生 71%，女生 29%。农业建筑环境与能源工程专业本科就业率为 2016 年 75%～80%，2017 年 75%～80%。

3．专家建议

① 参考农业工程类其他专业的资料。

② 参考土木、建筑、环境、能源类专业的资料。

③ 这个专业有自身的特点。

本专业的研究方向有设施园艺密闭式植物工厂、规模化养殖模式建筑与环境控制、农业设施自动化控制、生物质资源化利用、环境废弃物处理、城乡与区域规划等。中国农业大学、河南农业大学为全国首创此专业的大学，目前此专业拥有硕士点、博士点以及农业工程（农业建筑环境与生物工程）博士后科研流动站。中国农业大学、河南农业大学在此领域建有农业部重点开放实验室，中国农业大学该专业建筑方向全国第一，河南农业大学该专业能源方向第一。

近年来，我国在农业高科技上做出了不少探索与模仿，并颇有成效。像上文提到的设施农业，或者现在媒体宣传比较多的生态农业、观光农业、都市农业等高效农业示范园区，都是这一专业的对口领域。随着能源、环境问题渐渐提上议事日程，农业的可再生资源开发、农村的节能环保等问题成为关注热点，对于农业建筑环境与能源工程也提出了更高的要求。

此外，农业废弃物的处理和养殖业污水废弃物的处理也是本专业研究重点之一。这个重点，和环境工程类专业有密切的关系。

报考时须留意不同院校的培养侧重点。

4．小贴士

不感兴趣的考生请慎重。

七、开设院校

2017 年全国开设农业建筑环境与能源工程专业的院校共有 14 所。

农业水利工程专业

专业代码	中文名	学科门类	一级学科	授予学位	修学年限
082305	农业水利工程	农业工程类	工学	工学学士	四年

一、专业概述

农业水利工程专业是以灌排工程学、水文学和水力学及工程力学为基础，研究利用灌溉排水工程措施调节农田水分状况和改变区域水情分布，消除水旱灾害，科学利用水资源，为发展农业生产和改善生态环境服务的综合性学科。

二、培养目标

培养适应国家现代化建设需要，德、智、体、美全面发展，具备坚实的自然科学基础和一定的人文社会科学基础，具备外语和计算机应用能力，掌握农业水利工程勘测、规划、设计、施工、管理和科学研究等方面的专业知识与专业技能，知识面宽、能力强、素质高、有创新精神的高级工程技术人才。

三、培养要求

主要学习水利、土木工程学科的基本知识和理论，受到水利工程设计方法、科学研究方法及施工与管理的基本训练，具有水利工程的勘测、规划、设计、施工、管理等基本能力。

四、知识技能

毕业生应获得以下几方面的知识和能力：

① 掌握水利、土木工程学科的基本理论和农业水土工程学科的相关知识。

② 掌握农业水利、水电、水保工程勘测、规划、设计、施工、管理和试验研究的基本技能。

③ 具有从事农业水土资源开发利用与保护及乡镇供水工程的规划、设计能力。

④ 了解国内外水利工程学科、农业工程学科及相关学科的学科前沿和发展趋势。

⑤ 熟悉国家在水利水电工程、水资源开发与保护、水土保持方面的有关方针、政策和法规。

⑥ 掌握文献检索、资料查询的基本方法，具有初步的科研和实际工作的能力。

⑦ 有较强的调查研究与决策、组织与管理，口头与文字表达能力，具有独立获取知识、信息处理和创新的基本能力。

五、主干课程

水文学、工程力学、水力学、土力学、结构力学、钢筋混凝土结构、土壤农作学、水利工程施工、灌溉与排水工程学、水资源规划利用与管理、水工建筑物、水泵与泵站（或水电站）等。

六、发展前景

1．就业方向

可在与农业相关的水利、建筑、施工、水保等部门从事工程勘测、规划、设计、施工、管理和测试研究等方面的工作。

2．就业前景

随着社会经济进步和科学技术发展以及水危机的日益加剧，我国的农业水利工程学科已经由过去的以农业生产服务为中心，扩展到了城市供水、城市绿地灌溉、城市污水处理及防洪、城市喷泉设计、跨流域调水、水利现代化、生态环境建设与保护等诸多领域。

2017 年全国开设农业水利工程专业的院校共有 40 所。报考硕士较集中的专业：农业水土工程、水利工程、农业工程。根据阳光高考信息平台统计数据，农业水利工程专业 2017 年普通高校毕业生规模 2000 人到 2500 人。高考时文理科比例为文科 0，理科 100%。男女生比例为男生 71%，女生 29%。农业水利工程专业本科就业率为 2016 年 80%～85%，2017 年 80%～85%。

3．专家建议

中国作为农业大国和传统的农耕民族，水利工程最初是为农业服务的。

本专业可参考水利类专业。

4．小贴士

毕业生主要专业对口就业在施工企业，工作条件艰苦。

七、开设院校

2017 年全国开设农业水利工程专业的院校共有 40 所。

森林工程专业

专业代码	中文名	学科门类	一级学科	授予学位	修学年限
082401	森林工程	林业工程类	工学	工学学士	四年

一、专业概述

森林工程专业是以森林资源建设与保护、开发与利用为目的的一门综合性应用专业。它以森林生态学为依据研究森林合理采伐的方式和集林方式，以运筹学为基础，研究木材生产的优化规划方案选择。

二、培养目标

培养具备系统工程学、环境科学和森林资源可持续经营、开发利用的知识，能在林业等部门的企事业单位、科研院所从事森林工程的勘测、设计、施工、管理及国际森林工程项目开发管理的高级工程技术人才。

三、培养要求

主要学习森林资源经营管理学、系统工程学、环境科学等方面的基本理论和知识，受到森林工程勘测、设计、施工、森工产品经营管理等方面的基本训练，具有森林工程规划、设计与施工、木材生产管理及产品开发与营销的基本能力。

四、知识技能

毕业生应获得以下几方面的知识和能力：

① 具备扎实的数学、物理、化学等基本理论知识。

② 掌握力学、林学、森林工程学科的基本理论、基本知识。

③ 掌握采运生产作业、林道网规划、森林工程产品的设计与施工技术。

④ 具有森林利用的总体规划与设计、森林工程的规划、设计、施工及管理的基本能力。

⑤ 熟悉我国森林工业生产、森林资源保护、森林生态环境建设的方针、政策和法规。

⑥ 了解国内外森林工程作业的科学和技术的理论前沿、应用前景及发展动态。

五、主干课程

森林环境学、森林生态经济学、测量学、土力学与工程地质、水力学与水文学、工程机电基础、结构力学、道路工程、机械设计制造基础、人类工效学、运筹学等。

六、发展前景

1. 就业方向

可在林业部门从事森林工程方面的生产技术、组织管理、规划设计和研究工作，也可以到森林相关部门、企业、研究机构工作。

2. 就业前景

森林工程主要从事森林采运、木材运输、森林道路与桥梁设计等工作，是森林工业的前导工程。在我国的林业部门中，尤其是市、县一级的林业部门中，因为工作生活环境的原因，相对缺乏森林工程专业人员。

2017 年全国开设森林工程专业的院校共有 6 所，部分高校按路桥专业方向培养。报考硕士较集中的专业：森林工程、机械工程、工商管理。根据阳光高考信息平台统计数据，森林工程专业 2017 年普通高校毕业生规模 300 人到 350 人。高考时文理科比例为文科 0，理科 100%。男女生比例为男生 82%，女生 18%。森林工程专业本科就业率为 2016 年 90%～95%，2017 年 85%～90%。

3. 专家建议

（1） 本专业涉及交通运输类、土木类的路桥专业及机械工程类专业等在森林方面的应用，可参考交通运输类、土木类的路桥专业及机械工程类专业的资料。

（2） 本专业有以下三个就业方向

1） 从事森林采运和木材运输等行业。

作为林业大国，森林工程专业的毕业生首先可以选择的就是从事森林采运和木材运输、森林道路和桥梁设计这些行业。国家一直重视护林方面，合理砍伐树木，是每一位林业保护者必须要做的事情。国家提倡森林工业的机械化转向，森林中道路和桥梁的建设尤为重要。

2） 从事机械化制造行业。

目前，几乎所有的大工程，必须使用人工的地方才会使用人工，否则一律用机械化代替，降低人工使用，并且降低工程的危险度。我国的林业机械化制造水平还不高，因此，国家在这个方面有较大的需求。

3） 从事林业制造和木材加工。

在森林采运、木材加工等领域已经基本实现机械设备的使用，需要专业人员拥有实际操作运用的能力。实现林业的机械化是国家大力发展的目的。森林采运机械、木材加工机械的新产品、新设备的开发，为森林工业的机械化做出了贡献。

4. 小贴士

有森林道路及桥梁和森林机械等几个侧重点，工作条件相对艰苦。

七、开设院校

2017 年全国开设森林工程专业的院校共有 6 所。

木材科学与工程专业

专业代码	中文名	学科门类	一级学科	授予学位	修学年限
082402	木材科学与工程	林业工程类	工学	工学学士	四年

一、专业概述

木材科学与工程是运用机械或物理、化学的方法，加工和处理木材，提高木材的附加值，制成保持木材基本特征的制品的加工工业。木材科学与工程专业包括木材科学和木材工程两部分，木材科学是指对木材原料的认识，包括木材的微观结构、木材种类的识别、木材这种材料的基本性质的认识。木材工程就是通过对木材的加工，制成木制品而能被人们使用。

二、培养目标

培养具备木材物理化学、电工与电子技术、机械基础及木材科学与加工技术、造型艺术和设计艺术、材料科学基础、国际木业贸易等方面的基本理论和基本知识，能从事木材加工、家具设计制造和室内装饰工程、工程设计、工艺流程和设备管理、新产品开发、经营管理、木业贸易工作的高级工程技术人才。

三、培养要求

主要学习木材物理化学、电工与电子技术、机械基础、造型艺术、设计艺术和木材科学与加工技术等方面的基本理论和知识，受到制图、木材及其产品性能测试、木材干燥、制材、人造板、木制品与家具设计制造的基本训练，具有木材加工和室内装饰工程的生产技术、工艺流程和设备选择及经营管理的基本能力。

四、知识技能

毕业生应获得以下几方面的知识和能力：

① 具备扎实的数学、物理、化学等基本理论知识。

② 掌握木材科学与工程、设计艺术学学科的基本理论、基本知识。

③ 掌握木材物理性质、化学性质分析方法及应用技术，掌握家具设计、造型艺术设计、室内设计的方法。

④ 具有木材干燥、制材、木制品及家具生产、人造板生产、木材及其产品性能检测、室内设计的基本能力。

⑤ 熟悉我国林业、木材加工工业、环境保护的方针、政策和法规。

⑥ 了解国内外木材科学与加工技术的理论前沿、应用前景及发展动态。

五、主干课程

木材学、胶合材料、热工学、机械设计制造基础、木材切削原理与刀具、电工与电子技术、投影制图、人体工效学、美学基础、专业绘画、建筑设计基础等。

六、发展前景

1. 就业方向

可在木材工业（包括人造板）、生物质复合材料、家具制造、室内装饰工程、经济与贸易等领域的企业、设计院、科研院所从事木材加工、家具设计制造、工程设计、工艺流程和设备管理、新产品开发、经营管理、木业贸易等工作。

2. 就业前景

人类生活的几乎所有方面都离不开木材及木材制品。

2017 年全国开设木材科学与工程专业的院校共有 17 所，部分高校按以下专业方向培养：林产化工、生物质材料、家具设计与制造。报考硕士较集中的专业：木材科学与技术、林业工程、工商管理。根据阳光高考信息平台统计数据，木材科学与工程专业 2017 年普通高校毕业生规模 1500 人到 2000 人。高考时文理科比例为文科 1%，理科 99%。男女生比例为男生 57%，女生 43%。木材科学与工程专业本科就业率为 2016 年 85%～90%，2017 年 90%～95%。

3．专家建议

① 通俗说，这个专业是研究木材加工的专业。

木材科学与工程是运用机械或物理、化学的方法，加工和处理木材，提高木材的附加值，制成保持木材基本特征的制品的加工工业，它包括制材、木材干燥、木材防腐、木材改性、木制品加工、家具制造、人造板制造、人造板表面装饰、人造板功能性加工、室内装饰、软禁制造、竹藤加工等。不同学校可能对木材科学与工程专业方向设置不一样，大体上可以分为木材干燥、木材胶黏剂与涂料、木工机械与家具设计五个方向。

② 相当冷门的专业，在家具制造及装饰行业还是有一定的前景。

4．小贴士

木材相关企业工作条件较差，需要的多是普通技工，本科生就业情况一般。

七、开设院校

2017 年全国开设森林工程专业的院校共有 6 所。

林产化工专业

专业代码	中文名	学科门类	一级学科	授予学位	修学年限
082403	林产化工	林业工程类	工学	工学学士	四年

一、专业概述

林产化工是化学工程与技术学科和林业工程学科相交叉的一门专业，重点研究以森林产品为原料，通过原料预处理、化学反应以及产物分离等典型的化工单元操作过程来生产各类最终消费产品的工艺技术问题。

二、培养目标

培养具备树木及林特产品的化学组成、性质、化学转化和化学工程的知识，能在林产化工、精细化工、制浆造纸、化学工业等领域的企事业单位、科研院所从事林产化工的生产、设计、产品研究开发的高级工程技术人才。

三、培养要求

主要学习有机化学、物理化学、生物化学、化工原理、化学工程、高分子化学、天然产物化学、林特产品化学组成性质及转化方面的基本理论和知识，受到林产化工生产工艺设计、设备选型和原材料、半成品及成品分析检验等方面的基本训练，具有主要林产品化学加工与生物化学加工工艺流程、设备设计、新产品研究开发、生产过程技术改造等方面的基本能力。

四、知识技能

毕业生应获得以下几方面的知识和能力：

① 具备扎实的数学、物理、化学等基本理论知识。

② 掌握化学、化学工程与技术、林业工程、生物工程学科的基本理论和知识。

③ 掌握植物纤维资源及林特产品的化学组成与性质的分析方法及化学与生物化学加工技术。

④ 具有主要林产化学品、生物质能源与材料的化学加工技术、工艺流程与设备设计、新产品研发的基本能力。

⑤ 熟悉我国林产化学工业、能源与化工、环境保护与安全等方面的方针、政策和法规。

⑥ 了解国内外生物化工的科学与技术前沿、应用前景及发展动态。

五、主干课程

无机及分析化学、有机化学、物理化学、植物资源学、天然产物化学、化工原理、天然树脂工艺学、树木提取物工艺学、木材热解工艺学、精细化工工艺学、生物化工工艺学、化工仪表及自动化、化工设备机械基础和工厂设计概论等。

六、发展前景

1. 就业方向

可在林产工业、化工与材料、制药、食品与发酵、香精香料与化妆品、植物提取物、环境保护等领域的企事业单位和科研院所从事产品技术开发与管理、工程设计、产品销售与技术服务等工作。

2. 就业前景

中国林业产业发展迅猛，2011 年增长是率 34.32%，远超经济发展增长速度。林业作为朝阳产业、富民产业、环保可持续发展的产业，占国民生产总值 6.47%，已成为国民经济的重要部分。民营企业是生力军，占林业企业的 80%。人民生活水平的提高、城镇化的加快，带动林业产品需求扩大，包括家具、花卉、食品等。

2017 年全国开设林产化工专业的院校共有 11 所，部分高校按制浆造纸工程专业方向培养。报考硕士较集中的专业：林产化学加工工程、化学工程、应用化学。根据阳光高考信息平台统计数据，林产化工专业 2017 年普通高校毕业生规模 500 人到 600 人。高考时文理科比例为文科 0，理科 100%。男女生比例为男生 62%，女生 38%。林产化工专业本科就业率为 2016 年 90%～95%，2017 年 85%～90%。

3. 专家建议

① 可参考化学工程、轻化工程等专业的相关资料。

② 林产化工的产品是化工或者食品，特别是精细化工的原料来源。

一般来说，森林以树木为主体，包括各种林下植物。森林产物包括木材、树皮、根、叶、花、果、种子以及某些分泌物、提取物和寄生物等。这些都可以作化学加工的原料，形成不同类型的林化产品。从这个意义来说，林产化工的领域很宽，是一个多门类、多产品的工业群体。世界各国的资源、经济条件、工业水平和管理体制不同，林产化工的具体内容和重点存在较大差异。

中国的林产资源品种多，林产化工覆盖面宽，当前林产化工概括有以下门类：木材化学加工、天然树脂的采集和加工、树木提取加工、林木寄生昆虫的放养和产品加工、林产药物、食品、饲料和活性物质的采制加工和利用等。

随着国际化石资源危机和人们环保意识的增强，以可再生的生物质资源经过化学加工获得能源、材料、化学品的科学研究面临着巨大机遇。

4. 小贴士

近年的冷门专业，分数线不高。需要注意的是各院校不同的培养方向。

七、开设院校

2017 年全国开设林产化工专业的院校共有 11 所。

环境科学与工程专业

专业代码	中文名	学科门类	一级学科	授予学位	修学年限
082501	环境科学与工程	环境科学与工程类	工学	工学学士	四年

一、专业概述

环境科学与工程以研究与解决环境问题为核心任务，主要研究大气污染防治、水污染防治、固体废物处置与资源化、噪声控制，以及光、热、放射性和电磁辐射污染与防治等。

二、培养目标

培养具备城市和城镇水、气、声、固体废物等污染防治和给排水工程、污染控制规划和水资源保护等方面的知识，能在政府部门、规划部门、经济管理部门、环保部门、设计单位、工矿企业、科研单位、学校等从事规划、设计、施工、管理、教育和研究开发方面工作的环境工程学科高级工程技术人才。

三、培养要求

要求学生掌握环境科学与工程专业的基本理论知识，接受实验技能、工程实践、计算机应用、科学研究与工程设计方法等的基本训练，具备对当今环境质量进行研究和评估，对企业的环保工程进行革新改造，并能进行环保新型产品的开发设计的基本能力。

四、知识技能

毕业生应获得以下几方面的知识和能力：

① 掌握数学、物理、化学等方面的基本理论和基本知识。

② 掌握环境生态工程的基本理论、基本知识和基本技能。

③ 了解相近专业的一般原理和知识。

④ 熟悉国家环境保护、环境工程等有关政策和法规。

⑤ 了解环境科学的理论前沿、应用前景和最新发展动态，以及环境保护产业的发展状况。

⑥ 掌握资料查询、文献检索及运用现代信息技术获取相关信息的基本方法。

⑦ 具有一定的实验设计，创造实验条件，归纳、整理、分析实验结果，撰写论文，参与学术交流的能力。

五、主干课程

机械制图、工程力学、环保设备设计、电工学及实验、仪器分析、化工原理、化工原理实验、化工工艺设计、计算机在化学化工中应用、专业外语、环境科学导论、环境系统工程与优化、环境化学、环境监测、环境质量评价、环境噪声控制、固体废物处理工程、大气污染控制工程、水污染控制工程、环境工程导论、环境质量评价、环境监测、环境监测实验等。

六、发展前景

1．就业方向

可在环保、化工、冶金、能源、交通、轻工、医药、农业、军工等行业从事环境科学研究与工程设计、技术开发、环境质量管理等方面的工作。

2．就业前景

环境科学、环境工程是未来的朝阳行业，我国正在大力发展环保行业。现在，环境污染问题比较突出，国家需要有更加完善的环保措施才能有效地改善环境污染的问题。

2017 年全国开设环境科学与工程专业的院校共有 34 所。报考硕士较集中的专业：环境科学与工程、生态学、环境工程。根据阳光高考信息平台统计数据，环境科学与工程专业 2017 年普通高校毕业生规模

3000人到3500人。高考时文理科比例为文科0，理科100%。男女生比例为男生61%，女生39%。环境科学与工程专业本科就业率为2016年90%～95%，2017年95%～100%。

3．专家建议

① 环境类专业的资料可互相参考。

② 专业对口主要从事环境保护方面的研究工作。

研究人员——从事环境科学研究、环境监测、评价、管理和规划等工作。

环境工程师——从事环保产品的开发，或进行环境工程和给水排水工程的规划、设计和管理。

从当前对环境科学与工程专业毕业生的市场需求情况来看，真正能进入政府环保部门、规划部门、建设管理部门只是少数，受机关及事业单位人事制度的影响，这些单位在人事编制和指标控制等方面存在着障碍。

当前有不少环保企业人才缺乏，但它们所需要的专业人才与学校提供的毕业生之间还存在着差距，本科毕业生不能全面满足他们的需求。相反，某些高职院校的毕业生因为操作能力比较强，更受欢迎。

③ 这个专业全面且偏重于理论，建议进一步深造。

4．小贴士

环保企业比如污水处理厂等企业，多远离市区，工作条件相对较差。

环境类专业是近年来的热门专业，招生逐年增多，就业压力很大。

七、开设院校

2017年全国开设环境科学与工程专业的院校共有34所。

环境工程专业

专业代码	中文名	学科门类	一级学科	授予学位	修学年限
082502	环境工程	环境科学与工程类	工学	工学学士	四年

一、专业概述

环境工程是环境科学的一个分支，主要研究和从事防治环境污染和提高环境质量的科学技术。由于环境工程处在初创阶段，学科领域还在发展，目前其核心是环境污染源的治理。

二、培养目标

培养具备城市和现代工业环境保护方面的水、气、声、固体废物污染防治、环境规划、资源保护、环境影响评价等方面的基础知识，能够在环保部门、工矿企业、科研单位、火力发电厂等从事规划、设计、管理和研究开发工作的高级应用型人才。

三、培养要求

主要学习普通化学、工程力学、工程制图、环境微生物学、生物化学、水力学、电工学、环境监测、环境工程学科的基本理论和知识，受到外语、计算机技术及绘图、污染物监测和分析、工程设计、管理及规划方面的训练，具有环境科学技术和给水排水工程领域的科学研究、工程设计和管理规划方面的基本能力。

四、知识技能

毕业生应获得以下几方面的知识和能力：

① 掌握普通化学、分析化学、物理化学、工程力学、工程制图、微生物学、水力学、电工学、环境

监测与评价、环境工程学科的基本理论、基本知识。

② 掌握水污染控制工程、空气污染控制工程、噪声污染控制工程、固体废物处理处置与资源化工程的基本原理和设计方法。

③ 具有污染物监测和分析、环境监测、环境质量评价、环境规划与管理的初步能力。

④ 了解环境科学与技术的理论前沿和发展动态。

⑤ 掌握文献检索、资料查询的基本方法，具有初步的科学研究和实际工作能力。

五、主干课程

水污染控制工程、大气污染控制工程、工程制图、环境规划与管理、环境生物化学、环境土壤学、环境微生物学、固废处理与处置、环境影响评价、高等数学、线性代数、概率论、大学物理、无机化学、分析化学、有机化学、物理化学、大学计算机基础、物理性污染控制、专业英语等。

六、发展前景

1．就业方向

可在政府部门、规划部门、经济管理部门、环境保护各部门、环境工程设计单位、工矿企业、相关科研单位、火力发电厂等，从事环保设施的规划、设计、管理、教育、研究开发、电厂化学等方面的工作。

2．就业前景

国家的环保政策有了根本性的转变，从以前主要用行政办法保护环境转变为综合运用法律、经济、技术和必要的行政办法解决环境问题，遵循经济规律和自然规律，提高环境保护工作水平。

2017 年全国开设环境工程专业的院校共有 382 所。部分高校按以下专业方向培养：海洋环境工程、海洋油气资源、环境检测与质量评价。报考硕士较集中的专业：环境工程、环境科学与工程。根据阳光高考信息平台统计数据，环境工程专业 2017 年普通高校毕业生规模 22000 人到 24000 人。高考时文理科比例为文科 0，理科 100%。男女生比例为男生 54%，女生 46%。环境工程专业本科就业率为 2016 年 85%～9%，2017 年 90%～95%。

3．专家建议

① 参考环境科学与工程专业。

② 热门行业和专业，就业很冷。

环保职业被人们评为 21 世纪最热门的职业，但在目前红红火火的各种毕业生供需见面会上，环境专业人才受到冷遇。因为在具体的环境治理行业，往往是投入大于产出，赢利微小。除环保咨询业务与环保技术服务业每年近亿元人民币的盈利外，其他行业普遍处于亏损状态。因此，环境类专业毕业生的就业形势也是叫好不叫座，入学前觉得该专业一片光明，入学后才发现工作不好找。

③ 毕业后应争取去经济发达地区就业。

这个行业的大公司多数集中在经济发达地区，他们的专业理念和技术水平可以让新人迅速积累到有关的工作经验。一般的小公司则很难花费成本和精力培养新人，也缺少相应的社会环境和能力。

作为大学扩招的热门专业，每年的毕业生增长数目大大超过了市场的需求，打算报考这个专业的学生需要正确地认清形势，入学后须努力学习。环境科学涉及面广，加上“绿色科技”的兴起，可从事的行业非常广泛。

目前环境工程的主要工作方向是水处理、垃圾处理和烟气处理，也就是通常所说的三废处理。水处理分为污水和给水处理，涉及行业门类较多，目前就业适用面较广。烟气处理相对来说较热门。在固体垃圾处理方面，国家正从传统的填埋处理向垃圾分类、垃圾焚烧发电等无害化处理方式转变，也值得期待。

环保行业的概念比较广，有环保管理，如环保局和环境监测部门。有环保设施运营如水处理站（污水处理和供水处理）和各企业环保管理部门。有环保工程公司，从事工程承包。也有环保设备生产制造，如各类专业设备制造厂。还有环保技术咨询，如设计院和环保技术公司等。

4. 小贴士

专科及高职类院校毕业生在相关企业的就业情况相对好于本科毕业。

七、开设院校

2017 年全国开设环境工程专业的院校共有 382 所。

环境科学专业

专业代码	中文名	学科门类	一级学科	授予学位	修学年限
082503	环境科学	环境科学与工程类	工学	工学或理学学士	四年

一、专业概述

环境科学是一门研究人类社会发展活动与环境演化规律之间相互作用关系，寻求人类社会与环境协同演化、持续发展途径与方法的科学，包括了环境的地理、物理、化学、生物四个部分的综合、定量的跨学科研究。

二、培养目标

培养具备环境科学的基本理论、基本知识和基本技能，能在科研机构、高等学校、企事业单位及行政部门等从事科研、教学、环境保护和环境管理等工作的高级专门人才。

三、培养要求

主要学习环境科学方面的基本理论和知识，受到应用基础研究、应用研究和环境管理的基本训练，具有较好的科学素养及一定的教学、研究、开发和管理能力，掌握环境监测与环境质量评价的方法以及进行环境规划与管理的基本技能。

四、知识技能

毕业生应获得以下几方面的知识和能力：

① 掌握数学、物理、化学等方面的基本理论和基本知识。

② 掌握环境科学与管理的基本理论、基本知识和基本技能。

③ 了解相近专业的一般原理和知识。

④ 熟悉国家环境保护、自然资源合理利用、可持续发展、知识产权等有关政策和法规。

⑤ 了解环境科学的理论前沿、应用前景和最新发展动态，以及环境保护产业的发展状况。

⑥ 掌握资料查询、文献检索及运用现代信息技术获取相关信息的基本方法。

⑦ 具有一定的实验设计，创造实验条件，归纳、整理、分析实验结果，撰写论文，参与学术交流的能力。

五、主干课程

生态学、环境学、环境化学（无机化学、有机化学、分析化学、物理化学）、环境生物学、环境监测、环境工程学、环境质量及评价、环境仪器分析、水污染控制工程、大气污染控制工程、固体废物处理与处置、环境管理与环境法、环境信息系统等。

六、发展前景

1. 就业方向

可在科研机构、高等学校、企事业单位及行政部门等从事科研、教学、环境保护和环境管理等工作。

2．就业前景

环境问题日益引起人们的重视，环境规划、环境管理、土地利用、城市规划等方面需要综合性的环境科学的专业人员。

2017年全国开设环境科学专业的院校共有234所。部分高校按以下专业方向培养：监测与评价、景观规划设计、环境工程与管理。报考硕士较集中的专业：环境工程、环境科学、环境科学与工程。根据阳光高考信息平台统计数据，环境科学专业2017年普通高校毕业生规模9000人到10000人。高考时文理科比例为文科0，理科100%。男女生比例为男生46%，女生54%。环境科学专业本科就业率为2016年85%～90%，2017年85%～90%。

3．专家建议

① 参考环境科学与工程及环境工程专业。

② 环境科学与工程类的环境科学与工程、环境工程和环境科学三个专业方向，基本上相同，也有一定的差别，环境科学与工程偏综合为理论和实际应用的综合学科，有实力的学校仅少数几所。环境工程为纯工科专业，偏重于环境治理的实际应用，由于热门的原因，近年来开设本专业的院校很多。环境科学偏重于环境问题的研究，侧重于理论，近年来增设本专业的院校也不少，这个专业更适合进一步深造。

4．小贴士

热门专业，招生逐年增多，本科毕业就业压力很大，如果坚持不懈地从大学本科一直读到博士，能获得较好的发展平台。

七、开设院校

2017年全国开设环境科学专业的院校共有234所。

环境生态工程专业

专业代码	中文名	学科门类	一级学科	授予学位	修学年限
082504	环境生态工程	环境科学与工程类	工学	工学或理学学士	四年

一、专业概述

环境生态工程是一个新专业，是在环境工程以及生态工程的基础上，通过与其他学科交叉，用生态学的原理和工程学手段来防治污染、保护环境的技术科学。

二、培养目标

培养学生具有环境科学的理论基础、知识和技能，成为适合在科研机构、高等学校、企事业单位及行政部门从事科研、教学、环境保护和环境管理等工作的高级专业人才。

三、培养要求

主要学习生态学方面的基础理论、基本知识，受到基础研究和应用基础研究的科学思维和科学实验训练，具有较好的科学素养，掌握现代生态学理论和计算机模拟等实验技能，初步具备教学、研究、开发和管理能力。

四、知识技能

毕业生应获得以下几方面的知识和能力：

① 掌握数学、物理、化学等方面的基本理论和基本知识。

② 掌握环境生态工程的基本理论、基本知识和基本技能。

③ 了解相近专业的一般原理和知识。

④ 熟悉国家环境保护、环境工程等有关政策和法规。

⑤ 了解环境科学的理论前沿、应用前景和最新发展动态，以及环境保护产业的发展状况。

⑥ 掌握资料查询、文献检索及运用现代信息技术获取相关信息的基本方法。

⑦ 具有一定的实验设计，创造实验条件，归纳、整理、分析实验结果，撰写论文，参与学术交流的能力。

五、主干课程

环境学、生态学导论、湿地生态学、固体废物处理与处置、景观生态学、生态监测与评价、生态工程学、环境工程学、保护生物学、产业生态学、环境生态规划与管理、水污染控制工程、环境生态工程等。

六、发展前景

1. 就业方向

可在各级政府环保部门、规划部门、建设管理部门、设计研究院所、环境工程公司、科研单位、高等院校等从事环境规划、环境管理、环境工程设计、环保产品开发以及教学和环境科学研究等工作。

2. 就业前景

环境生态工程作为一个朝阳专业，相对于环境类其他专业属于冷门，就业前景目前还不太好。随着国家对于环境保护的重视程度越来越强，环境生态工程有关的领域都将需要大量的人才，比如环境生态修复方向、土壤修复方向、土壤污染治理方向、三废处理方向等。

2017 年全国开设环境生态工程专业的院校共有 45 所。报考硕士较集中的专业：环境工程、生态学、环境科学与工程、环境科学。根据阳光高考信息平台统计数据，环境生态工程专业 2017 年普通高校毕业生规模 500 人到 600 人。高考时文理科比例为文科 0，理科 100%。男女生比例为男生 49%，女生 51%。环境生态工程专业本科就业率为 2016 年相关数据，2017 年 85%～90%。

3. 专家建议

① 参考环境科学与工程专业、环境工程专业及环境科学专业。

② 环境生态工程专业是教育部 2012 年新开设的专业，2013 年高校开始专业培养，2017 年出现第一批本科生毕业。开设本专业的院校多为农业类及师范类院校。

很多院校开设了本专业但是并没有招生，提醒考生和家长注意。

4. 小贴士

开设本专业的院校多为农业类及师范类院校。

七、开设院校

2017 年全国开设环境生态工程专业的院校共有 45 所。

生物医学工程专业

专业代码	中文名	学科门类	一级学科	授予学位	修学年限
082601	生物医学工程	生物医学工程类	工学	工学或医学学士	四年

一、专业概述

生物医学工程是一门新兴的边缘学科，它综合了工程学、物理学、生物学和医学的理论和方法，在各层次上研究人体系统的状态变化，并运用工程技术手段去控制这类变化，其目的是解决医学中的有关问题，保障人类健康，为疾病的预防、诊断、治疗和康复服务。

二、培养目标

具备生命科学、电子技术、计算机技术及信息科学有关的基础理论知识以及医学与工程技术相结合的科学研究能力，能在生物医学工程领域、医学仪器以及其他电子技术、计算机技术、信息产业等部门从事研究、开发、教学及管理的高级工程技术人才。

三、培养要求

主要学习生命科学、电子技术、计算机技术和信息科学的基本理论和基本知识，受到电子技术、信号检测与处理、计算机技术在医学中的应用的基本训练，具有生物医学工程领域中的研究和开发的基本能力。

四、知识技能

毕业生应获得以下几方面的知识和能力：

① 掌握电子技术的基本原理及设计方法。

② 掌握信号检测和信号处理及分析的基本理论。

③ 具有生物医学的基础知识。

④ 具有微处理器和计算机应用能力。

⑤ 具有生物医学工程研究与开发的初步能力。

⑥ 具有一定人文社会科学基础知识。

⑦ 了解生物医学工程的发展动态。

⑧ 掌握文献检索、资料查询的基本方法。

五、主干课程

电路、模拟电子技术、数字电子技术、微机原理与接口技术、数字信号处理、基础医学概论、临床医学概论、生物医学检测技术、医学影像设备学、医学电子仪器设计等。

六、发展前景

1．就业方向

可在研究机构，医院（影像、设备、临床工程、信息中心等相关科室），医疗器械相关企业、事业单位，政府相关管理部门等从事相关工作。

2．就业前景

生物医学工程研制或使用的器械和仪器系统对于疾病的观察、诊断、治疗、缓解起着很重要的作用。

2017 年全国开设生物医学工程专业的院校共有 127 所（含 3 所军校）。部分高校按医疗器械专业方向培养报考硕士较集中的专业：生物医学工程。根据阳光高考信息平台统计数据，生物医学工程专业 2017 年普通高校毕业生规模 5000 人到 6000 人。高考时文理科比例为文科 0，理科 100%。男女生比例为男生 54%，女生 46%。生物医学工程专业本科就业率为 2016 年 85%～90%，2017 年 90%～95%。

3．专家建议

① 非医学类专业。

准确地说，该专业属于电子、医学、计算机等的交叉专业，是目前热门专业的组合。从这个专业所设置的专业课来年，有模电、数电、信号与系统、算法等，八成的课程和电子、计算机相关，接近通信工程和电子信息工程。

从专业介绍的内容来看，该专业主要对口就业方向是医院所使用的各类医疗检测诊断设备的研究制造和使用，开设本专业的院校多为综合类或理工科类院校，少部分为医学类院校，他们的培养方向各有差异，部分医学类院校授予医学学士学位，请考生和家长注意分别。

② 生物医学工程方向很多，不同的学校方向有差别。

有的院校和智能医疗大数据结合，比如复旦大学的医学影像方向。北京航空航天大学偏人体力学，与骨骼相关。北大医偏人体力学、医用材料、生物结构等。华中科技大学更偏电子。东南大学生物医学工程号称第一，有生物纳米材料、人体力学和神经工学复合三个方向。重庆大学材料方向名气比较大。浙江大学的医用精仪基本上属于电子类。

除了纳米和材料方向，强校本科专业的生物医学工程都差不多，如果考研究生的应当慎重选择方向。对于那某些教学科研实力较弱的院校，报考须慎重一点。

③ 注意与生物工程专业的区别。

该专业往往被误以为是生物工程专业，很多考生将其混淆。以 2018 年中山大学的生物医学工程专业录取为例，生物医学工程几乎是全校分数最低的专业，比投档线只高出一分，还不如生物、生态等专业，令人汗颜。生物医学工程的录取分数应该和电子信息工程、电子科学与技术、微电子等专业差不多才合理。

4．小贴士

理工科院校毕业生专业对口方向是研究、生产、制造、维修医院所使用的各类仪器，如血液分析仪、生化分析仪器、心脑电图设备等。医学类院校本专业毕业生以使用为主，少部分可参与相关的医学研究，要求比较高的学历。

七、开设院校

2017 年全国开设生物医学工程专业的院校共有 127 所（含 3 所军校）。

工学门类学科之食品科学与工程类、建筑类、安全科学与工程类、生物工程类、公安技术类

1．食品科学与工程类

食品科学与工程类下设食品科学与工程、食品质量与安全、粮食工程、乳品工程、酿酒工程、葡萄与葡萄酒工程、食品营养与检验教育、烹饪与营养教育八个专业。

食品科学与工程是本大类专业的综合性和基础性的专业，涵养了食品行业内的技术工程、营养健康、安全检测、监督管理等几乎所有领域。食品质量与安全侧重于食品检验、食品品质控制与质量管理等方面。粮食工程主要研究粮食生产技术、粮食产品加工、粮食贮藏和运输方面的问题。乳品工程主要从事乳品科学研究、新产品开发、乳品深加工和乳品品质检测等方面的工作。酿酒工程研究的内容包括各种类型酒的生产工艺，还包括酒类原料的种植加工、酿酒副产物的利用、酿酒工厂设计和酿酒工程设备等。葡萄与葡萄酒工程是酿酒工程在葡萄酒领域的一个专业分支。食品营养与检验教育为师范类专业，培养能够在中、高等职业学校从事食品安全与质量控制教育教学、教学研究的师资。烹饪与营养教育是培养中、高等烹饪学校师资的一个师范教育类专业。

近几年来，食品安全事故频发，食品质量日益受到国家和社会的重视，近年来食品类专业开始有所升温，相对于经济、电子、计算机等行业而言，食品行业因收入相对较低，依然难以受到人们的青睐。

2．建筑类

建筑类下设建筑学、城乡规划、风景园林、历史建筑保护工程四个专业。

建筑学研究的是建筑物设计和建造相关的艺术和技术，包括实用性、功能性和艺术性、美学两个方面。城乡规划包括城市规划、城市生态与环境保护、城市交通、城市市政工程规划、区域规划等方面的工作。风景园林侧重于风景园林、风景名胜区和各类城市绿地的规划设计、施工和管理方面的工作。历史建筑保护工程是建筑领域中一个相对独立的专业领域，专注于历史建筑保护。

建筑类的四个专业，各有侧重。一般来说，建筑类专业都需要一定的美术和绘画功底。

3．安全科学与工程类

安全科学与工程类下设安全工程一个专业，是从劳动安全保护等学科逐渐发展起来的，涉及自然灾害、事故灾难、公共卫生、社会安全等多个领域，围绕公共安全体系三角形理论模型中的突发事件、承灾载体、应急管理三条主线及其相互作用开展研究。

4．生物工程类

生物工程类下设生物工程、生物制药两个专业。

生物工程是指工程技术手段来加工或改造生物学中的 DNA、蛋白质、染色质、细胞等生物材料，从而生产人类需要的生物制品，像人们日常用的化妆品、转基因蔬菜、饮料等，它主要研究基因工程、遗传工程、蛋白质工程、酶工程、细胞工程和发酵工程的理论及其在工、医、农、环境保护等方面的开发和应用。生物制药是生物工程技术在制药领域的应用。

5．公安技术类

公安技术类下设刑事科学技术、消防工程、交通管理工程、安全防范工程、公安视听技术、抢险救援指挥与技术、火灾勘查、网络安全与执法、核生化消防九个专业。

食品科学与工程专业

专业代码	中文名	学科门类	一级学科	授予学位	修学年限
082701	食品科学与工程	食品科学与工程类	工学	工学或农学学	四年

一、专业概述

食品科学与工程专业的研究对象是食品原料和食品，以工学、理学、农学和医学作为主要科学基础，研究食品原材料和食品的物理、化学和生物学特性及营养、品质、安全的工程化技术的应用学科。

二、培养目标

培养具有化学、生物学、食品工程和食品技术的知识，能在食品领域内从事食品生产技术管理、品质控制、产品开发、科学研究、工程设计等方面工作的食品科学与工程学科的高级工程技术人才。

三、培养要求

主要学习化学、生物学和食品工程学的基本理论和基本知识，受到食品生产技术管理、食品工程设计和科学研究等方面的基本训练，具有食品保藏、加工和资源综合利用方面的基本能力。

四、知识技能

毕业生应获得以下几方面的知识和能力：

① 掌握生物化学、食品化学、微生物学的基本理论与实验技术。

② 掌握食品分析、检测的方法。

③ 具有工艺设计、设备选用、食品生产管理和技术经济分析的能力。

④ 熟悉食品工业发展的方针、政策和法规。

⑤ 了解食品储运、加工、保藏及资源综合利用的理论前沿和发展动态。

⑥ 掌握文献检索、资料查询的基本方法，具有初步的科学研究和实际工作能力。

五、主干课程

化学、生物学、食品化学、食品分析、食品微生物学、食品营养学、食品工程原理、食品工艺学和食品安全等。

六、发展前景

1. 就业方向

可在大专院校、科研院所、食品企业及相关行业从事科学研究、技术开发、品质控制、经营管理和市场营销等工作。主要在食品企业，一般有5大类岗位，具体包括食品加工类岗位、食品检验类岗位、食品质量管理类岗位、食品销售类岗位和食品研发类岗位。

2. 就业前景

食品工业是制造业中的第一大产业。近年来，我国食品产业迅速发展，已成为国民经济的重要支柱产业，进入“十三五”之后，食品行业迎来关键的转型期，由以往的生存性消费向健康性消费转变，由过去的吃饱、吃好向满足食品消费多样化需求转变。

2017年全国开设食品科学与工程专业的院校共有298所。部分高校按以下专业方向培养：生物、海洋食品、营养与养生、食品卫生与检验、蜂学及蜂产品加工。报考硕士较集中的专业：食品科学与工程、食品工程、食品科学、食品加工与安全。根据阳光高考信息平台统计数据，食品科学与工程专业2017年普通高校毕业生规模20000人到22000人。高考时文理科比例为文科0，理科100%。男女生比例为男生38%，女生62%。食品科学与工程专业本科就业率为2016年85%～90%，2017年90%～95%。

3．专家建议

① 行业多年整体低迷。

从2012年起，中国食品产业增速放缓，从2011年的食品工业增速26%降低到14%，之后连续三年不断下挫。2015年，食品产业虽然以11.34万亿的产值在国民生产总值中仍占据重要地位，但4.6%的增长率首次低于GDP的年增幅(6.9%)，这意味着食品产业走入前所未有的低迷期。比如方便面行业从产业波峰时的700亿元的产值已经下调至400多亿元，2016年上半年的状况也不乐观，这不是个别品牌的状态，而是行业系统性的结构调整的表现。

② 食品专业的本科毕业生在食品企业就业，一般只能从事品质控制或者营销类工作，就业状况不稳定，薪资水平较低。

食品行业的就业现状是准入门槛相对不高、薪资待遇较低、劳动强度大、工作环境差，这种现状又进一步导致毕业生就业稳定性不高，频繁跳槽。加之全国有近300所全日制高等院校和260所高职院校开设有食品专业，年招生规模约7．6万人，外部竞争激烈。

③ 就业空间狭小导致竞争加剧。

食品企业需要研发、品质管理类技术人员、工程技术人员、生产和管理人员，而用人单位多选择食品或生物类专业的硕博士从事研发，选择高职毕业生从事生产一线工作，选择管理类毕业生从事管理工作，唯有品质管理类岗位与食品专业本科生最为吻合。另有销售类岗位可以从事，但很多食品专业毕业生并不认同销售工作，进一步导致就业空间狭小，就业竞争压力陡升。

④ 食品企业的五大类岗位。

食品加工行业包括肉品加工、饮料加工、速冻食品加工、乳制品加工、焙烤食品制作、食品加工和调味品生产等。这些行业的加工岗位要求毕业生能熟练、准确、快速进行单元操作，对食品的配方和新技术能够实际应用，能操作与维护常见的食品加工设备。

食品检验类岗位包括食品营养成分检测、食品添加剂检测、食品中有害成分检测、食品中微生物检验等。这些岗位要求毕业生能够严格按照检验流程，对食品原辅料、半成品和成品进行取样、处理和检测。会常规检验用药品、试剂和样品的保管，检验用溶液、指示剂和培养基的配制。能使用和维护常用的分析仪器设备。能正确处理食品分析与检测的数据，会写出规范的检验报告。

食品质量管理类岗位包括食品安全生产管理、食品营养与卫生等。这些岗位需要毕业生会进行食品企业QS、ISO9000、ISO22000等认证的申请和管理。熟知生产车间的规范操作和卫生管理。

食品销售类岗位包括食品市场开发与维护、食品销售与服务等。这些岗位需要毕业生会做调查市场、分析市场。进行产品宣传和推销方案的制定。

食品研发类岗位包括新产品开发、新技术应用等。这些岗位要求毕业生了解食品科技最新动向，具备市场分析、预测能力。按照食品质量安全法律法规和营养知识开发新产品。

⑤ 大类招生及其他要求。

目前，多数学校实行大类招生，考生在报考时要特别注意。如东北农业大学从2014年开始，将食品科学与工程（畜产品加工方向、农产品加工方向）、粮食工程、乳品工程、食品质量与安全4个专业统一按食品科学与工程类招生，前三学期按“食品科学与工程类”统一培养，第四学期进入专业学习阶段。

食品科学与工程专业属于工学门类专业，对考生的数理化基础要求较高，考生要综合考虑自身实际情况后报考。进入大学后，部分学生在数理化等基础课的学习上可能会遇到难度，只要自己努力是可以克服的。大一、二年级时尤其需要刻苦努力，打好基础，其中微积分Ⅰ、Ⅱ、Ⅲ，线性代数，概率论与数理统计，食品工程原理等基础和专业课程难度比较大。

患有轻度色觉异常（俗称色弱）、色觉异常Ⅱ度（俗称色盲）疾病的考生不要报考食品科学与工程专业，因为根据《普通高等学校招生体检工作指导意见》规定，有此类问题的考生将不被录取。考生在报考时，一定要事先了解高校招生章程中的具体要求。

4．小贴士

农学类院校会授予农学学士学位。

七、开设院校

2017 年全国开设食品科学与工程专业的院校共有 298 所。

食品质量与安全专业

专业代码	中文名	学科门类	一级学科	授予学位	修学年限
082702	食品质量与安全	食品科学与工程类	工学	工学学士	四年

一、专业概述

食品质量与安全专业是以生命科学和食品科学为基础，研究食品的营养、安全与健康的关系，研究食品营养的保障和食品安全卫生质量管理的学科，是食品科学与预防医学的重要组成部分。通过对食品生产、加工的管理和控制，保证食品的营养品质和卫生质量，促进人体的健康。

二、培养目标

培养德、智、体、美全面发展，具备食品质量与安全以及与其相关的化学、生物学等方面的基本理论、基础知识、基本技能和良好的政治文化素质，富有强烈的社会责任感和创新精神，能在食品质量与安全及相关领域从事食品检验、品质控制、质量管理、技术开发等方面工作，适应食品工业和社会发展需要，有一定创新能力的应用型人才。

三、培养要求

主要学习生物学和食品工程学的基本理论和基本知识，受到食品生产技术管理、食品质量检测和安全等方面的基本训练，具有食品质量检测、食品安全检测等方面的基本能力。

四、知识技能

毕业生应获得以下几方面的知识和能力：

① 掌握生物化学、食品化学、微生物学的基本理论与实验技术。

② 掌握食品分析、检测的方法。

③ 具有食品生产管理和技术经济分析的能力。

④ 熟悉食品工业发展的方针、政策和法规。

⑤ 了解食品储运、加工、保藏及资源综合利用的理论前沿和发展动态。

⑥ 掌握文献检索、资料查询的基本方法，具有初步的科学研究和实际工作能力。

五、主干课程

生物化学、食品化学、食品微生物学、食品营养学、食品加工与保藏原理、食品安全学、现代仪器分析、食品分析、食品标准及标准化、食品质量管理与认证、食品安全风险评估等。

六、发展前景

1．就业方向

可在全国各级食品卫生监督部门、食品企业、社区的食品营养与安全服务部门、餐饮业及教学、科研等单位从事食品生产、食品营养与安全的管理、公共营养等方面的工作。

2．就业前景

保证食品营养与安全主要依靠食品生产全面系统的质量管理，从而使营养与食品安全从过去的监督管理，扩展到包括食品生产、食品营养、食品安全、食品管理、食品质量控制的诸多领域，在生命科学和食品科学的各个领域中发挥越来越重要的作用。对于人们的生活也具有重要作用。

2017 年全国开设食品质量与安全专业的院校共有 256 所。部分高校按功能食品专业方向培养。报考硕士较集中的专业：食品工程、食品科学与工程、食品加工与安全、食品科学。根据阳光高考信息平台统计数据，食品质量与安全专业 2017 年普通高校毕业生规模 10000 人到 12000 人。高考时文理科比例为文科 2%，理科 98%。男女生比例为男生 32%，女生 68%。食品质量与安全专业本科就业率为 2016 年 85%～90%，2017 年 90%～95%。

3．专家建议

① 参考食品科学与工程专业。

② 食品安全专业的就业形势目前在国内比较一般。

目前国内食品安全方面刚刚起步，与国外有一定的差距。随着国内生活水平提高，食品安全受到特别关注，食品安全方面的人才就业应该不成问题。同时，人们对于食品营养和健康饮食的重视也使营养学家和膳食学家有一定需求。高校中与食品有关的专业近年比较热门，开设本专业的院校也逐年增多。

在一份对 2018 年食品质量与安全专业的就业情况调查中，本专业就业率在所有专业中排名中上，上海是需求最大的地区，需求最大的行业为餐饮业。这份调查结果的数据虽不全面，但也说明了食品质量与安全专业的一些情况。

③ 食品营养师是食品人的一个选择。

目前中国对食品营养师的重视不算高，很少有学生在大学期间去考，一些大的医院都有食品营养师的岗位，足够优秀的话还是可以考虑的。一般来说食品质量与安全专业的本科毕业生可以在食品企业做质检，工作可能枯燥一些，但比较轻松，适合对薪资要求不高的女生。食药监督局和海关的公务员方面，一般每年每个城市只有一两个食药监局的名额，大城市的海关名额可能相对多一些，竞争压力大。销售基本上是一个不看专业只看能力的工作。

④ 相似的两个专业。

食品类的食品质量与安全专业还有两个相似的专业，分别为预防医学类的食品卫生与营养学专业和卫生检验与检疫专业。相似专业越多，就业压力就越大。

4．小贴士

食品类专业的就业不乐观，不是就业率不高，是工资不高。

七、开设院校

2017 年全国开设食品质量与安全专业的院校共有 256 所。

粮食工程专业

专业代码	中文名	学科门类	一级学科	授予学位	修学年限
082703	粮食工程	食品科学与工程类	工学	工学学士	四年

一、专业概述

粮食工程主要研究粮食与粮食制品加工和储藏过程中所发生的化学、微生物、物性等变化，粮油产品加工工艺与装备，粮食储藏与运输等内容，如食用油生产、玉米和燕麦等的加工生产、小米和面粉等粮产品的储藏和运输等。

二、培养目标

培养能从事粮食生产技术管理、粮油产品加工、粮食工程规划管理等工作的高级技术应用型专门人才。

三、培养要求

主要学习生物学和食品工程学的基本理论和基本知识，受到食品生产技术管理、食品质量检测和安全等方面的基本训练，具有食品研究、食品质量安全检测等方面的基本能力。

四、知识技能

毕业生应获得以下几方面的知识和能力：

① 具备粮食和油脂生产和经营管理、新产品开发、加工技术改造、工厂设计、贮运物流的基本能力。

② 掌握粮食和油脂品质与安全控制、粮油资源综合利用方面的专业综合能力。

③ 具有食品生产管理和技术经济分析的能力。

④ 具有一定的从事科研工作的良好素质和能力，具有独立获取知识、计算机应用和信息处理的基本能力。

⑤ 具有熟练地专业英语沟通、阅读、写作等运用能力。

⑥ 具有一定的创新能力和创业意识。

⑦ 具备一定的适应相邻专业工作的能力。

五、主干课程

粮食工程概论、粮食生产技术、粮食产品加工、粮食贮藏、粮食运输、粮食市场营销、食品工程原理、食品微生物、食品分析、粮油加工工艺、发酵食品工艺、焙烤制品工艺、食品机械与设备等。

六、发展前景

1．就业方向

可在粮食生产、储运、加工、销售领域从事技术与管理工作，就业单位一般是粮油食品加工、粮仓建设和粮食检验单位等。

2．就业前景

粮食是人类的重要主食原料，作为一个人口和农业大国，中国的粮食加工是一个永不衰落的行业。随着科技进步与经济增长，市场对高质量粮食加工技术与产品的需求也越来越大。

2017 年全国开设粮食工程专业的院校共有 17 所。报考硕士较集中的专业：食品科学与工程、食品工程、食品科学、粮食/油脂及植物蛋白工程。根据阳光高考信息平台统计数据，粮食工程专业 2017 年普通高校毕业生规模 500 人到 600 人。高考时文理科比例为文科 0，理科 100%。男女生比例为男生 48%，女生 52%。粮食工程专业本科就业率为 2016 年 90%～95%，2017 年 90%～95%。

3．专家建议

① 参考食品科学与工程类专业。

② 粮油加工行业比较容易就业。

生产领域：一般就业于大中型制粉、油脂、饲料公司和相关企业。近几年多数毕业生就业于江苏、广东、上海、天津、青岛、烟台等城市的大中型的制粉、油脂和饲料公司及合资和外资等相关的企业，工作环境和工资待遇相对不错。

在粮油检验领域：可以进入粮食高新技术产业与粮食有关的研发中心。各级粮食、粮油购销储运公司、粮食储备库。粮食加工厂、焙烤食品加工厂、植物油脂加工与大豆蛋白企业。淀粉与变性淀粉生产企业。从事行政和企业管理、产品品质检验、营销等工作，以及从事生产技术、品质控制、产品开发、科学研究和工程设计等工作，或者与专业相关的公务员岗位。

最后，可以参与国家的粮库建设，但是现在仓库已经建设得过多，只有少量的搬迁和扩建，这个方面还是有希望的，毕竟这个专业的人少。

4．小贴士

粮食工程是食品科学与工程专业大类里的一个很小的专业方向。

七、开设院校

2017 年全国开设粮食工程专业的院校共有 17 所。

乳品工程专业

专业代码	中文名	学科门类	一级学科	授予学位	修学年限
082704	乳品工程	食品科学与工程类	工学	工学学士	四年

一、专业概述

乳制品工程是在我国乳品安全形势日益严峻的情况下开设的新专业，主要包括食品生物化学、乳品化学、乳品分析、管理学和乳品安全与质量控制、乳品科学、乳品加工设备及工厂设计等。

二、培养目标

培养具备食品科学、乳品质量管理与安全监控、乳品工艺等多方面知识和实践技能，具有较强的社会责任感和较高的职业素养，能够在乳品工程及相关领域从事乳品生产及管理、品质控制、产品开发、工程设计、分析检验、产品销售等高级应用型人才。

三、培养要求

具备乳品机械、乳品厂设计、新产品开发、产品质量控制检测和乳品生产质量管理等多种基本技能。

四、知识技能

毕业生应获得以下几方面的知识和能力：

① 掌握生物化学、乳品化学和乳品微生物、食品营养的基本理论与实验技术。

② 掌握乳品分析与检验的方法。

③ 具有乳品工艺设计、设备选用的能力。

④ 熟悉乳品工业发展的方针、政策和法规。

⑤ 熟悉掌握乳品以及其他畜产品的加工工艺、检验技术。

⑥ 掌握食品营养与安全监测的有关知识和技能。

⑦ 具备乳品企业生产管理和技术经济分析的能力，掌握食品企业对外贸易的有关知识，适应我国入世的需要。

⑧ 掌握一门外语，能进行简单的英语交流，具备一定程度的写作与翻译能力。

五、主干课程

食品生物化学、食品营养学、食品工程原理、乳品化学、乳品机械设备、乳品微生物学、液态乳品科学与技术、固态乳品科学与技术、原料奶生产技术、乳品工厂设计、乳品安全与质量控制、商业经济学、乳品分析等。

六、发展前景

1．就业方向

可在乳品行业及相关领域内（乳品企业、中高等职业院校、技术监督部门、科研院所、海关、商检）从事乳品开发与研究、乳品生产及管理、产品质量控制、工程设计、分析检验、产品销售等方面的相关工作。

2．就业前景

乳制品里有着丰富的营养，各种乳制品已经成为人们每天必备的食品。牛奶、酸奶等乳制品，通过乳品工程的研究，会更加符合大众的需求。乳品工程的主要目标就是给人们不断地提供优质的乳制品。

2017 年全国开设乳品工程专业的院校共有 7 所。报考硕士较集中的专业：食品工程、食品科学与工程、食品科学、生物工程。根据阳光高考信息平台统计数据，乳品工程专业 2017 年普通高校毕业生规模 150 人到 200 人。高考时文理科比例为文科 0，理科 100%。男女生比例为男生 44%，女生 56%。乳品工程专业本科就业率为 2016 年 90%～95%，2017 年 90%～95%。

3．专家建议

① 参考食品科学与工程类专业。

② 近几年新成立的专业，设立本专业的院校多数为普通院校，随着乳制品在人们生活中的地位提高，相关院校会越来越多，毕业生也会增多。

③ 分数比较低的考生值得关注这个专业。

4．小贴士

乳品工程是食品科学与工程专业大类里的一个很小的专业方向。

七、开设院校

2017 年全国开设乳品工程专业的院校共有 7 所。

酿酒工程专业

专业代码	中文名	学科门类	一级学科	授予学位	修学年限
082705	酿酒工程	食品科学与工程类	工学	工学学士	四年

一、专业概述

酿酒工程专业主要研究白酒、黄酒、葡萄酒、啤酒等日常饮用酒的特征风味成分和酿制过程中的功能微生物、酶及其代谢调控机制，对其中重要微生物和酶在分子水平上进行认识与改造，开发新产品，实现传统产业的改造和提升。

二、培养目标

培养具备生物化学、微生物学、发酵工程等基础理论和基本知识，系统掌握酿酒工程的基础理论、专业知识和专业技能，能够在酿酒领域从事设计、生产、管理和技术开发、产品研发，动手能力强、创新意识强、科学素养高的应用型高级工程技术人才。

三、培养要求

具有良好文化素养和社会责任感，掌握酿酒科学理论与加工技术、酒类产品质量分析检测技术，具备酿酒工艺、酒类品鉴、质量检测等能力。

四、知识技能

毕业生应获得以下几方面的知识和能力：

① 掌握生物化学、食品化学、微生物学的基本理论与实验技术。

② 掌握食品分析、检测的方法。

③ 具有工艺设计、设备选用、食品生产管理和技术经济分析的能力。

④ 熟悉食品工业发展的方针、政策和法规。

⑤ 了解食品储运、加工、保藏及资源综合利用的理论前沿和发展动态。

⑥ 掌握文献检索、资料查询的基本方法，具有初步的科学研究和实际工作能力。

五、主干课程

生物化学、微生物学、发酵工程原理与技术、蒸馏酒工艺学、啤酒工艺学、黄酒工艺学、葡萄酒工艺学、酒类风味化学与品尝、酿酒工程装备与工厂设计、酿酒工业分析（含实验）等。

六、发展前景

1. 就业方向

可在酿酒及相关行业从事教学、科学研究与开发、生产管理、检验、产品营销与技术服务等工作。

2. 就业前景

业内人士分析，酒类市场需求的增长在短时间内不会消失，加上国外“洋”酒的大量涌入，使得国内造酒企业的竞争愈演愈烈，时尚、品位、健康、文化内涵逐渐成为酒品研发的趋势和重点。因此，对酿酒工程技术要求已经不仅仅停留在传统的酿酒工艺上，而需要个性化、多样化的产品以满足个性化、多样化的需求。

2017 年全国开设酿酒工程专业的院校共有 18 所。报考硕士较集中的专业：发酵工程、生物工程、轻工技术与工程、食品工程。根据阳光高考信息平台统计数据，酿酒工程专业 2017 年普通高校毕业生规模 400 人到 450 人。高考时文理科比例为文科 0，理科 100%。男女生比例为男生 44%，女生 56%。酿酒工程专业本科就业率为 2016 年 95%～100%，2017 年 95%～100%。

3. 专家建议

① 参考食品科学与工程类专业。

② 设立本专业的院校多数为普通院校，呈逐年增多趋势。就业情况在食品类专业中相对比较好。

③ 分数比较低的考生值得关注一下。需要注意的是，不同院校本专业在不同的大类中，不同院校的培养方向也不同。

4. 小贴士

该专业对生物和化学两门课程的要求较高。

七、开设院校

2017 年全国开设酿酒工程专业的院校共有 18 所。

建筑类专业

专业代码	中文名	学科门类	一级学科	授予学位	修学年限
082801	建筑类	建筑类	工学	工学或建筑学学士	四年或五年

一、专业概述

建筑学是研究解决建筑的空间、功能和形式等问题。

二、培养目标

培养具备建筑设计、城市设计、室内设计、市政设计等方面的知识和专业技能，能在设计部门从事各项设计工作，在房地产部门从事建筑策划与管理工作，并具有多种职业适应能力的通用型、复合型高级工程技术人才。

三、培养要求

主要学习建筑设计、城市规划原理、建筑工程技术、环境和空间表现、绘画艺术等方面的基本理论与基本知识，受到建筑设计等方面的基本训练，具有项目策划、建筑设计方案和建筑施工图绘制等方面的基本能力。

四、知识技能

毕业生应获得以下几方面的知识和能力：

① 具有较扎实的自然科学基础、较好的人文社会科学基础和外语语言综合能力。

② 掌握建筑设计的基本原理和方法，具有独立进行建筑设计和用多种方式表达设计意图的能力，以及具有初步的计算机文字、图形、数据的处理能力。

③ 了解中外建筑历史的发展规律，掌握人的生理、心理、行为与建筑环境的关系，掌握与建筑有关的经济知识、社会文化习俗、法律与法规的基本知识，以及建筑边缘学科与交叉学科的相关知识。

④ 初步掌握建筑结构及建筑设备体系与建筑的安全、经济、适用、美观的关系的基本知识，掌握建筑构造的原理与方法，以及常用建筑材料及新材料的性能。

⑤ 具有合理选用和一定的综合应用能力，并具有一定的多工种间的组织协调能力。

⑥ 具有项目前期策划、建筑设计方案和建筑施工图绘制的能力，具有建筑美学的修养。

五、主干课程

建筑设计基础、建筑设计原理及设计、建筑构造、建筑力学和建筑结构等。（各校根据开设专业、培养年限不同，课程设置有所差异）。

六、发展前景

1. 就业方向

就业方向主要有：在建筑设计研究院和建筑设计事务所等建筑行业的设计单位从事建筑物的设计和有关建筑的研究工作。在房地产开发企业从事建筑项目的前期策划、方案设计、施工图设计等工作。在建设厅、规划局等政府管理部门从事建设行业管理、城市管理、房屋质量检测、古建筑保护等。

2. 就业前景

人要生存就要盖房子，只要盖房子，建筑专业就有市场。我国的城市建设发展很快，小城市和农村相对滞后。城市老旧建筑的改造和拆除是城市更新的重要方式之一，离不开建筑专业。我国是个文化古国，文物古建筑是宝贵的历史文化遗产，需要投入大量的人力物力来维护。

2017 年全国开设建筑学专业的院校共有 303 所，部分高校按以下专业方向培养：室内设计、注册建筑师、古建筑修缮与保护。报考硕士较集中的专业：建筑学、建筑与土木工程、建筑设计及其理论。根据阳光高考信息平台统计数据，建筑学专业 2017 年普通高校毕业生规模 18000 人到 20000 人。高考时文理科比例为文科 6%，理科 94%。男女生比例为男生 62%，女生 38%。建筑学专业本科就业率为 2016 年 85%～90%，2017 年 90%～95%。

3. 专家建议

（1） 关于修学年限和学位。

建筑学专业本科设有 5 年和 4 年两种学制，可获得“建筑学学士”或“工学学士”学位。不是所有的五年制建筑学专业都可以颁发建筑学学位，只有通过了全国高等院校建筑学专业教育评估的几十所大学可以颁发建筑学学士学位，其他学校只能颁发工学学位。

对于建筑学学生来说，毕业后报考一级注册建筑师，建筑学学位所需的从业时间要短一些，建筑学学士毕业 3 年后可以报考，工学学士毕业 5 年后才可报考。

（2） 关于建筑学报考。

目前全国本科阶段开设建筑学专业的院校有 300 多所。考生可选择的跨度空间较大。

首选当然是实力强劲的名牌高校。比如建筑“老八校”：清华大学、同济大学、东南大学、天津大学、哈尔滨建筑大学（现为哈尔滨工业大学）、华南工学院（现为华南理工大学）、重庆建筑大学（现并入重庆大学）、西安建筑科技大学。这些学校建筑学历史悠久，专业实力突出且各有特色，是我国建筑学学科最好的八所高校，属于建筑专业的“第一集团军”。

接下来就是通过了全国高等院校建筑学专业教育评估的高校，截至 2018 年 5 月，全国通过评估的高校有 68 所，在这些高校中，还有七年有效期评估和四年有效期评估的差别。目前通过了七年评估的 44 所高校中，除了上述“老八校”外，还有浙江大学、湖南大学、中南大学、北京建筑大学、合肥工业大学、沈阳建筑大学、华中科技大学等。在填报志愿时，考生可以根据实际情况，确定自己的位置，选择和自己分数、批次相符合的院校。

（3） 什么样的学生适合报考建筑学专业。

建筑学专业需要学生有一定的艺术修养。那些具备空间想象力、造型能力和表现能力，有较强的沟通能力和吃苦耐劳精神的学生比较适合学习建筑专业。

因为要求考生具有一定的艺术修养和绘图能力，一些院校的建筑学等专业要求考生加试徒手画，虽然不计入总成绩，却是录取的重要依据。如北京交通大学 2018 年招生章程中规定，建筑类专业要求考生应具备一定的美术基础。西安建筑科技大学要求报考建筑学、城乡规划、风景园林、历史建筑保护工程专业的考生须有美术基础，进校后学院将组织美术基础水平测试。

也不是所有的高校都要求加试美术，如北京建筑大学等高校在章程中写明，所有专业不设美术加试。考生可以根据自己的实际情况，认真查阅各校当年章程。

另外，还有很多院校建筑学专业不招色盲、色弱考生。

（4） 建筑专业就业的几个特点。

1） 就业选择面广，专业对口工作的收入普遍较高。

建筑学专业着重培养从事建筑规划和建筑设计的高级技术人才，通俗地说就是建筑师。建筑学专业就业面广，毕业生可以从事建筑设计、建筑策划、室内装饰设计或者是根据自身条件经自学或培训参与建筑相关的各类工作。

最主要的就业方向是建筑设计单位（设计院）、建筑施工企业、房地产企业等。监理公司、勘察设计公司也需要建筑学专业的人才，来从事建筑工程监理和工程勘察设计等工作。如果达到研究生学历或者博士生学历，也可以到高校任教。

建筑学在设计类专业里面属中间层次，就业去向比较灵活。小的方向如室内设计，大的方向可以转城市规划，其他方向可选择风景园林，更小、更偏的方向可选诸如服装设计、珠宝设计、工业设计、平面设计等。

具体的薪酬待遇跟学历、工作城市、企业性质、单位效益和个人贡献都有关系，没有固定答案。总体来讲，建筑师薪资相对较高，并且十分看重经验和能力。薪酬水平随工作经验的增加，变化趋势相当明显。

2） 应届生不吃香，专业人才过剩，有证书有前途。

在大学毕业生“就业难”的同时，用人单位也普遍存在着“选材难”。

某投资管理有限公司每年招收的1000名员工中，只有40名是大学应届毕业生。某建筑有限公司的招聘代表说，“尽管我们公司的栋梁和骨干全是大学生，企业的发展离不开大学生，但是，我们每年基本上不要应届大学生”。

随着近几年房地产市场的火爆，一些工科院校和具有专业特色的学校追求综合发展，纷纷上马类似建筑学这样的专业，其后果就是招生人数过多，导致行业从业人员的规模变大，毕业生就业难度加大。

在建筑行业，“注册建筑师证”是不可或缺的职业资格证。这个证，是拥有在相应等级的建筑设计书上签字的权力和做工程主持人、审图的前提。换句话说，如果没有证，不管工作多少年都只能画图纸，而不能牵头做初步设计和施工图设计。因此，对于建筑类专业来说，考证有时候比考研还重要。

需要注意的是，毕业后报考一级注册建筑师，建筑学学士毕业3年后可以报考，工学学士毕业5年后才可报考。

4. 小贴士

在许多理工科院校，建筑学往往都是高考录取分数较高的专业，但是毕业生出来却可能高不成低不就，一般院校建筑学的毕业有时还不如土木专业好就业。

建筑行业是周期性明显的行业。

七、开设院校

2017年全国开设建筑学专业的院校共有303所。

城乡规划专业

专业代码	中文名	学科门类	一级学科	授予学位	修学年限
082802	城乡规划	建筑类	工学	工学学士	四年或五年

一、专业概述

城乡规划专业是以可持续发展思想为指导，以城乡社会、经济、环境、空间的和谐发展为目标，以城乡物质空间为核心，以城乡土地使用为对象，通过城乡规划的编制、公共政策的制定和建设实施的管理，实现城乡发展的空间资源合理配置和动态引导控制的多学科交叉融合的复合型专业。2012年《普通高等学校本科专业目录》调整，把“城市规划”改名为“城乡规划”。

二、培养目标

培养德智体美全面发展，具备坚实的城乡规划基础理论知识和实践应用能力，具有社会责任感、团队精神、创新思维和可持续发展理念，能够在专业规划设计机构、管理机构、研究机构从事城乡规划设计及其相关开发管理、研究教育等工作的高级专门人才。

三、培养要求

要求学生系统学习城乡规划的基本知识与基础理论，接受城乡规划的原理、程序、方法以及设计表达等方面的基本训练，掌握协调处理城乡发展与自然环境、社会环境、文化环境等复杂关系的基本方法，具备初步开展科学研究的能力，并具有从事城乡规划设计和城乡规划管理工作的基本素质。

四、知识技能

毕业生应获得以下几方面的知识和能力：

① 具备高尚的职业道德素养和正确的价值观、扎实的自然科学和人文社会科学基础、良好的专业素质、人文修养和身心素质。

② 兼具本土情怀与国际视野。

③ 具备现代意识和健康的人际交往意识。

④ 具有较强的自学能力和创新意识。

⑤ 掌握自然科学和人文社会科学的基础知识、专业所需的外语和计算机应用技术等工具知识、专业理论知识和相关知识。

⑥ 具有系统思维、公正处理、认知分析和综合表达等专业基本能力以及前瞻预测、创新设计、共识构建和共同行动等专业执业能力。

⑦ 熟悉我国城乡建设领域的方针、政策和法规。

⑧ 掌握文献检索、资料查询的基本方法，具有一定大数据时代下的信息技术能力，具有职业发展持续学习能力。

⑨ 了解我国人居环境学科领域的理论前沿、应用前景、发展动态和行业需求。

五、主干课程

城乡规划原理、城乡生态与环境规划、中国城市建设史与规划史、外国城市建设史与规划史、城乡基础设施规划、城乡道路与交通规划、城市总体规划与村镇规划、详细规划与城市设计、城乡规划管理与法规、城乡社会综合调查研究、地理信息系统应用等。

六、发展前景

1. 就业方向

就业方向主要有：在各级规划管理部门如发改委、建设局、规划局、国土局、园林局等从事经济发展规划、区域规划、城市开发及城乡规划管理等工作。在各级规划设计院如城市规划院、建筑设计院、风景园林设计院等单位从事城市规划设计、乡村规划设计、区域项目规划设计及研究等工作。在建筑规划设计公司、房地产企业、规划开发咨询机构从事项目规划设计、房地产筹划及相关政策法规的咨询和研究工作。

2. 就业前景

随着国家机构改革的完成、自然资源部的组建以及相关政策的陆续出台，国家提出构建基于生态文明建设的国土空间规划体系。该体系要求规划管制核心由耕地资源单要素保护向山、水、林、田、湖、草全要素保护转变，统筹配置城乡人居环境在内的各类要素的空间资源，实施“多规合一”实现全域全类型用途管控，城乡规划行业在机构设置和工作体系等方面经历了重大变革和全新探索。当今中国正处在城市化发展阶段，许多城市都面临城市新区开发、旧城改造、配套环境和景观建设。城市化、城乡一体化、新农村建设都在加快进行。

2017 年全国开设城乡规划专业的院校共有 303 所，部分高校按景观设计专业方向培养。报考硕士较集中的专业：城乡规划学、城市规划、建筑与土木工程、风景园林。根据阳光高考信息平台统计数据，城乡规划专业 2017 年普通高校毕业生规模 9000 人到 10000 人。高考时文理科比例为文科 11%，理科 89%。男女生比例为男生 52%，女生 48%。城乡规划专业本科就业率为 2016 年 85%～90%，2017 年 90%～95%。

3. 专家建议

① 城乡规划和人文地理与城乡规划的区别。

以往在填报志愿时，经常有同学把“城乡规划”和“人文地理与城乡规划”两个专业混淆，实际上，这两个专业有差异。

“人文地理与城乡规划”的原名叫“资源环境与城乡规划管理”，是一个侧重应用的地理科学专业，属于地理科学类的范畴，可授理学或管理学学位。地理科学研究地球上的大气圈、岩石圈、水圈、生物圈与人类圈的相互作用，是一个研究型的专业，近几年的土地资源开发和城市加速建设为地理科学带来了发展机会。人文地理与城乡规划侧重应用地理科学，为资源环境、土地管理、房地产开发等问题提供帮助，与城乡规划专业是有差别的，在选择专业时一定不能望文生义。

城乡规划专业培养的是规划师，本科多为五年制，也有部分院校为四年制。一般本科一、二年级阶段搭建在建筑学专业平台上，学习建筑专业相关知识，后两、三年进行规划专业知识学习。学生毕业后可取得工学学士学位。

② 院校很多，各有侧重，招生有限制。

2017 年全国开设城乡规划专业的院校共有 303 所，建筑和规划基本是一体的，规划专业的代表院校和建筑专业的格局差不多。业界比较认可的院校，如我们之前在建筑专业中提到的建筑“老八校”：清华大学、同济大学、东南大学、天津大学、哈尔滨建筑大学（现为哈尔滨工业大学）、华南工学院（现为华南理工大学）、重庆建筑大学（现并入重庆大学）、西安建筑科技大学等，都是实力强劲的名牌高校。

在国内，以工科见长的院校所开设的城市规划专业比较偏向于建造规划，例如清华大学、同济大学等。以理科见长的院校的城市规划专业则侧重于研究类型的城市规划，专业涉及经济地理、自然地理等相关知识。还有一些高校的城市规划专业侧重于管理类型的规划。报考时可以根据自身情况，确定自己的位置，选择和自己分数、兴趣相符合的院校。

③ 本科阶段各院校基本不细分专业方向，研究生阶段分专业方向。

有一些院校在专业设置中标明了专业方向和专业特色，考生在报考时可以留意。如北京交通大学该专业体现建筑学、设计学与城乡规划交融的特色，依托交通运输规划与管理等重点学科，突出交通、管理、建设工程等方面的城乡规划。北京建筑大学城市规划专业在四年级进行“城市规划与设计”和“风景园林设计”2 个专业方向分流。

城乡规划是经济学、社会学、历史、文化很多学科的总和，相比于建筑学专业，城市规划专业涉及的领域比较宽泛，除基本的建造知识外，该专业的学生还需要对社会学、经济学、管理学等背景知识有所了解。

城市规划设计要求学生有较强的空间立体感和丰富的想象力，不少高校的城市规划专业对考生美术功底有一定要求。如北京林业大学要求“报考园林、风景园林、城乡规划、木材科学与工程（家具设计与制造方向）专业的考生建议具备一定的美术基础，但高考时不加试”。西安建筑科技大学要求报考建筑学、城乡规划、风景园林专业的考生须有美术基础，入学后素描加试不合格者调整到其他专业学习等。

4. 小贴士

目前来说，多数院校招收城市规划专业的本科生通常加试美术，高考录取分数会高于本学校最低分数很多，有人戏称为“一本的分数就读二本的学校”，考生报考时要慎重。

要提醒的是，我国城市规划编制单位实行资质管理制度，将其资质划分为甲、乙、丙三个等级，分别规定了各等级单位承担城市规划编制任务的范围，不得越级编制规划，以保障城市规划编制的质量。城市规划编制单位的规模有大有小，水平有高有低，不同规模和级别的研究所、设计院，能学到的东西相差很多，薪金、待遇也有差别。

七、开设院校

2017 年全国开设城乡规划专业的院校共有 303 所。

风景园林专业

专业代码	中文名	学科门类	一级学科	授予学位	修学年限
082803	风景园林	建筑类	工学	工学或艺术学学士	四年或五年

一、专业概述

风景园林是规划、设计、保护、建设和管理户外自然和人工境域的学科，是用艺术的手段，处理人、建筑与环境之间复杂关系的一门学科。

二、培养目标

培养基础扎实，知识面宽，专业素质高，实践能力强，具备风景园林规划设计、城市规划与设计、风景名胜区和各类城市绿地的规划设计等方面的知识，能在城市建设、园林等部门从事规划设计、施工和管理的应用型人才。

三、培养要求

主要学习风景园林规划、区域规划等的基础理论和基本知识，受到风景园林规划设计等基本训练，掌握风景园林规划、风景园林设计和风景园林规划管理的基本能力。

四、知识技能

毕业生应获得以下几方面的知识和能力：

① 掌握风景园林规划设计、城市规划与设计、风景名胜区和各类城市绿地的规划设计等方面的基本知识。

② 具有较高的图面表现能力、规划设计能力和一定的创新能力。

③ 掌握观赏植物学、园林树木、花卉等方面的知识，能熟练运用园林植物进行植物造景。

④ 熟悉我国国土资源管理、城市规划与设计、风景园林规划与设计、环境保护、城市绿化方面的方针、政策和法规。

⑤ 掌握文献检索、资料查询的基本方法，具有一定的科学研究和实际工作能力。

⑥ 具有较宽广的相关学科和人文社会科学知识。

⑦ 具有较强的综合分析能力、语言表达能力和解决实际问题的能力。

⑧ 有较强的调查研究与决策、组织与管理、口头与文字表达能力，具有独立获取知识、信息处理和创新的能力。

⑨ 掌握一门外语，并能熟练运用，具有读、听、写能力，能较熟练地阅读该专业外文书刊。

五、主干课程

风景园林课程主要包括科学、艺术、设计三大部分：花卉学、树木学、树木栽培养护等自然科学基础的课程。美术、素描色彩基础等艺术课程。风景园林规划设计、建筑设计等设计类课程。根据各校偏重的方向，课程设置有所差异。

六、发展前景

1．就业方向

可在园林局、设计院、苗圃、园林设计公司、旅游规划设计公司、风景旅游区、房地产公司、大中专院校教师以及其他建筑与环境工程、市政园林、公用事业、城乡规划建设管理等相关的行业、部门机构从事相关工作。

2．就业前景

随着人们生活质量、生活水平的不断提高，绿化及生态环境成为新追求，不仅房地产开发企业在市场竞争中竞相打起了“绿化牌”“景观牌”“生态环境牌”，一些企事业单位也越来越注重环境景观设计，使之“既要与城市环境协调，又要让员工和客户舒畅”。城市化和花卉产业的发展，也促进了园林业行业的发展。

2017 年全国开设风景园林专业的院校共有 183 所，部分高校按以下专业方向培养：规划设计、景观建筑设计、园林工程技术、景观规划与绿地设计。报考硕士较集中的专业：风景园林、风景园林学、林业、园艺。根据阳光高考信息平台统计数据，风景园林专业 2017 年普通高校毕业生规模 5000 人到 6000 人。高考时文理科比例为文科 18%，理科 82%。男女生比例为男生 36%，女生 64%。风景园林专业本科就业率为 2016 年 90%～95%，2017 年 90%～95%。

3．专家建议

① 风景园林和园林的区别：

“风景园林”与“园林”只有两字之差，容易被考生和家长混淆。从学位授予层面，园林专业大多授予农学学士学位，风景园林专业授予工学学士学位，有些学校授予艺术学学位。从培养计划来看，园林专业多依托农林院校建立，相关课程偏向于植物和园艺。风景园林专业在农林院校、工科类院校都有建立，课程设置偏向于风景园林规划设计应用，也包含植物种植设计。

两个专业的相同之处是都关注自然生态环境的保护和美好宜居生活的建设。

② 院校很多，各有侧重，招生有限制。

开设风景园林专业的院校大致分为三种类型：以建筑老八校为代表的，偏建筑类方向。以北林、南林等农林类院校为代表的，偏植物学农学方向。以各大艺术类院校为代表的，偏艺术设计方向。总体来看，建筑类院校的录取分数较高，农林类和设计类院校相对录取分数低一些。

在《普通高等学校本科专业目录（2012 年）》中，风景园林专业可授予工学或艺术学学士学位。一般情况下，以普通科类参加高考入学的考生，毕业时授予工学学士学位。而报考艺术类的考生，毕业时授予艺术学学士学位。具体修业年限与授予学位类型，可查看相关院校的《招生章程》及专业介绍。

风景园林专业对考生视力有一定要求。《普通高等学校招生体检工作指导意见》中规定，患有轻度色觉异常（俗称色弱）学校可不予录取的专业中就包括风景园林专业。很多院校的招生章程中也明确了这样的要求，规定色盲色弱考生限报学校园林、风景园林、园艺、园林工程技术等专业。

风景园林专业融合了艺术和科技，属建筑学大类，学习时会涉及很多绘画及制图的专业课程，有些院校在招生时要求考生具备一定的美术或绘画基础。例如北京林业大学 2018 年本科招生工作章程中规定，报考园林、风景园林、城乡规划专业的考生建议具备一定的美术基础。苏州大学 2018 年自主招生简章中明确规定，选择报考建筑学、风景园林专业，要求考生具有一定的美术基础。

4．小贴士

行业内部压力很大。

随着设计施工一体化的项目的施工人员对设计有牵制作用，设计师的地位不断下降。而且很多时候你苦心想出的方案，结束于造价限制或者苗源短缺。

虽然就业没问题，这个行业很看重经验，毕业生中短期内发展速度很慢，加班很多，算是一个“理想很丰满、现实很骨感”的行业。

七、开设院校

2017 年全国开设风景园林专业的院校共有 183 所。

安全工程专业

专业代码	中文名	学科门类	一级学科	授予学位	修学年限
082901	安全工程	安全科学与工程类	工学	工学学士	四年

一、专业概述

安全工程是以人类生产、生活活动中发生的各种事故为主要研究对象，综合运用自然科学，科技科学和管理科学等方面的有关知识和成就，辨识和预测生产、生活活动中存在的不安全因素，并采取有效的控制措施防止事故发生或减轻事故损失的工程领域。

二、培养目标

培养能从事安全技术及工程、安全科学与研究、安全监察与管理、工作场所危险有害因素识别与检测、安全设计与生产、安全教育与培训、生产型企业职业卫生防护等方面复合型的高级工程技术人才。

三、培养要求

主要学习矿山与地下建筑、交通、航空航天、工厂、物业、商厦与地面建筑的灾害防治技术及工程和通风、净化与空气调节、安全监测与监控、安全原理、安全系统工程、安全监察和管理等专业知识和实践。

四、知识技能

毕业生应获得以下几方面的知识和能力：

① 具有较扎实的自然科学基础，具有较好的人文社会科学基础和外语语言综合能力。

② 掌握流体力学、工程热力学与传热学、工程力学、分析化学与物理化学、燃烧学与爆炸学等方面的知识。

③ 掌握安全原理、安全人机工程和安全系统工程等基础知识。

④ 掌握电子学、电工学及安全检测与监测仪表与技术。

⑤ 掌握安全工程、通风与空气调节工程设计、施工、监察和管理的知识与能力。

⑥ 掌握用计算机进行安全工程与通风工程设计、模拟、计算机管理等方面的能力。

五、主干课程

燃烧与爆炸学、安全工程学、通风空调与净化、安全监测与监控、职业卫生学、流体力学与流体机械、工程热力学与传热学、分析化学与物理化学等、安全学原理、安全系统工程、安全人机工程、安全检测技术、职业卫生及工程、安全法学、安全管理工程、风险分析与安全评价、消防工程、安全经济学、安全信息技术、公共安全与应急管理、环境工程、压力容器安全技术、爆破工程、机械与电气安全、道路交通安全、建筑施工安全、矿山安全技术、化工安全技术、安全学科发展动态等。

六、发展前景

1．就业方向

可在公共安全、机械工程、动力工程、工程热物理、土木工程、矿业工程、石油化工、交通运输工程、航空宇航科学与技术、兵器科学与技术、核科学与技术、林业工程、火灾与消防工程等领域从事相关工作。

2．就业前景

由于历史、经济发展、社会观念、安全工程的学科建设等方面的限制，我国安全生产相关人才存在很多问题：安全生产人才总量不足，仅占全国人才资源总量的很小比例。高层次科技人才匮乏，基层安全监管监察人员、高危行业企业安全生产人才紧缺矛盾突出。安全生产人才在布局、学历、专业、职称和技能等级等结构方面不尽合理。专业化、职业化程度不高，监管队伍中具有安全生产相关专业的人才仅占14.2%。高危行业企业中注册安全工程师仅占专职安全生产管理人员总数的2.5%。人才培养、使用和成长机制不健全，供需矛盾突出，人才培养与安全生产实际需求脱节现象较为普遍。安全生产工作岗位吸引力不强，人才流失比较严重，安全工程专业本科毕业生从事安全生产工作的比例不足20%。安全生产人才方面的法律法规有待进一步完善，安全生产人才培养开发、评价发现、选拔任用、流动配置、激励保障等制度和政策亟须健全。

2017年全国开设安全工程专业的院校共有170所，部分高校按以下专业方向培养：安全防范、采矿工程、非煤矿山、系统安全、民爆公共安全、结构与设备安全、交通安全与信息技术。报考硕士较集中的专业：安全工程、安全科学与工程、工商管理、公共管理。根据阳光高考信息平台统计数据，安全工程专业2017年普通高校毕业生规模10000人到12000人。高考时文理科比例为文科0，理科100%。男女生比例为男生71%，女生29%。安全工程专业本科就业率为2016年85%～90%，2017年85%～90%。

3．专家建议

① 安全工程专业科学技术知识体系结构不够健全，人才培养目标不太明确，课程内容陈旧，开设安全工程专业的院校间的联系还不够。

随着我国经济的高速发展和经济体制的转型，各行各业都感到专业安全生产管理人员的匮乏。同时，随着各级政府对安全生产工作的重视和实行《安全生产法》的要求，现实中需要愈来愈多各层次的安全工程专业人员。有权威部门对19个地区、22个行业部门的调查资料表明，大部分安全技术管理人员是从其他行业转行，或直接由具有实践经验的工人担任，安全工程专业的只占4%。

② 安全工程专业的发展阶段。

2001年，上海冶专、上海化专、上海轻专等合并后成立的上海应用技术学院新设了安全工程专业，并且把该专业列为5个重点建设学科之一，上海市教委拨款95.6万元在该校建设了安全实验中心。2002年4月，华南理工大学工业设备与控制工程学院成立，根据华南地区安全生产的需要，开设了安全工程专业。广西大学从2003年秋季招生开始，新增安全工程、网络工程等7个本科专业。

③ 安全工程专业人才培养的现状和前景不容乐观。

安全工程专业没有名气，社会认知程度不高。

许多安全专业的在校生说，虽然这个专业前程不错，但是在就业时可选择的领域不多。目前，安全工程专业缺少统一的专业教材，各校课程安排和教学内容局限于该校所依托的科研机构触及的科研方向和技术，而对安全工程的基本理论和其他方向的内容明显不足。

中国科技大学副校长、中国工程院院士范维澄针对目前高校创办安全工程专业存在的问题，绝不避讳地说，从安全工程的学科体系上讲，需要进一步扩大和引发重视。由于该专业开始时只是矿业工程之下的二级学科，人们对该专业的理解会出现偏差，影响该专业的招生，特别是影响研究生的培养。范院士强调说，目前，环境工程专业非常火，安全工程专业发展应当向环境工程专业学习。安全工程专业现状就是十年前环境工程专业的状态，与环境是一样，各种安全问题都有其共性，目前将安全工程设为一级学科，便可针对不同行业的需要分类培养人才，以适应我国目前经济和社会发展的需要。

④ 各学校侧重点很多

部分高校按以下专业方向培养：安全防范、采矿工程、非煤矿山、系统安全、民爆公共安全、结构与设备安全、交通安全与信息技术。报考时须注意。

4．小贴士

眼下，安全工程师考试也算是热门吧。

安全和环保面临同样的困境，在很多企业眼里，安全和环保一样，只有投入没有产出。随着国家对这两个方面的重视，未来肯定会有改善。

除了传统的矿山、化工等院校外，有些院校跟风开设本专业，除了对口就业，转行较难。

七、开设院校

2017 年全国开设安全工程专业的院校共有 170 所。

生物工程专业

专业代码	中文名	学科门类	一级学科	授予学位	修学年限
083001	生物工程	生物工程类	工学	工学学士	四年

一、专业概述

生物工程是 20 世纪 70 年代初开始兴起的一门综合性应用学科，以生物学（特别是其中的分子生物学、微生物学、遗传学、生物化学和细胞学）的理论和技术为基础，结合化工、机械、电子计算机等现代工程技术，充分运用分子生物学的最新成就，定向地改造生物或其功能，短期内创造出具有超远缘性状的新物种，再通过合适的生物反应器进行大规模培养，生产大量的有用代谢产物或发挥它们独特生理功能的一门新兴技术。

二、培养目标

掌握生物技术及其产业化的科学原理、工艺技术过程和工程设计等基础理论、基本技能，能在生物技术与工程领域从事设计生产管理和新技术研究、新产品开发的工程技术人才。

三、培养要求

学习生物技术及其产业化的科学原理、工艺技术过程和工程设计等基础理论，掌握生物技术与工程领域的生产管理和新技术研究、新产品开发的基本能力。

四、知识技能

毕业生应获得以下几方面的知识和能力：

① 具有较扎实的自然科学基础，具有较好的人文社会科学基础和外语语言综合能力。

② 掌握生物化学、化工原理、物理化学、化学工程、生化工程的基本知识理论。

③ 掌握生物技术及其产业化的科学原理等基础知识。

④ 掌握生物工程的相关法律法规。

⑤ 掌握相关领域的知识。

⑥ 具有一定的外语能力。

五、主干课程

高等数学、线性代数、无机化学、化学分析、植物组织培养技术、有机化学、生物化学、化工原理、生化工程、微生物学、细胞生物学、遗传学、分子生物学、基因工程、细胞工程、蛋白质工程、微生物工程、生物工程下游技术、发酵工程设备、概率论与数理统计、动物生理学、生态学等。

六、发展前景

1．就业方向

可在医药、食品、环保、商检等部门从事生物产品的技术开发、工程设计、生产管理及产品性能检测分析等工作。

2．就业前景

作为热门专业，就业存在很大问题。过去几年的毕业生在生物相关领域的不同类型岗位大多能找到工作，例如在生物医药、生物化工、轻工、食品和环保等领域的企业从事产品、工艺及装备的研究、开发、设计、管理及市场营销等基础性的工作，如实验员、检测人员、销售人员等。专业对口需要高学历和高水平。

2017年全国开设生物工程专业的院校共有303所，部分高校按以下专业方向培养：食用菌、发酵工程、生物农药、生物质能源、微生物应用、农业生物技术、食品发酵与生物制剂。报考硕士较集中的专业：生物工程、生物化学与分子生物学、生物学、微生物学。根据阳光高考信息平台统计数据，生物工程专业2017年普通高校毕业生规模14000人到16000人。高考时文理科比例为文科0，理科100%。男女生比例为男生54%，女生46%。生物工程专业本科就业率为2016年90%～95%，2017年90%～95%。

3．专家建议

① “生物制药”“生物工程”“制药工程”的区别。

生物制药、生物工程、制药工程均属于工科，生物制药和生物工程均属于生物工程类，制药工程属于化工与制药类。这三个专业的研究领域和侧重培养方向不同，生物制药是把生物工程技术应用到药物制作领域的，从而获得生物医药品。生物工程是通过生物技术及其产业化的科学原理、工艺技术过程和工程设计等基础理论和基本技能，进行生物技术与工程领域的设计/生产/管理和新技术研究、新产品开发。制药工程专业涉及化学制药、中药制药、生物制药、农药等领域，主要注重于工程，侧重于运用化学工艺批量生产制造药品。

② 未来主要需要高端人才。

很多人说，21世纪是生物学的世纪，谁掌握了生物学，谁就主宰了一切。这也是很多学生选择报考生物工程专业的原因。实际情况并不理想，生物工程专业的专业对口就业率并不高，这也是有人说生物相关专业不好找工作的原因。国内生物工程起步晚，发展比较慢，不代表生物工程没有前途。国家正在大力发展和扶持生物工程，这个专业未来需要的主要是高端人才。

③ 就业领域的分析。

社会上传言生物工程是劝退专业，实际上也确实如此。原因在于一方面专业需求饱和，许多院校纷纷开设本专业，而现实中生物工程行业不是能够接纳大规模毕业生就业的行业。另外还是某些学生就业时定位过高，认为质检员、实验操作员等工作岗位太低端。所以很多本专业的学生选择转行，是可以理解的。

对于那些真正喜欢生物工程的学生，这里简单说一下生物工程这个领域的就业方向

首先是生物类的就业。比如质检员，实验操作员，发酵工程师，制药工程师。前两者一般是本科毕业生的主要选择，对学历要求不高，工作稳定但比较枯燥，工资相对低。而工程师一般要研究生及以上学历，工资相对高。如果有志从事生物工程，建议考虑读硕士、读博士后再就业，选择面更大一些。

其次是考公务员或者相关事业单位。现实是生物类专业考公务员时可选择的职位很少，比如海关，食药监局等或不限专业的职位，竞争激烈。

从某种意义上来说，生物工程对口就业的岗位是一个下限低、上限很高的集合，行业里的收入差距很大。从相关的企业来说，几乎所有和食品、能源、环境、材料相关的企业都可以选择，这也是大多数的本科毕业生的选择。需要知道的是，企业内部分工明确，本科一般是质检员、实验操作员、销售等岗位。研究生可能会接触研发工作。博士才有可能掌管某个项目、课题。在生物公司里做科研学历要求也是学历越高，机会越多。

在选择这个专业之前，建议学生充分考虑并明确自己的职业目标。

4．小贴士

本科生从事科研方面工作的可能性不大，部分毕业生转其他行业，部分毕业生从事相关的下游技术工作。

七、开设院校

2017 年全国开设生物工程专业的院校共有 303 所。

生物制药专业

专业代码	中文名	学科门类	一级学科	授予学位	修学年限
083002	生物制药	生物工程类	工学	工学学士	四年

一、专业概述

生物制药是以基因工程为基础的现代生物工程，即利用现代生物技术对 DNA 进行切割、连接、改造，生产出传统制药技术难以获得的生物药品。生物制药学是从事各种生物药物的研究、生产和制剂的综合性应用技术科学。

二、培养目标

培养具备较系统的生物制药基本理论、基础知识和基本技能，能在科研机构从事科学研究，能在企事业单位和行政管理部门从事与生物制药有关的应用研究、技术开发、生产、管理等工作的高级专门人才。

三、培养要求

系统掌握生物制药的基本理论知识和基本实验技能，受到应用基础研究和技术开发的科学思维和科学实验的良好训练，具有较好的专业素养及初步的教学、研究、开发与管理能力。

四、知识技能

毕业生应获得以下几方面的知识和能力：

① 具有较扎实的自然科学基础，较好的人文社会科学基础和外语语言综合能力。

② 掌握生物化学、化工原理、物理化学、化学工程、生化工程的基本知识理论。

③ 掌握生物制药技术及其产业化的科学原理等基础知识。

④ 掌握生物制药的相关法律法规。

⑤ 掌握相关领域的知识。

⑥ 掌握一门必要的外语能力。

五、主干课程

生物化学、微生物学、微生物与免疫学、分子生物学、药理学、药物化学、药物分析、药剂学、基因工程原理等。

六、发展前景

1．就业方向

可从事生物制药生产的相关岗位操作、生物药物的资源开发、产品研制、生产、技术管理、药品质量控制等工作。

2．就业前景

生物制药专业在 2011 年经教育部批准成为“战略性新兴产业专业”。随着传统化学制药黄金时代的结束，新化学品种、药品数量下降，生物制药成为当今最活跃和发展最迅速的领域。随着基因组学和蛋白质组学研究的深入，越来越多与人类疾病发展相关的靶标被确定，生物制药将有更多的机会获得突破性进展。

2017 年全国开设生物制药专业的院校共有 85 所，报考硕士较集中的专业：生物学、微生物与生化药学、生物化学与分子生物学、药学。根据阳光高考信息平台统计数据，生物制药专业 2017 年普通高校毕业生规模 1500 人到 2000 人。高考时文理科比例为文科 0，理科 100%。男女生比例为男生 41%，女生 59%。生物制药专业本科就业率为 2016 年 90%～95%，2017 年 90%～95%。

3．专家建议

① 参考生物工程专业。

② 课程设置和人才培养各校有差别。

生物制药属于工学中的生物工程类，是教育部批准设置的战略性新兴产业相关本科专业，以生物制药及相关技术为主要内涵和办学方向，将生物技术与制药工程相结合，学科交叉性强、专业跨度大，学科基础来自多个理科和工科，与物理学、生物学、化学等诸多学科密切相关。各高校根据社会需求和自身的专业积累，设立了各具特色的生物制药专业，培养目标、课程设置、专业方向等都有较大差别。

比如，中国药科大学生物制药专业的培养重点是集生物药物研制、生产与工艺设计、技术创新、质量控制和生产管理以及生物医药所涉及的保健品、医药相关产品的生产与应用等。长春中医药大学生物制药专业以生物为主要方向，学习微生物与免疫学、生物化学、细胞生物学、分子生物学、发酵工程、生物制药工艺学、生物化工原理、药理与中药药理学、药剂学等专业课，主要面向生物制药研制与开发单位、生物药物生产和物流企业、医药院学、药品检验、药事管理等部门从事药物研究与开发、生产、检验、质量控制等工作。南京中医药大学的生物制药专业主要是有机化学、生物化学、微生物与免疫学、分子生物学、药理学、生物药物分析、生物工程、生物制药工艺学，面向在医药、农药、食品和生物化工等行业的企事业单位培养生物药物的应用研究、技术开发、生产管理和行政管理等工作的专门人才。

③ 招生要求。

生物制药主要以化学和生物医学为基础，从专业课程不难看出，大多是在药学相关的基础课程中加入了生物学方向的课程。从专业学习的角度出发，要求学生具有良好的理工科背景，特别是物理、化学和生物学基础。

生物制药的研发是一项长期的工程，研发一个新药往往需要几年甚至十几年的时间。

对于身体条件方面，轻度色觉异常（俗称色弱）不能录取的专业中就包括该专业。具体到各个院校的要求，可能会更严格、细致和明确，各高校会在招生章程中做出明确规定。

4．小贴士

本科生从事科研方面工作的可能性不大。

七、开设院校

2017 年全国开设生物制药专业的院校共有 85 所。

刑事科学技术专业

专业代码	中文名	学科门类	一级学科	授予学位	修学年限
083101K	刑事科学技术	公安技术类	工学	工学学士	四年

一、专业概述

刑事科学技术简称刑事技术，也称物证技术，是运用现代科学技术的理论和方法，收集、分析、检验和鉴定与犯罪活动有关的各种物证材料，为侦查、起诉、审判工作提供线索和证据的专门性技术手段。本专业分为痕迹检验、文件检验、法化学、法医学检验技术、公安图像技术等 5 个专业方向。

二、培养目标

培养具备痕迹检验、文件鉴定、微量物证分析公安图像技术等方面的知识和能力，能在公安、司法等部门从事刑事技术鉴定工作的高级专门人才。

三、培养要求

学习刑事科学技术方面的基本理论和基础知识，接受技术鉴定方面的基本训练，具有痕迹检验、文件鉴定、微量物证分析、公安图像技术等方面的基本能力。

四、知识技能

毕业生应获得以下几方面的知识和能力：

① 熟悉技术鉴定的方针、政策和法规。

② 掌握刑事科学技术学科的基本理论、基本知识。

③ 掌握痕迹、文件、微量物证的检验方法和公安图像技术。

④ 具有技术鉴定的基本能力。

⑤ 了解刑事科学技术的理论前沿和发展动态。

⑥ 掌握查缉、擒敌、射击、驾驶等警察技能。

五、主干课程

刑事科学技术概论、心理学、逻辑学、刑事证据学、现场勘查、刑审侦察学、光学仪器检验与分析等。

六、发展前景

1．就业方向

可在各级政法机关、军队保卫部门、海关、金融部门、司法鉴定机构等从事现场勘查、分析、重建以及常规物证检验、鉴定侦查等实际工作。

2．就业前景

随着我国民主与法制建设的不断发展，公、检、法国家等部门对于刑事科学技术专业的人才需求不断扩大，另外社会司法鉴定机构也有相关需要。

2017 年全国开设刑事科学技术专业的院校共有 28 所，绝大多数为警察类院校，非警察类院校有西南政法大学、西北政法大学、甘肃政法学院 3 所，部分高校按以下专业方向培养：公安声像技术、公安视听技术、物证鉴定技术、网络监察与电子物证。报考硕士较集中的专业：公共管理、公安技术、法律（非法学）、法学。根据阳光高考信息平台统计数据，刑事科学技术专业 2017 年普通高校毕业生规模 3000 人到 3500 人。高考时的文理科比例为文科 2%，理科 98%。男女生比例为男生 84%，女生 16%。刑事科学技术专业本科就业率为 2016 年 60%～65%，2017 年 65%～70%。

3．专家建议

感兴趣的考生请参考各院校的招生简章。

4．小贴士

公安类岗位需要通过招考，非公安类岗位除社会上极少数司法鉴定机构外，几乎没有专业对口就业岗位。

七、开设院校

2017 年全国开设刑事科学技术专业的院校共有 28 所，绝大多数为警察类院校，非警察类院校有西南政法大学、西北政法大学、甘肃政法学院 3 所。

消防工程专业

专业代码	中文名	学科门类	一级学科	授予学位	修学年限
083102K	消防工程	公安技术类	工学	工学学士	四年

一、专业概述

消防工程是一门探索火灾规律、研究火灾预防与控制理论和技术的新兴综合性学科。

二、培养目标

培养掌握火灾科学基本理论、消防安全技术与方法、消防政策法规，具有消防工程设计、消防安全技术研究、监测、管理和火灾风险评估、控制及火灾事故调查分析能力的专业工程技术人才。

三、培养要求

主要学习消防工程、土木工程、安全管理和管理学等方面的基本理论和基本知识，受到消防技术标准审核、监督管理和组织指挥等方面机能的基本训练，具有消防监督、队伍管理和灭火救援工作的组织指挥的基本能力。

四、知识技能

毕业生应获得以下几方面的知识和能力：

① 掌握消防工程、土木工程、安全工程和管理学的基本理论、基本知识。

② 掌握各类消防技术、措施和技术监督的技能。

③ 具有对消防工程进行监督、管理和灭火救援、管理部队的基本能力。

④ 熟悉消防监督管理、灭火救援的方针、政策和法规。

⑤ 了解本学科国内、国际的应用前景。

⑥ 掌握文件检索、资料查询的基本方法，具有～定的科学研究和实际工作能力。

五、主干课程

大学英语、高等数学、线性代数、概率统计、工程化学、物理化学、大学物理、大学信息技术基础、VB 程序设计、电工电子学、工程流体力学、热工学、火灾动力学、建筑技术基础、消防燃烧学、火灾调查学、火灾风险评估、建筑结构与防火工程、烟气控制与安全疏散、消防给水工程、火灾探测与控制工程等。

六、发展前景

1. 就业方向

可在消防技术与工程研究和开发部门、消防救援机构、地方消防行政管理部门和消防检测机构、各级建筑设计院、消防工程施工和安装企业、大中型企业单位从事消防事务管理。在各种大型企业、机场、港口、重要物资的大型仓库等专兼职消防队、各类消防产品的生产企业、各类危险物品的生产企业等从事消防安全管理工作。

2. 就业前景

近年来，我国的消防工作取得了长足的发展，但重特大火灾仍时有发生，暴露出我国消防工作社会化程度、管理水平与消防安全保障能力尚有待进一步优化、完善，其根本原因体现在行业人才队伍的建设与规范，相对缺乏专业的社会化消防技术服务。

2017 年全国开设消防工程专业的院校共有 17 所（包括四川警察学院和中国消防救援学院），报考硕士较集中的专业：安全科学与工程、安全工程、土木工程、建筑与土木工程。根据阳光高考信息平台统计数据，消防工程专业 2017 年普通高校毕业生规模 600 人到 700 人。高考时文理科比例为文科 2%，理科 98%。

男女生比例为男生 82%，女生 18%。消防工程专业本科就业率为 2016 年 85%～90%，2017 年 90%～95%。

3．专家建议

最初，消防工程专业属于公安院校的专业，在分配时受公安部的就业政策影响比较大，公安院校尤其是部属公安院校的学生几乎不分专业，全部进入公安系统，消防工程专业也不例外。目前，消防管理工作已经从公安系统转换到了应急管理部，近几年相关法律和政策变动很大，就业形势也受到很大影响。

目前，本专业招生以地方高等院校为主，就业政策实行“供需见面，双向选择”的分配方案，就业不容乐观。

4．小贴士

感兴趣的考生可考虑中国消防救援学院或者公安类院校。

七、开设院校

2017 年全国开设消防工程专业的院校共有 17 所（包括四川警察学院和中国消防救援学院）。

农学门类学科综述

农学门类学科包括植物生产类（0901）、自然保护与环境生态类（0902）动物生产类（0903）、林学类（0905）、水产类（0906）、草学类（0907）共七个学科大类。

植物生产类（0901）下设农学（090101）、园艺（090102）、植物保护（090103）、植物科学与技术（090104）、种子科学与工程（090105）、设施农业科学与工程（090106 可授农学或工学学士学位）六个基本专业和茶学(090107T)、烟草（090108T）、应用生物科学（090109T 可授农学或理学学士学位）、农艺教育（090110T）、园艺教育（090111T）五个特设专业，共十一个专业。

自然保护与环境生态类（0902）下设农业资源与环境（090201）、野生动物与自然保护区管理（090202）、水土保持与荒漠化防治（090203）三个基本专业。

动物生产类（0903）下设动物科学（090301）一个基本专业和蚕学（090302T）、蜂学（090303T）两个特设专业，共三个专业。

动物医学类（0904）下设动物医学（090401）、动物药学（090402）两个基本专业和动植物检疫（090403T 可授农学或理学学士学位）一个特设专业，共三个专业。

林学类（0905）设林学（090501）、园林（090502）、森林保护（090503）三个基本专业。

水产类（0906）下设水产养殖学（090601）、海洋渔业科学与技术（090602）两个基本专业和水族科学与技术（090603T）一个特设专业，共三个专业。

草学类（0907）下设草业科学（090701）一个基本专业。

1．农学类学科对国家和社会有重大意义

农业科学门类是以解决人类的“吃饭穿衣”为首要己任的科学领域，林业科学、水产科学和草业科学也包括在广义的农业科学范畴之内。

农林行业的工作都是脏、累、苦，远不及办公室白领那么高大上，而且工作环境一般都不会在一二线的大城市，有的公司因为生产需要，就建立在某个三四线城市远离市区几十公里的郊区。

每一个专业的设立，都有相应的市场需求，都有它独特的价值。有人评价农学类专业是大坑，其实坑与不坑，无关专业。虽然现在农学类专业十分冷门，公众甚至在读学生对其常带有偏见，但依然不能抹杀它的价值与意义。

2．学这个专业，需要点情怀

说就业差的，其实只是你不愿去农业公司、种子公司从基层干起。说课程无用的，跳出了这个专业自然无用。农学专业本科四年，大多数同学是不爱的，他们宣扬着专业的“坑”。而那少数由衷喜爱这个专业的人，却像袁老先生一样默默坚守在田间地头，为中国的粮食安全和农业安全增强自信。

2018 年，教育部、农业农村部、国家林业和草原局印发《关于加强农科教结合实施卓越农林人才教育培养计划 2.0 的意见》，指出要建设一批适应农林新产业新业态发展的涉农新专业，建设中国特色、世界水平的一流农林专业，培养懂农业、爱农村、爱农民的一流农林人才。

在报考农学类专业时，考生家长要留意查看招生章程，特别是各高校对农学类专业是否有身体条件等要求。例如，有的高校在招生章程中就有明确规定，色盲、色弱考生限报农学专业等。

3．寒门学子可以考虑公费农科生

2019 年，山东省教育厅、山东省卫生健康委员会、山东省农业农村厅等三部门发布了《关于做好 2019 年公费生及委培师范生招生工作的通知》。

全省安排公费农科生招生计划 360 人。依据各市申报的公费生需求规模及学科分布情况，研究确定了

2019年具体培养学校及分市就业、分专业招生计划数。公费生培养计划作为定向就业招生计划，纳入培养学校年度招生规模。未完成的公费生招生计划可转入培养学校当年统一录取招生计划。

学生按期毕业后，与定向县域内乡镇农技推广机构在需求岗位内进行双向选择，签订事业单位人员聘用合同，纳入事业编制实名制管理，合同期为 5 年。（公费农科生在最低服务年限上比公费师范生、公费医学生要宽松一些，毕业后到乡镇农技推广机构从事农技推广工作的时间不少于5年。）

根据要求，报考公费农科生的考生在取得入学录取通知书后，在报到入学前需与培养学校和定向就业县（市、区）相关部门签订公费教育协议书。学生在校期间免除学费、住宿费，并给予一定的生活补助，即通常所说的“两免一补”。每生每年4000元生活补助，学校按每人每月（共10个月，寒暑假除外）400元标准足额发放给基层农技推广人才定向培养生，优秀的学生还可以可参加国家奖学金、省政府奖学金评选，且毕业后有编有岗。

2019年公费农学生共有以下七个专业：农学、农林经济管理、园艺、植物保护、动物科学、农业资源与环境、水产养殖学。

具体规定及每年的招生情况，考生和家长可自行查阅相关文件。

农学专业

专业代码	中文名	学科门类	一级学科	授予学位	修学年限
090101	农学	植物生产类	农学	农学学士	四年

一、专业概述

农学（农业科学）是研究与农作物生产相关领域的科学，包括作物生长发育规律及其与外界环境条件的关系、病虫害防治、土壤与营养、种植制度、遗传育种等领域。农学（农业科学）是研究农业发展的自然规律和经济规律的科学，因涉及农业环境、作物和畜牧生产、农业工程和农业经济等多种科学而具有综合性。

二、培养目标

培养具备作物生产、作物遗传育种以及种子生产与经营管理等方面的基本理论、基本知识和基本技能，能在农业及其他相关的部门或单位从事与农学有关的技术与设计、推广与开发、经营与管理、教学与科研等工作的高级科学技术人才。

三、培养要求

主要学习农业生物科学、农业生态科学、作物生长发育和遗传规律等方面的基本理论和基本知识，受到作物生产和作物新品种选育等方面的基本训练，具有作物育种、作物栽培与耕作、种子生产与检验等方面的基本能力。

四、知识技能

毕业生应获得以下几方面的知识和能力：

① 具备扎实的数学、物理、化学等基本理论知识。

② 掌握生物学科和农学学科的基本理论、基本知识。

③ 具备农业生产，特别是作物生产的技能和方法。

④ 具备农业可持续发展的意识和知识，了解农业生产和科学技术的科学前沿和发展趋势。

⑤ 熟悉农业生产、农村工作的有关方针、政策和法规。

⑥ 掌握科技文献检索、资料查询的基本方法，具有一定的科研和实际工作能力。

五、主干课程

植物生理与生物化学、应用概率统计、遗传学、田间试验设计、农业生态学、作物栽培与耕作学、育种学、种子学、农业经济管理、农业推广学、植物病虫害学等。

六、发展前景

1. 就业方向

可在农业及其他相关的部门或单位从事与农学有关的技术与设计、推广与开发、经营与管理、教学与科研等工作。

2. 就业前景

农学专业的学生就业难的现象很大程度上是中国目前的环境导致的。中国虽然是农业大国，大部分农业技术还停留在几十年前，虽然农药和种子进步很大，但仍旧和美国没法比。目前中国现代化农业已经初具雏形，不少大公司开始纷纷涉足智慧农业，希望靠着互联网技术来改变农业发展。这就给了不少大学一个好的信号，使他们敢于去布局农学类专业。更重要的是目前中美两国的贸易纠纷，我国发现自己的农业大国地位并不稳固，需要更多的农业人才来真正地实现中国农产品的自给自足。

2017 年全国开设农学专业的院校共有 78 所，部分高校按以下专业方向培养：功能农业、观光农业、都市型现代化农业、农产品加工与营销。报考硕士较集中的专业：作物遗传育种、作物栽培学与耕作学、作物、作物学。根据阳光高考信息平台统计数据，农学专业2017年普通高校毕业生规模为5000～6000人，高考时文理科比例为文科0，理科100%。男女生比例为男生53%，女生47%。农学专业本科就业率为2016年85%～90%，2017年85%～90%。

3．专家建议

① 未来的发展趋势向好，需要更多的高层次人才。

随着国家对粮食生产的重视，随着国内对绿色景观、生态农业的重视和深度开发，以及以绿色之旅和人文为主题的农家之旅成为当今旅游业的时尚，一向相对冷门的农业近年来备受社会关注，以往作为冷门的农学也开始回暖。农村经济的持续发展，需要越来越多的农业科技方面的人才。

据国家人社部预测，今后急需的人才主要有8大类，农业科技人才名列其中，高学历、高技术的农业科技人才更受市场青睐。

② 报考优势院校竞争也激烈。

农学专业并不属于特别热门的专业，不是所有学校的录取分数都高，各批次院校的招生计划人数有多有少，录取分数有高有低。

我国在传统的农学作物学领域的科技成果较多，很多院校也是实力雄厚、人才济济，代表院校主要有中国农业大学、浙江大学、南京农业大学、西北农林科技大学、华中农业大学等，大多集中在本科一批次中。从近年来这些院校的录取情况来看，优势专业的录取分数和在一志愿录取率都是相对较高的。再加上公费农业生的招生政策，也吸引了很多学生报考。

报考实力强的院校，竞争激烈，一定要根据自身的实力和分数情况斟酌选择。

③ 专业大类招生。

翻开招生专业目录，农学专业的招生形式主要有两种。一是按照农学专业招生，二是按“植物生产类”大类招生。目前全国开设农学专业的院校中，大部分院校是以农学专业招生，如南京农业大学、北京农学院、华南农业大学、四川农业大学等。还有一些高校是按“植物生产”大类招生，如华中农业大学、西南大学、吉林大学等。

以西南大学为例，植物生产类包含园艺、农村区域发展、农学、植物科学与技术、植物保护等分流专业，该校植物生产类新生，第一年由学校随机分配到农学与生物科技学院、植物保护学院、园艺园林学院按大类统一学习，再分流到各专业及相应学院。吉林大学该专业学生入学后实行按植物生产专业类进行厚基础、宽口径培养，第二学期后进入分专业培养阶段，主要面向的专业包括农学、植物保护、园艺、农业资源与环境、生物技术。

④ 特殊要求要看清。

在报考农学类专业时，考生家长还要留意查看招生章程，特别是各高校对该类专业是否有身体条件等要求。

例如，北京农学院在招生章程中就有明确规定：色盲、色弱考生限报生物技术、生物工程、应用化学、农学、种子科学与工程、园艺、植物保护、农业资源与环境、动物科学、动物医学、园林、风景园林、林学、食品科学与工程、食品质量与安全、包装工程、酿酒工程、食品科学与工程类（中外合作办学）、自然保护与环境生态类（中外合作办学）、会展经济与管理等专业。

考生在报考时，一定要看清《普通高等学校招生体检工作指导意见》和各高校招生章程中的具体要求

4．小贴士

农学专业毕业生就业与学校的地域性关系很大，也与农业经济的发展有关，区县到高校招人时会特别关注毕业生懂不懂畜牧、懂不懂种植，农村基层工作毕竟是农业生产和农村管理的结合体。

七、开设院校

2017 年全国开设农学专业的院校共有 78 所。

园艺专业

专业代码	中文名	学科门类	一级学科	授予学位	修学年限
090102	园艺	植物生产类	农学	农学学士	四年

一、专业概述

园艺是属于农学中植物生产类的一个专业，主要是教会人们如何对果树、蔬菜、花卉及观赏树木进行栽培与繁育的一门技术。

二、培养目标

培养具备生物学和园艺学的基本理论、基本知识和基本技能，能在农业、商贸、园林管理等领域和部门从事与园艺科学有关的技术与设计、推广与开发、经营与管理、教学与科研等工作的高级科学技术人才。

三、培养要求

掌握本专业所需的基础知识，具有较强的自学能力及分析、解决本专业实际问题和组织生产的初步能力，对本专业的先进科学技术有所了解，身体素质方面，身体健康，能承担基层农业技术指导工作。

四、知识技能

毕业生应获得以下几方面的知识和能力：

① 具备扎实的数学、物理、化学等基本理论知识。

② 掌握生物学和园艺学的基本理论、基本知识。

③ 掌握园艺场(园)的规划设计、园艺作物栽培、种质资源保护、品种选育和良种繁育、病虫草害防治、园艺产品商品化处理等方面技能。

④ 熟悉农业生产、农村工作和与园艺植物生产相关的有关方针、政策和法规。

⑤ 具备可持续发展的意识和基本知识，了解园艺生产和科学技术的科学前沿和发展趋势。

⑥ 掌握科技文献检索、资料查询的基本方法，具有一定的科研和实际工作能力。

五、主干课程

植物学、生物化学、植物生理学、植物生理与生物化学、应用概率统计、遗传学、土壤学、农业生态学、园艺植物育种学、园艺植物栽培学、园艺植物病虫害防治学、园艺产品贮藏加工、农业气象学、微生物与植物病原学、植物病理学、昆虫学、植物生物技术导论、分子生物学导论、计算机农业应用、园艺作物育种学、园艺作物栽培学、设施园艺学、园艺商品学、园艺产品采后与营销等。

六、发展前景

1. 就业方向

主要有以下几个方向：在园艺作物生产公司（包括种子、种苗、切花、盆花生产企业和苗树公司等）从事园艺作物的繁殖、栽培工作。园艺作物物流公司（包括花卉的代理、运输、销售企业等）。在园艺作物应用公司（包括园林设计和工程公司）从事园艺作物的植物造景、绿化工程施工以及苗木养护工作。去国家机关和事业单位（中央和地方隶属的林业局、园林局、绿化管理处、各级公园）。园艺作物科学研究单位（包括高校以及农林科学的研究单位）。

2．就业前景

园艺行业历史悠久，中国古代就有在温室中栽培、种植名贵花卉、果木的记载。随着时代的变迁，园艺产业不断发展，现代园艺为各种科学技术提供了应用领域，园艺产品也已成为完善人类食物营养及美化、净化生活环境的必需品。与其他农业产业相比，园艺产业具有劳动、技术密集的特点。

2017 年全国开设园艺专业的院校共有 120 所，部分高校按以下专业方向培养：蔬菜、观赏园艺、景观园艺、园林规划设计、草坪科学与工程、花卉与景观设计。报考硕士较集中的专业：果树学、园艺、蔬菜学、园艺学。根据阳光高考信息平台统计数据，园艺专业 2017 年普通高校毕业生规模为 8000～9000 人，高考时文理科比例为文科 3%，理科 97%。男女生比例为男生 63%，女生 37%。园艺专业本科就业率为 2016 年 85%～90%，2017 年 85%～90%。

3．专家建议

① 参考农学专业。

② 园艺和农学的区别：研究方向不同。

农学研究大田作物（粮食作物、经济作物）的理论、新品种、栽培、耕作制度等。园艺研究果树、蔬菜、花卉的理论、新品种培育与栽培、耕作制度等。

③ 发展趋势好，需要更多的高层次人才。

相对于国外的园艺行业而言，我国园艺行业产业链还不够成熟，毕业生面临就业面相对狭窄、待遇偏低的问题。历年来的就业情况显示，园艺专业属于薪资较低的本科专业之一。随着环保绿化理念的深入人心，花卉、绿植、有机蔬菜等已经渐渐融入了人们的生活，成为人们生活的重要组成部分，园艺行业的未来发展前景值得期待。

由于园艺产业和其他农业产业相比，具有劳动、技术以及资金密集的特点，无论是产业发展、优化农业产业结构，还是提升农产品的国际市场竞争力等方面，园艺产业都具有诱人的发展前景。

④ 园艺和园林的区别。

园林和园艺由于名字相近，很容易将两者相混淆。曾经有考生在填报志愿时，想做园林设计工作，却填报了园艺专业，入学后才发现，两个专业培养方向是完全不同的。虽然只有一字之差，园林和园艺却是迥然不同的两个专业，主要区别在于：园林偏重景观设计、绿化等。而园艺侧重植物养护栽培。

园艺专业培养的是园艺师，工作内容主要是观赏植物的生产、栽培和销售。而园林是培养园林设计师的专业，主要学习园林绿地规划与设计方面的知识，用植物来营造怡人的绿色空间和美好环境。

⑤ 开设院校逐年增多，专业侧重点各有不同。

开设园艺专业的本科院校中，北京有中国农业大学、北京林业大学和北京农学院三所院校，前两所院校在本科一批中招生，北京农学院在本科二批中招生。另外，各省的农林院校也普遍开设了该专业，如沈阳农业大学、南京农业大学等。

在开设园艺专业的农林类高校中，各个学校会有一些差异。例如北京林业大学的园艺专业是观赏园艺方向，注重园林植物的学习。华中农业大学的园艺专业则偏重果树方向。中国农业大学的园艺专业主要偏重在蔬菜和果树方向。还有些学校是各个方向都涉及，如南京农业大学、青岛农业大学。填报志愿的时候要考虑这一点，明确所报院校的具体专业培养情况。

⑥ 身体要求要看清。

要提醒考生注意的是，园艺专业对考生的身体条件有一定的要求。

根据《普通高等学校招生体检工作指导意见》，如果考生患有轻度色觉异常（俗称色弱），不能录取的专业中，就包括园艺专业。如《北京农学院 2018 年招生章程》中就明确规定："色盲、色弱考生限报我校生物技术、生物工程、应用化学、农学、种子科学与工程、园艺、植物保护、农业资源与环境、动物科学、动物医学、园林、风景园林、林学、食品科学与工程、食品质量与安全、包装工程、酿酒工程、食品科学与工程类（中外合作办学）、自然保护与环境生态类（中外合作办学）、会展经济与管理等专业。”

考生在填报志愿时一定要根据实际情况，看清学校对身体条件的要求，确定自己的位置，选择和自己分数、批次相符合的院校

4．小贴士

一般来说，园艺专业对口工作单位都位于城市边缘，刚开始工作时会比较辛苦，工资也不高。如果能够踏实地从基层做起，学到真本事，将来自己承包花圃、苗圃、果园或开创园艺公司还是有可能的。

七、开设院校

2017 年全国开设园艺专业的院校共有 120 所。

植物保护专业

专业代码	中文名	学科门类	一级学科	授予学位	修学年限
090103	植物保护	植物生产类	农学	农学学士	四年

一、专业概述

植物保护专业是以植物学、动物学、微生物学、农业生态学、信息科学为基础，研究有害生物的发生发展规律，研究综合治理技术，是植物界的医学。

二、培养目标

培养具备植物保护科学基本知识和基本技能，从事植物病虫、杂草、鸟兽害虫的预测预报和防治的高级技术应用型专门人才。

三、培养要求

主要学习农业生物科学、农业生态科学、农业病虫草鼠生物学及其致害方面的基本理论和基本知识，受到各类病虫草鼠鉴定、识别方面的基本训练，具有植物病虫草鼠监测和防治方面的基本能力。

四、知识技能

毕业生应获得以下几方面的知识和能力：

① 具备扎实的数学、物理、化学等基本理论知识。

② 掌握生物科学和农业科学的基本理论、基本知识。

③ 掌握植物有害生物鉴定、识别、监测和控制的方法和技能。

④ 具备农业可持续发展的意识和基本知识，了解农业生产和植物保护学科的科学前沿和发展趋势。

⑤ 熟悉与农业生产和植物保护相关的有关方针、政策和法规。

⑥ 掌握科技文献检索、资料查询的基本方法，具有一定的科研和实际工作能力。

五、主干课程

生物学、作物学、植物保护学、植物病理学、普通昆虫学、化学、农药学、普通植物病理学、普通昆虫学、农业植物病理学、农业昆虫学、植物化学保护等。

六、发展前景

1．就业方向

可从事植物保护、农产品安全与检验、无公害农产品的农药残留安全与检验、农药加工和经营管理等工作。面向各级农业、林业部门。进出口检疫检验部门。海关部门。食品药品安全监管部门。农药生产企

业。各级基层农场、林场、森林公园等。

2．就业前景

植物保护是生命科学领域的传统专业，随着生物技术、信息技术、仿生技术等高新技术在本专业的应用，植保科学将焕发新的活力，为我国农业可持续发展、食品安全生产、植物检疫、农产品贸易等提供技术保障。中国是个农业大国，吃饭问题不能仅靠粮食进口，还有食品安全、植物检疫等一系列问题也要解决。

2017 年全国开设植物保护专业的院校共有 61 所，部分高校按植物医学、农药与农产品安全等专业方向培养。报考硕士较集中的专业：植物病理学、植物保护、农业昆虫与害虫防治、农药学。根据阳光高考信息平台统计数据，植物保护专业 2017 年普通高校毕业生规模为 4000～4500 人，高考时文理科比例为文科 0，理科 97%。男女生比例为男生 46%，女生 54%。植物保护专业本科就业率为 2016 年 85%～90%，2017 年 85%～90%。

3．专家建议

① 参考农学类其他专业的相关资料。

② 部分院校学生就业不乐观。

从毕业生规模来看，该专业全国毕业生人数不算太多，这和就业情况有一定关系，除了进入国家机关和科研院所的毕业生，很多学生认为就业形势不乐观。

名牌学校的这个专业就业形势不错，对于一般院校的毕业生来说就业形势并不理想。对口单位用人需求较少，就业范围较窄，最终不是去农药厂卖农药，就是去农药相关的贸易类公司做销售。也有部分人持不同意见，认为这个专业想找个工作很容易，如果大学的专业知识过硬，发展空间会很大，如农产品安全、农用化学品等领域都有用武之地。

③ 需要认真了解院校的实力和特色。

在开设植物保护专业的院校中，一些著名的高校都有自己的特色方向。其中，中国农业大学、南京农业大学、浙江大学的植物保护学科是国家重点学科，福建农林大学、西北农林科技大学的二级学科植物病理学方向，华南农业大学的农业昆虫与害虫防治方向，南开大学、华中师范大学、贵州大学的农药学等都是实力雄厚、颇具特色的国家级重点学科。

除此之外，南京农业大学、浙江大学、中国农业大学、福建农林大学、华中农业大学、贵州大学、西北农林科技大学、山东农业大学、华南农业大学、西南大学等高校的植物保护专业在教育部全国学科评估中排名前十。浙江大学、中国农业大学、贵州大学的植物保护专业是国家重点建设的“双一流”学科。

报考时可先对这类院校进行详细了解，选择与那些自己成绩相对应的院校。

④ 看清专业所属大类。

在这里要提醒考生家长，一些院校的植物保护专业是涵盖在植物生产专业类中的，如果考生想报考植物保护专业需要到植物生产专业大类中去查找。如贵州大学与农业相关学科按大类招生的有：动物生产类、林学类、植物生产类。在选择时，一定要认真阅读招生章程，看清自己所选报的专业包含在那个大类，以免发生错漏。

⑤ 对考生身体有一定要求，参考农业类专业。

在《普通高等学校招生体检工作指导意见》涉及农学类专业对考生身体条件是有一定要求的。如果某些院校在章程中没有明确规定，考生家长在报考时可以咨询该校招办，问明详细情况。

4．小贴士

植物保护专业的任务主要是治疗植物疾病和害虫，包括农药的研究。

七、开设院校

2017 年全国开设植物保护专业的院校共有 61 所。

植物科学与技术专业

专业代码	中文名	学科门类	一级学科	授予学位	修学年限
090104	植物科学与技术	植物生产类	农学	农学学士	四年

一、专业概述

植物科学与技术专业是新兴专业，综合了传统的农学、园艺和植保三大内容。在科研和应用上均具有重大意义：在科研上，它属于应用基础学科，可以为国家生态建设、粮食生产安全以及能源结构调整等方面做出重大贡献。在应用上，它主要研究现代生物技术及植物遗传改良、农业信息技术及植物生产管理、生态环境及植物产品质量安全、植物保护和植物产品贮藏与加工等。

二、培养目标

培养德、智、体全面发展，毕业后能够从事与种植业生产有关的技术设计、推广与开发、经营与管理、教学与科研等工作的应用型复合型高级专门人才才。

三、培养要求

具有创新精神，具备植物资源开发与利用、植物产品生产与加工、现代生物技术等有关植物科学与技术的基本理论，熟练掌握植物生产、植物育种和植物保护的方法和技能。

四、知识技能

毕业生应获得以下几方面的知识和能力：

① 有扎实的数学、物理、化学等基本理论知识。

② 掌握生物学科和农业学科的基本理论、基本知识。

③ 掌握农业生产、特别是植物生产的技能和知识。

④ 掌握现代农业的规划设计、作物栽培、种质资源保护、品种选育和良种繁育、病虫草害防治、植物产品商品化处理等方面技术与能力。

⑤ 具备可持续发展的意识和基本知识，了解相关的科学前沿和趋势。

⑥ 掌握农业生产、农村工作和与植物生产相关的有关方针、政策和法规。

⑦ 掌握科技文献检索、资料查询的基本方法，具有一定的科研和实际工作能力。

⑧ 有较强的调查研究和决策、组织与管理、口头与文字表达能力、具有独立获取知识、信息处理和创新的基本能力

五、主干课程

植物学、植物生理学、生物化学、土壤与农业化学、遗传学、田间试验与统计方法、植物病理学、昆虫学、农业生态学、植物生物技术、现代种子种苗学、现代农艺学、植物育种学等。

六、发展前景

1．就业方向

可在农业、园林、林业、食品、医药、畜牧等行业从事与植物科学相关的教学与科研、推广与开发、经营与管理等。

2．就业前景

我国发展植物科学与技术专业具有资源优势，未来更倾向于研究型人才的培养。国家大力发展农业生态环境建设及新农村，相信会有不错的发展远景。

2017 年全国开设植物科学与技术专业的院校共有 30 所，部分高校按植物栽培与产品加工等专业方向培养。报考硕士较集中的专业：作物遗传育种、作物、作物学、植物学。根据阳光高考信息平台统计数据，植物科学与技术专业 2017 年普通高校毕业生规模为 800～900 人，高考时文理科比例为文科 0，理科 97%。男女生比例为男生 52%，女生 48%。植物科学与技术专业本科就业为率 2016 年 85%～90%，2017 年 85%～90%。

3．专家建议

参考农学专业、园艺专业和植物保护专业。

4．小贴士

新兴农林类专业，相对其他传统农林类专业而言没有优势。

2019 年山东省农学公费生招生不包括这个专业。

七、开设院校

2017 年全国开设植物科学与技术专业的院校共有 30 所。

种子科学与工程专业

专业代码	中文名	学科门类	一级学科	授予学位	修学年限
090105	种子科学与工程	植物生产类	农学	农学学士	四年

一、专业概述

种子科学与工程专业以植物遗传育种为基础，研究各类作物种子生产、种子质量控制及提高种子商品性的种子加工包装贮藏等理论与技术。

二、培养目标

培养具备植物育种、种子加工贮藏、种子质量检测、种子营销及其相关领域的基本理论、基本知识和基本技能，能在种子科学与工程相关待业从事教学与科研、技术推广与开发、生产经营与管理等方面工作的应用型高级人才。

三、培养要求

要求学生在掌握农业生物科学的基本知识和理论的基础上，接受种子生产、贮藏加工、种子检验、经营管理、成本会计、国际商法等专业知识、技能的学习训练，能胜任生产与经营、植物新品种选育与推广、种子市场营销与管理等方面的教学、科研和应用开发工作。

四、知识技能

毕业生应获得以下几方面的知识和能力：

① 有扎实的数学、物理、化学等基本理论知识。

② 掌握生物学科和农业学科的基本理论、基本知识。

③ 掌握种子科学、特别是种子培养的技能和知识。

④ 掌握作物栽培、种质资源保护、品种选育和良种繁育、病虫草害防治等方面技术与能力。

⑤ 具备可持续发展的意识和基本知识，了解种子科学与工程的科学前沿和趋势。

五、主干课程

植物学、植物分类学、植物生理与生物化学、作物栽培学、种子生物学、种子加工与贮藏、种子检验技术、种子生产技术、种质资源学、种子经营与管理学、应用概率统计（生物统计）、普通遗传学、田间试验设计、植物育种原理、遗传学等。

六、发展前景

1. 就业方向

可在农业及种子领域企业、高等院校、科学研究相关部门或单位从事教学与科研、技术与设计、推广与开发、经营与行政管理等工作。

2. 就业前景

国外的种子产业是一个相当大且重要的产业，国内种业规模及现代化程度普遍落后。中国种业的前50强企业的年销售额与美国的杜邦——先锋种子公司的相比有巨大的差距，中国种业正处于一个产业不断集中的快速变革时代。民以食为天，粮以种为先，种子产业的发展直接关系到国家的根基，是关系国计民生的大事。

2017年全国开设种子科学与工程专业的院校共有43所，报考硕士较集中的专业：作物遗传育种、作物学、作物、作物栽培学与耕作学。根据阳光高考信息平台统计数据，种子科学与工程专业2017年普通高校毕业生规模为1500～2000人，高考时文理科比例为文科3%，理科97%。男女生比例为男生53%，女生47%。种子科学与工程专业本科就业率为2016年90%～95%，2017年90%～95%。

3. 专家建议

① 参考农学专业、园艺专业和植物保护专业。

② 种子科学与工程专业属新兴农林类专业，是在我国种子产业由计划经济向市场经济转变、产业迅猛发展的形式下，由教育部批准建立的本科专业。中国农业大学于2002年9月开始面向全国招生，山东农业大学于2003年开始招收该专业学生，随后，其他农业院校也相继开设本专业。

此专业在与国际接轨比较紧密，不管是去种子公司还是报考公务员，其英语水平要求都比较高，进入中国一流种子企业，最基本条件是英语过6级。

4. 小贴士

2019年山东省农学公费生招生不包括这个专业。

七、开设院校

2017年全国开设种子科学与工程专业的院校共有43所。

设施农业科学与工程专业

专业代码	中文名	学科门类	一级学科	授予学位	修学年限
090106	设施农业科学与工程	植物生产类	农学	农学或工学学士	四年

一、专业概述

设施农业，是在环境相对可控条件下，采用工程技术手段，进行动植物高效生产的一种现代农业方式。设施农业涵盖设施种植、设施养殖和设施食用菌等。设施农业从种类上分，主要包括设施园艺和设施养殖两大部分，设施养殖主要有水产养殖和畜牧养殖两大类。

二、培养目标

培养具备在可控环境条件下的农业生产（即工厂化农业生产）领域从事科学研究与工程建设等方面工作的基本理论和基本知识，能在设施农业建筑与环境控制、工厂化农业生产系统、城镇规划、设施栽培灌排技术等方面从事规划设计、装备开发与集成、经营与管理、教学与科研等方面工作的高级技术人才。

三、培养要求

在注重对数学、物理、化学、生物、工程、环境等学科的基本理论知识培养的同时，通过社会实践、实习等方式重点培养学生对设施环境控制、设施栽培、设施养殖、农业设施的设计建造、园区景观规划设计等方面的能力。

四、知识技能

毕业生应获得以下几方面的知识和能力：

① 具有一定自然科学和人文社会科学的基本知识和基本素质。

② 具备较扎实的数学、物理、化学、生物学等基本理论知识。

③ 掌握现代生物科学、设施和环境工程科学的基本知识体系，具备农业可持续发展的意识和基本方法。

④ 掌握设施农业科学的基础知识和理论，具备较熟练的设施农业与工程技术的应用能力。

⑤ 掌握科技文献检索、资料查询的基本方法，了解设施农业生产和科学技术的前沿和发展趋势。

⑥ 具有一定的调查、科研和科技文献写作能力。

五、主干课程

植物学、植物生理学、基础生物化学、土壤肥料学、试验设计与统计分析、画法几何与建筑制图、温室建筑力学基础、工程测量、设施作物栽培学、设施作物育种学、温室工程学、设施农业栽培学、建筑设计基础、温室建筑与结构、农业园区规划与管理、农业设施结构与施工。

六、发展前景

1．就业方向

在科学研究机构、高等院校、企事业单位及行政部门从事设施农业的生产技术、工程设计、管理、教学和科研等方面的工作。可选择的单位主要有：农业教育机构、教学单位(高职、中专学校)、科研单位、农业管理部门、信息咨询公司、蔬菜花卉及果品企业、大型温室及种子种苗公司、农产品外贸公司、现代农场及现代化高科技示范园等。

2．就业前景

2012 年我国设施农业面积已占世界总面积 85%以上，其中 95%以上是利用聚烯烃温室大棚膜覆盖。我国设施农业已经成为世界上最大面积利用太阳能的工程，绝对数量优势使我国设施农业进入量变到质变转化期，技术水平越来越接近世界先进水平。设施栽培产量是露天种植的 3.5 倍，我国人均耕地面积仅有世界人均面积的 40%，发展设施农业是解决我国人多地少与可持续发展矛盾的有效手段。

2017 年全国开设设施农业科学与工程专业的院校共有 42 所，部分高校按都市园艺等专业方向培养。报考硕士较集中的专业：蔬菜学、园艺、园艺学、果树学。根据阳光高考信息平台统计数据，设施农业科学与工程专业 2017 年普通高校毕业生规模为 1500～2000 人，高考时文理科比例为文科 3%，理科 97%。男女生比例为男生 53%，女生 47%。设施农业科学与工程专业本科就业率为 2016 年 85%～90%，2017 年 90%～95%。

3．专家建议

① 参考农学专业、园艺专业和植物保护专业等农林类专业。

② 新设专业，有喜有忧，专业认知度低。

目前，全国设施农业发展迅速，许多企业与产业部门急需具有该特长的专业人才。同时，设施农业科学与工程专业是新兴的专业，学生既学农学、园艺，又学工科课程，总的来说样样都学，容易造成学而不精。教学定位不明确，许多院校教学目标大有不同。在就业方面，设施农业主要面向生态农业、有机农业、生态观光农业等，而这几类行业要求应聘者园艺学技能较强。

设施农业工程这个行业现在还是比较年轻的，相关企业也没有发展成熟，就业就较困难，很多人的理解还仅仅限于大棚蔬菜等局部应用。当然，这个行业也很有潜力，行业没有成熟的规范，没有垄断企业的存在，有发展空间。

③ 设施农业在我国的几点不足。

政府部门多头管理。设施农业涉及园艺、畜牧、水产等多个部门，存在多头管理情况，这从体制上制约了设施农业的协调有序发展。扶持资金投入不足，各省虽然都出台了各项优惠政策，但是扶持资金的投入仍显不足。设施农业标准化程度低，在全国范围内，还没有统一的设施农业标准。另外，很多企业只重视温室主体结构和配套设备的性能指标和质量，而忽视了温室的整体性及其配套产品的标准化。

设施农业科研投入不足，技术创新不够。在温室设计和制造等关键环节，我国拥有自主知识产权的技术和创新技术很少。设施农业装备发展滞后，设备比较简易，环境控制能力差，机械化自动化程度低。专业设施农业技术人员缺乏，农户技术水平低，整体素质、服务水平与设施农业发展的要求不相适应。农产品的质量安全形势严峻，农药、化肥的超标使用导致果蔬品质下降，动物养殖防疫、消毒设施落后，危及消费者的健康。

设施农业的龙头企业少，辐射带动能力差。在开拓国际市场方面，外贸型龙头企业少，规模化花卉、果蔬类产品出口量少。普遍现象是农户规模小，设施农业产业化水平低。农户对市场的认知度不够，市场信息不灵，生产中存在一定的盲目性，造成收益不稳定，抗风险能力不强。

设施农业专业化组织作用较弱。大多数专业协会管理分散，主体地位不明确，市场竞争能力较弱。经营方式仍以个体农户为主，小农经济的生产和经营与大市场、大流通的矛盾比较突出。

4．小贴士

相对其他专业而言，这是一个新的专业。

七、开设院校

2017 年全国开设设施农业科学与工程专业的院校共有 42 所。

农业资源与环境专业

专业代码	中文名	学科门类	一级学科	授予学位	修学年限
090201	农业资源与环境	自然保护与环境生态类	农学	农学学士	四年

一、专业概述

农业资源与环境是自然界中能满足农业生产需要的各种要素的总称，是农业生产存在和发展的重要物质基础。

二、培养目标

培养具备农业资源与环境方面的基本理论、基本知识和基本技能，能在农业、土地、环保、农资等部门或单位从事农业资源管理及利用、农业环境保护、生态农业、资源遥感与信息技术的教学、科研、管理等工作的高级科学技术人才。

三、培养要求

主要学习农业资源的管理及利用、农业环境保护、农产品检测及食品质量管理、农业生态、资源信息技术等方面的基本理论和知识，受到农业资源调查与规划、土壤肥力和植物营养与施肥技术、环境监测与评价、生态效益分析、气象观测、计算机技术等方面的基本训练，具有农业资源高效和可持续利用、对农业资源和环境进行信息化管理等方面的基本能力。

四、知识技能

毕业生应获得以下几方面的知识和能力：

① 具备扎实的数学、物理、化学等基本理论知识。

② 掌握农业资源与环境科学的基本理论。

③ 掌握农业资源的管理与利用、农业环境保护、土壤改良、生态农业建设等方面的知识。

④ 掌握农业资源调查、环境质量评价、化学及现代仪器分析、农产品质量检测方法、植物营养的研究方法、科学施肥与科学灌溉、农业再生资源综合利用、土地规划与制图、资源信息管理等方面的方法与技术。

⑤ 具备农业可持续发展的意识和基本知识，了解本学科的科学前沿及发展趋势。

⑥ 熟悉资源管理与利用、环境保护的有关方针、政策和法规。

五、主干课程

土壤学、植物营养学、土地资源学、资源遥感与信息技术、农业环境学、农业气象学、生态学、水土保持学等。

六、发展前景

1. 就业方向

可在农业、土地、环保、农资等部门或单位从事农业资源管理及利用、农业环境保护、生态农业、资源遥感与信息技术的教学、科研、管理等工作。

2. 就业前景

主要从事农业资源管理及利用、农业环境保护、生态农业、资源遥感与信息技术等方面的工作。

2017 年全国开设农业资源与环境专业的院校共有 51 所，报考硕士较集中的专业：土壤学、植物营养学、农业资源利用、农业资源与环境。根据阳光高考信息平台统计数据，农业资源与环境专业 2017 年普通高校毕业生规模为 2500～3000 人，高考时文理科比例为文科 1%，理科 99%。男女生比例为男生 54%，女生 46%。农业资源与环境专业本科就业率为 2016 年 85%～90%，2017 年 90%～95%。

3. 专家建议

① 参考农学类其他专业及环境类专业。

② 某些院校的课程设置杂而不专，对于学生的培养和就业很不利。

农业资源是农业自然资源和农业经济资源的总称，属于边缘学科，和农学、植保、生科、园艺等专业沾边，博而不专，本科毕业多在基层工作，毕业后的最佳去向是化肥厂（有些院校是从原来的土壤肥料化学等专业变化而来）或者农业相关的企业（比如土壤改良、水土保持等），或者涉及农业的环境工程方面如水、大气、固体废物处理等。

4. 小贴士

除考取公务员或事业单位、科研机构外，专业对口工作大多很辛苦。

七、开设院校

2017 年全国开设农业资源与环境专业的院校共有 51 所。

野生动物与自然保护区管理专业

专业代码	中文名	学科门类	一级学科	授予学位	修学年限
090202	野生动物与自然保护区管理	自然保护与环境生态类	农学	农学学士	四年

一、专业概述

野生动物与自然保护区管理专业是一门涉及多领域的交叉学科，不仅涉及动物科学方面的知识，而且要对动物检疫学、自然保护区管理、野生动物组织解剖学、生物化学、动物遗传育种与繁殖学的技术及人工繁殖有深入了解。

二、培养目标

培养具备野生动物繁育、驯养、检疫、疾病防治和自然保护区规划设计、管理等方面的知识，能在野生动物科研院所、国家海关和边境口岸、工商、自然保护区、动物园等部门或单位从事野生动物保护、利用、检疫和自然保护区资源管理的高级科学技术人才。

三、培养要求

主要学习保护生物学、野生动植物保护与利用、动物遗传育种与繁殖、预防兽医学、自然保护区资源管理方面的基本理论和基本知识。受到显微制片技术、动物解剖、生物化学分析、饲料营养成分分析、自然保护区规划、动植物检疫方面的基本训练，具有野生动物资源调查与评价、野生动物产品鉴定与开发利用、经营管理的基本能力。

四、知识技能

毕业生应获得以下几方面的知识和能力：

① 具备扎实的数学、物理、化学等基本理论知识。

② 掌握林学、生物学、畜牧学学科的基本理论、基本知识。

③ 掌握显微制片、生物化学分析、饲料营养成分分析、野生动物无线电遥测技术、野生动物种群数量及自然保护区资源调查方法。

④ 具有野生动物繁育、保护、利用、疾病防治、检疫，自然保护区规划设计、动植物资源调查、监测及经营管理的初步能力。

⑤ 熟悉我国野生动物保护利用及森林资源保护的方针、政策和法规。

⑥ 了解国内外野生动物和保护生物学学科的理论前沿、应用前景及发展动态。

五、主干课程

自然保护区管理、自然保护区规划与设计、保护生物学、湿地学、脊椎动物分类学、植物生态学、进化生物学、野生动物管理学、保护经济学等。

六、发展前景

1．就业方向

可在自然保护区管理、野生动物保护、自然资源可持续利用、驯养繁殖、产业开发以及教学、科研、行政管理、生产管理等部门从事相应工作。

2．就业前景

本科生一般只能去自然保护区。

2017 年全国开设野生动物与自然保护区管理专业的院校共有 10 所，部分高校按经济动物等专业方向培养。报考硕士较集中的专业：野生动植物保护与利用、生态学、动物学、林学。根据阳光高考信息平台统计数据，野生动物与自然保护区管理专业2017年普通高校毕业生规模为300～350人，高考时文理科比例为文科1%，理科99%。男女生比例为男生45%，女生55%。野生动物与自然保护区管理专业本科就业率为2016年85%～90%，2017年80%～85%。

3．专家建议

野生动物与自然保护区管理专业对口就业面较窄，但就业率相对较高。

随着国家对野生动物与自然保护区的重视，相信会有不错的前景。

4．小贴士

学校少，专业对口单位少，工作环境和条件大家都知道。

七、开设院校

2017年全国开设野生动物与自然保护区管理专业的院校共有10所。

水土保持与荒漠化防治专业

专业代码	中文名	学科门类	一级学科	授予学位	修学年限
090203	水土保持与荒漠化防治	自然保护与环境生态类	农学	农学学士	四年

一、专业概述

水土保持与荒漠化防治专业的主要任务是解决我国对水土资源保护、改良和合理利用所提出的关键理论与技术问题，在生态环境建设、生态安全和水土资源开发与保护等方面有着宽广的研究和应用领域。

二、培养目标

培养具备生物学、生态学、森林及草场培育学、环境科学与工程、水利工程等方面的知识，能在国土资源、水利、农业、林业、环境保护等部门从事水土保持与荒漠化防治的规划、设计、施工及森林生态环境建设的高级工程技术人才。

三、培养要求

主要学习生物学、生态学、森林及草场培育学、环境科学与工程、水利工程等方面的基本理论和知识，受到水土保持与荒漠化防治生物措施、工程措施的规划、设计、施工、管理的基本训练，具有水土流失与荒漠化的监测、防治及森林生态环境建设等方面的基本能力。

四、知识技能

毕业生应获得以下几方面的知识和能力：

① 具备扎实的数学、物理、化学等基本理论知识。

② 掌握生物学、林学、环境科学与工程、水利工程学科的基本理论、基本知识。

③ 掌握水土保持、防沙、治沙的规划设计方法和监测、评价技术。

④ 具有应用生物措施与工程措施防治水土流失与荒漠化的基本能力以及森林生态环境建设管理的基本技能。

⑤ 熟悉我国林业、水土保持与荒漠化防治、生态环境保护的方针、政策和法规。

⑥ 了解国内外水土保持与荒漠化监测防治的理论前沿、应用前景和国际公约。

五、主干课程

生态学、森林环境学、植物学、植物分类学、植物生理学、保护生物学、测量与遥感、土壤学与地质基础、土壤侵蚀原理、生态环境建设规划、沙漠化原理、水力学、水文学及水资源、环境地理学、荒漠化监测等。

六、发展前景

1．就业方向

可在市、县、乡镇及国有农场的水土保持、荒漠化防治、林业、水利、环境保护、国土整治、土地管理等行业的生产、科研、教学及管理部门从事水土保持与荒漠化防治规划、设计、施工、监测等方面的工作，也可从事各行业设计院所的水土保持方案编制工作，以及有关教学和科研等方面的工作。

2．就业前景

水土流失与土地荒漠化可能是困扰当今世界的最大难题之一，我国更是深受其害。北方的沙尘暴天气越来越多，危害一次比一次大，面临的治沙问题，任重而道远。水土保持与荒漠化专业是我国目前仅有的三个环境生态类专业之一，我国有些地区的生态环境恶劣，其中水土流失是头号生态环境问题，以防治水土流失为核心的水土保持是中国的基本国策之一。

2017 年全国开设水土保持与荒漠化防治专业的院校共有 23 所，报考硕士较集中的专业：水土保持与荒漠化防治、林业、生态学、土壤学。根据阳光高考信息平台统计数据，水土保持与荒漠化防治专业 2017 年普通高校毕业生规模为 1000～1500 人，高考时文理科比例为文科 0，理科 100%。男女生比例为男生 60%，女生 40%。水土保持与荒漠化防治专业本科就业率为 2016 年 90%～95%，2017 年 90%～95%。

3．专家建议

① 就业方向因地域而不同。

在北方地区，主要是考公务员、事业单位或者在设计院和公司编制水土保持方案，公务员和事业单位多为林业局和水利局，水文、环保、气象和国土方向也招收水土保护专业毕业生，但人数较少。

在南方地区主要就业单位是在各个企业或设计院做水土保持方案编制。

2015 年，为减少环评审批的部门职能交叉，取消了水土保持、行业预审等环评审批前置条件，水保行业变得不景气，导致编写水土保持方案的公司和设计院招收水土保护专业学生明显减少，考硕士和博士的人数逐年增多。

② 部分院校的培养侧重于水利工程。

4．小贴士

水土保持与荒漠化防治是以政府为主导的工作，只有极少数公益组织或企业参与或独立进行此类工作。本专业的毕业生专业对口除了相关国家机关及事业单位外，很难对口就业。荒漠化相关的工作主要在大西北。

七、开设院校

2017 年全国开设水土保持与荒漠化防治专业的院校共有 23 所。

动物科学专业

专业代码	中文名	学科门类	一级学科	授予学位	修学年限
090301	动物科学	动物生产类	农学	农学学士	四年

一、专业概述

动物科学专业是生命科学专业的一个小的分支，又名动物生产专业，原名畜牧养殖专业。是在认识和掌握动物遗传变异、生长发育、繁殖消化代谢等生命规律的基础上，满足人们日益增长的肉类饮食需求，包括动物营养与饲养、饲料资源开发、饲料配方与饲料工艺设计等。

二、培养目标

培养具备畜牧养殖方面的基本理论、基本知识和基本技能，能在与畜牧养殖相关领域和部门从事技术与设计、推广与开发、经营与管理、教学与科研等工作的人员。

三、培养要求

主要学习动物生产与管理、动物遗传育种、动物繁殖、动物营养与饲料等方面的基本理论和基本知识，受到与动物科学相关的调查、分析、评估、设计等方面的基本训练，具有动物育种、繁殖、生产与管理的基本能力。

四、知识技能

毕业生应获得以下几方面的知识和能力：

① 具备扎实的数学、物理、化学等基本理论知识。

② 掌握畜牧养殖的基本理论和动物遗传育种、动物繁殖、动物营养与饲料及土地学方面的基本知识。

③ 掌握动物资源调查、种畜评估、繁殖技术、繁育体系、饲养和饲料配合、牧场设计、卫生防疫、畜产品开发利用和草地建设等方法与技术。

④ 具备可持续发展的意识和基本知识，了解畜牧业生产和畜牧养殖的学科前沿和发展趋势。

⑤ 熟悉动物资源保护、动物生产、畜产品流通、环境保护等有关方针、政策和法规。

⑥ 掌握文件检索、资料查询的基本方法，具有一定的科学研究和实际工作能力。

五、主干课程

动物解剖与组织胚胎学、动物生理学、动物生物化学、动物遗传学、动物育种学、动物繁殖学、动物营养学、饲料学、微生物学、生物统计与试验设计、家畜环境卫生学、动物生产学等。

六、发展前景

1．就业方向

可在各类畜牧生产企业、饲料生产加工与经销企业、畜牧产品加工企业、兽药生产经营企业、畜牧管理部门等从事相关工作。

2．就业前景

畜产品需求和安全是世界各国都十分重视的行业，是关系国计民生的产业，是衡量一个国家农业发达程度的主要标志。我国畜牧业已经由家庭副业发展成为最具活力的支柱产业，畜牧业发展受到国家前所未有的重视。特别是“十五”以来，在国家对动物产品质量的重视和人们追求高质量动物产品的迫切要求的情况下，我国农业产业结构调整的重点是增加畜牧业比重。

2017 年全国开设动物科学专业的院校共有 88 所，部分高校按以下专业方向培养：食品科学、设施畜牧业、饲料科学与工程、动物营养与食品安全、动物营养与饲料科学。报考硕士较集中的专业：动物营养与饲料科学、动物遗传育种与繁殖、养殖、畜牧学。根据阳光高考信息平台统计数据，动物科学专业 2017 年普通高校毕业生规模为 6000～7000 人，高考时文理科比例为文科 1%，理科 99%。男女生比例为男生 56%，女生 44%。动物科学专业本科就业率为 2016 年 90%～95%，2017 年 90%～95%。

3．专家建议

① 动物科学通俗地讲就是养猪、养鸡、养牛等，或者做饲料配方、生产饲料、卖饲料。研究生主要是研究遗传育种和动物营养，考研难度比较低，比较推荐男生学，能吃苦的话，研究生对口工作时学的东西很有用，工资和工作环境相对而言一般，竞争压力不大，女生慎重。

养殖场的地点一般在远离城市的郊区和农村，饲料企业会在城市的边缘。

② 多数院校侧重于动物饲料方向。感兴趣的考生可查询相关院校的招生简章，不感兴趣的学生在学习的过程中会感觉无聊。

4. 小贴士

相对冷门的专业，分数线比较低，公费生分数比较高。

七、开设院校

2017 年全国开设动物科学专业的院校共有 88 所。

动物医学专业

专业代码	中文名	学科门类	一级学科	授予学位	修学年限
090401	动物医学	动物医学类	农学	农学学士	五年

一、专业概述

动物医学，通俗来说就是培养兽医的专业，是以生物学为基础，研究动物疾病的发生发展规律，并在此基础上对疾病进行诊断和防治，保障动物健康的综合性专业。

二、培养目标

培养具备动物医学方面的基本理论、基本知识和基本技能，能在兽医业务部门、动物生产单位及有关部门从事兽医、防疫检疫、教学、科学研究等工作的高级技术人才。

三、培养要求

主要学习动物基础医学、预防医学和临床医学的基本理论和基本知识，受到动物体正常和异常结构及功能实验、检查、疾病预防、诊断、治疗技术的基本训练，具有动物保健、临床诊疗、动物防疫检疫和兽医卫生管理工作的基本能力。

四、知识技能

毕业生应获得以下几方面的知识和能力：

① 具备扎实的数学、物理、化学和生命科学等基本理论知识。

② 掌握动物基础医学、预防医学和临床医学的基本理论，掌握致病因素、疾病发生发展和转移的规律及预防、诊断、治疗、畜牧科学的基本知识。

③ 具备致病因素分析、检验、药物正确使用与开发、常规及器械诊断、主要治疗方法、动物检疫的技能。

④ 具备农业可持续发展的意识和基本知识，了解生命科学的学科前沿和发展趋势及自然科学中相关技术的应用前景。

⑤ 熟悉国家动物生产、动物医学发展规划、兽医防疫检疫、环境保护、动物进出口检疫等有关方针、政策和法规。

⑥ 掌握文献检索、资料查询的基本方法，具有一定的科学研究和实际工作能力。

五、主干课程

动物解剖与组织胚胎学、动物生理学、动物生物化学、兽医病理学、兽医药理学、兽医微生物学与免疫学、兽医内科学、兽医外科学、动物寄生虫学、寄生虫病学、动物传染病学、特种经济动物学、兽医产科学等。

六、发展前景

1. 就业方向

可在出入境检验检疫局、农业局、畜牧局、各地动物卫生监督所、各级兽医站、动物实验中心、生物公司、兽药厂、疫苗厂、饲料厂等单位，从事动物育种、动物繁殖、卫生防疫、动物性食品和畜产品的检验、研制兽医生物药品等工作。

2. 就业前景

原来动物医学的培养模式主要是去基层单位具体从事兽医方面的工作，现在更多的是在大城市相关的教学科研单位或者是新兴的宠物医疗保健这方面。

2017 年全国开设动物医学专业的院校共有 79 所，部分高校按以下专业方向培养：宠物医学、动物检疫、小动物医学。报考硕士较集中的专业：兽医、预防兽医学、临床兽医学、基础兽医学。根据阳光高考信息平台统计数据，动物医学专业 2017 年普通高校毕业生规模为 7000～8000 人，高考时文理科比例为文科 0，理科 100%。男女生比例为男生 48%，女生 52%。动物医学专业本科就业率为 2016 年 85%～90%，2017 年 90%～95%。

3. 专家建议

① 只能当宠物医生是偏见。

近些年，人们生活水平不断提高，宠物拥有量逐渐增加，对于小动物医学人才的需求明显增多。人们常常会有一种错觉，一谈到学“动物医学”就认为将来毕业是当宠物医生。其实，除了从事宠物医生的工作外，畜牧业农场、牧场的畜禽疾病防治工作也需要大量的动物医学专业人才，是该专业毕业生的主要就业领域之一。

动物医学专业不仅为大规模的畜牧养殖提供了保证，也对人类疾病的防疫、食品安全等提供了一定的技术支持。人类很多致命传染性疾病都来源于动物，动物医学的发展可以为人类建立一堵更好的安全屏障。例如，1996 年英国发现疯牛病后，欧盟执委会立刻禁止英国牛肉出口，并责成英国将年龄在 30 个月以上的 400 万头牛全部宰杀并销毁。不但如此，动物医学还延伸到医学、生物学、水产生物学以及环境保护和空间医学等领域，同生物、医学等结合得更为紧密。

动物医学专业每年的毕业生有不少，但从就业来说，真正从事临床工作的不到 20%。除了考研、出国以外，很大一部分同学毕业以后去了出入境检验检疫局、农业局、畜牧局、各地动物卫生监督所、各级兽医站、动物实验中心、生物公司、兽药厂、疫苗厂、饲料厂等单位，从事动物育种、动物繁殖、卫生防疫、动物性食品和畜产品的检验、研制兽医生物药品等工作。

② 收入与经验能力相匹配。

名牌大学的该专业就业率比较高，工作去向也比较稳定。以中国农业大学为例，动物医学院的毕业生每年约有 50%的人继续深造，其中约有 40%的人留在本校读研，另外的 10%出国深造。该校毕业生专业对口率高，就业率、签约率均达到 100%。西北农林科技大学本科动物医学专业毕业生初次就业率均在 90% 以上，学生考研率大幅提升，近年来保持在 45%以上。

动物临床医学工作经验很重要，收入一般是和经验、能力是成正比的。拿宠物医院来说，目前绝大部分动物医院都是私营的，在招聘的时候都希望要成熟的兽医。刚毕业学生的月薪在 3000 元左右，而企业主、动物医院的院长或者临床 10 年以上从业人员，特别是如果在某些专科方面有自己的专长，在行业里发展将会非常不错。兽医这一行是干到老学到老，如果想在这一行有所建树，建议在练好基本功的基础之上，深钻苦研某一种动物的治疗，只要技术高超，发展前景还是相当不错的

③ 个人特质和身体条件有要求，兽医也要有爱心。

学习动物医学，首先就要了解不同动物的机体机构、研究引起动物疾病的致病因子，才能对动物疾病

进行预防和检疫。所以，在学习动物医学的过程中，势必接触到很多动物实验和动物机体的解剖，这就要求学生具有良好的心理素质，认真、大胆、专注、细致，且有较强的动手能力、旺盛的好奇心和钻研精神。虽然动物医学和人类医学针对的对象不同，但基本的知识体系类似，专业课程丰富，需要掌握的知识点也较多。

学习动物医学需要有爱心、责任心。很多同学最初选择这个专业的愿望很朴素，就是单纯的喜欢，但是动物解剖之类的课程并不是所有人都能够接受的。高中阶段对生物不感兴趣，尤其是特别害怕动物的学生，要谨慎选择。

动物医学专业对考生的身体条件也有一定的要求，根据《普通高等学校招生体检工作指导意见》，患有轻度色觉异常（俗称色弱）的考生报考该专业，学校可不予录取。另外，任何一眼矫正到 4.8，镜片度数大于 800 度的。两耳听力均在 3 米以内，或一耳听力在 5 米另一耳全聋的，也不宜就读动物医学专业。

4．小贴士

需要五年才能毕业。

如果对口蹄疫、禽流感等动物传染病感兴趣，建议继续深造。

七、开设院校

2017 年全国开设动物医学专业的院校共有 79 所。

动物药学专业

专业代码	中文名	学科门类	一级学科	授予学位	修学年限
090402	动物药学	动物医学类	农学	农学学士	四年

一、专业概述

动物药学是研究兽药研制、兽药效果评价、兽药残留分析、兽药生产和临床应用等的一门学科，是一门起源于动物医学和药学的综合性学科。

二、培养目标

培养具有良好思想品德和职业道德，掌握动物药学和相关学科的基础理论、基本知识和基本技能，具备兽药新产品研制开发、生产管理、质量检验、残留分析与临床应用等方面知识和能力的专业人才。

三、培养要求

主要学习动物药学的基础理论和基本技能，受到动物药学专业的各项基本技能训练，接受科学研究思维和技能训练，强化学生的实际操作能力、创新能力，具备对化学药物、中药、生物制品、生化制品的生产管理、质量控制、监督管理、合理用药等工作的基本能力。

四、知识技能

毕业生应获得以下几方面的知识和能力：

① 掌握数学、物理、化学等自然科学的基础知识。

② 系统掌握化学药物、兽医生物制品和中兽药的专业知识和理论，了解动物药学的国内发展现状和趋势。

③ 掌握兽用化学药物、生物制品和中兽药的基本分析技术、生产技术和临床应用技术。

④ 掌握药效评价、药物毒理研究方法和兽药残留检测技术。

⑤ 熟悉主要动物疾病的病因和疾病发生的基本过程。

⑥ 熟悉国家兽药法规以及动物保护和动物福利相关知识。

⑦ 获得动物药学实验方法和科学思维的基本训练，具有分析、研究和解决兽药相关问题的能力。

⑧ 掌握一门外语，具有较强的听、说、读、写能力，具备一定的国际交流能力。

⑨ 掌握文献检索、资料查询的基本方法，具有一定的调查研究、组织管理、口头与文字表达能力，具有批判性思维能力和开拓创新精神。

五、主干课程

家畜解剖学、家畜组织与胚胎学、家畜生理学、兽医微生物与免疫学、兽医病理学、兽医药理学、兽医毒理学、兽医药剂学、兽医药物分析、兽医中药药理学、药物代谢动力学、有机化学、基础生物化学、中兽药炮制学、药物化学、药政管理学、中兽医学基础理论、中药制剂工艺学、中药制剂产品质量控制、生化制药、生物制品学与工艺学、分子生物学基础、基因工程制药技术等。

六、发展前景

1．就业方向

可以到药品生产、检验、销售、研究开发等制药企业、保健公司、药检局、防疫站、现代养殖场、科研院所、行政管理部门从事与药学有关的药品配方与生产、推广与开发、经营与管理、教学与科研等工作。

2．就业前景

参考动物医学专业。

2017 年全国开设动物药学专业的院校共有 24 所，部分高校按中兽医药等专业方向培养。报考硕士较集中的专业：基础兽医学、兽医、预防兽医学、临床兽医学。根据阳光高考信息平台统计数据，动物药学专业 2017 年普通高校毕业生规模为 700～800 人，高考时文理科比例为文科 0，理科 100%。男女生比例为男生 47%，女生 53%。动物药学专业本科就业率为 2016 年 90%～95%，2017 年 90%～95%。

3．专家建议

参考动物医学专业。

4．小贴士

多数学生通过考研转到了动物医学专业。

开设院校少，就业压力相对较小。

七、开设院校

2017 年全国开设动物药学专业的院校共有 24 所。

林学专业

专业代码	中文名	学科门类	一级学科	授予学位	修学年限
090501	林学	林学类	农学	农学学士	四年

一、专业概述

林学的研究方向除了传统的造林、种树培育、森林生态学、环境学外，近些年如何科学管理森林，保证林业可持续发展。怎样在兼顾生态环境的基础上，对森林、林木以及野生动植物等资源进行合理的开发应用，也是林学研究的长远方向。

二、培养目标

培养具备森林培育、林木遗传育种、森林病虫鼠害防治与检疫、野生植物资源开发利用等方面的知识，能在林业、农业、环境保护等部门从事森林培育、森林资源保护、森林生态环境建设的高级科学技术人才。

三、培养要求

主要学习森林培育(包括经济林栽培)、林木遗传育种、森林病虫鼠害防治、野生植物资源开发与利用等方面的基本理论和基本知识，受到林木良种选育、造林、森林资源调查规划、森林病虫鼠害防治与检疫、林火管理及野生植物利用的基本训练，具有森林经营方案编制、森林培育、森林资源保护、森林生态环境建设管理的基本能力。

四、知识技能

毕业生应获得以下几方面的知识和能力：

① 具备扎实的数学、物理、化学等基本理论知识。

② 掌握林学、生物学、植物保护学、环境科学学科的基本理论、基本知识。

③ 掌握土壤理化性质分析、林木生理生化分析和森林资源调查、评价的方法，掌握林木良种选育、林木栽培抚育、森林病虫鼠害防治和林特产品加工利用的技术。

④ 具有森林经营方案编制、森林培育、野生植物资源开发利用、森林资源监测、森林生态环境建设管理的基本能力。

⑤ 熟悉我国林业可持续发展、森林生态环境建设、森林资源保护和国土绿化的方针、政策和法规。

⑥ 了解国内外林学学科理论前沿、生物工程技术应用前景、林业科技发展趋势以及林业生产发展动态。

五、主干课程

森林植物学、植物生理学、植物营养学、林木遗传育种、生物技术、土壤肥料学、森林环境学、森林昆虫学、林木病理学、森林生态学、测量与遥感等。

六、发展前景

1．就业方向

可到国家和省、市、县各级林业局、林场、林业站、种苗站等，从事森林培育、森林资源经营管理、森林保护、行政管理与技术指导工作。到园林公司、种苗公司，从事种子生产、育苗、造林科研技术开发、生产及管理工作。在环保、园林、规划设计、科研、教育等企事业单位和行政部门，从事森林培育、森林资源经营管理、森林保护、经济林培育与加工利用、生态环境综合治理、城市园林绿化、公园经营管理等方面的生产、行政管理和教学科研工作。

2．就业前景

世界各国越来越重视林业发展问题。林业在维护生态安全、满足林产品供给、发展绿色经济、促进绿色增长发挥着不可替代的重要作用，森林资源和林产品的占有量，已经成为一个国家物质文明的重要标志。2017 年 5 月 16 日，国家林业局和国家发改委联合发布了《全国沿海防护林体系建设工程规划（2016～2025年）》，指出，2025 年我国森林覆盖率要力争达到 40.8%。“十三五”时期我国将深入推进森林城市建设，以此提升城市生态功能、改善城乡人居环境、拓展绿色发展空间。从这一组组数据不难看出，国家对森林环境和林业发展建设非常重视。

2017 年全国开设林学专业的院校共有 42 所，部分高校按以下专业方向培养：经济林、城市林业、都市林业、森林防火、森林资源数字化管理。报考硕士较集中的专业：森林培育、林业、生态学、森林经济学。根据阳光高考信息平台统计数据，林学专业 2017 年普通高校毕业生规模为 2500～3000 人，高考时文理科比例为文科 0，理科 100%。男女生比例为男生 50%，女生 50%。林学专业本科就业率为 2016 年 90%～95%，2017 年 90%～95%。

3．专家建议

① 开设林学专业院校较少，各有专业侧重。

目前全国开设林学专业的院校并不多，代表院校有北京林业大学、东北林业大学、南京林业大学、中南林业科技大学、内蒙古农业大学、西北农林科技大学、福建农林大学、山东农业大学、四川农业大学、西南林业大学、河北农业大学、浙江农林大学、安徽农业大学等，各高校有不同的优势和侧重。

如北京林业大学、东北林业大学、中南林业科技大学、南京林业大学这几所高校的林学专业都是国家重点学科。其中北京林业大学、东北林业大学的林学一级学科是实力雄厚的传统王牌专业。南京林业大学的二级学科林木遗传育种、森林保护学更具特色。中南林业科技大学在二级学科森林培育方面也是独具优势。

② 报考注意三件事。

在填报志愿时，有三件事值得考生家长注意：一是大类招生。二是相近名称专业不要搞错。三是注意体检限报情况。

在高考填报志愿中，很多高校的林学专业是包含在大类专业中招生的，如北京林业大学林学类专业下设林学、森林保护、林学（城市林业方向）三个专业，前三个学期统一进行林学基础教育培养，第四学期按专业或专业方向培养。学生在修完基础教育平台相关课程，并取得相应的规定学分后，于第四学期初自主选择林学类相关专业或方向，进入专业学习。

考生在填报时要看清高校招生专业及所包含的专业方向。

③ 林学类和林业工程类别混淆。

根据教育部目前的普通高等学校本科专业设置，林学专业属于农学门类，主要有三个专业，分别是林学、园林、森林保护，毕业后授予农学学士学位。另外，在工学门类下面，也有几个和森林相关的专业，如森林工程、木材科学与工程、林产化工等，虽然名字里都有林，但他们属于林业工程类，毕业后授予工学学士学位，考生报考时不要混淆。

④ 注意体检限报情况。

林学专业对考生视力有一定要求。《普通高等学校招生体检工作指导意见》中规定，患有轻度色觉异常（俗称色弱）学校可不予录取的专业中就包括林学专业。具体高校如何执行相关政策，考生在报考时，一定要认真阅读各高校招生章程中的具体要求。

4．小贴士

传统的农、林、地、矿属于艰苦的专业，野外观测、实习实验如家常便饭。

七、开设院校

2017 年全国开设林学专业的院校共有 42 所。

园林专业

专业代码	中文名	学科门类	一级学科	授予学位	修学年限
090502	林学	林学类	农学	农学学士	四年

一、专业概述

园林就是在一定的地域运用工程技术和艺术手段，通过改造地形（或叠石、理水）、种植树木花草、营造建筑和布置园路等途径创作美的自然环境和游憩境域，是一门综合利用科学和艺术手段营造人类美好室内外生活的学科。

园林专业属于农学中的林学类，这个专业学习的是怎样用园林植物来营造怡人的绿色空间，它最大的特点就是建筑和花卉植物融合在一起。

二、培养目标

培养从事园林植物繁育、养护管理与应用，城乡各类园林绿地的规划与设计，园林施工组织与管理等方面的高级复合型科学技术人才。

三、培养要求

主要学习生态学、园林植物、观赏园艺、园林设计、园林建筑、园林工程等方面的基本理论和基本知识，受到绘画及表现技法、规划设计、园林植物栽培繁育及插花艺术等方面的基本训练，具有城镇绿化、园林建筑、园林工程、园林植物造景等规划设计及园林植物的栽培、繁育及养护管理等方面的基本能力。

四、知识技能

毕业生应获得以下几方面的知识和能力：

① 具备扎实的数学、物理、化学等基本理论知识。

② 掌握生物学、林学、建筑学、设计艺术学学科的基本理论、基本知识。

③ 掌握风景名胜区规划、森林公园规划、城市绿地系统规划、各类园林绿地规划设计、园林植物栽培、养护管理的技术。

④ 具有一定的绘画技法及风景园林表现技法，能应用艺术理论及设计理论对植物材料、自然景观进行艺术设计的基本能力和园林植物栽培繁育的初步能力。

⑤ 了解国内外园林学科的理论前沿、应用前景及发展动态。

⑥ 熟悉我国国土绿化、风景名胜区及森林公园建设、环境保护、森林资源及国土资源管理保护的方针、政策和法规。

五、主干课程

园林树木学、园林花卉学、园林植物栽培养护学、园林苗圃学、园林植物遗传育种学、城市绿地系统规划、园林设计、园林建筑设计、园林工程、园林管理等。

六、发展前景

1．就业方向

各省市园林局、绿化处、公园、风景区管理、市政工程类或相关行业主管部门从事园林监督、管理类工作，此类就业方向一般对毕业生要求比较高。

各省市园林绿化、景观类设计、施工、园林监理类企业从事景观类设计、施工、植物栽培养护、计算机绘图、园林工程监理类等方面的工作，此类方向为园林类专业(风景园林、城市规划)毕业生主要就业方向。

建筑行业类企业、房产类开发公司从事建筑景观配套设计、居民区环境设计、小区植物栽培养护等。

苗木苗圃公司（包括一些苗木、种子的进出口公司和相关单位）从事植物品种的引种育化、繁殖栽培等工作。

园林类教学、科研机构从事园林教育、规划设计、科学研究类工作。

2．就业前景

随着生活水平和生活质量不断提高，人们要求更舒适、更美好、更有趣味的绿化及活动空间。国家“十一五”规划、“十二五”规划促使“国家园林城市”“国家生态园林城市”“国家森林城市”“美丽中国”等标准陆续出台，也把生态文明建设、国家园林城市建设上升到了战略高度。在城市化进程不断推进的背景下，我国的园林绿化覆盖率不断上升，园林绿化行业被认为是“永远的朝阳产业”，绿色环保和生态概念已经获得愈来愈多的认同，园林绿化进入加速发展时期。

2017 年全国开设园林专业的院校共有 175 所，部分高校按以下专业方向培养：城市绿化、风景园林、观赏园艺、园林规划、植物景观、景观规划设计。报考硕士较集中的专业：风景园林、风景园林学、园林植物与观赏园艺、园艺。根据阳光高考信息平台统计数据，园林专业 2017 年普通高校毕业生规模为 12000～14000 人，高考时文理科比例为文科 16%，理科 84%。男女生比例为男生 39%，女生 61%。园林专业本科就业率为 2016 年 850%～90%，2017 年 90%～95%。

3. 专家建议

① 注意与风景园林、园艺两个专业的区别。

说起“园林”，就不得不说另两个专业——“风景园林”和“园艺”。很多人会混淆这三个专业，其实它们还是有很大区别的。从所属门类来看，园林属于农学中的林学类。园艺属于农学中的植物生产类。而风景园林则是个工学专业，属于建筑类。

比如，北京林业大学同时开设了园林、园艺和风景园林这三个专业。据北京林业大学招生办副主任朱庆老师介绍：“园林专业的课程包括园林植物的繁殖、栽培、养护、管理，也包含各类园林绿地的规划与设计，园林施工组织与管理，简单而言，园林涵盖了植物与设计这两个部分，毕业时授予的是农学学士学位。而风景园林专业更侧重于设计领域，包括了园林绿地规划与设计、风景名胜区规划、城市景观规划设计、园林建筑设计、风景园林工程设计及园林植物种植设计等，也会有部分的植物相关课程，毕业时授予的是工学学士学位。”

园艺虽属于农学类的植物生产类范畴，它与园林虽然只有一字之差，却是迥然不同。主要区别在于：园林偏重景观设计、绿化等，而园艺侧重植物养护栽培。

“园林”和“风景园林”有区别。考生要把握住一点，一般在农林院校或综合大学农林学院开设，授予农学学位的，大多为“园林”专业。在工科或建筑类院校开设，授予工学学位的则多为“风景园林”专业。各校在每年公布的招生专业中也会注明招收的是“园林”还是“风景园林”专业，有的还会注明具体的专业方向。认真阅读专业目录，报考时避免混淆。

② 园林专业侧重植物景观设计。

园林专业学习并不仅仅是浪漫，更多的是要掌握包罗万象的知识，一花一木、一石一树都要了解，是一门综合性很强的专业。学生除了要学习生态学、园林植物、观赏园艺等方面的知识，还要接受系统性绘画表现技法、植物规划设计、园林栽培繁育等专业训练。有的毕业生开玩笑说：“学这个专业得上知天文（气象学），下知地理（土壤学），花木（植物学）书画（制图），样样精通。”

概括地讲，园林专业可以说是综合了园艺和城市规划两大专业的特点，一方面对主要园林植物的生态习性和观赏特性进行深入了解。另一方面学习设计专业的相关理论知识，通过各种绘图软件，完成各种园林（小游园、公园、风景区）的规划工作。如果说有侧重的话，就是园林专业毕业生在植物景观的设计方面拥有较大优势

③ 理科中的艺术生，本科知识较浅，实际应用有难度，考研或出国较多。

园林可以说是一个融合科学、艺术和设计的专业，算是理科生中的艺术生。学生除了需要严谨的科学思维，艺术创造力也不能少。这个专业画图、制图是基本功，摆弄花草是当家的本事。园林绿化兼具环保与民生属性，大领域的发展还是不错的，选择的方向也比较多，毕业后如果想在这个领域有所发展，上学的时候就要刻苦学习。如果毕业生想去设计公司、设计院、规划院、花卉园艺公司等，在校期间需要提前规划职业方向，比如报考注册建筑师、园林设计师、注册造价师、注册城市规划师等相关证书。也要多实习，了解行业的实际需求，为将来打好基础。

④ 报考注意身体和科目的要求。

需要注意的是，园林专业对考生视力有一定要求。《普通高等学校招生体检工作指导意见》中规定，患有轻度色觉异常（俗称色弱）学校可不予录取的专业中就包括园林专业。很多院校的招生章程中也明确了这样的要求，规定色盲、色弱考生限报学校园林、风景园林、园艺、园林工程技术等专业。

另外，因为园林专业是一个科学与艺术相结合的专业，学习中会涉及很多绘画及制图的专业课程，很多院校在招生时要求考生具备一定的绘画基础。例如，中国农业大学 2016 年招生章程中对园艺专业就有相关科目要求：报考工业设计、园林两个专业的考生宜有一定的绘画基础。北京林业大学 2016 年本科招生工作章程中也规定，报考园林、风景园林、城乡规划专业的考生建议具备一定的美术基础。考生在报考时，还应认真阅读各高校的招生章程，及时了解相关要求。

4．小贴士

请考生和家长注意分辨某些师资教学能力有欠缺的院校。专业是热点，不代表所有院校的毕业生都具备相应的能力。

七、开设院校

2017 年全国开设园林专业的院校共有 175 所。

森林保护专业

专业代码	中文名	学科门类	一级学科	授予学位	修学年限
090503	森林保护	林学类	农学	农学学士	四年

一、专业概述

森林保护学科是林业科学的重要组成部分，是关于森林病虫害及有害生物防治理论与技术的学科，大致有森林资源消耗量控制、森林生物多样性保护、森林景观资源保护及森林灾害防治等方面的研究内容。

二、培养目标

培养具备林学、森林保护学、生物学、生态学等方面的基本理论、基本知识和基本技能，能在森林保护、林业、园林、动植物检验检疫、自然保护区等相关领域从事林业有害生物监测、检疫和防控的科研、教学、科技开发与推广、行政管理等方面工作的科学技术人才。

三、培养要求

主要学习林业生物科学、植物病理学、昆虫学、林学、生态学等方面的基本理论和基本知识，接受林业有害生物的鉴定、识别和防治等方面的基本训练，具备林业生物灾害检验检疫、诊断与监测和综合治理方面的基本能力。

四、知识技能

毕业生应获得以下几方面的知识和能力：

① 具备扎实的数学、物理、化学等基本理论知识。

② 掌握生物学、地理学、林学、旅游管理学科的基本理论、基本知识。

③ 掌握森林资源开发及评价方法、森林公园总体规划设计方法、森林产业市场动态分析方法。

④ 具有监测森林资源、森林资源保护和森林生态公众教育的基本能力。

⑤ 熟悉我国有关森林资源保护、林政管理、旅游的基本方针、政策和法规。

⑥ 了解国内外森林资源保护、旅游管理等的理论前沿、应用前景及发展动态。

五、主干课程

植物学、植物生理学、土壤学、微生物学、树木学、森林生态学、森林培育学、普通植物病理学、普通昆虫学、植物病原真菌学、昆虫分类学、树木病理学、树木昆虫学、农药学、植物检疫学、普通动物学、野生动植物资源管理、森林防火等。

六、发展前景

1．就业方向

森林保护专业的就业范围较窄，毕业生可就职于林业局、林业站、森林公园、自然保护区、环保等单位，从事森林资源调查与资产评估、森林及园林绿化植物的病虫害防治、护林防火、自然保护区和森林公园管理等工作。

2．就业前景

近年，国家对农林业十分重视，不断加大投入，农林业获得了资金上的支持。另外，政策方面也不断传来利好消息，产业结构的战略性调整和人们对生存环境的重视给农林类专业带来了曙光。

2017 年全国开设森林保护专业的院校共有 23 所，部分高校按有害生物防控等专业方向培养。报考硕士较集中的专业：森林保护学、林业、林学、微生物学。根据阳光高考信息平台统计数据，森林保护专业 2017 年普通高校毕业生规模为 600～700 人，高考时文理科比例为文科 0，理科 100%。男女生比例为男生 47%，女生 53%。森林保护专业本科就业率为 2016 年 80%～85%，2017 年 85%～90%。

3．专家建议

① 参考林学专业相关资料。

② 关于就业，目前森林保护方面就业是很难的，虽然国家重视森林资源保护，但人才需求几乎没有，即使要人一般也要林学专业的。

森林保护专业的发展与国际森林保护学科不断发展变化的动向一致，符合当今世界林业发展趋势，同时与我国林业可持续发展战略相吻合。随着国家对森林资源的综合利用、开发和保护，越来越多的考生和家长已经意识到森林保护专业的重要性和前瞻性，近年的高考志愿填报，选择森林保护专业已经成为许多考生和家长的一个重要趋势，这个专业从过去无人问津的冷门专业，逐渐有升温的趋势。

4．小贴士

冷门的专业，开设院校少，毕业生少，专业对口就业方向也少。

专业对口就业的工作生活环境艰苦。

七、开设院校

2017 年全国开设森林保护专业的院校共有 23 所。

水产养殖学专业

专业代码	中文名	学科门类	一级学科	授予学位	修学年限
090601	水产养殖学	水产类	农学	农学学士	四年

一、专业概述

水产养殖学是研究水产养殖生产活动的学科。

二、培养目标

培养具备水产动、植物增养殖科学等方面的基本理论、基本知识和基本技能，能在水产养殖生产、教育、科研和管理等部门从事科学研究、教学、水产养殖开发、管理等工作的高级科学技术人才。

三、培养要求

主要学习生物学和水域环境学的基本理论以及水产增养殖、渔业经济和管理等方面的基本知识，受到有关生物学和化学实验教学、水产增养殖实践性环节、微型计算机应用等方面的基本训练，具有水产经济动、植物增养殖技术、营养与饲料和病害防治等方面的基本能力。

四、知识技能

毕业生应获得以下几方面的知识和能力：

① 具备扎实的数学、物理、化学等基本理论知识。

② 掌握现代生物科学和环境科学的基本理论。

③ 掌握水产经济动植物的增养殖技术、营养与饲料和病害防治等方面的基本知识和技能。

④ 掌握主要养殖鱼类、甲壳类、藻类(可选择其中的2～3类)的人工育苗、育种和成体的集约化养殖等生产环节的关键技术。

⑤ 具备内陆水域、浅海、滩涂的渔业资源和环境调查与规划的基本方法，了解现代化养殖工程、海洋渔业和水产品加工利用的基本知识。

⑥ 具备农业可持续发展的意识和基本知识，了解水产增养殖学、生命科学的学科前沿和发展趋势。

五、主干课程

水生生物学、环境科学、水产学、鱼类学、鱼类增养殖学、甲壳动物增养殖学、水产动物育种学、水产动物营养与饲料、水产动物疾病防治、海藻与海藻栽培学、水环境化学等。

六、发展前景

1. 就业方向

可在渔业行政机关、水产技术推广站、渔政监督管理站、动物检验检疫部门、水产品良种场、养殖场、饲料加工厂、水产品加工厂、水产公司、休闲渔业基地等行政、事业和企业单位从事技术推广、应用以及生产经营、销售、管理等工作。

2. 就业前景

随着社会经济的发展和国家对农业的不断重视，水产养殖业地位越来越高，行业发展空间也越来越大。近些年，全国水产养殖生产保持着较好的发展势头，养殖规模进一步扩大，结构调整取得新进展。渔业重点省的优势养殖区域和主导养殖品种正在逐步形成。水产养殖经济运行基本平稳，水产养殖产品价格上升，效益进一步提高，有利于促进农业结构调整和农民增收。

2017年全国开设水产养殖学专业的院校共有55所，报考硕士较集中的专业：水产养殖、渔业、水产、水生生物学。根据阳光高考信息平台统计数据，水产养殖学专业2017年普通高校毕业生规模为3000～3500人，高考时文理科比例为文科0，理科100%。男女生比例为男生64%，女生36%。水产养殖学专业本科就业率为2016年90%～95%，2017年90%～95%。

3. 专家建议

（1） 界淡水、海水养殖都还有巨大的发展潜力。

1） 全世界适于发展水产养殖的非洲、拉美等热带和亚热带等地区尚有大片条件优越的水域尚未开发利用，而这些水域的生产力可高于其他地区。

2） 养殖种类的迅速传播和交流，可促使养殖品种单一的地区提高产量。如适应性广的鲫鱼和对虾等已成为世界性的优良养殖品种，对提高产量作用很大。

3） 先进的养殖技术和有关基础理论如遗传育种和遗传工程等的研究和应用，将极大地提高产量和增加养殖种类。

4） 人工繁殖和阶段发育理论的应用可为养殖业稳定供应大量苗种。

5） 对水生经济动植物生理、生态学的深入研究可为养殖对象提供具全价营养的配合饵料和最适合的生长环境。连同高密度流水养鱼、混养、综合养鱼等综合性先进技术的运用，将为养殖业的大幅度发展提供了巨大的可能性。

（2） 就业环境不乐观。

水产养殖是人为控制下繁殖、培育和收获水生动植物的生产活动，一般包括在人工饲养管理下从苗种养成水产品的全过程。水产养殖有粗养、精养和高密度精养等方式。目前，水产养殖除少数大型企业外，大多数都是私人承包进行的，水产研究所需要人员很少。

如果不打算自己创业的（开办养殖场）或者从基层做起，请慎重考虑。

4．小贴士

对口就业的工作生活环境比较艰苦。

七、开设院校

2017年全国开设水产养殖学专业的院校共有55所。

海洋渔业科学与技术专业

专业代码	中文名	学科门类	一级学科	授予学位	修学年限
090602	海洋渔业科学与技术	水产类	农学	农学或工学学士	四年

一、专业概述

海洋渔业科学与技术是利用渔业资源与渔政管理的发展规律及其特点来开发海洋生物资源。这个专业并不是大家普遍认为的捕鱼等活动，它涉及的领域很多，比如生命科学中的遗传工程、细胞工程、蛋白质工程、发酵和酶工程，以及现代造船、机械、灌具制造、航海、通信等。

二、培养目标

培养面向中国经济建设需要，德、智、体全面发展，具备海洋渔业科学与技术方面的基本理论、基本知识和基本技能。具有较强的创新意识和创新能力，综合素质高，适应能力和国际竞争能力强，能在海洋渔业科学研究部门、水产部门和企业从事科学研究与教学、新技术推广与新产品开发、现代化经营管理工作的高科技人才。

三、培养要求

主要学习渔业资源与渔场学、海洋环境学、渔具渔法学、渔业法规与渔政管理等的基本理论和基本知识，受到船舶驾驶技术、网具装配技术、捕捞技术、渔场调查、渔业水域环境监测和渔政管理等方面的基本训练，具有渔业资源与渔业环境的调查和研究、渔具渔法设计和渔业管理的基本能力。

四、知识技能

毕业生应获得以下几方面的知识和能力：

① 具备扎实的数学、物理、力学基础和计算机应用技术。

② 具有较高的英语水平，能运用1～2门外语阅读本专业的参考文献；

③ 掌握渔业水环境调控与监测的基本理论、基本知识和设计技能。

④ 具有从事增、养殖工程设计，海洋牧场规划设计，设施渔业工程设计的基本技能。

⑤ 具有从事科研工作的良好素质，掌握本专业及其相关学科的基本研究方法和实验技能。

⑥ 了解国际渔业发展趋势，适合从事渔业管理、海洋区域管理、对外渔业关系和行政执法等工作。

五、主干课程

水生生物学、鱼类学、渔具渔法学、渔具理论与设计、航海技术、渔业资源与渔场学、渔业资源评估、海洋环境调查和监测、渔业法规与渔政管理等。

六、发展前景

1．就业方向

可到海洋、水产系统的企业和相关产业管理部门从事工程技术与管理工作，或到高等院校和科研单位从事研究与教学工作。

2．就业前景

我国渔业资源在 20 世纪七八十年代遭到严重破坏，渔业产业链处于中低端水平。对于海洋渔业科学与技术专业的学生来说，上船搞远洋渔业不论待遇上还是工作条件与航海技术专业都无法相比。对于渔业局、渔政局、水产站等政府事业单位门槛较高。近十年毕业生除极少数从事渔政、远洋渔业外，部分读研深造或跨学科深造，大多从事其他行业。

2017 年全国开设海洋渔业科学与技术专业的院校共有 10 所，报考硕士较集中的专业：渔业资源、渔业、捕捞学、水产。根据阳光高考信息平台统计数据，海洋渔业科学与技术专业 2017 年普通高校毕业生规模为 400～450 人，高考时文理科比例为文科 0，理科 100%。男女生比例为男生 67%，女生 33%。海洋渔业科学与技术专业本科就业率为 2016 年 80%～85%，2017 年 90%～95%。

3．专家建议

冷门专业，院校少，专业对口就业困难，特别是渔政部门需求量少。

本科毕业工作条件比较艰苦，即使是渔政部门，也需要经常出海。

部分院校只招男生，如大连海洋大学等。

感兴趣的考生可查询相关院校的招生简章。

4．小贴士

冷门专业，本专业的专业对口就业不是很好。

七、开设院校

2017 年全国开设海洋渔业科学与技术专业的院校共有 10 所。

草业科学专业

专业代码	中文名	学科门类	一级学科	授予学位	修学年限
090701	草业科学	草学类	农学	农学学士	四年

一、专业概述

草业科学是一门既古老又年轻的专业，也是一门新兴交叉性学科，它以草食动物饲草料生产、城镇绿化和生态治理为主体，运用现代生物技术培育新草种，研究优质高产草地的建设与管理技术。

二、培养目标

培养具备草业科学方面（草坪、园林绿化、牧草栽培育种与加工、人工草地建植与管理、草地改良等）的基本理论、基本知识和基本技能，能在农业以及其他相关的部门或单位从事草业生产与保护的技术与设计、推广与开发、经营与管理、教学与科研等工作的高级科学技术人才。

三、培养要求

主要学习农业作物科学、农业生态学、环境科学和草业资源保护、持续高效利用的基本理论和基本知识，受到草业资源规划、经营与管理、人工草地、草产品加工、草坪绿化、畜牧和环境科学等方面的基本训练，具有草业资源保护开发与经营管理、饲草料生产加工、草坪绿化等方面的基本能力。

四、知识技能

毕业生应获得以下几方面的知识和能力：

① 具备扎实的数学、物理、化学等基本理论知识。

② 掌握农业生物学、与本专业有关的植物生产和动物生产、环境科学方面的基本理论和基本知识。

③ 具有草地保护与利用、草料生产与加工、草业生产规划与经营和草坪绿化的技能。

④ 具备农业可持续发展的意识和基本知识，了解草业及草业科学的科学前沿和发展趋势。

⑤ 熟悉我国农业、畜牧业和草业开发的有关方针、政策和法规。

⑥ 掌握科技文献检索、资料查询的基本方法，具有一定的科研和实际工作能力。

五、主干课程

植物学、植物生理学、植物分类学、草坪学、绿地规划与设计、草地资源学、草地生态学、草地培育学、草地保护学、专用草坪建植与管理、花卉学、工程制图、草类育种及种子学、牧草栽培及加工、饲料品质监测、动物营养学、畜牧学等（具体课程各学校有所差别）。

六、发展前景

1．就业方向

可在城建环保、旅游、草业畜牧及其他相关部门或企事业单位，从事草坪及城市园林绿化、绿化工程施工、草种生产、草产品加工和贸易、人工草地建植与管理、退化草地生态系统的恢复与重建、种草养畜等有关的技术与设计、推广与开发、经营与管理、教学与科研等方面的工作。

2．就业前景

当前，农业进入了新的发展时期，草在农业中的比例将越来越大，我国作为世界上仅次于澳大利亚的草地资源大国，借鉴世界发达国家农业生产经验，草业在我国农业结构调整、西部生态环境治理以及城市绿化美化、改善环境质量中作用重大，在未来国家经济建设中具有广阔的前景。

2017 年全国开设草业科学专业的院校共有 31 所，部分高校按以下专业方向培养：草坪科学与管理、草坪与城乡绿化。报考硕士较集中的专业：草学、草业、生态学、养殖。根据阳光高考信息平台统计数据，草业科学专业 2017 年普通高校毕业生规模为 1000～1500 人，高考时文理科比例为文科 0，理科 100%。男女生比例为男生 50%，女生 50%。草业科学专业本科就业率为 2016 年 80%～85%，2017 年 85%～90%。

3．专家建议

目前国家实行退耕还林，农业增收靠的就是草地畜牧，这是一个新的经济增长点。而且，随着人们生活水平的提高，人们对环境的要求也在逐渐提高。基于我国热带和亚热带草地资源及草业发展状况及人才需求，草地资源是农业自然资源的重要组成部分，不仅对畜牧业而且对整个农业可持续发展和生态环境保护都有重要意义，在国民经济和社会发展中占有十分重要的地位。

我国目前草业行业的 10 万从业人员中，草地学知识普遍缺乏，层次大多较低，只了解个别环节的技术，缺乏系统教育和系统观点，本专业大专以上毕业生不超过 2%，因此本专业就业前景相对乐观。如四川农业大学最近几年来草业科学（原草学）专业毕业生除推荐、考取硕士生外，其余均被园林局、草坪公司、房地产公司、高尔夫球场、足球俱乐部等单位一抢而空。而前几年毕业的硕士生、本科生都成为一些单位、公司的技术主管或技术骨干，甚至当上了副总经理等。

发达国家牧草产值大约与农作物相等甚至达 1.5 倍，包括天然草地和农田的 30%—40%种草。如新西兰草地面积的69.1%是人工草地，达946万公顷，是世界上低成本、高效益种草养畜的典范。草地还有培肥地力、保持水土的作用。美国、加拿大等草业大国年产草产品均达1亿吨以上，产值达100亿美元以上。中国有各类天然草地4亿公顷，占国土面积的40%，占世界草地面积的12.5%，人均占有率是世界人均的一半。中国的草地中，牧区草山草地3亿公顷，北方、南方草山草地各占6.29%和18.65%，但由于长期疏于建设等原因，沙漠化面积达0.9亿公顷，每年还在增加，相当于每年损失一个中等县的面积。草地退化造成有的地区草地产草量比50年代下降30%～50%。为此，全国草业科学工作者采取积极措施，如通过灌溉、施肥等手段培育草原，建设人工草地等。1996年开始，川西北牧区实行“人草畜三配套”，帮牧民建住房，改游牧为定居、半定居生活、生产方式。建棚圈、暖棚等畜牧业基础设施，加强抵抗严重自然灾害的能力，强化科技，改变农牧民观念，成效显著。又如云贵高原建设的禾本科、豆科人工草地，产量提高5～8倍，粗蛋白提高8～10倍，饲料喂羊、奶牛、肉牛效果已接近新西兰水平。这些都说明我国草地畜牧业发展潜力巨大，前景光明。

4．小贴士

比较冷门，实际就业并不比那些听起来高大上的热门专业差，缺点是专业对口就业的工作环境比较艰苦。

七、开设院校

2017年全国开设草业科学专业的院校共有31所。

医学门类学科综述

医学门类学科包括基础医学类（1001）、临床医学类（1002）、口腔医学类（1003）、公共卫生与预防医学类（1004）、中医学类（1005）、中西医结合类（1006）、药学类（1007）、中药学类（1008）、法医学类（1009）、医学技术类（1010）、护理学类（1011）十一个学科大类。

基础医学类（1001）下设基础医学（100101K）一个基本专业。

临床医学类（1002）下设临床医学（100201K）一个基本专业及麻醉学（100202TK）、医学影像学（100203TK）、眼视光医学（100204TK）、精神医学（00205TK）、放射医学（100206TK）五个特设专业，共六个专业。

口腔医学类（1003）下设口腔医学（100301K）一个基本专业。

公共卫生与预防医学类（1004）下设预防医学（100401K）、食品卫生与营养学（100402 授予理学学士学位）两个基本专业及妇幼保健医学（00403TK）、卫生监督（100404TK）、全球健康学（100405TK 授予理学学士学位）三个特设专业，共五个专业。

中医学类（1005）下设中医学（100501K）、针灸推拿学（100502K）、藏医学（100503K）、蒙医学（100504K）、维医学（100505K）、壮医学（100506K）、哈医学（100507K）七个基本专业。

中西医结合类（1006）下设中西医临床医学（100601K）一个基本专业。

药学类（1007）下设药学（100701 授予理学学士学位）、药物制剂（100702 授予理学学士学位）两个基本专业及临床药学（100703TK 授予理学学士学位）、药事管理（100704T 授予理学学士学位）、药物分析（100705T 授予理学学士学位）、药物化学（100706T 授予理学学士学位）、海洋药学（100707T 授予理学学士学位）五个特设专业，共七个专业。

中药学类（1008）下设中药学（100801 授予理学学士学位）、中药资源与开发（100802 授予理学学士学位）两个基本专业及藏药学（100803T 授予理学学士学位）、蒙药学（100804T 授予理学学士学位）、中药制药（100805T 授予理学学士学位）、中草药栽培与鉴定（100806T 授予理学学士学位）四个特设专业，共六个专业。

法医学类（1009）下设法医学（100901K）一个基本专业。

医学技术类（1010）下设医学检验技术（101001 授予理学学士学位）、医学实验技术（101002 授予理学学士学位）、医学影像技术（101003 授予理学学士学位）、眼视光学（101004 授予理学学士学位）、康复治疗学（101005 授予理学学士学位）、口腔医学技术（101006 授予理学学士学位）、卫生检验与检疫（101007 授予理学学士学位）七个基本专业及听力与言语康复学（101008T）一个特设专业，共八个专业。

护理学类（1011）下设护理学（101101 授予理学学士学位）一个基本专业。

1．长期的热门专业，对身体有要求

医学类专业是高考中的长期热门专业，这从医学类院校和专业普遍较高的录取分数上可见一斑，但是，除了高考成绩的要求，学医还要求考生有良好的身体条件，因此，考生和家长在选择医学类专业时，还要特别注意专业的体检要求。

医学类专业对考生的身体条件要求较高，《普通高等学校招生体检工作指导意见》对此有明确规定，各高校也有具体的要求。如患有色盲、色弱的考生，医学类专业可以不予录取。医学类专业还对考生视力程度有要求。北京大学医学部招办老师曾表示，北大医学部建议有下列情况的考生不要报考：任何一眼矫正视力＜4.8，单只镜片矫正度数≥600 度，双眼矫正度数相差≥200 度。

由于医学类专业学习与将来就业的特殊性，学校一般要求考生检验肝功能与乙肝病毒表面抗原。新生入校后学校会进行身体复查，不适合学习者，学校有权取消其入学资格。

除了身体条件外，考生还要注意专业的其他要求。如 2008 年，北京协和医学院、北大医学部的护理专业没有男女限制。北京中医药大学护理专业限招女生。此外，北大医学部、首都医科大学等院校的口腔医学专业只招右利考生(即不招“左撇子”)。

2．医学院校≠医学专业

考生要注意的是，医学类院校开设的专业并不都是医学专业，如北京中医药大学就开设有公共事业管理（卫生事业）、工商管理（医药企业）、英语（医学）、法学（医学）等专业。另外，从上面的专业名单中，也可以看到，很多专业授予的是理学学士学位，而不是医学学士学位。

考生在选择医学类专业时首先要从个人的兴趣和爱好出发，其次要根据自身的情况来选择。

3．就业形势：喜忧参半

社会对医科类毕业生的需求有不同的倾向，临床医学类人才有走俏的趋势，从事老人医学、保健医师、家庭护士等职业的人才也将逐渐成为热门，而预防医学、口腔医学专业从理论上是有前途的，但从近几年就业状况看，却是比较困难，基础医学类与护理学类专业就业也不太理想。对于药科类毕业生，各医药公司、制药厂是吸收这类毕业生的大户，制药业对人才的需求是稳中有升，另外，医药界的贸易、经销、检验和医药信息管理等专业对技术人员的需求也将会增加。

不仅具体专业之间存在差别，而且地区性的差别也比较大，这与经济的发达程度有着密切的关系。经济越发达的地区城市对毕业生的需求反而越小，这主要是因为经济发达地区的医疗事业起步早，发展比较成熟稳定，特别是这些城市的公立医院，基本上都是人才饱和了，每年进的人很少。中小城市，因为医疗事业正处于不断进步发展的阶段，对人才的需求量则相对较大。

越是公立的大医院其人员流动性越小，不会轻易做出变动，加之竞争的激烈，一般很难有机会成功，特别是刚毕业的学生。很重要的一点，临床类的工作不仅注重能力，而且非常重视实际的操作经验，越是知名的医院自然越看重这一点，这对毕业生来说也是个不利的因素。

4．关于专业和学制

基础医学本科专业是国家控点分布的本科专业，以从事医学院校教学和科研为培养目标的。一般来说，基础医学的出国率是相当高的，可以去国外读个博士学位。近两年，海归的工作也并不容易找到，没有在国外拿到 TENURE（终身职位）就想回来谋个很好的位置，可能性不大。国内比较强的是北京大学医学部的基础医学本硕博 8 年连读，复旦大学上海医学院也非常强。

临床医学现在是有 5、7、8 三种学制。5 年就是简单的临床本科。 7 年制是 1988 年由卫计委直属 10 余所医科大学和解放军 2、4 军医大学首先开办的本硕连读，7 年一贯毕业获得硕士学位。从 2012 年起，国家开始推广 8 年制医学本硕博连读临床医学专业，招收 8 年制专业的大学国内主要是原来的医学老八校（北大医学部、复旦大学、上海交通大学、协和医科大学、四川大学华西医学院、中山大学医学院、中南大学湘雅医学院、华中科大大学同济医学院），近年又增加了浙江大学医学院、清华大学医学实验班、南方医科大学等。另外，军事类院校中陆军军医大学、空军军医大学、海军军医大学等三所院校也设置了这个专业方向并招收非参军学生。需要提醒的是，国家正在大力推广住院医师制度，以后毕业的医学生们要经过 3～5 年的规培阶段才可以正式独立行医。

预防医学在我国 2000 年前比较缺乏，因为现在各地在广泛建立 CDC（疾病预防控制中心）靠的就是学预防的人。二十多年过去了，本科生就业前景不明。

放射医学是国家特设专业，只在少数院校开设。一般来说就业是没有太大问题，但是这个职业对身体的伤害是非常之明显的，女生最好是不要报考。

中西医结合临床医学以前看来是一个比较热门的专业，但是随着现在临床医学专业的划分越来越细致，中西医结合临床医学这个专业就显得有些尴尬，由于所学的课程比较复杂，在临床应用中也没有很好的效果，所以开始有逐渐淘汰的趋势。以前很多医学类院校都开设有这个专业，现在只有几个学校开设有这个专业，并且相对于临床医学来说这个专业更不容易就业，在就业后用中西医结合的临床知识治疗疾病的医生更是少之又少，一般都是从事西医或中医类的工作。

中医骨伤这个专业听起来是一个非常高大上的专业，但是随着当前医学的发展，中医骨伤现在可以说是没有以前那么大的作用了，开设这个专业的学校也是越来越少，很多毕业生在毕业后也是不能够从事相关的工作，只能转行做其他的一些相关的中医工作。

少数民族医学的局限性使得很多人不能接受这种治疗方法，所以即使有学校开设这个专业，但是在毕业以后从事相关专业的人数是非常的少，大部分人都去了一些其他的行业工作。

5. 职业选择和就业模式

不得不说的是，就目前大背景看来，无论何种学制，在广义的医学生架构里，如果只有本科学历，其就业是很成问题的。目前很多大型医院对于学位学历已经达到了苛求的地步。

如果真的有远大的追求，建议一定要在高考的时候进入这些顶尖级医学院校，否则有的时候你的本科学历将会成为你日后的硬伤。医学内部的门派之见也是相当深的，虽然不合理，但事实就是如此。

6. 寒门学子的福音：全国启动免费医学生培养工作

从 2010 年起，国家连续在高等医学院开展定向医学生免费培养工作，重点为乡镇卫生院及以下的医疗卫生机构培养从事全科医疗的卫生人才。免费医学生分 5 年制本科和 3 年制专科两种，以 5 年制本科为主，培养专业主要是临床医学和中医学，经过 5 年或 3 年的培养后应按规定获得相应的学历、学位，不能正常毕业的要按规定退还已享受的减免教育费用。

——定向就业协议

免费医学定向生录取后、获取入学通知书前，须与培养学校和定向就业所在地当地的县级卫生计生、人力资源社会保障行政部门签署定向就业协议。承诺毕业后到有关基层医疗卫生机构服务 6 年。

——免除学费，免缴住宿费

免费医学生在校学习期间，享受“二免一补”，也就是免除学费，免缴住宿费，并补助生活费，所需经费由省级财政在医疗卫生支出中统筹落实。同时，免费医学生的生均拨款正常划拨。

——免费医学生工作落实

免费医学生毕业后，根据入学前签订的就业协议到定向县级卫生计生行政部门报到，县级卫生计生行政部门会同县级人力资源社会保障部门负责落实免费医学生工作岗位，并指导辖区内农村基层医疗卫生机构与之签订聘用合同，简化相关手续，实行合同管理。免费医学生在服务期内，经县级卫生计生行政部门同意，可在县域行政范围内的农村基层医疗卫生机构之间流动。免费医学生毕业后未按协议到基层医疗机构工作的，要按规定退还已享受的减免教育费用并缴纳违约金。

——免费医学生如何报考

报考免费医学定向招生计划的考生均须参加全国统一高考，实行单列志愿、单设批次、单独划线，在本科提前批次录取。免费医学生定向招生计划面向培养高校所在地全省（区、市）招生，原则上只招收农村生源，在符合投档要求的考生范围内，优先录取定岗单位所在县生源。生源不足时，未完成的计划可在院校所在同批次补征志愿时重新公布剩余计划，并按补征的考生志愿及录取要求，从高分到低分顺序录取，直至完成计划。

免费医学生录取后、获得入学通知书前，须与培养学校和定向就业所在地的县级卫生计生、人力资源社会保障行政部门签署定向就业协议。

7. 山东省公费专科医学生

根据《山东省专科医学生公费教育工作实施办法》，自2019年起，实施公费专科医学生培养工作，在省属医学高等院校实施订单定向专科医学生公费教育，重点为乡镇卫生院及以下的医疗卫生机构培养从事全科医疗的卫生人才。公费专科医学生为3年制，每年培养计划300人。培养专业主要是临床医学、中医学专业。凡热爱卫生事业，毕业后志愿到乡镇卫生院及以下医疗卫生机构长期从事医疗卫生工作，具备普通高考报考条件的高中阶段毕业生均可报名。

公费医学生在校期间，免除学费、住宿费，并给予一定的生活补助。其所需经费由省财政按每生每年10000元的标准拨付高校。其中生活补助经费标准为每生每年4000元，学校按每人每月（共10个月,寒暑假除外）400元标准足额发放给公费医学生。

公费专科医学生在专科普通批次录取，考生成绩须达到专科录取控制分数线。报考公费专科医学生须承诺，毕业后到乡镇卫生院及以下的医疗卫生机构从事医疗工作不少于6年(不含参加2年助理全科医生培训时间)。已录取的公费专科医学生报到入学前，要与招生高校和定向就业所在地的市级卫生计生行政部门签订培养协议，明确三方权利和义务。未按规定签订三方协议者，取消入学资格。

公费专科医学生就业工作，应结合公费医学生需求和培养计划，由县级组织部门、人力资源社会保障部门会同卫生计生部门组织公费专科医学生与定向县县域内乡镇卫生院及以下医疗卫生机构在需求岗位范围内进行双向选择，由基层医疗卫生机构与之签订聘用合同，办理相关手续，实行合同管理。

2019年，山东省全省安排公费师范生招生计划5000人，公费医学生招生计划1300人（其中公费本科医学生1000人、公费专科医学生300人），公费农科生招生计划360人，委培师范生招生计划637人。

基础医学专业

专业代码	中文名	学科门类	一级学科	授予学位	修学年限
100101K	基础医学	基础医学类	医学	医学学士	五年

一、专业概述

基础医学属基础学科，是现代医学的基础，是研究人的生命和疾病现象的本质及规律的自然科学，它所研究的关于人体的健康与疾病的本质及其规律为其他所有应用医学所遵循。

二、培养目标

培养具备自然科学、生命科学和医学科学的基本理论知识和实验技能，能够在高等医学院校和医学科研机构等部门从事基础医学各学科的教学、科学研究及基础与临床相结合的医学实验研究工作的医学高级专门人才。

三、培养要求

主要学习现代自然科学和生命科学、基础医学各学科的基本理论，掌握临床医学的基本知识，受到基础医学各学科实验技能的基本训练，重点掌握几类基本的生物医学实验技术。

四、知识技能

毕业生应获得以下几方面的知识和能力：

① 掌握基础医学的基本理论、基本知识。

② 掌握医学实验的分析、设计方法和操作技术。

③ 具有基础医学科学研究的基本能力。

④ 熟悉基础医学教学工作的基本原理和方法。

⑤ 熟悉临床医学基本知识并了解临床医学的新进展和新成就。

⑥ 掌握文献检索、资料查询的基本方法，具有一定的科学研究和实际工作能力。

五、主干课程

人体解剖学、组织胚胎学、细胞生物学、生理学、神经生理学、生物化学与分子生物学、医学遗传学、微生物学与免疫学、病理学、药理学、临床医学等。

六、发展前景

1．就业方向

本专业学生毕业后可在高等医学院校和医学科研机构等部门从事基础医学各学科的教学、科学研究及基础与临床相结合的医学实验研究工作。据统计，需求基础医学专业最多的是制药/生物工程，占47%。主要就业方向如下：

教师——在医学院校任教。

科研人员——医学及相关的研究所、生物制药等企业。

医学专家——制药、广告、市场调研、网站等公司。

2．就业前景

基础医学与临床医学的关系类似于理学与工学的关系，基础医学研究出的成果对临床治疗起到指导作用。既然是做研究的，就一定要考硕士研究生，甚至是博士，本科就业很难，所以要想学基础医学，就要有考硕、考博的准备，而且要能耐得住寂寞，认真钻研。

2017 年开设基础医学专业的院校共有 28 所，报考硕士较集中的专业：基础医学、病理学与病理生理学、生物化学与分子生物学、神经生物学。根据阳光高考信息平台统计数据，基础医学专业 2017 年普通高校毕业生规模为 250 至 300 人，高考时文理科比例为文科 0，理科 100%。男女生比例为男生 39%，女生 61%。基础医学专业本科就业率为 2016 年 90%～95%，2017 年 90%～95%。

3. 专家建议

（1） 基础医学与临床医学的区分有以下几个方面：

1） 基础医学本身其实并不完全是为了服务临床而起源的（例如微生物学最初只是生物学的一个分支，只有在认识到某些微生物与疾病的关系时，医学微生物学才真正成为一门基础医学），临床医学在漫长的发展历史中也并没有科学作为基础，而是以某些朴素唯物论（例如希波克拉底所谓的四体液说，中国医学中的阴阳五行说）为指导。

基础医学和临床医学都有认识人体（主要是健康人，也包括病人）生命活动、发现其中规律的使命，而临床医学是发现疾病的唯一途径，为医学发展提供了丰富的研究材料。

2）两者的侧重点不同。基础医学是一个基础学科，如研究解剖、生理、生化、微生物等学术性内容。临床医学是以内、外、妇、儿、五官科、眼科、皮肤科等临床应用学科的主要内容。

基础就是在实验室里搞科研的，临床是在医院里，当然也需要科研。

3） 专业上来说，基础就是指的是生理、生化、病理、组胚、微生物、寄生虫等。一般学基础医学的出国较多。临床医学是指内（心内、消化、呼吸、神内、肾内、内分泌等）、外（脑外、泌尿、普外、骨科、胸外等）、妇、儿、口腔、眼科、耳鼻喉头颈等。

（2） 基础医学是一门科学，静下心来做研究相对比临床更容易出成果，临床的研究生大都忙于临床工作，没有时间和精力来做研究，在学术水平上很少能超越基础专业。

（3） 开设基础医学专业的院校大多为国内排名靠前的医学类院校，分数较高且一般不能当医生给人看病，有志于做基础研究的考生参考自己的分数慎重报考。

4. 小贴士

相对于临床医学专业，本科毕业生的就业前景不理想。一般来说，基础医学是搞医学研究而不是当医生的，需要慎重考虑。

七、开设院校

2017 年全国开设基础医学专业的院校有 28 所。

临床医学专业

专业代码	中文名	学科门类	一级学科	授予学位	修学年限
100102K	临床医学	临床医学类	医学	医学学士	五年

一、专业概述

临床医学是研究疾病的病因、诊断、治疗和预后，提高临床治疗水平，促进人体健康的科学，是直接面对疾病、病人，对病人直接实施治疗的科学。

二、培养目标

培养具备基础医学、临床医学的基本理论和医疗预防的基本技能，能在医疗卫生单位、医学科研等部门从事医疗及预防、医学科研等方面工作的医学人才。

三、培养要求

主要学习医学方面的基础理论和基本知识，进行人类疾病的诊断、治疗、预防方面的基本训练，具有对人类疾病的病因、发病机制做出分类鉴别的能力。

四、知识技能

毕业生应获得以下几方面的知识和能力：

① 掌握基础医学中临床医学的基本理论、基本知识。

② 掌握常见病名发病诊断处理的临床基本技能。

③ 具有对急、难、重症的初步处理能力。

④ 熟悉国家卫生工作方针、政策和法规。

⑤ 掌握医学文献检索、资料调查的基本方法，具有一定的科研和实际工作能力。

五、主干课程

人体解剖学、组织胚胎学、生理学、生物化学、免疫学、病原学、遗传学、病理学、病理生理学、病理解剖学、药理学、预防医学、生物医学实验、诊断学、内科学、外科学、妇产科学、儿科学、眼科学、耳鼻喉科学、神经内科学、传染病学、康复医学基础等（各院校根据开设专业、培养年限不同，课程设置有差异）。

六、发展前景

1．就业方向

可在医疗卫生机构从事临床各科的医疗、预防及医学教学和研究工作。临床医学专业的毕业生大多从事临床工作，也就是医院中各科室的临床大夫。

2．就业前景

随着高等医学教育事业的迅猛发展，医学院校办学条件得到较大改善，招生规模不断扩大，临床医学专业毕业生的数量和质量大大提高。在全国总的毕业生就业形势严峻的情况下，临床医学专业毕业生就业形势同样不容乐观。由于学科的特殊性，医学专业就业面窄，尤其是临床医学，每年的毕业生很多，就业率并不高，据统计，毕业生进入医院就业的比例不到 40%。

2017 年开设临床医学专业的院校共有 188 所，部分高校按以下专业方向培养：儿科学、口腔医学、老年医学、全科医学、生殖医学、眼耳鼻喉、重症医学、医学影像学、计划生育医学、足球运动康复。报考硕士较集中的专业：内科学、外科学、临床医学。根据阳光高考信息平台统计数据，临床医学专业 2017 年普通高校毕业生规模为 80000～85000 人，高考时文理科比例为文科 0，理科 100%。男女生比例为男生 44%，女生 56%。临床医学专业本科就业率为 2016 年 85%～90%，2017 年 85%～90%。

3．专家建议

（1） 就业形势不容乐观，表现在以下几个方面：

1） 毕业生人数在增加，就业难度逐渐加大。

由于高等医学院校扩大了招生规模，临床医学专业毕业生的总量明显增加，加剧了就业竞争，而大多数医院的发展重点不在扩大规模而是以急需的、具备一定资历的专业人才为主，大量接收毕业生的状况已经不存在。因此，临床医学专业毕业生就业的难度越来越大。

2） 毕业生就业期望值过高。

多数毕业生看好大城市和沿海经济发达地区，定位在城市、大医院、经济效益好的单位，就业的期望值过高。然而，大城市和发达地区的医疗卫生机构日趋饱和，医学人才市场上的竞争也日趋激烈。大中城市的综合性医疗机构、经济发达地区的县级医疗机构原则上只要硕士。择业期望值过高也造成了就业难现象。

3） 毕业生供需矛盾的主要表现。

临床医学专业毕业生多，大中城市但需求不足。

学历层次供需不平衡。各级医疗单位都有精简机构和分流人员的趋势，使传统的临床医学专业毕业生就业的主要接收能力有所下降。同时，对医学高层次人才的需求日益迫切，出现了对人才结构的需求矛盾。

地区之间供需不平衡。经济发达地区和一些中心城市医疗机构需求量不多但要求高，想去的毕业生多，而符合条件的毕业生少。经济不发达地区和农村乡镇医院需求量多，但愿意去的毕业生少。

我国大医院基本都是事业单位，很多人都想进入大城市的大医院。所以，像北京、上海等大城市的医院就业率相当低。公立医院编制有限，私立医院在中国的发展一般，无法消化每年大量的毕业生，造成不仅本科生，即使临床医学的研究生也同样面临大城市或大医院的就业问题。

面临大医院进不去小医院不想去的现状，很多毕业生最终做了医药代表，或者医疗器械销售。而现实情况，一个医生从 20 岁学习，到 40 岁成熟，一直可以工作到 60 岁退休，退休后又被医院返聘回来，这样算下来，在职医生所占岗位的时间比较长，从自然更新淘汰的规律来看，也是新人进入医院就比较难的原因。

（2） 临床医学本科毕业生的出路。

实际上，临床医学就业难大多是因为毕业生自己局限了求职范围。除了到三甲、二甲等医院就业以外，医学类专业的毕业生还有很多不错的发展方向。比如基层医疗工作单位、健康管理中心、健康管理师、健康知识普及等。

1） 基层医疗工作。

从各国人均拥有医生的数量来看，我国医疗人员的缺口非常大，尤其是基层偏远地区。2010 年 3 月，卫计委部长陈竺在谈到医疗人才缺口时指出，“目前我国全科医生的人数远远不够，到 2020 年争取通过多种途径培养 30 万名全科医生。”我国很多基层地方缺医少药，社区医疗中心的条件没有得到改善，需要专业人才。国务院办公厅于 2018 年 1 月 24 日发布《关于改革完善全科医生培养与使用激励机制的意见》明确提出，到 2020 年，城乡每万名居民拥有 2～3 名合格的全科医生。到 2030 年，城乡每万名居民拥有 5 名合格的全科医生，全科医生队伍基本满足健康中国建设需求。随着医改的不断深入，医学类毕业生在基层势必拥有更广阔的发展空间。

2） 健康管理师。

现代人的生活节奏不断加快，工作压力越来越大，处于亚健康状态的人群也越来越多，促使社会对健康管理人才的需求越来越旺盛。医学专业毕业生，尤其是临床医学和预防医学的专业人才有系统的医疗专业知识作为基础，从事这一行业更是如虎添翼。健康体检中心、健康管理中心也可以是毕业生的就业选择。

3） 从事医学相关工作。

要拓展就业领域，不必拘泥于专业对口，毕业生可以选择那些与医学专业相近或相邻的新兴行业工作，如制药公司、生物医药公司、保健、康复、美容、家庭护理、临终关怀、养老院等单位。还可以到一些相关职业和交叉学科的领域工作，如保险公司的医药核赔师等。另外，医疗保险、医疗咨询、医疗器械推广等方面的成功人士中也不乏医学专业毕业生。

（3） 报考指南。

1） 报考竞争会越来越大，二批录取的医科类院校将逐渐减少。

医学类专业的特点是培养周期长、课业负担重。对学生的身体条件和录取分数要求都较高。近年来，不管是综合性大学里的医学类专业还是专业的医学类院校，录取分数都相对较高。2017 年 7 月国务院办公厅发布《关于深化医教改革与发展的意见》中提出：“本科临床医学类、中医学类专业逐步实现一本招生，已实施招生批次改革的省份，要采取措施吸引优秀生源报考医学专业，提高生源质量。”

2） 人才培养周期长，有不同的学制培养方案。

在人才培养上，临床医学有五年制、七年制、八年制之分。考生和家长要在详细了解各学制培养目标后再结合实际做选择。

临床医学五年制，就是一般的临床本科，主要培养从事临床医疗工作的医学专门人才，要求学生掌握基础医学、临床医学的基础理论和医疗技能，能够正确诊治常见病及多发病，对急、难、重症能进行初步处理。

七年制临床医学教育实行“7 年一贯、本硕融通”的培养模式，旨在培养在医学理论知识和实际工作能力方面均达到硕士水平的高层次医学人才。

八年制临床医学专业是本、硕、博连读，主要培养适应医药卫生事业发展需要，具有宽厚扎实理论知识基础，有熟练临床工作能力和独立临床科研工作能力，有较强创新精神和实践能力，有较大发展潜能的高素质临床医学高层次专门人才。目前我国可以办八年制临床医学专业的有：北京大学医学部、北京协和医学院、复旦大学医学院、华中科技大学同济医学院、中山大学中山医学院、中南大学湘雅医学院、四川大学华西临床医学院、浙江大学医学院、吉林大学白求恩医学院等。

3） 身体条件要求高。

医学类专业对身体条件要求较高，考生报考时一定要注意医学类院校和专业在身体、性别、科类等方面的要求。

例如，首都医科大学各专业对考生视力的要求是：眼睛的近视矫正视力不低于 4.8，双眼矫正视力镜片度数差不大于 200 度，各眼矫正视力镜片度数不超过 800 度，无色盲、色弱，无斜视、弱视。由于医学类专业学习与将来就业的特殊性，学校一般要求考生检验肝功能与乙肝病毒表面抗原。新生入校后要进行身体复查，不适合学习者，学校有权取消其入学资格。

还有一些专业会有特殊要求，如首都医科大学等院校的口腔医学专业只招右利手考生（即不招左撇子）。一些院校的护理专业招生有男女限制等。所以，考生在报考时，一定要看清《普通高等学校招生体检工作指导意见》和各高校招生章程中的具体要求。

4） 报考看清专业代码。

需要提醒考生注意的是，有些高校所属医学院和本校是分别招生的。填报志愿时，考生要看清院校代码和专业代码。例如，北大医学部与北大校本部在招生时使用不同的院校代码，在报考时要分别报考。复旦大学和复旦大学医学院也是分开招生的，也就是说，凡是想报考复旦大学临床医学专业的考生，要在复旦大学医学院的专业目录中找，并填报复旦大学医学院的院校代码和专业代码。考生报考时需要结合高校在所在地的招生具体情况进行报考。

4．小贴士

毕业后还要经过 3～5 年规培、考试合格才有资格给病人看病。

医生是个终生学习的职业，就是进了医院，每年都有无数的学习考试。

七、开设院校

2017 年开设临床医学专业的院校共有 188 所。

口腔医学专业

专业代码	中文名	学科门类	一级学科	授予学位	修学年限
100301K	口腔医学	口腔医学类	医学	医学学士	五年

一、专业概述

口腔医学专业是一门研究牙齿及其周围口腔颌面部软、硬组织的发生、发育，及其疾病的病因、发病机理、诊断与治疗等的综合性、交叉性很强的临床医学科学。它以研究口腔器官、面部软组织、颌面诸骨、颞下颌关节、唾液腺以及颈部某些疾病的防治为主要内容。

二、培养目标

培养掌握一定的人文社科知识和相关自然科学基础、较扎实的基础医学理论和临床医学知识以及一定的预防医学知识，具有一定的临床思维能力和实践能力的临床医学专门人才。

三、培养要求

主要学习口腔医学的基本理论和基本知识，受到口腔及颌面部疾病的诊断、治疗、预防方面的训练，具有口腔常见病、多发病的诊疗、修复和预防保健的基本能力。

四、知识技能

毕业生应获得以下几方面的知识和能力：

① 掌握基础医学和临床医学的基本理论知识和实验技能。

② 掌握口腔医学各学科的基本理论知识和医疗技能。

③ 具有口腔及颌面部常见病、多发病的诊治和急、难和重症的初步处理的能力。

④ 具有口腔修复工作的基本知识和一般操作技能。

⑤ 熟悉国家卫生工作方针、政策和法规。

⑥ 掌握文献检索、资料查询的基本方法，具有口腔医学科学研究和实际工作的初步能力。

五、主干课程

物理学、生物学、基础医学、临床医学、口腔解剖生理学、口腔组织病理学、口腔材料学、口腔内科学、口腔颌面外科学、口腔修复学、口腔正畸学（具体到各院校，根据其开设专业、培养年限不同，课程设置有所差异）。

六、发展前景

1．就业方向

可面向综合医院口腔科、城市社区医疗服务中心、私人牙科诊所、农村乡镇卫生院、基层口腔专科医院、口腔保健机构从事临床医疗工作。在美容机构从事相关的面部整容、美容等，例如牙齿矫正、牙齿烤瓷、超声波洗牙、冷光美白牙齿等。在相关医学高校、科研院所从事与医学教育、科研、临床实践相关的工作。还可从事选择与口腔医学专业相关的职业，例如口腔医疗器材或口腔护理用品的设计、生产和营销等。

2．就业前景

随着人们生活水平的提高，大家对口腔健康的关注也越来越多，口腔医学专业的毕业生在就业市场上也算是“热门”。不过，现实没有想象的那么美好，很多口腔医学毕业生高不成低不就，目前的就业状况有点严峻。本科生、研究生不愿意去基层医院，几乎所有的口腔医学研究生都挤到了一线城市和热门的省会城市，造就了就业难。由于口腔医学专业性强、就业口径窄、大医院对本科生的需求不大等原因，如果不去基层医院，就业并不容易。

2017 年开设口腔医学专业的院校共有 112 所，报考硕士较集中的专业：口腔医学、口腔临床医学、口腔基础医学。根据阳光高考信息平台统计数据，口腔医学专业 2017 年普通高校毕业生规模为 7000～8000 人，高考时文理科比例为文科 3%，理科 97%。男女生比例为男生 34%，女生 66%。口腔医学专业本科就业率为 2016 年 85%～90%，2017 年 85%～90%。

3．专家建议

（1） 关于学制、就业、报考要求等可参考临床医学专业。

（2） 口腔医学与口腔医学技术。

这里要提醒考生注意的是，口腔医学和口腔医学技术两个专业有区别。

1） 学科类别不同：口腔医学专业属于口腔医学类，授予医学学士学位。口腔医学技术则属于医学技术类，授予理学学士学位。

2） 就业去向不同：想要成为口腔医生，必须通过口腔医师资格考试，但是口腔医学技术专业的学生不可以考取医师资格证，只能考取技师证，成为口腔技师，在医院（尤其是口腔专科医院）或口腔材料、器械、设备的制造和研发公司或者工厂等从事相关技术工作。

（3） 就业有前景，同时也不乐观。

据统计，目前我国口腔科医生与人口的比例是 1∶40000，而国际公认的合适比例应为 1∶2000。中国现有口腔医生 2.5 万人左右，与此同时却有 25 亿颗龋齿待填充，6 亿颗错位畸形待矫正，10 亿牙周病患者待医治。我国口腔医生的数量远不能满足患者的需求。

同时也应看到，我国牙病患者中农村地区人口占比较高，而农村几乎没有口腔治疗条件，绝大多数口腔专业毕业生都想留在条件好的大城市，造成了口腔专业毕业生就业难的假饱和现象。所以说，不是每个毕业生都可以在大医院就业，只要不是对工作单位及条件要求过高，就业一般不成问题，尤其我国县级及以下医院或社会上的口腔医疗机构、城市社区医院等都非常需要口腔科医生。口腔医生也可以开设私人诊所，容易在竞争中取得有利地位；同时，大量的体检机构也需要口腔医生。

（4） 口腔医学不仅仅是看牙。

不了解口腔医学的人会认为口腔医学就是牙科，口腔医生就是看牙的医生，事实上，虽然大部分病人到口腔科都是为了看牙，但牙齿只是口腔医学研究的一部分，还有相当一部分疾病和牙齿一点儿关系也没有，如红斑、白斑、口腔溃疡、口腔肿瘤、额面部畸形矫正等。

4．小贴士

口腔医学是一个比较热门的专业，即使是二本院校的录取分数也接近甚至超过一本线。

由于治疗椅及绝大部分的医疗器械多为右手使用而设计，有的院校对于俗称左撇子的考生有限制要求。建议考生在报考时，要看清《普通高等学校招生体检工作指导意见》和各高校招生章程中的具体要求。

七、开设院校

2017 年开设口腔医学专业的院校共有 112 所。

预防医学专业

专业代码	中文名	学科门类	一级学科	授予学位	修学年限
100401K	预防医学	公共卫生与预防医学类	医学	医学学士	五年

一、专业概述

预防医学是研究预防和消灭病害、讲究卫生、增强体质、改善和创造有利于健康的生产环境和生活条件的科学。预防医学与临床医学不同之处在于它是以人群为对象，而不是仅限于以个体为对象。

二、培养目标

培养具备预防医学基本理论知识和卫生检测技术，能在卫生防疫、环境卫生或食品卫生监测等机构从事预防医学工作的医学高级专门人才。

三、培养要求

主要学习基础医学、预防医学的基本理论知识，受到卫生检测技术、疾病控制的基本训练，具有从事卫生防疫、控制传染病与职业病、改进人群环境卫生条件、实施食品卫生监督等工作的基本能力。

四、知识技能

毕业生应获得以下几方面的知识和能力：

① 掌握预防医学的基本理论知识和防疫工作的基本能力。

② 掌握对人群劳动、生活、学习、环境和食品进行卫生检测和监督的基本能力。

③ 具有分析影响人群健康的各种因素和疾病流行规律，制定预防疾病和增进人群健康措施与计划的能力。

④ 熟悉国家卫生工作方针、政策和法规。

⑤ 熟悉临床医学的基本理论知识和常见病、多发病的防治技术，熟悉健康教育工作。

⑥ 掌握文献检索、资料查询、计算机应用及统计分析的基本方法，具有一定的科学研究和实际工作能力。

五、主干课程

细胞生物学、人体解剖学、组织胚胎学。生物化学、生理学、病理学、病理生理学、人体寄生虫学、医学微生物学、免疫学、药理学。卫生化学、毒理学、诊断学、卫生统计学、流行病学、传染病学、职业卫生与职业医学。环境卫生学、营养与食品卫生学、儿童少年卫生学、卫生法学、卫生经济学、卫生事业管理、医学伦理学等。

六、发展前景

1．就业方向

可从事临床工作（传染病科室）及临床科研工作（流行病、地方病研究所），或者从事卫生防疫、卫生宣传普及，卫生事业管理、社会医学研究等相关工作。也可在非医领域可从事环境保护与监测、海关疫检等。

2．就业前景

19 世纪末 20 世纪初，人类从战胜天花、霍乱和鼠疫等烈性传染病的经验中，逐渐建立起相对完善的预防医学理论及体系。1949 年以后，中国卫生防疫事业进入了一个崭新时期。看看我们手臂上部的那个“小花”，就是在出生后不久接种的“牛痘疫苗”，是预防天花留下的，这种病曾在欧洲和我国夺去无数人的生命，即使幸免一死，也会在脸上留下大大小小的“麻子”。近几年我国出生的小孩已不再接种这种疫苗，因为 “天花”这种病菌已经在我国彻底消失了。由于我国人口众多，地域辽阔，预防医学人才的供给赶不上需求，而且相对人数要远少于临床医学专业，所以本专业毕业生有较多选择。

2017 年开设预防医学专业的院校共有 106 所，报考硕士较集中的专业：流行病与卫生统计学、公共卫生、劳动卫生与环境卫生学、公共卫生与预防医学。根据阳光高考信息平台统计数据，预防医学专业 2017 年普通高校毕业生规模为 7000～8000 人，高考时文理科比例为文科 0，理科 100%。男女生比例为男生 36%，女生 64%。预防医学专业本科就业率为 2016 年 90%～95%，2017 年 90%～95%。

3．专家建议

（1） 参考临床医学专业相关资料。

（2） 目前预防医学就业领域相关联的主要行业可分为三类，发展各不相同：

1） 临床医疗和卫生防疫部门。

特点是发展缓慢，且缺乏活力，但随着医疗制度改革力度的不断加大和社区医疗的逐步普及，状况将有所改善。从事医疗和防疫工作短期内不会有明显转机，但从长远看将会是不错的选择。

2） 从事研究工作。

要求人才学历层次较高，且从事环境卫生等边缘科学研究或艾滋病预防研究要比从事地方病、流行病研究更有发展前途，出国深造机会极大。

3） 从事海关检疫等社会性强的职业。

这是当前毕业生就业的方向之一，由于受经济等各种因素的影响，前景难以预测。

（3） 目前预防医学对于学历的要求并不是很高。

有一些从业人员是本科毕业，在很多企业、区级的疾控中心、基层医院等还受欢迎，对学历的要求较宽松。

（4） 预防医学在本科升研究生时会分方向。

营养与食品卫生、劳动卫生与环境卫生学、儿少卫生与妇幼保健学，着重于营养师、社区卫生服务中心等方向。流行病与卫生统计学，就业会着重于科研和继续进行人群研究。卫生毒理学，则主要面向医药公司、生物技术公司等。不同的方向会有不同的就业选择。

4．小贴士

预防医学的就业前景，相比来说要比基础医学和临床医学的就业面广一些，而且就业后接触的行业领域要较基础医学和临床医学丰富一些。在不同的学历阶段，就业面是不一样的。

预防医学有公共卫生的执业医师，考执医证书不是很容易。

七、开设院校

2017 年开设预防医学专业的院校共有 106 所。

食品卫生与营养学专业

专业代码	中文名	学科门类	一级学科	授予学位	修学年限
100401K	食品卫生与营养学	公共卫生与预防医学类	医学	理学学士	四年

一、专业概述

食品卫生与营养学是研究食物与机体的相互作用，以及食物营养成分（包括营养素、非营养素、抗营养素等成分）在机体里分布、运输、消化、代谢等方面的一门学科。其包含既有区别又有密切联系的两门学科，即营养学和食品卫生学。

二、培养目标

培养具备基础医学、营养学和预防医学、临床医学的基本知识、基本理论和基本技能，使毕业生能够成为从事人群的营养指导、保健和营养知识的宣传教育、防病治病、医院临床营养治疗和指导食品配制等工作的高级营养专业人才。

三、培养要求

主要学习临床医学、预防医学和营养与食品卫生学的基本理论和基本 知识，接受实验研究、人群调查研究和监督管理方面的基本训练，具备相关科学研究、监督管理工作和实验室检测的基本能力。

四、知识技能

毕业生应获得以下几方面的知识和能力：

① 掌握食品卫生与营养学的基本理论知识。

② 掌握基础医学、临床医学、营养与食品卫生的基本理论知识及相关检测技能。

③ 能够从事营养与食品卫生的监督、检测和管理工作。

④ 熟悉国家的食品卫生法规。

⑤ 具有一定的社会医学知识、劳动卫生、环境卫生和职业病知识，具有调查、研究的能力和科学的思维方法。

五、主干课程

营养学基础、临床营养学、食品卫生学、食品工艺学、烹调学、食品毒理学、组织学与胚胎学、人体解剖学、生理学、生物化学、内科学、外科学、儿科学、医学统计学、流行病学、英语、计算机等。

六、发展前景

1. 就业方向

可在医疗卫生单位从事营养指导、临床营养治疗、卫生知识普及，可在食品类企业从事食品工艺、食品卫生、质量检测，也可在政府、事业类单位从事食品卫生监督、食品安全检测等。

2. 就业前景

不管是在中国，还是在全球，健康产业是个越来越热门的产业，随着社会发展和人们生活水平的普遍提高以及人类生活方式的改变，健康产品的总需求急剧增加。在健康为主、生命至尊的时代，食品卫生和营养会越来越受到重视。

2017 年开设食品卫生与营养学专业的院校共有 28 所，部分高校按食品质量与安全等专业方向培养。报考硕士较集中的专业：公共卫生、营养与食品卫生学、公共卫生与预防医学、流行病与卫生统计学。根据阳光高考信息平台统计数据，食品卫生与营养学专业 2017 年普通高校毕业生规模为 700～800 人，高考时文理科比例为文科 1%，理科 99%。男女生比例为男生 27%，女生 73%。食品卫生与营养学专业本科就业率为 2016 年 70%～75%，2017 年 85%～90%。

3. 专家建议

需要特别注意的是，虽然这个专业是医学类专业，无论是否医学类院校，本专业毕业生所获得的都是理学学士而不是医学学士。

请注意辨别这个专业与食品类专业的区别。

4. 小贴士

如果考营养师并且从事这个职业的话，和食品类专业的区别不大。

七、开设院校

2017 年开设食品卫生与营养学专业的院校共有 28 所。

中医学专业

专业代码	中文名	学科门类	一级学科	授予学位	修学年限
100501K	中医学	中医学类	医学	医学学士	五年

一、专业概述

中医是中国传统医学的简称，是和西医相对而言的，主要在传统哲学理论的指导下研究人体的生理病理、疾病诊断与防治以及养生康复的一门医学科学。

二、培养目标

培养系统掌握中医学基本理论知识和基本技能，适应现代中医学发展和高等中医教育需要，具备良好的人文和自然科学素养、扎实的西医学基本理论和基本技能、一定的中药学及预防医学相关知识，具有较强临床思维能力和临床实践能力的中医学专门人才。

三、培养要求

主要学习中医学基础理论、基本知识和必要的基础医学、临床医学基本知识，接受人文、科学、职业素养教育以及临床技能方面的基本培训，具有运用中医药进行诊疗、预防、康复和健康服务等方面的基本能力。

四、知识技能

毕业生应获得以下几方面的知识和能力：

① 掌握中医药基础理论和临床医学理论。

② 掌握中药方剂学基本理论知识。

③ 掌握与中医学有关的现代科学技术和现代医学的基本知识。

④ 具有较熟练和准确运用四诊八纲、理法方药进行辨证论治的基本能力和对急重病症进行初步处理的能力。

⑤ 熟悉国家卫生工作方针、政策和法规。

⑥ 具有阅读中医古典医籍的能力。

五、主干课程

中医基础理论、中医诊断学、中药学、正常人体解剖学、组织学与胚胎学、生物化学、内经、方剂学、生理学、病理学、病理生理学、医学免疫学与微生物学、药理学、伤寒论、金匮要略、温病学、中医各家学说、诊断学基础、中医内科学、中医急诊学、中医妇科学、中医儿科学、内科学、中医外科学、针灸学等（各校偏重的专业方向课程设置有所差异）。

六、发展前景

1. 就业方向

可在医疗卫生单位如各级中医院、各级综合性医院中医科等部门从事中医临床医疗工作，可在中医科研机构或高等院校从事科学研究、教育等工作，可在药厂或医药公司从事中药研制、开发或药物销售工作，可在中医养生等预防保健机构从事相关工作，可在社区、街道医院或基层医疗工作单位做全科医生。

2. 就业前景

中医学作为中国文化的一个象征，以其独特的诊疗方法，始终受到人们的青睐，并历久弥新。国务院于 2016 年 2 月份印发了《中医药发展战略规划纲要(2016——2030 年)》，2016 年 8 月，中共中央政治局召开会议审议通过了《“健康中国 2030”规划纲要》，2017 年 7 月《中华人民共和国中医药法》正式实施，党的十九大报告指出要“坚持中西医并重，传承发展中医药事业”。未来，中医药的发展，政策的助推是最有利的支撑。

2017 年开设中医学专业的院校共有 64 所，部分高校按以下专业方向培养：骨伤、养生、康复医学、全科医生、针灸推拿、中医临床、美容与康复、中西医结合。报考硕士较集中的专业：中医内科学、中西医结合临床、针灸推拿学、中医骨伤科学。根据阳光高考信息平台统计数据，中医学专业 2017 年普通高校毕业生规模为 16000～18000 人，高考时文理科比例为文科 38%，理科 62%。男女生比例为男生 38%，女生 62%。中医学专业本科就业率为 2016 年 85%～90%，2017 年 90%～95%。

3. 专家建议

① 参考临床医学专业的相关资料。

② 医院就业不乐观。

由于竞争激烈，目前本科毕业生留在大城市大医院从事临床工作的机会较少，主要去向为县级、乡镇级医院，与西医类医学专业相比，中医学专业在就业方面更加困难。大中城市的医院即使需要中医人才，也是倾向于招聘富有经验的老中医。所以，该专业毕业生应该把就业的目光投向偏远的中小城市甚至县城或乡村。

部分中医学生选择了服务行业如足疗、按摩等作为谋生手段。

虽然中医本科就业不容易，但考研深造比较容易，招生学校和招生计划较多，专业试题难度不大，大部分学校只要统考科目达到国家线就可以进入复试。

③ 培养重点不同。

开设中医学专业的院校中，一类是专业型医科大学和学院，如北京中医药大学、上海中医药大学、广州中医药大学、南京中医药大学、贵阳中医学院、云南中医学院等。一类是综合型大学，如河北大学、厦门大学、山西大同大学、延边大学等。其专业方向有中医临床、中西医结合、骨伤科学、康复医学、针灸推拿等。各校的培养重点和特色优势专业方向有所不同，考生在报考时，可根据院校专业方向、批次设置，结合自己高考成绩、兴趣爱好，多方面综合考虑报考。

④ 学制较长、文理兼收、以理为主。

医学专业与其他专业相比，学制长，有五年制、七年制、八年制。具体到中医学，多为五年制，也有学校的中医学专业学制较长。如天津中医药大学中医学 “5+3”一体化（中医儿科学），学制八年。北京中医药大学中医学（岐黄国医班）学制九年，前五年按本科生待遇，后四年按研究生待遇。

中医学专业招生以理科生为主，有些学校也兼招文科考生。如北京中医药大学、山西中医药大学等。广州中医药大学中医学专业招生在广东、天津、河北等部分省市文理兼收，在北京、辽宁、江苏等部分省市只收理科考生。考生在填报志愿时，一定要注意报考院校在生源地的文理分科情况。

⑤ 注意身体要求。

中医学专业对考生的身体条件有一定的要求，根据《普通高等学校招生体检工作指导意见》，色盲、色弱考生不能报考。两耳听力均在 3 米以内，或一耳听力在 5 米另一耳全聋的。任何一眼矫正到 4.8、镜片度数大于 800 度的不建议报考。除了《指导意见》，考生还要认真阅读所报高校《招生章程》，看该校中医学专业对身体条件有无特殊要求，以免疏漏。

4. 小贴士

最枯燥的课程可能是中医古文，古文不好的考生需要注意。

七、开设院校

2017 年开设中医学专业的院校共有 64 所。

针灸推拿学专业

专业代码	中文名	学科门类	一级学科	授予学位	修学年限
100502K	针灸推拿学	中医学类	医学	医学学士	四年或五年

一、专业概述

针灸和推拿属养生治病之道，是一门新的学科，针、灸有别，针法指在体表的腧穴上进行针刺、叩击、放血等操作；灸则指用艾绒做成艾炷、艾条或艾绒装入温灸器中，点燃后熏灼皮肤的一定穴位，进行温热刺激。

二、培养目标

培养具备中医药理论基础、针灸推拿专业知识和实践技能，能在各级中医院、中医科研机构及综合性医院针灸等部门从事针灸、推拿医疗及科学研究工作的医学专门人才。

三、培养要求

主要学习中医学基本理论知识和与该专业有关的现代科学技术、现代医学方面的基本知识，受到中医临床技能、针灸、推拿医疗技术等方面的基本训练，具有运用针灸、推拿诊疗各科疾病的基本能力。

四、知识技能

毕业生应获得以下几方面的知识和能力：

① 掌握中医学基础理论、临床医学知识以及主要的现代医学基本知识。

② 掌握针灸、推拿的基本理论和操作技能。

③ 具有运用针灸、推拿处理临床各科疾病的初步能力。

④ 熟悉国家卫生工作的方针、政策和法规。

⑤ 了解中医学，尤其是针灸、推拿学的理论前沿和应用前景。

⑥ 掌握文献检索、资料查询的基本方法，具有初步的科学研究和实际工作能力。

五、主干课程

中医学基础、人体解剖学、生物力学、中医古典医籍、经络学、刺灸学、手法学、功法学、中医内科学、神经学、针灸临床治疗学、推拿临床治疗学等（各校偏重的专业方向课程设置有所差异）。

六、发展前景

1．就业方向

可在各级中医院、中医科研机构及综合性医院针灸等部门从事针灸、推拿医疗及科研工作。也可在高等院校从事教育教学工作。针灸师一般在医院、诊所、康复治疗中心、保健俱乐部、美容院、保健药品商店、健康研究中心等场所工作。

2．就业前景

针灸推拿应该来说在国外比在国内发展好，人的体质不同，针灸推拿的效果也不同。有人发现，针推对白种人比对黄种人更有效，所以在欧美备受推崇。针灸推拿现在也需要考取针灸推拿师证书。

2017 年开设针灸推拿学专业的院校共有 54 所，部分高校按以下专业方向培养：康复、涉外、针刀。报考硕士较集中的专业：针灸推拿学、中医内科学、中西医结合临床。根据阳光高考信息平台统计数据，针灸推拿学专业 2017 年普通高校毕业生规模为 6000～7000 人，高考时文理科比例为文科 40%，理科 60%。男女生比例为男生 34%，女生 66%。针灸推拿学专业本科就业率为 2016 年 85%～90%，2017 年 85%～90%。

3．专家建议

① 从业要求不高，本科毕业生面临社会培训班的竞争压力。

针灸师的转行率极低，一般做好了都希望把它作为终身职业保持下去。这个行业的就业率对经济大环境的好坏不敏感，也不具季节性。从业要求为高中文凭外加专项的大专、大学或私立学院的培训，绝大多数需要在有经验的针灸师指导下实习。很多省份可能需要在当地针灸协会注册，获得认可后才能上岗。

② 参考中医学专业的资料。

4. 小贴士

专业人士这样说：针灸推拿起码要有十年以上经验，想要技术好，还要边干边学，其中辛酸可想而知，想做好很难，不光与顾客沟通，还要会心理学，所谓医者父母心，挣钱不多，付出很大。

七、开设院校

2017 年开设针灸推拿学专业的院校共有 54 所。

藏医学专业

专业代码	中文名	学科门类	一级学科	授予学位	修学年限
100502K	藏医学	中医学类	医学	医学学士	四年或五年

一、专业概述

藏医藏药是祖国医药学宝库的一个组成部分，它历史悠久，内容丰富，是藏族广大人民在同疾病做斗争的过程中逐渐积累起来的宝贵经验，在漫长的历史发展过程中，逐步地形成了具有青藏高原药物特点和独特理论的特色医学。

二、培养目标

培养具备藏医学基础理论知识和临床操作技能以及认药、制药、用药等方面的知识和能力，能在藏医院、藏药厂及藏医药学的研究领域和有关单位从事藏医医疗、教学、科研及藏药开发工作的藏医学高级专门人才。

三、培养要求

主要学习藏医药基础理论、基本知识和藏医临床医疗技能，并学习必要的现代医学知识，受到藏医临床操作技能、医疗、制药、用药等方面的基本训练，具有运用藏医的理法方药防治常见病、多发病的基本能力。

四、知识技能

毕业生应获得以下几方面的知识和能力：

① 掌握藏医药学的基础理论、基本知识和基本技能。

② 掌握藏医临床各科常见病、多发病的诊治技术。

③ 具有认药、制药、用药和天文历算的基本技能。

④ 具有初步的现代医学知识及相关学科的知识。

⑤ 熟悉国家及民族医药卫生方针、政策及法规。

⑥ 了解本学科在国内外的应用前景和发展动态。

⑦ 掌握文献检索、资料查询的基本方法，具有一定的科学研究和实际工作能力。

五、主干课程

藏医概论学、藏医人体学、藏医病机学、藏医三大基因学、藏医保健学、藏药方剂学、藏医外治学、藏医诊断学、藏医内科学、藏医热病疫病学、藏医五官科学、藏医儿科学、藏医妇科学、藏医外伤学、人体解剖学、诊断学、中医学等。

六、发展前景

1．就业方向

从事藏医医疗、教学、科研及藏药开发工作，少部分从事个体医疗活动。

2．就业前景

藏医院校毕业的学生，因为专业本身的特点，就业有一定的特殊性。藏医药事业作为我国民族医学体系中重要的一部分，一直受到国家有关部门的关怀与支持。我国实行保护少数民族文化、尊重民族传统的国家政策，藏医药专业学生也同样受到国家政策的照顾，就业状况普遍有保证。

2017 年开设藏医学专业的院校共有成都中医药大学、西藏藏医药大学、甘肃中医药大学、青海大学 4 所。报考硕士较集中的专业：民族医学（含藏医学、蒙医学等）、中医。根据阳光高考信息平台统计数据，藏医学专业 2017 年普通高校毕业生规模为 400～450 人，高考时文理科比例为文科 23%，理科 77%。男女生比例为男生 41%，女生 59%。藏医学专业本科就业率为 2016 年 80%～85%，2017 年 60%～65%。

3．专家建议

内地学生还是不考虑这个专业吧，除非有特别的兴趣。原因如下：

第一，藏医的学科内容为民族医学的一种，有其民族性和地域性。

第二，藏医学的学生多招收少数民族（主要为藏族）生源，大多来自少数民族地区，毕业后服务对象也主要在少数民族地区。

第三，由于国家对少数民族文化事业的支持，对少数民族的学生统一分配，藏医院校毕业生的就业一般是针对西藏、青海等地区的各级卫生事业单位及医药相关行业。

藏医药学院的学生多来自西藏、青海等少数民族地区，藏医药院校毕业生的工作多由国家按相关政策安排到少数民族地区工作，对于各医学院藏医系的毕业生去向，一直沿用定向分配的原则。同时结合双向选择，一般是本着“来自哪里，回到哪里”的方针，并针对不同专业、不同地域做适当的合理调整，以促进藏医药的发展和提高西藏人民的健康水平。

4．小贴士

想去藏族地区工作的，可以考虑。

七、开设院校

2017 年开设藏医学专业的院校共有成都中医药大学、西藏藏医药大学、甘肃中医药大学、青海大学 4 所。

蒙医学专业

专业代码	中文名	学科门类	一级学科	授予学位	修学年限
100504K	蒙医学	中医学类	医学	医学学士	四年或五年

一、专业概述

蒙医学包括基础理论、蒙药与蒙药方剂、临床各科等几大学科，是蒙古族的特色医学。

二、培养目标

培养具备蒙医学基础理论和医疗技能以及一定的现代医学知识，能在本专业和西医结合方面的医疗、教学、科研等领域从事实际工作的蒙医学专门人才。

三、培养要求

主要学习蒙医学基本理论和基础知识以及一定的现代医学基本理论知识，受到蒙医临床操作和辨证施治的基本训练，具有运用蒙医理法方药防治常见病、多发病的基本能力。

四、知识技能

毕业生应获得以下几方面的知识和能力：

① 掌握蒙医基础理论、基本知识和基本技能。

② 掌握运用蒙医辨证施治的基本能力。

③ 掌握必要的现代医学基本理论和基本知识。

④ 熟悉国家及民族医药卫生工作方针、政策和法规。

⑤ 了解蒙医学理论与学术的发展动态。

⑥ 掌握文献检索、资料查询的基本方法，具有一定的科学研究和实际工作能力。

五、主干课程

蒙医基础理论、蒙医诊断学、蒙药学、蒙医方剂学、蒙医疗术学、蒙医温病学、蒙医内科学、人体解剖学、生理学、诊断学、内科学、外科，妇科，儿科等。

六、发展前景

1. 就业方向

就业方向为蒙古族地区医院的蒙医科。

2. 就业前景

蒙医学院校毕业的学生，因为其专业本身的特点，就业有其一定的特殊性。主要在蒙古族聚居地区就业。

2017 年开设蒙医学专业的院校共有成内蒙古医科大学、内蒙古民族大学、赤峰学院 3 所，部分高校按医生、蒙西医结合等专业方向培养。报考硕士较集中的专业：民族医学（含藏医学、蒙医学等）、中西医结合基础。根据阳光高考信息平台统计数据，蒙医学专业 2017 年普通高校毕业生规模为 350 至 400 人，高考时文理科比例为文科 13%，理科 87%。男女生比例为男生 40%，女生 60%。蒙医学专业本科就业率为 2016 年 80%～85%，2017 年 90%～95%。

3. 专家建议

参考藏医学专业的相关资料。

4. 小贴士

想去蒙古族地区工作的，可以考虑。

七、开设院校

2017 年开设蒙医学专业的院校共有成内蒙古医科大学、内蒙古民族大学、赤峰学院 3 所。

维医学专业

专业代码	中文名	学科门类	一级学科	授予学位	修学年限
100505K	维医学	中医学类	医学	医学学士	四年或五年

一、专业概述

维医学是新疆维吾尔族人民在漫长的医疗实践中，与疾病不断做斗争而创造出来的特色医学。

二、培养目标

培养热爱维吾尔医药事业，具有系统的维医基础理论和基本知识、坚实的维医临床诊疗技能、必要的现代基础知识和临床诊疗技能，能从事维吾尔医学临床工作和维吾尔医学科研工作的高级医学人才。

三、培养要求

主要学习维医学基本理论基础知识以及一定的现代医学基本理论知识，受到维医临床操作和辨证施治的基本训练，具有运用维医理法方药防治常见病、多发病的基本能力。

四、知识技能

毕业生应获得以下几方面的知识和能力：

① 掌握维医基础理论、基本知识和基本技能。

② 掌握运用维医辨证施治的基本能力。

③ 掌握必要的现代医学基本理论和基本知识。

④ 熟悉国家及民族医药卫生工作方针、政策和法规。

⑤ 了解维医学理论与学术的发展动态。

⑥ 掌握文献检索、资料查询的基本方法，具有一定的科学研究和实际工作能力。

五、主干课程

维医基础理论、维药学、维药方剂学、维医诊断、维医内科、维医外科、维医妇科、维医儿科、人体解剖生理学、中医学概论、现代医学基础等。

六、发展前景

1．就业方向

维吾尔族地区县乡医院的维医科，社区卫生服务中心的维医医疗技术岗位。

2．就业前景

维医学院校毕业的学生，因为其专业本身的特点，就业有其一定的特殊性，主要在维吾尔族等聚居地区就业。

2017 年开设维医学专业的院校只有成新疆医科大学 1 所。报考硕士较集中的专业为民族医学（含藏医学、蒙医学等）。根据阳光高考信息平台统计数据，维医学专业 2017 年普通高校毕业生规模为 50 至 100 人，高考时文理科比例为文科 0，理科 100%。男女生比例为男生 32%，女生 68%。维医学专业本科就业率为 2016 年 75%～80%，2017 年 85%～90%。

3．专家建议

参考藏医学专业的相关资料。

4．小贴士

想去维吾尔族地区工作的，可以考虑试试。

七、开设院校

2017 年开设维医学专业的院校有新疆医科大学 1 所。

壮医学专业

专业代码	中文名	学科门类	一级学科	授予学位	修学年限
100506K	壮医学	中医学类	医学	医学学士	四年或五年

一、专业概述

壮族是我国少数民族中人数最多的一个民族，壮族医学有悠久的历史。壮医具有多种方法综合治疗的特点，除了广泛采用各种草药内服、外洗、外敷外，在民间尚流传着不少独特的医疗技术。

二、培养目标

培养具备壮医、中西医基本理论、基本知识和基本技能。较强的交流适应能力以及良好的职业道德。具备一定的科研能力，能在各级医院和医疗科研机构从事壮医、中医、中西医结合临床、预防、保健、康复和科学研究工作的医学专业人才。

三、培养要求

主要学习壮医学基本理论、基础知识以及一定的现代医学基本理论知识，受到壮医临床操作和辨证施治的基本训练，具有运用壮医理法方药防治常见病、多发病的基本能力。

四、知识技能

毕业生应获得以下几方面的知识和能力：

① 掌握壮医基础理论、基本知识和基本技能。

② 掌握运用壮医辨证施治的基本能力。

③ 掌握必要的现代医学基本理论和基本知识。

④ 熟悉国家及民族医药卫生工作方针、政策和法规。

⑤ 了解壮医学理论与学术的发展动态。

⑥ 掌握文献检索、资料查询的基本方法，具有一定的科学研究和实际工作能力。

五、主干课程

壮医基础理论、壮医诊断学、壮医方药学、壮医内科学、壮医经筋治疗学、中医基础理论、中医诊断学、中药学、方剂学、现代医学基础类课程、中西医内外科学、中西医结合妇产科学、针灸学等。

六、发展前景

1．就业方向

学生毕业后主要在各级医疗机构中从事壮医、中医和中西医结合临床医疗、教学、科研及其他相关行业的工作。

2．就业前景

壮医学毕业的学生，因为其专业本身的特点，就业有其一定的特殊性。主要在壮族等聚居地区就业。

2017年开设壮医学专业的院校有广西中医药大学1所，报考硕士较集中的专业：中西医结合临床、针灸推拿学、民族医学（含藏医学、蒙医学等）、中医内科学。根据阳光高考信息平台统计数据，壮医学专业2017年普通高校毕业生规模为50至100人，高考时文理科比例为文科50%，理科50%。男女生比例为男生39%，女生61%。壮医学专业本科就业率为2016年85%～90%，2017年90%～95%。

3．专家建议

参考藏医学专业的相关资料。

4．小贴士

想去壮族聚居地区工作的，可以考虑试试

七、开设院校

2017 年开设壮医学专业的院校有广西中医药大学 1 所。

哈医学专业

专业代码	中文名	学科门类	一级学科	授予学位	修学年限
100507K	哈医学	中医学类	医学	医学学士	四年或五年

一、专业概述

我国的哈萨克族因特定的地理气候等自然因素拥有丰富的药物资源，如麻黄、一枝蒿、侧柏叶、岩白菜、青兰、荨麻草、甘草等，马背民族文化造就了哈萨克特殊的医疗体系。

二、培养目标

培养系统掌握现代医学和哈萨克医学基本理论、基本知识和基本技能，具有对临床常见病、多发病的临床诊疗能力，能从事哈医学临床、教学、预防工作，符合民族区域医疗需求，继承和发扬哈萨克医学传统的实用型医学人才。

三、培养要求

主要学习哈医学基本理论、基础知识以及一定的现代医学基本理论知识，受到哈医临床操作和辨证施治的基本训练，具有运用哈医防治常见病、多发病的基本能力。

四、知识技能

毕业生应获得以下几方面的知识和能力：

① 掌握哈医基础理论、基本知识和基本技能。

② 掌握运用哈医辨证施治的基本能力。

③ 掌握必要的现代医学基本理论和基本知识。

④ 熟悉国家及民族医药卫生工作方针、政策和法规。

⑤ 了解哈医学理论与学术的发展动态。

⑥ 掌握文献检索、资料查询的基本方法，具有一定的科学研究和实际工作能力。

五、主干课程

哈萨克族医学概论、哈医医学史、哈医药物学、哈医方剂学、哈医二十四脏器学、哈医药志、哈医诊断学、哈医骨伤学、哈医药浴疗法学、哈医专业汉语等。

六、发展前景

1. 就业方向

各级哈医院、综合性医院、社区医疗机构及医学科研机构、教学单位。

2. 就业前景

哈医学毕业的学生，因为其专业本身的特点，就业有其一定的特殊性。主要在哈萨克族等聚居地区就业。

2017 年开设哈医学专业的院校有新疆医科大学 1 所，2017 年新疆医科大学招收 30 名哈医学本科生，近年无招生及就业数据。

3. 专家建议

参考藏医学专业。

4．小贴士

极冷门专业。

七、开设院校

2017 年开设哈医学专业的院校有新疆医科大学 1 所。

中西医临床医学专业

专业代码	中文名	学科门类	一级学科	授予学位	修学年限
100601K	中西医临床医学	中西医结合类	医学	医学学士	五年

一、专业概述

中西医临床医学其实就是最早的中西医结合，就是在学习过程中采用中西医两套技能培训，本质上还是中医学。

二、培养目标

培养具有中西医理论基础、中西医学专业知识和实践技能扎实，具备较强的学习创新能力，能够将中医思维和传统理论与西医先进治疗手段有机结合并熟练运用的应用型人才。

三、培养要求

具备中西医临床医学基本理论、医疗与预防的基本技能，具备在基层医疗卫生单位、社区卫生服务机构和医学科研等部门从事临床医疗、社区卫生服务与预防、医学科研等工作的基本能力。

四、知识技能

毕业生应获得以下几方面的知识和能力：

① 热爱中医事业，有比较广泛的人文社会科学知识。

② 有比较深厚的自然科学基础知识。

③ 具有坚实的中医基础知识、西医基础知识和熟练运用中西医知识诊断处理常见病、多发病及急重症的能力。

④ 能在医疗卫生领域从事中西医结合治疗、预防、保健和康复等临床工作，富有创新精神。

五、主干课程

中医基础理论、中医诊断学、中药学、方剂学、中医内科学、人体系统解剖学、生理学、生物化学、病理学、药理学、临床诊断学、内科学、中西医结合外科学、中西医结合妇产科学、中西医结合儿科学、针灸学、内经选读、伤寒论等（各校偏重的专业方向课程设置有所差异）。

六、发展前景

1．就业方向

主要到各级医疗卫生单位、医药相关高等院校、医学科研部门，从事中西医临床医疗、科研、教学、预防保健等方面的工作。

2．就业前景

① 参考临床医学专业和中医学专业的资料。

② 这个专业比较尴尬，不被西医医院接受，只能去中医院或者综合医院的中医科，就业面被限制得很窄。

2017 年开设中西医临床医学专业的院校共有 47 所，部分高校按中医学、全科医生等专业方向培养。

报考硕士较集中的专业：中西医结合临床、中医内科学、中医外科学。根据阳光高考信息平台统计数据，中西医临床医学专业 2017 年普通高校毕业生规模为 8000～9000 人，高考时文理科比例为文科 30%，理科 70%。男女生比例为男生 36%，女生 64%。中西医临床医学专业本科就业率为 2016 年 80%～85%，2017 年 85%～90%。

3．专家建议

参考临床医学专业和中医学专业的资料。

近年来很尴尬的一个医学专业。

4．小贴士

中西医临床医学的就业前景取决于学生的个人能力以及就读院校的知名度。

执业医师证又要考中医又要考西医，难就业，难考试。

七、开设院校

2017 年开设中西医临床医学专业的院校共有 47 所。

药学专业

专业代码	中文名	学科门类	一级学科	授予学位	修学年限
100701	药学	药学类	医学	理学学士	四年或五年

一、专业概述

药学是医学门类中药学专业类中的一个专业，主要研究和药物相关的学问，从最开始的药物研究、开发，到生产、加工，以及最后的流通使用，所有过程只要是和“药”相关的，都属于药学的研究范畴。

二、培养目标

培养具备药学学科基本理论、基本知识和实验技能，能在药品生产、检验、流通、使用和研究与开发领域从事鉴定、药物设计、一般药物制剂及临床合理用药等方面工作的高级技术人才。

三、培养要求

主要学习药学各主要分支学科的基本理论和基本知识，受到药学实验方法和技能的基本训练，具有药物制备、质量控制评价及指导合理用药的基本能力。

四、知识技能

毕业生应获得以下几方面的知识和能力：

① 掌握药剂学、药理学、药物化学和药物分析等学科的基本理论、基本知识。

② 掌握主要药物制备、质量控制、药物与生物体相互作用、药效学和药物安全性评价等的基本方法和技术。

③ 具有药物制剂的初步设计能力、选择药物分析方法的能力、新药药理实验与评价的能力、参与临床合理用药的能力。

④ 熟悉药事管理的法规、政策与营销的基本知识。

⑤ 了解现代药学的发展动态。

⑥ 掌握文献检索、资料查询的基本方法，具有一定的科学研究和实际工作能力。

五、主干课程

无机化学、有机化学、生物化学、化学分析、物理化学、药物化学、天然药物化学、药剂学、药物分析、药理学等（各校根据开设专业培养方向不同，课程设置也有所差异）。

六、发展前景

1. 就业方向

就业方向大致如下几种：

科研人员——在大学、研究所、药厂的研究部门，从事药物的研发工作。

医院药剂师——在医院药剂科、药房、药厂等从事制剂、质检、临床药学等工作。

药检人员——在药检所从事药物的质量鉴定和制定相应的质量标准。

公司职员、医药销售人员——在医药贸易公司或制药企业从事药品生产、流通及销售等工作。

2. 就业前景

药学在世界各大经济领域中可以说是发展最快的门类之一，医药公司的经济效益增长率高于国家的经济增长速度。由于它关系着每个人的健康，越来越受到国家和社会的重视。从事药品开发、研究的职业，对专业能力的要求非常高，相应的对学历等各个方面的要求也会比较高。从事生产质量保证等工作，对学历的要求没有那么高，但对相关专业知识的要求依然很严格。比较之下，从事销售工作对专业要求低一些，更侧重销售能力。

2017 年开设药学专业的院校共有 236 所，分高校按以下专业方向培养：营销、中药、临床药理、临床药学、食品药学、医药经济。报考硕士较集中的专业：药学、药理学、药物化学。根据阳光高考信息平台统计数据，药学专业 2017 年普通高校毕业生规模为 18000～20000 人，高考时文理科比例为文科 1%，理科 99%。男女生比例为男生 32%，女生 68%。药学专业本科就业率为 2016 年 85%～90%，2017 年 90%～95%。

3. 专家建议

① 药学专业和制药工程专业的区别。

人们常会将药学和工学门类的制药工程混淆，药学主要注重于药品本身的基础研究。制药工程的重点则在于工程，侧重于制造生产出合格的药品。

② 就业专业性强，收入差距大。

各医药类院校学生的就业意愿看，主要是三甲医院的药房和医院的临床药师。实际就业情况并非如此，真正进入医疗卫生单位的只有 5%左右，除了 30%左右考研深造以外，很大一部分在各医药公司、制药厂等就业。

近年药学专业一直流传着“一流的人才去卖药”的说法。从整体来看，其他行业的药学毕业生收入和药品销售工作收入确实有差距，做药品销售能够很快赚到钱，但是随着国家监管越来越严和药品采购体制的改革，药代工作也逐渐从高峰走向低谷。从职业的发展来看，药学和医学一样是一个经验型、技术型行业，选择好自己的专业方向，踏实而坚定地走下去，未来必然有广阔的发展空间。

③ 高端人才很抢手，终端人才有缺口。

一些名牌大学的药学专业就业情况很不错，如中国药科大学、北京大学医学部药学院、沈阳药科大学、四川大学华西药学院等院校的毕业生就业率接近 100%。中国的制药业若要摆脱依赖仿制药、进口药的局面，需要更多的专业人才加入新药开发的队伍中来。其中，很多专业的高质量人才是非常稀缺的，如有些院校的药物制剂、天然药物化学等方向。

药学的主要专业方向有药物化学、药物分析、药剂学、药理学等。在这些专业方向中，药物化学（主要是药物合成）的就业形势最好，但是药物合成接触的试剂毒性很大，危险性大。药物分析专业就业面比较广。再次就是药剂学、药理学、天然药物化学、中药化学等，药剂学近几年有所降温，如西药药剂等专业有一定的需求量。药理学虽然就业面较窄，但只要涉及研发新药，不管西药中药、外企国企，都需要做药理实验。

在选择职业时，很多人宁可去做药品销售，也不愿做驻店执业药师，最关键的是含金量和收入不成比例。执业药师和注册会计师、执业律师一样，都由国家统一考试、注册，考试通过率约 20%，还要定期接受继续教育，执业门槛较高，但其在药店的收入没有体现其含金量，所以很多执业药师都放弃药店，流向了一些工资较高的药企或医疗服务机构。

我国高等院校药学毕业生虽然很多，但真正的一线岗位还有缺口。为更好地贯彻落实中共中央、国务院印发的《“健康中国 2030”规划纲要》以及《国务院办公厅关于促进医药产业健康发展的指导意见》提出的“加强药学队伍建设，提升执业药师服务能力，促进安全合理用药”等相关规定，2016 年《执业药师业务规范》正式发布，并自 2017 年 1 月 1 日起施行，这一系列规划政策的出台是为了鼓励更多专业技术人员加入执业药师队伍中来。

④ 招生院校和招生方式。

目前，开设药学专业的院校主要可以分为两类：一类是专业药学院校，主要代表院校有中国药科大学和沈阳药科大学等。另一类是综合性大学开设的药学院系，如北京大学药学院、复旦大学药学院、四川大学华西药学院等。

根据院校的侧重不同，专业方向和优势也不同。如北京大学、北京协和医学院、清华大学医学部、中国药科大学、海军军医大学（第二军医大学）的药学专业是国家级重点学科。沈阳药科大学、复旦大学、四川大学的药剂学被评为国家重点学科。哈尔滨医科大学、南京医科大学、中南大学、中山大学的药理学方向是国家级重点学科。

从全国的角度看，虽然开设药学专业的院校不算很多，但在本科一批、二批、三批院校中均有开设。想要报考这一专业的考生有可选空间，考生可以根据自己的实力和兴趣，选择和自己分数、批次相符合的院校。

药学专业的招生方式主要有两种：一是按药学专业招生，二是按“药学类”大类招生。药学类主要包括药学、临床药理、药物制剂、食品药学等专业方向，入学后再根据兴趣、学习成绩等分流到具体的专业。如中国药科大学从 2017 年起实施大类招生，按照专业类录取的学生进校后，根据学生兴趣、参考学业成绩，一年级结束前分流，二年级进入专业学习，药学类包含药学、药物制剂、药物分析、药物化学四个专业。

⑤ 看清身体条件的要求。

药学类专业对考生的身体条件是有要求的，轻度色觉异常（俗称色弱）不能录取的专业中就包括药学类专业。

具体到各个院校的要求，可能会更严格、细致和明确。例如首都医科大学招生章程中明确规定各专业对考生视力的要求是：眼睛的近视矫正视力不低于 4.8，各眼矫正视力镜片度数不超过 800 度，无色盲、色弱，无斜视、弱视。专业对考生听力的要求是：双耳听力范围均不低于 3 米。考生在报考时，一定要看清《普通高等学校招生体检工作指导意见》和各高校招生章程中的具体要求。

4. 小贴士

化学、生物学科基础比较好的学生能更好地适应药学专业的学习。

七、开设院校

2017 年开设药学专业的院校共有 236 所。

药物制剂专业

专业代码	中文名	学科门类	一级学科	授予学位	修学年限
100702	药物制剂	药学类	医学	理学学士	四年

一、专业概述

药物制剂，从狭义上来讲，就是具体的按照一定形式制备的药物成品，如阿莫西林胶囊等，从广义上来讲，药物制剂学是一门学科。通俗来说，该专业研究的是如何把药物制备为一定含量可以供人定量使用的成品药（片、针、液形式）。

二、培养目标

培养具备药学、药剂学和药物制剂工程等方面的基本理论知识和基本实验技能，能在药物制剂和与制剂技术相关联的领域从事研究、开发，工艺设计、生产技术改进和质量控制等方面工作的高级科学技术人才。

三、培养要求

主要学习药学、生物药剂学、工业药剂学、药物制剂工程等方面的基础理论和基本知识，受到药物制剂研究和生产技术的基本训练，具有药物制剂研究、开发、生产技术改造及质量控制的基本能力。

四、知识技能

毕业生应获得以下几方面的知识和能力：

① 掌握物理化学、药物化学、药用高分子材料学、工业药剂学、制剂设备与车间工艺设计等方面的基本理论、基本知识。

② 掌握制剂的研究、剂型设计与改进以及药物制剂生产的工艺设计等技术。

③ 具有药物制剂的研究与开发、剂型的设计与改进和药物制剂生产工艺设计。

④ 熟悉药事管理的法规、政策。

⑤ 了解现代药物制剂的发展动态。

⑥ 掌握文献检索、资料查询的基本方法，具有初步的科学研究和实际工作能力。

五、主干课程

无机化学、有机化学、分析化学、物理化学、生物化学、药剂学、制剂工程、生物药剂学与药物动力学、化工原理、机械制图、药物化学、药理学、药物分析、药用高分子材料、新剂型设计、药事管理与药事法规等（各校根据专业培养方向不同，课程设置也有所差异）。

六、发展前景

1．就业方向

可在制药企业、医院药剂科、研究所及药政管理部门从事药物制剂研究、开发、生产、质检、管理、购销、问病给药等工作。

2．就业前景

药学在世界各大经济领域可以说是发展最快的门类之一，医药公司的经济效益增长率已经高于国家的经济增长速度。并且，由于它关系着每个人的健康，越来越受到国家和社会的重视。药物制剂人才是现今中国相对比较缺的专业人才，但大学本科的水平远远不能满足需要，最好向更高水平发展。

2017 年开设药物制剂专业的院校共有 105 所，报考硕士较集中的专业：药学、药剂学、药理学。根据阳光高考信息平台统计数据，药物制剂专业 2017 年普通高校毕业生规模为 6000～7000 人，高考时文理科比例为文科 1%，理科 99%。男女生比例为男生 36%，女生 64%。药物制剂专业本科就业率为 2016 年 90%～

95%，2017 年 90%～95%。

3．专家建议

① 药物制剂为药学的一个分支，可参考药学专业相关资料。

② 药学专业、药物制剂专业和制药工程专业的区别

药学主要注重于药品本身的基础研究。

药物制剂专注于把药物制备为一定含量可以供人定量使用的成品药（片、针、液形式），侧重于成品药的成分、比例及工艺。

制药工程的重点则在于工程，侧重于制造生产出合格的药品的设备和工程，即如何批量生产合格的药物。

三个专业通俗理解，是前后关联的关系，药物制剂起着承前启后的作用。

4．小贴士

药物制剂的本科生找工作有点尴尬，一般医院、药店招药学专业的多，药厂招药物化学、分析化学、有机合成、制药工程专业较多。

七、开设院校

2017 年开设药物制剂专业的院校共有 105 所。

中药学专业

专业代码	中文名	学科门类	一级学科	授予学位	修学年限
100801	中药学	中药学类	医学	理学学士	四年

一、专业概述

中药学是研究中药的基本理论和临床应用的学科，是中医药各专业的基础学科之一，内容包括中药、中药学的概念。中药的起源和发展。中药的产地与采集。药材的概念，以及在保证药效的前提下，如何发展道地药材。中药炮制的概念、目的与方法。中药药性的概念、中药治病的机理，中药配伍的目的、原则及药物“七情”的概念、中药配合应用规律。用药禁忌的概念及主要内容。用药剂量与用法，剂量与疗效的关系，确定剂量的依据及中药煎服法等内容。

二、培养目标

培养具有中药学与中医学基础知识背景，具备良好人文和自然科学素养，系统掌握中医药学的基本理论，掌握中药研制的基本技能及现代医药学的相关知识，具有一定的中药生产、管理、销售和研究开发能力的中药学专门人才。

三、培养要求

主要学习中医药的基本理论和基本知识，受到系统的中药学专业的基本训练，具有中药鉴定、中药炮制、中药制备、质量控制评价的基本能力。

四、知识技能

毕业生应获得以下几方面的知识和能力：

① 掌握中医药基本理论和熟悉临床用药的基本知识。

② 掌握中药化学成分的提取、分离和检测的基本原理和技能，掌握中药质量鉴定分析的基本理论与技能。

③ 掌握中药药理学与毒理学的基本理论与实验技能。

④ 具有中药炮制加工、制剂制备和制剂分析的基本理论与技能。

⑤ 熟悉药事管理的法规、政策与营销的基本知识。

⑥ 了解中药学科的学术发展动态。

五、主干课程

中医学基础、中药学、方剂学、基础化学（无机化学、有机化学、分析化学、物理化学）、生物化学、药理学、药用植物学、天然药物化学、中药药剂学、中药鉴定学、中药炮制学、中药药理学、中药制剂分析、药事管理学等（各校根据开设专业培养方向不同，课程设置也有所差异）。

六、发展前景

1．就业方向

可在各级医院及医疗机构、制药及药品经营企业、药品检验部门、药品管理部门、科研单位及医药院校等从事研究开发、中药检验、质量控制、生产管理、药品营销等方面的工作。其主要的就业去向是中药厂、中医院的中药房（抓药、煎药等）、保健品相关企业、中药店等。

2．就业前景

提到中药，许多人的脑海中会浮现出那种将各类药材混杂在一起，“一抓一大把，一喝一大碗，一煎一大锅”的情景，这也是传统中药发展的瓶颈。随着社会文明的发展和科技的进步，在“回归自然”的世界潮流中，随着社会的发展和人们健康理念的不断更新，中药的药效越来越为世界所认同。

2017 年开设中药学专业的院校共有 101 所，部分高校按保健食品、中药分析、临床中药学等专业方向培养。报考硕士较集中的专业：中药学、生药学、药学。根据阳光高考信息平台统计数据，中药学专业 2017 年普通高校毕业生规模为 6000～7000 人，高考时文理科比例为文科 1%，理科 99%。男女生比例为男生 30%，女生 70%。中药学专业本科就业率为 2016 年 85%～90%，2017 年 90%～95%。

3．专家建议

① 可参考中医学专业、药学类专业的相关资料。

② 医科院校的中药学专业和药科院校的中药学专业是有差别的。

中药学在医学院校其实算一个较小的专业，和中医结合较紧密。中药学在药科大学算是一个大专业，侧重点在化学，和中医联系不是很大，更多的是植物提取、分离、结构修饰等。

医学院校的中药学专业毕业生去医院的较多，药科大学的中药学毕业生去药企的较多。这一点还须考生和家长注意。

从就业方面来说，中药学的就业比药学、制药工程、药剂学等要逊色一些。

4．小贴士

化学合成药和中药的厂家都需要中药学专业的学生，只不过西药企业更喜欢药学类专业。药企的现场类岗位对身体的伤害较大，须注意个人劳动保护。

七、开设院校

2017 年开设中药学专业的院校共有 101 所。

中药资源与开发专业

专业代码	中文名	学科门类	一级学科	授予学位	修学年限
100802	中药资源与开发	中药学类	医学	理学学士	四年

一、专业概述

中药资源与开发专业为新兴边缘专业，涉及中药学、生物学等学科，主要做中药资源和中药材培养生产、中药资源的综合开发和利用以及保护更新等工作。

二、培养目标

培养掌握中药学与中药资源学的基本理论、基本知识和技能，能够在各类中药和中药资源研究开发机构、高等院校、制药企业、流通领域及行政管理部门等单位从事中药资源调查、开发、科学研究、综合利用、生产加工、质量监控、营销与管理的高级中药资源学专门人才。

三、培养要求

主要学习中药的基本理论和基本知识，获得调查分析中药资源和中药材培养生产、中药资源的综合开发和利用以及保护更新方面的知识和技能，受到系统的中药资源与开发的专业基本训练，具有中药资源调查，中药原料的生产、加工，中药新药开发和中药资源的综合开发的基本能力。

四、知识技能

毕业生应获得以下几方面的知识和能力：

① 具备中医药学的基本理论知识。

② 掌握中药资源的调查规划、开发利用、保护更新和经营管理的知识与技能。

③ 掌握药用动植物的种质保存、引种驯化、栽培饲养的知识与技能。

④ 掌握寻找与开发中药新资源的初步能力和与本学科专业相关的现代科学知识和技能。

⑤ 具有较强的自学和科研能力，并具有一定的外语水平和计算机应用能力。

五、主干课程

中医药基础理论、药用植物学、药用动物学、植物生理和生态学、生药学(中药鉴定学)、药用植物栽培学、中药资源学、天然药物化学、植物化学分类学、中药分析化学、中药生物技术、中药药理学、中药材加工和炮制学、中药制剂学、中药新药开发概论、药事法规等（各校根据开设专业培养方向不同，课程设置也有所差异）。

六、发展前景

1．就业方向

主要从事中药资源调查、中药材栽培、中药材鉴定、中药原料采购、中药新药研究开发、中药资源的综合开发和合理利用等方面的工作，如中药种植企业、中药生产与加工企业、教学科研单位等。

2．就业前景

目前，中药材质量难以保障、中药传统文化精髓丢失、自然环境承受巨大压力等问题严重制约了中医药事业的发展，而中药资源是中医药事业生存发展的物质基础，也是国家重要的战略性资源。珍贵资源的保护、野生药材资源的人工养育和管理研究、珍稀濒危药材的代用品研究、对道地药材的研究和开发等，都需要中药资源专门技术人员和生产管理人才。中药资源与开发在提高中药材质量、保障药源供给、利用野生药用植物资源方面具有很大作用。

2017 年开设中药资源与开发专业的院校共有 34 所，报考硕士较集中的专业：中药学、生药学、药学。根据阳光高考信息平台统计数据，中药资源与开发专业 2017 年普通高校毕业生规模为 1000～1500 人，高考时文理科比例为文科 0，理科 100%。男女生比例为男生 39%，女生 61%。中药资源与开发专业本科就业率为 2016 年 90%～95%，2017 年 85%～90%。

3. 专家建议

① 可参考中医学专业、中药学专业、药学类专业的相关资料。

② 中药资源与开发包括两个方面包括资源和开发两个方向。

资源方向包括中药资源的调查、中药濒危资源的保护以及再生、中药资源（原材料）的保障供应（为开发提供原料）等。而开发方向则包括如何将中药资源加以有效利用，如药品、保健食品和化妆品的制造。

产品开发需要资源，寻找资源是为了开发产品，是这个专业的结合点。中药资源不仅包括药材的调查、保护、培育与抚育，还包括药材种质基因库的建立、化学成分资源库的建立，还包括药材的分布状况、贮存量、开发与利用历史与现状。开发主要是把现有的资源开发成产品如药品、保健品、化妆品等服务于社会。资源是基础，开发是目的。

③ 目前国内除少数省份外，大多数省份本专业的毕业生无法报考中医药类专业职称。

4. 小贴士

中药材种植企业有点农业的感觉。中药开发生产又得跟制药类专业竞争。这个专业还有点神农尝百草的感觉。

七、开设院校

2017 年开设中药资源与开发专业的院校共有 34 所。

法医学专业

专业代码	中文名	学科门类	一级学科	授予学位	修学年限
100901K	法医学	法医学类	医学	医学学士	五年

一、专业概述

法医学是应用临床医学、生物信息学、药学和其他自然科学理论和技能解决法律问题的循证医学，用于侦查犯罪和审理民事或刑事案件提供科学证据。通俗来说，就是对人身伤害做鉴定，比如伤口、尸体等。

二、培养目标

培养具备医学的基本理论知识和系统的法医学理论知识及基本技能，能在公安、政法机关、司法鉴定机构和保险公司从事法医学检案鉴定工作的高级科学技术人才。

三、培养要求

主要学习基础医学、临床医学、法学及法医学的基本理论及基本知识，受到医学及法医学的基本技能训练，具有法医学检案鉴定的基本能力。

四、知识技能

毕业生应获得以下几方面的知识和能力：

① 掌握基础医学、临床医学、法学以及法医学的基本理论、基本知识。

② 掌握法医学的基本技术和案例分析的思维方法。

③ 具有法医学检案和鉴定的初步能力。

④ 熟悉与法医学有关的我国的各项法律以及法医工作的政策和规程。

⑤ 了解法医学的应用前景及发展动态。

⑥ 掌握文献检索、资料查询的基本方法，具有初步的科学研究和实际工作能力。

五、主干课程

基础医学、临床医学、法医学、法学、医药高等数学、医学物理学、医学统计学、基础化学、有机化学、医学生物学、卫生法学、解剖学、组织学与胚胎学、医学微生物学、医学细胞生物学、医学遗传学、生物化学与分子生物学、生理学、病理学、病理生理学、医学免疫学、药理学、神经科学、内科学、外科学、妇产科学、儿科学、眼科学、诊断学、医学影像学、耳鼻咽喉头颈外科学、刑事科学技术、法医临床学、法医物证学、法医毒理学、法医毒物分析、法医病理学、法医精神病学、犯罪心理学、法医人类学、司法鉴定学等。

六、发展前景

1．就业方向

经公务员考试合格后，到各级公安局、法院、检察院等相关部门从事法医学相关工作；也可在高等医学院校、政法学院和研究所从事教学和科研工作，还可在司法鉴定、保险、医疗相关行业以及其他行业工作。

2．就业前景

伴随着国家法制化建设进程的推进和对司法鉴定技术工作的日益重视，社会对法医学专业毕业生会有一定需求量，目前已经饱和。

2017 年开设法医学专业的院校共有 30 所（包括中国刑事警察学院），报考硕士较集中的专业：法医学、基础医学、法律（非法学）、病理学与病理生理学。根据阳光高考信息平台统计数据，法医学专业 2017 年普通高校毕业生规模为 1000～1500 人，高考时文理科比例为文科 0，理科 100%。男女生比例为男生 56%，女生 44%。法医学专业本科就业率为 2016 年 75%～80%，2017 年 80%～85%。

3．专家建议

① 对职业需要有清醒认识，未必从事法医职业。

法医在我们国家受到严格的限制，担任法医鉴定人一般是公安、司法机关的专职法医，也可以是受司法机关委托、聘请的高等院校法医学教师或具有法医学知识的医师。学生毕业后，要先考取公务员的相关职业才能当法医，受委托的那些不属于专业的法医。公务员难考，且一般不欢迎女性，原因是女性抬不动尸体或者多数女性害怕，所以一般不招考女性法医。

各地情况不同，目前法医职位基本满编，省一级的法医多是从市里、县里调上去的熟手和能手，公安局的法医岗位多一些（县局大约 4 个法医编制），检察院、法院的法医岗位多数已经取消。

法医在我国受重视的程度较低，不像电视剧那样有先进的检查设备，升职的空间也很小，想当法医要慎重考虑。

② 高校扩招就业难。

目前国家开设法医学类法医学本科专业的院校由最早的 6 所增加到 2008 年的 10 所，再到 2017 年开设法医学专业的院校 30 所（包括中国刑事警察学院）。可以说，我国法医学专业本科生的招收实际上已经失控。招生规模的盲目扩大，一方面使得生源的质量不断下降，一方面高校的师资和物资配置都难以达到要求，直接导致教学质量下降，并为学生毕业后就业难和质量差埋下伏笔。

③ 就业面缩窄，不稳定性和不确定性加大。

2005 年以前的法医学本科专业毕业生主要就业单位为公安局、检察院、法院、司法局、保险公司等，其中大部分进入司法系统从事法医工作，极少数进入保险业和医疗相关行业，个别考研转换到其他专业方向。2005 年 2 月的《全国人大常委会关于司法鉴定管理问题的决定》（以下简称《决定》）规定 2005 年 10 月 1 日以后“侦查机关根据侦查工作的需要设立的鉴定机构，不得面向社会接受委托从事司法鉴定业务。

人民法院和司法行政部门不得设立鉴定机构”。自此除公安机关外的司法行政机构基本停止录用法医专业学生，使得学生们的就业严重受限，主要就业单位变为公安局、社会鉴定机构、公司企业等。此专业扩招造成毕业生成倍增加，就业竞争十分激烈，大量学生不得不继续读研以暂时避免就业压力。

就业的基本面变化使法医学专业就业不再有保障，收入也不再稳定。由于进入司法行政机构成为公务员的竞争太激烈，大量毕业生转向社会企业。《决定》的实施为这种改变提供了机遇，自 2005 年 10 月 1 日《决定》实施以来，新的法医学鉴定机构纷纷出现，为法医本科专业学生提供了一部分工作岗位，由于市场竞争激烈，这些机构的收入情况差异相当大，不稳定性也明显。

4．小贴士

法医学专业要有一定的心理承受能力和调节能力，不管是在学校学习中还是在毕业后的日常工作中，都要接触很多尸体的不同状态。

七、开设院校

2017 年开设法医学专业的院校共有 30 所（包括中国刑事警察学院）。

医学检验技术专业

专业代码	中文名	学科门类	一级学科	授予学位	修学年限
101001	医学检验技术	医学技术类	医学	理学学士	四年

一、专业概述

医学检验是对取自人体的材料进行微生物学、免疫学、生物化学、遗传学、血液学、生物物理学、细胞学等方面的检验，从而为预防、诊断、治疗人体疾病和评估人体健康提供信息的一门科学。医院的检验科是医学检验的重要部分。

二、培养目标

培养具有基础医学、临床医学、医学检验等方面的基本理论知识和基本能力，能在各级医院、血站及防疫等部门从事医学检验及医学类实验工作的专门人才。

三、培养要求

主要学习基础医学、临床医学、医学检验方面的基本理论知识，受到医学检验操作技能系统训练，具有临床医学检验及卫生检验的基本能力。

四、知识技能

毕业生应获得以下几方面的知识和能力：

① 掌握基础医学和临床医学的基本理论知识。

② 掌握医用化学、分子生物学、免疫学、病原诊断学、血细胞形态学的基本理论和技术，了解常用检验仪器的基本构件和性能。

③ 具有数理统计及计算机应用的基本能力。

④ 熟悉国家卫生工作及临床实验主管理有关的方针、政策和法规。

⑤ 了解医学检验前沿学科的理论和技术的发展动态。

⑥ 掌握文献检索、资料调查的基本方法，具有一定的科学研究和实际工作能力。

五、主干课程

细胞生物学、分子生物学、生物化学、生理学、病理学、医学统计学、医学免疫学、病原生物学、分析化学、检验仪器学、临床基础检验技术、临床微生物学检验技术、临床免疫学检验技术、临床血液学检验技术、临床生物化学检验技术、实验室管理学、诊断学基础及临床医学概要等。

六、发展前景

1．就业方向

可在各级医院、医学研究机构、体检机构、血站、疾病防控中心、体外诊断试剂研发及生产、商品检验、环境保护、海关检疫等部门，从事医学检验及医学类实验室工作。

2．就业前景

医学检验在我国得到了快速发展，不断建立的新的检验技术使检测方法的灵敏度不断提高，特异性越来越好，检测结果也更加准确可靠。检验仪器的迅速发展在医学检验领域更是惹人注目，生化、临床检验、免疫学和微生物学检验中的部分项目已实现了全自动或半自动化。医学检验技术的进步和设备的更新换代，对许多疾病的诊断、治疗监测和预后评估都起着越来越重要的作用。

2017 年开设医学检验技术专业的院校共有 151 所，报考硕士较集中的专业：临床检验诊断学、免疫学、病原生物学。根据阳光高考信息平台统计数据，医学检验技术专业 2017 年普通高校毕业生规模为 14000～16000 人，高考时文理科比例为文科 1%，理科 99%。男女生比例为男生 25%，女生 75%。医学检验技术专业本科就业率为 2016 年 85%～90%，2017 年 85%～90%。

3．专家建议

① 作用越来越大。

过去临床检验科室被看作是医院的辅助科室，对临床部门起辅助作用，目前检验科室已经成为各医院很重要的一个部门。衡量一个医院整体水平的高低，其中很重要的一个方面就是这个医院的检验部门可以检测多少项目、检测的水平如何以及所应用的技术手段是否先进。随着检测技术的不断发展，检测项目的逐步增多，临床疾病的诊断对医学检验项目的依赖愈加明显，检验学科及其相关部门在现代医学中的地位和作用越来越受到重视。

② 毕业生已经相对饱和甚至过剩。

在 2011 年～2015 年之间就业还可以，只要考取相关职业资格证书，公立医院都可以竞争进入，即便在民营医院，工资待遇也是比较可观的。

现在的情况比较遗憾，这个专业就业已经比较困难，越来越多的人通过检验士、检验师考试，而公立医院接受量不到一成，专科及以下更是完全拒之门外。这也就造成就业时，用人单位选择余地大，重新招也很好招。未来检验自动化程度越来越高，人工需要会减少。

4．小贴士

检验工作相对轻松，不像临床专业有那么重的责任和风险。

检验专业的毕业生无法考执业医师。

每天不停地做大量重复的工作，比较枯燥

七、开设院校

2017 年开设医学检验技术专业的院校共有 151 所。

医学实验技术专业

专业代码	中文名	学科门类	一级学科	授予学位	修学年限
101002	医学实验技术	医学技术类	医学	理学学士	四年

一、专业概述

医学实验技术顾名思义就是做医学实验的，这个专业主要侧重于实验操作方面，为研究所、实验室输送实验师，侧重于医学实验操作能力、大型仪器操作和维护能力及医学数据分析能力。

二、培养目标

培养具备基础医学、临床医学、医学实验技术等基本理论知识、基本技能和技术，富有创业精神和创新能力，能在各级医院、血站、疾病控制中心、医学院校和科研院所等部门的实验室从事医学实验和医学研究的应用型人才。

三、培养要求

主要学习基础医学、临床医学及医学实验技术的基础理论、基本知识和技能，接受医学实验操作技能基本训练，掌握医学实验学技术、医学技术、医学美容技术及听力学检查技术等基本技能，能够从事医学实验和医学研究工作，具有对医学实验结果进行分析的基本能力。

四、知识技能

毕业生应获得以下几方面的知识和能力：

① 掌握临床医学、基础医学、临床生物化学、分子生物学、临床免疫学、细胞生物学及病原生物学等基本理论知识和基本技能。

② 掌握常用医学实验仪器的基本原理、性能、操作技术与维护。

③ 掌握文献检索、资料调查、数量统计等基本方法，具有良好的医学统计及计算机应用的基本知识和技能。

④ 掌握一门外语,初步达到阅读专业外文书刊的能力。

⑤ 熟悉国家卫生工作及临床实验室管理及质量控制的有关方针、政策和法规。

⑥ 了解医学实验技术学科的前沿理论和技术发展动态。

⑦ 具有一定的临床医学实验和科学研究的能力。

五、主干课程

临床医学、医学实验技术、基础医学、分析化学、细胞生物学、分子生物学技术、实验动物学、实验仪器学、医学免疫学及实验技术、医学微生物学及实验技术、医学生物化学及实验技术、医学统计学等。

六、发展前景

1．就业方向

可在医、药高等院校、科研院所及相关企事业的实验动物科学部、实验动物中心、教研室、研发中心、医院的动物室、临床实验科室、医药学及生命科学动物实验室等单位从事教学、科研、开发及管理等工作。

2．就业前景

精准医疗是未来医学发展的必然结果，其要求对分子诊断、基因组学等数据进行分析并提供用药参考，检验专业培养的人员是否缺乏大数据处理和分析的能力，高层次医学实验技术专业人才将成为当前临床医院、科研院校充实实验技术人员队伍的主要对象。

2017 年开设医学实验技术专业的院校共有 23 所，报考硕士较集中的专业：生物化学与分子生物学、临床医学、影像医学与核医学、基础医学。根据阳光高考信息平台统计数据，医学实验技术专业 2017 年普通高校毕业生规模为400～500人，高考时文理科比例为文科2%，理科98%。男女生比例为男生34%，女生66%。医学实验技术专业本科就业率为2016年95%～100%，2017年80%～85%。

3. 专家建议

① 与医学检验技术专业的区别。

两个专业虽然只有一字之差，差别很大。医学实验技术侧重基础性的实验及分析，医学检验技术侧重于对于常规项目的检验。我们通过两个专业考研的主要方向也可以看出来，医学实验技术专业的学生报考硕士较集中的专业有生物化学与分子生物学、临床医学、影像医学与核医学、基础医学等。医学检验技术专业的学生报考硕士较集中的专业有临床检验诊断学、免疫学、病原生物学等。在职业资格方面也有差别，医学检验技术是检验士、检验师。医学实验技术是助理医学生物实验师、医学生物实验师、高级医学生物实验师。

② 招生院校不多，需求量也不大。

虽然招生院校少，毕业量小，但是由于医学实验室的数量有限，只有少数大医院科研机构建有实验室。更多的时候，机构和医院甚至院校都把这个专业和医学检验技术混为一谈。

③ 可参考医学检验技术相关资料。

4. 小贴士

这个专业有一定前景，目前认可度不高，报考须慎重，少数有实力的院校除外。

七、开设院校

2017年开设医学实验技术专业的院校共有23所。

医学影像技术专业

专业代码	中文名	学科门类	一级学科	授予学位	修学年限
101003	医学影像技术	医学技术类	医学	理学学士	四年

一、专业概述

医学影像学是医学与理学、工学相结合，应用于医学诊断领域的新学科，如医院的X光、CT、核磁共振、超声医学、DSA、核医学等。医学影像技术是医学影像学在具体工作中的应用。

二、培养目标

具有基础医学、临床医学和现代医学影像必备的基本理论知识和基本技能，能够从事临床影像检查、诊断与治疗技术工作的应用型人才。

三、培养要求

主要学习基础医学、临床医学、医学影像学的基本理论知识，接受常规放射学、CT、核磁共振、超声医学、DSA、核医学等操作技能的基本训练，具有以影像诊断学和介入医学作为手段，进行诊治疾病的能力。

四、知识技能

毕业生应获得以下几方面的知识和能力：

① 掌握基础医学、临床医学、电子学的基本理论、基本知识

② 掌握医学影像学范畴内各项技术（包括常规放射学、CT、核磁共振、DSA、超声医学、核医学、介入医学等）及计算机的基本理论和操作技能

③ 具有运用各种影像诊断技术进行疾病诊断的能力

④ 熟悉有关放射防护的方针、政策和方法，熟悉相关的医学伦理学

⑤ 了解医学影像学各专业分支的理论前沿和发展动态。

五、主干课程

电工电子技术、人体解剖学、生理学、病理学、医学统计学、组织学与胚胎学、人体影像解剖学、医学影像成像理论、内科学、外科学、程序设计与模式识别、医学影像诊断学、医学影像设备学、核医学检查技术学、医学影像检查技术学、放射物理与辐射防护、医学图像处理、医学影像信息学等。

六、发展前景

1．就业方向

在各级各类医院、体检中心、康复机构、疾病控制中心、计划生育技术指导站、医疗器械（维修）公司等从事X线检查、CT检查、超声检查、MRI检查、介入诊疗技术、放射治疗技术、核医学技术、医学影像设备的保养与维修、医学影像设备及造影剂的生产和销售等工作。

2．就业前景

精准医疗是未来医学发展的必然结果，医学影像是这些年才兴起的。随着中国各二、三线城市医院的发展，很多医院都在强化辅助科室，引入影像新技术。

2017年开设医学影像技术专业的院校共有88所，部分高校按放射治疗技术等专业方向培养。报考硕士较集中的专业：影像医学与核医学、生物医学工程、临床医学。根据阳光高考信息平台统计数据，医学影像技术专业2017年普通高校毕业生规模为3000～3500人，高考时文理科比例为文科11%，理科89%。男女生比例为男生35%，女生65%。医学影像技术专业本科就业率为2016年95%～100%，2017年90%～95%。

3．专家建议

医学影像技术和医学影像学的区别：

医学影像学和医学影像技术都属于医学影像专业，一个是技术方向，一个是诊断方向。医学影像技术更偏重于理工科，比如对物理、计算机编程要求比较高，VB、C语言、宏汇编、单片机都要学，当然还有图像处理，对英语要求也高，很多设备都是英文操作界面的。医学影像学属于临床医学类一个特设专业，临床学生要学的知识都要学，甚至包括外科手术，医学影像学对计算机和物理要求是非常低的，是限选课。

医学影像学专业毕业后可考取医师资格证，不能考取技师资格证。

医学影像技术属于医学技术类，非临床医学类，毕业后可考取技师资格证，不能考取医师资格证。

4．小贴士

医学影像技术进医院只能作技师，大型医院已经饱和。

医学影像学比较更受欢迎，学制五年。

七、开设院校

2017年开设医学影像技术专业的院校共有88所。

眼视光学专业

专业代码	中文名	学科门类	一级学科	授予学位	修学年限
101004	眼视光学	医学技术类	医学	理学学士	四年

一、专业概述

眼视光学是一门以保护人眼视觉健康为主要内容的医学领域学科，主要针对视觉方面的研究，如近视、远视、散光、弱视、低视力、光学眼镜、角膜接触镜、屈光手术及其他视觉方面矫正的基础、临床研究等。

二、培养目标

培养具备基础医学、眼科学、视光学等方面的基础理论、基本知识、基本技能和专业技术操作能力，具有从事科学研究工作或担负专门技术工作的初步能力，能够应用视光学知识指导并帮助人民群众进行视觉保健和矫治的复合型高水平眼视光学专业人才。

三、培养要求

学习眼视光学的基础理论、基本知识，掌握眼科学、眼视光学的基础理论知识和诊断、预防与治疗眼病的基本技能。

四、知识技能

毕业生应获得以下几方面的知识和能力：

① 掌握基础医学、临床医学、眼视光医学的基本理论、基本知识。

② 掌握眼视光医学及计算机的基本理论和操作技能。

③ 具有运用眼视光医学诊断治疗疾病的能力。

④ 熟悉有关眼视光医学方针、政策和方法。

⑤ 了解眼视光医学各专业分支的理论前沿和发展动态。

⑥ 掌握文献检索、资料查询、计算机应用的基本方法，具有一定的科研和实际工作能力。

五、主干课程

人体解剖生理学、病理学、免疫学、医学统计学、临床医学概论、光学基础、眼科学基础、视光学、双眼视觉学、眼科学、低视力学与斜视弱视学、眼视光公共卫生学、眼视光器械学、眼镜学和角膜接触镜学等。

六、发展前景

1. 就业方向

在各级综合性医院、专科医院、医学院校、眼镜公司、视光学器械研发等部门，从事视光学检查、眼视光学教学科研、新型视光学矫正器械的研发及眼保健等工作。目前就业主要有两类：小部分当了眼科医生及其助手。大部分去搞验光配镜，即眼镜店工作。

2. 就业前景

眼视光学专业毕业生对口的职业为到各级综合性医院、专科医院、医学院校、眼镜公司、视光学器械研究部门担任验光师、眼视光学教学研究人员、新型视光学矫正器械和技术的开发人员、眼科检查专业技术人员等。

2017 年开设眼视光学专业的院校共有 27 所，报考硕士较集中的专业：眼科学、临床医学、基础医学。根据阳光高考信息平台统计数据，眼视光学专业 2017 年全国普通高校毕业生规模为 700～800 人，毕业生高考时的文理科比例为文科 2%，理科 98%。男女生比例为男生 32%，女生 68%。眼视光学专业本科就业率为 2016 年 80%～85%，2017 年 75%～80%。

3. 专家建议

① 眼视光学专业毕业生不能当眼科医生，如果想当眼科医生，应当就读的专业为眼视光医学（五年，特设专业）。

② 主要从事验光配镜工作。

现在的体系不是很完善，没有完善的职业评定系统。

毕业时比较好找工作，也有机会进入三甲医院。

可以考研（眼科学硕、医学技术眼视光方向、基础医学、跨考），目前的政策，即使考了眼科学硕士研究生依然不能取得医师资格证。

4．小贴士

请注意本专业与眼视光医学专业的区别。

七、开设院校

2017年开设眼视光学专业的院校共有27所。

康复治疗学专业

专业代码	中文名	学科门类	一级学科	授予学位	修学年限
101005	康复治疗学	医学技术类	医学	理学学士	四年

一、专业概述

康复治疗学专业是融合康复、医疗、预防、保健为一体的专业。康复治疗技术，是一门促进伤患者和残疾人身心功能康复新的治疗科学，也是一门新的技术，目的是使人们能够尽可能地恢复日常生活、学习工作和劳动、以及社会生活的能力，融入社会，改善生活质量。

二、培养目标

培养系统掌握现代康复医学，尤其是物理疗法、基础理论知识和康复治疗技术，具备良好职业素质，富有创新精神和终身学习能力，未来能够胜任与康复治疗相关的临床、教学、科研等工作的高素质康复治疗高级专门技术人才。

三、培养要求

能够从事康复各科的治疗工作、康复医学的教学和研究工作，以及社区康复与预防工作，具有分析问题、科学思维和独立工作的能力，具备开展康复医学各领域的科学研究工作的初步能力。

四、知识技能

毕业生应获得以下几方面的知识和能力：

① 掌握康复治疗学的基本理论、基本知识。

② 掌握康复治疗学的基本理论和操作技能。

③ 具有运用康复治疗学进行各种疾病康复治疗能力。

④ 熟悉有关的方针，政策和方法。

⑤ 了解康复治疗学各专业分支的理论前沿和发展动态。

⑥ 掌握文献检索、资料查询、计算机应用的基本方法，具有一定的科研和实际工作能力。

五、主干课程

生物学、解剖学、生物化学、生理学、组织学与胚胎学、免疫学、药理学、病理学、病理生理学、诊断学、计算机学、医学统计学、文献检索学、内科学、外科学、妇产科学、儿科学、表面解剖学、生物力学、康复医学总论、康复评定学、康复工程学、物理治疗学、作业治疗学、语言治疗学、康复护理学、康复心理学、儿童康复学、骨科康复学、内科疾病康复学、神经伤病康复学、社区康复学、传统康复学等。

六、发展前景

1．就业方向

主要到综合医院康复医学科、康复中心（康复医院）从事康复治疗师技术工作，也可到疗养院、保健中心、儿童康复中心、体育医院或运动队医务室、社区卫生服务机构、残联等单位从事康复治疗和/或康复评定工作。

2．就业前景

人们现在比较注重健康，注重保养和养生保健，需要康复治疗的人群很多，从刚出生的宝宝到老年都可能需要。

2017 年开设康复治疗学专业的院校共有 148 所，部分高校按以下专业方向培养：呼吸治疗、物理治疗、作业治疗。报考硕士较集中的专业：康复医学与理疗学、体育学、中西医结合。根据阳光高考信息平台统计数据，康复治疗学专业 2017 年普通高校毕业生规模为 4500～5000 人，高考时文理科比例为文科 21%，理科 79%。男女生比例为男生 33%，女生 67%。康复治疗学专业本科就业率为 2016 年 85%～90%，2017 年 90%～95%。

3．专家建议

① 与康复医学有区别。

学康复治疗技术和康复治疗学的人以后没有处方权（目前国内的康复治疗学属于理学学位，不是医学学位），因为属于技师类。学康复医学的可以有处方权，属于临床医学。

康复治疗学专业属医学技术类，就业后康复治疗士/师不具有处方权，不能参加临床医师资格考试，但可参加专门的康复治疗士/师的职称评级。

部分院校可报考康复医学与理疗学专业学术型研究生，毕业后可从事研究型工作，不能参加医师资格考试。

② 可报考中医类研究生。

部分院校可报考中医学类研究生，经所报考研究生导师同意的，按照卫计委 52 令《传统医学师承和确有专长人员医师资格考核考试办法》，可参加传统医学师承考核考试，通过后进入医疗机构试用，一年后可参加中医类别的执业助理医师考试，取得中医类别执业助理医师资格后连续工作满五年可参加中医类别执业医师资格考试。

4．小贴士

如果不想做康复治疗师（技师，不是医师），没必要选这个专业。

做康复不是一件简单的事情，不仅是技术活，还是体力活。现实中，康复科室偏好男生，招女生也是招身强力壮的。

康复科里的医务人员是由康复医师和康复治疗师组成的，平时工作时康复医师做的就是指导性的工作，查房、开医嘱、制订治疗计划，而康复治疗师就是执行这些治疗的。

七、开设院校

2017 年开设康复治疗学专业的院校共有 148 所。

口腔医学技术专业

专业代码	中文名	学科门类	一级学科	授予学位	修学年限
101006	口腔医学技术	医学技术类	医学	理学学士	四年

一、专业概述

口腔医学技术是教育部规定的相关院校招生专业名称，专业核心能力为口腔修复工艺技术，比如假牙。

二、培养目标

培养掌握口腔医学的基本理论和口腔治疗技术与工艺技术的基本操作技能，从事牙齿整复和整形技术工作的高级技术应用型专门人才。

三、培养要求

主要学习相关基础医学、口腔医学和口腔医学技术知识，具有良好的职业道德和创业精神，具有从事牙齿整复和整形技术工作的基本能力。

四、知识技能

毕业生应获得以下几方面的知识和能力：

① 掌握基础医学和临床医学的基本理论知识和实验技能。

② 掌握口腔医学各学科的基本理论知识和医疗技能。

③ 具有口腔修复工作的基本知识和～般操作技能。

④ 熟悉国家卫生工作方针、政策和法规。

⑤ 掌握文献检索、资料查询的基本方法，具有牙齿整复和整形技术的初步能力。

五、主干课程

基础医学、口腔解剖生理学、口腔内科学、口腔外科学、口腔修复学、口腔正畸学、材料学、设备学、口腔工艺学、口腔医学美学和计算机辅助设计等。

六、发展前景

1．就业方向

在医院、高等医学院校从事口腔医学技术教学、科研、生产及管理工作，在各级各类定制式义齿生产企业从事生产及管理工作，在口腔材料、器械、设备的研发、销售公司担任技术支持等。

2．就业前景

大多数工作与义齿（假牙）有关。

2017 年开设口腔医学技术专业的院校共有 17 所，报考硕士较集中的专业：口腔医学、口腔临床医学、口腔基础医学。根据阳光高考信息平台统计数据，口腔医学技术专业 2017 年普通高校毕业生规模为 200～250 人，高考时文理科比例为文科 24%，理科 76%。男女生比例为男生 42%，女生 58%。口腔医学技术专业本科就业率为 2016 年 85%～90%，2017 年 85%～90%。

3．专家建议

① 需要区分口腔医学和口腔医学技术的区别。

口腔医学专业可以参加执业医师资格证考试，就业方向为医师方向，可以独立开设诊所，当医生。一般口腔科医生学习的专业都是口腔医学。口腔医学技术指的是口腔专业的技工，或者叫技师。

② 本专业毕业之后不是口腔科医生，不能考取医师资格证。

4．小贴士

想当牙医，报考的专业应当是口腔医学（五年制医学学士），而不是口腔医学技术（四年制理学学士）。

七、开设院校

2017 年开设口腔医学技术专业的院校共有 17 所。

卫生检验与检疫专业

专业代码	中文名	学科门类	一级学科	授予学位	修学年限
101007	卫生检验与检疫	医学技术类	医学	理学学士	四年

一、专业概述

卫生检验专业属于预防医学范畴，是卫生防疫和医疗工作的眼睛，应用现代医学理论和科学技术对环境、食品、化妆品作业现场、公共场所的卫生状况污染的危害进行监督、监测，为制定预防措施和临床医疗方法提供检验依据，实施卫生防疫措施效果的评价等。

二、培养目标

培养具有预防医学、卫生理化检验及微生物学检验等方面的基本知识和操作技能的高级技术应用型专门人才。

三、培养要求

主要学习卫生检验与检疫学的基本理论和基本知识，受到卫生检验与检疫方面的基本训练，具有基本的卫生检验与检疫能力。

四、知识技能

毕业生应获得以下几方面的知识和能力：

① 掌握基础卫生检验与检疫的基本理论知识和实验技能。

② 掌握卫生检验与检疫的基本技能。

③ 具有卫生检验与检疫的初步能力。

④ 具有卫生检验与检疫工作的基本知识和～般操作技能。

⑤ 熟悉国家卫生工作方针、政策和法规。

⑥ 掌握文献检索、资料查询的基本方法。

五、主干课程

医用化学、分析化学、生物学、卫生微生物及检验、生物材料检验、水质卫生理化检验、食品卫生理化检验、空气卫生理化检验、卫生毒理学、生物化学及检验、预防医学、寄生虫学及检验、实验室质量管理、免疫学检验等。

六、发展前景

1．就业方向

在疾病预防控制中心、医院的检验科室、出入境检验检疫局、食品药品监督、农产品质量监督、卫生与计划生育委员会、海关、食品公司、药品公司、化妆品公司、自来水厂，环保局、质监局、医疗器械的销售、第三方检验检测测公司等从事相关工作。

2．就业前景

卫生检疫专业是一个近年新兴起的学科，一方面说明卫生检疫人才储备比较匮乏，另一方面国家将会重点培植大力发展，社会需要大量卫生检疫方面的人才。

2017 年开设卫生检验与检疫专业的院校共有 48 所，报考硕士较集中的专业：公共卫生、公共卫生与预防医学、流行病与卫生统计学、劳动卫生与环境卫生学。根据阳光高考信息平台统计数据，卫生检验与检疫专业 2017 年普通高校毕业生规模为 1500～2000 人，高考时文理科比例为文科 0，理科 100%。男女生比例为男生 35%，女生 65%。卫生检验与检疫专业本科就业率为 2016 年 95%～100%，2017 年 90%～95%。

3．专家建议

① 卫生检验与检疫专业和预防医学专业的关系。

理论上说，卫生检验与检疫专业和预防医学专业的关系与医学检验和临床医学的关系是相似的，卫生检验与检疫为预防医学提供相关检验结果，医学检验为临床医学提供检验结果。但是在就业现实中，差别很大，这跟国家的体制有很大关系。很多时候，预防医学或者其他与检验有关的专业如医学检验等与卫生检验与检疫专业竞争的是同一个工作岗位，毕竟这种检验类的岗位在任何部门和企业都是有限的，很快就会饱和。

② 医学检验可以去医院，也可以和卫生检验与检疫专业竞争同样的岗位，卫生检验与检疫专业却无法去医院。

4．小贴士

继续深造是最好的方向，高层次的人才是今后的需求。

七、开设院校

2017 年开设卫生检验与检疫专业的院校共有 48 所。

护理学专业

专业代码	中文名	学科门类	一级学科	授予学位	修学年限
101101	护理学	护理学类	医学	理学学士	四年

一、专业概述

护理学是以自然科学和社会科学理论为基础，研究维护、促进、恢复人类健康的护理理论、知识、技能及其发展规律的综合性应用科学。

二、培养目标

培养具备人文社会科学、医学、预防保健的基本知识及护理学的基本理论知识和技能，能在护理领域内从事临床护理、预防保健、护理管理、护理教学和护理科研的高级专门人才。

三、培养要求

主要学习相关的人文社会科学知识和医学基础、预防保健的基本理论知识，受到护理学的基本理论、基本知识和临床护理技能的基本训练，具有对服务对象实施整体护理及社区健康服务的基本能力。

四、知识技能

毕业生应获得以下几方面的知识和能力：

① 掌握相关的人文社会科学、基础医学、预防保健的基本理论知识。

② 掌握护理学基本理论、基本知识、基本技能。

③ 掌握护理急、慢性和重症病人的护理原则、操作技术以及专科护理和监护技能，并能够应用护理程序对服务对象实施整体护理。

④ 具有社区健康服务、护理管理和护理教育的基本能力。

⑤ 熟悉国家卫生工作方针、政策及法规。

⑥ 了解护理学的学科发展动态。

五、主干课程

人体解剖学、生理学、医学伦理学、心理学、病因学、药物治疗学、诊断学基础、护理学基础、急重症护理、内外科护理学、妇儿科护理学、精神护理学等。

六、发展前景

1．就业方向

可在护理领域内从事临床护理、预防保健、护理管理、护理教学和护理科研。

2．就业前景

护理专业被教育部、卫计委等六部委列入国家紧缺人才专业，予以重点扶持。世界卫生组织对各成员国卫生人才资源统计结果显示，许多国家护理人才紧缺。在我国，护士的数量远远不够，医护比例严重失调。按照卫计委要求，我国医院的医生和护士的比例是1∶2，重要科室医生和护士的比例应是1∶4。

2017年开设护理学专业的院校共有276所，部分高校按以下专业方向培养：ICU、英语、助产、国际交流、老年护理、蒙医护理、涉外护理、民族传统体育与保健英语。报考硕士较集中的专业：护理、护理学、病理学与病理生理学、人体解剖与组织胚胎学。根据阳光高考信息平台统计数据，护理学专业2017年普通高校毕业生规模为50000～55000人，高考时文理科比例为文科39%，理科61%。男女生比例为男生9%，女生91%。护理学专业本科就业率为2016年85%～90%，2017年85%～90%。

3．专家建议

（1） 护理学专业和护士有什么不同。

护理学是专业，而护士是职业，这就是两者间最大的区别。护士是护理学专业毕业后的一个就业方向，护理是护士的工作内容，护士毕业前在学校学习的专业就是护理专业。

护理学专业主要是从事病人受到创伤后的恢复和护理的一门专业，目前在中国，无论是学习护理学专业，还是从事护士这个职业的都是女性居多。

总的来说，护理学专业是研究型专业，主要培养的是具有医学、护理学、预防保健等专业知识的人才，护理学毕业找到工作就业后，可能会成为一名护士。

护士这个职业的从业人员来源很多，许多中专、大专及高职院校都有这个专业，甚至社会上还有许多培训机构。这一类的人员，向高层次发展的空间比护理学专业的学生要小很多。

（2） 就业前景好。

对于想要学医的人来说，无论是学临床还是学护理学，都需要一定的勇气，也需要付出一定的代价。对于护理专业来说，在找工作时有一定的优势，但也要经过努力，才能找到理想的工作。

无论男生还是女生，如果将来想要一份稳定的工作，护理学专业都是很好的选择，特别是现在男护士非常好就业，待遇也要比女护士好。其缺点是社会存在一定的歧视，很多人看不起这个专业，和计算机、金融等专业相比，薪资待遇也不是很高。从行业的整体情况看，社会随着向老龄化转变，对于护理人员的需求不断增加。

（3） 本科护理专业和其他学历的差别。

1） 去向差别大。

学护理的专科生，就业层次要差一些，比如乡镇和县一级医院。即使在北上广深等一线大城市，也是在相对比较差一点的医院。本科护理学专业的毕业生可以到层次高的医院，比如三甲医院或者待遇极好的合资或独资医院，基本上能保证编制，专科或以下学历大多数是合同制。很多有名气且待遇好的医院甚至明确规定只要“985工程”“211工程”或知名医科大学本科及以上护理学专业毕业的学生。

2） 工作内容差别大。

即便在同一家医院，专科生可能会到活儿多、事儿多的边缘科室，本科生则会被留在重点科室。在一些重要业务、重要病人等工作岗位，本科生会被优先选择。

3） 前途差别大。

这一差别是最大的差别，也是最重要的差别。对专科生而言，如果不打算继续专升本的话，毕业后基本上就是从事护士工作，护士工作的辛苦，大家都清楚。对于本科生，学护理不等于当护士，本科毕业生拥有更多的选择和更多的可能，比如疾控、防疫等技术人员，医疗器械公司、生物科技公司的业务人员，医院护理部的管理和技术指导，这种工作一般偏向于外企，待遇非常不错，但对英语要求会比较高；也可以去国企事业单位等，还可以从事如医学类自媒体、营养顾问、私人医疗顾问等。有机会还可以进入无国界医疗组织，考取外国护士执照，去一些比较发达又很缺护士的国家发展，在国外一些国家，护士是很受欢迎和尊重的职业。

（4） 男护士更抢手。

护理学人才虽然是紧缺人才之一，但是护理专业的招生却比较冷清。各大医院对高学历护理人才的需求量相当大，高学历护士知识面宽广，容易同各种病人沟通，其护理科研能力也比较强，在临床上更善于发现问题、分析问题和解决问题，在女性偏多的这个职业中，男性本身的优势更为明显。

4．小贴士

护士职业有一个很大的弊端，就是作息时间不规律，大医院工作强度很大。

七、开设院校

2017 年开设护理学专业的院校共有 276 所。

管理学门类学科综述

管理学门类学科包括管理科学与工程类（1201）、工商管理类（1202）、农业经济管理类（1203）、公共管理类（1204）、图书情报与档案管理类（1205）、物流管理与工程类（1206）、工业工程类（1207）、电子商务类（1208）、旅游管理类（1209）共九个学科大类。

管理科学与工程类（1201）下设管理科学（120101 可授管理学或理学学士学位）、信息管理与信息系统（120102 可授管理学或工学学士学位）、工程管理（120103 可授管理学或工学学士学位）、房地产开发与管理（120104）、工程造价（120105 可授管理学或工学学士学位）五个基本专业和保密管理(120106TK)一个特设专业，共六个专业。

工商管理类（1202）下设工商管理（120201K）、市场营销（120202）、会计学（120203K）、财务管理（120204）、国际商务（120205）、人力资源管理（120206）、审计学（120207）、资产评估（120208）、物业管理（120209）、文化产业管理（120210 可授管理学或艺术学学士学位）十个基本专业及劳动关系（120211T）、体育经济与管理（120212T）、财务会计教育（120213T）、市场营销教育（120214T）四个特设专业，共十四个专业。

农业经济管理类（1203）下设农林经济管理（120301）、农村区域发展（120302 可授管理学或农学学士学位）两个基本专业。

公共管理类（1204）下设公共事业管理（120401）、行政管理（120402）、劳动与社会保障（120403）、土地资源管理（120404 可授管理学或工学学士学位）、城市管理（120405）五个基本专业和海关管理（120406TK）、交通管理（120407T 可授管理学或工学学士学位）、海事管理（120408T）、公共关系学（120409T）四个特设专业，共九个专业。

图书情报与档案管理类（1205）下设图书馆学（120501）、档案学（120502）、信息资源管理（120503）三个专业。

物流管理与工程类（1206）下设物流管理（120601）、物流工程（120602 可授管理学或工学学士学位）两个基本专业和采购管理（120603T）一个特设专业，共三个专业。

工业工程类（1207）下设工业工程（120701 可授管理学或工学学士学位）一个基本专业和标准化工程（120702T）、质量管理工程（120703T）两个特设专业，共三个专业。

电子商务类（1208）下设电子商务（12080 可授管理学或经济学或工学学士学位）一个基本专业和电子商务及法律（120802T）一个特设专业，共两个专业。

旅游管理类（1209）下设旅游管理（120901K）、酒店管理（120902）、会展经济与管理（120903）三个基本专业和旅游管理与服务教育（120904T）一个特设专业，共四个专业。

1．关于管理学专业的反思

不少专家对普通高校本科管理专业直接从应届高中生中招生持有异议，因为管理专业本科教育本身就存在问题。

一个高中毕业生如果直接学管理是学不懂的，以为学的那套管理理论放之四海而皆准。一旦真正到企业里工作，他就会碰许多钉子。高中毕业生直接上大学学管理的最大弊端在于他（她）没有在企业待过一天，对企业一无所知，毫无实践经验。在大学空学四年管理理论，无法真正掌握管理理论和方法的精髓，更谈不上灵活运用。管理与技术、生产是不分家的，可没在企业待过的学生，一不懂技术，二不懂生产，更谈不上成为优秀的管理者。

管理类专业本科毕业生从最初几年的俏销到现在的严重滞销，不仅由于管理专业招生规模过大，也由于不少管理专业毕业生实际工作能力偏低，使接收单位失望。清华大学曾做过一次试验，从大学本科生中挑选一些成绩优秀者读 MBA，试图从中找到一个新的 MBA 培养模式。后来，实验证明是失败的，这些智商极高但没有管理经验的学生很难理解处理问题的环境，难以做出正确的判断。

2. 管理学综述

在高校设置的众多学科中，管理学类近年来受到考生的关注程度越来越高，不过招生情况仍然很平稳，分数线没有明显的起伏变化。管理学区别于经济学，又与经济学有着密切的联系，主要是学科的侧重不同。

尽管管理学在教学中涉及大量的经济学内容，但是管理学更侧重于培养学生的管理能力。管理学包括五类：管理科学与工程类、工商管理类、公共管理类、农业经济管理类和图书档案学类，大家熟悉的工商管理、国际商务、市场营销、会计学、电子商务、公共事业管理等专业就属于这个范畴，近年来又增加了文化产业管理、房地产经营管理、会展经济与管理、公共事业管理等新专业。

全国设有管理学类专业的本科一批院校很多，高分考生可以考虑清华大学经管学院、北京大学光华管理学院。管理类学科招生上大多是文理兼收，究竟是偏文还是偏理，跟高校的自身特色有关。根据往年招生情况看，管理类学科的最低录取线基本处于各高校总体分数段的中等水平，而那些较为“热门”的工商管理、会计学、财务管理等专业的分数线稍微高些。

管理学毕业生的就业根据专业的不同有所区别，某些专业的就业率会相对高一些。但总的就业情况可能略逊于工科和理科，但要好于大部分的文科专业。

选择学校和专业很重要，因为这可能影响你一生的发展方向和高度，更有可能影响到你的考研是否成功。有很多因素会左右着你的选择，我们建议你在选择的时候要把自己的性格、兴趣和专业背景放在首位来考虑。

管理科学专业

专业代码	中文名	学科门类	一级学科	授予学位	修学年限
120101	管理科学	管理科学与工程类	管理学	管理学学士	四年

一、专业概述

管理科学学科侧重于研究与现代生产经营、科技、经济和社会等发展相适应的管理理论、方法与工具，应用现代科学方法与科技成就来阐明和揭示管理活动的规律，提高管理的效率。

二、培养目标

培养具备必要的数学、经济学、计算机应用基础，具有扎实的管理学科的基本理论和基本知识，具备用先进的管理思想、方法、组织和技术以及数学和计算机模型对运营管理、组织管理和技术管理中的问题进行分析、决策和组织实施的高级专门人才。

三、培养要求

能够应用先进管理思想、系统方法、数量模型和信息技术来分析企业和社会经济活动，具有扎实广阔的基础知识、深入实用的专业技能。

四、知识技能

毕业生应获得以下几方面的知识和能力：

① 掌握管理学科的基本理论、基本知识和方法。

② 具有定量分析和计算机应用的基本能力。

③ 具有基本的管理沟通、协同合作和组织实施的工作能力。

④ 熟悉有关管理的方针政策和法规。

⑤ 了解管理科学的应用前景。

⑥ 掌握文献检索、资料查询的基本方法，具有初步的科学研究和实际工作能力。

⑦ 具备一定的调研能力和分析综合能力。

⑧ 具有扎实的熟悉基础，能够应用运筹学方法进行建模和决策分析。

五、主干课程

信息技术、应用数理统计、运筹学、经济学、管理学、数据结构、高级语言程序设计、管理信息系统、市场营销、会计学、财务管理、人力资源管理、组织行为学、生产与运作管理、系统模拟等（不同院校因为培养方向的侧重点不同，课程会有差别）。

六、发展前景

1．就业方向

可在各类工商企业、政府部门和行业管理机构的产业分析和政策管理部门、事业单位从事战略研究、市场分析、管理运作、项目管理、决策分析、信息管理和数据分析等工作。

2．就业前景

管理科学已经扩展到各个领域，形成了内容广泛、门类齐全的独立学科体系，管理科学已经成为同社会科学、自然科学并列的第三类科学。管理现代化是应用现代科学的理论、要求和方法，提高计划、组织和控制的能力，以适应生产力的发展的需要，使管理水平达到当代国际上先进水平的过程，也是由经验型的传统管理转变为科学型的现代管理的过程。

2017 年开设管理科学专业的院校共有 58 所，部分高校按以下专业方向培养：后勤管理、矫正管理、精益管理、项目管理。报考硕士较集中的专业：管理科学与工程、工商管理、金融、会计。根据阳光高考信息平台统计数据，管理科学专业2017年普通高校毕业生规模为2000～2500人，高考时文理科比例为文科16%，理科84%。男女生比例为男生39%，女生61%。管理科学专业本科就业率为2016年85%～90%，2017年85%～90%。

3．专家建议

这个专业基本上属于万金油，任何行业任何企业都可以。

如果不打算考研，就踏踏实实从基层开始慢慢做，还要不断地学习和充实自己。

4．小贴士

看上去不错，但现实是，很多人找不到本领域的工作。

七、开设院校

2017年开设管理科学专业的院校共有58所。

信息管理与信息系统专业

专业代码	中文名	学科门类	一级学科	授予学位	修学年限
120102	信息管理与信息系统	管理科学与工程类	管理学	管理学或工学学士	四年

一、专业概述

信息管理与信息系统专业是顺应知识经济时代的迫切需要，整合经济信息管理、情报学、管理信息系统、科技信息等专业新成立的一门信息科学和管理学交叉学科。简单来说，信息管理与信息系统就是专门面向企业，帮助企业设计、开发信息管理系统的一个专业。

二、培养目标

培养具备现代管理学理论基础、计算机科学技术知识及应用能力，掌握系统思想和信息系统分析与设计方法以及信息管理等方面的知识与能力，能在国家各级管理部门、工商企业、金融机构、科研单位等部门从事信息管理以及信息系统分析、设计、实施管理和评价等方面的高级专门人才。

三、培养要求

主要学习经济、管理、数量分析方法、信息资源管理、计算机及信息系统方面的基本理论和基本知识，受到系统和设计方法以及信息管理方法的基本训练，具备综合运用所学知识分析和解决问题的基本能力。

四、知识技能

毕业生应获得以下几方面的知识和能力：

① 掌握信息管理和信息系统的基本理论、基本知识。

② 掌握管理信息系统的分析方法、设计方法和实现技术。

③ 具有信息组织、分析研究、传播与开发利用的基本能力。

④ 具有综合运用所学知识分析和解决问题的基本能力。

⑤ 了解本专业相关领域的发展动态。

⑥ 掌握文献检索、资料查询、收集的基本方法，有一定的科研和实际工作能力。

⑦ 具备一定的调研能力和分析综合能力。

⑧ 具有扎实的数理基础，能够应用运筹学方法进行建模和决策分析。

五、主干课程

管理学、经济学、会计学、市场营销学、画法几何、计算机网络与通信、财务管理学、人力资源管理、网络数据库管理系统、组织行为学、信息系统开发项目管理、程序设计语言（C）、企业流程改造原理与实务、商法、管理信息系统,ERP 原理与实施、运筹学、生产与运作管理等（不同院校因为培养方向的侧重点不同，课程会有差别）。

六、发展前景

1．就业方向

企业信息化管理：围绕着信息系统的市场营销、项目管理、物流、电子商务、管理咨询等，如大型公司的信息服务部门、维护管理公司信息系统、解决其他部门的计算机设备问题、管理办公自动化设备等，或从事信息系统集成的市场开发、销售、服务之类的岗位。

计算机方向：偏技术方向，如编程、数据库、计算机网络、网站建立与维护等，这一部分主要是理科生，在学校学习时有实际操作经验，可以对一些企业的 ERP 系统开发，或进入专业的系统开发公司和一些提供计算机软件信息服务的公司，从事软件开发、产品维护和信息咨询工作。

数据处理和挖掘：如果毕业生在校学习时，能够掌握数据分析处理等相关技术，也可以在管理部门、金融机构、企事业单位等从事大数据系统研发、数据预测分析、信息架构开发等工作。这类工作要求高、门槛也比较高。

文档及财务管理：比如去图书馆技术中心、资料中心、数据中心从事文档、信息分类、文献检索、资料查询、收集整理工作等。

还有部分毕业生进入会计师事务所、财务、证券、咨询公司等从事会计、财务相关工作。这主要是由学校不同的教学安排和培养体系决定的，一般文科生较多。

2．就业前景

信息管理与信息系统是一个跨学科、兼容性高的专业。计算机、现代管理学、经济学、数理统计等都是其涉猎范围，如果毕业生再有一定的创新管理能力，结合大数据的时代背景，可选择的就业方向还是比较广泛的。

2017 年开设信息管理与信息系统专业的院校共有 603 所，部分高校按以下专业方向培养：医药、大数据、电子商务、管理信息、商务智能、金融信息系统、农村基层管理、信息系统审计、财务会计信息管理、企业信息系统应用。报考硕士较集中的专业：管理科学与工程、工商管理、公共管理、情报学。根据阳光高考信息平台统计数据，信息管理与信息系统专业 2017 年普通高校毕业生规模为 32000～34000 人，高考时文理科比例为文科 17%，理科 83%。男女生比例为男生 45%，女生 55%。信息管理与信息系统专业本科就业率为 2016 年 85%～90%，2017 年 90%～95%。

3．专家建议

① 信息管理与信息系统专业的由来。

信息管理与信息系统专业由经济信息管理、信息学、科技信息、管理信息系统、林业信息管理 5 个专业合并而来。在 1998 年以前的专业目录中，并没有信息管理与信息系统专业，1998 年修订普通高等学校本科专业目录时，将图书信息档案学类中的信息学、工程力学类中的管理信息系统、经济学类中的经济信息管理等专业合并更名为“信息管理与信息系统”。现在，信息管理与信息系统专业属于管理学中的管理科学与工程类，可授管理学或工学学士学位。

② 开设院校主要有三类。

各校信管专业多是因地制宜开设的，根据学校条件和背景不同，主要分为三大类：

第一类是工科学校开设的信管专业。这类院校重视信息系统的构建，重点培养学生信息系统设计、开发、管理与维护等方面的能力，喜欢走编程路线的同学在填报志愿时可以考虑。

第二类是文科院校开设的信管专业。这类学校的信管专业由图书信息档案学、经济信息管理等整合而成，注重信息的处理，重点培养学生信息分类整理和管理咨询等方面的能力。

第三类是一些行业类院校开设的信管专业。如外语类、金融类、农林类，他们的信息管理与信息系统，大多与学校本身的行业方向结合在一起，如农业类注重农业管理科学和农业方面的信息系统建设问题。外语类院校重视信息化在语言方面的应用。

③ 不同院校专业有差异。

从授予学位看，信管专业可授予管理学或工学学士学位，不同类型学校的信管专业还是有差异的，偏文还是偏理，具体可以看一下各高校授予的学位、研究方向和培养目标。

比如：清华大学信息管理与信息系统是涉及了计算机科学、管理科学、行为学、社会学等多个不同领域的新兴交叉学科，致力于培养掌握数字经济时代商务活动规律，能够有效驾驭信息技术以提升绩效、引领创新的复合型管理人才。浙江大学信管专业是将信息技术、数据科学与现代管理理念相结合来指导管理实践，培养能够利用信息技术和信息系统进行管理创新和商务模式创新的复合型高级专门人才。哈尔滨工业大学该专业与大数据及“互联网+”的背景紧密结合，主要研究方向包括数据分析、数据挖掘理论与方法、商务智能、电子健康、信息系统开发与管理、基于信息技术的业务流程优化等。天津大学信息管理与信息系统专业主要依托其工科优势，并设有信息管理与信息系统和信息管理与信息系统（保密方向）。

不同大学信管专业的培养体系不同，专业的侧重点不同，课程设置也有所差异，考生可具体查看各校详细专业和课程设置情况。

④ 以理为主，文理兼收。

虽然很多院校将信息管理与信息系统专业开设在管理学院，但招生还是以理科生为主，也有院校招收文科考生，如北京大学、首都经济贸易大学等。

作为一个文理兼收的专业，信管专业留给考生的选择余地比较大。需要注意的是，很多院校的课程设置兼具管理、经济与信息技术等多门学科的关键知识点，学生需要有较强的融会贯通能力。

另外填报志愿时，一些院校的信管专业按管理科学与工程大类招生，考生在选报时不要因为专业名称不一致而填报错误，最好关注一下大类中包含的专业。

4. 小贴士

2016 年 6 月 8 日，上海市教委在其官方网站公布了 2016 年度本科预警专业名单。鉴于英语、国际经济与贸易、法学、工商管理、物流管理、新闻学、旅游管理、信息管理与信息系统、市场营销、行政管理等 10 个专业在上海市高校重复设置相对较多，在部分高校中连续多年招生录取率和毕业生签约情况不太理想，造成整体指标偏低，经市教委研究，将上述专业列为 2016 年度预警专业。

一位信管专业毕业的同学说：“现在最后悔的就是在学校时没把计算机学好，不然可以直接去搞开发，收入能上一个台阶。当时觉得课程学的很多，但细想起来，论技术我们没有计算机学院学的深，编程能力和软件开发都不行。论管理和经济，又没法和管理学或经济学院毕业的同学比。找工作的时候才发现，自己的优势在哪里呢？其实这是我们每一个信管专业的学生，在上学期间都应该仔细思考的问题。”

七、开设院校

2017 年开设信息管理与信息系统专业的院校共有 603 所。

工程管理专业

专业代码	中文名	学科门类	一级学科	授予学位	修学年限
120103	工程管理	管理科学与工程类	管理学	管理学或工学学士	四年

一、专业概述

工程管理是由土木工程、管理学和经济学理论融合而成的交叉性综合型学科，其研究对象是探究工程建设领域专门技术的管理规律。

二、培养目标

培养适应现代工程建设需求，并且具备管理学、经济学、计算机技术、土木工程、法律和项目管理等基本知识，掌握现代管理科学的理论、方法和手段，能在国内外工程建设领域从事项目决策和全过程管理的复合型高级管理人才。

三、培养要求

主要学习工程管理方面的基本理论、方法和土木工程技术知识，受到工程项目管理方面的基本训练。具备从事工程项目管理的基本能力。

四、知识技能

毕业生应获得以下几方面的知识和能力：

① 掌握工程管理的基本理论和方法。

② 掌握投资经济的基本理论和基本知识。

③ 熟悉土木工程技术知识。

④ 熟悉工程项目建设的方针、政策和法规。

⑤ 了解国内外工程管理的发展动态。

⑥ 具有运用计算机辅助解决管理问题的能力。

五、主干课程

高等数学、线性代数、概率论与数理统计、运筹学、大学英语、工程管理概论、机械制图、VB 语言程序设计、计算机应用技术、系统工程学、城市规划、财务管理、工程招投标与合同管理、工程经济学、项目管理、工程估价与投资控制、建筑施工技术管理学等（不同院校培养方向和侧重点不同，课程会有差别）。

六、发展前景

1. 就业方向

就业领域涉及建筑工程、工程施工和控制管理、房地产经营以及金融、宾馆、贸易等行业部门的管理工作，侧重于工程建筑、施工管理以及房地产经营开发。

2. 就业前景

随着国家“一带一路”、长江经济带、京津冀协同发展三大区域性经济发展战略的推进，建筑业进一步得到发展。同时，随着房地产增长速度放缓，房地产行业的利润率开始降低，施工企业直接成本越来越透明化。在这种大的市场环境背景下，施工企业将更加注重管理，因为人工费、材料费周期性增长，通货膨胀年年增长，施工企业为了生存与发展，对工程管理会越来越重视。

2017 年开设工程管理专业的院校共有 446 所，部分高校按以下专业方向培养：工程审计、工程造价、房地产开发、不动产评估师、工程项目管理、智能建筑运维、智能楼宇运维、建筑管理工程师、项目管理与造价管理。报考硕士较集中的专业：建筑与土木工程、管理科学与工程、工程管理。根据阳光高考信息平台统计数据，工程管理专业 2017 年普通高校毕业生规模为 42000～44000 人，高考时文理科比例为文科 13%，理科 87%。男女生比例为男生 57%，女生 43%。工程管理专业本科就业率为 2016 年 90%～95%，2017 年 90%～95%。

3．专家建议

（1） 不同院校培养方向各具特色。

根据学校的学科优势和发展传统不同，各高校对工程管理专业学生的培养方向也有不同的侧重。主要分为两类：

1） 注重行业特色高等院校。

这类院校具有鲜明的行业特色，并在各自的行业类发挥着重要的领导作用，为本行业的工程建设项目提供有力支撑。如长安大学立足具有公路交通与建筑行业特色，建设依托国家级重点学科“交通运输工程”和“土木工程”的土木和公路交通工程管理专业。哈尔滨工业大学和西北工业大学依托自身航天航空特色，建设具有鲜明国防特色的基础建设项目工程管理。中国海洋大学和河海大学依托河海水利特色，建设具有鲜明水利工程特色的工程管理专业。

2） 注重理论建设的高等院校。

这类院校以理论研究为主要任务，以解决工程管理实践中具体问题，并以完善工程管理学科建设为目标。如西安交通大学和华中科技大学偏重工程管理理论创新，致力于探究建筑工程领域中具体管理问题，形成以管理科学为支撑的工程管理。清华大学、同济大学等依托各校在行业内的地位，具体分析工程管理中的现实问题，形成将理论在实践中提升的学科特色。

因此，考生如想报考工程管理专业，需仔细了解各院校招生专业目录、专业设置等信息，结合自身情况选择心仪院校。

（2） 院校授予学位有差别，关注是否文理兼收。

工程管理专业属于管理学中的管理科学与工程类，高校可授予管理学或工学学士学位。比如，清华大学工程管理专业设在建设管理系，授予工学学位。同济大学工程管理专业设在经济与管理学院的建设管理与房地产系，是我国最早设立工程管理专业的两所院校之一，授予管理学学位。天津大学工程管理专业设在管理与经济学部，是首批入选“教育部第一类特色专业”，授予管理学学位。重庆大学工程管理专业设在建设管理与房地产学院，偏向于房屋建筑方向，授予工学学位。

工程管理专业是文理科兼收专业，但高校招生有所不同。如东华大学的管理科学与工程大类只招理科生。中南财经政法大学、重庆工商大学等则兼收文科生。

4．小贴士

工程管理专业类的资质认证有很多，从全球认可的国际项目管理经理认证系列（IPMP、PMP）到全国通行的建造师资质认证，从定位提供专业咨询的监理、造价、评估师到致力服务的施工、安全、质检员，工程管理界形成了种类齐全、社会认可度高等专业认证序列。相关的证书很多，比如建造师、造价师、监理工程师、项目管理师等。

除少数考入公务员或在特定岗位上工作的学生，绝大多数人需要到工程一线工作，比较艰苦。

工程管理专业在每个学校的偏重不一样，有的学校偏管理，有的学校偏技术，对于偏技术来说还是好找工作的。只要要求不是很高，不难找到期工作。

找工作之前，要明确自己究竟想要从事什么工作，自己的水平能干什么。如果只是一个不太有名气的学校，不考研的话，不要幻想太多。土木行业不管是从事设计还是施工，都很重视经验。

七、开设院校

2017 年开设工程管理专业的院校共有 446 所。

房地产开发与管理专业

专业代码	中文名	学科门类	一级学科	授予学位	修学年限
120104	房地产开发与管理	管理科学与工程类	管理学	管理学或工学学士	四年

一、专业概述

房地产开发与管理专业是房地产技术、经济、管理及法律的交叉学科，主要研究房地产开发与经营管理活动的理论与实践问题。

二、培养目标

培养具有规划、建筑、土木工程技术、经济学、管理学、房地产法律法规的基本知识，掌握现代房地产开发与经营管理的方法和手段，具备从事房地产开发项目策划、营销、估价、全过程组织管理等能力的复合型专业管理人才。

三、培养要求

主要学习房地产开发与管理方面的基本理论和方法。受到房地产开发与管理方面的基本训练。具备房地产开发与管理的基本能力。

四、知识技能

毕业生应获得以下几方面的知识和能力：

① 掌握房地产开发与管理的基本理论和方法。

② 掌握房地产开发与管理的基本技能。

③ 熟悉土木工程技术知识。

④ 熟悉房地产开发与管理的方针、政策和法规。

⑤ 了解国内外房地产的发展动态。

⑥ 具有运用计算机辅助解决管理问题的能力。

五、主干课程

城市规划原理、房屋建筑学、工程制图与识图、建筑结构、建筑力学、建筑施工、建筑设备、经济学、管理学、工程经济学、会计学与财务管理、运筹学、工程造价管理、招投标与合同管理、管理信息系统、房地产经济学、房地产市场研究与分析、房地产金融、房地产开发与实务、房地产估价、房地产制度与政策、房地产策划与营销、物业管理、房地产项目管理等（不同院校因为培养方向的侧重点不同，课程会有差别）。

六、发展前景

1．就业方向

可去政府房地产主管部门、金融机构、房地产开发企业、房地产估价机构、房地产营销机构、房地产中介公司、物业管理企业等单位，从事房地产项目策划、可行性研究与投资分析、房地产市场研究与分析、房地产估价、房地产经纪、房地产营销、房地产项目管理、房地产物业资产管理等工作。

2．就业前景

新设专业，近几年的毕业生就业情况说明该专业定位比较尴尬。房地产开发管理专业对学校平台要求高，普通高校毕业生进入房地产开发企业难度大，就业方向主要集中在销售。进入施工单位时由于受专业限制，国企施工单位一般不接受该专业毕业生。目前该专业非名校毕业生，就职方向主要为房地产销售、房地产中介咨询机构、物业公司、普通工程施工岗位等，就业整体层次较低。

2017 年开设房地产开发与管理专业的院校共有 75 所，报考硕士较集中的专业：管理科学与工程、建筑与土木工程、工商管理、应用经济学。根据阳光高考信息平台统计数据，房地产开发与管理专业 2017 年普通高校毕业生规模为 2000～2500 人，高考时文理科比例为文科 43%，理科 57%。男女生比例为男生 48%，女生 52%。房地产开发与管理专业本科就业率为 2016 年 85%～90%，2017 年 85%～90%。

3．专家建议

本专业学生适合考取注册房地产估价师、房地产经纪人、物业管理师等专业执业（职业）资格证书。

4．小贴士

目前建筑行业发展迟缓，在走下坡路。

七、开设院校

2017 年开设房地产开发与管理专业的院校共有 75 所。

工程造价专业

专业代码	中文名	学科门类	一级学科	授予学位	修学年限
120105	工程造价	管理科学与工程类	管理学	管理学或工学学士	四年

一、专业概述

工程造价也被称为工程预决算，就是对某项工程建设所花费的全部费用进行投资估算、设计概算、修正概算、施工图预算、工程结算、竣工决算等。

二、培养目标

培养适应经济建设发展需要，具备管理学、经济学和土木工程技术的基本知识，掌握现代工程造价管理科学的理论、方法和手段，获得造价工程师、咨询（投资）工程师的基本训练，具有工程建设项目投资决策和全过程各阶段工程造价管理能力，具有实践能力和创新精神的应用型工程造价管理人才。

三、培养要求

主要学习工程造价的基本理论和方法，受到工程造价方面的基本训练，具备从事建设工程招标投标、编写各类工程估价（概预算）经济文件、进行建设项目投资分析、进行造价确定与控制等工作基本技能。

四、知识技能

毕业生应获得以下几方面的知识和能力：

① 掌握工程造价管理的基本理论和技能。

② 具有较高的外语和计算机应用能力。

③ 能够编制有关工程定额。

④ 具有编制建设工程设备和材料采购、物资供应计划的能力。

⑤ 熟悉有关产业的经济政策和法规。

⑥ 具有建设工程成本核算、分析和管理的能力。

五、主干课程

管理学、企业财务管理、建设法规、工程制图、土木工程概论、房屋建筑学、工程力学、工程经济学、工程定额原理、建筑工程施工、工程结构、建筑材料、建筑识图、施工组织与技术、建筑/安装/道桥/市政专业工程造价计价和管理、合同管理、工程项目招投标、工程项目投融资、房地产开发与经营、工程项目管理、建设工程计量与计价、安装工程技术与计量、工程造价管理、BIM 原理与 5D 流程、计算机辅助设计与管理等（不同院校因为培养方向的侧重点不同，课程会有差别）。

六、发展前景

1．就业方向

在工程咨询公司、建筑施工企业、建筑装潢装饰工程公司、工程建设监理公司、房地产开发企业、设计院、会计审计事务所、政府部门企事业单位基建部门等，从事工程造价招标代理、建设项目投融资和投资控制、工程造价确定与控制、投标报价决策、合同管理、工程预（结）决算、工程成本分析、工程咨询、工程监理以及工程造价管理相关软件的开发应用和技术支持等工作。

2．就业前景

建筑业是我国国民经济的五大支柱产业之一，随着国家城镇化建设进程加快，以及“一带一路”的实施，建筑业从业人员与日俱增，工程造价专业也正是顺应了社会发展的需求而在 2012 年被增设为目录内本科专业。中国的城镇化建设突飞猛进，很多城市都在修建地铁、城市综合管廊、港口、码头、道路、桥梁等基础设施。每一项土木建筑工程都离不开造价工程师的预决算。

2017 年开设工程造价专业的院校共有 256 所，部分高校按注册造价师、土木建筑工程等专业方向培养。报考硕士较集中的专业：建筑与土木工程、管理科学与工程、工程管理。根据阳光高考信息平台统计数据，工程造价专业 2017 年普通高校毕业生规模为 14000～16000 人，高考时文理科比例为文科 22%，理科 78%。男女生比例为男生 44%，女生 56%。工程造价专业本科就业率为 2016 年 90%～95%，2017 年 90%～95%。

3．专家建议

① 专业的由来。

2012 年以前，很多高校都是依托工程管理专业开设“造价方向”，或是将培养造价工程师作为工程管理专业人才培养的目标之一。2012 年，教育部根据国民经济和社会发展的需要，在本科专业目录的管理学中增设工程造价专业。

作为热门专业之一，工程造价专业是以经济学、管理学为理论基础，以工程项目管理理论和方法为主导的社会科学与自然科学相交的边缘学科。不管是单独设置工程造价专业还是依托工程管理专业开设“造价方向”，所研究的内容虽有侧重，但人才培养的总体方向基本一致。

工程造价涵盖建设工程造价，安装工程造价，市政工程造价，水利工程造价，等。不同高校专业定位有所不同，专业人才培养的侧重点也不同，课程设置也会略有不同。

② 国内高校专业开设情况。

很多高校都是独立设置工程造价专业，但也有很多高校（比如清华大学）还是按照传统专业的设置办法，将工程管理专业的毕业生培养成“项目评估师、咨询专家、造价工程师”等类型的专业化高级管理人才。设置工程造价专业的高校，因学校办学特色或学校发展定位不同，工程造价专业人才培养也都具有自己独到的特色。

吉林建筑大学是以“土建”为特色的工科大学，人才培养也具有明显的“土建”烙印，主要培养具有工程技术、工程造价计价和管理、经济、法律等基本知识，具备现代工程造价计价和管理科学的理论、方法和实际操作能力，从事项目决策和工程造价计价和管理工作的高级应用型人才。华北电力大学（保定）具有明显的“电力”色彩，工程造价专业侧重于培养能服务于电力、建筑安装等行业的专门管理和技术人才，在掌握一般工程造价管理的基础上，突出对电力建设项目的造价管理是本专业的特点。天津理工大学的工程造价专业是天津市品牌专业，是一个集建筑工程技术、管理、经济、法律等方面学科的复合型专业，重点培养学生具备工程计量与计价、工程招投标与合同管理、工程投融资与项目评价等方面的核心能力。重庆大学工程造价专业的特色和优势是在教学实施中不断探讨“工学交替、学做合一”的人才培养模式，建立了设施完善的造价软件教学实验室、校外实习实训基地，培养面向建筑与房地产领域的企业，以造价管理为核心。长安大学工程造价专业在人才培养方面坚持“厚基础、宽口径、重能力”的培养宗旨，培养具有良好土木工程专业基础，“懂经济、能咨询、善开发”具有建设工程计量、计价与造价管理基本技能，具备从事工程咨询、施工、开发、管理能力和创新能力的高级工程经济管理人才。

③ 报考注意事项。

工程造价专业的毕业生并非都是坐在办公室的“宅男”。工程项目建设一般周期较长，受到各种因素的影响与制约，项目的造价在初始阶段很难准确预算，随着工程的建设与深入，对该项工程的了解也更加全面，从而最终的造价估算也更加合理，这就需要造价工程师做好随时到项目“前线”的思想准备。因此，身体健康状况良好是必备的条件，身体孱弱者要慎重考虑！

有的高校可能会设置一些报考条件，考生可认真研读高校的招生章程，合理报考，以免影响专业录取。

④ 职业要求。

尽管目前就业市场上工程造价专业人才供不应求，但很多企业在招聘时却非常挑剔，甚至到了宁缺毋滥的地步。满足以下三点的毕业生比较受欢迎：

第一，爱岗敬业，具备良好的职业道德。造价工程师必须牢牢树立吃苦耐劳、为工程服务的敬业精神，严格把关，努力维护国家及工程建设单位的利益，同时保护建筑施工企业的合法权益。

第二，知识丰富，具有解决问题的能力。造价工程师要系统掌握工程造价管理的基本理论和技能，熟悉相关产业的经济政策和法规，具备熟练的计算机操作能力和熟练使用广联达、鲁班、计价优等预算软件的能力。

第三，了解现场，具有工程实践经验。科学地预决算不仅需要丰富的专业知识和技能，还受现场施工管理、施工工艺、施工流程等因素的直接影响，因此，优秀的造价工程师还要懂施工、懂管理。

4. 小贴士

首先要考造价师执业资格证。

毕业生多了，就业竞争也会越来越激烈。

七、开设院校

2017 年开设工程造价专业的院校共有 256 所。

工商管理专业

专业代码	中文名	学科门类	一级学科	授予学位	修学年限
120201K	工商管理	工商管理类	管理学	管理学学士	四年

一、专业概述

工商管理是研究工商企业经济管理基本理论和一般方法的学科，主要包括企业的经营战略制定和内部行为管理两个方面，它的目标是依据管理学、经济学、会计学等基本理论，通过运用现代管理的方法和手段来进行有效的企业管理和经营决策，保证企业的生存和发展。

二、培养目标

培养具备管理、经济、法律及企业管理方面的知识和能力，能在企、事业单位及政府部门从事管理以及教学、科研方面工作的工商管理学科高级专门人才。

三、培养要求

主要学习管理学、经济学和企业管理的基本理论和基本知识，受到企业管理方法与技巧方面的基本训练，具有分析和解决企业管理问题的基本能力。

四、知识技能

毕业生应获得以下几方面的知识和能力：

① 掌握管理学、经济学的基本原理和现代企业管理的基本理论、基本知识。

② 掌握企业管理的定性、定量分析方法。

③ 具有较强的语言与文字表达、人际沟通以及分析和解决企业管理工作问题的基本能力。

④ 熟悉我国企业管理的有关方针、政策和法规以及国际企业管理的惯例与规则。

⑤ 了解本学科的理论前沿和发展动态。

⑥ 掌握文献检索、资料查询的基本方法，具有初步的科学研究和实际工作能力。

五、主干课程

高等数学、线性代数、概率论与数理统计、管理学原理、微观经济学、宏观经济学、技术经济学、管理信息系统、统计学、会计学、中级会计实务、财务管理、运筹学、市场营销、经济法、现代公司制概论、经营管理、公司金融、人力资源管理、企业战略管理等（不同院校因为培养方向的侧重点不同，课程会有差别）。

六、发展前景

1. 就业方向

主要集中在以下领域：各级政府、企业的管理部门。会计师事务所和其他类型的咨询服务等中介企业。银行、证券公司等各类金融机构。

2. 就业前景

从具体岗位来看，企业的人力资源部、战略发展部、市场部、策划部等都需要相关人才。本科毕业生一般需要从基层做起，研究生毕业后则一般会在相关职能部门做管理工作。

2017 年开设工商管理专业的院校共有 580 所，部分高校按以下专业方向培养：会计、创业管理、经贸英语、企业管理、拍卖与典当、管理审计 CIA、国际企业管理、金融企业管理、跨国公司管理、人力资源管理、中小企业管理。报考硕士较集中的专业：工商管理、企业管理、公共管理。根据阳光高考信息平台统计数据，工商管理专业 2017 年普通高校毕业生规模为 60000～65000 人，高考时文理科比例为文科 52%，理科 48%。男女生比例为男生 38%，女生 62%。工商管理专业本科就业率为 2016 年 85%～90%，2017 年 90%～95%。

3. 专家建议

① 打破幻想，提升自我，从基层开始做起。

本科毕业生在没有工作经验的情况下，直接进入各级单位的管理部门是不现实的。卓越的管理能力要有科学的理念和来自一线实践的支撑，实践能力是从具体工作和实际操作中积累的。因此，学生在校期间要有意识地多接触社会和企业，利用寒暑假和更多的业余时间，到企业进行锻炼，从最基层的工作做起，积累从业经验，锻炼自己的实际操作能力，这样在求职时才会具有竞争力，也能为今后从事相关工作或走上管理岗位打下良好的基础。

考生可根据个人爱好选择，如企业管理、市场营销、人力资源、企业投资等方向。在校期间，考生不要只学一个学科，可以再选修一个其他学科，如学习计算机、法学、外贸、旅游管理、物流管理等方面的知识，或有选择性地向某一专业领域倾斜，形成“工商管理+××专业”的复合型知识结构。既懂管理又懂技术的毕业生，才是用人单位所最需要的。

② 开设院校多，选择空间大。

目前，开设工商管理专业的高校非常多，本科一批、二批，专科院校中均有开设。从这一点上讲，想要报考这一专业的考生可选择的空间很大。

首选当然是实力强劲的名牌高校，如北京大学光华管理学院、清华大学经管学院、中国人民大学、厦门大学、中山大学、西安交通大学等，这些著名高校的工商管理专业整体实力都非常强。其次就是各省的财经院校一般都具有较好的工商管理学科基础，这类高校如江西财经大学工商管理学院、西南财经大学工商管理学院、南京财经大学工商管理学院等。但是这些学校的录取分数也相对较高，考生可根据实际情况，选择和自己分数、批次相符合的院校报考。

③　院校多按大类招生，考生要看清分流专业。

考生家长从近几年的《招生专业目录》中可以看到，工商管理专业的招生方式主要有两种：一是按工商管理专业招生，二是按“工商管理类”招生。近些年，越来越多的院校开始以“工商管理类”进行大类招生，入学后再根据学生的兴趣和学习情况，分流到具体的专业。专业方向主要有：工商管理、市场营销、会计学、财务管理、国际商务、人力资源管理、审计学、资产评估、劳动关系等。各校根据自己的专业设置不同，在工商管理大类中招生的专业也不同。

例如：北京大学按照工商管理类统一招生，分为金融学、金融学（金融经济方向）、会计学、市场营销4个专业方向，入学后前两年，学生不分专业，按照培养计划自由选课，第三年起根据个人特长与兴趣自由选择专业，进行专业课学习。南开大学工商管理类（本科类）则包括工商管理、财务管理、人力资源管理、市场营销、会计学、会计学（国际会计）等 12 个专业。北京工商大学工商管理类（本科类）包括工商管理、市场营销、人力资源管理、旅游管理、管理科学共5个专业，学生入学后的前两年按照统一的“工商管理类”平台基础课程培养，第四学期进行专业分流，具体按学生填报的志愿、个人综合成绩排名以及学院制定的分流规则进行，分流后的大三、大四学年，则按各专业的要求进行培养。北京科技大学本科“工商管理类”包括工商管理、会计学两个专业，大一学年结束后分专业。

提醒考生家长注意的是，即使是按大类招生，各院校开设的专业数量和专业方向也是不同的。同一大类，细分后有些学财务管理，有些学会计、金融，有些学市场营销。很多院校的大类中包含三个、五个甚至更多的专业方向，仅上面列举的四所院校的工商管理类就涉及了近十个专业。考生在选择时，根据各校招生章程，结合自己的特点和需求，有目的地进行选择。一定要弄清所报院校的大类中都包含哪几个分流专业，哪个专业是考生的兴趣所在，对准专业再选择院校。

4．小贴士

工商管理与不是工商行政管理，在专业培养目标、核心能力、专业课程等方面都有较大的区别。工商管理专业的毕业生，名校和一般学校的就业情况差别是很大的。

2016年6月8日，上海市教委在其官方网站公布了2016年度本科预警专业名单。鉴于英语、国际经济与贸易、法学、工商管理、物流管理、新闻学、旅游管理、信息管理与信息系统、市场营销、行政管理等 10 个专业在上海市市高校重复设置相对较多，在部分高校中连续多年招生录取率和毕业生签约情况不太理想，造成整体指标偏低，经市教委研究，将上述专业列为2016年度预警专业。

七、开设院校

2017年开设工商管理专业的院校共有580所。

市场营销专业

专业代码	中文名	学科门类	一级学科	授予学位	修学年限
120202	市场营销	工商管理类	管理学	管理学学士	四年

一、专业概述

市场营销又称为市场学、市场行销或行销学，简称“营销”，中国台湾常称作“行销”，是指个人或集体通过交易其创造的产品或价值，以获得所需之物，实现双赢或多赢的过程。

二、培养目标

培养具备管理、经济、法律、市场营销等方面的知识和能力，能在企事业单位及政府部门从事市场营销与管理以及教学、科研方面工作的专门人才。

三、培养要求

主要学习市场营销及工商管理方面的基本理论和基本知识，受到营销方法与技巧方面的基本训练，具有分析和解决营销问题的基本能力。

四、知识技能

毕业生应获得以下几方面的知识和能力：

① 掌握管理学、经济学和现代市场营销学的基本理论、基本知识。

② 掌握市场营销的定性、定量分析方法。

③ 具有较强的语言与文字表达、人际沟通以及分析和解决营销实际问题的能力。

④ 熟悉中国有关市场营销的方针、政策与法规及了解国际市场营销惯例和规则。

⑤ 了解本学科的理论前沿及发展动态。

⑥ 掌握文献检索、资料查询的基本方法，具有一定的科学研究和实际工作能力。

五、主干课程

管理学、微观经济学、宏观经济学、管理信息系统、统计学、运筹学、会计学、财务管理、市场营销、经济法、消费者行为学、消费心理学、国际市场营销、市场调查、基础会计、金融概论、企业销售策划、商业银行实务、人力资源管理学、市场调查与预测、分销渠道管理、银行营销、服务营销、客户关系管理、定价管理、现代推销技术、营销创新、广告理论与实务、财政与税收、公共关系学、广告沟通、促销管理以及商务礼仪和商务谈判等（不同院校因为培养方向的侧重点不同，课程会有差别）。

六、发展前景

1. 就业方向

可以从事市场调研、营销策划、广告策划、市场开发、营销管理、推销服务和教学科研等工作。主要有以下几个方向：

市场类：市场调研员，商业数据分析员，广告设计人员（包含平面设计及视频广告剪辑制作人员），商业建模预测人员（包含商业选址人员，企业拓展投资项目可行性分析与预测），商业大数据研究员，用户画像制作员。

经营类：会计（需取得相应资格证书），法务（需取得相应资格证书），企业顾问（企业在经营中遇到的问题可以询问市场营销人员怎么解决，例如员工流动性的问题），人力资源专员，客户关系管理专员，商务拓展专员等。

其他类：公共关系专员（如舆情监测与应对专员），网站论坛运营专员，活动运营专员。

2．就业前景

市场营销人员是大型企业不可缺少的人才，多数小企业容易混淆销售与营销的概念。市场营销学是经济管理类专业中比较实用的，在市场经济逐步完善的今天，对于作为独立经济实体的企业、公司，如果没有专业的市场营销人才，以科学、现代化的营销手段来做生意，肯定无法在竞争激烈的市场中生存。

2017 年开设市场营销专业的院校共有 781 所，部分高校按以下专业方向培养：医药、电子商务、国际营销、品牌管理、网络营销、大数据金融、奢侈品营销、商务策划与管理、营销管理与策划、时装销售与设计管理。报考硕士较集中的专业：工商管理、企业管理、法律（非法学）。根据阳光高考信息平台统计数据，市场营销专业 2017 年普通高校毕业生规模为 55000～60000 人，高考时文理科比例为文科 57%，理科 43%。男女生比例为男生 41%，女生 59%。市场营销专业本科就业率为 2016 年 85%～90%，2017 年 90%～95%。

3．专家建议

从就业市场的反馈来说，市场营销专业一直位列就业率最高与薪酬最高专业的前列。市场营销专业属管理类专业，学习的内容比较多，如经济、法律、管理、计算机、市场营销、心理学等方面的课程，但也导致该专业博而不精、广而不深，多数课程只能学点皮毛。

市场营销专业是一个更看重实践的专业，其就业前景不是靠课堂知识的学习，更看重社会实践能力。所以既有理论基础，又有很强的实践能力的学生，毕业后自然很好找工作。市场营销专业说白了是一个跟人打交道的专业，因此特别侧重于沟通能力、协调能力及组织管理能力等素质的培养。

企业招聘很注重学校的知名度，越是名校毕业，就业越有利。如果不是“985 工程”“211 工程”本科毕业的，最好去读研究生，建议毕业后读 MBA，这是目前跟该专业比较匹配的研究生专业。

4．小贴士

2016 年 6 月 8 日，上海市教委在其官方网站公布了 2016 年度本科预警专业名单。鉴于英语、国际经济与贸易、法学、工商管理、物流管理、新闻学、旅游管理、信息管理与信息系统、市场营销、行政管理等 10 个专业在上海市市高校重复设置相对较多，在部分高校中连续多年招生录取率和毕业生签约情况不太理想，造成整体指标偏低，经市教委研究，将上述专业列为 2016 年度预警专业。

营销学与传播学有很多共同点，企业营销本身就是一个传播的过程，尤其是品牌营销，在企业文化建设方面尤为关键，也是新形势下国企转型发展新的诉求点。

在此提醒广大准大学生，任何一个专业都值得认真选择，综合考虑自己的性格和爱好，内向的孩子慎重选这个专业。

七、开设院校

2017 年开设市场营销专业的院校共有 781 所。

会计学专业

专业代码	中文名	学科门类	一级学科	授予学位	修学年限
120203K	会计学	工商管理类	管理学	管理学学士	四年

一、专业概述

会计主要是以货币作为主要计量尺度，对单位的经济业务进行计量、记录、汇总和分析，向有关方面报告财务信息，并直接参与单位的经营管理，促使提高经济效益的一种经济信息系统和经济管理工作。本科的会计专业属于工商管理类学科，主要包括企业会计、国际管理会计、注册会计师等方向。在开设课程方面，各个学校会根据不同的专业方向和侧重点来开设专业课，主干课程都会涉及会计、审计、工商管理、经济学和法学等方面的基本理论和基本知识。

二、培养目标

培养具备管理、经济、法律和会计学等方面的知识和能力，能在企、事业单位及政府部门从事会计实务以及教学、科研方面工作的工商管理学科专门人才。

三、培养要求

主要学习会计、审计和工商管理方面的基本理论和基本知识，受到会计方法与技巧方面的基本训练，具有分析和解决会计问题的基本能力。

四、知识技能

毕业生应获得以下几方面的知识和能力：

① 掌握管理学、经济学和会计学的基本理论、基本知识

② 掌握会计学的定性、定量分析方法

③ 有较强的语言与文字表达、人际沟通、信息获取能力及分析和解决会计问题的基本能力。

④ 熟悉国内外与会计相关的方针、政策和法规和国际会计惯例

⑤ 了解本学科的理论前沿和发展动态

⑥ 掌握文献检索、资料查询的基本方法，具有一定的科学研究和实际工作能力。

五、主干课程

管理学、微观经济学、宏观经济学、管理信息系统、统计学、会计学、财务管理、市场营销、经济法、财务会计、成本会计、管理会计、审计学等（不同院校因为培养方向的侧重点不同，课程会有差别）。

六、发展前景

1．就业方向

就业方向主要是各类公司、银行领域、会计师事务所，中小企业目前是会计毕业生的最大就业方向。

2．就业前景

随着社会经济对人才的需求，越来越多的学校开设了不同层次的会计专业，如中职、高职（专科）、本科和研究生都有，毕业生的人数也较多。会计的层次很分明，整体来看，目前会计从业人员中，普通财务人员占绝大多数，低层次人才供过于求，高级人才短缺。

2017 年开设会计学专业的院校共有 655 所，部分高校按以下专业方向培养：CPA、ACCA、CIMA、审计、会计师、国际会计　涉外会计、会计电算化、注册会计师、会计实务与管理。报考硕士较集中的专业：会计、工商管理、会计学、公共管理。根据阳光高考信息平台统计数据，会计学专业 2017 年普通高校毕业生规模为 100000 人以上，高考时文理科比例为文科 51%，理科 49%。男女生比例为男生 23%，女生 77%。会计学专业本科就业率为 2016 年 85%～90%，2017 年 90%～95%。

3．专家建议

① 低层次人才供过于求。

在广东，最难找工作的 10 种就工种包括财会人员，两三个人争抢一个职位。但记者同时从几家公司 HR 那里了解到，公司所缺乏的也正是会计，但对职位的定位是高级财务管理人员。整个会计人才市场严重供大于求，而企业却从中难以发现高素质的财务管理人才，这就造成了会计行业“一头冷一头热”的从业现状。

前程无忧人事管理顾问总监，《人力资本》主编杨勤女士对目前国内的会计行业人才需求状况做出分析，“从全国来看，目前会计从业人员中，普通的财务人员供大于求，已经呈现出疲软的态势，而高级的

会计从业人员却十分短缺。在中国未来的5年里，高级财务管理人才会非常短缺，从现在的数据看，缺口达到60%。而从地域上来看，目前大陆的高级财务管理人才大部分来自中国香港和海外，很少有内地自己培养的高级会计人才”。

有媒体报道，某人力资源咨询公司与ACCA（特许公认会计师公会）联合做的一项调查也证实了这一点，调查显示，高级财会人员一直是企业的紧缺人才，财务总监被很多企业列为最急需的六大财会人才之一。

② 不同企业职业状况不同。

内资企业职业状况：这一块对会计人才的需求是最大的，也是目前会计毕业生的最大就业方向。很多中小国内企业特别是民营企业，对于会计岗位他们需要找的只是账房先生，而不是具有财务管理和分析能力的专业人才，此类公司大多数在财务监督和控制体系相当简陋。因此，在创业初期，他们的会计工作一般都是掌握在自己的亲信（戚）手里，到公司做大，财务复杂到亲信（戚）无法全盘控制时，才会招聘外人记账。

外企职业状况：大部分外资企业的同等岗位待遇都远在内资企业之上，更重要的是，外资企业财务管理体系和方法都成熟，对新员工一般都会进行一段时间的专业培训。原因一个是分工细致，而分工的细致使所负责岗位上只能学到某一方面的知识，尽管这种技能非常专业，但对整个职业发展过程不利，因为难以获得全面的财务控制、分析等经验。后续培训机会多是外企极具诱惑力的另一个原因，财务管理也是一个经验与知识越多越值钱的职业，而企业提供的培训机会不同于在学校听老师讲课，它更贴近实际工作，也更适用。

事务所职业状况：所有的事务所工作都有一个特点，那就是累！区别在于很多小事务所，待遇低，加班不给加班费，杂事多……外资事务所例如普华永道则待遇要好得多，但从某种方面来说，他们的工作任务更重，加班更是家常便饭，著名的“安达信日出”就是指员工经常加班后走出办公楼就能看到的日出。但在事务所确实能学到很多东西，即使是小所，因为人手的问题，对于一个审计项目，必须从头跟到尾，包括和送审单位的沟通等，能充分锻炼能力。大所则是对团队合作以及国际会计准则、专业性、意志等方面能给予地狱般的磨炼。

③ 开设院校多，选择余地大。

目前，我国开设会计学专业的高校非常多，分布于不同层次，本科一批、二批均有，此外还有很多高职院校也开设会计相关专业。从这一点上讲，考生报考时选择的空间较大，只要考生认定学习会计专业，便可根据自己的实际水平报考适合的院校。众多院校在办学层次、培养水平、专业特色、录取批次之间有很大差距，因此考生在选择时，一定要根据自己的兴趣爱好、实力水平、专业方向等因素综合考虑。

考生的首选自然是实力强劲的名牌高校。目前拥有会计学国家重点学科的高校有5所，分别是中央财经大学、东北财经大学、上海财经大学、中南财经政法大学、西南财经大学。被教育部授予国家重点学科表明这些高校的学科实力，同时这些院校都是重点高校中的佼佼者，实力雄厚，但相对而言招生计划也较少，录取分数也是最高。

其次，一些综合类重点大学的会计专业也是非常不错的，如武汉大学、湖南大学、南京大学、吉林大学、南开大学等。另外还有一些经济类的学校也非常值得考生关注，如山西财经大学、天津财经大学、江西财经大学、对外经贸大学、首都经济贸易大学、南京财经大学、北京工商大学等，也是各有特色。如首都经济贸易大学和北京工商大学等一批院校开设的中国注册会计师专业方向（CPA）都是近年来北京考生追捧的热门。

④ 按“工商管理类”招生。

会计学属于管理学类专业，在中央财经大学、对外经济贸易大学、厦门大学、南开大学等很多高校中，设有单独的本科专业。但在其他一些大学，比如北京大学、清华大学、中国人民大学等学校的会计专业是“工商管理”大类下的一个子学科，招生时按“工商管理”大类招生。

如北京大学的光华管理学院在本科时按照工商管理类统一招生，文理兼收，新生入学后，统一进行为期一年半的英语和数学强化训练，二年级第一学期末开始分专业，根据学生志愿和学习状况，分别进入金融学、会计学、市场营销三个专业学习。北京科技大学工商管理类属于大类招生，包括工商管理、会计学两个专业，新生进校一年半后开始分专业学习。南开大学按工商管理大类招生，工商管理类包括工商管理、财务管理、人力资源管理、市场营销、会计学 5 个专业。

考生在填报志愿时，除了选择专业目录中明确标注“会计”专业外，还应该注意那些涵盖在“工商管理”大类下面的会计专业。考生和家长在选择时一定不要遗漏，同时还要看清招生类别，注意专业方向。

4．小贴士

报考人数众多，是传统热门专业。

七、开设院校

2017 年开设会计学专业的院校共有 655 所。

财务管理专业

专业代码	中文名	学科门类	一级学科	授予学位	修学年限
120204	财务管理	工商管理类	管理学	管理学学士	四年

一、专业概述

财务管理是研究如何通过计划、决策、控制、考核、监督等管理活动对资金运动进行管理，以提高资金效益的一门经营管理学科，简单地说，财务管理是组织企业财务活动，处理财务关系的一项经济管理工作。

二、培养目标

培养具备管理、经济、法律和理财、金融等方面的知识和能力，能在工商、金融企业、事业单位及政府部门从事财务、金融管理以及教学、科研方面工作的工商管理学科专门人才。

三、培养要求

主要学习财务、金融管理方面的基本理论和基本知识，受到财务、金融管理方法和技巧方面的基本训练，具有分析和解决财务、金融问题的基本能力。

四、知识技能

毕业生应获得以下几方面的知识和能力：

① 掌握管理学、经济学和财务与金融的基本理论和基本知识。

② 掌握财务、金融管理的定性和定量的分析方法。

③ 具有较强的语言与文字表达、人际沟通、信息获取以及分析和解决财务、金融管理实际问题的基本能力。

④ 熟悉我国有关财务、金融管理的方针、政策和法规。

⑤ 了解本学科的理论前沿和发展动态。

⑥ 掌握文献检索、资料查询的基本方法，具有一定的科学研究和实际工作能力。

五、主干课程

会计学原理、成本会计学、管理会计学、企业财务学、财务诊断与决策实验、投资学、国际财务管理、企业集团财务管理等（不同院校因为培养方向的侧重点不同，课程会有差别）。

六、发展前景

1. 就业方向

到政府机关和事业单位从事会计核算、财务管理等工作。到会计师事务所、审计事务所等中介机构从事审计、资产评估、管理咨询等工作。到银行、投资公司、证券公司等金融机构从事财务分析、投资分析、资本运作等工作。

2. 就业前景

财务管理是伴随人们对生产管理的需要而产生的，随着社会生产力的发展，财务管理也经历了一个由简单到复杂、由低级到高级的发展过程。国内所说的财务管理，一般是指企业的财务管理。

2017 年开设财务管理专业的院校共有 714 所，部分高校按以下专业方向培养：会计、财务会计、企业理财、税务筹划、投资理财、理财规划师、注册会计师、国际资产经营、企业财务管理、财务与资本运营。报考硕士较集中的专业：会计、工商管理、会计学。根据阳光高考信息平台统计数据，财务管理专业 2017 年普通高校毕业生规模为 100000 人以上，高考时文理科比例为文科 52%，理科 48%。男女生比例为男生 25%，女生 75%。财务管理专业本科就业率为 2016 年 85%～90%，2017 年 90%～95%。

3. 专家建议

① 参考会计学专业的相关资料。

② 财务管理与会计的区别。

财务和会计是既有密切联系又有区别的两个概念。两者都是对资金进行管理，具有相互依存的关系。会计是对经济业务进行计量和报告，财务管理是在会计的基础上，强调对资金在经营活动、筹资活动、投资活动、分配活动中的运用。简单地说，会计看过去，财务管理看未来。会计重记录，财务管理重分析。会计偏实务一些，财务管理偏宏观一些。

从大学本科阶段的学习来看，这两个专业绝大部分的课程是一样的。财务管理专业略偏重于管理，而会计专业更侧重于具体的会计处理方法。但到研究生阶段以及实务工作中，这两者有很大的区别。会计专业偏向于会计准则相关的内容以及在实际会计工作中可能出现问题的研究。财务管理则会在很大程度上偏向金融。对资金的筹集、投放、使用和分配都离不开金融相关知识，当然管理相关的知识也是不可或缺的。从这个意义上说，财务管理比会计的综合性更强，更侧重高层次的管理工作。

从本科生就业来看，两个专业就业方向也差不多。这里要特别注意一个误区，有人认为学财务管理比较容易当财务领导，这是完全错误的。公司招聘财务领导时，都会选择有一定工作经验的人士，而不会招应届毕业生。无论是财务管理还是会计专业的毕业生，一般都要从基层做起，比如先当出纳或会计，优秀者再成长为财务经理（财务主管），财务经理中的出类拔萃者可以成为 CFO（首席财务官或财务总监）。

如果考生非要在这两个专业里二选一，不妨参考以下说法："如果你更喜欢思考如何使用一笔钱，如何从银行贷到款，如何让企业少花一点钱，那么去学财务管理。如果你更喜欢踏踏实实，仔仔细细地核算每一笔业务，那么去学会计专业。"

③ 报考指南。

财务工作是一个比较严谨的职业。学习财务专业不一定要求数学好，但是要心细，有责任感，对数字有一定的敏感性，一个小数点都是不能马虎的，否则就会铸成大错。考生在选择该专业时，要考虑自己对财务、会计工作是否有兴趣，性格是否合适等。

目前开设财务管理专业的高校非常多，本科一批、二批，专科院校中均有开设。想要报考这一专业的考生可选择的空间很大，但不同高校的实力也不一样，考生可认真阅读高校的专业介绍或进一步咨询。比如，西南财经大学、北京工商大学、山西财经大学、天津商业大学的财务管理专业都是国家特色专业建设点，其专业优势比较明显，特色比较突出。

由于各高校规定有所不同，考生除了要了解当地招生政策外，还要认真阅读欲报高校招生章程中的相关规定。

需要特别提醒考生的是，根据《普通高等学校招生体检工作指导意见》，“不能准确识别红、黄、绿、蓝、紫各种颜色中任何一种颜色的导线、按键、信号灯、几何图形者不能录取的专业。除同轻度色觉异常、色觉异常Ⅱ度两类列出专业外，还包括经济学类、管理科学与工程类、工商管理类（包括财务管理）”。也就是说，财务管理专业对考生的辨色力有要求。

4．小贴士

报考人数众多，是热门专业

不感兴趣的话，这个专业比较枯燥无味，在小企业也就是当个会计。

七、开设院校

2017 年开设财务管理专业的院校共有 714 所。

国际商务专业

专业代码	中文名	学科门类	一级学科	授予学位	修学年限
120205	国际商务	工商管理类	管理学	管理学学士	四年

一、专业概述

国际商务专业是国家为适应 21 世纪国际贸易发展需要，增强国家竞争力而设立的学科。

二、培养目标

培养具有开阔的视野，具有扎实的国际商务理论、实务和国际商法基础，能较熟练地应用国际法规、外语开展商务活动的复合型、应用型人才。

三、培养要求

掌握马克思主义经济基本理论和方法，掌握西方经济学、国际经济学的理论和方法，掌握国际商事活动的基本知识和技能，具有利用计算机和其他经济分析工具从事涉外经济工作的能力。

四、知识技能

毕业生应获得以下几方面的知识和能力：

① 掌握国际商事活动的基本知识和基本技能。

② 掌握国际市场营销的本领。

③ 能运用计量、统计、分析方法进行分析和研究。

④ 掌握西方经济学、国际经济学的理论和方法。

⑤ 了解国际经济学、国际贸易理论发展的动态。

⑥ 掌握文献检索、资料查询的基本方法，具有从事涉外经济工作的能力。

五、主干课程

专业英语、管理学理论、微观经济学、宏观经济学、会计学、国际经济学、财政管理、国际营销学、国际金融、国际贸易法、货币银行学、国际营销学、中国对外贸易等（不同院校因为培养方向的侧重点不同，课程会有差别）。

六、发展前景

1．就业方向

主要面向进出口公司、对外贸易企业、有对外贸易经营权的各类企业和其他机构，从事进出口单证制作、报关、结算货款、商务谈判等工作。

2．就业前景

随着我国的外贸管理体制的变化，外贸经营权从审批制逐步过渡到登记制，因此拥有进出口经营权的企业大大增加，对外贸专业人员的需求会更大，要求也会更高。

2017 年开设国际商务专业的院校共有 150 所，部分高校按 CIMA、通关、国际财务等专业方向培养。报考硕士较集中的专业：国际商务、工商管理、法律（非法学）、公共管理。根据阳光高考信息平台统计数据，国际商务专业 2017 年普通高校毕业生规模为 4500 人到 5000 人，高考时文理科比例为文科 53%，理科 47%。男女生比例为男生 26%，女生 74%。国际商务专业本科就业率为 2016 年 85%～90%，2017 年 85%～90%。

3．专家建议

其他的很多专业都有国际商务的相关课程，特别是外语、外贸类专业。

根据国务院 2014 年 8 月 12 日发布的《国务院关于取消和调整一批行政审批项目等事项的决定》(国发【2014】27 号)，取消了国家商务专业人员的职业资格许可和认定，目前已经取消外销员资格考试。

有兴趣报考本专业的考生和家长请慎重考虑。

4．小贴士

从事这方面工作英语水平没达到专八水平，也应高于六级，考下来 BEC 会更好一些，同时最好还要会其他语种。另外，可以参加国际商务单证员考试、报关报检考试，这些都是为你档案增添亮点的地方。

七、开设院校

2017 年开设国际商务专业的院校共有 150 所。

人力资源管理专业

专业代码	中文名	学科门类	一级学科	授予学位	修学年限
120206	人力资源管理	工商管理类	管理学	管理学学士	四年

一、专业概述

人力资源管理是指在经济学与人本思想指导下，通过招聘、甄选、培训、报酬等管理形式对组织内外相关人力资源进行有效运用，满足组织当前及未来发展的需要，保证组织目标实现与成员发展的最大化的一系列活动的总称。

二、培养目标

培养具备管理、经济、法律及人力资源管理等方面的知识和能力，能在各类企事业单位及政府部门从事人力资源管理以及教学、科研方面工作的专门人才。

三、培养要求

学习管理学、经济学及人力资源管理方面的基本理论和基本知识，受到人力资源管理方法与技巧的训练，具有分析和解决人力资源管理问题的基本能力。

四、知识技能

毕业生应获得以下几方面的知识和能力：

① 掌握管理学、经济学及人力资源管理的基本理论、基本知识六大模块的基本知识。

② 掌握人力资源管理的定性、定量分析方法，还有定性的分析方法。

③ 具有较强的语言与文字表达、人际沟通、组织协调及领导的基本能力。

④ 熟悉与人力资源管理有关的方针、政策及法律法规。

⑤ 了解本学科理论前沿与发展动态。

⑥ 掌握文献检索、资料查询的基本方法，具有一定科学研究和实际工作能力。

⑦ 学会培训课程的设计，工作说明书的制作，招聘计划表的制作，薪酬的设计，学会绩效考核，有关法律知识等。

五、主干课程

西方经济学、统计学、组织行为学、管理学、会计学、薪酬管理、工作分析与评价、福利管理、劳动关系、战略管理、绩效管理、培训与开发、雇员流动管理、国际人力资源管理、人力资源规划等（不同院校因为培养方向的侧重点不同，课程会有差别）。

六、发展前景

1．就业方向

在企事业单位及其咨询机构人力资源管理相关岗位，从事招聘、人力资源开发、考核、薪酬管理、员工培训、办公室文秘等工作。

2．就业前景

在人才竞争趋于全球化的今天，人力资源开发与管理的工作显得格外重要，做好人的工作已经成为赢得整个世界的前提，而对人力资源管理者的能力开发，则成为一项关乎发展整个国家伯乐人才的重要工程。人力资源管理者主要负责着企业的人力资源规划、员工招聘选拔、绩效考核、薪酬福利、培训开发、劳动关系协调等工作，判断其是否合格的标准是：懂得人力资源的专业知识，能够完成人力资源的实际管理工作，还能不断开发人力资源并且创造价值。

2017 年开设人力资源管理专业的院校共有 470 所，部分高校按国际人力资源管理等专业方向培养。报考硕士较集中的专业：工商管理、企业管理、公共管理。根据阳光高考信息平台统计数据，人力资源管理专业 2017 年普通高校毕业生规模为 32000 人到 34000 人，高考时文理科比例为文科 60%，理科 40%。男女生比例为男生 27%，女生 73%。人力资源管理专业本科就业率为 2016 年 85%～90%，2017 年 90%～95%。

3．专家建议

（1） 人力资源管理不是简单的人事管理。

过去，国内的许多企业对人力资源管理的定位是错误的，往往把过去的人事部门换块牌子就成了人力资源部门。事实上，人事部门与人力资源管理部门最大的差别在于人力资源部门除了负责招聘、管理人事档案之外，还有一个重要的工作就是核算人力成本，为财务部门提供人力成本的依据，并根据自己所掌握的数据对人员进行绩效考核。此外，员工培训也是人力资源部门的一项重要工作。

近年来，随着全球经济一体化的发展，市场急需高素质的国际通用性人力资源管理人才。而美国 IPMA 认证体系是国际公认的权威的人力资源管理职业资格认证体系，目前已成为管理人员竞聘上岗、职务晋升的重要依据和考评干部的参照标准。为适应国内外市场对 HR 人才的需求，2010 年 6 月，国家外国专家局培训中心、北京大学、北京教育考试院等权威教育机构合作推出人力资源管理专业与国际 IPMA 认证国家级考试项目。

在此形式下，人力资源和社会保障部的企业人力资源管理国家职业资格认证也渐渐成为近年十大热门认证考试之一，获得此证书不但能够全国通用，终生有效，还能促进个人提升自我职业发展能力。近年来，每年参加鉴定的人都在10万以上。随着此项目师级以上职业资格考试的展开，其吸引力进一步升温。

（2）HR的发展方向。

1）人事部门/人力资源部门。

这是最常见的人力资源相关工作，也是大多数人理解的或接触的人力资源工作。这种类型的工作又可划分为两大类型：

A、 中小企业的人事工作。

对于大多数中小型企业和传统企业，人力资源管理的工作其实并不复杂，也不高深。这点很好理解，企业说白了就是为了赚钱，规模还小时，重点一定是做业务。这个阶段和类型的企业人力资源管理并没有多高的要求，无非是考勤、合同、社保、发放工资等（有些社保都未必有）。这类工作的特点是繁杂、琐碎，说得不好听点是技术含量低、门槛低、发展空间也很有限。如果你只是想从事这种类型的工作，其实并没有多高的专业要求和技术含量，所做的准备无非是Office办公软件、部分法律法规和社保缴纳等知识和相关手续等。老实说，大专毕业乃至高中毕业出去工作一段时间，勤快点、用心点，不用多久就可以胜任，根本不需要考研。

B、 大中型企业人力资源管理工作。

随着企业规模日益扩大，人员规模也越来越大，人多、事杂，没有一定的分工安排，就会使得企业的活动效率降低，达到一定规模之后，管理的效益才能更好地体现。

对于这类大中型企业呢，同样要分情况：

a、 垄断型国企/事业单位。

垄断国企和事业单位由于没有竞争压力或压力较小，对管理自然也没有那么高的要求，大多数还是事务性的工作为主。当然，由于规模摆在那里，人力资源管理还是会有分工和模块，常见的包括招聘、培训、绩效、薪酬、劳动关系等。但是，这些不同模块的工作其实也没有很高的专业性要求，招聘可能主要涉及招聘信息的收集、需求的发布，筛选和简单面试（没那么高端）及入职手续办理，培训更多的是培训的组织和实施，比如了解部门培训需求、联系外部讲师、组织培训、写培训总结之类的，绩效也更多的是考核信息的收集和整理，薪酬方面主要是计算和发放工资，劳动关系的话主要是合同啊、员工活动、离职手续办理等。

b、竞争性民企、国企或管理较为规范的大中型企业。

这类企业由于较大的组织规模和竞争压力，开始对人力资源管理有相对高的要求，希望能够通过人力资源管理来吸引人、选拔人、激励人、培育人、留住人。模块的分工还是大体和上一类相同。晋升通道：（不同公司会有差异）方向：招聘、培训、绩效、薪酬、劳资关系等。级别：专员、主管、经理/部长、HRD、副总监不过最近不少上市企业开始在人才发展/组织发展以及所谓的 HRBP 方面发力，对这方面的人才有一定的需求，待遇也相对算不错，当然，要求肯定也更高。

这类公司的人力资源管理中，一个特点是员工整体素质提升，管理规范性也更强，人力资源管理的工作具备了一定的专业性，对人力资源管理的专业性要求更高了。招聘中开始考虑以素质模型为基础进行人才的有效选拔，采用笔试、结构化面试和行为面试及无领导小组讨论面试对人员进行评价和选拔，不过这块不少公司其实外包给了外部专业机构。人才培育方面开始有了储备人才培养计划、新员工培训乃至人才梯队建设，不过这些工作中的很多核心工作还是外包给了培训和咨询公司。至于绩效和薪酬体系，由于牵涉面广，利益关系复杂，整体的方案设计基本上都是高层和外部专业机构联合进行的，一般HR部门的工作人员更多的还是配合和协调、推进。

小结：以上相关岗位和工作，不管是大公司还是小公司，统统都是甲方（在甲方做 HR，本身就属于支持性岗位而非价值创造的岗位，尤其是基础岗位)。不同的是小公司的人力资源工作更多的是琐碎的重复性工作，甚至是一个人全包了所有人力资源相关工作，大公司则是可能会有更细的分工和相对高的专业要求。但是，甲方的大多数岗位其实对专业都没有很高的要求，有很多即便做到高层其实更多的也是对综合素质（沟通、协调、影响等）的要求而非专业知识和技能（当然，还是要有最起码的理解和认知)。

2） 人力资源相关专业机构。

如果你想在人力资源相关专业机构上班，其实也还是有不少的。

A、 猎头。

猎头的英文名是 headhunter，顾名思义，猎的是头头，也就是高级管理人才或研发人才。然而，理想是丰满的，现实是骨感的，不要以为你从事猎头就天天和厉害的人物打交道。我们国家的猎头行业用一个词来形容就是——鱼龙混杂（不仅仅是猎头，包括咨询和培训)。我知道一些所谓的猎头公司，其实就是上各大招聘网站看谁求职，然后看哪家公司需要人，然后从中撮合，可想而知门槛还是比较低的。如果你去了一家猎头公司，那么不出意外，你的工作主要应该是——打电话，俗称 cold call，怎么形容呢，你接过推销电话没，有点类似这种。当然，谁刚进去都是打电话开始，如果你真心喜欢做猎头，也愿意接受挑战，持续不懈的努力，积累丰富的资源，长时间积累下来也并不是不可行。

B、 人力资源管理咨询。

目前市面上的咨询公司类型很多，有做战略咨询的，有名的如麦肯锡，有做 IT 咨询的，如 IBM，还有就是专门做人力资源管理咨询的。人力资源管理咨询公司我们又可以简单划分为外资和内资。有名的外资包括四大人力资源咨询——翰威特、美世咨询、合益咨询、韬睿惠悦，内资的话相对知名的包括华夏基石、正略钧策、北大纵横、和君、汉哲等，当然还有一些地方性的小型咨询公司，数量就非常之多了。管理咨询公司的岗位一般从分析员～顾问～项目经理～合伙人，能走到什么程度看个人情况。说实话，国内管理咨询行业也是良莠不齐。总体来说，咨询行业在 HR 相关工作中还算是个不错的选择吧。如果能选一家靠谱的公司和合伙人，真正扎扎实实地做下去，坚持几年，不断积累，管理咨询还是可以给人扎实的专业知识，培养较强的逻辑思考和分析能力以及较宽广的视野，并且后期可以转入甲方从事 HR 中高端岗位。

C、 培训行业。

培训行业也算是人力资源相关行业。培训师的收入也是相对较高的。但是，作为应届毕业生，直接进入培训行业未必是个好的选择，因为一个优秀的培训师一般是由多年的管理经验并经自己系统提炼和构建。如果一毕业就直接进入培训行业，也只能当培训公司的培训顾问。培训顾问听名字还可以，其实说白了就是联系老师、当老师的助教以及和企业对接。听了再多的课，没有自己的经历和体验，还是很难成为一名优秀的培训师（培训师并不局限于人力资源，各行各业各岗位优秀者都可以是培训师)。当然，培训顾问也有一条路，那就是整合企业需求和培训师资源，资源充足的条件下自己单干。不过这种中介性质的培训机构越来越多了，竞争日益激烈，没有自己的核心竞争力将来也越来越不好干。

3） 对于考研的建议。

小企业对学历和学校没有那么高要求。

大企业看情况：管理相对成熟的公司其实没那么注重学历，他们有自己成熟的人才评价标准和方法，一般本科就可以，不过可能会对学校有要求，最好是“211 工程”学校；一些垄断型国企，很多就对学历有高要求了，基本都要硕士吧，有些还要看本科院校。

猎头机构对学历要求不高，目前大多数猎头本质上更像是销售的工作。

刚毕业不太可能成为培训师，去的话也是培训顾问，实际上类似于销售和支持。

咨询公司一般都是硕士以上学历或者名校背景。

4．小贴士

刚毕业的大多数大学生注定了拿低工资。原因很简单，啥都不会，不能给企业带来多大价值自然拿低工资。

如果你真的有能力考上，年龄也不大，家里条件也还行，但是目前学校不好或学历低，我觉得提高学历，考研是完全可以的。

不过建议，考研一定要考好学校，最好是“211 工程”学校。当然，如果你能力具备，或者因缘巧合，有个不错的平台或机会，本身也对理论和研究或思考分析不感兴趣，沉下心来，在一个不错的平台下好好沉淀，踏踏实实，不断努力，在工作中学习、反思和提升，也是很不错的。

七、开设院校

2017 年开设人力资源管理专业的院校共有 470 所。

审计学专业

专业代码	中文名	学科门类	一级学科	授予学位	修学年限
120207	审计学	工商管理类	管理学	管理学学士	四年

一、专业概述

审计是独立于被审计单位的机构和人员，对被审计单位的财政、财务收支及有关的经济活动的真实、合法性和效益进行检查、评价、公证的一种监督活动。

二、培养目标

培养具备管理、经济、法律、会计和审计等方面的知识和能力，能在国家审计机关、部门及各单位内部的审计机构和社会审计组织从事审计工作，以及在学校、研究单位从事教学和研究工作的德才兼备的高级专门人才。

三、培养要求

牢固掌握相应的专业知识和专业技能，具有扎实的财会、审计专业知识，熟练掌握企业会计手工和微机操作基本技能、审计技能。

四、知识技能

毕业生应获得以下几方面的知识和能力：

① 系统地掌握审计基本理论、专业知识和操作技能。

② 掌握审计的定性和定量的分析方法。

③ 熟悉国家有关法规和政策，了解国内外审计学科的现状和发展趋势。

④ 能运用计算机处理有关会计和审计业务，尤其是具有较强的调查研究、综合分析和解决实际问题的能力，并有较强的外语和语言文字能力。

⑤ 了解本学科的理论前沿和发展动态。

⑥ 掌握文献检索、资料查询的基本方法，具有一定的科学研究和实际工作能力。

五、主干课程

微观经济学、宏观经济学、管理学原理、管理信息系统、经济法、税法、财务会计、成本会计、财务管理、内部控制审计、财务审计、管理审计、建设项目审计、计算机审计、法务会计等（不同院校因为培养方向的侧重点不同，课程会有差别）。

六、发展前景

1．就业方向

可在大中型企业和跨国公司从事内部审计工作，可在政府审计机关和司法机关从事审计检查与鉴定工作。也可在会计师事务所、律师事务所、资产评估公司等中介机构从事审计服务与咨询工作。

2．就业前景

现代审计是现代市场经济发展的产物，由于科学技术的发展，商品经济的发达，对经济管理与监督提出了更高的要求。由于审计职能的扩大，不仅财务审计有了很大发展，经营审计、管理审计、绩效审计也应运而生。不仅政府审计日渐完善，随着股份公司的发展、跨国公司的涌现，也促进了内部审计和社会审计的发展，特别是会计电算化之后，使审计又提出了新的挑战，这些都为现代审计体系的建立和发展创造了良好的条件。

2017 年开设审计学专业的院校共有 190 所，部分高校按 ACCA、IAEP、注册会计师、信息系统审计等专业方向培养。报考硕士较集中的专业：会计、审计、工商管理、公共管理。根据阳光高考信息平台统计数据，审计学专业 2017 年普通高校毕业生规模为 9000 人到 10000 人，高考时文理科比例为文科 51%，理科 49%。男女生比例为男生 27%，女生 73%。审计学专业本科就业率为 2016 年 75%～80%，2017 年 85%～90%。

3．专家建议

① 审计与会计的区别。

审计与会计是两种不同的但又有联系的社会活动。

审计与会计的联系主要表现在：审计主要是对会计凭证、会计账簿和会计报表等财务会计资料及其所反映的财政、财务收支活动的真实、合法、效益进行审查和评价。审计需要以会计资料为前提和基础，离开了财务会计资料，审计工作很难进行。会计活动是经济管理的重要组成部分，它本身是审计监督的主要对象。在审计产生之初，审计人员主要从审查会计资料入手，对会计资料中反映的问题进行审查。从审计的产生可以看出，审计和会计不是一回事，审计也不是从会计中派生出来的，检查会计资料只是审计的一种手段和方式。

② 审计学专业的开设历史。

审计学本科专业 1985 年在中南财经大学率先开设，未过 10 年，在教育部第二次本科专业目录调整中，成为目录外专业，与此同时，上海财经大学、中南财经大学等七所院校首批获准开设注册会计师专业，几大财经院校就不再开设审计学专业，改为注册会计师专业。南京财贸学院成立于 1983 年，1987 年改名南京审计学院，1991 年成为审计署直属，1993 年升级为本科院校，2000 年下放地方，审计署为其共建单位，2011 年成为首批审计硕士院校，2013 年正式获批硕士授予权。2015 年 11 月更名为南京审计大学。一段时间内，南京审计大学审计专业成为国内唯一。2013 年教育部本科专业目录中，又恢复了审计学专业，开设此专业的院校也渐渐多了起来。

③ 关于会计学、财务管理和审计学就业的通俗理解。

首先，对就业而言，会计是做账的，审计是查账的。

会计分国会（ACCA，国外会计）和注会（CPA，国内的），如果不打算出国的话，建议你选注会。

财务管理学的内容包括会计的，它很杂，除了学会计的知识，还要学证券、投资银行、项目评估这种跟会计沾点边的知识。

4．小贴士

目前国内的就业方面，会计、财务、审计等几个专业出来工作都差不多，就业也都较好，前提是学校要好，自己的能力要过关。

七、开设院校

2017年开设审计学专业的院校共有190所。

资产评估专业

专业代码	中文名	学科门类	一级学科	授予学位	修学年限
120208	资产评估	工商管理类	管理学	管理学学士	四年

一、专业概述

资产评估活动是注册资产评估师运用专业方法，遵循专业规范，评定和估算资产或经济资源价值的中介行为。作为一种专业化市场中介行业，在规范资产运作、维护经济秩序、促进经济发展等方面具有十分重要的作用。

二、培养目标

培养既具有必要理论知识，又具有较强实践能力，具备资产评估与管理的实践能力，具有较强综合素质和职业岗位能力，具有健全的心理品质和健康体魄，爱岗敬业的专门人才。

三、培养要求

主要学习会计、审计等方面的基本理论和基本知识，受到会计、审计方法和技巧方面的基本训练，具有分析和解决资产评估问题的基本能力。

四、知识技能

毕业生应获得以下几方面的知识和能力：

① 系统地掌握审计、会计的基本理论、专业知识和操作技能。

② 掌握审计的定性和定量的分析方法。

③ 熟悉国家有关法规和政策，了解国内外资产评估学科的现状和发展趋势。

④ 有较强的调查研究、综合分析和解决实际问题的能力，并有较强的外语和语言文字能力。

⑤ 了解本学科的理论前沿和发展动态。

⑥ 掌握文献检索、资料查询的基本方法，具有一定的科学研究和实际工作能力。

五、主干课程

经济法、财务会计、财务管理、统计学、金融学、保险学、投资学、财政学、税法、资产评估原理、建筑工程概论、机电设备评估、建筑工程评估、企业资产评估、审计学、国有资产管理、企业价值评估、房地产评估、无形资产评估、国际评估准则等（不同院校因为培养方向的侧重点不同，课程会有差别）。

六、发展前景

1．就业方向

可在政府资产管理部门、土地管理部门、财政局、国税局、地税局等从事资产管理及财务税收工作。可到各类资产评估事务所、会计师事务所、税务事务所以及咨询机构就业。可到企事业单位、金融证券投资公司、房地产开发机构、典当拍卖机构从事资产评估与管理及财务税收、企业管理工作。

2．就业前景

根据相关法律法规的规定以及市场经济主体的需要，资产评估已服务于诸多重要经济领域和经济活动，包括设立中外合资企业、国有企业改制上市、企业重组、国有产权或股权转让、金融风险防范、会计公允价值计量、税基确定等。随着市场经济的发展，各种经济活动和经济行为日益复杂，资产评估在帮助企业降低交易成本、提高经济效率、规范交易行为、改善经营管理，以及促进政府转变职能、维护社会经济秩序、构建和谐社会等方面的作用更加明显。

2017 年开设资产评估专业的院校共有 74 所，部分高校按注册资产评估师等专业方向培养。报考硕士较集中的专业：资产评估、会计、工商管理、公共管理。根据阳光高考信息平台统计数据，资产评估学专业 2017 年普通高校毕业生规模为 2500 人到 3000 人，高考时文理科比例为文科 47%，理科 53%。男女生比例为男生 34%，女生 66%。资产评估专业本科就业率为 2016 年 85%～90%，2017 年 80%～85%。

3．专家建议

① 资产评估专业从业要求。

注册资产评估师是从事资产价值评估的专业人员， 因此对评估师的基本素质要求较高，不仅需要一定的学历，还要具有一定时间的相关工作经验，并且参加统一的全国注册资产评估师考试，考试合格之后才能获得注册资产评估师执业资格证书。考生考试合格后，既可选择在资产评估机构执业，专职从事资产评估中介服务，也可选择在企业、银行等部门就职，从事与资产评估相关的企业价值估价与认定和抵、质押品价值评估业务。

② 资产评估师考试。

2017 年资产评估师考试改革后，新旧制度并行。资产评估师考试科目由原来的《资产评估》《经济法》《财务会计》《机电设备评估》《建筑工程评估》5 个科目，调整为《资产评估基础》《资产评估相关知识》《资产评估实务（一）》和《资产评估实务（二）》4 个科目。

从 2018 年开始，只进行新制度的考试，即由原来的 5 个科目调整成 4 个科目，对于广大考生来说可以说是一个利好消息。同时，报名条件也放宽：具有高等院校专科以上（含专科）学历即可报考。

③ 就业不乐观。

从上面①②可以看到，资产评估师是几乎所有专业的学生都可以报考的职业资格，对于资产评估这个专业的毕业生来说，因为专业不具备优势，情况并不乐观。

4．小贴士

注册资产评估师需要一定的专业水准，进入评估师领域也有行业细分的，如果你擅长理科，将来可以专攻房地产，至于机械设备评估等，则需要相关的工科背景。

七、开设院校

2017 年开设资产评估专业的院校共有 74 所。

物业管理专业

专业代码	中文名	学科门类	一级学科	授予学位	修学年限
120209	物业管理	工商管理类	管理学	管理学学士	四年

一、专业概述

物业管理是指受物业所有人的委托，依据物业管理委托合同，对物业设备设施、绿化、卫生、交通、治安和环境容貌等管理项目进行维护、修缮和整治，并向物业所有人和使用人提供综合性的有偿服务。

二、培养目标

培养掌握现代物业管理基本理论基础知识，具有一定物业管理能力和熟练服务技能的高级管理专门人才。

三、培养要求

主要学习物业管理职业所必需的专业基础理论和基本职业技能，具有较强的分析问题、解决问题的能力，有相当的组织管理能力、协调能力，具有承担物业管理岗位工作的技能。

四、知识技能

毕业生应获得以下几方面的知识和能力：

① 系统地掌物业管理专业知识。

② 具有处理公共关系事务的基本素质。

③ 具备物业管理企业管理工作的能力。

④ 具备房屋养护及物业设备设施维修及管理的能力。

⑤ 具备物业管理业务处理的能力。

⑥ 要求具有熟悉并运用有关物业管理法律、法规的能力。

五、主干课程

经济学、管理学、市场学、建设法规、工程经济学、工程制图、工程测量、工程力学、工程结构、工程施工、工程概预算、项目管理、物业财务管理、工程合同管理、工程监理、工程地质与基础、物业管理、物业管理实务、建筑设备与安装，物业设备管理、环境艺术、公共关系、物业企业管理等（不同院校因为培养方向的侧重点不同，课程会有差别）。

六、发展前景

1．就业方向

可在各类物业管理行业、物业中价、房地产行业从事物业前台客服、物业管理服务员、物业行政、人事、办公等工作。

2．就业前景

物业管理作为现代化城市管理和房地产经营管理的重要组成部分，在国际上十分流行并获得了蓬勃发展，被人们视作现代化城市的朝阳产业。目前国内物业管理是刚起步的行业，成熟的物业还需一段时间的摸索来完善。

2017 年开设物业管理专业的院校共有 34 所，部分高校按不动产管理专业方向培养。报考硕士较集中的专业：管理科学与工程、工商管理、法律（非法学）、企业管理。根据阳光高考信息平台统计数据，物业管理专业 2017 年普通高校毕业生规模为 700 人到 800 人，高考时文理科比例为文科 52%，理科 48%。男女生比例为男生 32%，女生 68%。物业管理专业本科就业率为 2016 年 85%～90%，2017 年 95%～100%。

3．专家建议

新行业，新专业，有机会，也有困难。

4．小贴士

总体而言，一些高端公寓和写字楼商业物业基本都是盈利的，尤其是商业物业。但是商业物业在招聘的时候对应聘的人员要求十分高，大部分人都是先干小区，再干商业物业。

七、开设院校

2017 年开设物业管理专业的院校共有 34 所。

文化产业管理专业

专业代码	中文名	学科门类	一级学科	授予学位	修学年限
120210	文化产业管理	工商管理类	管理学	管理学或艺术学学士	四年

一、专业概述

文化产业管理专业简称文管，文化产业，即生产和经营文化产品、提供文化服务的企业行为和活动，包括演出业、影视业、出版业、报业、网络业、娱乐业、广告业、咨询业、策划业等行业，是 2004 年新兴的高校专业。

二、培养目标

培养掌握经济学、管理学及文化学基本理论与方法，具有宽阔的文化视野和现代管理意识，熟悉文化法规及政策，具备较强的规划、决策、组织、策划、创意以及沟通表达能力，具备较强社会调研和信息处理能力，能够在文化产业及相关产业、政府文化管理部门及文化事业单位从事文化经营管理、市场营销与策划、文化贸易与交流工作的应用型复合型人才。

三、培养要求

主要学习文化产业管理专业基础理论和基本职业技能，受到文化产业管理方面的基本训练，具有文化产业管理岗位工作的技能。

四、知识技能

毕业生应获得以下几方面的知识和能力：

① 系统地掌握文化产业管理专业知识。

② 具有宽阔的文化视野和现代管理意识。

③ 具备较强社会调研和信息处理能力。

④ 具备较强规划、决策、组织、策划、创意以及公关、沟通表达能力。

⑤ 具备物业管理业务处理的能力。

⑥ 要求熟悉文化产业管理相关的法律、法规。

五、主干课程

文化学、中国文化史、中国文化交流史、产业经济学、管理心理学、文化市场营销学、管理信息系统、文化管理学、会计学、应用统计、公共事业管理学、文化产业概论、文化资源概论、公共部门公共关系、文化政策与法规、文化管理理论与实践、艺术基础、美学概论、世界文化简史、民俗学、宗教文化概论、广告学、文化项目策划实务、文化地理学、出版管理学、文博基础、影视产业概论、文化旅游概论、动漫与数字产业概论、管理文秘等（不同院校因为培养方向的侧重点不同，课程会有差别）。

六、发展前景

1. 就业方向

在宣传文化系统、文化管理部门和文化产业各个行业（如广播电视、新闻出版、旅游、艺术演出、文化贸易与投资、文博事业等），从事相关的实际工作。如：文化市场经纪人角色，具体指方方面面文化活动的设计，各种各样企业文化的设计。文化市场经营者角色，如书店、画廊、玉器、旅游商品、体育运动器材等一切与文化相关的产品、商品的经营，传媒商品的经营等。文化市场管理者，如文化部门公务员、专业性、行业性的执法管理人员，文化企业管理层等。

2. 就业前景

总体来看，我国文化产业还处于发展初期，同时我国也是世界上最大的潜在文化市场，如何使文化产业与金融资本融合，把丰富的民族文化资源转变为巨大的文化财富，这需要进一步解放思想，尊重文化生产力的发展规律，通过体制机制创新，进行持续的改革和探索，为文化产业发展创造良好的体制和政策环境。

2017 年开设文化产业管理专业的院校共有 186 所，部分高校按文化经纪、文化旅游、影视制片管理等专业方向培养。报考硕士较集中的专业：公共管理、艺术学理论、新闻与传播、法律（非法学）。根据阳光高考信息平台统计数据，文化产业管理专业 2017 年普通高校毕业生规模为 8000 人到 9000 人，高考时文理科比例为文科 76%，理科 24%。男女生比例为男生 31%，女生 69%。文化产业管理专业本科就业率为 2016 年 85%～90%，2017 年 85%～90%。

3．专家建议

① 开设院校越来越多，有点滥。

文化产业管理专业是一门新兴专业，类似于美术、音乐等专业，但是它的优势是高考过关率与录取率要高于上述两个专业，本科高校通过全国高考招生，也有部分院校作为艺术类招生。

2004 年，教育部批准在山东大学、中国传媒大学、中国海洋大学、云南大学四所高校中开设“文化产业管理”本科专业，学制四年，毕业后授予管理学学士学位。随后，众多高校纷纷开设文化产业管理专业。

② 对口就业不理想。

过去，中国的文化产业受政府和政策的制约很大，影响相关就业，随着近几年政策逐渐放开，毕业生也越来越多。

学校的强弱是大企业筛选简历的重要依据，目前招聘文化创意岗位的又以大企业为主，学校背景对文管专业就业影响极大。在学历方面，由于本科教育重在基础，大部分本科毕业生缺乏核心竞争力，存在“不知道能做什么”的感觉，找工作比较吃力。而文管硕士重在课题研究与项目实践，比较契合企业工作需求，容易获肯定。建议想从事文化产业工作的文管本科生考研。

③ 实习经历和参与课题项目的经历比想象的还要重要。

企业招聘最怕的是纸上谈兵，不能创造实际价值，尤为看重应聘者的实习经历和参与课题项目的经历。

很多学文管的同学有一个误区，觉得这个专业以后工作就是充当 Advisor（建议者）的角色，可以建议公司搞什么什么项目，应该高大上地运作。其实你能想到的创意，企业也能想到。你在学校学到的案例解析，你上级或许了解的比你更加深入。企业招聘文管这种专业的学生，是想让他们基于对成功案例的深入剖析，从企业现有的实际条件出发，结合产业发展趋势，提出详细的、落地的、系统的、可操作的、营利性强的策划与运营方案，不但要做建议者，还要做前期的调查者，准确把握行业发展趋势与竞争对手和后期的运营者，完成项目落地，知道项目在落地过程中可能遇到的问题和解决方案，知道怎样发挥现实资源的最大优势，这就需要你有实操经验。如果仅仅是把书本上的、网络上的案例拿过来纸上谈兵，那在面试官眼里就是班门弄斧了。所以有机会一定要出去实习，要尽量去大企业、大平台实习，要勇于承担重任，多试错，不要害怕失败与压力。

4．小贴士

文管专业就业形势虽然好转，由于专业建设本身存在的问题，必须承认不代表每个文管学生都能感受到就业的好转。

七、开设院校

2017 年开设文化产业管理专业的院校共有 186 所。

农林经济管理专业

专业代码	中文名	学科门类	一级学科	授予学位	修学年限
120301	农林经济管理	农业经济管理类	管理学	管理学学士	四年

一、专业概述

农林经济管理专业的研究领域涉及如何配置稀缺的自然与经济资源，如何利用国内外市场，如何对农业实行保护政策，如何实施农业可持续发展战略等。

二、培养目标

培养具备系统的管理科学和经济科学的基础理论和相关的农(林)业科学基础知识，掌握农（林）业经济管理的基本方法和技能，能在各类农（林）业企业、教育科研单位和各级政府部门从事经营管理、市场营销、金融财会、政策研究等方面工作的高级专门人才。

三、培养要求

主要学习管理科学和经济科学的基本理论和相关的农(林)业科学基本知识，受到调查、策划、技术经济分析、计算机应用等方面的基本训练，掌握企业经营管理、市场营销、政策研究等方面的基本能力。

四、知识技能

毕业生应获得以下几方面的知识和能力：

① 掌握管理科学和经济科学的基本理论、基本知识，具有相关的农(林)业科学知识和较宽广的人文、社会科学知识。

② 掌握企业经营管理、技术经济分析、经济核算、社会调查等基本方法。

③ 具有独立获取知识、计算机应用和信息处理、较好的语言和文字表达、组织协调、分析和解决实际问题等方面的基本能力。

④ 熟悉国家有关方针、政策和法规。

⑤ 了解农(林)业经济科学的理论前沿和农(林)业企业经营管理的发展动态。

⑥ 掌握文献检索、资料查询的基本方法，具有一定的科学研究和实际工作能力。

五、主干课程

经济学、农(林)业经济学、管理学原理、农(林)业企业经营管理学、农(林)业技术经济学、农(林)产品营销学、农(林)业政策学、农(林)业概论等（不同院校因为培养方向的侧重点不同，课程会有差别）。

六、发展前景

1．就业方向

可在企事业单位从事经营、管理、市场分析和营销策划等工作。也可进入大中型农牧企业和食品加工贸易企业、与农业和食品产业有关的金融投资、流通贸易、加工运输、科技开发、新闻传媒、咨询服务等企事业单位，从事农产品的国际贸易和市场营销等工作。

2．就业前景

随着农业基础地位的不断提高，农业的社会性、多功能性的逐步加强，政府和企事业单位关于农业政策的制定和执行力度加大，越来越需要大批量从事相关工作的专业人才。现代农业的一体化和产业化经营，公共管理的商业性，以及从事农产品加工、贸易的企业及公司的不断增多，决定了社会对管理人才的需求必然呈增多的趋势。

2017 年开设农林经济管理专业的院校共有 66 所，报考硕士较集中的专业：农村与区域发展、农业经济管理、工商管理、公共管理。根据阳光高考信息平台统计数据，农林经济管理专业 2017 年普通高校毕业生规模为4500人到5000人，高考时文理科比例为文科53%，理科47%。男女生比例为男生38%，女生62%。农林经济管理专业本科就业率为2016年80%～85%，2017年80%～85%。

3．专家建议

暂时来看，在相关部门工作的收入不是很高，某些同学的就业也的确存在着困难。从长远来看，国家对农业经济的重视程度在不断提高。从全国范围来看，各省、市、地、县的就业出路仍然是比较宽广的。只要肯学、肯钻研，农业经济管理及相关领域前景是大有可为的。

4．小贴士

如果是师范类院校，最好不要报了，毕业后考教师资格证也会有困难。

七、开设院校

2017年开设农林经济管理专业的院校共有66所。

农村区域发展专业

专业代码	中文名	学科门类	一级学科	授予学位	修学年限
120302	农村区域发展	农业经济管理类	管理学	管理学学士	四年

一、专业概述

农村与区域发展的研究领域是以农村及其特定类型区域（如山区、林区、牧区、粮食主产区、贫困地区、少数民族地区等）的经济与社会可持续发展为研究对象，利用农村经济、区域经济、管理学、农村社会学等多学科的理论与方法，探讨农村与区域发展的过程、发展模式、发展机制、发展问题以及发展政策。

二、培养目标

培养具备农村区域发展方面的基本理论、基本知识和基本技能，能在农业企业、农业推广管理部门、政府及事业单位从事计划、规划与设计、推广与发展、经营与管理、教学与科研等工作的高级专门人才。

三、培养要求

主要学习农村区域发展和当代农村发展方面的基本理论和基本知识，受到农村发展调查分析、规划设计、实施、调控与评价等方面的基本训练，掌握从事农村区域、社区发展工作的基本能力。

四、知识技能

毕业生应获得以下几方面的知识和能力：

① 掌握当代发展学科的基本理论、基本知识。

② 掌握包括发展经济学、发展社会学、发展人类学及发展管理等范畴的综合的分析方法。

③ 具备以解决问题为导向的农村区域社区分析、规划、计划实施、监测评价等方面的技能。

④ 具备农业可持续发展的意识和基本知识，了解当代发展学的科学前沿和发展趋势。

⑤ 熟悉国家关于农业、农村和农民的有关方针、政策和法规。

⑥ 掌握文献检索、资料查询的基本方法，具有一定的科学研究和实际工作能力。

五、主干课程

农村发展研究方法、农村发展概论、农村发展设计(规划)、现代培训的理论与方法、农业经济学、农业概论、农业推广学、资源与环境概论、土地法学、发展项目管理、发展经济学、发展社会学、政治经济学、微观经济学、宏观经济学、发展人类学、管理学、经济法、农村发展与管理的政策等（不同院校因为培养方向的侧重点不同，课程会有差别）。

六、发展前景

1. 就业方向

可到政府的政策研究与制定机构，大专院校、研究所等教学研究机构，国际国内发展机构，地方政府机构，管理咨询机构，以及国内大中小型企业从事管理、研究、教学、咨询、中国的对外援助等工作。

2. 就业前景

随着我国社会经济快速发展和对“三农”问题的高度重视以及现代农业和新农村建设的推进，国家对农业农村的发展提出了新的要求：培养农村实用型人才，解决“三农”问题的带头性人才培育，解决现代农业和新农村建设管理人才培养。

2017 年开设农村与区域发展专业的院校共有 43 所，报考硕士较集中的专业：农村与区域发展、公共管理、作物。根据阳光高考信息平台统计数据，农村与区域发展专业 2017 年普通高校毕业生规模为 1500 人到 2000 人，高考时文理科比例为文科 49%，理科 51%。男女生比例为男生 44%，女生 56%。农村与区域发展专业本科就业率为 2016 年 80%～85%，2017 年 80%～85%。

3. 专家建议

① 本专业目前没有做较精准的界定，是一个自主的设置专业，属农林经济管理类。

农林经济管理类下设两个专业：农林经济管理和农村区域发展。农村区域发展与农林经济管理相近，但是并不同。农林经济管理偏重于农林经济理论研究。农村区域发展主要是以农林经济管理理论和区域经济发展理论为指导的实践研究：主要包括农村发展规划，农村资源利用等。从就业上来说，两个专业的就业都不好。这两个专业的就业去向，最对口的是政府，但是现在是凡进政府必经过考试。从招考来看，招农业经济管理的职位要多于农村区域发展，事实上，几乎没有招农村区域发展的。而且，学历要求以研究生为主，因为农业经济理论主要是适合于农业政策指导部门，这些机关通常是农业厅，市农工办等。基层公务员，一般都不要求专业。

② 各学校情况不同。

这个专业以中国农业大学人文与发展学院的最好，在其他农业大学也普遍有开设类似的专业，不过各校的办学条件和情况不同，专业倾向和侧重点也会有所不同。大致来说，这个专业本科毕业之后的就业选择比较宽泛，在中国农业大学这个专业更倾向于培养 NGO 从业人员或农业推广工作者，偏管理学方向。这个专业最大的好处是它是一个新专业，跨越多个基础学科，在大一、大二的时候会学习包括社会学、人类学、经济学、农学、环境科学和可持续发展理论、政治学、法学、管理学等的基础学科，然后在大三的时候会开设本专业特色的理论课程和方法论课程，并结合一定量的社会实践，最大限度地提高学生的综合能力。

这个专业不同于单纯的管理学和经济学专业，具有更多的针对农村社会现状的实践。也不同于单纯的社会学，而具有更多的综合学科的具体实践。另外，这个学科的老师一般具有较强的社会实践能力，能给学生带来更多的现实经验。就目前情况，这个专业毕业的学生不管是否从事三农领域的工作，都能够从专业学习中受益良多。具体地说，这个专业毕业的学生有在政府做公务员的，也有在企业做管理或销售的，也有在 NGO 从事公益事业的。

4. 小贴士

发展农业，不仅仅是口号，还需要更多的人去努力。相信在国家政策的大力扶持下，农业的发展和振兴不是梦。

对于那些职业理想是农业推广的考生，这是个不错的专业。

七、开设院校

2017 年开设农村与区域发展专业的院校共有 43 所。

公共事业管理专业

专业代码	中文名	学科门类	一级学科	授予学位	修学年限
120401	公共事业管理	公共管理类	管理学	管理学学士	四年

一、专业概述

公共事业管理学是研究公共事业管理活动、制度、体制及其运行机制的学科。它主要反映政府管理公共事业的活动，并通过对这些活动的本质与现象、主体与客体、观念与技术、内容与形式、制度与过程、历史与未来的研究，掌握公共事业管理的规律性，帮助和推动这些活动的科学化、法制化、合理化、规范化和时代化进程。

二、培养目标

培养具备现代管理理论、技术与方法等方面的知识以及应用这些知识的能力，能在文教、科技、体育、卫生、环保、社会保险等公共事业单位行政管理部门从事管理工作的专门人才。

三、培养要求

主要学习现代管理科学等方面的基本理论和基本知识，受到一般管理方法、管理人员基本素质和基本能力的培养和训练，掌握现代管理理论、技术与方法，能从事公共事业单位的管理工作，具有规划、协调、组织和决策方面的基本能力。

四、知识技能

毕业生应获得以下几方面的知识和能力：

① 掌握管理科学、经济学、社会科学等现代科学的基本理论和基本知识。

② 具有办公自动化、应用管理信息系统所必需的定量分析和应用计算机的技能。

③ 具有进行质量管理、数据的收集和处理，进行统计分析的基本知识和能力。

④ 熟悉我国有关的法律法规、方针政策以及制度。

⑤ 具有较强的社会调查和写作能力。

⑥ 掌握文献检索、资料查询的基本方法，具有初步的科学研究和实际工作能力。

五、主干课程

管理学原理、管理经济学、管理信息系统、人力资源开发与管理、管理心理学、公共事业管理、运筹学、会计学、应用统计学、财务管理、市场营销、行政学原理、行政法学、公共关系学、管理伦理学、市政管理学、管理定量分析、宏观经济学、微观经济学、公共政策与分析等（不同院校因为培养方向的侧重点不同，课程会有差别）。

六、发展前景

1. 就业方向

公共事业管理是一个就业广泛的职业，从事公共事业管理的人员可以在文教、体育、卫生、环保、社会保险等公共事业单位行政部门从事管理工作。

2. 就业前景

2017年开设公共事业管理专业的院校共有444所，部分高校按以下专业方向培养：公共安全、健康管理、体育管理、行政管理、休闲体育、医疗保险、医事法学、健康产业管理、卫生事业管理、医药贸易与管理、政府应急与安全社区建设。报考硕士较集中的专业：公共管理、行政管理、法律（非法学）、社会医学与卫生事业管理。根据阳光高考信息平台统计数据，公共事业管理专业 2017 年普通高校毕业生规模为22000人到24000人，高考时文理科比例为文科63%，理科37%。男女生比例为男生35%，女生65%。

公共事业管理专业本科就业率为2016年85%～90%，2017年85%～90%。

3．专家建议

（1） 该专业毕业生就业难的主要原因：

1） 是我国事业单位的人事制度和公务员制度相似，职位有限，属稀缺资源。

2） 事业单位人事制度相对稳定，流动性小，不可能为社会提供较多的岗位，且本专业目前的办学规模和发展速度已超出了我国公共事业发展的速度和公共管理体制、公共事业单位改革的步伐。

3）知识的大杂烩不能适应管理专业化的要求，专业性不强，就业方向不明确，所培养的学生缺乏不可替代性。学生对口就业方向难以确定，教育领域有教育管理，医疗卫生领域有卫生事业管理，劳动与社会保障领域有劳动与社会保障等。公共事业管理专业毕业的学生处于一种尴尬的境地，表面上就业领域广泛，实际还要落实在上述具体领域，要和上述专业的毕业生竞争，又缺少上述专业领域的专业知识，难度可想而知。

4） 参加公务员考试，本专业的学生并无优先权。

5） 研究生招生数量毕竟有限，经过这些年的扩招，研究生数量也大大增加，从另外一个方面加大了本科生的就业难度。

（2） 挑战与机遇并存。

公共事业管理专业在西方发达国家的开设具有较长的历史，已发展成为一个成熟的专业，并且随着社会分工的细化，该专业在西方发达国家呈细化的趋势。即把公共事业管理专业不仅分成师范类与非师范类专业，而且分成环境保护机构管理专业、卫生机构行政管理专业、体育机构管理专业以及社会保险机构管理专业等，并辅以相应的背景知识训练与培养，以真正培养专业化人才。

目前，我国市场经济体制逐步建立，经济与政治体制改革正加紧进行，各行业都要求具备专门知识、受过良好专业训练并适应社会进步和时代发展的专业人才来进行管理。国内外竞争更加激烈，也要求我们的专门管理人才要具备国际社会同类人才的知识水平，以便在各种竞争中立于不败之地。因此，在教育层次上与世界同步，对于在我国仍是新兴学科的公共事业管理专业来说是个巨大挑战。

（3） 报考时须注意不同院校的专业方向。

在众多的招生院校中，有着许多的招生培养方向，如公共安全、健康管理、体育管理、行政管理、休闲体育、医疗保险、医事法学、健康产业管理、卫生事业管理、医药贸易与管理、政府应急与安全社区建设等。

提醒考生和家长，仔细阅读各院校的招生简章。

（4）两点建议：

一是格局变高，千万不要重术轻道，管理是一门技术，更是一门艺术。多了解一些学科知识，多读书、多实践融合起来就有用。

二是在未来，应当会有PA专业的黄金机遇期。城市街道管理、居委、物业、医院、大型企业的综合管理部都需要大量的PA专业人才。

4．小贴士

复合型人才是有就业市场的，商业健康保险公司的理赔部就喜欢医学院的PA，教育培训机构就喜欢师范学院的PA，律师执业后，医学院毕业的律师在人身侵权、伤残鉴定、医疗纠纷、刑事案件中就有天生的优势。

七、开设院校

2017年开设公共事业管理专业的院校共有444所。

行政管理专业

专业代码	中文名	学科门类	一级学科	授予学位	修学年限
120402	行政管理	公共管理类	管理学	管理学学士	四年

一、专业概述

行政管理是运用国家权力对社会事务的一种管理活动，也可以泛指一切企业、事业单位的行政事务管理工作。随着社会的发展，行政管理的对象日益广泛，包括经济建设、文化教育、市政建设、社会秩序、公共卫生、环境保护、公共建设等各个方面。现代行政管理更多的应用了系统工程的思想和方法，以减少人力、物力、财力和时间的支出和浪费，提高行政管理的效能和效率。

二、培养目标

以各级党政机关、社会组织和企事业单位的行政管理事务为研究对象，培养适应现代社会需要的高素质行政管理专门人才。

三、培养要求

系统掌握行政管理专业的基本知识、基本理论和基本技能，具备从事行政管理工作的良好职业素养。

四、知识技能

毕业生应获得以下几方面的知识和能力：

① 掌握政治学、行政学、管理学、法学的基本理论和基本知识。

② 掌握辩证唯物主义和历史唯物主义的基本观点和分析方法以及系统分析、统计分析、调查分析、政策分析等科学方法。

③ 具有从事党政机关、企事业单位行政管理的基本能力。

④ 熟悉党和国家的特别是行政管理方面的方针、政策和法规。

⑤ 了解行政学的理论前沿以及政治学、管理学、法学等相关学科的发展动态。

⑥ 掌握文献检索、资料查询的基本方法，具有一定的科学研究和策划、组织、执行的实际工作能力。

五、主干课程

行政学原理、管理学原理、政治学原理、当代中国政府与政治、当代中国政治制度、比较政治制度、法学导论、行政法与行政诉讼法、人力资源管理、行政组织学、社会心理学、管理心理学、比较公共行政学、行政领导学、政策科学、公务员制度、微积分线性代数概率论与数理统计等（不同院校因为培养方向的侧重点不同，课程会有差别）。

六、发展前景

1. 就业方向

在国家机关、社会团体和企事业单位从事行政管理工作。在政府里一般是办公室、后勤部门等。企业里一般是在人事行政部门或者总裁办公室，负责日常请销假、办公室用品、旅游后勤等方面工作

2. 就业前景

在深化改革、推进市场经济建设、大幅度提高行政管理效率的新形势要求下，行政管理学已引起人们的普遍关注。

2017 年开设行政管理专业的院校共有 345 所，部分高校按以下专业方向培养：公务员、电子政务、警察管理、行政文秘、金融事务助理、人力资源管理、涉外行政管理、涉外经济事务管理、公共文化服务与管理、公共政策与政府治理。报考硕士较集中的专业：行政管理、公共管理、法律（非法学）。根据阳光高考信息平台统计数据，行政管理专业 2017 年普通高校毕业生规模为 22000 人到 24000 人，高考时文理

科比例为文科 71%，理科 29%。男女生比例为男生 34%，女生 66%。行政管理专业本科就业率为 2016 年 85%～90%，2017 年 85%～90%。

3．专家建议

① 企业行政管理的概念和意义。

企业行政管理广义上包括行政事务管理、办公事务管理、人力资源管理、财产会计管理四个方面；狭义上指以行政部为主，负责行政事务和办公事务。具体包括相关制度的制定和执行推动、日常办公事务管理、办公物品管理、文书资料管理、会议管理、涉外事务管理，还涉及出差、财产设备、生活福利、车辆、安全卫生等。所有工作的最终目标是通过各种规章制度和人为努力使部门之间或者关系企业之间形成密切配合的关系，使整个公司在运作过程中成为一个高速并且稳定运转的整体；用合理的成本换来员工最高的工作积极性，以提高工作效率完成公司目标发展任务。

② 专业的发展情况。

我国在改革开放后恢复了行政管理学科。但长期以来，行政管理学科都隶属于政治学门类，注重培养从事学术性研究和教学人员，且知识面较窄，不能适应现代高技术信息社会对管理人才的高要求。在 1998 年教育部制定的新学科目录中，将公共管理从政治学提升出来，列为管理类学科门类下的一级学科，标志着公共管理及行政管理学科进入了一个新的发展时期。当前，国内各大学都的积极探讨新形势下公共管理学科的建设、发展、课程体系以及培养目标、培养方式等。

③ 培养方向差别很大，考生需要注意。

目前，高等院校的行政管理专业在政治学和管理学之间摇摆不定，专业是政治的嫌其思想浅薄，内容不够深刻。专业是管理的指责其披着管理的外衣。不同的学校的这个专业，有归属于政治学院的，有归属于管理学院的，甚有归于法学院或者归于哲学系的。招生方面，有招文科的，有文理兼招的。在专业课开设方面，注重文科倾向、偏向政治学科的学校一般都常开的有政治学、政治思想史、政治制度、公务员制度、政策科学、秘书学、领导学等。注重理科倾向的偏向管理学科的学校一般更倾向于借用企业管理、经济管理、数学、人力资源管理等专业课体系，例如西方经济学、货币银行学、甚至还有企业管理。

④ 过于热门的一个专业。

行政管理专业很热门，这是大多数人都能看到的，专业开设的学校数量、招生规模、研究生的报考激烈程度，近年来都是直线上升。以行政管理硕士点为例，现在有行政管理硕士点的学校已经从过去仅有的二三十家发展到现在的燎原之火的趋势，报考的热门程度丝毫不亚于很多老牌热门专业。

报考研究生热门不代表这个专业受社会欢迎，而是在很多学生眼里，行政管理专业名字好听，专业好考。本来这个专业的确是培养公务员和高级公务员的，但是在中国公务员制度是不可能直接录用行政管理专业的学生，或者只招行政管理专业的学生的。这个专业的研究生好考是因为这个专业的专业知识性不强，而且很大一个优势是不考数学，适合很多天生逻辑思维能力差的学生，这也是很多学生跨专业考研的原因。同时，报考的人数越来越多，又刺激了大量的二流、三流大学都去开设这个专业。

4．小贴士

什么专业都差不多，重要的是自身，如果你是党员+学生干部+课题组成员+企业实习经验+学霸，基本上很好找工作的。

七、开设院校

2017 年开设行政管理专业的院校共有 345 所。

劳动与社会保障专业

专业代码	中文名	学科门类	一级学科	授予学位	修学年限
120403	劳动与社会保障	公共管理类	管理学	管理学学士	四年

一、专业概述

劳动与社会保障专业是公共管理的一个重要分支，社会保障是现代社会文明的重要标志，是现代社会人的基本需求及政府的基本社会政策之一，其目的是使公民在生、老、病、死、伤残和失业的情况下，能够从社会得到必要的物质帮助和服务，是现代社会的“安全网”和“减震阀”。

二、培养目标

培养德、智、体全面发展，懂得党和国家有关社会保障的方针、政策和法规，较牢固地掌握有关劳动与社会保障专业的基本知识与技能，具有一定实践能力的复合型专业人才。

三、培养要求

要求学生系统掌握管理学、经济学、社会学等相关专业的基础知识，了解国内外劳动与社会保障理论及实践的历史和现状，具备运用现代技术手段进行调查分析和实际操作的能力，具备较强的书面和口头表达能力，熟练掌握一门外语。

四、知识技能

毕业生应获得以下几方面的知识和能力：

① 掌握管理学、经济学的基本理论和方法。

② 掌握现代管理和计算机应用技能。

③ 了解中外劳动与社会保障领域的理论与实践进展。

④ 熟悉党和国家有关的方针政策和法规。

⑤ 掌握中外经济学文献检索、资料查询的基本方法，具有一定的经济研究和实际工作能力。

五、主干课程

心理学、教育学、马克思主义哲学原理、经济学原理、管理学原理、政治学原理、社会学、法学概论、社会调查理论与方法、普通逻辑学、伦理学原理、社会保障学、社会保险学、社会保障基金管理、人力资源管理、劳动经济学、社会救助学、社会福利学、社会统计学、劳动与社会保障法等（不同院校因为培养方向的侧重点不同，课程会有差别）。

六、发展前景

1. 就业方向

在各级人力资源与社会保障部门、民政部门、社会救助、社会福利部门、社区服务部门、政策研究部门、大中型企事业单位从事人力资源与社会保障业务、相关法律法规咨询及社会服务工作。

2. 就业前景

随着中国社会老龄化，劳保与社会保障这个专业前景或许会变得更好一些。目前来说，社会上能容纳这个专业毕业生的职位较少，大部分毕业生不能从事专业对口的工作。

2017 年开设劳动与社会保障专业的院校共有 163 所，报考硕士较集中的专业：社会保障、公共管理、工商管理。根据阳光高考信息平台统计数据，劳动与社会保障专业 2017 年普通高校毕业生规模为 7000 人到 8000 人，高考时文理科比例为文科 67%，理科 33%。男女生比例为男生 30%，女生 70%。劳动与社会保障专业本科就业率为 2016 年 80%～85%，2017 年 85%～90%。

3．专家建议

社会保障专业经过近 20 年的发展，并未实现其当初的培养目标和就业方向，学生转方向和不从事本行业的比例很高，以某财经“211 工程”大学为例，截止到 2017 年，本科和研究生中，直接从事社会保障工作（不含人力资源管理工作）的毕业生低于 20%。短期看，这个比例不会有大幅度上升。

由于这个专业开办的历史不长，虽然大家都是管理学学士，在专业课程设置上有很强的院校特征。比如在财经大学里，其核心课程有很多经济学类的课程。在综合院校里，课程偏公共管理。其他院校，有的偏社会学，有的偏人力资源管理等。如果某一学校的这个专业偏向这个学校的强势学科，事实上会有助于毕业生的就业。

4．小贴士

毕业生评论（2016 年毕业）：

学习这个专业也是以为现在国家越来越重视社保，整个社会环境需要社保专业的人来完善这个机制，单方面认为有前景，然后义无反顾的进入劳动与社会保障。可是所谓的有前景并不是说你毕业出来的时候有前景，也许是 10 年，20 年以后这个专业才火起来。当然肯定不会是现在。

刚进大学我就是确定了我要考公务员，考社保局。一直抱着这种信念到国考报名的时候才觉得好天真，能通过本专业报考的少之又少，社保局要的都是本专业研究生或者其他的，或者压根没有岗位。我想劳动与社会保障最好的就是属于管理大类，我家这边基本都是招的管理类，能够选择还是比较多的。在学校里我也修了金融学，考了人力资源类的证书，也许早就意识到本专业不靠谱了，所以留了条所谓的后路。

国考的时候我还是通过金融报考的，本专业可以报，但是相比之下管理类报考的人更多，最后还是在面试被刷了。

现在有幸通过选调考试，还是实现了大学之初想要考取公务员这一想法。目前在基层默默重新学习，开始工作了。

最后说一下一些同学大体的走向，少部分人考取了公务员，少部分出国留学（他们从大一开始努力考雅思），少部分在读研究生，少部分进公司（人力方面），有的进了银行（同样修了金融或者会计），还有的考了老师。

七、开设院校

2017 年开设劳动与社会保障专业的院校共有 163 所。

土地资源管理专业

专业代码	中文名	学科门类	一级学科	授予学位	修学年限
120404	土地资源管理	公共管理类	管理学	管理学或工学学士	四年

一、专业概述

土地资源管理是公共管理一级学科下属的二级学科之一，是研究土地资源与资产的利用、配置和管理的一门科学，是人地关系中重要的基础组成部分，具有应用基础和管理基础。

二、培养目标

培养具备现代管理学、经济学及资源学的基本理论，掌握土地管理方面的基础知识，具有测量、制图、计算机等基本技能，能在国土、城建、农业、房地产以及相关领域从事土地调查、土地利用规划、地籍管理及土地管理政策法规工作的高级专门人才。

三、培养要求

主要学习土地管理方面的基本理论和基本知识．受到土地规划、测量、计算机、地籍管理的基本训练，具有土地利用与管理的基本能力。

四、知识技能

毕业生应获得以下几方面的知识和能力：

① 掌握管理学、经济学及资源学的基本理论。

② 掌握土地调查、土地评估、土地整理、土地利用规划、地籍管理、土地信息系统应用及土地开发经营的技术。

③ 具有土地利用与管理方面的基本能力。

④ 熟悉国家有关土地利用与管理及可持续发展方面的有关方针、政策和法规。

⑤ 了解社会经济发展过程中土地利用与管理的发展动态。

⑥ 掌握文献检索、资料查询的基本方法，具有初步的科学研究和实际工作能力。

五、主干课程

管理学原理、经济学基础、公共财政学、土地法学、土地经济学、土地利用规划、土地行政学、地籍管理、土地信息系统、地理信息系统、不动产估价、土地政策分析与评价、土地评价、生态学、自然地理学等（不同院校因为培养方向的侧重点不同，课程会有差别）。

六、发展前景

1．就业方向

在国土资源部及其下属事业单位、各级国土资源局、土地管理部门相关事业单位、高等院校、房地产开发公司、评估公司及土地规划、土地整治规划设计机构等从事土地资源调查与评价、土地整理、土地利用规划、地籍测量、地籍管理、土地及房地产价格评估、土地信息系统开发与应用及房地产开发经营等方面的技术和行政管理工作。

2．就业前景

目前，土地资源管理专业的毕业生一直活跃在土地调查、土地规划、土地整治、房地产开发与管理的第一线。

2017 年开设土地资源管理专业的院校共有 109 所，部分高校按土地整治、土地规划与地价评估等专业方向培养。报考硕士较集中的专业：土地资源管理、公共管理、农业资源利用。根据阳光高考信息平台统计数据，土地资源管理专业 2017 年普通高校毕业生规模为 6000 人到 7000 人，高考时文理科比例为文科 27%，理科 73%。男女生比例为男生 48%，女生 52%。土地资源管理专业本科就业率为 2016 年 85%～90%，2017 年 90%～95%。

3．专家建议

（1） 专业方向各有侧重。

由于每个学校的学校类型不同，其土地资源管理专业的特色并不一样。比如说一些农林类大学，是最早产生此专业的学校，可以说是土地资源管理专业的摇篮。农林类学校的土地资源管理专业大多是在农林学科的基础上与土地相关专业结合发展起来的，所以教育特色更偏向于农林生态方面。比较有代表性的学校是中国农业大学，设置上包含土壤学、农业气象学、地质地貌学等。还有就是一些综合类院校，在综合院校设置土地资源管理专业的大多数都是一些国家重点高校，比如中国人民大学，这个专业的发展特色就是房地产经济与管理，这是土地资源管理现代化的应用，本科专业不单单包括土地资源方面的专业，更是涉及管理学、经济学、城市规划等经济学知识。

（2） 土地资源管理专业人才培养目标方面有侧重于技术型人才培养、侧重于管理型人才培养和两者兼顾三大类。

具体研究方向排名比较靠前的代表性高校大家可以参考一下，在房地产经营管理方向，同济大学、中国人民大学、首都经济贸易大学、北京师范大学。土地估价方向，中国人民大学。土地利用规划方向，南京大学、南京农业大学、中国农业大学、中国人民大学、浙江大学。地籍管理方向，武汉大学、中国矿业大学、中国地质大学、吉林大学。土地行政管理方向，中山大学、华中科技大学、南京农业大学、中国人民大学。土地经济方向，中国人民大学、南京农业大学。土地可持续利用方向，南京农业大学。土地信息技术方向，武汉大学、中国地质大学、中国矿业大学、华中农业大学。土地整理方向，中国农业大学、南京农业大学、浙江大学。

（3） 专业的五大发展方向。

1） 遥感：土管中比较偏技术的方向，3S 技术的发展和成熟快速推动力土地利用的研究。做遥感还是很有前途的，本专业同学们可以好好学相关软件。

2） 土地利用与环保、经济结合：现在国家明确提成了“绿水青山”的发展理念，严格的环保政策频频上马。当然只看到环保是不够的，其实我们是既要“绿水青山”，也要“金山银山”！经济发展还是要跟上，合理利用土地，如何平衡环保与发挥土地的经济价值的矛盾，是未来非常重要的方向。

3） 新农业与土地利用：新农业是最近讨论的热点，也是发展方向，第一产业是国家根本，耕地保护的红线不可动摇，如何提高耕地的单位生产率，以及第一产业的产业链条中涉及的林地、草地、水体等的开发、利用与保护等。都是以后土地利用的热点。

4） 土地管理与法律：法律的重要性无须多言。从政府角度，我国土地法的完善一直是热点。从企业角度，现在很多房地产公司都喜欢招有法律与土管双重学历背景的人才。

5） 房地产方向：随着我国房地产的火热，越来越多的土管毕业生选择去对口的房地产公司，房地产公司对懂土地政策、土地经济、土地法、土地规划的毕业生有着非常大的需求。

4．小贴士

土地资源管理终究是一门管理类学科，所以学习土管与实际工作会有很大的差别，人为因素比较多。相对而言，在公共管理类专业中，土管还是不错的。

七、开设院校

2017 年开设土地资源管理专业的院校共有 109 所。

图书馆学专业

专业代码	中文名	学科门类	一级学科	授予学位	修学年限
120501	图书馆学	图书情报与档案管理类	管理学	管理学学士	四年

一、专业概述

图书馆学是研究图书馆的发生发展、组织管理，以及图书馆工作规律的科学。现代图书馆是信息时代的产物，它已由单纯的收集、整理文献和利用文献的相对比较封闭的系统，发展到以传递文献信息为主的、全面开放的信息系统。

二、培养目标

培养具备熟悉图书馆学基础理论与方法，掌握现代信息技术与管理科学知识，熟练应用信息采集、描述、组织、检索、分析、评价、咨询和开发利用的相关专业技能，能够适应经济和社会发展的厚基础、宽口径、高素质、强能力的复合型人才。

三、培养要求

主要学习图书馆学与信息管理的基本理论和基础知识，受到文献学、目录学、信息学、传播学、管理学、经济学等方面的基本训练，掌握文献信息搜集、处理、研究、开发与传递的技能。

四、知识技能

毕业生应获得以下几方面的知识和能力：

① 掌握马克思主义的基本原理和关于文化、教育、科学的基本理论。

② 熟悉我国关于经济建设、文化、教育、科学和图书馆的方针、政策和法规。

③ 掌握图书馆学与信息管理的基本知识，了解本学科的理论前沿和发展动向。

④ 掌握图书馆学的基本研究方法和从事科学研究的初步能力。

⑤ 掌握运用现代技术手段进行文献信息的搜索、处理、研究、开发与传递的实际工作能力。

⑥ 具有较强的中外文献检索、阅读能力，以及人际交流能力。

五、主干课程

图书馆学基础、图书馆管理、信息管理概论、信息用户研究、文献资源建设、文献分类法、文献编目、人文社会科学文献检索、科技文献检索、咨询与决策等。

六、发展前景

1．就业方向

可在企事业单位、IT 行业、新闻出版部门、大专院校、医院及有关研究机构、图书馆、档案馆、博物馆就职，从事信息管理和开发工作。

2．就业前景

图书馆学是一个比较冷门的专业，全国大型的图书馆多数分布在各大高校。高校图书馆管理人员的岗位很固定，一般几十年都不会变动。而且，图书馆发展简史和图书管理信息系统，多数已经被计算机取代，专业对口工作的就业面窄，需求量少。

2017 年开设图书馆学专业的院校共有 25 所，报考硕士较集中的专业：图书馆学、图书情报、图书情报与档案管理、情报学。根据阳光高考信息平台统计数据，图书馆学专业 2017 年普通高校毕业生规模为 600 人到 700 人，高考时文理科比例为文科 60%，理科 40%。男女生比例为男生 20%，女生 80%。图书馆学专业本科就业率为 2016 年 80%～85%，2017 年 85%～90%。

3．专家建议

图书馆事业随着社会文化事业的发展，正处于一个发展的时期。由于信息化技术影响，图书馆建设面临着数字化、网络化的发展前景，对相关从业人员提出了更高的要求。图书馆学专业领域所需求的人员除必须具备一定水平的图书馆学知识外，更应该掌握一定的计算机、网络知识，及软件编制等技能。

部分地区对于本专业毕业生的需求趋于饱和，这些地区的学生可根据自身条件尽可能选择发挥自己知识能力的工作岗位，适当改变自己的就业方向，因为图书馆学是一门专业性比较强的学科，毕业生可选择的从业范围偏小，每个学生应在毕业前掌握其他学科的知识技能，如英语、计算机等以增强就业成功率。

图书馆事业属于公共事业，就业比较特殊，需要参考相关考试，不少院校根据社会需求，调整了招生方向及人数，招生越来越少。

4．小贴士

专业对口工作比较轻松，挑战和竞争都不大。

七、开设院校

2017 年开设图书馆学专业的院校共有 25 所。

档案学专业

专业代码	中文名	学科门类	一级学科	授予学位	修学年限
120502	档案学	图书情报与档案管理类	管理学	管理学学士	四年

一、专业概述

档案学是以档案现象为研究对象，以揭示档案现象的本质和规律为目标的一门综合性学科。档案学的研究内容主要有档案基础理论、档案史、档案管理、档案资源开发、档案应用五个方面。

二、培养目标

培养具备系统的档案学基础知识与文书知识，掌握现代信息技术的基本技能，能在国家机关、企事业单位的档案机构、信息部门从事档案信息服务、档案信息管理工作及研究工作的应用型、复合型档案学高级专门人才。

三、培养要求

主要学习档案管理与信息管理的基本知识，受到有关理论、方法与技能等方面的系统教育和训练。

四、知识技能

毕业生应获得以下几方面的知识和能力：

① 掌握马克思主义的基本原理和有关档案学的基本理论。

② 掌握档案管理和信息管理的基本理论、基础知识与业务技能，以及与信息管理相关学科的知识。

③ 具有办公自动化管理的基本能力。

④ 熟悉我国档案管理的方针、政策和法规。

⑤ 了解国内外档案与信息管理的前沿成就与发展动向，具有一定的科研能力。

五、主干课程

档案学概论、档案管理学、科技档案管理学、电子档案管理学、档案文献编研学、档案法规学、文书学、科技文件管理学、秘书学、档案管理自动化、档案保护学等。

六、发展前景

1．就业方向

可在档案馆、史志办、党政机关、科研单位以及企、事业单位等从事信息服务及管理工作。

2．就业前景

冷门专业，对口工作岗位很少，政府的档案管理机构需要考公务员，另外在少数大型企业有档案室类的部门。

2017年开设档案学专业的院校共有35所，报部分高校按建筑工程档案管理专业方向培养。报考硕士较集中的专业：档案学、图书情报、公共管理、图书情报与档案管理。根据阳光高考信息平台统计数据，档案学专业2017年普通高校毕业生规模为1500人到2000人，高考时文理科比例为文科70%，理科30%。男女生比例为男生25%，女生75%。档案学专业本科就业率为2016年90%～95%，2017年90%～95%。

3．专家建议

首先，该专业更多的适合女生报考。在具体的档案工作环节中有些烦琐，女生比较有耐心而细心，更适合这方面的工作，同时此专业也与文秘工作相近，在就业中女生的优势大于男生。如果在党政机关工作的话，职位比较稳定，而且上升的空间较其他部门而言要小。

其次，该专业毕业时颁发的是管理学学士学位，不同于一般传统的文史类专业。录取分数线不高，在管理类专业中是比较低的。

再次，信息化时代中，档案不仅仅涉及纸质档案同时还会与数字档案接触，所以在档案的数字化及信息检索、存储与处理中，会比较多的用到计算机。

最后，档案学岗位的收入待遇普遍低于行政管理、会计、营销等岗位，工资收入的高低由所在单位的经营状况及性质而不同。某些大型国企和世界500强的档案岗工资收入照样高于一般单位的其他岗位。

4．小贴士

专业对口工作比较轻松，挑战和竞争都不大。

七、开设院校

2017年开设档案学专业的院校共有35所。

信息资源管理专业

专业代码	中文名	学科门类	一级学科	授予学位	修学年限
120503	信息资源管理	图书情报与档案管理类	管理学	管理学学士	四年

一、专业概述

信息资源管理是为确保信息资源的有效利用，以现代信息技术为手段，对信息资源实施计划、预算、组织、分配、协调和控制的一种人类管理活动，是由多种人类信息活动所整合而成的特殊形式的管理活动。信息资源管理专业前身多为图书馆学、档案学、情报学等。

二、培养目标

培养具备信息资源集成管理和电子政务系统知识技能，在国家机关、企业、事业单位及其他社会组织从事信息组织、信息资源的开发、利用、管理与咨询服务等工作的复合型人才。

三、培养要求

主要学习信息资源管理科学的基本理论和基本知识，接受管理学、信息科学与技术方面的基本训练，能胜任数据管理、网络系统资源管理、信息系统规划建设与维护工作，具备基本的政策分析、制度建设、信息系统建设与维护、技术应用、质量管理、管理体系设的能力。

四、知识技能

毕业生应获得以下几方面的知识和能力：

① 掌握信息资源管理科学的基本理论、基本知识、基本技能。

② 熟悉党和国家在信息资源管理方面的方针、政策和法律法规。

③ 了解国内外信息资源管理的理论前沿和应用前景，了解相关行业发展动态和需求。

④ 具有与培养目标需要和专业发展相适应的较强的观察力、记忆力、注意力、理解力、分析力、想象力、自我认知能力和逻辑思维能力，一定的批判性思维能力、科学研究和社会实践能力、技术应用能力，以及很强的调查研究能力、综合分析能力、口头与书面表达能力、自控与应变能力等。

⑤ 掌握现代管理的基本方法、信息资源管理专业和相应的信息技术应用技能。

五、主干课程

管理学原理、信息管理导论、元数据、信息检索、计算机网络、程序设计、数据结构、信息组织、信息分析、大数据技术、面向对象程序设计、信息系统分析与设计、搜索引擎与推荐系统、智能决策支持系统、信息资源建设、信息服务与用户研究、信息咨询、政府信息管理等。

六、发展前景

1. 就业方向

可在企事业单位的综合办公部门、文件管理部门、档案管理部门、信息管理部门、知识管理部门、人事管理部门，可在互联网公司的互联网产品策划及运营、咨询公司的信息分析，可在国家各级档案行政管理机构、各级各类档案馆以及各类型图书馆等，从事知识管理、信息分析、信息利用和知识服务等工作。

2. 就业前景

信息资源已成为社会和企业的重要战略资源，同物质、能源一起成为推动企业发展的支柱。加强企业信息资源的管理，使企业及时、准确地收集、掌握信息，开发、利用信息，能为企业发展注入新鲜血液。一方面为企业做出迅速灵敏的决策提供依据。另一方面使企业在激烈的市场竞争中找准自己的发展方向，抢先开拓市场、占有市场，及时有效地制定竞争措施，从而增强企业竞争力。

2017 年开设信息资源管理专业的院校共有 16 所，报考硕士较集中的专业：图书情报、图书馆学、情报学、图书情报与档案管理。根据阳光高考信息平台统计数据，信息资源管理专业 2017 年普通高校毕业生规模为 150 人到 200 人，高考时文理科比例为文科 36%，理科 64%。男女生比例为男生 32%，女生 68%。信息资源管理专业本科就业率为 2016 年 85%～90%，2017 年 90%～95%。

3. 专家建议

信息资源管理专业和信息管理与信息系统两个专业的区别：

① 学科偏重点不一样。

信息管理与信息系统专业是随着信息化进程的发展而发展起来的一门新兴学科，它的产生主要是为了适应企业管理从原来的手工和半人工的管理方式向全自动化管理的转变。该专业所学的基础知识，更多的是面向企业管理，如市场营销、战略管理、信息系统、软件工程、信息系统设计等科目。

信息资源管理专业是从传统的图书馆学发展起来的，它偏重于对传统文本资料、电子资料的研究，其研究内容包括采集、分类、检索、综合、发布、摘要等信息的获取一直到信息发布的全过程，还涉及信息资源管理的一些法规、法律等，如知识产权问题、各学科平台信息资源整合问题、政府信息共享问题等。它更多的属于图书馆学、情报学的一个分支学科，所学内容也偏文科。

② 就业方向不一样。

信息管理与信息系统专业在很多学校都开设，不同的学校对该专业的教学方式也不同。有的学校为了保证就业率，完全是按计算机专业的要求来要求学生，比如掌握一门编程语言、能独立开发小型管理信息系统、考取国家软件设计师资格证等。毕业生主要从事 IT 行业比较多，或在企事业单位担任网络中心管理员。

信息资源管理专业，不是所有学校都能开设的，开设该专业的学校一般资历较老，多在图书馆学，情报学院中开设。如中国人民大学的信息资源管理学院、武汉大学的信息管理学院。毕业生多从事公文工作，从事本专业的人多在各大学、省市图书馆、档案馆工作，以及在大型企业的知识管理部门工作。

③ 进一步的研究方向不同。

如果该方向继续攻读研究生或博士以上学位，则专业方向差别将更为明晰。信息管理与信息系统专业，整体研究方向都是机器的智能学习，如自动分类、自动聚类、商务自动选址、企业最优生产模型规划、商业智能系统的开发、决策支持系统的开发、互联网舆论分析等，从这些研究方向可以看出信息管理与信息系统就是一门研究管理科学与工程的学科。

信息资源管理的研究方向更多的是知识产权管理、公共信息资源的获取、企业信息资源架构研究、社会网络的构成模式等，更多地偏重于理论。

4．小贴士

信息资源管理多数是从以前的图书馆学、档案学、情报学专业改名过来的，名字虽然改了，师资资源和学科范围却还是以前的。这类的专业名字还有很多，如信息管理系（北京大学、华东师范大学）等，武汉大学信息管理学院依然使用图书馆学系的名称。

在报考时多了解学校专业沿革和实际设置，以及不同大学的特殊性。

七、开设院校

2017 年开设信息资源管理专业的院校共有 16 所。

物流管理专业

专业代码	中文名	学科门类	一级学科	授予学位	修学年限
120601	物流管理	物流管理与工程类	管理学	管理学学士	四年

一、专业概述

物流管理是指在社会再生产过程中，根据物质资料实体流动的规律、应用管理的基本原理和科学方法，对物流活动进行计划、组织、指挥、协调、控制和监督，使各项物流活动实现最佳的协调与配合，以降低物流成本，提高物流效率和经济效益。

二、培养目标

培养有一定的物流规划与设计、物流管理、物流业运作等能力，能在经济管理部门、贸易公司、物流企业从事政策制定、物流业运作管理的应用型、复合型、国际化的物流管理人才。

三、培养要求

主要学习经济、会计、贸易、管理、法律、信息资源管理、计算机等方面的基本理论和知识，受到物流管理方面的基本训练，具有处理物流管理方面的能力。

四、知识技能

毕业生应获得以下几方面的知识和能力：

① 掌握物流管理的基本理论。

② 具备物流管理的应用程序操作能力。

③ 具备物流信息组织、分析研究、传播与开发利用的基本能力。

④ 能进行物流系统分析、设计和规划，具有物流管理的基本能力。

⑤ 了解物流管理发展的最新动态。

⑥ 具有较强的外语综合应用能力。

五、主干课程

物流概论、物流规划与设计、采购与供应管理、采购项目管理、运输管理、仓储管理、配送管理、国际物流学、国际贸易理论与实务、采购过程演练、运输实务、仓储管理实务、物流配送中心设计、国际物流实务等。

六、发展前景

1．就业方向

可在物流企业、港口、海关、货运公司、商贸企业等从事物流相关工作。

2．就业前景

随着世界经济的高速发展和全球化趋势的日益突出，现代物流理论和技术在发达国家得到了空前的应用和发展，并产生了巨大的经济效益和社会效益。

2017 年开设物流管理专业的院校共有 503 所，部分高校按以下专业方向培养：仓储管理、电商物流、港口物流、国际物流、航空物流、物流工程、物联网与智能化、采购与供应链管理。报考硕士较集中的专业：物流工程、管理科学与工程、工商管理、企业管理。根据阳光高考信息平台统计数据，物流管理专业 2017 年普通高校毕业生规模为 30000 人到 32000 人，高考时文理科比例为文科 44%，理科 56%。男女生比例为男生 41%，女生 59%。物流管理专业本科就业率为 2016 年 90%～95%，2017 年 90%～95%。

3．专家建议

① 开设本专业的院校很多，各有侧重。

不少高校都设有物流专业，一般着重培养的是物流专业型人才，而市场每年对物流专业人才的招聘很有限，更多的是需要在基层从事操作的人员。

开设物流专业的学校很多，培养方向各有侧重，如仓储管理、电商物流、港口物流、国际物流、航空物流、物流工程、物联网与智能化、采购与供应链管理等，报考时务必认真阅读各院校的招生简章。

② 行业及专业特点。

行业特点：物流行业准入门槛越来越低。物流科技型人才越来越吃香，物流行业细分越来越明显，物流业务外包越来越普遍，物流服务越来越个性化。

物流管理是一个很年轻的高校专业，很多开设本专业的高校的老师，在他们还处于学习物流知识的阶段，国内物流还没有真正兴起，理论知识在实践当中缺乏应用，导致某些老师并不了解企业中物流管理的具体方法和运用。这些院校的毕业生缺乏就业市场，导致就业前景不乐观。

物流行业两极分化严重，一方面缺基层劳动人员。另一方面又缺乏高级管理、规划人才。入职门槛低，从业人员收入偏低，流动性大。入职门槛高，高级管理人才与之对应的是收入和稳定性也不错。

③ 行业发展有喜有忧

近几年物流行业发展迅猛，服务水平高，价格有保障，随着物流行业的快速发展，趋于相对平稳的阶段。贸易争端，影响到进出口行业，该行业也会受到影响。随着跨境电商以及电子商务的快速崛起，物流在日常生产、贸易、生活中的作用越来越大，高成长性成为该行业的标签。另，外市场的迅猛拓展为物流从业者提供了较为广阔的就业空间。

物流这个行业肯定是有发展前途，但不能认为学了物流管理类的专业个人就有发展前途，更不能被社会和媒体的宣传冲昏头脑，必须要根据自己的气质类型和职业兴趣来选择适合自己的职业。

4．小贴士

2016 年 6 月 8 日，上海市教委在其官方网站公布了 2016 年度本科预警专业名单。鉴于英语、国际经济与贸易、法学、工商管理、物流管理、新闻学、旅游管理、信息管理与信息系统、市场营销、行政管理等 10 个专业在上海市市高校重复设置相对较多，在部分高校中连续多年招生录取率和毕业生签约情况不太理想，造成整体指标偏低，经市教委研究，将上述专业列为 2016 年度预警专业。

七、开设院校

2017 年开设物流管理专业的院校共有 503 所。

物流工程专业

专业代码	中文名	学科门类	一级学科	授予学位	修学年限
120602	物流工程	物流管理与工程类	管理学	管理学或工学学士	四年

一、专业概述

物流工程是以物流系统为研究对象，研究物流系统的规划设计与资源优化配置、物流运作过程的计划与控制以及经营管理的工程领域，它与交通运输工程、管理科学与工程、工业工程、计算机技术、机械工程、环境工程、建筑与土木工程等领域密切相关。

二、培养目标

培养具备物流学、运筹学、管理学、交通运输组织学、运输经济学、运输商务管理等基本理论和基本知识，适合于物流企业、交通运输企业及机械或电子制造企业、科研院所、政府机构等部门，能够从事物流系统规划与设计、物流技术设备和物流自动化系统的设计与集成、物流系统运行与维护的复合型、应用型的高级工程技术与管理人才。

三、培养要求

主要学习物流信息系统、物流工程等方面的基本理论和专门知识，受到物流工程方面的基本训练，具有处理物流工程方面的能力。

四、知识技能

毕业生应获得以下几方面的知识和能力：

① 掌握物流工程的基本理论。

② 具备物流工程的应用程序操作能力。

③ 具备物流工程规划、管理、组织的基本能力。

④ 能进行物流工程指挥、决策的基本能力。

⑤ 了解物流工程发展的最新动态。

⑥ 具有较强的外语综合应用能力。

五、主干课程

高等数学、概率论与数理统计、运筹学、大学英语、大学物理、电工与电子技术、机械制图、C语言程序设计、数据库技术、计算机应用技术、系统工程学、物流工程学、交通运输工程学、现代物流与供应链管理、技术经济学、物流经济学、物流系统规划与设计、物流技术与装备、物流信息技术与数据库、物流系统建模与仿真、智能运输系统、仓储与配送管理、采购与管理、国际物流学、电子商务与物流、特种物流等（各学校因专业侧重不同，课程有差异）。

六、发展前景

1. 就业方向

主要在流通领域，如交通运输行业部门（公路、铁路、航空、水运）、大型运输企业、新兴的物流企业、仓储企业、工程建设行业、生产制造企业、科研院所与大专院校、行业协会与政府行政部门等相关单位从事物流工程领域的物流系统分析、物流系统规划设计、物流系统运作管理、物流技术装备应用、物流信息系统设计与开发、物流系统仿真、物流与供应链管理等相关工作。

2. 就业前景

随着国家“一带一路”、长江经济带、京津冀协同发展三大区域性经济发展战略的推进，物流业一体化得到进一步发展，物流与产业布局发展的关系日益密切，物流企业也加紧积极拓展国际市场。2015年，国务院出台了《关于积极推进“互联网+”行动的指导意见》，提出“互联网+高效物流”等 11 项重点行动。物流市场规模持续扩大，市场细分深化，快递快运、电商物流、冷链物流等生活消费性物流快速增长，成为市场投资热点。

2017 年开设物流工程专业的院校共有 127 所，部分高校按冷链物流等专业方向培养。报考硕士较集中的专业：物流工程、管理科学与工程、工商管理、交通运输工程。根据阳光高考信息平台统计数据，物流工程专业 2017 年普通高校毕业生规模为 4500 人到 5000 人，高考时文理科比例为文科 9%，理科 91%。男女生比例为男生 51%，女生 49%。物流工程专业本科就业率为 2016 年 90%～95%，2017 年 90%～95%。

3．专家建议

① 参考物流管理专业。

② 根据学校的学科优势和发展传统不同，各高校对物流工程专业学生的培养方向也有不同的侧重。如长安大学是原交通部直属的国家首批“211 工程”重点建设大学，其物流工程专业带有明显的公路交通行业特色，立足于汽车制造业物流与公路运输业，现已发展成为本科、硕士、博士全方位的人才培养体系，是“陕西省特色专业”。西南交通大学、北京交通大学两所高校则是原铁道部直属的国家首批“211 工程”重点建设大学，铁路运输行业特色鲜明，也是依托国家级重点学科“交通运输工程”、国家“985 工程”优势学科创新平台创办物流工程专业。大连海事大学、上海海事大学、武汉理工大学则以海运、水运为特色。北京物资学院是一所以物流和流通为特色，以经济学科为基础的公办普通高等院校，先后隶属于国家物资总局、物资部、国内贸易部，为国家培养了大批流通领域的高级专业人才。中南大学、同济大学、天津大学、重庆大学、山东大学等“985 工程”高校则依托各自学科优势、沿海沿江区位优势等，致力于培养符合社会需求的物流工程复合型技术人才。

③ 需要提醒的是，物流工程和物流管理虽都属于然物流工程与管理类，这两个专业的差距是非常大的。考生如想报考物流工程专业，需仔细了解各院校招生专业目录、专业设置等信息，结合自身情况选择心仪院校。

4．小贴士

这个专业工学特征明显，适用于理工科学生报考。

七、开设院校

2017 年开设物流工程专业的院校共有 127 所。

工业工程专业

专业代码	中文名	学科门类	一级学科	授予学位	修学年限
120701	工业工程	工业工程类	管理学	管理学或工学学士	四年

一、专业概述

工业工程是以运筹学和系统工程作为理论基础、以计算机作为先进手段、兼容并蕴涵了诸多新学科和高新技术，通过时间研究与动作研究、工厂布置、物料搬运、生产计划和日程安排等，来提高劳动生产率。

二、培养目标

培养具备扎实的机电工程技术基础，同时又掌握现代工业工程和系统管理等方面的基本理论和知识、素质和能力，能在相关事业单位、工商企业、复杂产品制造行业从事生产、经营、服务等管理系统的规划、设计、管理、控制、咨询、评价和创新工作的高级专门人才。

三、培养要求

主要学习机械制造基础、电子技术与计算机应用基础和工程管理等工业工程方面的基本理论和知识，研究系统规划、设计、运行、管理与控制以及大型复杂产品全生命周期的费用分析和控制的相关理论和方法，接受应用工业工程相关理论与方法分析和解决实际问题的训练，具有实际系统开发与设计的初步能力。

四、知识技能

毕业生应获得以下几方面的知识和能力：

① 具有较扎实的自然科学基础，具有较好的人文、艺术和社会科学基础及正确运用本国语言、文字的表达能力。

② 较系统地掌握机械工程、电子技术、计算机应用、信息管理等本专业领域宽广的技术理论基础知识。

③ 掌握工业工程学科的基本理论、基本知识，具有本专业领域内某个专业方向所必要的专业知识，了解其科学前沿、应用前景和发展动态。

④ 掌握现代工程管理复杂产品研制费用分析等相关的分析方法和管理技术，具有较强的计算机应用能力和人际沟通能力。

⑤ 熟悉经济建设和企业管理的有关方针、政策和法规。

⑥ 掌握文献检索、资料查询的基本方法，具有科学研究和实际工作的初步能力。

五、主干课程

机械设计基础、机械制造基础、数据库基础及应用、概率与统计、运筹学、管理学、工业工程基础、企业信息化、制造计划与控制、人机工程学、产品开发项目管理、成本管理、设施规划与物流分析、工程经济学、会计学等。

六、发展前景

1．就业方向

可到各类公司或生产企业从事生产组织、协调管理工作，以及对生产系统及服务系统进行规划、设计、评价、运行、控制、改良和创新等综合性技术工作，或在高校、科研机构从事相应的教学与科研工作。

2．就业前景

从就业市场的情况调查来看，真正能够找到与专业对口的工作的大学生不是很多，这就意味着大多数的在校大学生以后的工作是偏离工业工程这个专业的，而去从事生产管理、质量管理、计划或工程类的工作。工业工程专业的就业前景和制造业紧密联系，随着制造业的发展，未来的就业前景应该看好。

2017 年开设工业工程专业的院校共有 208 所，部分高校按民航工程、物流管理、工业技术管理等专业方向培养。报考硕士较集中的专业：工业工程、管理科学与工程、机械工程、工商管理。根据阳光高考信息平台统计数据，工业工程专业 2017 年普通高校毕业生规模为 10000 人到 12000 人，高考时文理科比例为文科 2%，理科 98%。男女生比例为男生 71%，女生 29%。工业工程专业本科就业率为 2016 年 90%～95%，2017 年 90%～95%。

3．专家建议

① 工业工程的代表性成果。

工业工程最早期的成果就是福特生产方式，它是以大规模的流水生产方式来提高生产效率、降低劳动成本的，这一生产模式主导了长达半个世纪的工业进程。随着市场和技术的发展，随着人们对工业发展的长期实践、认识与研究，在近三十年里，各种先进的生产模式层出不穷，如对日本汽车工业发展及对全世界制造业产生重要影响的准时生产方式、精益生产方式，具有美国信息时代生产制造特征的敏捷制造方式，以及现在人们谈论很多的大规模定制生产方式。这每一种生产方式，都极大地影响着整个企业的运作，通过改善企业的业务流程，改变和发展了企业的经营方式，从而推动了全人类近半个世纪的高速发展。

② 工业工程的发展趋势。

以前的工业工程所要解决的问题是对已经设计好的产品在生产过程中如何改善，最多是生产部门将生产效率差的设计反馈给设计部门再由其进行改良。在现在的超竞争时代中，更重要的是在产品开发时如何按照工业工程的原则设计出效率更好的产品。设计部门将工业工程的原理编入设计中，由生产部门把握是否可行并进行指导及改善的时代已经到来，随着数码/模拟技术等 IT 技术的发展，这些都变成了可行。

③ 中国工业工程的现状。

中国的工业工程仍处于认识与起步阶段，这与中国的生产力和科技水平不无关系，包括教育管理也处于发展中阶段。但是知道工业工程重要性的企业也有不少，如中国一汽、东风汽车、美的、富士康、华为等公司等都与有关高校进行该专业的产学研结合。还有许多现代企业制度试点企业都不约而同地关心工业工程，认为经济形态的转变和企业制度的改善极其重要。

可以预见，随着体制改革和中国特色市场经济的发展，工业工程将在国民经济建设中发挥越来越重要的作用。我们应加强工业工程的宣传、培训、教育和试点工作，建设有中国特色的工业工程体系，为国家的经济建设和发展服务。我们有理由相信，工业工程必将在中国大地上发挥出应有的作用。

④ 从就业情况的调查来看，工业工程真正能够找到与专业对口工作毕业生的不是很多，意味着大多数的在校大学生以后的工作是偏离工业工程这个专业的，去从事生产管理、质量管理、计划或工程类的工作，需求工业工程毕业生的大都是一些外企和中国台湾的企业，特别是中国南方地区的企业对这个专业的需求比较大，北方对这个专业认同度不是很高。

4．小贴士

这个专业工学特征明显，适用于理工科学生报考。

比起其他专业，工业工程在基层算是工作最难找、最难生存的专业。

工业工程是一门很复杂的学科，在国外已成熟运行，在国内一些外资企业正在发展，基本上 500 强企业都离不开工业工程，除了少数有实力的院校（清华大学、上海交通大学、天津大学、西安交通大学、重庆大学、东南大学等），很多学校的学生只能学点皮毛。

七、开设院校

2017 年开设工业工程专业的院校共有 208 所。

电子商务专业

专业代码	中文名	学科门类	一级学科	授予学位	修学年限
120801	电子商务	电子商务类	管理学	管理学学士	四年

一、专业概述

电子商务是以信息网络技术为手段，以商品交换为中心的商务活动。也可理解为在互联网、企业内部网和增值网上以电子交易方式进行交易活动和相关服务的活动，是传统商业活动各环节的电子化、网络化、信息化。以互联网为媒介的商业行为均属于电子商务的范畴，电子商务专业是指融计算机科学、市场营销学、管理学、经济学、法学和现代物流于一体的新型交叉学科。

二、培养目标

培养掌握计算机信息技术、市场营销、国际贸易、管理、法律和现代物流的基本理论及基础知识，具有利用网络开展商务活动的能力和利用计算机信息技术、现代物流方法改善企业管理方法，提高企业管理水平能力的创新型复合型电子商务高级专门人才。

三、培养要求

基础理论扎实、专业知识实用、实践能力强、综合素质高，掌握电子商务、金融、管理、营销、计算机等方面基础知识，具有现代电子商务和互联网金融的理念和视野，具备电子商务和网络金融产品的策划、营销、分析、运营、管理以及平台开发管理的基本技能。

四、知识技能

毕业生应获得以下几方面的知识和能力：

① 掌握本专业所需的文化基础知识和专业基础知识。

② 掌握计算机网络和信息技术基本知识恶及运用。

③ 掌握市场与网络营销概念、营销策划、营销技术等基本知识及运用。

④ 掌握销售分析、商务谈判、市场调研、网络营销等基本知识及运用。

⑤ 掌握商务运作与管理的基本知识。

⑥ 掌握电子商务法律法规基本知识。

五、主干课程

计算机网络原理、电子商务概论、网络营销基础与实践、电子商务与国际贸易、电子商务信函写作、电子商务营销写作实务、营销策划、网页　配色、网页设计、数据结构、Java 语言、Web 标准与网站重构、Flash Action Script 动画设计、UI 设计、电子商务网站建设、电子商务管理实务、ERP 与客户关系管理、电子商务物流管理、电子商务实验、网上创业、电子商务专业英语、新闻采集、写作和编辑的基本技能、网络营销、网络数据库、移动商务、企业信息化、电子商务系统设计、广告策划、电子商务与物流、Photoshop 图片处理技术、Access 数据库、市场营销学、企业经营与管理、企业信息化、网络消费心理学等（不同院校有不同的课程设置，并非上述课程都要学习）。

六、发展前景

1. 就业方向

在政府机关、金融、工商管理、电子商务等企事业单位的相关部门从事网络营销、国际商务、信息管理、网站建设与推广、物流管理、互联网金融分析与管理、在线理财等工作。

2. 就业前景

随着互联网用户的增长，全球电子商务高速增长，我国电子商务迅速发展，电子商务人才相对短缺。从社会调查来看，绝大多数企业（多为中小企业）已陆续步入电子商务行列，采用传统经济与网络经济结合的方式生产经营。

2017 年开设电子商务专业的院校共有 545 所，部分高校按以下专业方向培养：电子政务、国际商务、跨境电商、应用技术、运营管理、支付结算、大数据金融、互联网金融、互联网营销、互联网运营。报考硕士较集中的专业：管理科学与工程、工商管理、公共管理、企业管理。根据阳光高考信息平台统计数据，电子商务专业 2017 年普通高校毕业生规模为 22000 人到 24000 人，高考时文理科比例为文科 41%，理科 59%。男女生比例为男生 40%，女生 60%。电子商务专业本科就业率为 2016 年 90%～95%，2017 年 90%～95%。

3. 专家建议

（1） 电子商务六大方向。

本专业有六个专业方向：网站设计与程序方向，网络营销方向，网络产品规划方向，企业信息化、个人网络创业及银行卡的研发，SEO 优化和网店运营方向。电子商务专业在不同高校里要求的课程也不一样，一些院校注重电子商务网络技术、计算机技术。还有一些院校会把课程重点放在商务模式上面。这些差异主要体现在这个专业所在的院系，有的在管理学院，有的在信息科学与技术学院，有的会在软件学院或商学院等。各个院校培养的学生，专长也会有一定的区别。

（2） 电子商务人才大体上分为四类。

第一类是商务型电子商务人才。电子商务的快速发展，一方面加速颠覆各个领域特别是传统的商业领域，另一方面又在倒逼和带动实体经济的发展。对企业转型升级来说，这是一个由信息技术创造出来的难得的战略机遇，也是重大挑战。商务型电子商务人才则是适应这类企业的需要，要求具有互联网的思维，精通电子商务知识和技能，能策划运营电子商务项目，懂得信息化经济体的管理规律。

第二类是技术性电子商务人才。这类人才主要是适应企业在信息化过程，对企业进行信息化改造，以及随着信息化技术的进步对企业进行信息化再改造的要求。要求精通电子商务技术，掌握电子商务技术的最新应用，同时具备足够的现代商务知识，根据商务需求，以最有效、最可靠的技术手段予以实施。

第三类是战略型电子商务人才。这是要求最高的需求类型，主要是服从于经济实体的电子商务决策。这类人才除了具备以上的两种人才的能力外，还必须具有企业家的特质，通晓电子商务全局，熟知行业的电子商务理论与应用，了解电子商务的应用情况和特点，能从战略上分析和把握其发展趋势。

第四类是创新创业型电子商务人才。2014 年 11 月 21 日，李克强考察义乌刘村，将电子商务等新业态比作中国发展的“新发动机”。个体户、小微企业将迎来“井喷式”发展，亟须具有创新创业思维和能力的人才。

（3） 从就业的企业类型来分析如下：

1） 电子商务服务企业。

包括硬件（研发、生产、销售、集成）、软件（研发、销售、实施）、咨询等。随着电子商务应用的普及，相关的硬件、软件开发和销售对专业人员的需求是确定的，不过这种需求可能是显性的，也可能是隐性的。显性情况下，用人单位会明确招聘懂得电子商务的专业人才；隐形的情况下，用人单位人力资源部面对市场客户的电子商务需求并不一定明确知道招聘到电子商务专业背景的人才正好适用，而只能让计算机等相关学科背景的人勉强应付，或要求其补充学习电子商务知识。咨询行业因为其“与生俱来”的专业广度和深度，需求一般都比较明确。

2） 电子商务企业。

对这样的企业来说，无论是纯粹专业的电子商务企业还是和其他主业结合开辟的全新的运营模式（例如西单商场），对电子商务专业人才的需求是最对口的。

3） 传统企业。

对于传统企业来讲，电子商务意味着新增的运营工具（比如企业网站）。运行新增的运营工具的人，无非是从使用老运营工具的员工中培养和招聘专业人才。培养原来的老员工的工作恐怕还得内行的专业来进行。

4） 传统行业。

对传统行业来讲，电子商务就是新的业务手段。无论贸易、物流、加工行业还是农业等都会使用到电子商务。把传统行业专门提出来讲，目的就在于，如果有志于某一行业，就应该深入了解这个行业的发展状况、发展趋势、新技术、新产品，从专业的角度判断这个行业的电子商务发展水平和发展潜力。当然，要能独立做出这些判断必须在对专业知识和实践能力达到一定的高度才行。

（4） 电子商务发展趋势。

1） 中国电子商务仍将高速发展。

随着我国宏观经济的回暖及外贸的逐步复苏，众多中小企业利用电子商务意识的提高，使传统企业进军网络市场以增加渠道销售，加上国家和地方各政府部门对电子商务政策扶持力度的加强，不断规范整顿市场，市场交易规模和企业营业收入将不断增加。

2） 行业的细分和专业化成为发展趋势。

由于市场规模和完全竞争两大因素，电子商务应用中的个性化特征日益突出，专业化水平与市场规模成正比。基于零碎数量的市场会导致大量个性化产品和服务涌现，一方面极大地提高专业化分工水平，促进商务模式创新，另一方面会更充分地满足不断增长的个性化需求。同时，近乎完全竞争的网络市场迫使越来越多的企业和个人摆脱同质化产品和服务的价格竞争，采用产品、服务、客户或商务模式的差异化战略，这也加剧了电子商务应用的个性化。

3） 电子商务服务业快速发展，成为战略性新兴产业。

电子商务活动中为电子商务提供建站、营销推广、流量转化、支付、物流服务及售后服务等均是为电子商务交易服务的流程，包含了很多专业人士大量的服务行为，这些流程衍生的行业均可称之为电子商务服务业，是电子商务顺利完成的基础行业。电子商务服务业是以电子商务平台为核心，以支撑服务为基础，整合多种衍生服务的生态体系。

未来，电子商务服务业将成为中国服务贸易中新的经济增长点。作为信息经济的基础设施，电子商务服务业将成为提升国际竞争力，引导经济发展的国家战略性新兴产业。

4） 电子商务作用更加突出，与经济社会和传统产业进一步融合，电子商务的生态特征和生态关系更加突出。

随着越来越多的企业在采购、销售、营销、财务和人力资源管理等环节广泛应用电子商务，电子商务将向企业内部的深层次延伸，与企业内部价值链深度整合。电子商务与传统产业的融合将进一步深化。电子商务将广泛深入地渗透到生产、流通和消费等各个领域，改变企业的经营管理模式和生产组织形态，提升传统产业的资源配置效率、运营管理水平和整体创新能力。电子商务也将与搜索引擎、虚拟社区、网络游戏和移动通信等进一步融合。电子商务的生态特征和生态关系也将更加突出，并进一步凸显电子商务的经济社会影响。

5） 与电子商务相关的技术创新和商业模式创新步伐将进一步加快。

新兴技术的广泛渗透与消费结构加速升级相结合，云计算、物联网等新兴技术将极大地推动电子商务技术创新和商业模式创新。

作为未来电子商务服务业基础的云计算，将为电子商务服务商提供强大的技术支持，解决计算能力、存储空间和带宽资源等瓶颈问题，帮助电子商务服务商提升面对大规模用户的服务能力，对于摆脱西方巨头垄断、支持信息经济、促进现代服务业和小企业的发展意义重大。电子商务服务商有望借助云计算帮助中小企业实现按需计算和按需服务，进一步降低中小企业应用电子商务服务的门槛。

物联网将有助于提升电子商务活动中信息获取、储存、处理和传递的效率及智能化水平，将在信息、支付和物流等领域给电子商务带来前所未有的变化，进一步推动电子商务应用创新和服务模式创新。

6） 移动电子商务加速普及化。

移动通信技术已经进入 4G、5G 时代，随着移动通信技术的突破以及政策环境的优化，基于它的方便和快捷等巨大优势，移动电子商务正在广泛地应用到社会的各个领域，个人用户可以利用手机通过信息、邮件、手机网站等方式获取各类信息，这些信息都将促进用户开展电子商务交流活动。

4. 小贴士

在 2014 年教育部公布的本科 15 个难就业专业公布中，也包括电子商务。

七、开设院校

2017 年开设电子商务专业的院校共有 545 所。

旅游管理专业

专业代码	中文名	学科门类	一级学科	授予学位	修学年限
120901K	旅游管理	旅游管理类	管理学	管理学学士	四年

一、专业概述

旅游管理专业是随着我国旅游经济的发展、旅游产业的发育而建立的一个新型学科。在我国，这门学科的产生只有二十年的时间，但已成为管理学科体系中的一个重要的学科。旅游管理主要涉及的是旅游区前期规划、旅游区开发管理、旅行社管理、饭店及餐饮管理等同旅游相关的各方面内容。

二、培养目标

培养适应新形势旅游企事业单位需要的一线服务与管理类专门人才，具有旅游管理专业知识，较好的思想道德品质和综合素质，具备较强的综合职业能力和发展基础，能在各级旅游行政管理部门、旅游企事业单位从事旅游管理工作的高级专门人才。

三、培养要求

主要学习旅游管理方面的基本理论和基本知识，受到旅游经营管理方面的基本训练，具有分析和解决问题的基本能力。

四、知识技能

毕业生应获得以下几方面的知识和能力：

① 掌握旅游管理学科的基本理论、基本知识。

② 掌握有关旅游管理问题研究的定性和定量分析方法。

③ 具有运用旅游管理理论分析和解决问题的基本能力。

④ 熟悉我国关于旅游业发展的方针、政策和法规。

⑤ 了解旅游业的发展动态。

⑥ 掌握文献检索、资料查询的基本方法，具有一定的科学研究和实际工作能力。

五、主干课程

管理学、经济学、工商管理、旅游学概论、旅游管理学、旅游政策与法规、旅行社业务、旅行社管理、旅游地理学、旅游心理学、旅游经济学、旅行社经营与管理、旅游市场营销、旅游英语、旅游会计学、酒店管理学、酒店餐饮服务与管理、旅游学概论、旅游文化学、旅游资源开发管理、景点规划与管理、旅游安全学、旅游企业人力资源管理、生态旅游、智慧旅游、旅游客源、地区概况、旅游财务管理、旅游项目管理、旅游信息系统、微观经济学等。

六、发展前景

1．就业方向

可在旅游行政管理部门、旅行社、旅游景区、旅游咨询公司、旅游电子商务企业、旅游规划策划机构、主题公园等从事旅游管理、服务等工作。

2．就业前景

近年来，世界旅游业发展势头稳健，中国被认为是旅游业发展最快的国家之一。2016 年，国家旅游局发布的《2016 中国旅游投资报告》显示，2016 年，全国国内旅游人数达 44.4 亿人次，人均出游 3.4 次，旅游总收入 4.69 万亿元，旅游业对国民经济综合贡献达到 11%。在政策红利加快释放和强劲的需求驱动下，旅游业的战略地位日益提升，吸引了大量社会资本、民营企业投入旅游业，不仅带动衣、食、住、行等各行业的综合发展，对就业的推动效果也十分明显。

2017年开设旅游管理专业的院校共有503所，部分高校按以下专业方向培养：航空服务与管理、酒店服务与营销、旅游开发与经营、休闲与服务管理、旅游规划与景区管理、会展旅游、酒店管理、酒店经理、涉外旅游、高尔夫经营管理。报考硕士较集中的专业：旅游管理、工商管理、公共管理、人文地理学。根据阳光高考信息平台统计数据，旅游管理专业2017年普通高校毕业生规模为40000人到42000人，高考时文理科比例为文科63%，理科37%。男女生比例为男生23%，女生77%。旅游管理专业本科就业率为2016年85%～90%，2017年90%～95%。

3．专家建议

① 旅游管理毕业生的三大尴尬。

第一，考研受限。据某高校旅游管理专业学生透露，由于专业设置问题，导致该专业学生数学基础差，很多人跟研究生失之交臂大多都栽在了数学上。往年还有一些不考数学的学校供毕业生选择，而近两年，大多数高校在考研分数上又加大了数学的砝码，限制了旅游管理专业学生继续在本专业的深造。

第二，考公务员受限。旅游管理专业培养的是具有旅游管理专业知识，能在各级旅游行政管理部门、旅游企事业单位从事旅游管理工作的专门型人才。然而，在历年国考和各地公务员考试中，很难发现带有“旅游”两个字的专业需求，这让试图进入旅游管理部门、相关事业单位的毕业生陷入无奈和尴尬中。最终只能选择一些不限专业的岗位和部门，完全背离了自己职业规划的初衷。

第三，就业受限。目前市场对旅游管理专业毕业生的需求正在不断扩大。仅就酒店管理方向而言，目前我国有星级酒店超过1.2万家，五星级酒店共848家，多数酒店处在转型期，亟待产品升级，大大增加了对酒店管理人才的需求。然而，在真正的职场中，毕业时就做管理工作的毕业生几乎没有。我国酒店的本土管理者基本是中专、职业技校相关专业的学生，是在从事酒店业务多年后从基层晋升的。很多本科毕业生在基层岗位上坚持一两年后，感觉毫无职业前途，甚至还不如中专生，对当初选择这个专业和行业感到后悔。

一位酒店负责人向记者反映：“旅游管理专业，以及下设的酒店管理、会展管理等专业毕业的本科生就业不理想，并不是他们不如中专、技校的学生，而是因为大学生眼高手低。”

“很多大学生毕业后到我们这里就业，起初有很高的热情，却不想吃苦，起步就想做管理人员，根本不符合实际。毕竟大学生进入了社会就成了社会的学生，需要学习的东西很多。”

② 旅游就业的十大增长点。

放眼国际，根据世界旅游组织的统计，旅游业已经成为世界最大的产业，每年还以两位数的速度在增长。在国内，根据国家发改委、国家旅游局联合发布的《关于实施旅游休闲重大工程的通知》，2020年我国旅游就业总量将达到5000万人，旅游业就业对社会就业的贡献率超过10%。

业内专家认为，我国旅游行业就业前景广阔，存在十大增长点： 新型住宿接待业、特色餐饮业、旅游景区开发、旅游商品生产与销售、旅游农业、旅游工业、旅游新兴服务业、旅游文化娱乐业、旅游交通运输业、旅游劳务输出。这些领域就业增长快、潜力大、带动性强，而且能充分利用市场机制加快发展。

值得关注的是，在政策红利不断释放的背景下，旅游型特色小镇成为资本关注的特点，形成了新的旅游就业环境。与此同时，产业型特色小镇也出现了新的旅游热点，如工业旅游、农业旅游、体育旅游、节庆旅游、教育旅游等。特色小镇所产生的就业体系，与一般的旅游景区点相比，具有更高的规划性，因此对旅游管理专业人才的需求更大。

游管理专业是一门新兴学科，教学体系相对还不完善，中国旅游市场的迅猛发展会加速它的建设。市场是最好的导向，相信在不久的将来，旅游管理专业会有突破，旅游管理专业的毕业生将会成为经济管理人才队伍中不可或缺的一支，成为中国旅游业面对国际挑战的坚强后盾。

4. 小贴士

2016 年 6 月 8 日，上海市教委在其官方网站公布了 2016 年度本科预警专业名单。鉴于英语、国际经济与贸易、法学、工商管理、物流管理、新闻学、旅游管理、信息管理与信息系统、市场营销、行政管理等 10 个专业在上海市市高校重复设置相对较多，在部分高校中连续多年招生录取率和毕业生签约情况不太理想，造成整体指标偏低，经市教委研究，将上述专业列为 2016 年度预警专业。

麦可思研究院根据失业量、就业率、薪资、就业满意度等指标进行综合评定，在发布的《2017 年中国大学生就业报告》中，将生物工程、土木工程、对外汉语、法律、会计、国际经济与贸易、新闻、工商管理、旅游管理、小语种 10 大专业列入本科就业的“红牌”专业，旅游管理位列第 9。

本科生、专科生甚至高中毕业生在此领域的起点都是一样的，都需要从基层做起。

七、开设院校

2017 年开设旅游管理专业的院校共有 503 所。

酒店管理专业

专业代码	中文名	学科门类	一级学科	授予学位	修学年限
120902	酒店管理	旅游管理类	管理学	管理学学士	四年

一、专业概述

酒店管理学也称招待管理学，是指关于酒店、餐馆和旅行与旅游业相关事务的学术研究。

二、培养目标

培养具有良好职业道德和人文素养，掌握酒店服务与经营管理的基础知识，具备良好的语言沟通、酒店经营管理和团队合作能力，从事现代酒店业或高端服务业的一线服务和基层管理工作的高素质技术技能人才。

三、培养要求

注重学生综合素质的培养，学习经济管理基础知识、酒店管理基本理论，突出服务技能培训。学生在校学习期间，将接受酒店的前台、餐厅和客房等多方面的技能训练。

四、知识技能

毕业生应获得以下几方面的知识和能力：

① 具备对新知识、新技能的学习能力和创新能力。

② 具备较强的外语口语表达能力和熟练的计算机应用能力。

③ 具备酒店及相关服务业基层管理与督导能力。

④ 具有较强的沟通与抗挫能力。

⑤ 具备处理安全突发事件的应急反应能力。

⑥ 具备与本专业职业发展所需要的审美能力。

⑦ 掌握基本的服务礼仪，具备良好的职业形象。

⑧ 掌握现代酒店和高端服务业各岗位相应的专业操作技能。

五、主干课程

旅游学概论、管理学原理、酒店管理概论、中餐服务、西餐服务、餐饮服务与管理、酒水知识与酒吧管理、前厅服务与管理、客房服务与管理、旅游市场营销、饭店工作英语、酒店服务心理等。

六、发展前景

1. 就业方向

面向现代酒店和高端服务行业，在前厅、客房、餐饮和酒店人力资源、市场营销等岗位，从事一线服务、基层督导管理等工作。如：各类酒店、饭店、宾馆的门迎，前厅接待人员和客房服务人员。各类旅游公司、旅游管理部门的工作人员。各类酒店、饭店、宾馆楼层管理，大堂管理，咨询，会展等工作。各类酒店、饭店、宾馆的商务部门从事业务洽谈、对外联络服务工作。各类酒店、饭店、宾馆的商务部门从事市场调查、情报、信息服务等工作。

2. 就业前景

作为全球十大热门行业之一，酒店管理专业在国际上一直属于就业热点，中国对酒店管理专才的需求也日益增大。21世纪以来，全球知名品牌的酒店集团纷纷瞄准中国市场，大力投资和加盟，行业内高级专业人才供不应求，尤其需要那些专业度高、综合能力强的中高级人才。酒店管理行业不是“吃青春饭”的行业，这一行业没有年龄、性别的限制，是个越老越吃香、可以终生服务的行业。随着资历的增加，与人打交道的经验越丰富，处理事情的能力也越强。

2017年开设酒店管理专业的院校共有233所，部分高校按以下专业方向培养：旅游、涉外、高级管家、人力资源、现代营销、奢侈品管理、财务及投融资、航空旅游服务、酒店部门经理、酒店运营管理。报考硕士较集中的专业：旅游管理、工商管理、法律（非法学）、企业管理。根据阳光高考信息平台统计数据，酒店管理专业2017年普通高校毕业生规模为7000人到8000人，高考时文理科比例为文科61%，理科39%。男女生比例为男生29%，女生71%。酒店管理专业本科就业率为2016年90%～95%，2017年90%～95%。

3. 专家建议

① 实习和外语很重要。

实习是酒店类专业很重要的一个阶段，不要以为还没有基层的经验就想直接做管理人员，从目前的发展来看，客房相对于餐饮更注重一些学历与外语，客房一类的管理层需求远远要比餐饮要多。从性别角度来看，男性比女性更容易胜任管理层。

② 不同院校的专业侧重点不同。

部分高校按以下专业方向培养：旅游、涉外、高级管家、人力资源、现代营销、奢侈品管理、财务及投融资、航空旅游服务、酒店部门经理、酒店运营管理。考生及家长需要认真阅读不同学校的招生简章。

③ 对于想要学习酒店管理专业的同学，建议先想清楚几个问题：

我是喜欢住酒店还是喜欢伺候别人住酒店？

我能否接受自己在服务业工作？我的家人支持我去服务业吗？

我愿意从基层做起吗？

如果选择本科酒店管理专业的话，考公务员受到的专业限制我能接受吗？

④ 请参考旅游管理专业的相关资料。

4. 小贴士

本科生、专科生甚至高中毕业生在此领域的起点都是一样的，都需要从基层做起。

七、开设院校

2017年开设酒店管理专业的院校共有233所。

会展经济与管理专业

专业代码	中文名	学科门类	一级学科	授予学位	修学年限
120903	会展经济与管理	旅游管理类	管理学	管理学学士	四年

一、专业概述

会展经济，指由于会展业而带动的相关产业，并形成商机无限的全新行业经济。近年来，学界及业界有观点认为，该专业实质应是活动管理，应该培养活动运营的综合型人才，而不应该局限于会议及展览两个维度。

二、培养目标

培养适应现代经济和社会发展需要，具有深厚经济和管理理论基础，系统掌握管理技能与方法，具备国际化视野、创新与思辨精神，能够在政府部门、科研机构、大专院校、会展行业协会、会展专业组织及企事业单位从事管理、研究、策划和教育工作的中高级会展管理和实际操作专业人才。

三、培养要求

主要学习会展经济与管理方面的基本理论和基本知识，接受会展经营、策划与管理方面的基本训练，具有分析和解决问题的基本能力。

四、知识技能

毕业生应获得以下几方面的知识和能力：

① 掌握会展经济与管理的基本理论、基本知识。

② 掌握有关会展经济与管理问题研究的定性和定量分析方法。

③ 熟悉会展相关业务，具有独立发现、分析、处理解决问题的基本能力。

④ 熟悉国际会展状况、趋势和我国有关会展业发展的方针、政策和法规。

⑤ 掌握会展策划和操作基本流程，具有一定的会展经营与管理创新能力。

⑥ 掌握文献检索、资料查询的基本方法，具有一定的科学研究和实际工作能力。

五、主干课程

政治经济学、微观经济学、宏观经济学、货币银行学、会计学、管理学、财务管理、市场营销学、公共关系学、消费行为学、市场调研与预测、会展概论、会展经济学、会展管理、会展策划与实务、会展营销、会展旅游、会展政策与法规、会展英语、会展项目管理等（各院校课程设置会有差异）。

六、发展前景

1. 就业方向

可在政府会展管理部门、行业协会从事会展政策法规制定和会展产业管理工作；可在会展企业从事会展策划、会展设计、会展营销和会展项目管理等工作；可在酒店、物流公司、商务服务公司从事会展相关服务工作。在贸促会、涉外服务机构从事出国展组织与服务工作；可在大型企业从事参展设计、参展管理等方面工作。

2. 就业前景

会展业是一个新兴行业，多数从业者都是半路出家，少有正规科班出身。从前做平面设计的，如今改搞会展空间设计。从前做企业管理的，从事展会管理……这些从业人员虽然有一定的实践经验，但毕竟专业性稍弱，对国际展会运作模式也了解不够。现代会展业是一个涉及面广、政策性强、专业化程度高的产业。

2017年开设会展经济与管理专业的院校共有113所，部分高校按国际会展等专业方向培养。报考硕士较集中的专业：工商管理、旅游管理、企业管理。根据阳光高考信息平台统计数据，会展经济与管理专业2017年普通高校毕业生规模为3500人到4000人，高考时文理科比例为文科59%，理科41%。男女生比例为男生23%，女生77%。会展经济与管理专业本科就业率为2016年90%～95%，2017年90%～95%。

3．专家建议

（1）不同院校专业开设基础不同。

1）在工商管理专业基础上开设。例如哈尔滨商业大学于2003年开始在工商管理专业项下开设会展经济与管理方向，后在全国首批开设会展经济与管理本科专业，专业致力于会展方面的高级管理类和高级营销类人才。

2）在原国际贸易类专业基础上开设。如浙江经贸职业技术学院、江西工业贸易职业技术学院、辽宁对外经贸学院、广东外语外贸大学南国商学院、上海对外经贸大学会展与旅游学院等。

3）在原旅游类专业基础上开设。如四川大学、暨南大学、北京第二外国语学院、武汉工商学院、湖北经济学院、重庆文理学院、上海师范大学、三亚学院等。

4）在原艺术类专业基础上开设。如上海电影艺术学院艺术设计学院、上海工艺美术职业学院、湖南工艺美术职业学院等。

5）在原外语类专业基础上或直接从会展类专业起步。如厦门国际会展职业学院等。

6）原创专业。南开大学于2008年7月设立会展经济与管理专业，并于2009年3月在泰达学院成立会展管理系。浙江传媒学院于2010年7月开设了会展经济与管理专业，通过设置文化会展课程，强调媒体沟通、媒介运用、与文化产业相结合的人才培养方案，形成了长三角地区特色鲜明的会展人才培养模式。

7）跨学科、多专业联合举办。最近几年新开会展专业的学校也越来越注重跨学科、多专业联合培养，如东华大学、上海财经大学浙江学院、河南牧业经济学院、四川文化艺术学院、吉林艺术学院等。

（2）本专业的显著特点。

1）专业各有依托，方向名称五花八门，各校侧重点不一。

各校结合自身优势，切入会展的角度各不相同。从方向名称上也可看出其不同的侧重点。如设计、会务、经营管理、策划管理、会展旅游等。

2）教学组织形式多样，会展专业课程或多或少。

虽然各地各校差异巨大，但是在教学组织上，“专业课程+会展类课程模块”的做法越来越流行。然而各校会展课程多的可以开到15门左右，少的却只开1～2门。因此就学生而言，虽然大家学的都是会展方向，但是实际对会展专业的了解和接触差距会很大。

3）培养人数不定，走一步看一步。

与会展专业的培养方式不同，由于大多数学校要在高年级才让学生自己来选定专业方向，因此是否选择会展方向决定权在学生手里。但是由于会展业在我国是一个蓬勃发展的新兴产业，学生选择会展方向的人数应该不会少。

4）会展市场规范程度很低，会展专业教育要求很高。

我国会展市场仍处于万马奔腾的时代，各种层次的会展活动都需要由合适的会展公司来组织。实际上我国会展市场需求量最大的是从事招展、招商工作的业务骨干。

5）教育市场红红火火，培训市场人气不旺。

主要原因不外两点。一是性价比，高校教育的成本低廉，又有文凭可得。而培训日趋商业化，短短几天的花费动辄成千上万。二是针对性，总体而言，我国会展培训的市场细分不够，缺乏专业性。

4．小贴士

本专业及行业发展水平因地区不同而存在较大的差异，东部明显领先于西部，但近年来西部利用后发优势错位竞争，取得了较为明显的进步。

会展专业对发达地区或家庭经济条件较好的人，更适合一些，越是好的学校，有越多的实践锻炼机会。实践锻炼机会多会需要学生个人花更多的钱。

人工智能时代，会展专业是最不容易被机器替代的专业，会展活动的策划、组织、管理，每一次都不确定，任何机器都不可能代替人脑。

七、开设院校

2017 年开设会展经济与管理专业的院校共有 113 所。

艺术学门类学科综述

艺术学门类学科（13）包括艺术学理论类（1301）、音乐与舞蹈学类（1302）、戏剧与影视学类（1303）、美术学类（1304）、设计学类（1305）五个学科大类。

艺术学理论类（1301）下设艺术史论（130101）一个基本专业。

音乐与舞蹈学类（1302）下设音乐表演（130201）、音乐学（130202）、作曲与作曲技术理论（130203）、舞蹈表演（130204）、舞蹈学（130205）、舞蹈编导（130206）六个基本专业。

戏剧与影视学类（1303）下设表演（130301）、戏剧学（130302）、电影学（130303）、戏剧影视文学（130304）、广播电视编导（130305）、戏剧影视导演（130306）、戏剧影视美术设计（130307）、录音艺术（130308）、播音与主持艺术（130309）、动画（130310）十个基本专业和影视摄影与制作（130311T）一个特设专业，共十一个专业。

美术学类（1304）下设美术学（130401）、绘画（130402）、雕塑（130403）、摄影（130404）四个基本专业和书法学（130405T）、中国画（130406T）两个特设专业，共六个专业。

设计学类（1305）下设艺术设计学（130501）、视觉传达设计（130502）、环境设计（130503）、产品设计（130504）、服装与服饰设计（130505）、公共艺术（130506）、工艺美术（130507）、数字媒体艺术（130508）八个基本专业和艺术与科技（130509T）特设专业，共九个专业。

1．艺术学：第 13 个学科门类

艺术学原来是文学这一学科门类下的一个一级学科，2011 年国务院学位委员会、教育部颁布了新的《学位授予和人才培养学科目录》，艺术学首次从文学门类中独立出来，成为新的第 13 个学科门类。

31 所教育部独立设置的艺术本科院校非常受艺术类考生和家长的青睐，尤其位于京、沪两地的艺术院校，竞争异常激烈。建议考生和家长在选择专业和院校的时候不要只盯着艺术类院校，也可选择开设艺术类专业的综合院校。比如北京师范大学的艺术学理论和戏剧与影视学的学科排名就非常靠前。像北京师范大学这类综合类院校对于广大考生和家长来说也是非常明智的选择。

另外教育部批准的参照独立设置本科艺术院校招生的高校有 11 所。独立设置的艺术院校与独立学院完全是两个不同的概念。独立设置的艺术院校是指中央美术学院、北京电影学院、上海戏剧学院等国办艺术类院校。独立学院是指近年来在公办高校的基础上创办的民办性质的本科院校，这类学校的各项费用一般比公办高校高。比如复旦大学上海视觉艺术学院各专业学费每生每年 22000 元，住宿费每生每年 1400 元，考生要根据自己的家庭经济状况量力而行。

艺术类各专业的就业方向不尽相同，偏重理论研究的专业，比如艺术学理论类、音乐学、美术学等专业，就业方向多为科研单位或者选择继续深造。而偏重实践型的专业，就业方向则依据学生能力和专业素养，发展方向不尽相同。有从事设计、制作的，也有自主创业的。

市场的需求、发展机会的增多，以及培养艺术生的高额成本使得考生和家长希望能够获得高回报和收益。这本无可厚非，但还是建议考生和家长不要对所有专业盲目乐观。有调查显示，动画、艺术设计等专业都是就业困难专业。

2．艺术类专业招生办法

高校艺术类专业应综合考虑考生艺术专业成绩和高考文化成绩，择优选拔录取。同一高校同一专业(含同一专业下设各招考方向)应采用同一种录取办法。

3．艺术类专业考试

艺术类专业考试分为省级统考和校考。其中，省级统考由省级招生考试机构独立或联合组织，校考由招生院校组织。各省级招生考试机构应为本行政区域内考生组织美术学类和设计学类专业省级统考，有条件的省份还应组织其他艺术类专业省级统考，2019 年要创造条件组织音乐类、舞蹈类、播音与主持艺术等专业省级统考。省级统考已涵盖的专业，高校一般应直接使用统考成绩作为考生的专业考试成绩。确有必要补充考核的艺术类本科专业，高校应面向省级统考合格生源组织校考。省级统考未涵盖的艺术类专业，高校可组织校考。

4．艺术类专业高考文化成绩录取要求

省级招生考试机构应因地制宜、分类划定艺术类各专业高考文化课成绩录取控制分数线。其中，艺术类本科专业高考文化课录取控制分数线不得低于本省(区、市)普通本科第二批次录取控制分数线的 65%，逐步提高艺术学理论类、戏剧与影视学类(不含表演)有关本科专业高考文化课录取控制分数线，2019 年起中央部门高校的相关专业不得低于普通专业所在批次控制分数线。艺术类高职(专科)专业录取控制分数线不得低于本省（区、市）普通高职（专科）录取控制分数线的 70%。

5．艺术类专业投档模式

艺术类专业录取工作安排在各省(区、市)相应普通本科、高职(专科)提前批次集中录取。

6．单独考试招生试点工作要求

按照遵循艺术教育规律、严格规范管理的原则，经教育部批准的部分独立设置的本科艺术院校的艺术类本科专业，可不编制分省分专业招生计划，可面向省级统考合格生源跨省组织专业校考，可自主划定高考文化成绩录取控制分数线。

7．艺术类专业录取的学生，入学后不得转入非艺术类专业

8．友情提醒

艺术类专业为那些文化课学习比较吃力的考生提供了一个上大学的机会，需要注意的是，不能纯粹为了上大学而上大学，还要综合考虑个人的兴趣、能力及就业等方面。

大多数艺术类专业备考时的各类培训班，需要考生和家长付出相当的精力和金钱，特别是学习的过程中，需要学生和家长付出的更多，对于家庭条件一般的考生来说，这是一个沉重的负担。当然，这还不包括那些缺少艺术天赋的学生面对艺术课程学习时的精神痛苦以及毕业后面临的就业压力。

艺术史论专业

专业代码	中文名	学科门类	一级学科	授予学位	修学年限
130101	艺术史论	艺术学理论类	艺术学	艺术学学士	四年

一、专业概述

艺术史论是关于中外艺术学理论和中外艺术史方面研究的学科。

二、培养目标

培养具备中外艺术史与艺术理论等方面的基本知识，能在各级文化部门、美术馆、博物馆，以及报纸杂志、广播电视、出版机构、文化公司等单位工作的复合型人才。

三、培养要求

主要学习中外艺术学理论和中外艺术史方面的基本理论和基本知识，较为全面地熟悉各个艺术门类的基本知识，掌握艺术鉴赏与艺术批评方面的基本能力。

四、知识技能

毕业生应获得以下几方面的知识和能力：

① 掌握艺术学学科的基本理论和基本知识。

② 熟悉各个艺术门类的基本知识，掌握艺术学综合的分析方法和分析能力。

③ 具有艺术鉴赏和艺术批评的基本能力。

④ 熟悉党和国家关于文化艺术和文化产业的各项方针、政策和法规。

⑤ 了解艺术学科的理论前沿、应用前景、发展动态和行业需求。

⑥ 具有一定的科学研究和实际工作能力，具有一定的批判性思维能力。

五、主干课程

艺术学原理、艺术文化学、艺术心理学、艺术管理学、艺术教育学、艺术传播学、中国艺术学、西方艺术学、中国艺术史、亚洲艺术史、西方艺术史等。

六、发展前景

1．就业方向

在美术、文博、出版机构、教育和文化传播等企事业部门主要从事艺术史论研究、艺术批评与鉴赏，兼能从事艺术策划与普及传播等方面的工作。

2．就业前景

目前国家正在大力地发展文化产业，艺术行业方兴未艾，未来社会需要一定数量的美术史论和艺术管理方面的人才，如各大拍卖行的专家和业务经理、画廊和艺术博览会从业者、出版人、批评家、策展人、艺术经纪人等。

2017 年开设艺术史论专业的院校共有 14 所，报考硕士较集中的专业：艺术学理论、音乐、法律（非法学）、美术学。根据阳光高考信息平台统计数据，艺术史论专业 2017 年普通高校毕业生规模为 50 人以下，高考时文理科比例为文科 91%，理科 9%。男女生比例为男生 12%，女生 88%。艺术史论专业本科就业率为 2016 年无相关数据，2017 年 90%～95%。

3．专家建议

冷门专业，也有一定的优势。

① 对绘画基础无要求或简单要求。

少部分院校考查简单绘画基础，如静物写生。

② 报考人数少，竞争小。

报考人数少，实际录取比例比较高，并且学校均是艺术名校和几所著名大学，如中国人民大学、清华美院、四川大学、上海大学等。

③ 按文化分数录取。

④ 艺考前的学习周期短。

授课时间短，零基础学习，且不考美术专业(素描、速写、色彩)，学习内容为中外美术史基础知识和美术作文。

⑤ 就业面广、高端职业。

美术史较偏重的方向是史料的解读和对作品的直观理解。因此美术史毕业的学生的主要是到博物馆、美术馆做学艺员、研究员，或是进入学校做教职。

除此之外，因为有综合类大学的加持庇护，也有一部分学生毕业后并未从事美术史相关工作，而是和其他文科类毕业生一样去到企业里做综合职位。

4．小贴士

艺术史论专业是冷门专业，就业也不是很理想，报考时需慎重。

招生院校近年有少量增加。

七、开设院校

2017 年开设艺术史论专业的院校共有 14 所。

音乐表演专业

专业代码	中文名	学科门类	一级学科	授予学位	修学年限
130201	音乐表演	音乐与舞蹈学类	艺术学	艺术学学士	四年

一、专业概述

音乐表演是音乐的再创作活动，通过乐器的演奏，人声的歌唱，以及包括指挥在内的多种艺术手段，将乐曲用具体可感的音响表现出来，传达给听众，以发挥其社会功能。

二、培养目标

培养的是具有音乐表演的专业知识和艺术素养，能够掌握音乐表演专业技能的高级技术应用型专门人才。

三、培养要求

掌握该专业的基本理论、基本知识；掌握音乐作品的分析方法;具有演绎不同风格及体裁的音乐作品的能力;了解党和国家的文艺方针、政策和法规;了解该专业及相关学科的发展动态;掌握文献、资料查询的基本方法，具有初步科学研究能力。

四、知识技能

毕业生应获得以下几方面的知识和能力：

① 掌握该专业的基本理论、基本知识。

② 掌握音乐作品的分析方法。

③ 具有演绎不同风格及体裁的音乐作品的能力。

④ 了解该专业及相关学科的发展动态。

⑤ 掌握文献、资料查询的基本方法，具有初步科学研究能力。

五、主干课程

声乐、钢琴、基本乐理、视唱练耳、舞台表演、合唱与指挥、形态与舞蹈、曲式与作品分析等。

六、发展前景

1. 就业方向

到电视台、歌舞剧院(团)、电视剧制作中心、宣传部门、文教事业单位从事演唱、创作和音乐制作工作，以及在高等院校从事教学科研工作。

2. 就业前景

随着现代科学技术的发展，自然科学与人文社会科学日益相互交融，音乐艺术已逐渐成为具有广阔发展前景的朝阳产业。如何培养全面发展型、具备多方面的综合能力、具备音乐创造以及通过音乐教学来启发和促进创造精神发展的能力的音乐人才，探寻适合我国发展状况的高校音乐教育模式，是当前音乐教育面临的重要工作任务。

2017年开设音乐表演专业的院校共有285所，部分高校按以下专业方向培养：钢琴、管弦、美声、民乐、器乐、声乐、音乐剧、空中乘务、流行音乐、体育舞蹈。报考硕士较集中的专业：音乐、音乐与舞蹈学、学科教学（音乐）、艺术学理论。根据阳光高考信息平台统计数据，音乐表演专业2017年普通高校毕业生规模为20000到22000人。高考时文理科比例为文科89%，理科11%。男女生比例为男生35%，女生65%。音乐表演专业本科就业率为2016年85%～90%，2017年90%～95%。

3. 专家建议

（1） 参考音乐学专业相关资料。

（2） 近年来，文化课成绩较差的学生通过艺考上大学很热门，绝大多数毕业生的就业岗位为少儿英语教师、钢琴教师、音乐教师、幼儿园教师、幼儿教师、声乐老师、幼儿英语教师、早教教师、钢琴老师、亲子教师等。

艺术考试内容:

1） 器乐表演（乐理、视唱练耳、钢琴，含中外管弦器乐及键盘乐器）。

A. 音乐基础笔试——听音记谱80分，音乐基础理论20分，时间2小时，以满分100分计入总分。

B. 乐曲演奏——自选大型乐曲、复调、练习曲、奏鸣曲、肖邦练习曲各一首，要求演奏完整，以满分100分计入总分，至于在考试时要求弹哪些那是考官的事，我们只需要按要求准备好这些就行。

2） 声乐表演（乐理、视唱练耳、声乐、模唱、钢琴）。

A. 音乐基础笔试——听音记谱80分，音乐基础理论20分，时间2小时，以满分100分计入总分。

B. 声乐演唱——自选声乐曲三首，要求中外曲声乐均有，要求演奏完整。形体自然、仪态大方、要富有情感和少于肢体语言。以满分100分计入总分。

4. 小贴士

音乐表演专业已经连续多年出现就业难。

七、开设院校

2017年开设音乐表演专业的院校共有285所。

音乐学专业

专业代码	中文名	学科门类	一级学科	授予学位	修学年限
130202	音乐学	音乐与舞蹈学类	艺术学	艺术学学士	四年

一、专业概述

音乐学，是一门对于音乐进行学术性研究的学科。

二、培养目标

培养具有较强音乐实践技能和教学能力，能在高中等专业或普通院校、社会文艺团体、艺术研究单位和文化机关、出版及广播、影视部门从事教学、研究、编辑、评论、管理等方面工作的高技能的应用型人才。

三、培养要求

主要学习音乐史论、音乐教育等方面的基本理论和基础知识，接受音乐理论与实践方面的基本训练，具有音乐研究、教学等方面的基本能力。

四、知识技能

毕业生应获得以下几方面的知识和能力：

① 掌握音乐学的基本理论。

② 掌握音乐的分析方法。

③ 具有从事该专业工作的基本能力。

④ 了解党和国家的文艺方针、政策和法规。

⑤ 了解该专业及相关学科的发展动态。

⑥ 掌握文献检索、资料查询的基本方法，有一定的科学研究和实际的工作能力。

五、主干课程

音乐史、音乐学理论、中外民族民间音乐、教育学、美学、作曲技术理论、钢琴或其他乐器演奏等。

六、发展前景

1．就业方向

可到高中等专业或普通院校、社会文艺团体、艺术研究单位和文化机关、出版及广播、影视部门从事教学、研究、编辑、评论、管理等方面工作。

2．就业前景

伴随着全民族文化素质的提高和音乐教育的大力普及，以及高科技的飞速发展，大众传媒日益昌盛，各种各样的选秀节目扩大了音乐表演人才的选拔范围。

2017 年开设音乐学专业的院校共有 420 所，部分高校按以下专业方向培养：器乐、声乐、舞蹈、国际乘务、教师教育、学前教育、音乐表演、音乐教育、音乐治疗、航空及高级综合服务管理。报考硕士较集中的专业：音乐、音乐与舞蹈学、学科教学（音乐）、艺术学理论。根据阳光高考信息平台统计数据，音乐学专业 2017 年普通高校毕业生规模为 36000 到 38000 人。高考时文理科比例为文科 88%，理科 12%。男女生比例为男生 27%，女生 73%。音乐学专业本科就业率为 2016 年 85%～90%，2017 年 90%～95%。

3．专家建议

近年来，文化课成绩较差的学生通过艺考上大学很热门，音乐类专业已经连续多年出现就业难。

艺术考试内容：乐理、视唱练耳、声乐、钢琴（含中外管弦器乐及键盘乐器）、和声基础、音乐史、音乐学理论、中外民族民间音乐、教育学、美学、作曲技术理论等。

毕业生的未来方向：

① 音乐老师，只要认真练琴学习，当个老师不太难。

② 走艺术家路线，需要金钱与时间去进修、留学、比赛、极少数人成功。

③ 走明星路线，需要金钱与人际关系去包装、炒作、比赛、成功率极低。

④ 进艺术团或者乐团，很不容易。

⑤ 开培训班或者琴行，当然两者开一起也行，需要的不是你的专业知识，而是考验你对市场的敏感度与管理经营的成熟与否，有风险也有机遇。

⑥ 改行做别的职业，把音乐当成一种爱好。

4．小贴士

音乐类专业已经连续多年出现就业难。

七、开设院校

2017 年开设音乐学专业的院校共有 420 所。

作曲与作曲技术理论专业

专业代码	中文名	学科门类	一级学科	授予学位	修学年限
130203	作曲与作曲技术理论	音乐与舞蹈学类	艺术学	艺术学学士	四年或五年

一、专业概述

作曲与作曲技术理论是研究音乐创作的专业。

二、培养目标

培养具有具备较全面的音乐创作知识、能力和专业化水平，能在有关文艺单位、艺术院校、科研机构以及出版、广播影视部门从事作曲与作曲技术理论的创作、教学、研究、编辑等方面工作的高级专门人才。

三、培养要求

主要学习作曲技术与作曲技术理论方面的基本理论和基础知识，掌握音乐创作、教学、研究的作曲技巧，全面掌握并熟练地运用各种曲式和体裁的作曲技巧，深入系统地掌握和声、复调、曲式、配器的专业知识和技能。

四、知识技能

毕业生应获得以下几方面的知识和能力：

① 掌握本专业的基本理论、基本知识。

② 掌握对不同风格及体裁的作品分析方法。

③ 具有应用所学知识进行音乐创作和教学工作和基本能力。

④ 了解党和国家的文艺方针、政策和法规。

⑤ 了解本专业及相关学科的发展动态。

⑥ 掌握文献检索、资料查询的基本方法，具有初步的科学研究能力。

五、主干课程

作曲、作曲技术理论、视唱练耳、音乐史、戏曲史、中外民族民间音乐、钢琴或其他乐器演奏、中国传统音乐分析、现代音乐分析等。

六、发展前景

1．就业方向

可在有关文艺单位、艺术院校、科研机构以及出版、广播影视部门从事作曲与作曲技术理论的创作、教学、研究、编辑等方面的工作。

2．就业前景

目前在我国，演艺事业空前繁荣，大众娱乐也一天比一天热闹，但在内地传唱的很多都是中国港台或外国的歌曲，作曲是限制我国内地音乐事业发展的瓶颈之一，特别是儿童和老年群体缺乏属于他们的歌曲，影视作品也需要大批优秀的音乐、歌曲。

2017 年开设作曲与作曲技术理论专业的院校共有 39 所，报考硕士较集中的专业：音乐、音乐与舞蹈学、艺术学理论、音乐学。根据阳光高考信息平台统计数据，作曲与作曲技术理论专业 2017 年普通高校毕业生规模为 400 到 450 人。高考时文理科比例为文科 91%，理科 9%。男女生比例为男生 39%，女生 61%。作曲与作曲技术理论专业本科就业率为 2016 年 85%～90%，2017 年 90%～95%。

3．专家建议

目前国内的大多数音乐院校里，作曲专业的艺考只有和声这一项，其余的曲式复调配器都没有明确的要求。这些是入学后学习的内容，如果提前学的话当然很好。不同的学校考试要求不一样，有些学校除了钢琴还有即兴伴奏和音乐赏析的考试，根据不同学校的考试范围去提前准备，注意看一下各个学校的招生简章。

4．小贴士

专业作曲人才还是比较缺少的。

七、开设院校

2017 年开设作曲与作曲技术理论专业的院校共有 39 所。

舞蹈表演专业

专业代码	中文名	学科门类	一级学科	授予学位	修学年限
130204	舞蹈表演	音乐与舞蹈学类	艺术学	艺术学学士	四年

一、专业概述

舞蹈表演。

二、培养目标

培养具有良好的舞蹈素质，掌握舞蹈艺术的基本理论、基本技能和一定的舞蹈创编能力，以及能演、能教、能编、能导的应用型高级复合人才。

三、培养要求

主要学习舞蹈基本知识和基本理论，受到舞蹈表演方面的训练，具有从事舞蹈表演能力。

四、知识技能

毕业生应获得以下几方面的知识和能力：

① 掌握舞蹈学科的基本理论知识和技能。

② 具有对不同民族舞蹈的鉴赏能力。

③ 掌握主要舞种的分析方法和一般技术。

④ 具有舞蹈写作、评论以及表演的基本能力。

⑤ 了解舞蹈艺术前沿动态、应用情景和发展动态。

⑥ 掌握舞蹈文献检索、资料查询的基本方法，具有一定的实际工作能力。

五、主干课程

艺术概论、舞蹈艺术概论、中外舞蹈史、舞蹈名作赏析、舞蹈美学、舞蹈解剖学、运动生理学、运动训练学、运动生物力学、芭蕾舞基础训练、中国古典舞身韵、现代舞、舞蹈编创、中国古典舞技巧等。

六、发展前景

1. 就业方向

可从事舞蹈演员、舞蹈教学工作，可以从事青少年业余舞蹈教学排练工作，也可从事企业文化、社区文化和大型文化活动的策划、编导、排练等工作。

2. 就业前景

舞蹈专业学生应当根据自身的实际情况，及时调整期望值，进而找到适合自己的用人单位，实现个人与单位之间的双赢。

2017 年开设舞蹈表演专业的院校共有 142 所，部分高校按以下专业方向培养：健美操、体育表演、体育舞蹈、空乘与礼仪。报考硕士较集中的专业：体育教学、舞蹈、音乐与舞蹈学、运动训练。根据阳光高考信息平台统计数据，舞蹈表演专业 2017 年普通高校毕业生规模为 4500 到 5000 人。高考时文理科比例为文科 90%，理科 10%。男女生比例为男生 31%，女生 69%。舞蹈表演专业本科就业率为 2016 年 95%～100%，2017 年 90%～95%。

3. 专家建议

当前包含舞蹈专业的高校共有五类，即专业艺术院校、师范类院校、综合类院校以及某些理工科或文科专业的院校。这些院校不仅是中国艺术研究院的主要招生来源，同时也是毕业生就业的主要去向。

从整个舞蹈学科对于理论或史论型人才的需求以及中国舞蹈理论的建设来看，舞蹈的理论建设与其他学科相比有待提高和完善，在普通高校中十分缺少专业的舞蹈理论人才和推广型人才。

按目前舞蹈表演专业学生的就业状况来看，预计未来会出现人才流动量日益增加的可能，原因在于舞蹈理论专业学生在职业选择上与表演、编导等专业的学生有所不同，从事舞蹈理论研究要依附于某一单位，而不像编导或演员那样可以选择自由职业甚至无职业等较为自由的发展空间与走向。

4. 小贴士

某些工科或农业类大学也开设这一个专业。

七、开设院校

2017 年开设舞蹈表演专业的院校共有 142 所。

舞蹈学专业

专业代码	中文名	学科门类	一级学科	授予学位	修学年限
130205	舞蹈学	音乐与舞蹈学类	艺术学	艺术学学士	四年

一、专业概述

舞蹈学是对舞蹈艺术做全面、系统、历史的研究的一门科学。

二、培养目标

培养具备能从事中外舞蹈史、舞蹈理论的研究、舞蹈教学以及编辑等工作的专门人才。

三、培养要求

通过舞蹈教育基本理论学习和技能训练，形成良好的舞蹈教师素养和舞蹈教学及舞蹈表演、科学研究的基本能力。

四、知识技能

毕业生应获得以下几方面的知识和能力：

① 掌握舞蹈学科的基本理论知识和技能。

② 掌握主要舞种的分析方法和一般技术。

③ 具有舞蹈写作、评论以及表演的基本能力。

④ 了解舞蹈艺术前沿动态、应用情景和发展动态。

⑤ 掌握舞蹈文献检索、资料查询的基本方法，具有一定的实际工作能力。

五、主干课程

舞蹈写作教程、舞蹈形态学、中国舞蹈史、中国民间舞蹈文化、世界芭蕾史纲、欧美现代舞史、舞蹈专业英语、舞蹈文献检索与利用、中国舞蹈意象论、中外舞蹈思想教程、舞蹈解剖学等。

六、发展前景

1. 就业方向

可在文艺演出团体、少年宫、文化宫、群艺馆、艺术院校、中小学、大众事业单位宣传机构从事舞蹈教师、舞蹈指导、艺术体操教练、舞蹈演员等工作。

2. 就业前景

大中小学校需要的舞蹈教师不仅会跳、会教、会创编，甚至还要兼任音乐课教学任务。以舞蹈技能和师范相整合、舞蹈与音乐相结合的“双专业”办学模式，是时代发展和学校艺术教育的要求。

2017 年开设舞蹈学专业的院校共有 205 所，部分高校按以下专业方向培养：健美操、空中乘务、民族舞、体育舞蹈、舞蹈教育、运动舞蹈、舞蹈表演与教育。报考硕士较集中的专业：音乐与舞蹈学、舞蹈、体育教学、学科教学（音乐）。根据阳光高考信息平台统计数据，舞蹈学专业 2017 年普通高校毕业生规模为 7000 到 8000 人。高考时文理科比例为文科 89%，理科 11%。男女生比例为男生 24%，女生 76%。舞蹈学专业本科就业率为 2016 年 85%～90%，2017 年 90%～95%。

3. 专家建议

参考舞蹈表演专业相关资料

4. 小贴士

某些工科或农业类大学也开设这一个专业。

七、开设院校

2017 年开设舞蹈学专业的院校共有 205 所。

舞蹈编导专业

专业代码	中文名	学科门类	一级学科	授予学位	修学年限
130206	舞蹈编导	音乐与舞蹈学类	艺术学	艺术学学士	四年

一、专业概述

舞蹈编导专业是研究关于舞蹈编导的教学理论与人体动作编创技巧的学问，是对舞蹈编导教学、人才培养、剧目创作、舞台导演、科研创新等进行科学研究与实践的学科。

二、培养目标

培养能在专业表演团体、学校、科研单位、演艺机构等从事中国舞、芭蕾舞、现代舞等舞蹈、舞剧编导以及教学与研究工作的高级专门人才。

三、培养要求

主要学习马克思主义理论的基本知识，熟悉我国的文艺方针和政策，系统掌握舞蹈的基本理论和专业技能，了解相关学科的知识，有较高的文化艺术修养，有较强的审美感觉和创造性思维，有观察、理解、概括生活的能力，能独立运用编舞手段完成舞蹈作品的创作与排练，具有从事该专业教学和初步科研的能力。

四、知识技能

毕业生应获得以下几方面的知识和能力：

① 掌握舞蹈编导学科的基本理论、基本知识。

② 掌握舞蹈编导的分析方法和技术。

③ 具有舞蹈编导的基本能力。

④ 了解舞蹈编导的理论前沿、应用前景和发展动态。

⑤ 掌握舞蹈文献检索、资料查询的基本方法，具有初步的科研和实际工作能力。

五、主干课程

舞蹈编导、舞蹈基本功训练、现代舞技术、舞蹈组合训练、舞蹈剧目分析、舞蹈创作实习、音乐（钢琴、曲式分析）、舞蹈编导理论、现代舞专业基础课程、现代舞课程等。

六、发展前景

1. 就业方向

在专业表演团体、艺术团、学校、科研单位、演艺机构等从事相关工作。

2. 就业前景

在文化高度发展的社会，政府高度重视精神文明建设，文艺演出和艺术设计取得了很大发展，要求有大量的编导去完成这些工作，也需要有好的编导去输入新鲜的血液。

2017 年开设舞蹈编导专业的院校共有 75 所，部分高校按体育舞蹈、舞蹈教育、中国舞和现代舞等专业方向培养。报考硕士较集中的专业：舞蹈、音乐与舞蹈学、体育教育训练学、学科教学（音乐）。根据阳光高考信息平台统计数据，舞蹈编导专业 2017 年普通高校毕业生规模为 2500 到 3000 人。高考时文理科比例为文科 91%，理科 9%。男女生比例为男生 25%，女生 75%。舞蹈编导专业本科就业率为 2016 年 85%～90%，2017 年 85%～90%。

3. 专家建议

参考舞蹈表演专业的相关内容。

4. 小贴士

无。

七、开设院校

2017 年开设舞蹈编导专业的院校共有 75 所。

表演专业

专业代码	中文名	学科门类	一级学科	授予学位	修学年限
130301	表演	戏剧与影视学类	艺术学	艺术学学士	四年或五年

一、专业概述

表演就是表演者通过声音、表情、动作等来塑造人物形象的过程。

二、培养目标

培养具有一定的基本理论素养，并具备和掌握表演艺术的基本理论和基本技巧，能够在戏剧、戏曲、电影、电视和舞蹈等表演中独立完成不同人物形象创作的高级专门人才。

三、培养要求

主要学习戏剧、戏曲、影视、舞蹈、音乐等方面表演艺术基本知识、基本理论和技能，受到有关理论、发展历史、研究现状等系统教育和从事专业工作所需业务能力的基本训练。

四、知识技能

毕业生应获得以下几方面的知识和能力：

① 掌握表演艺术学科的基础理论和基本知识。

② 具有塑造艺术形象的基本能力。

③ 了解我国的文艺方针、政策和法规：

④ 了解艺术创作和理论的现状与发展动态。

⑤ 掌握文献检索、资料查询的基本方法，具有一定的理论研究和写作能力。

五、主干课程

表演基础理论、表演基本技能、表演剧目、艺术理论、文学修养课程等。

六、发展前景

1. 就业方向

可在电视台、电视制作中心、影视制作公司、剧组、文艺表演团体、教研单位、文化传播公司等从事表演、管理、策划、组织等工作。

2. 就业前景

总体来看，表演专业的学生在就业方面并不具有优势，特别是对于那些最近才开设的表演专业来说，其毕业生成名的机会比较小。反而各电视台等的选秀节目，即使不是表演专业毕业，成为明星的概率也不小。

2017 年开设表演专业的院校共有 167 所，部分高校按以下专业方向培养：主持、瑜伽、空中乘务、体育舞蹈、影视配音、民间艺术表演、社会文体工作、体育艺术表演、服装表演与设计、空乘与地面服务、戏剧与影视表演。报考硕士较集中的专业：体育教学、舞蹈、戏剧、体育教育训练学。根据阳光高考信息平台统计数据，表演专业 2017 年普通高校毕业生规模为 8000 到 9000 人。高考时文理科比例为文科 82%，理科18%。男女生比例为男生39%，女生61%。表演专业本科就业率为2016年90%～95%，2017年90%～95%。

3．专家建议

相比其他艺术类专业，表演类专业文化课分数要求较低，个别院校略高一点。学表演没有基础，高三学起也来得及，它不像是舞蹈、音乐要学好几年，高三学表演也完全可以。

不少人都有一个明星梦，表演专业作为艺考中一道独特的风景线，成为艺考中造梦的平台，让无数人渴望在光鲜靓丽的光影世界里成就自己的梦想，也让不少人为之付出青春却一无所获。其实，表演专业并不是像些艺考培训机构所宣传的那样，所有有明星梦想的人都能报考。相反，它有着较强的专业属性。

从表演专业毕业，想要成为一个职业演员和一个明星，要靠以后的奋斗和机遇。当然，表演专业毕业生也可以从事编导、节目主持，甚至一些企事业单位的宣传人员、文艺骨干、公关、文秘等工作。

4．小贴士

表演专业还有着“青春饭”的特点，学生应该有明确的职业发展规划。

2017年开设表演专业的院校共有167所，其中涵盖了专业类大学、综合类大学、师范类大学等多种属性的高校。

七、开设院校

2017年开设表演专业的院校共有167所。

戏剧学专业

专业代码	中文名	学科门类	一级学科	授予学位	修学年限
130302	戏剧学	戏剧与影视学类	艺术学	艺术学学士	四年

一、专业概述

戏剧学是一门新兴学科，主要面向戏剧和影视的理论、评论、编辑和艺术管理等方面的研究。

二、培养目标

培养具备戏剧和影视的理论、评论、编辑和艺术管理等方面的知识，能在剧院（团）或电视台、电影厂、编辑部以及文化管理机关等部门从事理论研究、编审与文化管理等方面工作以及能在国家机关、文教事业单位从事实际工作的高级专门人才。

三、培养要求

具有扎实的马克思主义的基本理论，熟悉我国的文艺方针、政策，系统地掌握戏剧、影视文学的基本理论和创作技能，了解相关学科的知识，有较好的文化艺术修养、较强的审美感觉和创造性思维，具有较系统和广博的戏剧影视理论和历史知识，掌握分析和研究戏剧影视作品的方法，有较强的理论写作能力。

四、知识技能

毕业生应获得以下几方面的知识和能力：

① 掌握戏剧、影视艺术学科的基础理论、基本知识

② 具有理论写作的基本能力

③ 了解我国的文艺方针、政策和法规

④ 了解文献检索、资料查询的基本方法，具有一定的理论研究和实践创作能力。

五、主干课程

导演学、表演艺术、舞台美术设计基础、中外戏剧史、艺术概论等。

六、发展前景

1．就业方向

主要到剧院（团）或电视台、电影厂、编辑部以及文化相关单位等部门从事理论研究、编审与文化管理等方面的工作。

2．就业前景

本专业是对戏剧进行基础理论研究的学科，冷门但具有极强的专业性。

2017 年开设戏剧学专业的院校共有中央戏剧学院、山东艺术学院、云南艺术学院、四川文化艺术学院 4 所，报考硕士较集中的专业：艺术学理论、戏剧与影视学、戏剧、工商管理。根据阳光高考信息平台统计数据，戏剧学专业 2017 年普通高校毕业生规模为 50 到 100 人。高考时文理科比例为文科 87%，理科 13%。男女生比例为男生 28%，女生 72%。戏剧学本科就业率为 2016 年 65%～70%，2017 年 95%～100%。

3．专家建议

2019 年，作为国内戏剧学研究重镇，上海戏剧学院在戏文系里新增了偏重理论研究的戏剧学专业，拟招生 15 人，招收高考文化成绩达到普通类一本线以上的考生，其中语文单科成绩要求不低于 110 分。此外，上戏另一个要达到普通类一本线以上的专业为艺术管理专业。这两个专业不进行校考，根据高考文化课考试成绩录取，感兴趣的考生和家长可以查询相关院校的招生信息。

4．小贴士

需要提前报名，具体情况请查询相关院校的招生信息。

七、开设院校

2017 年开设戏剧学专业的院校共有中央戏剧学院、山东艺术学院、云南艺术学院、四川文化艺术学院 4 所。2019 年增加了上海戏剧学院。

电影学专业

专业代码	中文名	学科门类	一级学科	授予学位	修学年限
130303	电影学	戏剧与影视学类	艺术学	艺术学学士	四年

一、专业概述

电影学是把电影作为社会文化现象、艺术现象以及大众传播媒介加以研究的科学。

二、培养目标

培养能在广播电影电视系统和文化部门从事广播、电视节目编导、艺术摄影、音响设计、音响导演、撰稿、编剧、制作、社教及文艺类节目主持人等方面工作的专门人才。

三、培养要求

具备广播电视节目策划、创作、制作等方面的专业知识，具备较高的政治水平、理论修养和艺术鉴赏等方面的能力。

四、知识技能

毕业生应获得以下几方面的知识和能力：

① 掌握广播电视艺术学科的基本理论、基本知识。

② 有敏锐的观察生活和捕捉社会发展走向的能力，以及用广播电视手段表达思想感情的能力。

③ 熟悉党和国家新闻及文艺宣传的方针政策和法规。

④ 了解广播电视的理论前沿的技术发展的动态。

⑤ 掌握文献检索、资料查询的基本方法，具有一定的科学研究和实际工作能力。

⑥ 具备较高的艺术修养和艺术创造能力。

五、主干课程

世界电影史、中国电影史、电影美学、电影造型、电影声音、摄影艺术等。

六、发展前景

1．就业方向

大中专院校。新闻出版机构（报社、杂志社和出版社等）。相关国家机关和行政单位（国家新闻出版广电总局、中影公司、地方广电集团以及文联等单位，需要参加国家或地方的公务员考试）。影视传媒行业。各级电视台及影视传媒公司等。企业、公司宣传部门。

2．就业前景

目前，中国电影产业飞速发展，日益壮大的电影产业需要大量的电影人才，为电影学专业的毕业生尤其是高学历的电影学研究生提供了前所未有的机遇。

2017年开设电影学专业的院校共有北京师范大学、北京电影学院、中南财经政法大学、北京师范大学珠海分校、四川传媒学院、中国传媒大学南广学院6所，报考硕士较集中的专业：戏剧与影视学、广播电视、新闻与传播、工商管理。根据阳光高考信息平台统计数据，电影学专业2017年普通高校毕业生规模为150到200人。高考时文理科比例为文科81%，理科19%。男女生比例为男生25%，女生75%。电影学本科就业率为2016年95%～100%，2017年90%～95%。

3．专家建议

近年来总体的就业形势比较紧张，电影学专业自身的局限性以及外人对这个专业的不了解，使得电影学专业就业存在一定的难度和限制。除少数高校和影视传媒行业公司之外，比较少的用人单位会在招聘公告中标明电影学，大部分标明中文、新闻、传播或者不限专业。

感兴趣的考生和家长可以查询相关院校的招生信息。

4．小贴士

以理论研究为主的基础性专业。

七、开设院校

2017年开设电影学专业的院校共有北京师范大学、北京电影学院、中南财经政法大学、北京师范大学珠海分校、四川传媒学院、中国传媒大学南广学院6所。

戏剧影视文学专业

专业代码	中文名	学科门类	一级学科	授予学位	修学年限
130304	戏剧影视文学	戏剧与影视学类	艺术学	艺术学学士	四年

一、专业概述

剧影视文学是中国全日制大学高等教育的一个专业科目，以研究电影、舞台剧（包括话剧，小品等）、电视剧的文学剧本创作为核心学科。

二、培养目标

培养具备戏剧、戏曲和影视文学基本理论及剧本创作能力，能在剧院（团）或电视台、电影厂、编辑部等部门从事文学创作、编辑和理论研究工作，以及能在国家机关、文教事业单位从事实际工作的高级专门人才。

三、培养要求

首先要学习中文类基本知识，奠定文学基础，主要学习马克思主义的基本理论，熟悉中国的文艺、政策，系统地掌握戏剧、戏曲影视文学的基本理论和创作技能，有较强的观察、理解、概括生活的能力，有较强的剧本创作能力和文艺编导能力。

四、知识技能

毕业生应获得以下几方面的知识和能力：

① 掌握中文专业的基本知识与应用。

② 掌握戏剧、戏曲、影视文学创作的基本理论、基本知识。

③ 具有戏剧、戏曲影视创作的基本能力。

④ 了解中国的文艺、宣传、出版的方针、政策和法规。

⑤ 了解戏剧、戏曲、影视理论和创作的现状和发展动态。

⑥ 6. 掌握文献检索、资料查询的基本方法，具有一定的理论研究和理论批评能力。

五、主干课程

现代汉语、中外文学名著赏析、中国文化概论、应用写作学、外语、中国近代史纲要、艺术概论、文学评论写作、世界文化史通论、电视节目学概论、中外电视史、中外电影史、广播电视节目制作、传播学概论、多媒体制作、计算机应用基础、播音与主持学概论、影视艺术概论、文化市场管理、影视评论写作、新闻采访与写作等。

六、发展前景

1. 就业方向

在文艺创作单位、专业剧团、电影制片厂、电视台、广播电台等单位从事戏剧影视创作、评论、导演及制作工作。在大专院校和专业科研机构从事教学科研工作。在文化传播公司、文艺节目制作公司、文化事业公司、影视广告公司及文化产业领域进行创作、策划、编导、制作等工作。

2. 就业前景

据不完全统计，目前全国拥有规模不等的电影制片机构超过数百家、电视台 2100 多家、影视制作公司 5000 家以及近万家网站以及新媒体，需要大量的影视剧作和制作人员。另外，国际影视制作公司也纷纷向中国转移业务，加大了此类人才的需求量，既懂艺术又懂技术的综合性人才将会有良好的机会。

2017 年开设戏剧影视文学专业的院校共有 99 所，部分高校按影视编导、影视技术、戏剧影视写作等专业方向培养。报考硕士较集中的专业：戏剧与影视学、广播电视、戏剧、电影。根据阳光高考信息平台统计数据，戏剧影视文学专业 2017 年普通高校毕业生规模为 4500 到 5000 人。高考时文理科比例为文科 82%，理科 18%。男女生比例为男生 28%，女生 72%。戏剧影视文学本科就业率为 2016 年 85%～90%，2017 年 90%～95%。

3. 专家建议

① 这是个培养影视戏剧编剧的专业。

在中国，老一辈的编剧大部分是非科班出身，或者是一些优秀的作家，缺少专门院校进行培养。中国电影艺术，电视剧艺术以及舞台剧艺术的创作瓶颈之一就是缺少写故事的人。高校新开设或在中文类专业中拆分出该专业，目标就是培养写故事的人。

② 和其他艺术类有所不同，更多学校依据高考语文成绩。

许多综合类大学该专业隶属中文类，文科同学可直接报考，参照高考成绩和语文成绩即可。艺术类需要按时参与相关学校的艺术生考试，完成笔试+面试的相关环节后（综合类大学大多不需要该环节），被允录取者将受到戏剧影视文学专业的“专业录取通知书”。之后再参与各地的高考，按照高考成绩从高到低进行录取。这和其他艺术类专业有所不同，文化课的考试是关系到该生能否录取的重要条件。

感兴趣的考生和家长可以查询相关院校的招生信息。

4. 小贴士

非艺术类学生也可报考。

七、开设院校

2017 年开设戏剧影视文学专业的院校共有 99 所。

广播电视编导专业

专业代码	中文名	学科门类	一级学科	授予学位	修学年限
130305	广播电视编导	戏剧与影视学类	艺术学	艺术学学士	四年

一、专业概述

广播电视编导的主要内容是广播电视节目编导、策划、创作、制作等。

二、培养目标

培养具备广播电视节目策划、创作、制作等方面的专业知识、具备较高的政治水平、理论修养和艺术鉴赏等方面的能力，能在全国广播电影电视系统和文化部门从事广播、电视节目编导、艺术摄影、音响设计、音响导演、撰稿、编剧、制作、社教及文艺类节目主持人等方面工作的广播电视艺术学科的专门人才。

三、培养要求

主要学习艺术、文学、美学、广播电视艺术学等方面的基本理论和基本知识，受到广播电视节目编导、策划、制作、主持等方面的基本训练，掌握创作、管理广播、电视节目、栏目、频道等方面的基本能力。

四、知识技能

毕业生应获得以下几方面的知识和能力：

① 掌握广播电视艺术学科的基本理论、基本知识。

② 有敏锐的观察生活和捕捉社会发展走向的能力，及用广播电视手段表达思想感情的能力。

③ 熟悉党和国家新闻及文艺宣传的方针政策和法规。

④ 了解广播电视的理论前沿的技术发展的动态。

⑤ 掌握文献检索、资料查询的基本方法，具有一定的科学研究和实际工作能力。

⑥ 具备较高的艺术修养和艺术创造能力。

五、主干课程

艺术学、新闻传播学、戏剧与影视学、传播学、传媒艺术概论、播音与主持、电视艺术概论、戏剧艺术概论、中国戏曲、影视作品分析、视听语言、电视节目制作、色彩学、摄影技术、照明技术、电视节目策划、纪录片创作、广播电视节目主持、广播电视节目编辑与技术、非线性编辑技术等。

六、发展前景

1. 就业方向

可在各级广播电影电视系统和文化部门从事广播、电视节目编导、艺术摄影、音响设计、音响导演、撰稿、编剧、制作、社教及文艺类节目主持人等方面工作，也可在平面媒体担任文字记者、摄影记者等。

2. 就业前景

广播电视编导是为适应广播电视媒体的发展而设立的一个比较新的专业。编导涵盖的范围很广，既不同于普通纸媒体的编辑，又不同于电影电视剧的导演工作。一台精彩的文艺晚会或者一个精致的新闻专题片，除了摄像、记者等前期工作人员，编导的工作贯穿于整个节目制作始终。过去在广播电视节目的制作过程中，导演和编辑分工不同、各司其职，在各工作环节上容易出问题，而且制作时间较长。广播电视媒体，尤其是电视节目的制作采取编导中心制，在采、编、播一体化的过程中，编导的作用举足轻重。

2017 年开设广播电视编导专业的院校共有 241 所，部分高校按以下专业方向培养：新闻、影视学、电视编导、电视编辑、电视剪辑、空中乘务、文艺编导、影视制片、数码影视制作、网络与新媒体传播。报考硕士较集中的专业：广播电视、戏剧与影视学、新闻与传播、工商管理。根据阳光高考信息平台统计数据，广播电视编导专业 2017 年普通高校毕业生规模为 24000 到 26000 人。高考时文理科比例为文科 80%，理科 20%。男女生比例为男生 33%，女生 67%。广播电视编导本科就业率为 2016 年 85%～90%，2017 年 90%～95%。

3. 专家建议

本专业就业方向包括七个方向，包括电视编辑、文艺编导、新闻编导、影视剧编导、专题片编导、音乐编辑及网络艺术。这些方向主要研究广播电视媒介中的新闻节目、文艺节目、纪录片、音乐节目以及网络艺术等的编导工作。

从事电视编辑方向除中文专业课外，主要学习新闻传播理论、电视节目制作技术、策划。

从事文艺编导方向要学习电视节目制作技术、策划与研究、文学戏剧理论、视听语言、戏曲、舞蹈、音乐、影视精品赏析。

从事音乐编辑方向应有良好的艺术修养与音乐艺术鉴赏力，需要学习广播电视音乐节目策划、编导、制作、配乐、经营等方面的专业知识与技能，除学习文艺编导的专业课之外，还要在音乐专业上下功夫，视唱练耳、乐理、钢琴、音乐节目策划与制作、MIDI 音乐创作、音乐专业英语等都是必修内容。

从事网络艺术方向要有良好的艺术修养和艺术鉴赏能力，要掌握网络艺术策划、创作、制作、管理等方面的专业知识与技能，主攻网络音视频制作、平面设计、动画制作、网络编辑等内容。

4. 小贴士

不同院校各有不同的培养方向的专业侧重点。

七、开设院校

2017 年开设广播电视编导专业的院校共有 241 所。

戏剧影视导演专业

专业代码	中文名	学科门类	一级学科	授予学位	修学年限
130306	戏剧影视导演	戏剧与影视学类	艺术学	艺术学学士	四年

一、专业概述

导演是影视艺术创作的灵魂与核心，研究的是戏剧影视导演、策划、制作等相关内容。

二、培养目标

挖掘具备一定素质、潜质与能力的学生，通过对其在故事建构、影像造型、声音处理、表演控制及后期制作等方面的训练，培养通晓视听语言、掌握导演工作技能，具备一定想象力、创造力、执行力，能独立从事电影、电视剧、纪录片编导工作的复合型专门优质人才。

三、培养要求

主要学习马克思主义的基本理论，熟悉我国的文艺、政策，系统地掌握戏剧、戏曲影视文学的基本理论和创作技能，有较强的观察、理解、概括生活的能力，有较强的剧本创作能力，及较强的文艺编导能力。

四、知识技能

毕业生应获得以下几方面的知识和能力：

① 掌握戏剧、戏曲、影视文学创作的基本理论、基本知识。

② 具有戏剧、戏曲影视创作的基本能力。

③ 了解我国的文艺、宣传、出版的方针、政策和法规。

④ 了解戏剧、戏曲、影视理论和创作的现状和发展动态。

⑤ 掌握文献检索、资料查询的基本方法，具有一定的理论研究和理论批评能力。

五、主干课程

文艺美学、古代汉语、中国现当代文学、外国文学、基础写作、中外经典戏剧赏析、影视编剧、表演学、导演艺术、视听语言、电视剧创作、影视剧评论、中国电影史、外国电影史、影片分析、类型电影、影视美学、影视剧改编、电视文体写作、纪录片研究和创作、摄影构图、电视节目编辑制作、影视录音基础、影视美术设计、中外美术作品赏析、中外音乐赏析、音乐剧概论、录音基础、音乐基础、视听语言、美学、色彩学、艺术概论、中外电影史、美术作品分析、中外文学、影视导演基础、影视剧创作、影视大师作品读解、影视精品赏析、绘画基础、摄影构图、广告摄影、电视摄像、数字图像处理技术、新闻摄影、影视光线艺术、纪录片创作、科教片创作基础、节目制作、影视剪辑学和影视动画等。

六、发展前景

1．就业方向

可在剧院（团）或电视台、电影厂、编辑部等从事文学创作、编辑和理论研究工作。在国家机关、文教事业等单位从事戏剧影视策划、创作和导演工作。

2．就业前景

这个专业的专业性强，需要的知识面广，最终能成为导演的为数极少。现阶段，很多知名导演都不是这个专业毕业的，比如张艺谋是摄影专业的。

2017 年开设戏剧影视导演专业的院校共有 28 所，部分高校按以下专业方向培养：播音主持、黄梅戏表演、中国舞表演、戏剧影视表演、剪辑艺术与技术。报考硕士较集中的专业：戏剧与影视学、戏剧、电影、广播电视。根据阳光高考信息平台统计数据，戏剧影视导演专业 2017 年普通高校毕业生规模为 700 到 800 人。高考时文理科比例为文科 80%，理科 20%。男女生比例为男生 42%，女生 58%。戏剧影视导演本科就业率为 2016 年 85%～90%，2017 年 90%～95%。

3．专家建议

“导演”的本义是演出的组织者、解释者，是演员的镜子。今天，导演在艺术创作中是核心与灵魂人物，是艺术创作的组织者和领导者，是创作团队中的统帅，担负着举足轻重的责任与职能。按照艺术形式，导演一般分为戏剧导演与影视剧导演。戏剧通常是指舞台剧，工作内容包括剧本的阅读、演员的选择与合作、舞台空间、服装化妆、灯光的设计等。影视作品主要包括电影与电视剧，影视剧导演的主要工作是以文学剧本为基础，运用蒙太奇思维等进行艺术构思，编写分镜头剧本和“导演阐述”，将剧本搬上银幕，呈现给观众。

在戏剧与影视创作日益商业化、专业化的今天，对导演的艺术素养和文化底蕴的要求在逐步提高。戏剧影视导演专业就是培养具备良好艺术修养、具有一定创作能力与潜质的导演的艺术类学科。它以声学、音乐学、美学等学科为基础，着重于故事建构、影像造型、声音图像处理、表演控制及后期制作等技术的训练。学习内容包括电影导演创作及制作（包括对影片主题的把握，人物的定位、刻画，场面的调度，时空结构、声画造型、艺术样式的确定，摄影、演员、美术设计、录音、作曲等方面的安排，相关资料的研究，剧本的制作与分析，影片总创作计划的确定等）。电影电视后期导演与剪辑的创作及制作。戏剧导演创作及制作。影视广告创意制作及影视短片创作与制作等。

4．小贴士

具体情况请查询相关院校的招生信息。

七、开设院校

2017 年开设戏剧影视导演专业的院校共有 28 所。

戏剧影视美术设计专业

专业代码	中文名	学科门类	一级学科	授予学位	修学年限
130307	戏剧影视美术设计	戏剧与影视学类	艺术学	艺术学学士	四年

一、专业概述

戏剧影视美术设计专业领域既包括过往既成的对于演出空间设计、光效设计、人物造型设计（服装与化妆）等的传统视觉形态呈现版块，也包括视觉形态的科技体现与传播因素（包括机械自动化与人工智能、数字媒体呈现技术、虚拟增强与沉浸式交互等）。

二、培养目标

培养具有一定的马克思主义基本理论素养，并具备戏剧、戏曲、影视和其他舞台演出的美术设计(含灯光设计、服装与化妆设计、布景绘制、场景设计、人物形象设计)等方面的能力，能在剧院、电影厂、电视台、电视剧制作中心从事美术设计的高级专门人才。

三、培养要求

主要学习戏剧、戏曲、影视美术设计、戏剧史、电影史、舞台美术史、中外美术史等方面的基础理论和基本知识，受到绘画、美术设计的基本训练，掌握场景设计、服装道具设计、化妆造型设计等方面的基本能力。

四、知识技能

毕业生应获得以下几方面的知识和能力：

① 掌握戏剧、影视及舞台美学科的基础理论、基本知识。

② 掌握理解剧本的分析方法。

③ 具有戏剧、戏曲、电影、电视美术设计的初步能力。

④ 了解党和国家的新闻、艺术方针、政策和法规。

⑤ 了解舞台及影视美术设计的发展动态。

⑥ 掌握文献检索、资料查询的基本方法，具有一定的理论研究和实践创作能力。

五、主干课程

舞台影视美术设计、灯光设计、服装道具设计、化妆设计、绘画、绘景、计算机辅助设计、特技美术等。

六、发展前景

1．就业方向

能在剧院(团)、电影制片厂、电视台、电视剧制作中心从事美术设计工作。

2．就业前景

近几年国内的影视文艺发展很迅速，优秀的影视作品层出不穷，同时过去一度失宠的话剧、戏剧等艺术形式也重新受到大众的重视。这些表演和影视作品都离不开好的灯光设计和舞台艺术设计。

2017 年开设戏剧影视美术设计专业的院校共有 52 所，部分高校按影视人物造型设计等专业方向培养。报考硕士较集中的专业：艺术设计、戏剧与影视学、戏曲、美术。根据阳光高考信息平台统计数据，戏剧影视美术设计专业 2017 年普通高校毕业生规模为 2000 到 2500 人。高考时文理科比例为文科 91%，理科 9%。男女生比例为男生 35%，女生 65%。戏剧影视美术设计本科就业率为 2016 年 80%～85%，2017 年 90%～95%。

3．专家建议

通俗地说，这个专业就是过去的舞台美术专业发展来的。

不同院校有不同的培养方向，请注意查询相关院校的招生简章。

4．小贴士

真正的专业幕后工作者。

七、开设院校

2017 年开设戏剧影视美术设计专业的院校共有 52 所。

录音艺术专业

专业代码	中文名	学科门类	一级学科	授予学位	修学年限
130308	录音艺术	戏剧与影视学类	艺术学	艺术学学士	四年

一、专业概述

录音艺术是关于声音节目制作和声音作品创作、录制的专业。

二、培养目标

培养具有较高的艺术素质和修养，具备深厚的音乐功底，熟知各种录音设备，同时又掌握一定的录音理论及技巧，能在广播、电视、电影系统和文化艺术部门从事声音（音响）设计、录制的高级专门人才。

三、培养要求

主要学习音乐、广播、电影、电视录音等方面的基本理论和基本知识，受到声音录制、艺术处理等方面的基本训练，掌握声音(音响)设计、音频节目制作、艺术处理的基本能力。

四、知识技能

毕业生应获得以下几方面的知识和能力：

① 掌握声音设计的方法、声学、数字音频及音乐方面的基本理论和基本知识。

② 掌握电路分析方法及录音技术，有音频节目录制、后期制作及电子音乐制作的基本能力。

③ 掌握录音工艺、录音艺术创作等方面的技术与技巧。

④ 了解音频节日录制的前沿及发展动态，具有初步的科学研究和实际工作能力。

⑤ 了解党和国家关于艺术、新闻、出版的政策和法规。

⑥ 掌握文献检索、资料查询的基本方法。

五、主干课程

乐理、视唱练耳、钢琴、和声、配器法、曲式与作品分析、西方音乐史略、拾音技术、录音技术、音响技术、声学基础、演播室声学与电声学基础、视听语言、电影声音分析、录音制作、声音节目主观评价、声频测量、数字声频原理及应用等。

六、发展前景

1．就业方向

录音专业毕业生在各电影制片厂、音乐公司所做的工作有两种，一种是现场录音，另一种是后期录音，如音棚负责、混音师、音效制作等。在电台、电视台所做的工作通常是导播、放音、声音剪辑等。在影剧院和音乐厅等场所的岗位通常负责舞台音响、音响调度等。在录音工作室的工作一般负责电脑合成、混音、录音等。这些工作一般的本科或专科生都可胜任。

2．就业前景

电影、电视、歌唱等艺术形式都离不开录音。随着影视音乐的日渐繁荣，人们对录音的技术和效果的要求也越来越高，高科技的设备使用也越来越多。录音工作有很强的技术性，演艺娱乐圈为其提供了广阔的天地。

2017 年开设录音艺术专业的院校共有 34 所，部分高校按以下专业方向培养：录音工程、音响导演、音响工程。报考硕士较集中的专业：音乐、电影、音乐与舞蹈学、戏剧与影视学。根据阳光高考信息平台统计数据，录音艺术专业 2017 年普通高校毕业生规模为 800 到 900 人。高考时文理科比例为文科 75%，理科 25%。男女生比例为男生 42%，女生 58%。录音艺术本科就业率为 2016 年 80%～85%，2017 年 90%～95%。

3．专家建议

① 就业时要注意一些问题。

比如接收单位设备、器材等硬件设施是否完备、是否先进，设备和器材的质量会直接关系到录音效果。另外，在择业时还要在心理上摆正自己的位置，既不能将自己摆在一个较高的位置上，也不要过低估计自己的实力。不要急于求成，在实际工作中一步一步提高自己各方面的能力。

② 随着信息产业的快速发展和电子信息技术的不断进步，传统的录音技术正面临着深刻的变革，由模拟技术全面转向数字化、软件化、网络化和计算机应用软件及智能化。这就要求从业人员必须具备扎实的电子信息和外语基础，以及良好的艺术修养。录音专业自身在不断发展，对模拟声音和计算机合成声音的要求越来越多。并且，录音也不再是普通的录制清晰的声音就可以了，而是要通过声音的混合和音效的制作来渲染气氛、表达感情、传递信息。录音专业的发展和进步使其自身成为继图像后的第二个支撑影视制作的支柱。

· 不同院校各有不同的培养方向，请注意查询相关院校的招生简章。

4．小贴士

专业幕后工作，社会的接受度还不够，应用也不是很广。

现场录音工作很辛苦，在录音棚中一干就是几个小时，而且经常熬夜，生活没有规律。

七、开设院校

2017 年开设录音艺术专业的院校共有 34 所。

播音与主持艺术专业

专业代码	中文名	学科门类	一级学科	授予学位	修学年限
130309	播音与主持艺术	戏剧与影视学类	艺术学	艺术学学士	四年

一、专业概述

播音与主持艺术专业是中国大学特有的一个专业。

二、培养目标

培养具备广播电视新闻传播、语言文学、播音学以及艺术、美学等多学科知识与能力，能在广播电台、电视台及其他单位从事广播电视播音与节目主持工作的复合型应用语言学高级专门人才。

三、培养要求

主要学习中国语言文学、广播电视新闻传播学、中国播音学的基本理论和基本知识，受到普通话语音、播音发声、播音表达的基本训练，掌握广播电视播音与节日主持的基本能力。

四、知识技能

毕业生应获得以下几方面的知识和能力：

① 掌握中国语言文学、广播电视新闻传播学、播音学的基本理论、基本知识。

② 具有与该专业相关的哲学、政治、经济、社会、法律、心理、艺术、美学等多学科知识。

③ 具有广播电视播音与节目主持的基本能力。

④ 了解并掌握党和国家的新闻宣传、文艺工作的方针政策。

⑤ 具有广播电视新闻采访写作、节目编辑制作的初步能力。

⑥ 掌握文献检索、资料查询的基本方法，具有初步的科学研究和实际工作能力。

五、主干课程

中国语言文学、新闻传播学、艺术学、播音发声、播音创作基础、广播播音主持、电视播音主持、文艺作品演播学概论、新闻学概论、新闻采编、广播电视节目制作等。

六、发展前景

1．就业方向

可在广播电台、电视台及其他单位从事广播电视播音与节目主持工作。在新闻宣传部门及企事业单位从事播音、节目主持等新闻宣传工作。还可从事和有声语言相关的其他工作，如影视配音、广告配音、互联行业的新闻播音、节目主持及各类庆典主持、宣传、策划等。

2．就业前景

播音主持专业已经不再是人们原来想象中那么遥不可及，毕业后的就业单位也不再仅仅局限于电台电视台，随着网络技术的发展，网络电视、车载移动电视等新兴媒体需要大量的传媒类人才。

2017 年开设播音与主持艺术专业的院校共有 241 所，部分高校按以下专业方向培养：汉语、英语、广播电视、航空服务、空中乘务、双语播音、网络传播、空乘与礼仪、综艺娱乐主持、空乘与地面服务。报考硕士较集中的专业：广播电视、新闻与传播、戏剧与影视学、工商管理。根据阳光高考信息平台统计数据，播音与主持艺术专业 2017 年普通高校毕业生规模为 18000 到 20000 人。高考时文理科比例为文科 82%，理科 18%。男女生比例为男生 33%，女生 67%。播音与主持艺术本科就业率为 2016 年 90%～95%，2017 年 90%～95%。

3．专家建议

（1） 报考热门。

凡是发音器官无疾病、无色盲、无夜盲、五官端正、身体健康的学生，均可选择学习播音主持专业，该专业无专业基础要求。正是因艺术要求比较低，这个专业成了近年来的艺考报名热门。报考本专业的考生更需要关注的是自身条件是否满足专业要求，比如相貌、音质、形体、性格、敏感度、语言等。需要知道，镜头前的你和现实生活中的你是有差别的，所以才有“上镜”一说。尽管有人比较漂亮，但不一定适合登上电视屏幕。

由于播音与主持艺术专业近年来十分火爆，催生了大量影视艺术类的培训班。事实上，有一些培训班师资力量雄厚、培训效果好，但大多数还是很一般。

（2） 每年都有毕业生到电视台寻找工作机会，能够上岗的机会几乎没有。

播音主持专业主要从事电视台、广播电台等的自办固定性栏目主持工作。除央视外，目前全国省级电视台中自办栏目一般在三十至五十个不等，也就是说每家电视台需要三十至二十个主持人，在目前这已是个饱和的数字。随着电视跨地域合作、交流增多，这个数字还会逐渐减少，随着电视产业化的推进，最后很可能导致电视台本身自办的节目越来越少，部分节目将由专业制片公司生产，部分节目制作人员也将分流进入制片公司，电视台对主持人的需求呈减少的趋势。现在，部分电视台已出现主持人台内待岗现象。

按照过去几十年电视业情况看，主持人的屏幕生命大多数在十年至二十年之久，按照国内外主持人的个人发展规律来看，部分主持人将成为电视明星，更多人转岗、转行。现在电视台主持人中，年龄三十岁以下居多数，近一两年不会出现急需大量主持人的情况（最优秀的主持人永远存在着例外，任何时候都有机会）。目前，全国省级电视台主持人在岗规模有一千名左右，中央电视台经常出镜的也不过几十人（广播之声需求人数比电视略多一些，总体情况与电视台相似），并且部分是从地方台挖的墙角，这就是本专业的就业需求前景。当然，还有一些城市台，特别是省会城市台，也有上千名就业岗位（电视台），目前这些岗位均为年轻主持人所占据。

十分优秀的主持人仍是紧缺人才，新的节目形态出现，也会急需一些高素质的主持人，但数量很少（每家电视台每年需求在三至五个），要求标准很高。

由于招生周期与就业周期存在着很大的矛盾，现在一些大学的主持人专业毕业生绝大多数面临待岗、转行的境地。

（3） 专业技能教育与现在电视发展不适应。

激烈的电视媒体竞争迫使电视节目不断探索新的样式，而一些院校在培养主持人时，仍把字正腔圆、外表形象作为首选素质，这样培养出来的主持人，普遍不适应新的节目形态。随着节目对主持人综合素质要求越来越高，一些一线的、有丰富实践经验的新闻记者、资深人员，以及部分领域的专家开始进入主持人岗位。像“南京零距离”节目主持人孟非，原本是一个栏目组记者，如今红极一时，主持这样的民生新闻节目，如果没有生活经历、没有社会经验是很难胜任的。主持人“花瓶时代”“传声筒”时代即将过去。

（4） 未来几年将有潜在的需求机会。

1） 具有独立策划、编采、现场主持等综合能力的主持人。

2） 适应国际最流行节目样式的主持人。国内节目受国外影响很大，像湖南的娱乐节目等，及时跟踪最流行的主持风格技巧，并做好准备，会有一定的机会。

节目是主持人生长的生态基础，随着电视台新栏目层出不穷，对主持人也会提出新的需求。主持人与节目的关联素质显得更加重要。目前，电视台开办新节目的前提就是找到适合新类型节目的主持人。

3） 伴随国内电视制片业的发展，会有一批独立制片公司出现，将要需求一部分主持人，但要求有相当的业务能力并有出色的表现。

4） 网络数字电视节目的生产，带来大量的节目需求，也会对主持人产生新的需求。

5） 一般主持人均在专业电视台成长起来。近年来，一些独立制片公司也造就了一批优秀的主持人。有的公司开始为主持人量身定做电视节目，这种现象会逐渐流行，比如在旅游卫视、星空卫视、湖南台都有这样的娱乐节目主持人。

4. 小贴士

一个需要考生和家长慎重考虑的专业。

七、开设院校

2017 年开设播音与主持艺术专业的院校共有 241 所。

动画专业

专业代码	中文名	学科门类	一级学科	授予学位	修学年限
130310	动画	戏剧与影视学类	艺术学	艺术学学士	四年

一、专业概述

动画是一种综合艺术，它是集合了绘画、漫画、电影、数字媒体、摄影、音乐、文学等众多艺术门类于一身的艺术表现形式。

二、培养目标

培养具备动画、电影、电视、创作所需要的基础知识及理论，能在动画、电影、电视等媒体的制作岗位上，从事动画原画、动画创意设计和编导及三维电脑动画创作理论研究方面的专业人才。

三、培养要求

主要学习电影、电视、动画创作的基础知识与基本理论，受到动画设计、动画技法、动画制作的基本训练，掌握动画设计、动画编导、动画创作及理论研究的基本能力。

四、知识技能

毕业生应获得以下几方面的知识和能力：

① 掌握动画创作的基本理论、基本知识。

② 掌握动画设计及制作的技能。

③ 具有动画片的编导能力和初步的科研能力，并具有较高的审美能力和中外优秀文化艺术知识与修养。

④ 了解党和国家关于文艺、宣传、新闻、出版的方针政策及动画、电影、电视相关的政策法规。

⑤ 了解影视动画创作的发展与理论研究。

⑥ 掌握文献检索、资料查询的基本方法，具有一定创作、研究和实际工作能力。

五、主干课程

动画学，电影学、影视剧作、影视声音、动画技法、影视动画创作、多媒体技术及应用、动画设计，动画导演、素描、速写、人物设计、场景设计，卡漫设计与创作，动画色彩、动画配音、动画短片拍摄等。

六、发展前景

1．就业方向

可在广播电视部门、影视制作公司、动画基地、广告公司、音像出版机构、学校、网络公司、游戏软件公司、新闻出版社、电子出版、数码影视广告、企事业单位设计策划部门等从事相关工作。

2．就业前景

《2014 年全球及中国动漫行业研究报告》显示，2013 年中国动漫行业产值突破 900 亿元，同比增长约 21.0%，产业链各环节发展程度不尽相同。从制作和播映市场来看，动画片产量连续 3 年（2011～2013 年）下滑，但动画电影市场和动漫衍生品市场，同比增长了 13.34%和 20%。一些与传统动漫相关的新兴产业如网络、手机游戏等，为动漫产业开拓了新的发展空间，也促使了动漫产业链条不断完善和延伸。

2017 年开设动画专业的院校共有 359 所，部分高校按以下专业方向培养：创意设计、动漫文学、影视动画、游戏美术、游戏设计艺术、动画设计与制作、三维动画与特效。报考硕士较集中的专业：艺术设计、设计学、美术学、美术。根据阳光高考信息平台统计数据，动画专业 2017 年普通高校毕业生规模为 20000 到 22000 人。高考时文理科比例为文科 84%，理科 16%。男女生比例为男生 44%，女生 56%。动画本科就业率为 2016 年 85%～90%，2017 年 90%～95%。

3．专家建议

① 报考热门，2017 年教育部连续三年就业黄牌专业。

从我国动画专业开设的历史来看，最早开设该专业的是一些艺术类院校。从 2000 年开始，国家发布了一系列优惠政策鼓励本土动漫产业发展，2006 年动画产业得到国家的大力扶持呈井喷式增长。面对这样的市场前景，众多院校纷纷开设动画专业，2017 年开设动画专业的院校达 359 所。

虽然开设院校很多，但不同院校培养的学生质量参差不齐，人才培养与市场需要不匹配，基础人才过剩，高端人才不足，学生技能太过单一，无法满足企业的需求等因素，都造成了部分地区动画专业毕业生难的局面。从目前动画产业的市场来看，像北京、上海这样创意文化产业密集的省市有一定的需求，关键是更需要技术过硬的专业人才。

② 动画人才的出路。

调查报告指出，北京的动漫行业缺少三类人才：

一是缺少高端原创人才。大部分动漫企业管理者认为在企业内部只有 22%的创意人员才算得上是创新型人才，而多数人才（78%）属于复制型或模仿型，这种人才结构导致原创产品很少，企业核心竞争力不足。

二是缺少管理人才。与传统企业相比，动漫游戏企业其组织形式既有分散的个别劳动，又有简单协作的集体劳动和集中的社会劳动，创意人才具有较强的工作独立性，创意工作过程难以监督，这些工作特点给传统的管理理念与管理方式带来挑战。

三是缺少经营人才。实践证明，创意人才往往在市场经营才能上有所欠缺，市场对将创意“产业化”及“市场化”的经营人才非常欢迎。

广义的动漫应该是动画技术跨行业、跨平台、跨媒体的应用，只要放开思路，动画技术的特长可以广泛应用在各行各业。比如世博会这样的展会，运用动画技术可实现虚拟现实的影像展示。在影视方面，可以用动画技术制造特技效果。在医疗方面，可以用动画技术虚拟病灶，可用于宣传医疗卫生知识等。“大动漫”理念带来新机遇，动漫并非缺乏市场，反而需要充分地市场化。在文化领域交叉融合的大趋势下，行业界限不断被打破，文化产业市场也更加广阔。

③ 不同院校各具特色。

动画专业虽然属于艺术学中的戏剧与影视学类，但目前国内高校开设的动画专业主要被设置在四大类学科之下：艺术设计类、美术类、影视传媒类、计算机类。动画专业大多是依据本校的学科优势来设置的，如美术类院校有绘画基础强的传统优势。工科院校动画专业则偏向计算机技术、软件等方向。

国内高校动画专业依托各院校不同的背景突出不同的特色，因为动画专业开设院校众多，考生在选报院校时，可以根据自身兴趣爱好、院校录取分数、专业特色方向等，综合分析比较，选择与自身实际情况相符合的高校。

④ 招生要求。

动画专业属于艺术类专业，因此考生的专业考试和文化课成绩都要达到学校要求。一般来说，动画专业的专业考试包括素描、速写、色彩、命题创作、面试等，分别考核学生的人物造型、美术功底、构思及设计能力、审美能力、想象力和知识面等。有些高校还要求考生展示自己在美术、文学、计算机等方面的才艺、作品或相关证书。考生可详细阅读所在省份当年艺术类专业招生工作实施办法及院校简章。

4. 小贴士

动画专业需要绘画基本功扎实而且绝不浮躁的人才，要求具有非常扎实的造型基本功和有很好的文化课基础。

七、开设院校

2017 年开设动画专业的院校共有 359 所。

美术学专业

专业代码	中文名	学科门类	一级学科	授予学位	修学年限
130401	美术学	美术学类	艺术学	艺术学学士	四年

一、专业概述

美术通常被称作造型艺术，是包含绘画、雕塑等学科的广泛概念。

二、培养目标

培养能在美术史论、美术教育等领域从事教学和科研、美术评论和编辑、艺术管理和博物馆等方面的高级专门人才。

三、培养要求

主要学习美术史论、美术教育等方面的基本理论、基础知识和专业技能，以及与之相关的文史哲知识。

四、知识技能

毕业生应获得以下几方面的知识和能力：

① 全面理解和掌握美术学的专业基本理论和基本知识。

② 运用辩证唯物主义和历史唯物主义的基本方法去阐述美术发展的规律。

③ 有较好的艺术鉴赏能力、逻辑思辨能力、综合分析研究能力、理论表达能力。

④ 了解和关注美术学的理论动向及前沿课题。

⑤ 掌握文献检索、资料查询的基本方法、具有一定的科研能力和实际工作能力。

五、主干课程

中外美术史、美术概论、中外画论概要、古文字学与古代汉语、美术考古学基础、书画鉴定概论、美术与摄影基础等。

六、发展前景

1．就业方向

可到各级学校、媒体、新闻出版机构、广告公司、博物馆、展览馆、书画院、拍卖行，以及各企事业单位的宣传部门就业，具体岗位包括美术老师、美术编辑、美术指导、美术设计、插画师、文化艺术管理等。

2．就业前景

招收美术学专业学生的院校中，既有艺术类院校，也有师范类院校的艺术系院，还有综合型大学及独立学院等。由于美术类专业和多学科交叉的特殊性，各校的就业率不同，不同专业发展空间也不一样。如美术学、艺术学理论类等偏重理论研究的专业，就业方向多为科研单位或者选择继续深造；而各类绘画、设计、造型等偏重实践型的专业，就业方向则依据学生能力和专业素养而不同，其发展空间也有很大不同。

2017 年开设美术学专业的院校共有 352 所，部分高校按以下专业方向培养：国画、书法、小教、油画、美术教育、实用绘画、数字绘画、艺术设计、美术与服装、美术与装潢。报考硕士较集中的专业：美术、美术学、学科教学（美术）、艺术学理论。根据阳光高考信息平台统计数据，美术学专业 2017 年普通高校毕业生规模为 26000 到 28000 人。高考时文理科比例为文科 88%，理科 12%。男女生比例为男生 29%，女生 71%。美术学本科就业率为 2016 年 80%～85%，2017 年 85%～90%。

3．专家建议

报考热门，就业不理想。

美术学类专业是每年艺术类专业中的报考大户，报考人数多，受关注度高。据统计，2019 年陕西省艺术类专业基础课全省统考中，全省共有 2 万余名考生参加了考试，其中参加美术类专业课统考的就有 14000 余人，播音编导类专业课统考 6000 余人，报考美术类专业人数占总人数的 70%。四川省 2019 年有 31000 余名考生报名参加美术与设计类专业统考，14000 余名学生报名参加戏剧与影视类、舞蹈类专业统考，美术类考生远远高于其他艺术类考生。

以中央美院为例，2014 届本科毕业生就业率为 91.56%，研究生就业率为 92.79%，全院整体就业率 91.9%。在本科毕业生所从事的行业中，教育业和媒体、信息行业的人数最多，分别占到毕业生人数的 25.5% 和 16.6%。学校毕业生就业量最大的前 5 位职业类分别是：美术/设计/创意，建筑工程，中小学教育，高等教育/职业培训，媒体/出版。美术/设计/创意以 43.9%位列第一。中央美院堪称中国美术专业的第一，其毕业生情况供考生和家长参考。

考生可详细阅读所在省份当年艺术类专业招生工作实施办法及院校简章。

4．小贴士

美术类专业学生具有良好的绘画基础是必要的，这样有助于去实现艺术表达。但是更重要的是，需要对美、对艺术有自己的理解与追求。

七、开设院校

2017 年开设美术学专业的院校共有 352 所。

绘画专业

专业代码	中文名	学科门类	一级学科	授予学位	修学年限
130402	绘画	美术学类	艺术学	艺术学学士	四年

一、专业概述

绘画专业有油画、中国书画、插图三个专业方向。

二、培养目标

培养具有一定的马克思主义基本理论素养，并具备绘画艺术创作、教学、研究等方面的能力，能在文化艺术领域、教育、设计、研究、出版、管理单位从事教学、创作、研究、出版、管理等方面工作的高级专门人才。

三、培养要求

主要学习绘画艺术方面的基本理论和基本知识，受到艺术思维与绘画造型的基本训练，具有绘画创作的基本能力。

四、知识技能

毕业生应获得以下几方面的知识和能力：

① 掌握绘画的、学科的基本理论、基本知识。

② 掌握绘画创作的专业技术。

③ 具有专业艺术创作的基本能力。

④ 了解文化艺术事业的方针、政策和法规。

⑤ 了解国内外美术发展的动态。

⑥ 掌握文献检索、资料查询的基本方法，具有一定的科学研究和实际工作能力。

五、主干课程

素描、色彩、专业技法、创作、中外美术史、艺术概论、绘画材料分析、油画人体、写意花鸟、人物白描、透视、艺用解剖、创作等。

六、发展前景

1．就业方向

可在文化艺术领域、教育、设计、研究、出版、管理单位从事教学、创作、研究、出版、管理等方面的工作。就业方向包括：平面设计师（广告设计、网页设计及网页美工）、平面设计培训讲师、设计师、美工、插画师、美术老师、UI 设计师、原画师、室内设计师、设计助理、服装设计师等。

2．就业前景

绘画是纯艺术专业，工作难找。需要放开眼界、转变思维，多关注那些和绘画相关的行业，可以涉足的领域和工作是相当多的，如绘画创作、设计、教师等。

2017 年开设绘画专业的院校共有 189 所，部分高校按以下专业方向培养：版画、动画、国画、书法、油画、鉴定与修复、新媒体艺术、壁画与公共艺术。报考硕士较集中的专业：美术、美术学、艺术设计、艺术。根据阳光高考信息平台统计数据，绘画专业 2017 年普通高校毕业生规模为 9000 到 10000 人。高考时文理科比例为文科 89%，理科 11%。男女生比例为男生 34%，女生 66%。绘画本科就业率为 2016 年 85%～90%，2017 年 85%～90%。

3．专家建议

参考美术学专业的相关资料。

考生可详细阅读所在省份当年艺术类专业招生工作实施办法及院校简章。

4．小贴士

艺术生上学本身就是一笔很大的开销。

七、开设院校

2017 年开设绘画专业的院校共有 189 所。

雕塑专业

专业代码	中文名	学科门类	一级学科	授予学位	修学年限
130403	雕塑	美术学类	艺术学	艺术学学士	四年

一、专业概述

雕塑专业是用泥、木、石、陶、金属等专门材料进行具象及抽象造型的艺术学科。

二、培养目标

培养具有一定的马克思主义基本理论素养，并于造型艺术、造型范围内具备基础素描以及泥塑、木、石、陶、金属等专门材料进行具象及抽象造型的能力，能在户外城市公共环境雕塑及室内架上雕塑等专业领域从事专业创作设计、放大制作，并能从事该专业教学和研究工作的高级专门人才。

三、培养要求

主要学习古今中外立体造型的基本理论知识，受到平面以及立体造别的基本训练，掌握以泥塑及硬质材料手段面对自然对象进行立体写生，以及造型创作设计的基本能力。

四、知识技能

毕业生应获得以下几方面的知识和能力：

① 理解掌握立体造型的基本理论知识。

② 掌握并运用在三维空间中进行造型设计创作的技术与基本方法。

③ 运用泥塑及硬质材料进行浮雕甚至动态的人物及抽象造型写生与创作设计的基本能力。

④ 了解并掌握有关国家文艺创作的方针政策及城市公共环境设计制作法规。

⑤ 了解国内外造型领域的理论前沿状况及发展动态。

⑥ 掌握专业文献检索、资料查询及文字表述的基本方法，具备初步的文本研究和写作能力。

五、主干课程

中外美术史、素描头像写生、人物速写与构图、雕塑石膏临摹、素描人物肖像写生、泥塑人物头像写生、人物造型室外写生、雕塑构图素描人体写生、泥塑胸像写生、泥塑人体写生、立体构成、传统雕塑临摹、装饰雕塑、浮雕与建筑壁画、城市景观与雕塑、雕塑创作室外写生、雕塑材料与运用、硬质材料基础与创作实践、雕塑工程制作等。

六、发展前景

1．就业方向

在各级市政规划局、园林局、城市市容规划部门、雕塑设计院、建筑设计部门、房地产行业、装饰公司、雕塑公司、汽车公司、动画公司、杂志社等企事业等单位从事雕塑设计、园林景观设计、动画造型设计以及相关领域的创作、设计、教学、研究、应用、管理等工作。

2．就业前景

和其他热门专业相比，雕塑专业的就业前景目相对狭窄，很多毕业生表示就业压力很大。随着经济的发展，人们对于生活水平有了更高的要求，开始追求美，追求高档舒适的生活，对于公共环境、居住环境的品位和审美要求越来越高。随着城市景观设计的不断发展，与之相配套的景观雕塑艺术设计也逐渐成为热门行业，城市雕塑、场景式街头小品、各类公共艺术品、装饰品成为现代生活中不可缺少的一部分。

2017 年开设雕塑专业的院校共有 70 所，部分高校按以下专业方向培养：版画、动画、国画、书法、油画、鉴定与修复、新媒体艺术、壁画与公共艺术。报考硕士较集中的专业：美术、美术学、艺术、设计学。根据阳光高考信息平台统计数据，雕塑专业 2017 年普通高校毕业生规模为 1500 到 2000 人。高考时文理科比例为文科 87%，理科 13%。男女生比例为男生 60%，女生 40%。雕塑本科就业率为 2016 年 85%～90%，2017 年 85%～90%。

3．专家建议

参考美术学专业的相关资料。

4．小贴士

艺术生上学本身就是一笔很大的开销。

七、开设院校

2017 年开设雕塑专业的院校共有 70 所。

摄影专业

专业代码	中文名	学科门类	一级学科	授予学位	修学年限
130404	摄影	美术学类	艺术学	艺术学学士	四年

一、专业概述

摄影是指使用某种专门设备进行影像记录的过程。

二、培养目标

培养具备广泛的科学文化和艺术理论知识，具备电影、电视、广告、图片摄影摄像能力，能在电影厂、电视制作部门、广告宣传部门、音像出版部门从事摄影艺术创作、教学和研究工作的高级专门人才。

三、培养要求

主要学习艺术学、文学、美学、电影、电视、广告艺术与技术等方面的基础理论和基本知识，受到电影摄影、电视拍摄、广告制作等方面的基本训练，掌握电影摄影、电视摄像、广告摄影和图片摄影创作的基本能力。

四、知识技能

毕业生应获得以下几方面的知识和能力：

① 掌握摄影专业所需的基本理论、基本知识。

② 掌握电影、电视、广告、图片的摄影创作和制作方法。

③ 了解党和国家的艺术、新闻方针、政策和法规。

④ 了解电影、电视、广告艺术的理论前沿、应用前景和发展动态。

⑤ 掌握文献检索、资料查询的基本方法，具有一定的科学研究和实际工作能力。

⑥ 具备较高的理论修养，创造能力和动手能力。

五、主干课程

美术基础、美术欣赏、照明技术、摄影技术　摄像机与技巧、摄影构图、特技摄影、非线性编辑、摄影造型、广告摄影、数码摄影实用技艺、数码影像基础、摄影构图、摄影美学、摄影照明、摄影曝光控制、数码图形图像制作、新闻摄影、纪实摄影、风光建筑摄影、民俗艺术摄影、内外景婚纱摄影、商业广告摄影、平面色彩构成、版式设计、世界摄影史、中国摄影史、摄影图片鉴赏等。

六、发展前景

1．就业方向

可在广告公司、影视剧制作公司、新闻媒体、报社、期刊社、出版社，婚纱影楼、文化宣传部门和其他有关事业单位，从事摄影摄像、影视制作、计算机平面设计、广告策划与制作、文化宣传、社会教育、商业摄影等工作。

2．就业前景

随着社会经济的发展、人民生活水平的提高，人们对生活质量的要求也越来越高，摄影行业得以迅速发展，已经形成比较可观的市场规模。

2017 年开设摄影专业的院校共有 103 所，报考硕士较集中的专业：美术、艺术设计、广播电视、设计学。根据阳光高考信息平台统计数据，摄影专业 2017 年普通高校毕业生规模为 3000 到 3500 人。高考时文理科比例为文科 78%，理科 22%。男女生比例为男生 50%，女生 50%。摄影本科就业率为 2016 年 80%～85%，2017 年 90%～95%。

3．专家建议

① 参考美术学专业的相关资料。

② 和其他专业相比，摄影专业的就业灵活度较高。

4．小贴士

上学期间需要很大的开销。

七、开设院校

2017 年开设摄影专业的院校共有 103 所。

艺术设计学专业

专业代码	中文名	学科门类	一级学科	授予学位	修学年限
130501	艺术设计学	设计学类	艺术学	艺术学学士	四年

一、专业概述

艺术设计的目标在于通过造型及其组合，控制欣赏者的观赏运动，以达到宜人之目的。

二、培养目标

培养具备艺术设计学教学和研究等方面的知识和能力，能在艺术设计教育、研究、设计、出版和文博等单位从事艺术设计学教学、研究、编辑等方面工作的专门人才。

三、培养要求

主要学习艺术设计学方面的基本理论和基本知识，使学生通过艺术设计理论思维能力、造型艺术基础及设计原理与力法的基本训练，具备了解艺术设计的历史、现状和进行理论研究的基本素质。

四、知识技能

毕业生应获得以下几方面的知识和能力：

① 掌握艺术设计学的基本理论和基本状况。

② 掌握艺术设计的历史与发展规律。

③ 掌握艺术设作品的分析方法和评价原则。

④ 具有进行艺术设计学研究与教学的基本能力。

⑤ 了解国家相关经济、文化、艺术事业的方针、政策和法规。

⑥ 了解国内外艺术设计学及艺术设计研究的发展动态。

五、主干课程

艺术设计概论、艺术设计学、中国艺术设计史、外国艺术设计史、中国工艺美术史、外国工艺美术史、艺术考古学、艺术设计基础等。

六、发展前景

1．就业方向

在艺术设计教育、研究、设计、出版和文博等单位从事艺术设计学教学、研究、编辑等方面工作。

2．就业前景

艺术设计学专业面广而博，设计偏理论，课程编排上重设计理论，不像其他专业（广告设计、服装设计、环艺设计、包装设计等），在四年时间精学一个专业设计。这个专业的各方向都不会学得很深，对于设计相关的方方面面都会懂得一点。

2017年开设艺术设计学专业的院校共有161所，部分高校按空间环境设计等专业方向培养。报考硕士较集中的专业：设计学、艺术设计、艺术学理论、艺术。根据阳光高考信息平台统计数据，艺术设计学专业2017年普通高校毕业生规模为2000到2500人。高考时文理科比例为文科86%，理科14%。男女生比例为男生38%，女生62%。艺术设计学本科就业率为2016年90%～95%，2017年90%～95%。

3．专家建议

① 专业方面。

艺术设计大体上可以分为平面设计、设计与制作、环境艺术、数码媒体、室内外装潢、书籍装帧、展览展示、服装设计与制作等方向，不同学校都会有自己的划分，课程也有不同，但一般来说都有基础课程与专业课程之分。

基础课程有素描、色彩、平面构成、色彩构成、立体构成、图案、视觉传达、字体设计、版式设计等。

专业课程要分不同的专业，学装潢的有包装设计、CI（VI）设计、印刷与出版、插图设计等。学环艺/展示的有人机工程学、展示设计、灯光与音响设计、沙盘设计与制作、景观设计、材料学、通风与采暖等。学网络媒体的有网页设计与制作、多媒体制作等。

② 美术学与艺术设计学的区别。

美术学研究的是纯艺术，主要是研究美学；艺术设计学研究的是实用的艺术，既要有美学在里面，又要有工艺技术在里面，需要和现代工业技术相结合，创造出适合现代人类生产、生活的物质。

4．小贴士

艺术生上学开销很大。

七、开设院校

2017年开设艺术设计学专业的院校共有161所。

视觉传达设计专业

专业代码	中文名	学科门类	一级学科	授予学位	修学年限
130502	视觉传达设计	设计学类	艺术学	艺术学学士	四年

一、专业概述

视觉传达设计最早起源于“平面设计”或称“印刷美术设计”，随着现代设计的范围逐步扩大，数字技术渗透到视觉传达设计的各个领域，多媒体技术手段对艺术与设计的影响和参与也越来越深。

视觉传达设计是指依据特定的设计目的，对信息进行分析、归纳并通过文字、图形、色彩、造型等基本要素进行设计创作，是将可视化信息传达给受众并对受众产生影响的过程。

二、培养目标

培养具有一定的艺术修养和审美能力，掌握视觉传达艺术设计基本理论和专业技能，能够独立从事包装、广告、平面设计以及多媒体设计等工作，在各级各类视觉传达艺术设计、出版教育、传媒机构以及生产制作单位工作的高级技术应用型专门人才。

三、培养要求

具有较为系统的视觉传播专业基本理论和专业知识，在设计创新、语言、文字表达能力、社会交流沟通能力等方面得到全面锻炼，并符合国家要求达到的外语水平，具备从事广告、展示、媒体、出版等平面设计的专业技术能力。

四、知识技能

毕业生应获得以下几方面的知识和能力：

① 掌握平面设计的基本理论和基本知识。

② 掌握视觉传达设计专业技能和方法。

③ 具有独立进行视觉传达设计实践的基本能力。

④ 了解有关经济、文化、艺术事业的方针、政策和法规。

⑤ 了解国内外平面设计的发展动态。

⑥ 掌握文献检索、资料查询的基本方法。

五、主干课程

艺术学、设计学、传播学、美学、心理学、中外设计艺术史、艺术概论、大众传播学、广告学、美学、消费心理学、公共关系学、图形创意、平面设计与印刷制作、展示与陈设、企业形象、品牌形象策划等（各校的课程设置根据培养方向和教学特点有所不同）。

六、发展前景

1．就业方向

可在政府、企业部门、专业设计机构、信息产业相关领域、教育机构、文化艺术单位及大型媒体网站等行业，从事图形设计、平面设计、广告策划、展示设计、网页设计及数字媒介平台设计以及艺术研究、教学、管理等相关工作。

2．就业前景

商品市场的刺激和需求，使得视觉传达设计行业一直是社会热门行业。视觉传达设计专业的应用无处不在，各类展览展示发布机构、超市、银行、大中型商场橱窗、企事业单位宣传机构等越来越多地依赖于视觉传达专业的介入。文化创意产业不断优化并保持快速增长，给设计领域发展带来了无限的空间，从电视到网络、从品牌到包装、从广告到形象设计，设计的功能和作用不断放大，影响力涉及社会的各个方面和行业。

2017 年开设视觉传达设计专业的院校共有 763 所，部分高校按以下专业方向培养：青瓷、广告设计、环境设计、印刷设计、二维数码设计、平面艺术设计、数码媒体艺术、会展与展示设计、影视与数字特效设计。报考硕士较集中的专业：艺术设计、设计学、艺术、工业设计工程。根据阳光高考信息平台统计数据，视觉传达设计专业 2017 年普通高校毕业生规模为 50000 到 55000 人。高考时文理科比例为文科 86%，理科 14%。男女生比例为男生 34%，女生 66%。视觉传达设计本科就业率为 2016 年 80%～85%，2017 年 90%～95%。

3．专家建议

① 就业率高低在不同地域有很大差异。

在2014年10月教育部公布的全国各省市低就业率本科专业名单中，艺术设计学被列为低就业率专业。但比较具体省市名单我们不难发现，设计类专业只有在内蒙古、辽宁、吉林、山东、甘肃等五省呈现了就业率的低状态。

② 就业需要有一技之长。

这是一个实践性很强的专业，表现力和创造性是非常重要的。视觉传达设计在就业方向上主要可以分为三大方向：一是二维平面设计，例如标志设计、插图设计、书籍装帧、海报设计等。二是三维立体设计，如展示设计、包装设计等。三是四维设计，例如舞台设计、影视广告设计、公司推广短片等。对于毕业生来说，不需要面面俱到，只要把基础知识、基本能力掌握扎实，选好一个方向，把握一技之长，找工作还是不成问题的。

可以在广告公司、设计公司、彩色印刷、家装公司、企业策划设计公司等设计部门担任平面设计、装饰设计、效果图设计、展览、展示设计等工作。

可在出版机构、报社、杂志社、网站等媒体、相关设计类企业的设计部门从事美术编辑、摄影、刊物设计、装帧设计、产品包装设计、网站形象设计、网页制作、Flash设计等工作。

可在电视台、影视制作公司、媒体与传播类公司，从事影视制作、栏目包装、企业形象宣传片、产品专题片、视频拍摄、影视编辑等工作。

可在相关高等院校或教育机构，从事设计、设计管理、艺术教学等工作。

③ 院校众多，侧重点不同。

由于开设院校本专业的院校很多，想要报考这一专业的考生可选择空间还是很大的。各个高校在培养特色和课程设置上也会有不同侧重，有的侧重于媒体；有的偏向于平面；有的细分了多个专业方向。

视觉传达设计属于艺术类专业，一般参加全国艺术类提前批次录取，很多报考设计类相关专业的学生除了要参加艺术类的省统考外，还要参加招生院校组织的校考。考生家长在报考时，最好详细阅读所在省市艺术类专业的招生办法及所报院校的艺术类招生简章，了解报名条件、录取方法、身体要求等。

4．小贴士

经过这么多年的培养，加上入行门槛很低，中低端就业市场接近饱和。

七、开设院校

2017年开设视觉传达设计专业的院校共有763所。

环境设计专业

专业代码	中文名	学科门类	一级学科	授予学位	修学年限
130503	环境设计	设计学类	艺术学	艺术学学士	四年

一、专业概述

环境设计又称环境艺术设计，是一种新兴的艺术设计门类，主要由建筑设计、室内设计、公共艺术设计、景观设计等内容组成，是环境设计是通过技术和艺术的手段对人们生产、生活、工作、学习的环境进行改造，以创造出适宜人类各种需求的场所，从而达到满足人们精神和物质需要的优美环境。

二、培养目标

培养扎实掌握环境艺术设计基础理论、知识，具有一定实际应用能力，能从事建筑、城市规划、景观设计、室内设计等领域的工作以及满足本专业教学与研究工作需要的德才兼备的高技能专业人才。

三、培养要求

主要学习环境设计的基本知识和理论，受到环境设计方面的基本训练，具有设计公共和私人空间，室内和室外空间的能力。

四、知识技能

毕业生应获得以下几方面的知识和能力：

① 掌握环境设计的基本理论和基本知识。

② 掌握环境设计专业技能和方法。

③ 具有独立进行环境设计的基本能力。

④ 了解有关经济、文化、艺术事业的方针、政策和法规。

⑤ 了解国内外环境设计的发展动态。

⑥ 掌握文献检索、资料查询的基本方法。

五、主干课程

素描、色彩、装饰图案、平面构成、色彩构成、立体构成基础、设计规划、景观生态学、地理信息系统、生态恢复和改造、外国建筑史、中国建筑史、室内设计原理、环境艺术设计概论、中外设计史、环境工程学、材料学、观赏植物学、城市设计规范等（各校的课程设置根据培养方向和教学特点有所不同）。

六、发展前景

1. 就业方向

可在建筑公司、装饰工程公司、园林工程公司、环境设计研究院所及相关管理部门和专业协会从事室内设计、景观设计、商品展示设计、环境绿化设计等环境艺术设计、预算编制和管理等工作，也可从事相应的工程施工管理和专业培训。

2. 就业前景

随着我国经济快速发展，市政建设项目和房地产项目如雨后春笋，环境艺术的专业涵盖从过去的室内设计发展到今天的室外设计、广场设计、园林设计、街道设计、景观设计、城市道路桥梁设计等全方位、多范围的设计领域。同时，随着现代人们生活水平和公共场所消费档次的提高，设计也由过去偏重于硬件设施环境的设计转变为今天重视人的生理、行为、心理环境创造等更广泛和更深意义的理解，除了美观外还要有艺术性、欣赏性、创造联想性等。

2017 年开设环境设计专业的院校共有 759 所，部分高校按以下专业方向培养：美术、会展设计、景观设计、空间设计、室内设计、展示设计、环境艺术设计、建筑艺术设计、景观艺术设计、城市园林艺术设计。报考硕士较集中的专业：艺术设计、设计学、风景园林、工业设计工程。根据阳光高考信息平台统计数据，环境设计专业 2017 年普通高校毕业生规模为 65000 到 70000 人。高考时文理科比例为文科 85%，理科 15%。男女生比例为男生 42%，女生 58%。环境设计本科就业率为 2016 年 85%～90%，2017 年 90%～95%。

3. 专家建议

① 院校多，侧重点不同。

全国共有 700 多所高校（含独立学院、民办院校）开设环境设计专业，包括长安大学、清华大学、同济大学、华中科技大学、天津大学、北京林业大学、北京服装学院、北方工业大学、中国美术学院、西安美术学院、西安交通大学、西安建筑科技大学、广州美术学院等知名学校。根据学校的学科优势和培养目标的不同，该专业分别开设在艺术学院或建筑学院等，分为室内设计和室外设计等，培养方向也有不同侧重。

② 艺术类招生。

环境设计专业按艺术类专业招生，考生要参加美术类专业考试（包括省级统考和校考）。统考一般测试素描、速写、色彩三个科目，个别院校校考时还增加了设计科目的考察。

环境设计专业要求考生具有较强的绘画基础和较高的审美素质，注重对学生造型能力、空间想象能力、创新能力以及审美趣味方面的考察，以便今后能够更好地从事设计类相关专业学习。该专业还要求学生无色盲、色弱。

③ "建筑老八校" 值得美术生报考。

环境设计是一门交叉学科。它囊括了建筑、景观、室内，并涵盖了社会科学、环境科学和自然科学。相较于其他设计的正统地位，它涉及面广而无所专，但优势是它有很大的灵活性，讲求彼此相通、互相包涵。建筑、室内、景观设计都关注于造物，具体设计一个物和空间；而环境设计侧重于设计一个关系。

环境设计类专业与建筑学、城市规划专业密切相关。而建筑学、城市规划等方面最强的莫过于"建筑老八校"。它们是业内乃至学界对较早开设建筑学、城市规划相关专业，且在行业内拥有重大影响力的八所高校的概称，包括清华大学、东南大学、同济大学、天津大学、华南理工大学、重庆建筑大学（已并入重庆大学）、哈尔滨建筑大学（已并入哈尔滨工业大学）和西安建筑科技大学。前四所为"四大"，后四所为"四小"。

考生家长在报考时，最好详细阅读所在省市艺术类专业的招生办法及所报院校的艺术类招生简章，了解报名条件、录取方法、身体要求等。

4．小贴士

经过这么多年的培养，加上入行门槛低，中低端就业市场已经趋于饱和。

七、开设院校

2017 年开设环境设计专业的院校共有 759 所。

产品设计专业

专业代码	中文名	学科门类	一级学科	授予学位	修学年限
130504	产品设计	设计学类	艺术学	艺术学学士	四年

一、专业概述

产品设计所包含的范畴非常广，与生活有关的各种器物都存在设计的需求。小如杯盘、刀叉、电子产品，大至家具、汽车、轮船、各类机械等。而根据性质和用途的不同，产品设计被划分为很多种类，如手工艺设计和工业设计，外观设计和结构设计等。

2012 年《普通高等学校本科专业目录》设"产品设计"专业，由部分院校的"艺术设计"专业和部分院校的"工业设计"专业合并而来。

二、培养目标

培养具有综合素质，具有良好的工业产品艺术造型设计修养和素质，掌握必备的产品造型设计基础理论知识及较强的实践应用能力的高素质技能型人才。

三、培养要求

培养立足于艺术设计与工程技术两大基石，具有新的设计理念和相关学科知识，具有一定的设计能力、审美能力和动手制作能力。

四、知识技能

毕业生应获得以下几方面的知识和能力：

① 掌握本专业所需的基础文化知识和专业理论知识。

② 掌握一定的英语词汇量和语法知识。

③ 掌握工业设计理论知识，了解行业的发展动态。

④ 掌握 Photoshop、计算机三维造型设计软件的应用。

⑤ 掌握产品造型设计流程与方法。

⑥ 熟悉造型材料的特性和工艺流程。

五、主干课程

设计素描、产品速写、设计图学、快速表现技法、视觉传达设计、形态设计、产品设计原理与方法、人机工程学、计算机辅助设计、设计心理学、IT 信息产品语义学等（各校的课程设置根据培养方向和教学特点有所不同）。

六、发展前景

1. 就业方向

可在互联网、手机、电子、纺织、机械、仪器仪表、交通、家居、家用电器、奢侈品、装饰品、手工艺品、生活用品、食品、旅游产品等行业从事产品开发设计、展示设计、交互设计、设施设计等工作。也可从事产品开发相关的媒体、印刷、包装、广告、营销等研究与管理工作。

2. 就业前景

科学技术的突飞猛进推动着产品的发展和演化，而设计则是将科技成果转化为现实生产力的媒介。在今天的文化、艺术、食品、汽车、手机、电脑市场中，各企业越来越关注设计问题，谁的设计有创新就能取胜，就能赢得市场。几乎所有的新产品都希望以新颖独特的外观和性能，吸引大众的目光。

2017 年开设产品设计专业的院校共有 463 所，部分高校按以下专业方向培养：服装设计、家具设计、数字设计、应用设计、纺织品设计、产品造型设计、珠宝首饰设计、鞋类设计与工程、鞋类与皮具设计、鞋靴与箱包艺术设计、现代陶艺与装饰雕刻设计。报考硕士较集中的专业：艺术设计、设计学、工业设计工程、艺术。根据阳光高考信息平台统计数据，产品设计专业 2017 年普通高校毕业生规模为 22000 到 24000 人。高考时文理科比例为文科 85%，理科 15%。男女生比例为男生 40%，女生 60%。产品设计本科就业率为 2016 年 85%～90%，2017 年 90%～95%。

3. 专家建议

① 院校多，侧重点不同。

产品设计专业是艺术向其他行业延伸的代表专业之一，也是艺术类各专业中专业方向多，覆盖行业广的专业。产品设计专业最早开设在艺术院校，重在产品的外形设计。后来部分理工科院校也开设了产品设计或工业设计专业，并将其并入机械学院，重在产品的功能实现。虽然是艺术类专业，目前依然有不少院校的产品设计隶属于机械、机电、珠宝等不同的学院，同时也体现出各校不同的专业特色和专业优势。

产品设计涉及社会生活的方方面面，各校的课程设置根据培养方向和教学特点也有所不同，有的院校产品设计专业侧重于工业产品及外观，如电子产品、机械产品的设计。有的侧重于家居环境，如家具装饰、公共设施设计等。有的则偏重于珠宝首饰设计、手工艺、染织、家纺、陶瓷工艺品的设计。如中国地质大学的产品设计专业就偏重于珠宝首饰设计方向。

考生可具体查看开设该专业院校的课程设置。

② 就业与行业背景相关。

产品设计专业就业有一定的特殊性，它的就业与所依托的产品行业背景密切相关。产品设计师可以延伸到各个设计领域当中去，当然在不同的行业、不同的公司就业也会有一定的差异。现在很多大学的产品设计专业与其他相关课程结合在一起，充分体现了行业背景和教学优势。

例如，中国地质大学的产品设计专业就是以培养高端珠宝首饰设计人才为主要目标，毕业生主要就职于与珠宝首饰相关的大型珠宝首饰公司或者高端珠宝首饰会所或工作室。往年的毕业生有的已成为相关公司的设计总监、设计师等，还有部分人员选择了自主创业，在业界也具有良好的影响力。北京林业大学该专业毕业生大多在机械、交通、轻工、环境、纺织、电子信息、环境等行业从事创新设计工作，就业单位包括德国保时捷公司、韩国现代汽车、北京汽车研究院、洛可可设计集团、品物设计集团、北京东道设计公司、英皇集团。苏州大学产品设计专业学生毕业后主要从事染织美术、家纺、服装等单位的设计、研究和管理工作。

③ 学生需要具备的基本能力。

设计能力、绘画基础、创造能力、规划能力、逻辑思维能力等都是产品设计人才必须具备的素质。设计能力和图画是设计师的语言，虽然现在用计算机、模型、绘制工具等方法可以更全面地表达设计师的构思，但纸笔作画仍是最简单、直接、快速的方法。最重要的想象、推敲过程绝大部分都是通过简单的纸和笔来进行的。同时，缜密的思维能够提升产品的严谨性，创造能力和创新思维能开拓新产品和新的市场格局。

产品设计专业的学生需要具备良好的空间造型、色彩表达等能力和一定的文化素质修养。当然，思维创新能力和较好的动手能力也是必备素质。

这里提醒考生家长注意的是，按大类招生，各院校开设的专业数量和专业方向有所不同，最好弄清所报院校的大类中都包含哪几个专业，找准专业再选择大类院校。在报考时，最好详细阅读所在省市艺术类专业的招生办法及所报院校的艺术类招生简章，了解报名条件、录取方法、身体要求等。

4．小贴士

好的产品设计，不仅能表现出产品功能上的优越性，而且便于制造，生产成本低，能够增强产品的综合竞争力。产品设计是集艺术、文化、历史、工程、材料、经济等各学科的知识于一体的创造性活动，是技术与艺术的完美结合，反映了一个时代的经济、技术和文化水平。

七、开设院校

2017年开设产品设计专业的院校共有463所。

服装与服饰设计专业

专业代码	中文名	学科门类	一级学科	授予学位	修学年限
130505	服装与服饰设计	设计学类	艺术学	艺术学学士	四年

一、专业概述

服装与服饰设计属于教育部2012年9月最新颁发的《普通高等学校本科专业目录(2012年)》中的基本专业，侧重服装与服饰设计和时装研究等工作。

二、培养目标

培养能从事服装与服饰设计策划和时装研究方向，具有较强的设计创造能力和动手制作能力，具有较强的市场设计意识和市场竞争能力，掌握服装企业、服装市场的基本运作知识，以及把握时尚潮流并掌握进行流行预测的基本方法，能在服装艺术设计领域与应用研究型领域及艺术设计机构从事设计、研究、教学、管理等方面工作的高级专门人才。

三、培养要求

掌握服装与服饰设计的基本理论、基本专业知识和专业技能，能够理解服装与服饰设计的概念和掌握设计方法，通晓从灵感到表现、从绘画到造型的全过程。

四、知识技能

毕业生应获得以下几方面的知识和能力：

① 掌握服装学科的基本理论、基本知识。

② 具有较扎实的人文学科和工程技术基础知识，较高的文化艺术素养和较强的审美能力。

③ 掌握服装款式、结构、工艺设计方法和成衣化生产工艺技术，具有较强的艺工结合特色。

④ 具有独立完成服装设计构思、效果图、基础纸样和推板及确定加工工艺与成衣制作的基本能力，并能较熟练地运用计算机进行服装辅助设计。

⑤ 掌握主要服装材料的结构性能和特点，具有对服装材料的选择、鉴别和初步开发的能力。

⑥ 具有服装生产管理、市场预测和市场营销的基本能力。

⑦ 熟悉国家和管理部门对服装行业发展的方针、政策和法规；

⑧ 了解服装学科和服装行业的发展动态。

⑨ 掌握文献检索、资料查询的基本方法，具有初步的科学研究和实际工作能力。

五、主干课程

中外服装史、中国民族服装史、服装造型工艺学、服装服饰设计基础、时装画技法、发型与化妆、人体工程学、服装材料工艺学、服装概论、计算机应用、服装眼用性能测试、服装设计、服饰设计（各校的课程设置根据培养方向和教学特点有所不同）。

六、发展前景

1．就业方向

就业方向有服装设计师、饰品设计师、形象设计师、服装造型师、时尚编辑、服装品牌营销、时尚编辑、平面电商设计等。

2．就业前景

作为中国最具有国际竞争力的产业之一，中国的服装业这几年正经历着由简单的加工仿制向开发创新的巨大转变，其中服装设计师的功劳不言而喻。

2017 年开设服装与服饰设计专业的院校共有 273 所，部分高校按以下专业方向培养：空乘与管理、人物形象设计、纺织品艺术设计、服装设计与表演、服装设计与营销、服装表演与形象设计。报考硕士较集中的专业：艺术设计、设计学、艺术、美术。根据阳光高考信息平台统计数据，服装与服饰设计专业 2017 年普通高校毕业生规模为 12000 到 14000 人。高考时文理科比例为文科 87%，理科 13%。男女生比例为男生 22%，女生 78%。服装与服饰设计本科就业率为 2016 年 90%～95%，2017 年 90%～95%。

3．专家建议

（1） 可参考服装设计与工程专业的相关内容。

（2） 本专业有三大方向：

1） 服装艺术设计方向。

服装艺术设计方向培养具有完备的服装和服饰设计理论知识，以艺术审美与社会需求为参照，善于借鉴我国传统服饰文化，能够掌握和利用现代国内外服装信息，有较高的设计水平和较强的工艺制作能力的高水平人才。毕业后能在相关企业、媒体、学校、科研机构，从事服饰文化研究、服饰设计、服装营销及管理、时尚编辑等工作的高水平应用型人才。

2） 服装配饰设计方向。

服装配饰设计方向培养能够系统掌握服饰文化理论和服饰设计原理，充分了解国内外配饰领域的最新潮流、科技、工艺等知识的高素质人才。并且，能够引导学生注重文化修养与设计、技术水平同步提高，毕业后能够在相关企业、学校、科研机构从事配饰设计、整体形象设计、服饰文化研究、配饰营销及管理、时尚编辑等工作的高水平应用型人才。

3） 服装表演与形象设计方向。

服装表演与形象设计方向通过系统的理论教学及实践训练，培养理论基础扎实、设计表演能力较强的高素质应用型人才。服装表演及形象设计专业人才能够从事时装表演、影视人物形象、公众人物形象、时尚形象设计等方面的工作；也可自主创业，从事有创造力并专业性极强的主题式工作。

这里提醒考生家长注意的是，按大类招生，各院校开设的专业数量和专业方向有所不同，最好弄清所报院校的大类中都包含哪几个专业，找准专业再选择大类院校。在报考时，最好详细阅读所在省市艺术类专业的招生办法及所报院校的艺术类招生简章，了解报名条件、录取方法、身体要求等。

（3） 因为种种原因，这个专业是近年来被某些高校调整撤销的最多的专业之一，也有不少学校设了专业并没有招生。

2019 年初，教育部公布的 2018 年度《普通高等学校本科专业备案和审批结果》显示，服装与服饰设计专业（下称服装设计专业）成为全国高校撤销数量最多的专业，涉及太原科技大学、河北地质大学、云南大学等 17 所高校。

记者致电撤销服装设计专业的 17 所高校后发现，包括太原科技大学、河北地质大学、安徽师范大学、邵阳学院在内的大部分高校虽然设置了该专业但从未招生，延安大学西安创新学院则在办学几年后于 2017 年停止招生。

（4） 都是高校扩招惹的祸。

1999 年高校扩张以前，开设服装设计专业的大学主要是东华大学（下称东华）、北京服装学院（下称北服）等原纺织部所属院校，以及清华美院、鲁迅美院等美术院校，它们分别代表了国内高校服装设计专业的两种流派，都有着几十年的办学历史。

北服、东华等纺织背景高校开设的服装设计专业相对更重视专业技术与工艺，而清华美院、鲁迅美院等美术院校因为有浓厚的艺术氛围，它们所开设的服装设计专业更具艺术性。

而在 1999 年以后，越来越多高校都增开了服装设计相关专业。根据教育部的数据，截至 2018 年全国开设服装设计专业的大学达到了 272 所，开设服装工程专业的大学在 120 所左右，这意味着每年从服装设计相关专业毕业的学生有数千名，但问题是，国内的服装企业实际上并不能消化这么多服装设计师。除此之外，许多后来增设服装设计专业的大学其实并不具备优质的教学资源。

（5） 学校所处的地理位置，也会为高校办好服装设计专业带来诸多限制。

放眼全球，最好的设计类院校大多分布在欧美，例如伦敦的中央圣马丁学院和伦敦时装学院、美国的帕森斯设计学院和纽约时装设计学院、意大利的马兰欧尼学院等，这首先是因为这些院校所处的城市是世界时尚中心，有浓厚的时尚氛围。在国内，北京、上海、杭州、深圳等城市由于服装行业发达，也是国内外众多大牌的聚集地，适合高校服装设计专业学生近距离接触服装市场。

但是，如今许多开设服装设计专业的高校位处二三四线城市，当地服装产业基础薄弱，许多学生只能通过网络了解最新趋势。事实上，许多学生很可能在大学四年里没有走访过足够多的面料市场，没有触摸过许多新款面料，没有看过多少场时装发布会，也没有试穿过国际品牌的服装，这不利于学生对行业建立了解。

4．小贴士

就业前景并非想象中的那样，成为服装设计师并不容易。

七、开设院校

2017年开设服装与服饰设计专业的院校共有273所。

公共艺术专业

专业代码	中文名	学科门类	一级学科	授予学位	修学年限
130506	公共艺术	设计学类	艺术学	艺术学学士	四年

一、专业概述

公共艺术专业是研究在室内外公共空间中进行艺术创造与视觉设计，以满足相应的城市环境美化与人文关怀需求的专业学科。

二、培养目标

培养在开放性公共空间进行艺术创造与相应的城市环境设计的专门人才。

三、培养要求

通过艺术造型能力的训练，掌握现代城市的公共景观、公共建筑、公共园林等空间造型规律和工程设计及施工能力。

四、知识技能

毕业生应获得以下几方面的知识和能力：

① 掌握公共艺术学科的基本理论、基本知识。

② 具有较扎实的人文学科和工程技术基础知识，具有较高的文化艺术素养和较强的审美能力。

③ 掌握公共艺术设计方法技术。

④ 具有独立完成公共艺术设计的基本能力。

⑤ 了解公共艺术的发展动态。

⑥ 掌握文献检索、资料查询的基本方法，具有初步的科学研究和实际工作能力。

五、主干课程

装饰基础、雕塑基础、材料与工艺、建筑与环境设计、空间形态设计、展示设计、公共景观设计、园林建筑设计、公共设施设计、环境雕塑造型、壁画与浮雕、数码图形处理等。

六、发展前景

1．就业方向

可到各级市政规划局、交通部门、建筑和规划部门、各类设计院所等部门和企事业单位（各地雕塑、陶艺、漆画、装饰品设计与制作的企业）从事设计、研究、教学及管理等工作。

2．就业前景

公共艺术是一个城市成熟发展的标志。它增加了城市的精神财富，在积极的意义上表达了当地身份特征与文化价值观，体现着市民们对自己城市的认同感与自豪感，因此也进而成为艺术与文化教育中必不可少的环节。

2017年开设公共艺术专业的院校共有62所，报考硕士较集中的专业：美术、艺术设计、美术学、设计学。根据阳光高考信息平台统计数据，公共艺术专业2017年全国普通高校毕业生规模为1000到1500人。毕业生高考时的文理科比例为文科87%，理科13%。男女生比例为男生37%，女生63%。公共艺术本科就业率为2016年90%～95%，2017年85%～90%。

3. 专家建议

可参考环境艺术、景观、雕塑、风景园林、园林等相似专业的相关资料。

4. 小贴士

公共艺术专业是国内新兴专业，就业有雕塑方向、壁画方向和环艺方向。

七、开设院校

2017年开设公共艺术专业的院校共有62所。

工艺美术专业

专业代码	中文名	学科门类	一级学科	授予学位	修学年限
130507	工艺美术	设计学类	艺术学	艺术学学士	四年

一、专业概述

工艺美术专业是进行各种传统与现代工艺美术品设计制作以及相关研究的专业，目的是达成传统与现代的完美融合。

二、培养目标

以美学等文化为基础课程，培养具有工艺品创作能力的人才。

三、培养要求

要求学生系统掌握工艺美术基本理论、基本知识和基本技能，具有工艺品设计和制作、工艺品色彩搭配的基本能力。

四、知识技能

毕业生应获得以下几方面的知识和能力：

① 掌握相关工艺美术专业方向领域内的基本理论和基本知识。

② 掌握相关工艺美术专业方向领域内的设计方法和有关技术。

③ 具有对相关工艺美术专业方向领域内的工艺美术品进行设计制作的基本能力。

④ 熟悉相关工艺美术专业方向领域内的相关方针、政策和法规。

⑤ 了解相关工艺美术专业方向领域内产品的应用前景、需求和发展动态。

⑥ 具有初步的科学研究和实际工作能力，具有一定的批判性思维能力。

五、主干课程

中外美术通史、中外工艺美术通史、工艺美术概论、绘画基础、美学、专业写作、古汉语、中国文学史、考古学、博物馆学、中国工艺美术史、中国文化史、民俗学、民族学、管理学等。

六、发展前景

1. 就业方向

可在文化艺术部门、传统工艺加工领域、设计公司、学校等企事业部门从事各种传统与现代工艺美术品设计制作以及相关教学与研究、设计管理工作。

2．就业前景

工艺美术的地域性限制很大，不同的地域有不同的工艺美术种类，不同学校、不同老师的发展方向也不一样。这个专业通俗点说就是个手艺人，科班出身的人比非科班出身的人在对艺术的理解上有很大优势，以后的发展上限也更高一些。但是，科班出身的人真的投入到工艺美术的创作中是比较难的。现在比较热门点的方向有玉雕、木雕、石雕、微雕等。

2017 年开设工艺美术专业的院校共有 75 所，部分高校按陶艺、玉雕等专业方向培养。报考硕士较集中的专业：艺术设计、设计学、美术学、艺术。根据阳光高考信息平台统计数据，工艺美术专业 2017 年普通高校毕业生规模为 1000 到 1500 人。高考时文理科比例为文科 86%，理科 14%。男女生比例为男生 36%，女生 64%。工艺美术本科就业率为 2016 年 90%～95%，2017 年 90%～95%。

3．专家建议

① 本专业是教育部特设的专业，开设此专业的院校较少。

② 环境艺术设计、视觉传达、产品设计、服装染织等的专业分类和工艺美术的专业分类并不一致，其他都是强调设计主要应用领域，而工艺美术并没有强调设计特定应用领域，而是强调以偏重制作技术和手段的“美术”专业。由此可见，工艺美术专业的专业性并不强，而是技术性很强，是其他专业在艺术化制作生产阶段所缺少的部分。

工艺美术专业的应用区域是在不便机器生产或自动化制作的，突出工艺价值的，突出个性化产品等的设计制作技术领域。

现在工艺美术的细分有陶艺、漆艺、琉璃壁画、石雕、玉雕、木雕等多种形式，因为没有对应的专业应用领域，难以找到对口的工作，大多数转行。此专业适合有设计能力，以后想自己创业或做独立设计师的学生学习。

4．小贴士

此专业适合自己创业：找个感兴趣的方向，找个好老师，毕业后进一个靠谱点的工作室，再有两年的积淀差不多就能自己开工作室了。

七、开设院校

2017 年开设工艺美术专业的院校共有 75 所。

数字媒体艺术专业

专业代码	中文名	学科门类	一级学科	授予学位	修学年限
130508	数字媒体艺术	设计学类	艺术学	艺术学学士	四年

一、专业概述

数字媒体艺术专业名称中的数字反映其科技基础，媒体强调其立足于传媒行业，艺术则明确其所针对的是艺术作品创作和数字产品的艺术设计等应用领域，涉及造型艺术、艺术设计、交互设计、计算机语言、计算机图形学、信息与通信技术等方面的知识。

二、培养目标

培养具有良好的技术技能和美学修养，熟练地掌握数字媒体艺术设计和制作的相关软件技术，熟悉数字媒体艺术设计和创作的一般规律，具有较强的艺术鉴赏能力，能够将信息技术与文化艺术相结合的复合型人才。

三、培养要求

主要学习掌握数字媒体艺术设计、新媒体技术的基本理论和知识、方法，具有独立进行数字媒体艺术设计应用实践的能力。

四、知识技能

毕业生应获得以下几方面的知识和能力：

① 掌握计算机科学与技术的基本理论、基本知识。

② 具有较扎实的数字媒体艺术操作能力。

③ 掌握数字媒体艺术设计方法技术。

④ 具有独立完成数字媒体艺术设计的基本能力。

⑤ 了解数字媒体艺术的发展动态。

⑥ 掌握文献检索、资料查询的基本方法，具有初步的科学研究和实际工作能力。

五、主干课程

素描造型基础、色彩造型基础、构成原理、设计美学、视听语言、场景设计、动画造型设计、影视二维动画、影视三维动画、数字特效、运动规律、数字绘画、数字剪辑、动画概论、中西工艺美术史、现代设计史、虚拟现实、影视艺术导论、艺术设计概论、画面构图、数字媒体新技术与艺术欣赏等（不同院校培养侧重点不同，课程设置也有差异）。

六、发展前景

1．就业方向

可在网络媒体公司、传媒业、影视广告业、娱乐游戏业、动画设计公司、工业产品设计、建筑设计（建筑漫游和环境设计）、人居环境设计和教育等行业从事平面设计、网络媒体制作、游戏、动画制作、数码视频编辑以及动画、游戏、虚拟现实等工作。

2．就业前景

艺术需要借助科学技术来塑造形象，创造更新、更奇、更异的艺术效果。科学也同样需要调动一切艺术手段，证明和推销自己的新技术，依赖艺术无边的想象来创新。信息社会为艺术与科学的结合，提供了更广阔的天地，艺术与科学也在这个广阔的新天地里，上演着更加引人入胜的一幕。数字媒体艺术专业体现了艺术与科学完美结合。

2017 年开设数字媒体艺术专业的院校共有 273 所，部分高校按以下专业方向培养：网络多媒体、新媒体艺术、环境艺术设计、数字影视特效、游戏设计艺术、广告设计与策划、影视制作与设计。报考硕士较集中的专业：艺术设计、设计学、广播电视、艺术。根据阳光高考信息平台统计数据，数字媒体艺术专业 2017 年普通高校毕业生规模为 8000 到 9000 人。高考时文理科比例为文科 82%，理科 18%。男女生比例为男生 40%，女生 60%。数字媒体艺术本科就业率为 2016 年 80%～85%，2017 年 85%～90%。

3．专家建议

“数字媒体技术”和“数字媒体艺术”是两个不同的本科专业。

首先来看一下它们的学科分类。根据教育部《普通高等学校本科专业目录》中的规定，数字媒体技术专业是列在工学门类下的计算机类下的一个专业，它和计算机科学与技术、软件工程等专业在一个学科门类。而数字媒体艺术专业是列在艺术学门类下的设计学类下的一个专业，和艺术设计学、环境设计和产品设计在一个学科门类。两个专业不属于同一个学科门类，但是数字媒体技术和数字媒体艺术有着非常多的关联，都是基于数字技术的专业，都将媒体作为对象。

数字媒体技术专业设立得比较早，主要是培养面向信息化时代的、从事数字媒体开发与数字媒体传播的专业人才，毕业生要求兼具信息传播理论、数字媒体技术和设计管理能力，可从事数字媒体开发、音视频数字化、网页设计与网站维护、多媒体设计制作、信息服务及数字媒体管理等工作。数字媒体艺术专业是一个新兴的专业，是一个跨自然科学、社会科学和人文科学的综合性学科，集中体现了“科学、艺术和人文”的理念，培养目标是具有良好的科学素养以及美术修养、既懂技术又懂艺术、能利用计算机新的媒体设计工具进行艺术作品的设计和创作的复合型设计人才，应该特别注意的是，“数字媒体艺术”是艺术类专业，但它与传统意义上的“艺术”又有不同，其定位的学科领域有一定的交叉和细化。

这两个专业有非常多的联系，开设的主要课程有很多的重合，特别是关于计算机技术方面的课程很多是一致的。实际上，数字媒体技术专业开始设置的时候，主要是针对新兴的数字媒体产业的，当时数字媒体艺术的一些内容也是包含在数字媒体技术中的。

4．小贴士

既要具备传统的艺术造型和设计能力，又要具备数理基础。既要具备充满想象的形象思维，又要具备严密线性的逻辑思维。

七、开设院校

2017 年开设数字媒体艺术专业的院校共有 273 所。

版权声明

山东九齐律师事务所接受著作权人上海岚朔教育科技有限公司委托，就中国海洋大学出版社出版的《高等院校本科专业指南》知识产权事宜，特做出如下声明：

一、上海岚朔教育科技有限公司对《高等院校本科专业指南》的知识产权依法享有独立、自主的完整知识产权，且受法律保护。

二、未经著作权人书面同意，任何单位及个人不得以任何方式及理由对本书进行使用、复制、修改、抄录、传播等或与其他产品捆绑使用、销售等侵权行为。

三、为维护著作权人依法享有的合法权利，我们将联合各地相关行政执法部门及司法部门，严厉打击侵犯知识产权的不法分子。凡有上述侵犯本著作权人权益行为之单位及个人，著作权人上海岚朔教育科技有限公司将依据《著作权法》等相关法律、法规追究其经济责任和法律责任。在此恳请广大消费者能和我们一起抵制盗版、保护知识产权，规范市场秩序，净化社会文化环境，捍卫读者使用正版图书的权利。如发现有任何侵权行为，欢迎广大消费者及关心、关注本书的社会人士向当地工商局、知识产权局或者我们提供线索。

四、以上声明以及其修改权、更新权和最终解释权均归属著作权人上海岚朔教育科技有限公司。

特此声明！

如对本书有任何意见或建议，请与我们联系。

如发现盗版信息，请联系岚朔教育，岚朔必有奖励！

上海岚朔教育科技有限公司

联系人：刘春松

电　话：021-51987137

山东九齐律师事务所

联系人：曹慧霏

电　话：0535-2125387

上海岚朔教育科技有限公司

山东九齐律师事务所

二〇二〇年二月一日